Lothar Semper
Werner Gress
Klaus Franke
Bernhard Gress

Die Neue Handwerker-Fibel

Dr. Lothar Semper
Dipl.-Kfm. Werner Gress
Ass. Klaus Franke
Dipl.-Kfm. Bernhard Gress

Die Neue Handwerker-Fibel

für die praxisnahe Vorbereitung auf
die Meisterprüfung/Prüfung Technische/r Fachwirt/in (Hwk)

Band 1 Grundlagen des Rechnungswesens und Controllings
Grundlagen wirtschaftlichen Handelns im Betrieb

mit Übungs- und Prüfungsaufgaben

45., überarbeitete Auflage

Holzmann Buchverlag

Die Handwerker-Fibel enthält in der Regel Berufsbezeichnungen, Gruppenbezeichnungen usw. nur in der männlichen Form. Wir bitten diese sinngemäß als Doppelbezeichnungen wie zum Beispiel Frau/Mann, Handwerksmeisterin/Handwerksmeister, Betriebsinhaberin/Betriebsinhaber usw. zu interpretieren und anzuwenden, um auch dem Anteil der weiblichen Berufsangehörigen des Handwerks zu entsprechen.

Impressum
45., überarbeitete Auflage 2006
Band 1: Best.-Nr. 1741.50 ISBN-10: 3-7783-0636-7;
Künftig: ISBN-13: 978-3-7783-0636-9
Band 1 bis 3: Best.-Nr. 1745.99 ISBN-10: 3-7783-0639-1;
Künftig: ISBN-13: 978-3-7783-0639-0

Umschlaggestaltung: Atelier Günter Egger, Bad Wörishofen
Satz: kaltnermedia GmbH, Bobingen
Herstellung: C. H. Beck, Nördlingen

Vorwort

Die **Markt- und Wettbewerbsverhältnisse** verändern sich für das Handwerk mit zunehmender Geschwindigkeit. Die **Ansprüche der Kunden** an die Qualität der Produkte und Dienstleistungen steigen. Termintreue, Zuverlässigkeit, Service und Beratung, Preiswürdigkeit und **Problemlösungskompetenz** gehören zu den selbstverständlichen **Erwartungen der Kunden.** Der **„Meister der Zukunft"** muss sich diesen Herausforderungen erfolgreich stellen können.

Die dazu erforderliche Kompetenz erhält er durch die Vorbereitung auf die Meisterprüfung und das Bestehen der Prüfungen. Eine **unersetzliche Grundlage und Unterlage** ist dabei das **Lehrbuch** „Die Neue Handwerker-Fibel", das sich seit Jahrzehnten in der Vorbereitung auf die Meisterprüfung im Handwerk als wichtigstes Lernmittel und Begleitmaterial bestens bewährt hat. Das gesamte Lehrwerk entspricht der **Verordnung über gemeinsame Anforderungen in der Meisterprüfung im Handwerk und in den handwerksähnlichen Gewerben (AMVO), zuletzt geändert durch die Erste Verordnung zur Änderung der Verordnung über gemeinsame Anforderungen in der Meisterprüfung im Handwerk vom 16. August 2004, und den neuen Rahmenstoffplänen** für die Prüfungsteile III und IV der Meisterprüfung in vollem Umfange.

Der **Gesamtstoff** zur Vorbereitung auf die Prüfungsteile III und IV ist auf **drei Bände** mit einem großzügigen Format aufgeteilt.

Band 1: Grundlagen des Rechnungswesens und Controllings, Grundlagen wirtschaftlichen Handelns im Betrieb

Band 2: Rechtliche und steuerliche Grundlagen

Band 3: Berufs- und Arbeitspädagogik

Alle drei Bände bilden ein einheitliches Werk für die Vorbereitung auf die Teile III und IV der Meisterprüfung.

Die inhaltliche Ausrichtung der 45. Auflage von Band 1 und Band 2 basiert

- auf Anregungen des Beirats **„Unternehmensführung im Handwerk"** des Zentralverbandes des Deutschen Handwerks (Schrift „Der Meister der Zukunft")
- auf Anregungen des **Expertenkreises des Instituts für Handwerkswirtschaft (IHW)** – Forschungsstelle im Deutschen Handwerksinstitut – (mittlerweile umbenannt in Ludwig-Fröhler-Institut für Handwerkswissenschaften, Abteilung für Handwerkswirtschaft) und wissenschaftlicher Arbeiten des Instituts selbst
- auf Anregungen von Mitarbeitern in Handwerkskammern auf den Gebieten des Unterrichts-, Prüfungs- und Beratungswesens sowie Dozenten aus Meistervorbereitungslehrgängen bzw. Bildungszentren und Meisterschulen
- auf der Verordnung über gemeinsame Anforderungen in der Meisterprüfung im Handwerk und in den handwerksähnlichen Gewerben (AMVO), zuletzt geändert durch die Erste Verordnung zur Änderung der Verordnung über gemeinsame Anforderungen in der Meisterprüfung im Handwerk vom 16. August 2004, und den dazu veröffentlichten Erläuterungen des Bundesministeriums für Wirtschaft und Technologie.

- auf dem neuen **Rahmenlehrplan** des Instituts für Handwerkswirtschaft (mittlerweile umbenannt in Ludwig-Fröhler-Institut für Handwerkswissenschaften, Abteilung für Handwerkswirtschaft) und des Deutschen Handwerkskammertages
- auf den **Erfahrungen der Autoren** der Handwerker-Fibel in der Praxis von Handwerkswirtschaft, Handwerksorganisationen sowie im Unterrichts- und Prüfungswesen des Handwerks.

Gemäß den Anforderungen an den „Meister bzw. die Meisterin der Zukunft" bilden **Methoden und Instrumente der modernen Betriebsführung** wie Kunden- und Dienstleistungsorientierung, Marketing, Personal- und Organisationsmanagement, Controlling, Existenzgründungs- und Betriebsübernahmemanagement, moderne Kommunikations- und Informationstechniken, Finanzierungsfragen und das Rechnungswesen als Führungsmittel im Sinne von wichtigen Chefdaten einen angemessenen Schwerpunkt.

Die zur selbstständigen **Führung eines Handwerksbetriebes** erforderlichen Kenntnisse sowie die zu erwerbende Handlungskompetenz werden entsprechend der Terminologie und Gliederung des Rahmenlehrplans dargestellt.

Die angestrebte Qualifikation ist berufliche Handlungs- und Problemlösungskompetenz für die Praxis, also die Fähigkeit, in beruflichen Situationen sach- und fachgerecht durchdacht und in wirtschaftlicher und gesellschaftlicher Verantwortung zu handeln. Der Schwerpunkt der Inhalte ist deshalb nicht auf Begriffswissen, sondern auf **anwendungsbezogenes Handlungswissen** ausgerichtet. Dazu enthält dieses Buch auch zahlreiche **Handlungsanleitungen und Ablaufschemata.**

Ein Lehrbuch, wie es die Neue Handwerker-Fibel in allen drei Bänden darstellt, ist die **elementare** und **unabdingbar notwendige Grundlage** für ein erfolgreiches Lernen, für die Aneignung von Handlungs- und Problemlösungskompetenz und für das Bestehen der Meisterprüfung, sowohl in zulassungspflichtigen wie auch in zulassungsfreien Handwerken.

Die Übersicht, die Lehrbarkeit und die Lernbarkeit der Inhalte werden erhöht durch ein tief gegliedertes **Inhaltsverzeichnis,** großzügig und zahlreich gestaltete **Überschriften, farblich hervorgehobene Texte, farbig gestaltete Abbildungen und abgesetzte Randbemerkungen.** Ein umfangreiches **Stichwortverzeichnis** ermöglicht dem Nutzer, das Buch auch als **Nachschlagewerk** beim Selbststudium, beim gesamten Lernprozess zur Vorbereitung auf die Meisterprüfung und im späteren betrieblichen Alltag, sei es als selbstständiger Unternehmer oder als angestellte Führungskraft im Handwerk, einzusetzen.

Nach den Textteilen folgen überwiegend handlungsorientierte **Übungs- und Prüfungsaufgaben** bzw. handlungsorientierte fallbezogene Aufgaben. Dabei kommen folgende Aufgabentypen vor:

- Aufgaben mit programmierten Auswahlantworten bzw. Auswahllösungen
- Textaufgaben mit offenen Antworten bzw. Lösungen
- fallbezogene Aufgaben mit Leitfragen und offenen Lösungen
- fallbezogene Aufgaben mit frei formulierter Lösung
- fallbezogene Aufgaben mit Berechnungen.

Sie dienen dem handlungsorientierten Vorgehen im Unterricht oder beim Selbststudium, ermöglichen eine den Lernprozess begleitende Kontrolle und eine rationelle Vorbereitung auf die Prüfung. Diese Aufgabentypen werden so auch im Prüfungsteil III der Meisterprüfung eingesetzt.

Die Aufgaben mit programmierten Auswahllösungen sind durch Ankreuzen einer der fünf vorgegebenen Lösungen zu bearbeiten. Die richtigen Lösungen sind am Schluss des Buches zur Kontrolle abgedruckt.
Bei allen Aufgaben erfolgt am Schluss der Aufgabenstellung ein Hinweis zum Textteil als Lösungshilfe und um bei festgestellten Lücken entsprechend nachlesen bzw. nacharbeiten zu können.
Im Rahmen der Aktualisierung der 45. Auflage dieses Bandes wurden insbesondere Erläuterungen zur Ist-Besteuerung bei der Umsatzsteuer, eine tabellarische Darstellung der Buchungsfälle, neue Instrumente der Schwachstellenanalyse, die Themen Datensicherheit und Interneteinführung im Betrieb sowie Maßnahmen zur Personalentwicklung neu aufgenommen.
Bei Berechnungs- und Buchungsbeispielen wurde der bei Drucklegung geltende Mehrwertsteuersatz von 16 % zugrunde gelegt.
Da die Prüfungsanforderungen und der Rahmenlehrplan für die Durchführung des Vorbereitungslehrgangs **„Technische/r Fachwirt/in (Hwk)"** absolut mit der AMVO und dem Rahmenlehrplan zu Teil III der Meisterausbildung im Handwerk, die dem Inhalt der Bände 1 und 2 der Neuen Handwerker-Fibel zugrunde liegen, übereinstimmen, sind Band 1 und 2 auch für die Vorbereitung auf die Prüfung „Technische/r Fachwirt/in (Hwk)" in vollem Umfang geeignet.
Die Bände 1 und 2 sind ferner ein geeignetes Lernmittel für die Vorbereitung auf die Prüfung **„Kaufmännische/r Fachwirt/in (Hwk)"**, weil trotz anderer Zuordnung und Gliederung auf Prüfungsteile und Handlungsfelder die stofflichen Inhalte sehr weitgehend übereinstimmen.
Schließlich sind alle drei Bände der Neuen Handwerker-Fibel für die Vorbereitung auf Fortbildungsprüfungen im Handwerk geeignet, in denen betriebswirtschaftliche, kaufmännische und rechtliche sowie berufs- und arbeitspädagogische Kenntnisse nach Maßgabe der Verordnung über gemeinsame Anforderungen in der Meisterprüfung im Handwerk (AMVO) gefordert werden.
Wir wünschen Ihnen bei der Vorbereitung und Ablegung Ihrer Prüfungen viel Erfolg.

Juli 2006

Die Verfasser und der
Holzmann Buchverlag

Erwerben Sie zusätzliche Sicherheit für die erfolgreiche Ablegung der Meisterprüfung:

- Mit Hilfe von **Übungsaufgaben** mit prüfungsorientierten Inhalten und prüfungsähnlichen Bedingungen.
- Mit dem **MeisterTrainer zur Neuen Handwerker-Fibel auf CD-ROM** können Sie üben sowie die Prüfung simulieren.
- **Die Neue Handwerker-Fibel auf CD-ROM** beinhaltet den gesamten Text und alle Grafiken der Neuen Handwerker-Fibel sowie eine Vielzahl von Übungs- und Prüfungsaufgaben, um Ihren Wissensstand zu testen.

Zweckmäßigerweise geben Sie zusammen mit den Kollegen Ihrer Meisterklasse bzw. Ihres -kurses **und** nach Absprache mit den zuständigen Lehrkräften eine Sammelbestellung auf an den Holzmann Buchverlag, Postfach 13 42, 86816 Bad Wörishofen, Tel. 0 82 47/3 54-1 24, Fax 0 82 47/3 54-1 90, sofern Sie die Materialien nicht automatisch vom Kurs- oder Schulträger bzw. von den Lehrkräften erhalten.

1 Handlungsfeld: Grundlagen des Rechnungswesens und Controllings

Vorbemerkung

Das betriebliche Rechnungswesen umfasst folgende Zweige:

Zweige des Rechnungswesens

- Buchführung und Jahresabschluss
  - Buchführung
  - Inventar
  - Jahresabschluss
  - Sonder- und Zwischenbilanzen
- Kostenrechnung
  - Betriebsabrechnung
  - Kalkulation
- Betriebswirtschaftliche Statistik und Vergleichsrechnung
  - Betriebswirtschaftliche Statistik
  - Einzelbetrieblicher Vergleich
  - Zwischenbetrieblicher Vergleich
- Planungsrechnung
  - Finanzierung von Investitionsvorhaben
  - Prüfung der Rentabilität neuer Produktionsverfahren.

Aufgaben

Wesentliche Aufgaben des Rechnungswesens sind:

- die Wirtschaftlichkeit und den Erfolg des betrieblichen Geschehens zu kontrollieren sowie
- dem Betriebsinhaber wichtige Informationen für seine Entscheidungen zu liefern.

Insgesamt liefert das Rechnungswesen aber nicht nur Informationen für Betriebsinhaber und Mitarbeiter (betriebsintern), sondern auch für Banken, Geschäftspartner, Finanzamt und Öffentlichkeit (betriebsextern).

Das Rechnungswesen ist damit einerseits

- aus betriebswirtschaftlichen Erwägungen für die notwendigen Informationen

und andererseits

- aus rechtlichen Gründen wegen bestimmter Anforderungen an den Unternehmer, die ein ordnungsmäßiges Rechnungswesen voraussetzen,

erforderlich.

1.1 Buchführung

1.1.1 Aufgaben und gesetzliche Regelungen

1.1.1.1 Aufgaben der Buchführung

Basiszweig

Auch wenn sie vielfach nur als notwendiges Übel betrachtet wird, so muss sich doch jeder Betriebsinhaber darüber klar sein, dass eine den jeweiligen Anforderungen des Betriebes entsprechende Buchführung der wichtigste und sozusagen der Basiszweig des gesamten betrieblichen Rechnungswesens ist. Dabei geht es darum, konsequent und lückenlos alle Geschäftsvorfälle festzuhalten. Die Buchführung ist die Basis des gesamten Rechnungswesens. Aus ihr werden die anderen Zweige des Rechnungswesens entwickelt.

Eine optimale Buchführung ist für alle Betriebe aus betriebswirtschaftlichen und für viele auch aus handelsrechtlichen und steuerrechtlichen Gründen zwingend notwendig.

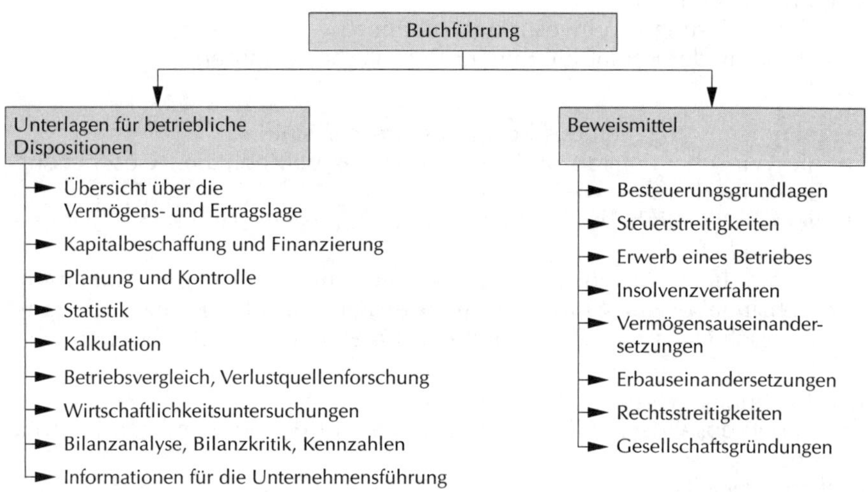

Abbildung 1

1.1.1.2 Gesetzliche Regelungen

Allgemeine Hinweise

Die Verpflichtung zu Buchführung und Bilanzierung ergibt sich aus verschiedenen Vorschriften.

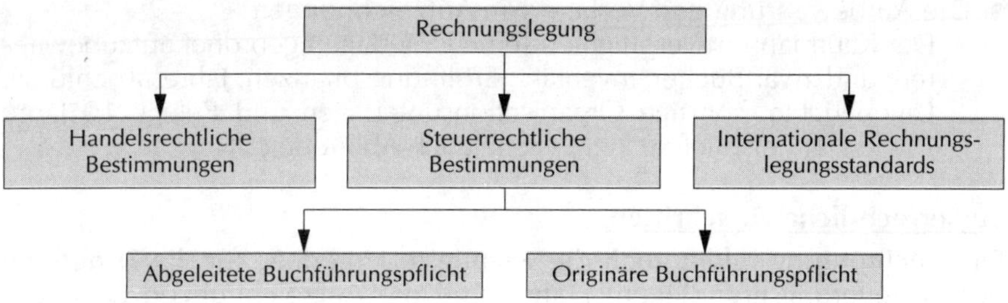

Abbildung 2

Grundsätze ordnungsmäßiger Buchführung (GoB)

Bei der Rechnungslegung und der Aufstellung des Jahresabschlusses sind generell die Grundsätze ordnungsmäßiger Buchführung zu beachten. Die Vorschriften im Einzelnen sind im Handelsgesetzbuch (HGB) und in mehreren Steuergesetzen niedergelegt.

Handelsrechtliche Bestimmungen

Grundsätzlich ist nach § 238 HGB „jeder Kaufmann verpflichtet, Bücher zu führen". Wer Kaufmann ist, bestimmen die §§ 1–7 des HGB.

Dort wird ersichtlich, dass auch der Handwerker vielfach Kaufmann im Sinne des Gesetzes ist oder durch Eintragenlassen einer Firma im Handelsregister werden muss.

Rechtliche Grundlagen

Firmen, die ins Handelsregister eingetragen sind, müssen in jedem Fall die handelsrechtlichen Buchführungsvorschriften beachten. Diese sind für die im Handwerk vorherrschenden Rechtsformen insbesondere geregelt in den §§ 238 ff., 257 ff. und 336 ff. HGB und dem § 41 GmbH-Gesetz.

Die wesentlichen Bestimmungen beziehen sich auf:

- Die Führung der Handelsbücher und das Inventar
  - In den Büchern sind die Handelsgeschäfte und die Lage des Vermögens nach den Grundsätzen ordnungsmäßiger Buchführung ersichtlich zu machen.
  - Von allen abgesandten Handelsbriefen müssen Wiedergaben (zum Beispiel in Form einer Kopie) zurückbehalten werden.
- Die Eröffnungsbilanz und den Jahresabschluss
  - Der Kaufmann hat die Pflicht, einen Abschluss durch Gegenüberstellung des Vermögens und der Schulden sowie eine Gewinn- und Verlustrechnung durch Gegenüberstellung der Aufwendungen und Erträge, jeweils nach den Grundsätzen ordnungsmäßiger Buchführung, aufzustellen; dabei gilt es, das Verrechnungsverbot (keine Verrechnung der Posten der Aktiv- und der Passivseite der Bilanz sowie der Aufwendungen und Erträge in der Gewinn- und Verlustrechnung) sowie die Notwendigkeit der Bildung von Rückstellungen und Rechnungsabgrenzungen zu beachten. Verrechnungsverbot
  - Der Jahresabschluss ist vom Betriebsinhaber unter Angabe des Datums zu unterzeichnen.
- Die Bilanzansätze und die Bewertung
  - Für Bilanzansätze sowie die Bewertung der Vermögensgegenstände und Schulden gelten einschlägige Bestimmungen. (Näheres hierzu unter 1.2.2 „Spielräume bei Ansatz und Bewertung".)

Aufbewahrungsfristen

- Die Aufbewahrung und Vorlage von Aufzeichnungen
  - Der Kaufmann ist verpflichtet, seine Unterlagen geordnet aufzubewahren: und zwar Bücher, Inventare, Eröffnungsbilanzen, Jahresabschlüsse, Lageberichte, sonstige Organisationsunterlagen und Belege 10 Jahre sowie Handelsbriefe 6 Jahre (siehe auch Abbildung 5).

Steuerrechtliche Vorschriften

Abgeleitete Buchführungspflicht

Die Buchführung bildet auch die wichtigste Unterlage für die Ermittlung der Besteuerungsgrundlagen. Daher sind die Aufzeichnungen auch aus steuerlichen Gründen erforderlich. Grundsätzlich gilt, dass derjenige, der bereits nach anderen Gesetzen, insbesondere nach dem HGB, Bücher und Aufzeichnungen zu führen hat, diese Verpflichtungen auch für die Besteuerung erfüllen muss (so genannte abgeleitete Buchführungspflicht). Die abgeleitete Buchführungspflicht beginnt mit dem Zeitpunkt des Erwerbs der Kaufmannseigenschaft. Mit deren Verlust endet die Buchführungspflicht.

Originäre Buchführungspflicht

Eine originäre, also eigenständig begründete, Buchführungspflicht nach Steuerrecht besteht für alle Unternehmer und Unternehmen, wenn
- Umsätze, einschließlich der steuerfreien, von mehr als 350.000,00 EUR (Anhebung auf 500.000,00 EUR ab 1.1.2007 geplant) im Kalenderjahr oder
- ein Gewinn aus Gewerbebetrieb von mehr als 30.000,00 EUR im Wirtschaftsjahr

gegeben sind.

Die Buchführungspflicht ist vom Beginn des Wirtschaftsjahres an zu erfüllen, das auf die Bekanntgabe der Mitteilung durch die Finanzbehörde folgt, durch die diese auf die Verpflichtung hingewiesen hat. Sie endet mit Ablauf des Wirtschaftsjahres, das auf das Wirtschaftsjahr folgt, in dem die Finanzbehörde feststellt, dass die Verpflichtung zur Buchführung nicht mehr vorliegt. Die Buchführungspflicht geht auch auf denjenigen über, der den Betrieb im Ganzen übernimmt.

Rechtliche Grundlagen

Die entsprechenden Regelungen sind überwiegend in folgenden Gesetzen und Bestimmungen enthalten:
- §§ 4–7k, 41 Einkommensteuergesetz als wichtigste steuerliche Buchführungsvorschriften
- §§ 140–148 Abgabenordnung
- § 22 Umsatzsteuergesetz in Verbindung mit §§ 63 ff. Umsatzsteuer-Durchführungs-Verordnung
- § 4 Lohnsteuer-Durchführungs-Verordnung.

Mindestaufzeichnungen

Für alle gewerblichen Unternehmer besteht die Pflicht zur Führung des Wareneingangsbuches und des Warenausgangsbuches. Sie erübrigt sich für solche Unternehmer, die schon nach anderen Vorschriften zur Führung von Handelsbüchern oder vergleichbaren Aufzeichnungen verpflichtet sind und diese ordnungsgemäß führen.

Aufzeichnung des Wareneingangs

Im Rahmen des Wareneingangs müssen alle Waren aufgezeichnet werden einschließlich der Rohstoffe, unfertigen Erzeugnisse, Hilfsstoffe und Zutaten, die der Unternehmer im Rahmen seines Gewerbebetriebes zur Weiterveräußerung oder zum Verbrauch entgeltlich oder unentgeltlich, für eigene oder fremde Rechnung erwirbt. Dies gilt auch dann, wenn die Waren vor der Weiterveräußerung oder dem Verbrauch be- oder verarbeitet werden sollen. Waren, die nach Art des Betriebes üblicherweise für den Betrieb zur Weiterveräußerung oder zum Verbrauch erworben werden, sind auch dann aufzuzeichnen, wenn sie für betriebsfremde Zwecke verwendet werden.

Aufzeichnungen des Wareneingangs

- Tag des Wareneingangs oder Datum der Rechnung
- Namen oder Firma und Anschrift des Lieferers
- handelsübliche Bezeichnung der Ware
- Preis der Ware
- Hinweis auf den Beleg

Abbildung 3

Aufzeichnung des Warenausgangs

Die Aufzeichnung des Warenausgangs ist bei gewerblichen Unternehmern erforderlich, die nach Art ihres Geschäftsbetriebes Waren regelmäßig an andere gewerbliche Unternehmer zur Weiterveräußerung oder zum Verbrauch als Hilfsstoffe liefern. Sie gilt ferner für alle Waren, die der Unternehmer auf Rechnung, durch Tausch, unentgeltlich oder gegen Barzahlung liefert, wenn die Ware wegen der abgenommenen Menge zu einem Preis veräußert wird, der niedriger ist als der übliche Preis für Verbraucher.

Aufzeichnungen des Warenausgangs

- Tag des Warenausgangs oder Datum der Rechnung
- Namen oder Firma und Anschrift des Abnehmers
- handelsübliche Bezeichnung der Ware
- Preis der Ware
- Hinweis auf den Beleg

Abbildung 4

Belegpflicht

Der Unternehmer muss über jeden Warenausgang einen Beleg erteilen, der diese Angaben sowie seinen Namen oder die Firma und seine Anschrift enthält. Ausnahmen hierzu sieht das Umsatzsteuergesetz vor.

Aufzeichnungen für Zwecke der Umsatzsteuer

Nach den umsatzsteuerlichen Vorschriften müssen aus den Aufzeichnungen insbesondere zu ersehen sein:

- Die vereinbarten Entgelte für die vom Unternehmer ausgeführten Lieferungen und sonstigen Leistungen. Dabei ist ersichtlich zu machen, wie sich die Entgelte auf die steuerpflichtigen Umsätze, getrennt nach Steuersätzen, und auf die steuerfreien Umsätze verteilen.

- Die vereinnahmten Entgelte und Teilentgelte für noch nicht ausgeführte Lieferungen und sonstige Leistungen.
  Dabei ist ebenfalls ersichtlich zu machen, wie sich Entgelte und Teilentgelte verteilen.
- Die Bemessungsgrundlagen für die Entnahme eines Gegenstandes durch den Unternehmer für Zwecke, die außerhalb des Unternehmens liegen, unentgeltliche Zuwendung eines Gegenstandes durch den Unternehmer an sein Personal für dessen privaten Bedarf (sofern dies keine lohnsteuerfreien Aufmerksamkeiten sind).
- Die Entgelte für steuerpflichtige Lieferungen und sonstige Leistungen, die an den Unternehmer für sein Unternehmen ausgeführt worden sind, und die vor Ausführung dieser Umsätze gezahlten Entgelte und Teilentgelte sowie die auf Entgelte und Teilentgelte entfallenden Steuerbeträge; also alle Material- und Wareneinkäufe sowie Vorleistungen und die entsprechenden Vorsteuern.
- Die Bemessungsgrundlagen für die Einfuhr von Gegenständen sowie die dafür entrichtete oder zu entrichtende Einfuhrumsatzsteuer.
- Die Bemessungsgrundlagen für den innergemeinschaftlichen (Mitgliedstaaten der Europäischen Gemeinschaft) Erwerb von Gegenständen sowie die hierauf entfallenden Steuerbeträge.

Aufzeichnungserleichterungen

Der Gesetz- und Verordnungsgeber hat aus praktischen Erwägungen in gewissen Punkten Vereinfachungen der Aufzeichnungspflicht zugelassen. Für Betriebsinhaber sind dabei folgende Bestimmungen von besonderer Bedeutung:

- Sowohl auf der Verkaufs- wie auch auf der Einkaufsseite des Betriebes ist eine Bruttoaufzeichnung möglich; das heißt, das Entgelt oder Teilentgelt und der Steuerbetrag werden in einer Summe aufgezeichnet. Spätestens zum Schluss jedes Voranmeldungszeitraumes sind jedoch die Summe der Entgelte oder Teilentgelte und die auf sie entfallenden Steuerbeträge jeweils in einer Summe, getrennt nach den angewandten Steuersätzen, aufzuzeichnen.
- Dem Unternehmer, dem wegen der Art und des Umfangs des Geschäfts eine Trennung der Entgelte oder Teilentgelte nach Steuersätzen nicht zuzumuten ist, kann das Finanzamt auf Antrag gestatten, dass er sie nachträglich auf der Grundlage der Wareneingänge oder nach anderen Merkmalen trennt.

Kleinunternehmerregelung

Für Kleinunternehmer ist die Aufzeichnungspflicht zudem stark eingeschränkt. Wenn bei einem Unternehmer der Umsatz inklusive der darauf entfallenden Umsatzsteuer im vorangegangenen Kalenderjahr 17.500,00 EUR nicht überstiegen hat und im laufenden Kalenderjahr 50.000,00 EUR voraussichtlich nicht übersteigen wird, dann muss er lediglich Folgendes aufzeichnen:

- Die Werte der erhaltenen Gegenleistungen für ausgeführte Lieferungen und sonstige Leistungen

und

- die unentgeltliche Erbringung einer anderen sonstigen Leistung für Zwecke, die außerhalb des Unternehmens liegen oder für den privaten Bedarf seines Personals.

Führung von Lohnkonten

Für den Handwerksbetriebsinhaber ist ferner die Verpflichtung zur Führung von Lohnkonten von Bedeutung. Nach dem Einkommensteuerrecht hat jeder Arbeitgeber für jeden Arbeitnehmer und jedes Kalenderjahr ein Lohnkonto zu führen.

Lohnkonto

In dieses Lohnkonto sind zunächst die für den Lohnsteuerabzug erforderlichen Merkmale aus der Lohnsteuerkarte zu übernehmen: Vorname, Familienname, Geburtstag, Wohnort, Wohnung, Steuerklasse, Zahl der Kinderfreibeträge, Religionsbekenntnis, die Gemeinde, die die Steuerkarte ausgestellt hat, das Finanzamt, in dessen Bezirk die Lohnsteuerkarte ausgestellt wurde, und gegebenenfalls eine besondere Kennzeichnung für Arbeitnehmer, die in der gesetzlichen Rentenversicherung versicherungsfrei oder von der Versicherungspflicht befreit sind, sowie steuerfreie Beträge.

Aufzeichnungen

Bei jeder Lohnabrechnung ist dann im Lohnkonto vor allem Folgendes aufzuzeichnen:

- Tag der Lohnzahlung und Lohnzahlungszeitraum
- Arbeitslohn, getrennt nach Barlohn und Sachbezügen, und die davon einbehaltene Lohnsteuer
- steuerfreie Bezüge sowie
- pauschal besteuerte Bezüge und die darauf entfallende Lohnsteuer.

Erleichterungen

Arbeitgeber, die für die Lohnabrechnung ein maschinelles Verfahren anwenden, können auf Antrag von Teilaufzeichnungen freigestellt werden, wenn die Möglichkeit zur Nachprüfung in anderer Weise sichergestellt ist.

Arbeitgeber und Unternehmer sind grundsätzlich dazu verpflichtet, Lohnsteuer-Anmeldungen und Umsatzsteuer-Voranmeldungen nur auf elektronischem Weg über das Internet an das Finanzamt zu senden. Die Formulare stehen unter www.elsterformular.de zum Download zur Verfügung. Seit 1. Januar 2006 können Bürger und Unternehmen Steuerformulare komplett elektronisch und papierlos an das Finanzamt schicken. Die Unterschrift auf den Anträgen ersetzt dann ein Software-Zertifikat.

Internationale Rechnungslegungsstandards

Mit der zunehmenden Internationalisierung auch vieler mittelständischer Unternehmen gewinnt die Auseinandersetzung mit den internationalen Rechnungslegungsstandards (IFRS/IAS) zunehmend an Bedeutung.

Seit dem 1. Januar 2005 sind kapitalmarktorientierte Unternehmen aufgrund einer EU-Verordnung zur Anwendung der internationalen Rechnungslegungsgrundsätze verpflichtet. Für nicht kapitalmarktorientierte Unternehmen besteht ein Wahlrecht zur Anwendung der internationalen Rechnungslegungsgrundsätze. In Einzelabschlüssen wird die Verwendung der internationalen Rechnungslegungsgrundsätze nur für Informations- und Offenlegungszwecke möglich sein, da für Gewinnermittlung und steuerliche Zwecke noch zwingend ein HGB-Abschluss aufzustellen ist.

Die International Financial Reporting Standards (IFRS) und International Accounting Standards (IAS) sind also derzeit primär auf die Interessen von Investoren ausgerichtet. Die Informationsfunktion steht daher im Vordergrund.

Für den mittelständischen Handwerksbetrieb haben IFRS und IAS derzeit eher eine geringe Bedeutung. Mit wachsender Internationalisierung und zunehmender Unternehmensgröße mittelständischer Unternehmen können die Regelungen auch für den Handwerksbetrieb wichtiger werden.

Grundsätze ordnungsmäßiger Buchführung (GoB)

Aus dem Handelsrecht, dem Steuerrecht, der Rechtsprechung, Empfehlungen, Erlassen und Gutachten von Behörden und Verbänden, Gepflogenheiten der Praxis und aus der wissenschaftlichen Diskussion haben sich im Laufe der Zeit bestimmte Regeln für die Rechnungslegung herausgebildet. Sie bilden heute die allgemeine Grundlage für Buchführung und Bilanzierung und sind verbindlich anzuwenden. Als Grundregel gilt:

Grundregel

> Die Buchführung muss so beschaffen sein, dass sie einem sachverständigen Dritten innerhalb angemessener Zeit einen Überblick über die Geschäftsvorfälle und über die Lage des Unternehmens vermitteln kann. Die Geschäftsvorfälle müssen sich in ihrer Entstehung und Abwicklung verfolgen lassen.

Einzelregeln und -grundsätze

Im Einzelnen müssen für die Ordnungsmäßigkeit der Buchführung vom Handwerksbetriebsinhaber folgende Regeln und Grundsätze beachtet werden:

- Klarheit und Übersichtlichkeit
  Dazu sind Eintragungen in einer lebenden Sprache und deren Schriftzeichen erforderlich. Werden Abkürzungen, Buchstaben, Ziffern oder Symbole verwendet, so muss deren Bedeutung im Einzelfall eindeutig festliegen.
- Vollständigkeit sowie materielle und formelle Richtigkeit
  Dies bedeutet vor allem, dass alle Geschäftsvorfälle vollständig und wahrheitsgetreu dargestellt werden müssen. Eintragungen oder Aufzeichnungen dürfen auch nicht derart verändert werden, dass der ursprüngliche Inhalt nicht mehr feststellbar ist.
- Belegprinzip
  Keine Buchung darf ohne Beleg erfolgen, so dass sämtliche Buchungen jederzeit nachprüfbar sind. Als Belege dienen beispielsweise Eingangsrechnungen, Ausgangsrechnungen, Kassenbelege, Bankauszüge, Lohnlisten und anderes. Ist kein Fremdbeleg vorhanden, so ist ein Eigenbeleg zu erstellen.
- Rechtzeitige und geordnete Buchung
  Buchungen und sonst erforderliche Aufzeichnungen sind zeitgerecht und geordnet vorzunehmen. Kasseneinnahmen und Kassenausgaben sollen in der Regel täglich festgehalten werden.

  Datenträger

  Die Bücher und die sonst erforderlichen Aufzeichnungen können dabei auch in der geordneten Ablage von Belegen bestehen oder auf Datenträgern geführt werden. Im letztgenannten Fall muss jedoch sichergestellt sein, dass die Daten jederzeit verfügbar sind und unverzüglich lesbar gemacht und maschinell ausgewertet werden können. Auf Verlangen der Finanzbehörde muss der gewerbliche Unternehmer Unterlagen unverzüglich ganz oder teilweise ausdrucken lassen oder den Datenträger zur Auswertung überlassen. Die Möglichkeit der Aufbewahrung auf Bildträgern oder anderen Datenträgern gilt jedoch nicht für Eröffnungsbilanzen und Jahresabschlüsse.

- Einhaltung der Aufbewahrungsfristen
  Die Aufbewahrungsfrist beginnt jeweils mit dem Schluss des Kalenderjahres, in dem die letzte Eintragung in das Buch gemacht, das Inventar, die Eröffnungsbilanz, der Jahresabschluss oder der Lagebericht aufgestellt, der Handels- oder Geschäftsbrief empfangen oder abgesandt worden oder der Buchungsbeleg entstanden ist, ferner die Aufzeichnung vorgenommen worden ist oder die sonstigen Unterlagen entstanden sind. Die Aufbewahrungsfrist läuft nicht ab, soweit und so lange Unterlagen noch für Steuern von Bedeutung sind, für die die Steuerfestsetzungsfrist noch nicht abgelaufen ist. Beginn

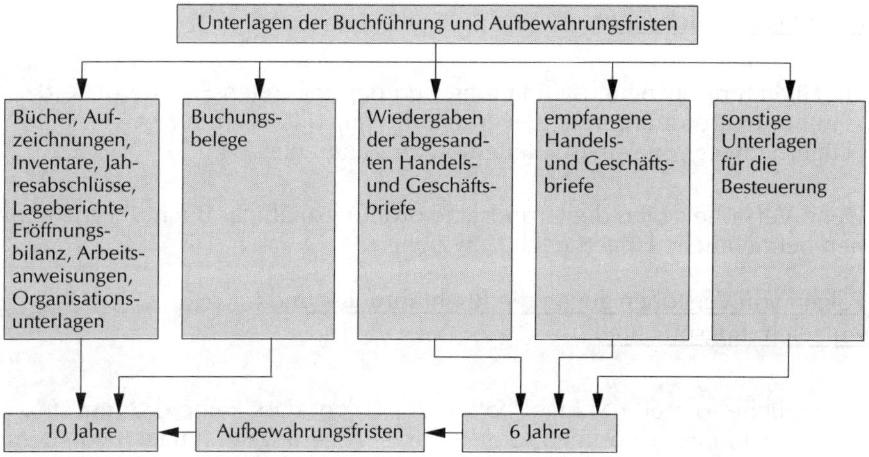

Abbildung 5

Aufzeichnungen können auch auf Datenträgern aufbewahrt bzw. gespeichert werden (Archivierungsfunktion). Bei Bedarf müssen sie allerdings (z. B. bei Betriebsprüfung) in geeigneter Form am Bildschirm des PCs oder ausgedruckt verfügbar sein.
Da die Finanzverwaltung im Rahmen von Prüfungshandlungen Einblick in die EDV des Betriebes verlangen kann, muss auch die Software gemäß den Aufbewahrungsfristen erhalten werden, damit ein Zugang zu den entsprechenden Unterlagen und Dateien gewährleistet bleibt.
Weiterhin muss die Belegspeicherung sowie die Wiedergabe der Daten geordnet erfolgen und für einen fremden Dritten nachvollziehbar sein. Es muss sichergestellt sein, dass die Reproduktion immer mit dem Originalbeleg übereinstimmt.
Die System- und Verfahrensdokumentation muss so angelegt sein, dass ein sachverständiger Dritter in der Lage ist, das System und das Verfahren der Buchführung und der Archivierung innerhalb angemessener Zeit zu überprüfen und nachzuvollziehen.

Diese Ordnungsvorschriften gelten im Übrigen auch dann, wenn der Unternehmer Bücher und Aufzeichnungen führt, die für die Besteuerung von Bedeutung sind, ohne hierzu verpflichtet zu sein.

Dies trifft beispielsweise zu, wenn ein gewerblicher Unternehmer – wie allgemein zu empfehlen – aus betriebswirtschaftlichen Erwägungen Bücher führt.

Erleichterungen

Hinsichtlich der steuerrechtlichen Aufzeichnungspflichten können die Finanzbehörden für einzelne Fälle oder für bestimmte Gruppen von Fällen Erleichterungen bewilligen. Sie werden jedoch nur gewährt, wenn die Einhaltung der Buchführungs-, Aufzeichnungs- und Aufbewahrungspflichten Härten mit sich bringt und die Besteuerung durch die Erleichterung nicht beeinträchtigt wird. Solche Erleichterungen können auch rückwirkend bewilligt und widerrufen werden.

Beratungsmöglichkeiten

Bezüglich der genauen Einhaltung und der konkreten Erfordernisse der Grundsätze ordnungsmäßiger Buchführung sollte sich der gewerbliche Unternehmer von seinem Steuerberater beraten lassen.

Denn Verstöße gegen die Grundsätze ordnungsmäßiger Buchführung können beträchtliche Folgen nach sich ziehen.

Folgen von Verstößen gegen die Buchführungs- und Aufzeichnungspflichten

Erhebliche formelle Mängel haben zur Folge, dass keine ordnungsmäßige Buchführung vorliegt, so dass die Besteuerungsgrundlagen von den Finanzbehörden geschätzt werden. In der Regel kommt ein Unternehmer dabei immer schlechter weg. Weitere Folgen können Zwangsgeld, Geldbußen und Bestrafung sein.

Formelle Mängel bleiben allerdings dann ohne Folgen, wenn die Geschäftsvorfälle vollständig erfasst sind, sich in Entstehung und Abwicklung verfolgen lassen, das sachliche Ergebnis der Buchführung nicht beeinflusst wird und kein erheblicher Verstoß gegen die Aufbewahrungsvorschriften vorliegt.

Schätzung

Bei materiellen Mängeln in der Buchführung können je nach Schwere Fehlerberichtigung sowie Teil- oder Vollschätzung die Folge sein.

1.1.2 System der doppelten Buchführung

1.1.2.1 Überblick über Buchführungssysteme

Doppelte Buchführung

Die doppelte Buchführung ermittelt den betrieblichen Erfolg auf zweifache Weise: durch die Bilanz und durch die Erfolgsrechnung. Sie umfasst die Bestände und deren Veränderungen einerseits sowie die erfolgswirksamen Aufwendungen und Erträge andererseits.

Darstellung des Betriebsablaufs

Dadurch erhält man insgesamt eine geschlossene Darstellung des wertmäßigen Betriebsablaufs. Die doppelte Buchführung setzt zwar umfangreiche Buchführungsarbeiten voraus, sie liefert damit aber auch die wesentlichen Grundlagen für die übrigen Bereiche des betrieblichen Rechnungswesens.

Einfache Buchführung

Dieses Buchführungssystem kennt nur die Verbuchung der Zu- und Abgänge in zeitlicher Abfolge. Der betriebliche Erfolg lässt sich durch die Gegenüberstellung des Vermögens am Anfang und Schluss einer Rechnungsperiode ermitteln. Diese Methode gibt jedoch keinen Aufschluss darüber, wie es über Aufwendungen und Erträge zu diesem Erfolg kommt, d. h., es fehlen die Informationen, wo mögliche Gewinn- und Verlustursachen liegen.

Kameralistische Buchführung

Die Aufgabe dieses Systems der Buchführung, das auch Behörden- oder Verwaltungsbuchführung genannt wird, besteht darin, geplanten Einnahmen und Ausgaben die dann tatsächlich eingetretenen Werte gegenüberzustellen.
Für Gewerbetreibende ist diese Form der Buchführung, die zudem weder Inventur noch Bewertung kennt, nicht geeignet.

Kriterien für die Auswahl des geeigneten Buchführungssystems

Die Auswahl des geeigneten Buchführungssystems findet vorwiegend im Spannungsfeld zwischen Buchführungsaufwand und Aussagefähigkeit statt.

Aussagefähigkeit

Aus Gründen der Aussagefähigkeit sollte nur die doppelte Buchführung gewählt werden. Der damit verbundene Mehraufwand bei den Buchungsarbeiten fällt heute immer weniger ins Gewicht, da diese Arbeiten auch bei der Mehrzahl der Handwerksbetriebe über die elektronische Datenverarbeitung (EDV) erledigt werden. Im Zweifel sollten der Steuerberater oder Berater der Handwerksorganisation zur Entscheidung hinzugezogen werden.

1.1.2.2 Doppelte Buchführung

Buchung
Gegenbuchung

Bei der doppelten Buchführung handelt es sich um die Darstellung der Geschäftsvorfälle in doppelter Weise. Jeder Geschäftsvorfall wird sozusagen nach seiner Herkunft und nach seiner Verwendung erfasst. Es handelt sich um eine Gegenüberstellung von Leistung und Gegenleistung. Daraus folgt, dass zu jeder Buchung eine Gegenbuchung gehört. Jeder Soll-Buchung entspricht eine Haben-Buchung. Beide müssen zahlenmäßig übereinstimmen.

Dabei wirken sich bei den Aktivkonten Vermögenszunahmen auf der Soll-Seite und Vermögensabnahmen auf der Haben-Seite aus. Bei den Kapitalkonten (Eigenkapital und Fremdkapital) werden dagegen die Zunahmen im Haben und die Abnahmen im Soll erfasst.

Bestands- und
Erfolgsrechnung

Die doppelte Buchführung ist damit eine kombinierte Bestands- und Erfolgsrechnung. In ihr werden einerseits alle Anfangsbestände und Veränderungen an Vermögen und Verbindlichkeiten (Schulden) festgehalten. Die Werte des Bilanzstichtages werden dann in der Bilanz gegenübergestellt. Andererseits werden alle Aufwendungen und Erträge erfasst, die ihrerseits wiederum in die Gewinn- und Verlustrechnung eingehen.

Die doppelte Buchführung bildet somit ein geschlossenes Bestands- und Erfolgsermittlungssystem. Sie verfügt dementsprechend über

- Bestandskonten
  - Aktivkonten (Vermögenskonten)
  - Passivkonten (Kapitalkonten, also Eigenkapital und Fremdkapital)

  und
- Erfolgskonten
  - Aufwandskonten
  - Ertragskonten.

Verbuchung
der Geschäfts-
vorfälle

Durch die einzelnen Geschäftsvorfälle treten laufend Veränderungen auf, die Vermögen und Kapital beeinflussen. Hinsichtlich der Verbuchung der Geschäftsvorfälle werden folgende Grundformen unterschieden:

- Aktivtausch
  Hier entspricht der Zugang auf einem Vermögenskonto dem Abgang auf einem anderen. Die Bilanzsumme bleibt deshalb unverändert.
- Passivtausch
  Hier entspricht der Zugang auf einem Kapitalkonto dem Abgang auf einem anderen. Die Bilanzsumme bleibt gleichfalls unverändert.
- Bilanzverlängerung
  Durch einen Geschäftsvorfall werden Aktivseite und Passivseite um den gleichen Betrag vermehrt. Dem Zugang auf einem Vermögenskonto entspricht auch ein Zugang auf einem Kapitalkonto und umgekehrt, so dass die Bilanzsumme insgesamt zunimmt.
- Bilanzverkürzung
  Durch einen Geschäftsvorfall werden Aktivseite und Passivseite um den gleichen Betrag vermindert. Identische Abgänge auf Vermögens- und Kapitalkonten vermindern die Bilanzsumme.

In diesen vier Fällen wird das Betriebsvermögen umgeschichtet.

- Aufwendungen und Erträge beeinflussen das Eigenkapital; sie ändern damit das Betriebsvermögen.
- Gemischte Geschäftsvorfälle
  Hiervon sind sowohl Aufwendungen und Erträge wie auch Bestände betroffen. Dies gilt beispielsweise für die Abschreibungen.

Beispiel:

Ein Handwerksmeister eröffnet zu Jahresbeginn sein Geschäft mit einem Bankguthaben von 10.000,00 EUR und einem Bestand an Vorräten von 20.000,00 EUR. Außerdem hat er Verbindlichkeiten aus Lieferungen und Leistungen in Höhe von 7.000,00 EUR sowie Wechselverbindlichkeiten über 8.000,00 EUR. Dies ergibt folgende einfache Anfangsbilanz:

Aktiva — *Eröffnungsbilanz* — *Passiva*

Aktiva		*Passiva*	
Vorräte	*20.000,00*	*Eigenkapital*	*15.000,00*
Bank	*10.000,00*	*Verbindlichkeiten aus Lieferungen und Leistungen*	*7.000,00*
		Wechselverbindlichkeiten	*8.000,00*
	30.000,00		*30.000,00*

Zum besseren Verständnis der Auswirkungen unterschiedlicher Geschäftsvorfälle kann man sich diese Ausgangsbilanz auch als Waage vorstellen. Diese Waage muss stets im Gleichgewicht sein, da die Summe der Aktiva und Passiva immer gleich groß sein muss. Waage

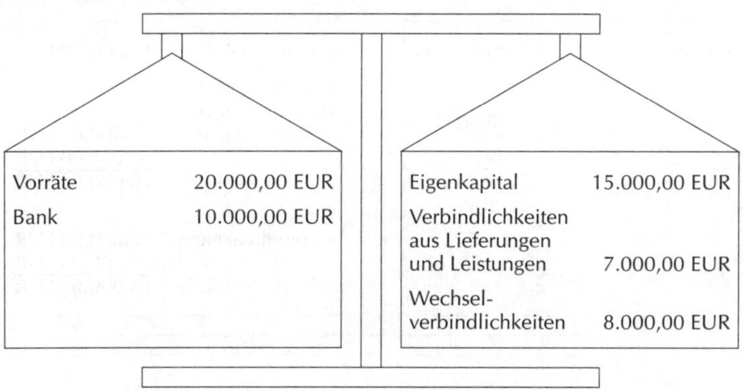

Es treten nun folgende Geschäftsvorfälle auf: Geschäftsvorfälle

a) Der Meister kauft Material für 3.000,00 EUR und zahlt per Banküberweisung.
b) Verbindlichkeiten aus Lieferungen und Leistungen in Höhe von 5.000,00 EUR werden in Wechselverbindlichkeiten umgewandelt.
c) Der Meister kauft Material auf Kredit in Höhe von 5.000,00 EUR.
d) Diese Verbindlichkeiten werden per Banküberweisung getilgt.
e) Der Meister überweist an das Finanzamt für betriebliche Steuern 1.000,00 EUR.

f) Der Meister bekommt für eine Leistung 2.000,00 EUR, die vom Kunden per Bank überwiesen werden.
g) Der Materialverbrauch beträgt für die gesamte Rechnungsperiode 4.000,00 EUR.

In der per Waage dargestellten Bilanz haben diese Geschäftsvorfälle folgende Auswirkungen:

Aktivtausch

a) Hier handelt es sich um einen Aktivtausch.

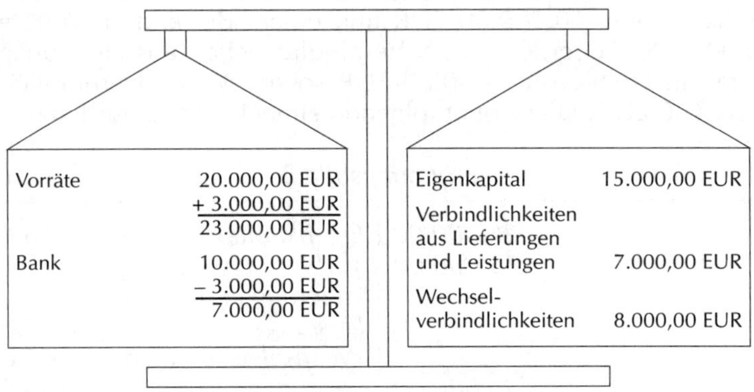

Passivtausch

b) Hier handelt es sich um einen Passivtausch.

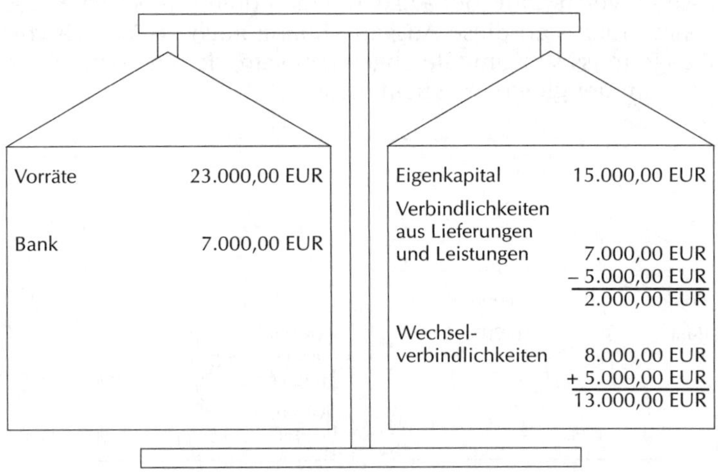

c) Dieser Geschäftsvorfall hat eine Bilanzverlängerung zur Folge.

Bilanzverlängerung

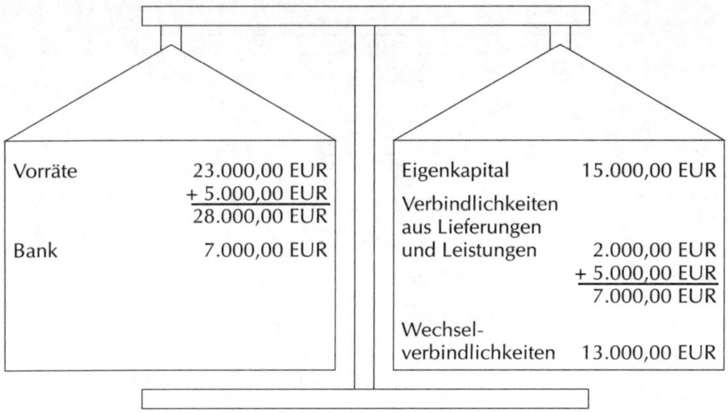

d) Dieser Geschäftsvorfall hat eine Bilanzverkürzung zur Folge.

Bilanzverkürzung

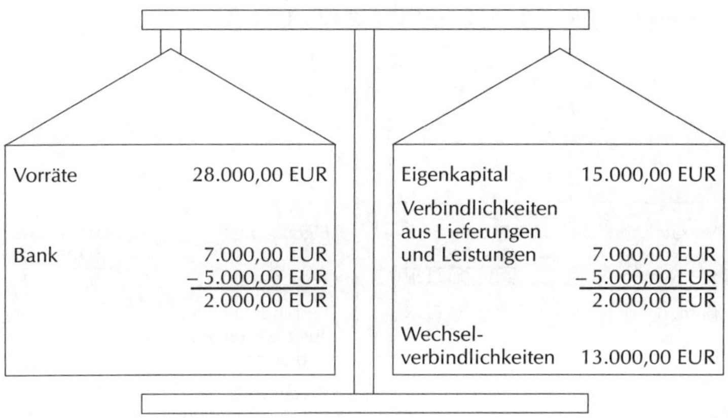

e) Dieser Aufwand beeinflusst das Eigenkapital und führt zu einer Bilanzverkürzung.

Bilanzverkürzung

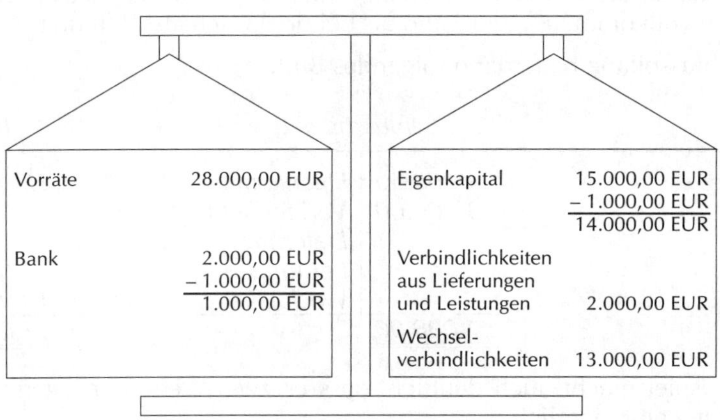

Bilanzverlängerung

f) Dieser Ertrag beeinflusst das Eigenkapital und führt zu einer Bilanzverlängerung.

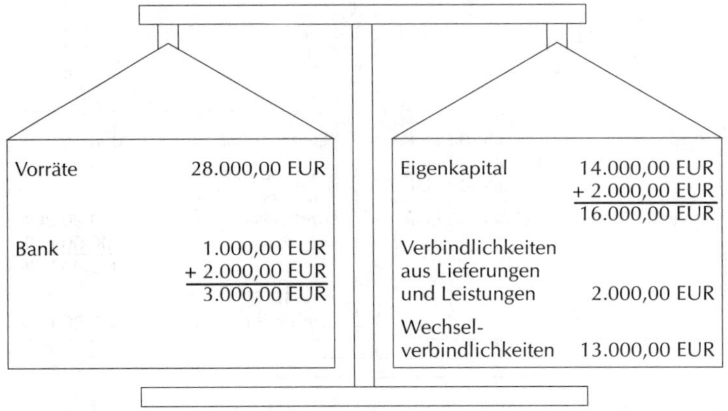

Bilanzverkürzung

g) Vom Materialaufwand ist sowohl das Eigenkapital betroffen wie auch der Bestand an Vorräten. Die Bilanz wird dadurch verkürzt.

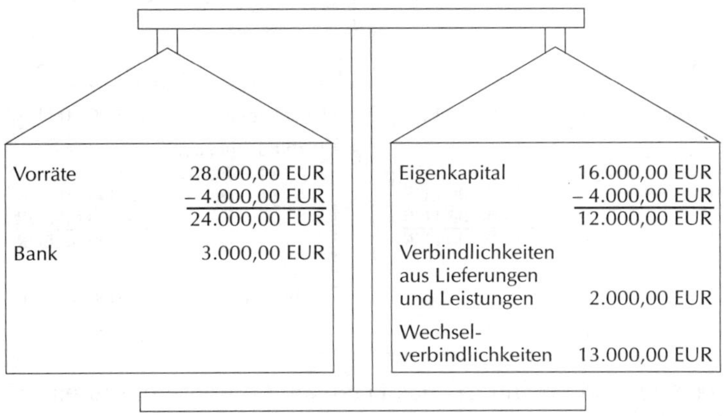

Bereits durch diese sieben Geschäftsvorfälle ergeben sich Aktiva und Passiva, die vollkommen anders sind als bei der Geschäftseröffnung.

Schlussbilanz

Die Schlussbilanz hätte dann folgendes Bild:

Aktiva		*Schlussbilanz*	*Passiva*
Vorräte	*24.000,00*	*Eigenkapital*	*12.000,00*
Bank	*3.000,00*	*Verbindlichkeiten aus Lieferungen und Leistungen*	*2.000,00*
		Wechselverbindlichkeiten	*13.000,00*
	27.000,00		*27.000,00*

Eigenkapitalermittlung

Das Beispiel macht auch deutlich, dass es zwei Wege der Eigenkapitalermittlung gibt, nämlich

- Eigenkapital = Aktiva ./. Passiva = Vorräte 24.000,00 EUR + Bank 3.000,00 EUR ./. Verbindlichkeiten aus Lieferungen und Leistungen 2.000,00 EUR ./. Wechselverbindlichkeiten 13.000,00 EUR = 12.000,00 EUR
  und
- Eigenkapital = Anfangsbestand 15.000,00 EUR ./. Aufwendungen 5.000,00 EUR + Ertrag 2.000,00 EUR = 12.000,00 EUR.

Gegenseitige Kontrolle

In dieser Möglichkeit, das Eigenkapital am Jahresschluss auf zwei Wegen ermitteln zu können, liegt einer der Hauptvorteile der doppelten Buchführung. Die Buchungen kontrollieren sich sozusagen gegenseitig. Führen die beiden Verfahren nicht zum selben Ergebnis, so sind mit Sicherheit Buchungsfehler unterlaufen.

1.1.2.3 Grundlagen und wesentliche Arbeitsschritte

Konto, Kontenarten, Kontenrahmen, Kontenplan

Konto

Soll
Haben

Das Konto ist in der Buchführung die übliche Darstellungsform für die Geschäftsvorfälle. Jedes Konto hat zwei Seiten, eine Soll-Seite und eine Haben-Seite. Die Buchung auf der Haben-Seite wird auch Gutschrift und die auf der Soll-Seite Belastung genannt.

Schema eines Kontos

Konto	
Soll *Belastung*	*Haben* *Gutschrift*

Abbildung 6

Kontenarten

Man unterscheidet zunächst zwischen
- Personenkonten (Personenkonten)
  und
- Sachkonten. (Sachkonten)

Personenkonten sind Konten der Kunden („Forderungen aus Lieferungen und Leistungen") und der Lieferanten („Verbindlichkeiten aus Lieferungen und Leistungen").
Innerhalb der Sachkonten wird unterteilt nach
- Bestandskonten: (Bestandskonten)
  - Vermögens- oder Aktivkonten
  - Verbindlichkeiten- (Schuld-) oder Passivkonten und
- Erfolgskonten: (Erfolgskonten)
  - Aufwandskonten
  - Ertragskonten.

Wichtige Aktiv- oder Vermögenskonten sind zum Beispiel:
Betriebsgebäude, Maschinen, Werkzeuge, Fahrzeuge, Betriebs- und Geschäftsausstattung, Vorräte, Forderungen aus Lieferungen und Leistungen, Kasse, Bank, aktive Rechnungsabgrenzungsposten.

Zu den Verbindlichkeiten- oder Passivkonten zählen insbesondere:
Eigenkapital, Rückstellungen, Verbindlichkeiten gegenüber Kreditinstituten, Verbindlichkeiten aus Lieferungen und Leistungen, sonstige Verbindlichkeiten, passive Rechnungsabgrenzungsposten.

Aufwandskonten sind unter anderem:
Materialaufwand (Materialeinsatz), Löhne und Gehälter, gesetzliche soziale Aufwendungen, Abschreibungen, Versicherungen, Beiträge, Zinsaufwendungen, betriebliche Steuern.

Auf Ertragskonten werden vor allem erfasst:
Umsatzerlöse, Zinserträge, sonstige betriebliche Erträge.

Kontenrahmen

Um eine klare und übersichtliche Buchführung entsprechend den Grundsätzen ordnungsmäßiger Buchführung sicherzustellen, wird in der Praxis auf Kontenrahmen zurückgegriffen. Sie legen fest, wie einzelne Geschäftsvorfälle zu verbuchen sind.
Kontenrahmen sind ein Organisations- und Gliederungsschema für das gesamte betriebliche Rechnungswesen. Sie sollen vor allem eine einheitliche Ausrichtung der Buchführungsorganisation ermöglichen, indem sie festlegen, wie die einzelnen Geschäftsvorfälle verbucht werden. Für die gesamte deutsche Wirtschaft wurde der so genannte Gemeinschaftskontenrahmen entworfen. Er ist nach dem Dezimalsystem aufgebaut, das heißt, es gibt 10 Kontenklassen, diese werden wiederum in bis zu 10 Kontengruppen unterteilt und diese wiederum bei Bedarf in jeweils bis zu 10 Untergruppen. Auf die 10 Kontenklassen werden die einzelnen Bestandskonten, Erfolgskonten und die Abschlusskonten verteilt.

Gemeinschaftskontenrahmen

Auf der Basis dieses Gemeinschaftskontenrahmens wurden spezielle Kontenrahmen für einzelne Wirtschaftsbereiche – darunter auch für das Handwerk – entwickelt. Aus diesem Einheitskontenrahmen für das Handwerk wurden wiederum Fachkontenrahmen für einzelne Branchen ausgearbeitet.

Spezielle Kontenrahmen

Fachkontenrahmen

Von besonderer Bedeutung sind heute die Kontenrahmen der DATEV für Einzelfirmen und Personengesellschaften sowie für Kapitalgesellschaften, die von sehr vielen Steuerberatern für ihre Mandanten eingesetzt werden. Diese Kontenrahmen berücksichtigen die Bilanzierungsvorschriften. Die DATEV bietet rund 20 Spezialkontenrahmen an, die branchentypische und branchenspezifische Erfordernisse berücksichtigen. Die DATEV führt darunter auch einen speziellen Kontenrahmen für das Handwerk.

DATEV-Kontenrahmen

Beispiel für die Gliederung eines Kontenrahmens (hier DATEV-Kontenrahmen SKR 03 und SKR 04, wobei Version 03 nach dem Prozessgliederungsprinzip aufgebaut ist und Version 04 nach dem Abschlussprinzip):

	SKR 03	SKR 04
Klasse 0	Anlage- und Kapitalkonten	Anlagevermögen
Klasse 1	Finanz- und Privatkonten	Umlaufvermögen
Klasse 2	Abgrenzungskonten	Passiva (Kapital, Privatentnahmen, Rücklagen, Gewinn-/Verlustvortrag, Sonderposten mit Rücklagenanteil)
Klasse 3	Wareneingangs- und Bestandskonten	Passiva (Rückstellungen, Verbindlichkeiten, Rechnungsabgrenzungsposten)
Klasse 4	betriebliche Aufwendungen	betriebliche Erträge
Klasse 5	nicht belegt (für Kostenrechnung nutzbar)	betriebliche Aufwendungen (Materialaufwand, Aufwand für bezogene Leistungen)
Klasse 6	nicht belegt (für die Kostenrechnung nutzbar)	betriebliche Aufwendungen (Personalaufwand, Sozialabgaben, Abschreibungen, sonstige Aufwendungen, kalkulatorische Kosten)
Klasse 7	Bestände an Erzeugnissen	weitere Erträge und Aufwendungen
Klasse 8	Erlöskonten	nicht belegt
Klasse 9	Vortragskonten	Vortragskonten

Abbildung 7

Nachfolgend wird beispielhaft ein Kontenrahmen auf der Basis des SKR 04 dargestellt, der Konten enthält, die in der Regel für einen Handwerksbetrieb von Bedeutung sind. Der Einsatz in der Praxis ist von den betriebsindividuellen Gegebenheiten (Größe, Branche etc.) abhängig. Je größer ein Betrieb ist, desto tiefer gegliedert wird in der Regel der Kontenrahmen sein, an dem er sich orientiert. Dabei werden die im SKR 04 üblichen Kontenbezeichnungen zugrunde gelegt. In diesem Buch werden jedoch vielfach auch Kontenbezeichnungen und Zusammenfassungen verwendet, die in der „Kaufmanns-Alltagssprache" gebräuchlicher sind.

Auszug aus dem Kontenrahmen SKR04 mit den für einen Handwerksbetrieb gebräuchlichen Konten

Klasse 0 – Anlagevermögenskonten

0100 Konzess., gewerbl. Schutzr. u. ähnl. Rechte und Werte sowie Lizenzen an solchen Rechten und Werten
0135 EDV-Software
0150 Geschäfts- oder Firmenwert
0200 Grundst., gr.-gl. Rechte/B. einschl. der Bauten auf fremden Grundstücken
0230 Bauten auf eigenen Grundstücken und grundstücksgleichen Rechten
0330 Bauten auf fremden Grundstücken
0400 Technische Anlagen und Maschinen
0420 Technische Anlagen
0440 Maschinen
0500 Andere Anlagen, BGA
0520 Pkw
0540 Lkw
0620 Werkzeuge
0640 Ladeeinrichtung
0650 Büroeinrichtung
0670 Geringwertige Wirtschaftsgüter bis 410,00 EUR

0690 Sonstige Betriebs- und Geschäftsausstattung
0700 Geleistete Anzahlungen und Anlagen im Bau
0820 Beteiligungen
0900 Wertpapiere des Anlagevermögens
0930 Sonstige Ausleihungen

Klasse 1 – Umlaufvermögenskonten

1000 Roh-, Hilfs- und Betriebsstoffe (Bestand)
1040 Unfertige Erzeugnisse, unfertige Leistungen (Bestand)
1100 Fertige Erzeugnisse und Waren (Bestand)
1180 Geleistete Anzahlungen auf Vorräte
1181 Geleistete Anzahlungen, 7 % Vorsteuer
1184 Geleistete Anzahlungen, 16 % Vorsteuer
1200 Forderungen aus Lieferungen und Leistungen (Sammelkonto)
1210 Forderungen aus Lieferungen und Leistungen
1230 Wechsel aus Lieferungen und Leistungen
1240 Zweifelhafte Forderungen
1300 Sonstige Vermögensgegenstände
1350 Kautionen
1360 Darlehen
1370 Durchlaufende Posten
1400 Abziehbare Vorsteuer
1401 Abziehbare Vorsteuer 7 %
1405 Abziehbare Vorsteuer 16 %
1433 Bezahlte Einfuhrumsatzsteuer
1510 Sonstige Wertpapiere
1550 Schecks
1600 Kasse
1700 Postbank
1800 Bank
1900 Aktive Rechnungsabgrenzung

Klasse 2 – Eigenkapitalkonten

2000 Festkapital (Vollhafter/Einzelunternehmer)
2010 Variables Kapital
2100 Privatentnahmen allgemein (Vollhafter/Einzelunternehmer)
2130 Unentgeltliche Wertabgaben (Vollhafter/Einzelunternehmer)
2150 Privatsteuern (Vollhafter/Einzelunternehmer)
2180 Privateinlagen (Vollhafter/Einzelunternehmer)
2250 Zuwendungen, Spenden (Vollhafter/Einzelunternehmer)
2920 Kapitalrücklage
2930 Gesetzliche Rücklage
2950 Satzungsmäßige Rücklagen
2960 Andere Gewinnrücklagen
2970 Gewinnvortrag vor Verwendung
2978 Verlustvortrag vor Verwendung
2980 Sonderposten mit Rücklageanteil steuerfreie Rücklagen

Klasse 3 – Fremdkapitalkonten

3000 Rückstellungen für Pensionen und ähnliche Verpflichtungen
3020 Steuerrückstellungen
3070 Sonstige Rückstellungen
3090 Rückstellungen für Gewährleistungen
3150 Verbindlichkeiten gg. Kreditinstituten
3151 Verbindlichkeiten gg. Kreditinstituten (bis 1 Jahr)
3160 Verbindlichkeiten gg. Kreditinstituten (1–5 Jahre)
3170 Verbindlichkeiten gg. Kreditinstituten (über 5 Jahre)
3250 Erhaltene Anzahlungen auf Bestellungen
3260 Erhaltene Anzahlungen 7 % USt
3270 Erhaltene Anzahlungen 16 % USt
3300 Verb. aus Lieferungen und Leistungen (Sammelkonto)
3310 Verb. aus Lieferungen und Leistungen
3350 Verb. aus der Annahme gezogener Wechsel und aus der Ausstellung eigener Wechsel
3500 Sonstige Verbindlichkeiten
3560 Darlehen
3610 Kreditkartenabrechnung
3700 Verb. aus Betriebssteuern und -abgaben
3720 Verbindlichkeiten aus Lohn und Gehalt
3730 Verbindlichkeiten aus Lohn und Kirchensteuer
3740 Verb. im Rahmen der sozialen Sicherheit
3761 Verbindlichkeiten für Verbrauchssteuern

3770 Verbindlichkeiten aus Vermögensbildung
3790 Lohn- und Gehaltsverrechnungskonto
3800 Umsatzsteuer
3801 Umsatzsteuer 7 %
3805 Umsatzsteuer 16 %
3820 Umsatzsteuer-Vorauszahlungen
3900 Passive Rechnungsabgrenzung

Klasse 4 – Betriebliche Erträge

4200 Erlöse
4300 Erlöse 7 % USt
4400 Erlöse 16 % USt
4500 Provisionserlöse
4600 Unentgeltliche Wertabgaben
4690 Nicht steuerbare Umsätze
4730 Gewährte Skonti
4731 Gewährte Skonti 7 % USt
4735 Gewährte Skonti 16 % USt
4740 Gewährte Boni
4750 Gewährte Boni 7 % USt
4760 Gewährte Boni 16 % USt
4800 Bestandsveränderungen – fertige Erzeugnisse
4810 Bestandsveränderungen – unfertige Erzeugnisse
4830 Sonstige betriebliche Erträge
4845 Erlöse aus Verkäufen Sachanlagevermögen 16 % USt (bei Buchgewinn)
4855 Anlagenabgänge Sachanlagen (Restbuchwert bei Buchgewinn)
4900 Erträge aus dem Abgang von Gegenständen des Anlagevermögens
4940 Verrechnete sonstige Sachbezüge (keine Waren)
4941 Sachbezüge 7 % USt (Waren)
4945 Sachbezüge 16 % USt (Waren)

Klasse 5 – Betriebliche Aufwendungen

5100 Einkauf von Roh-, Hilfs- und Betriebsst.
5200 Wareneingang
5300 Wareneingang 7 % VSt
5400 Wareneingang 16 % VSt
5730 Erhaltene Skonti
5731 Erhaltene Skonti 7 % VSt
5735 Erhaltene Skonti 16 % VSt
5900 Fremdleistungen

Klasse 6 – Betriebliche Aufwendungen

6000 Löhne und Gehälter
6010 Löhne
6020 Gehälter
6080 Vermögenswirksame Leistungen
6100 Soz. Abgaben u. Aufw. für Altersversorgung
6110 Gesetzl. soziale Aufwendungen
6120 Beiträge zur Berufsgenossenschaft
6130 Freiwillige soziale Aufw., lohnsteuerfrei
6200 Abschreibungen auf immaterielle Vermögensgegenstände
6220 Abschreibungen auf Sachanlagen
6260 Sofortabschreibungen geringwertiger Wirtschaftsgüter
6300 Sonstige betriebliche Aufwendungen
6305 Raumkosten
6310 Miete
6315 Pacht
6320 Heizung
6325 Gas, Strom, Wasser
6330 Reinigung
6335 Instandhaltung betrieblicher Räume
6340 Abgaben für betrieblich genutzten Grundbesitz
6345 Sonstige Raumkosten
6390 Zuwendungen, Spenden, steuerlich nicht absetzbar
6391 Zuwendungen, Spenden für wissensch. und kulturelle Zwecke
6392 Zuwendungen, Spenden für mildtätige Zwecke
6393 Zuwendungen, Spenden für kirchliche, religiöse und gemeinnützige Zwecke
6400 Versicherungen
6410 Nettoprämie für Rückdeckung künft. Versorgungsleistungen
6420 Beiträge
6430 Sonstige Abgaben
6450 Reparaturen und Instandhaltung von Bauten
6460 Reparaturen und Instandhaltung von technischen Anlagen und Maschinen
6470 Reparaturen und Instandhaltung von Betriebs- und Geschäftsausstattung
6490 Sonstige Reparaturen und Instandhaltungen

6500 Fahrzeugkosten
6520 Kfz-Versicherungen
6530 Laufende Kfz-Betriebskosten
6540 Kfz-Reparaturen
6600 Werbekosten
6640 Bewirtungskosten
6650 Reisekosten Arbeitnehmer
6700 Kosten der Warenabgabe
6800 Porto
6805 Telefon
6810 Telefax
6815 Bürobedarf
6820 Zeitschriften, Bücher
6830 Buchführungskosten
6855 Nebenkosten des Geldverkehrs
6885 Erlöse aus Verkäufen Sachanlagevermögen 16 % USt (bei Buchverlust)
6895 Anlagenabgänge Sachanlagen (Restbuchwert bei Buchverlust)
6900 Verluste aus dem Abgang von Gegenständen
6910 Abschreibungen auf Umlaufvermögen außer Voräten und Wertpapieren des Umlaufvermögens
6930 Forderungsverluste (übliche Höhe)
6960 Periodenfremde Aufwendungen, soweit nicht außerordentlich

Klasse 7 – Weitere Erträge und Aufwendungen

7100 Sonstige Zinsen und ähnliche Erträge
7130 Diskonterträge
7200 Abschreibungen auf Finanzanlagen
7300 Zinsen und ähnliche Aufwendungen
7340 Diskontaufwendungen
7400 Außerordentliche Erträge
7500 Außerordentliche Aufwendungen
7600 Körperschaftsteuer
7610 Gewerbesteuer
7650 Sonstige Steuern
7675 Verbrauchsteuer
7678 Ökosteuer
7680 Grundsteuer
7685 Kfz-Steuer

Abbildung 8

Kontenplan

Für den einzelnen Betrieb ist auf der Basis des gewählten Kontenrahmens eine betriebsindividuelle systematische Gliederung der Konten zu erstellen (Kontenplan). Er gewährleistet eine übersichtliche Buchführungsorganisation.

Dabei ist darauf zu achten, dass die Zahl der anzulegenden Konten in einem angemessenen Verhältnis zur Betriebsgröße und zu den betrieblichen Gegebenheiten und Anforderungen steht. Auf jeden Fall aber müssen die Konten ausreichen, um eine ordnungsmäßige Buchführung sicherzustellen. Deshalb wird empfohlen, den einzelbetrieblichen Kontenplan von einem Fachmann, etwa dem Steuerberater, erstellen zu lassen, zumindest aber einen fachkundigen Berater hinzuzuziehen.

Konteneröffnung

Die Konteneröffnung beinhaltet die Einrichtung sämtlicher benötigter Konten sowie die Übernahme vorhandener Anfangsbestände.

Anfangsbestand

Dabei steht der Anfangsbestand bei Aktivkonten im Soll und bei Passivkonten im Haben.

Soll	*Aktivkonto*	*Haben*
Anfangsbestand		

Soll	*Passivkonto*	*Haben*
		Anfangsbestand

Abbildung 9

1.1.2.4 Belege, Buchungsregeln, Vorkontierung und Verbuchung der laufenden Geschäftsvorfälle

Belege

Entsprechend des schon erwähnten Belegprinzips „Keine Buchung ohne Beleg" sind Belege wie Quittungen, Rechnungen u. v. a. die unerlässliche Grundlage für jede Buchung.

Buchungsregeln

Anhand der Belege ist zu überlegen:
- Welche Konten werden berührt?
- Um was für Konten handelt es sich dabei?
- Liegt ein Zugang oder ein Abgang vor?
- Welche Kontenseite ist danach zu buchen?

Fragestellungen

Man kann sich als feste Regeln einprägen:

Aktivkonten: Anfangsbestände und Zugänge auf der linken, Abgänge auf der rechten Seite
Passivkonten: Anfangsbestände und Zugänge auf der rechten, Abgänge auf der linken Seite
Aufwandskonten: Zugänge links, Abgänge rechts
Ertragskonten: Zugänge rechts, Abgänge links.

Regel 1

Die heute übliche Form ist die Bildung von Buchungssätzen.

Dabei wird das Konto zuerst genannt, bei dem im Soll gebucht wird, und durch „an" mit dem Konto verbunden, bei dem im Haben gebucht wird.

Regel 2

Beispiel:

„Verbindlichkeiten aus Lieferungen und Leistungen **an** Bank."
Vielfach werden dabei auch nur die entsprechenden Nummern aus dem Kontenrahmen genannt; also nach dem dargestellten Kontenrahmen SKR04: 3310 **an** 1800
Hierfür ist allerdings zum besseren Verständnis Voraussetzung, dass man auch die vorher genannten Regeln kennt.

Beispiel:

Zu verbuchen ist folgender Geschäftsvorfall: Ein Handwerksmeister kauft Material im Wert von 3.000,00 EUR auf Ziel und bezahlt nach 4 Wochen per Banküberweisung.

Anwendung der Buchungsregeln

Buchungsregel 1: Das Konto Vorräte ist ein Aktivkonto, also Buchung eines Zugangs links;

das Konto Verbindlichkeiten aus Lieferungen und Leistungen ist ein Passivkonto, also Buchung eines Zugangs rechts;

beim Zahlungsvorgang nach 4 Wochen Buchung des Abgangs auf dem Konto Verbindlichkeiten aus Lieferungen und Leistungen links;

das Konto Bank ist ein Aktivkonto, also Buchung eines Abgangs rechts.

Buchungsregel 2: Vorräte an Verbindlichkeiten aus Lieferungen und Leistungen;

nach 4 Wochen: Verbindlichkeiten aus Lieferungen und Leistungen an Bank.

Beide Regeln führen dann zu folgender Kontendarstellung:

Soll (Zugang)	*Vorräte*	*Haben (Abgang)*
3.000,00		

Soll (Abgang)	*Verbindlichkeiten aus Lieferungen und Leistungen*	*Haben (Zugang)*
3.000,00		*3.000,00*

Soll (Zugang)	*Bank*	*Haben (Abgang)*
		3.000,00

Vorkontierung und Verbuchung der laufenden Geschäftsvorfälle

Der Kontenplan ist ein wichtiges Hilfsmittel für die Vorkontierung. Darunter versteht man, dass bereits auf den Belegen die für die Verbuchung notwendigen Konten vermerkt werden.

In der Praxis geschieht dies zum Beispiel mittels eines Stempels, der Platz für entsprechende Eintragungen vorsieht.

Die endgültige Verbuchung der laufenden Geschäftsvorfälle, also die Übertragung in das jeweilige Konto, wird durch diese Buchungsanweisungen erheblich erleichtert.

Beispiele für die Kontierung von Belegen

Rechnung **Kfz-Reparatur Hans Mustermann e. K.**

Ihr fairer Partner

Musterstraße 1
80000 Musterhausen
Tel. 089/12345678
Fax 089/1245679
E-Mail: info@kfz-mustermann.de
Internet: www.kfz-mustermann.de

Herrn
Lothar Schober
Schoberweg 1

80001 Musterheim

Datum: 2006-01-10
Rechnung-Nr: 2006-0002

Artikel-Nummer	Menge	Bezeichnung	Einzelpreis EUR	Gesamtpreis EUR
122-334	1	Unfallinstandsetzungsarbeiten gemäß gesondertem Bericht (Fertigstellung der Arbeiten am 09.01.2006)	4.240,00	4.240,00

ZWISCHENSUMME	4.240,00
16 % Umsatzsteuer	678,40
GESAMT	4.918,40

Zahlungsbedingung: Zahlbar sofort ohne Abzug

VIELEN DANK FÜR IHREN AUFTRAG!

USt-Id-Nr. DE 111222333
Steuer-Nummer 123/234/00456

München Bank
(BLZ 700 001 00) Kto. Nr. 121255

Bei dieser Rechnung hat der Buchungsstempel folgendes Aussehen:

Soll			*Haben*
1210 (Forderungen aus Lieferungen und Leistungen	*4.918,40*	*4400 (Erlöse 16 %)*	*4.240,00*
		3805 (Umsatzsteuer 16 %)	*678,40*

Entnahmebeleg Kasse
Buchhaltung

Kassenbeleg-Nr. 7

Von Herrn Hans Mustermann privat entnommen:

800,00 EUR

München, 17.03.2006 **Mustermann**

Für den Entnahmebeleg Kasse ist folgender Buchungsvorgang notwendig:

Soll		*Haben*	
2100 (Privatentnahmen allgemein)	*800,00*	*1600 (Kasse)*	*800,00*

Original

Quittung Nr.

EUR ☒ ____ ☐	Betrag in Ziffern	
Nettowert	34	70
+ 16 % MwSt.	5	55
Gesamtbetrag	40	25

Gesamtbetrag in Worten

von **Herrn Klaus Mustermair**

für **Büromaterial**

richtig erhalten zu haben, bestätigt

Schober

Büro Center Mustermann
Augsburger Str. 4
80423 München

Ort/Datum **München, 04.04.2006** Stempel/Unterschrift des Empfängers

Gebucht: Geprüft:

Für diese Quittung sieht der Buchungsstempel wie folgt aus:

Soll		*Haben*	
6815 (Bürobedarf)	*34,70*	*1600 (Kasse)*	*40,25*
1405 (Abziehbare Vorsteuer 16 %)	*5,55*		

1.1.3 Inventur und Abschluss

1.1.3.1 Wesen der Inventur

Körperliche Bestandsaufnahme

Die Inventur ist die zu einem bestimmten Stichtag vorgenommene körperliche Bestandsaufnahme aller Vermögensgegenstände und Schulden (Verbindlichkeiten) eines Unternehmens. Die entsprechenden Ergebnisse werden anschließend in einem Inventar schriftlich festgehalten.

1.1.3.2 Zweck der Inventur

Die Inventur ist nach Handelsrecht jedem Kaufmann vorgeschrieben. Sie muss in der Regel bei Beginn des Gewerbes (Eröffnung des Betriebes) zur Feststellung der Ausgangssituation und dann am Schluss eines jeden Geschäftsjahres zur Ermittlung eingetretener Veränderungen durchgeführt werden. Sie ist ein wesentlicher Bestandteil einer ordnungsmäßigen Buchführung.

Kontrollinstrument

Die Inventur soll eine Kontrolle darüber ermöglichen, ob die tatsächlich vorhandenen Ist-Bestände mit den sich aus den Büchern ergebenden Soll-Beständen nach Art, Menge und Wert übereinstimmen. Im Falle von Abweichungen soll sie helfen, diese zu erklären.
Sie ist damit eine wichtige Ergänzung der buchhalterischen Aufzeichnungen und eine unerlässliche Unterlage für die Aufstellung des Jahresabschlusses.
Das Handelsrecht sieht im Inventar letztlich auch ein Instrument zur Vermögensfeststellung zum Schutz der Gläubiger.

1.1.3.3 Durchführung der Inventur

Zählen, Messen, Wiegen

Die Durchführung der Inventur umfasst grundsätzlich zwei Teile, nämlich die körperliche (mengenmäßige) Erfassung der Vermögensgegenstände und Schulden durch Zählen, Messen oder Wiegen und die daran anschließende oder auch gleichzeitige Bewertung.

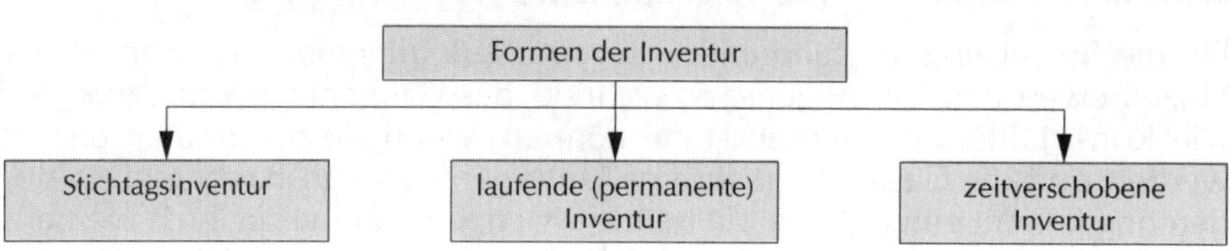

Abbildung 10

Stichtagsinventur

Bei der **Stichtagsinventur,** die zumeist am Bilanzstichtag oder zumindest zeitnah, d. h. 10 Tage vor oder nach dem Stichtag, durchgeführt wird, werden bewegliches Anlagevermögen, Finanzanlagevermögen, Warenvorräte, Bargeldbestände usw. an Ort und Stelle körperlich erfasst. Sie bietet den Vorteil großer Genauigkeit, ist jedoch in vielen Fällen mit betrieblichen Stillstandszeiten und hohem personellem Aufwand verbunden.

Deshalb werden in vielen Betrieben die Bestände nicht mehr zu einem bestimmten Stichtag, sondern laufend während des gesamten Geschäftsjahres aufgenommen. Am Bilanzstichtag werden die Bestände aus der buchmäßigen Fortschreibung dann in das Inventar übertragen. Voraussetzung für eine **laufende** oder **permanente Inventur** ist eine gute Lagerbuchführung, die nach dem Steuerrecht folgende Anforderungen erfüllen muss:

Laufende Inventur

- Eintragung aller Bestände sowie Zu- und Abgänge einzeln nach Tag, Art und Menge
- belegmäßiger Nachweis aller Eintragungen
- mindestens einmal jährliche Überprüfung der Übereinstimmung des ausgewiesenen Vorratsvermögens mit den tatsächlich vorhandenen Beständen sowie
- Anfertigung von Protokollen, die von den aufnehmenden Personen zu unterzeichnen sind.

Zeitverschobene Inventur

Möglich und zulässig ist ferner eine **zeitverschobene Inventur.** Die jährliche körperliche Bestandsaufnahme kann dabei ganz oder teilweise innerhalb der letzten 3 Monate vor oder innerhalb der ersten 2 Monate nach dem Bilanzstichtag durchgeführt werden. Voraussetzung dafür ist allerdings, dass durch entsprechende Verfahren der Wert des Bestandes zum Stichtag ermittelt werden kann.

Die **laufende und die zeitverschobene Inventur** sind **nicht** möglich für

- Bestände, bei denen durch Schwund, Verderblichkeit oder ähnliche Vorgänge ins Gewicht fallende unkontrollierbare Abgänge eintreten
- besonders wertvolle Wirtschaftsgüter.

Vereinfachungen

Unter bestimmten Voraussetzungen sind auch Inventurvereinfachungsverfahren zugelassen, wie zum Beispiel die Ermittlung des Bestandes der Vermögensgegenstände mit anerkannten mathematisch-statistischen Verfahren und der Verzicht auf die Verzeichnung der Vermögensgegenstände für den Schluss eines Geschäftsjahres. Die körperliche Bestandsaufnahme kann entfallen, wenn ein fortlaufendes Bestandsverzeichnis geführt wird.

Hinweise für die Praxis: Bei der körperlichen Erfassung ist unter anderem darauf zu achten, dass keine Gegenstände aufgenommen werden, die dem Betrieb nicht gehören (Miete, Leasing), und kein auswärtiges Lager sowie keine beim Subunternehmer liegende Ware vergessen wird.

Bewertung

Für die Bewertung im Rahmen der Inventur gilt allgemein das Prinzip der Einzelbewertung. Vermögensgegenstände des Sachanlagevermögens sowie Roh-, Hilfs- und Betriebsstoffe können, wenn sie regelmäßig ersetzt werden und ihr Gesamtwert für das Unternehmen von nachrangiger Bedeutung ist, mit einer gleich bleibenden Menge und einem gleich bleibenden Wert angesetzt werden, sofern ihr Bestand in seiner Größe, seinem Wert und seiner Zusammensetzung nur geringen Veränderungen unterliegt. Jedoch ist in der Regel alle 3 Jahre eine körperliche Bestandsaufnahme durchzuführen. Gleichartige Vermögensgegenstände des Vorratsvermögens sowie andere gleichartige oder annähernd gleichwertige bewegliche Vermögensgegenstände und Schulden können jeweils zu einer Gruppe zusammengefasst und mit dem gewogenen Durchschnitt angesetzt werden.

1.1.3.4 Aufstellung des Inventars

Die ermittelten Vermögensgegenstände und Schulden werden im Inventar zusammengestellt.

Verpflichtung

Jeder Kaufmann im Sinne des HGB hat zu Beginn seines Betriebes und dann für den Schluss eines jeden Geschäftsjahres ein Inventar zu erstellen. Das Inventar ist Voraussetzung für die Erstellung der Eröffnungsbilanz.

Inventarverzeichnis

Das Inventar ist das Verzeichnis der Grundstücke, Forderungen, Schulden, der Bargeldbestände sowie der sonstigen Vermögensgegenstände nach Art, Menge und Wert.

Inventur und Inventar sind damit auch Voraussetzung für den Abschluss der Konten.

1.1.3.5 Umbuchungen, Vorbereitung des Abschlusses, Abschlussbuchungen

Kontenabschluss

Jedes Konto wird am Ende der Abrechnungsperiode, in der Regel am Ende des Geschäftsjahres, abgeschlossen. Dazu werden zunächst beide Seiten des Kontos aufaddiert und anschließend die Differenz zwischen Soll- und Haben-Seite ermittelt. Diese Differenz nennt man Saldo. Der Saldo wird immer auf die summenschwächere Seite gesetzt, so dass insgesamt auf der linken und der rechten Seite des Kontos sich dann die gleiche Summe ergibt.
Steht der Saldo dazu auf der Soll-Seite, so spricht man von einem Haben-Saldo, im umgekehrten Fall von einem Soll-Saldo.

Kontenabschluss

Soll	*Haben*
Anfangsbestand *+ Zugänge*	*Abgänge*
	(Soll-)Saldo

Soll	*Haben*
Abgänge	*Anfangsbestand* *+ Zugänge*
(Haben-)Saldo	

Abbildung 11

Umbuchungen

Bei einigen Konten werden die im Laufe eines Abrechnungszeitraumes gebuchten Beträge bzw. die Salden zur Erstellung des Jahresabschlusses auf andere Konten umgebucht. Die wichtigsten Fälle sind dabei:

Privatkonto

Saldo des Privatkontos auf Eigenkapitalkonto
Das Privatkonto ist ein Unterkonto des Passivkontos „Eigenkapital".

Umbuchung des Privatkontos

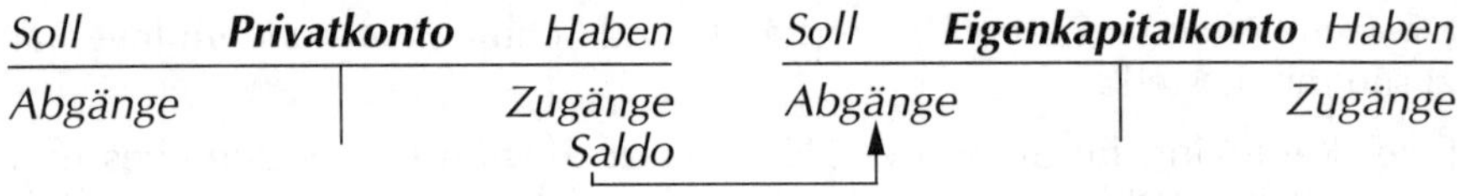

Abbildung 12

Saldo des Kontos geringwertige Wirtschaftsgüter (GWG) auf Konto Abschreibungen

GWG

Umbuchung des Kontos geringwertige Wirtschaftsgüter (GwG)

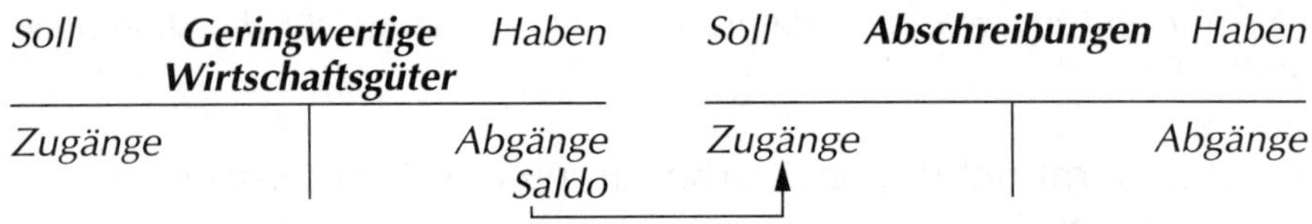

Abbildung 13

Es ist allerdings auch möglich und üblich, geringwertige Wirtschaftsgüter direkt über das Konto Abschreibungen zu buchen.

Saldo des Kontos Erhaltene Skonti auf Konto Vorräte bzw. auf das entsprechende Anlagenkonto

Erhaltene Skonti

Nach dem Handelsrecht sind Anschaffungspreisminderungen wie erhaltene Skonti bei Gegenständen des Anlagevermögens von den Anschaffungskosten abzusetzen. Dies kann zum einen unmittelbar geschehen. Zum anderen ist es auch möglich, die erhaltenen Skonti während des Geschäftsjahres auf dem Konto Erhaltene Skonti zu sammeln und am Ende auf die Anlagen (Maschinen, Fahrzeuge oder Büro- und Geschäftsausstattung) umzubuchen.

Umbuchung des Kontos Erhaltene Skonti auf Anlagen

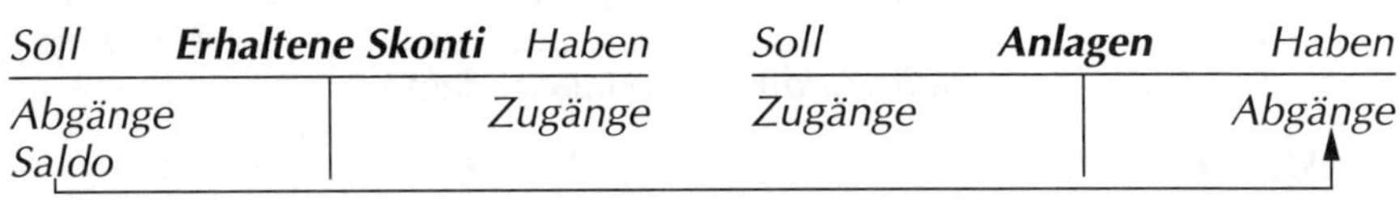

Abbildung 14

Wichtig: Skontoerträge aus Lieferungen und Leistungen (Vorräte) werden auf dem Konto Erhaltene Skonti (Erfolgskonto) gesammelt und über das Wareneinkaufskonto (eher üblich) oder über die Gewinn- und Verlustrechnung abgeschlossen.

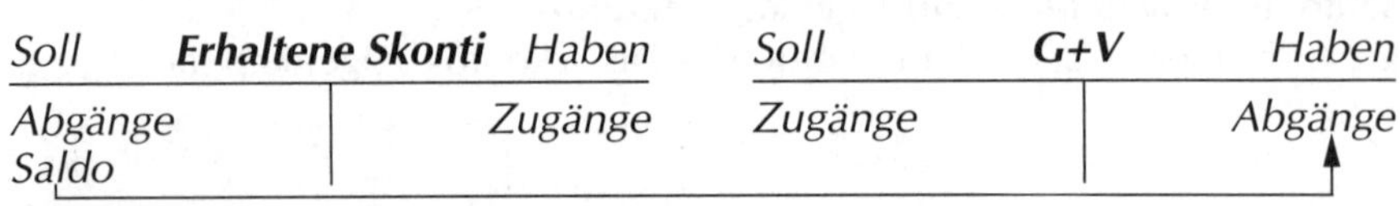

Abbildung 15

oder:

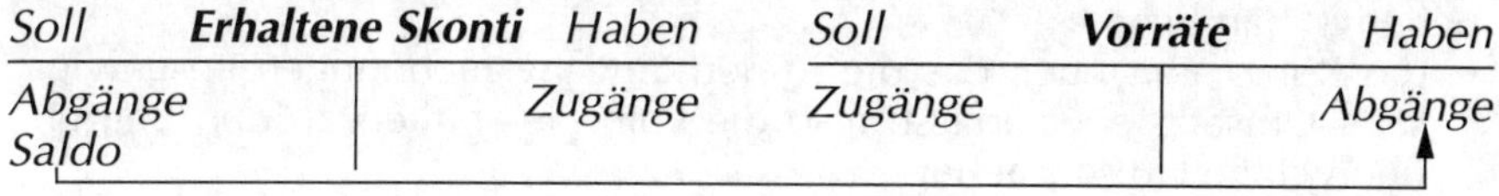

Abbildung 16

Saldo des Kontos Gewährte Skonti auf Konto Umsatzerlöse

Gewährte Skonti

Nach dem Handelsrecht sind Erlöse nach Abzug der gewährten Skonti auszuweisen. Auch dies kann entweder direkt geschehen oder durch Umbuchung eines entsprechenden Kontos am Jahresende.

Umbuchung des Kontos Gewährte Skonti

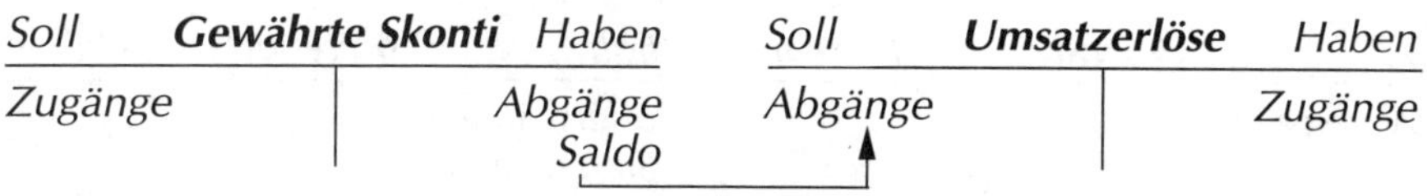

Abbildung 17

Die gesonderte buchhalterische Erfassung sowohl der erhaltenen Skonti wie auch der gewährten Skonti empfiehlt sich aus betriebswirtschaftlichen Gründen. Der Betriebsinhaber erhält damit wichtige Informationen, beispielsweise darüber, in welchem Umfang er bei Lieferanten Skontierungsmöglichkeiten ausgeschöpft hat und inwieweit andererseits seine Kunden von der Möglichkeit des Skontoabzugs oder sonstiger Preisnachlässe Gebrauch gemacht haben.

Saldo des Kontos Vorsteuer auf Konto Verbindlichkeiten an Finanzamt für Umsatzsteuer

Vorsteuer

Umbuchung des Kontos Vorsteuer

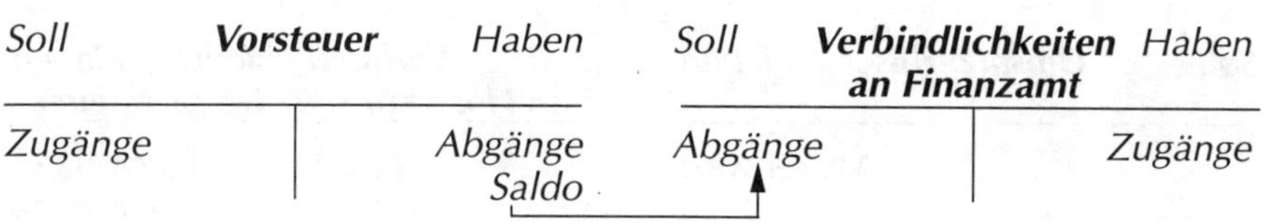

Abbildung 18

Buchungen bei der Umsatzsteuer

Wegen der Bedeutung der Umsatzsteuer und der bereits angesprochenen Aufzeichnungspflichten nach dem Umsatzsteuerrecht soll hier noch etwas ausführlicher auf die Buchungen bei der Umsatzsteuer eingegangen werden.

Grundsätzlich werden bei der Buchung der Umsatzsteuer zwei Konten benötigt, nämlich

- das Konto Vorsteuer, das die in den Eingangsrechnungen ausgewiesene Umsatzsteuer erfasst, also die vom Lieferanten an den Betrieb überwälzte Umsatzsteuer

  und

- das Konto Verbindlichkeiten an Finanzamt für Umsatzsteuer, das die in den Ausgangsrechnungen festgehaltene Umsatzsteuer enthält, also die vom Betrieb an den Kunden überwälzte Umsatzsteuer (gegebenenfalls getrennt nach unterschiedlichen Steuersätzen).

Rechnungseingang

Bei Rechnungseingang müssen also der Waren- bzw. der Leistungswert und die an den Betrieb überwälzte Steuer getrennt erfasst werden.

Verbuchung der Umsatzsteuer bei Rechnungseingang

Soll **Vorräte**	*Haben*
Warenwert	

Soll **Vorsteuer**	*Haben*
überwälzter Steuerbetrag	

Soll **Verbindlichkeiten aus Lieferungen und Leistungen**	*Haben*
	gesamter Rechnungsbetrag

Abbildung 19

Bruttoverbuchung

Bei der in bestimmten Fällen zulässigen Bruttoverbuchung, also Verbuchung des Warenwertes einschließlich der Umsatzsteuer auf dem Konto Vorräte, muss die überwälzte Steuer am Ende des Voranmeldungszeitraumes auf das Konto Vorsteuer umgebucht werden.

Rechnungsausgang

Bei Rechnungsausgang sind der Waren- bzw. Leistungswert und die vom Betrieb an den Kunden überwälzte Umsatzsteuer getrennt auszuweisen.

Verbuchung der Umsatzsteuer bei Rechnungsausgang

Soll **Umsatzerlöse**	*Haben*
	Warenwert

Soll **Verbindlichkeiten an Finanzamt für Umsatzsteuer**	*Haben*
	überwälzter Steuerbetrag

Soll **Forderungen aus Lieferungen und Leistungen**	*Haben*
gesamter Rechnungsbetrag	

Abbildung 20

Bruttoverbuchung

Sofern die Umsätze brutto verbucht werden, also Warenwert einschließlich Umsatzsteuer auf dem Konto Umsatzerlöse, so ist die Umsatzsteuer monatlich pauschal zu errechnen und auf das Konto Verbindlichkeiten an Finanzamt für Umsatzsteuer zu buchen.

Abzüge vom Rechnungsbetrag

Zu beachten ist ferner, dass sämtliche Abzüge vom Rechnungsbetrag, die bei der Bezahlung möglich sind (beispielsweise erhaltene und gewährte Skonti, Rabatte oder Nachlässe für Mängel), mit dem gleichen Prozentsatz auch die Umsatzsteuer mindern; und zwar erhaltene Skonti die Vorsteuer und gewährte Skonti die Verbindlichkeiten an Finanzamt für Umsatzsteuer.

Dies muss auch für den Fall der Bruttoverbuchung berücksichtigt werden. Die Vorsteuer hat den Charakter einer kurzfristigen Forderung an das Finanzamt, die Umsatzsteuer auf den Ausgangsrechnungen stellt demgegenüber eine kurzfristige Verbindlichkeit an das Finanzamt dar.

Steuerzahllast

Durch die Umbuchung des Vorsteuerkontos auf das Konto Verbindlichkeiten an Finanzamt für Umsatzsteuer erhält man die Steuerzahllast, die an das zuständige Finanzamt zu leisten ist.

Ermittlung der Umsatzsteuerzahllast

Soll	***Verbindlichkeiten an Finanzamt für Umsatzsteuer***	*Haben*
Abgänge		*Zugänge*
+ Saldo Vorsteuer		
Saldo = Umsatzsteuerzahllast		

Soll	***Vorsteuer***	*Haben*
Zugänge		*Abgänge*
		Saldo

Abbildung 21

Die bisherigen Darstellungen bezüglich Buchungen bei der Umsatzsteuer basieren auf dem Regelfall des Umsatzsteuergesetzes, nach dem Lieferungen und Leistungen nach deren Fertigstellung der Umsatzsteuer unterworfen werden und fällig sind, unabhängig davon, wann der Kunde die Rechnung bezahlt. Diese Verfahrensweise nennt man Soll-Besteuerung bzw. Besteuerung nach vereinbarten Entgelten. Um die Liquidität kleinerer Betriebe zu verbessern, lässt der Gesetzgeber unter bestimmten Voraussetzungen (siehe Abschnitt 3.5.2.3 „Soll- und Ist-Besteuerung" in Band 2) auf Antrag zu, dass die Steuer nicht nach vereinbarten, sondern nach vereinnahmten Entgelten berechnet wird (Ist-Besteuerung). In diesem Fall wird die Steuer erst zur Zahlung fällig, wenn das Entgelt durch den Kunden bezahlt ist.

Soll-Besteuerung

Ist-Besteuerung

Bei der Ist-Besteuerung wird die Umsatzsteuer bei Rechnungsausgang zunächst idealerweise auf einem Konto „Umsatzsteuer nicht fällig" verbucht und bei Zahlungseingang auf das Konto „Verbindlichkeiten an Finanzamt für Umsatzsteuer" umgebucht.

Vorbereitende Abschlussbuchungen

Neben den Umbuchungen sind weitere vorbereitende Abschlussbuchungen erforderlich. Die wichtigsten Fälle sind dabei:

Die Abschreibungen

Wertminderungen

Abschreibungen (siehe dazu auch Abschnitt 1.2.2.5 „Abschreibungen") werden vorgenommen für Wertminderungen, die beim Anlagevermögen in der Regel durch Benutzung im Betrieb und beim Umlaufvermögen durch Anpassung an den niedrigeren Markt- oder Börsenpreis am Abschlussstichtag entstehen.

Zweifache Auswirkung

Abschreibungen wirken sich zweifach aus; und zwar
- als Bestandsverringerung auf dem entsprechenden Bestandskonto und gleichzeitig
- als Aufwand.

Abschreibungen wirken sich insofern erfolgsmäßig aus, als sie bei Gegenständen des Anlagevermögens die entsprechend der betriebsgewöhnlichen Nutzungsdauer verteilten Anschaffungskosten sind. Beim Umlaufvermögen stehen sie für den Aufwand durch Wertminderung. Durch den Ansatz der Abschreibungen wird sichergestellt, dass in der Bilanz keine höheren Vermögenswerte ausgewiesen werden, als tatsächlich vorhanden sind. Da Abschreibungen auch echte Kosten darstellen, wären ohne ihre Berücksichtigung die im Rahmen der Buchführung ermittelten Gewinne zu hoch.

Betriebsgewöhnliche Nutzungsdauer

Abschreibungen werden in der Regel erst am Ende des Geschäftsjahres verbucht. Bei Gegenständen des Anlagevermögens richten sie sich nach der betriebsgewöhnlichen Nutzungsdauer.

Verbuchung der Abschreibungen

Soll **Maschinen**	*Haben*
	Abschreibungsbetrag (Wertminderung)

Soll **Abschreibungen**	*Haben*
Abschreibungsbetrag (Aufwendungen)	

Abbildung 22

Buchwert

Die Differenz zwischen Anfangsbestand und Abschreibungen auf dem jeweiligen Bestandskonto nennt man Buchwert.

Der Materialaufwand

Auf den Warenkonten (Vorräte) werden in der Regel während des Jahres nur die Zugänge verbucht, nicht jedoch die Materialien, die fortlaufend zur Produktion oder zum Verkauf entnommen werden.

Der Materialverbrauch bzw. Wareneinsatz ergibt sich erst am Jahresende über die Inventur.

Schema für die Berechnung des Materialaufwands

Anfangsbestand zu Beginn des Rechnungszeitraumes
+ Zugänge während des Rechnungszeitraumes
– erhaltene Skonti auf Zugänge
– eventuelle Rücksendungen
– Inventurbestand am Schluss des Rechnungszeitraumes
= Materialaufwand

Abbildung 23

Der Materialverbrauch bzw. Wareneinsatz vermindert einerseits das entsprechende Bestandskonto und stellt andererseits einen Aufwand dar.

Die Verbuchung hat dementsprechend zu erfolgen.

Die Verbuchung des Materialaufwands

Soll **Vorräte**	*Haben*		*Soll* **Materialaufwand**	*Haben*
	Wareneinsatz (Bestands-minderung)		*Wareneinsatz (Aufwendungen)*	

Abbildung 24

In der Buchführungspraxis können beim Einkauf der Materialvorräte auch sog. „Just-in-Time-Buchungen" durchgeführt werden. Dies bedeutet, dass die Einkäufe von Roh-, Hilfs- und Betriebsstoffen nicht auf dem Bestandskonto Roh-, Hilfs- und Betriebsstoffe gebucht, sondern auf dem entsprechenden Materialaufwandskonto (Wareneingang) verbucht werden. Bei dieser Buchungsmethode wird unterstellt, dass das eingekaufte Material sofort verbraucht wird.

Just-in-Time-Buchungen

Wird der Einkauf von Vorratsgütern „Just in Time" gebucht, verzeichnet das jeweilige Bestandskonto während des Rechnungszeitraumes keine Zugänge. Diese Buchführungsmethode bewirkt also die sofortige Aufwandswirksamkeit von Beschaffungsvorgängen im Vorratsvermögen. Wird bei der laufenden Verbuchung so verfahren, ist am Ende der Rechnungsperiode folgendes Vorgehen für den Abschluss notwendig:

Abschluss

Zunächst ist festzustellen, in welcher Art sich der Inventurbestand am Ende der Rechnungsperiode im Vergleich zum Anfangsbestand verändert hat. Liegt der Inventurbestand niedriger, so liegt eine Bestandsminderung vor, ist er höher, eine Bestandserhöhung. Diese Bestandsveränderungen sind dann am Ende der Rechnungsperiode zu berücksichtigen, um einerseits den sich aus der Inventur ergebenden tatsächlichen Vorratsbestand beim Jahresabschluss in der Schlussbilanz auszuweisen und andererseits einen periodengerechten Materialaufwand für die Gewinn- und Verlustrechnung zu erhalten.

Dies kann über die Zwischenschaltung des Kontos Bestandsveränderungen oder direkt auf dem Bestandskonto „Vorräte“ und dem Materialaufwandskonto „Wareneingang“ erfolgen. Bei einer Bestandserhöhung ist diese auf dem Bestandskonto „Vorräte“ im Soll und auf dem Aufwandskonto „Wareneingang“ im Haben zu buchen; eine Bestandsverminderung wird dann auf dem Aufwandskonto „Wareneingang“ im Soll und auf dem Bestandskonto „Vorräte“ im Haben gebucht.

Die Jahresabgrenzung

Um eine genaue Gewinnermittlung zu gewährleisten, dürfen nur diejenigen Aufwendungen und Erträge berücksichtigt werden, die auch tatsächlich zu dem jeweiligen Geschäftsjahr gehören.
Aufwendungen und Erträge, die ganz oder teilweise das vorangehende oder das folgende Geschäftsjahr betreffen, müssen gesondert behandelt werden.

Fälle

Man unterscheidet dabei zwei Fälle:

- Ausgaben bzw. Einnahmen **nach** dem Bilanzstichtag, die Aufwand bzw. Ertrag für einen Zeitraum **vor** diesem Tag darstellen.

Beispiel:

Rückständige Löhne; noch nicht bezahlte Strom-/Telefonrechnungen.

- Ausgaben bzw. Einnahmen, die **vor** dem Abschlussstichtag angefallen sind, aber erst der Zeit **danach** als Aufwand bzw. Ertrag zuzurechnen sind.

Beispiel:

Vorauszahlung der Kfz-Steuer, die sich bis in das folgende Jahr hinein erstreckt; im Voraus erzielte Mieteinnahmen.

Verbuchung bei Ausgaben bzw. Einnahmen nach dem Bilanzstichtag

Soll **Sonstige Verbindlichkeiten**	*Haben*
	Ausgabenbetrag

Soll **Aufwandskonto**	*Haben*
Ausgabenbetrag	

Soll **Sonstige Forderungen**	*Haben*
Einnahmenbetrag	

Soll **Ertragskonto**	*Haben*
	Einnahmenbetrag

Abbildung 25

Zum tatsächlichen Zeitpunkt der Ausgabe bzw. Einnahme wird dann die entsprechende Verbuchung der sonstigen Verbindlichkeiten bzw. der sonstigen Forderungen mit dem jeweiligen Zahlungsmittelkonto vorgenommen.

Aktive Rechnungsabgrenzung

Passive Rechnungsabgrenzung

Im bereits dargestellten zweiten Fall werden zur Verbuchung Rechnungsabgrenzungen gebildet; und zwar

- aktive Rechnungsabgrenzungen für Ausgaben, die im alten Geschäftsjahr noch getätigt werden, aber Aufwand des folgenden Geschäftsjahres betreffen,
  und
- passive Rechnungsabgrenzungen für Einnahmen vor dem Abschlussstichtag, die Erträge für die Zeit danach darstellen.

Buchung bei der aktiven Rechnungsabgrenzung

Soll **Aufwandskonto**	*Haben*
	periodenfremder Aufwand

Soll **Aktive Rechnungsabgrenzung**	*Haben*
periodenfremder Aufwand	

Abbildung 26

Buchung bei der passiven Rechnungsabgrenzung

Soll **Ertragskonto**	*Haben*
periodenfremder Ertrag	

Soll **Passive Rechnungsabgrenzung**	*Haben*
	periodenfremder Ertrag

Abbildung 27

Zu Beginn des neuen Geschäftsjahres werden die aktiven und passiven Rechnungsabgrenzungen dann über das entsprechende Aufwands- bzw. Ertragskonto wieder aufgelöst. Auflösung

Rückstellungen

Rückstellungen (siehe dazu auch Abschnitt 1.2.2.6 „Rückstellungen") werden vor allem gebildet für ungewisse Verbindlichkeiten und drohende Verluste aus schwebenden Geschäften sowie für Aufwand, der das abgelaufene Wirtschaftsjahr betrifft, am Bilanzstichtag bereits erkennbar, aber der Höhe und der Entstehung nach noch ungewiss ist.

Beispiel:

Die Vorauszahlungen für die Gewerbesteuer sind niedriger als die zum Abschlussstichtag berechnete Gewerbesteuerschuld.

Buchung bei Rückstellungen

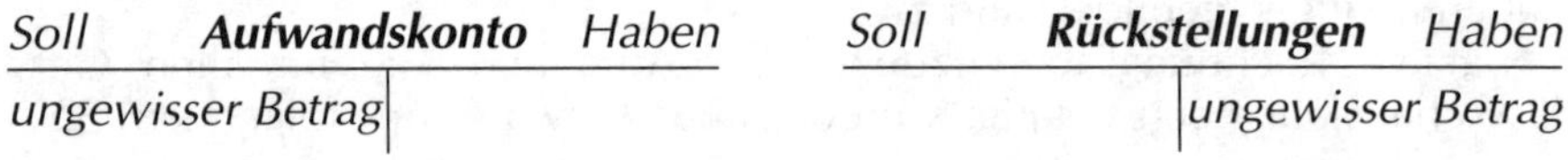

Abbildung 28

Auflösung

Bei Bezahlung des entsprechenden Betrages im neuen Geschäftsjahr wird dann die jeweilige Rückstellung aufgelöst. Wenn dabei der zurückgestellte und der tatsächlich angefallene Betrag voneinander abweichen, stellt die Differenz entweder sonstige betriebliche Aufwendungen (der Rückstellungsbetrag reicht nicht aus) oder sonstige betriebliche Erträge (die Rückstellungen erwiesen sich als zu hoch) dar und ist auf diesen Konten zu verbuchen.

Weitere vorbereitende Abschlussbuchungen

Neben den genannten wichtigsten vorbereitenden Abschlussbuchungen sind als weitere Fälle unter anderem möglich:

- Rücklagen
- uneinbringbare Kundenforderungen
- Kassenfehlbestände und -überschüsse
- privatanteilige Autokosten
- privatanteilige Telefonkosten
- Nutzungswert der Wohnung im eigenen Haus
- privatanteilige Haus- und Grundstücksaufwendungen
- Entnahmen für Zwecke, die außerhalb des Unternehmens liegen.

Abschlussbuchungen

Saldierung

Nach Umbuchungen und allen vorbereitenden Abschlussbuchungen werden zunächst die Aufwands- und Ertragskonten komplett saldiert und über die Gewinn- und Verlustrechnung abgeschlossen.

Abschluss der Erfolgskonten

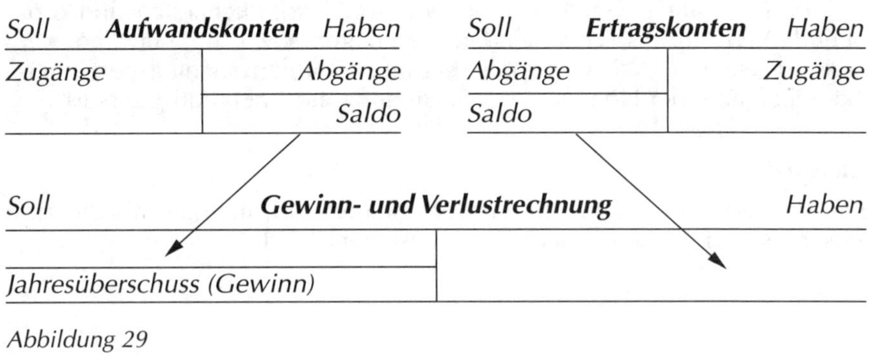

Abbildung 29

In einem weiteren Schritt wird dieser Jahresüberschuss (oder auch Jahresfehlbetrag) in das Eigenkapitalkonto übertragen, so dass jetzt auch alle Bestandskonten saldiert und über die Schlussbilanz abgeschlossen werden können.

Eigenkapitalkonto

Abschluss der Bestandskonten

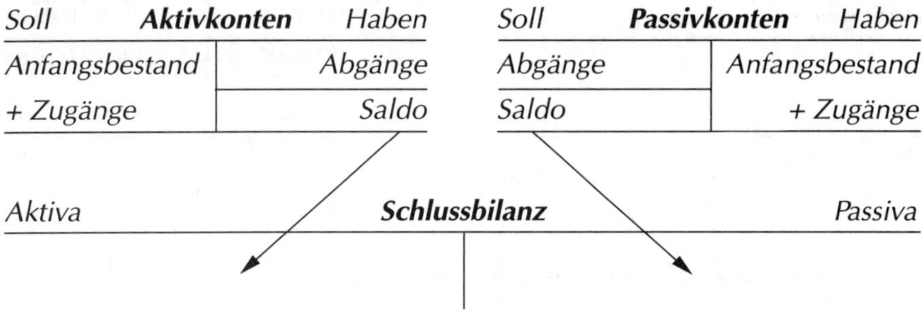

Abbildung 30

Insgesamt ergibt sich für die Abschlussarbeiten folgendes Bild:

Abschluss der verschiedenen Konten

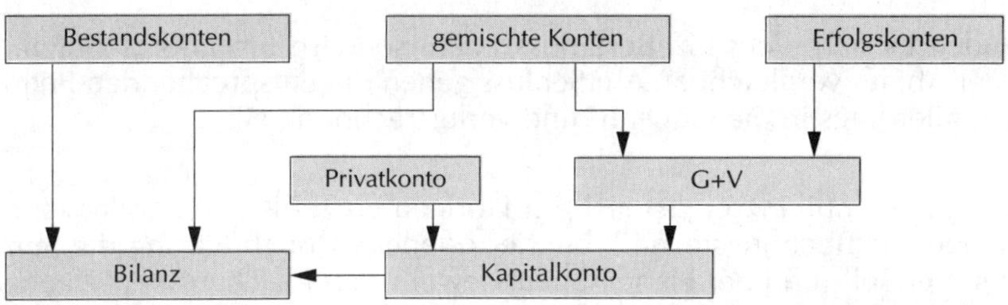

Abbildung 31

1.1.3.6 Abschlussübersicht, Jahresabschluss, Zwischenabschlüsse

Nach Ablauf des Rechnungszeitraumes wird die gesamte Buchführung abgeschlossen und eine Abschlussübersicht (auch Bilanzübersicht genannt) erstellt.

Abschlussübersicht

Diese stellt eine tabellarische Übersicht über alle buchhalterischen Vorgänge dar, aus der die Entwicklung aller Bestandskonten von der Eröffnungsbilanz bis zur Schlussbilanz und der Aufwands- und Ertragskonten bis zur Gewinn- und Verlustrechnung ersichtlich ist.

Erstellung der Abschlussübersicht anhand eines einfachen Zahlenbeispiels

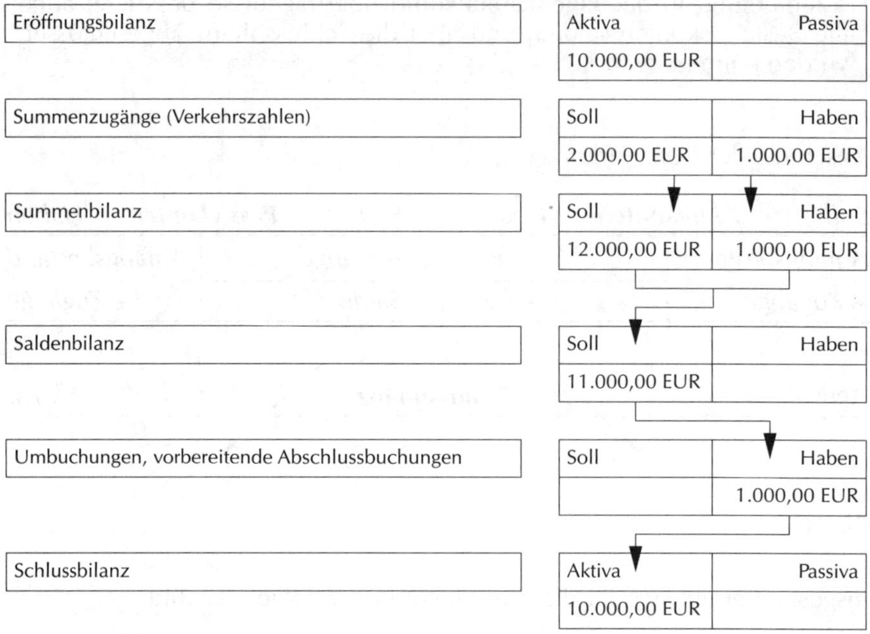

Abbildung 32

Handelt es sich nicht um Bestandskonten, sondern um Erfolgskonten, so ist der Ablauf vergleichbar. Am Schluss gehen die entsprechenden Beträge dann allerdings in die Gewinn- und Verlustrechnung ein.

Probebilanz

Die Summenbilanz eignet sich im Übrigen auch als „Probebilanz", da infolge der Buchungstechnik bei der doppelten Buchführung die Summen der Soll- und der Haben-Spalte jeweils den gleichen Wert ergeben müssen.

Zwischenbilanzen

Die Abschlussübersicht ermöglicht neben der Erstellung des kompletten Jahresabschlusses aus Schlussbilanz sowie Gewinn- und Verlustrechnung auch die laufende Erstellung von Zwischenbilanzen während des Geschäftsjahres, ohne dass dazu die einzelnen Konten der Buchführung jeweils abgeschlossen werden müssen.

1.1.4 Verfahrenstechniken

Für die betriebliche Praxis wurden verschiedene Buchführungsmethoden bzw. Verfahrenstechniken mit den notwendigen Büchern, Formularen und sonstigen Datenträgern entwickelt.

Im Handwerk kommen noch vereinzelt die Durchschreibebuchführung und die amerikanische Buchführung vor. Standard ist jedoch auch in diesem Wirtschaftsbereich die Buchführung auf EDV-Basis. Welche Art im einzelnen Betrieb letztlich eingesetzt wird, hängt von den jeweiligen betrieblichen Gegebenheiten ab. Dabei steht dem Steuerpflichtigen grundsätzlich die Wahl der Buchführungsform frei.

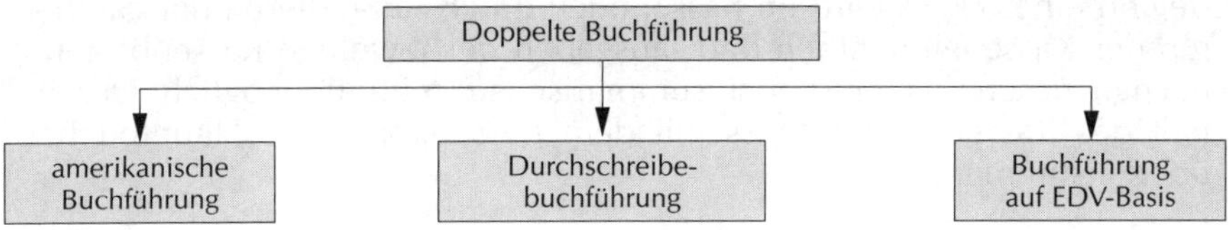

Abbildung 33

Nach aktuellen Umfragen setzt die überwiegende Mehrheit der Handwerksbetriebe die EDV für die Buchführung ein. Ein erheblicher Teil plant entsprechende Investitionen für die nahe Zukunft.
Dennoch wird es auch weiterhin vor allem Klein- und Kleinstbetriebe geben, die die amerikanische Methode oder die Durchschreibebuchführung anwenden.
Bei der Auswahl, der Einführung und auch der eventuellen späteren Änderung der Buchführungstechnik sollte der Betriebsinhaber vor allem mit seinem Steuerberater sprechen. Beratung erteilen dazu aber auch die Handwerksorganisationen (betriebswirtschaftliche Beratungsstellen, EDV-Beratung). Beratung

1.1.4.1 Bücher als Grundlage der Buchführung

Grundlage der Buchführung sind die verschiedenen Bücher, die der Unternehmer führt bzw. nach verschiedenen rechtlichen Vorschriften zu führen hat.

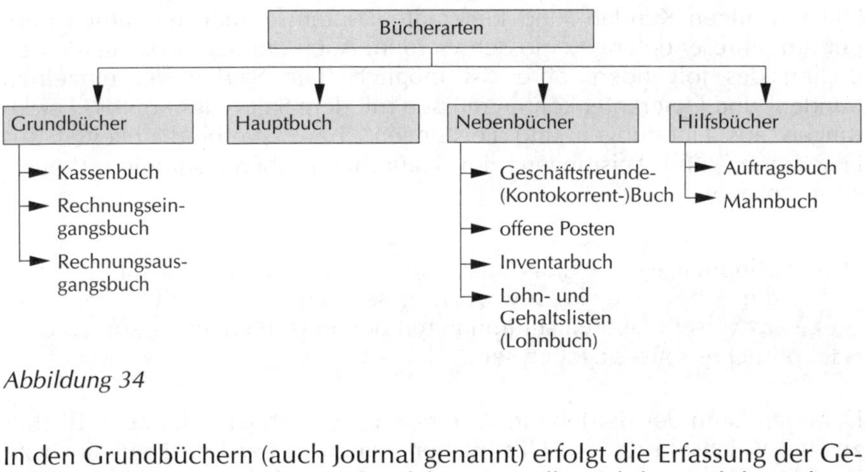

Abbildung 34

In den Grundbüchern (auch Journal genannt) erfolgt die Erfassung der Geschäftsvorfälle in zeitlicher Reihenfolge. Grundlage dafür sind die Belege. Grundbücher

Es erfolgen die Eröffnungsbuchungen, die Buchung der laufenden Geschäftsvorfälle, die vorbereitenden Abschlussbuchungen und die Abschlussbuchungen. Grundbücher sollen es ermöglichen, während der gesetzlichen Aufbewahrungsfristen Geschäftsvorfälle bis zum Beleg zurückverfolgen zu können.

Kassenbuch

Das Kassenbuch ist als wichtigstes Grundbuch auch aus steuerlichen Gründen zu führen. Unter Berücksichtigung des Bargeldbestandes am Beginn eines Tages wird im Kassenbuch durch Aufaddieren und Saldieren der Kasseneinnahmen und -ausgaben der jeweilige Kassenbestand nachgewiesen. Dabei ist auch summarische Ermittlung möglich. Der Inhalt des Kassenbuches muss mit dem Kassenkonto des Hauptbuches übereinstimmen.

Hauptbuch

Im Hauptbuch werden diese Vorgänge in einer für die Erstellung von Bilanz sowie Gewinn- und Verlustrechnung geeigneten sachlichen Ordnung übernommen.

Im Hauptbuch werden in der Regel eingetragen
- die Anfangsbestände lt. Eröffnungsbilanz
- die monatlichen Endsummen der einzelnen Konten
- die Abschlussbuchungen.

Am Jahresende werden die Hauptbuchkonten abgeschlossen und in die Schlussbilanz sowie in die Gewinn- und Verlustrechnung übertragen. Auch Zwischenabschlüsse sind möglich. Nebenbücher ergänzen und erläutern das Hauptbuch.

Nebenbücher

Zur Führung eines Kunden- und Lieferantenbuches ist jeder Betrieb verpflichtet, der sowohl mit Kunden wie auch mit Lieferanten Geschäfte auf Rechnung ausführt, also Geschäfte, bei denen der Zeitpunkt der Lieferung und der Bezahlung nicht zusammenfallen.
Bei Dauerkunden und Dauerlieferanten wird für jeden ein namentliches Konto angelegt. In anderen Fällen können die Konten nach den Buchstaben des Alphabetes eingerichtet werden.
Die Übersicht kann auch durch eine geordnete Ablage der nicht bezahlten oder nicht voll bezahlten Rechnungen (offene Posten) sichergestellt werden.
Die jeweiligen Kunden- und Lieferantenkonten können monatlich oder nur am Jahresende abgeschlossen werden. Auch ein Saldovortrag auf den Beginn des folgenden Jahres ist möglich. Die Salden der einzelnen Kunden- und Lieferantenkonten müssen mit dem Saldo des Kontos „Forderungen aus Lieferungen und Leistungen“ bzw. „Verbindlichkeiten aus Lieferungen und Leistungen“ im Hauptbuch übereinstimmen (Kontokorrentprobe).

Lohnbuch

Das Lohnbuch ist ebenfalls aus steuerlichen Gründen zu führen und muss die Arbeitsentgelte sowie die gesetzlichen und freiwilligen Abzüge ausweisen. Übereinstimmung mit den entsprechenden Konten des Hauptbuches muss gegeben sein.

Daneben kann der Betrieb ein Waren- oder Lagerbuch oder auch Bücher zu den Wechseln führen. Hilfsbücher dienen in der Regel nur noch zu Kontrollzwecken.

1.1.4.2 Amerikanische Buchführung

Die amerikanische Buchführung baut auf der Zusammenfassung der zeitlichen und der sachlichen Erfassung, also der Grundbücher und des Hauptbuchs in einem Journal, dem so genannten amerikanischen Journal, auf.

Notwendige Bücher

Zur Erfüllung der Anforderungen der Grundsätze ordnungsmäßiger Buchführung müssen in der amerikanischen Buchführung mindestens folgende Bücher vorhanden sein:
- das Hauptbuch
- das amerikanische Journal
- das Kunden- und Lieferantenbuch bzw. Kontokorrentbuch
- das Kassenbuch
- das Lohnbuch.

1.1.4.3 Durchschreibebuchführung

Die Durchschreibebuchführung, die manuell oder maschinell erfolgen kann, ist dadurch gekennzeichnet, dass Sach- und Zeitbuchung in einem Arbeitsgang vorgenommen werden. Dabei erfolgt der jeweilige Eintrag im Kontenblatt und wird in das Grundbuch (Journal) durchgeschrieben (auch die umgekehrte Reihenfolge ist möglich).

Anforderungen

Zur Erfüllung der Anforderungen der Grundsätze einer ordnungsmäßigen Buchführung müssen folgende Voraussetzungen erfüllt sein:
- laufende Nummerierung der Journalblätter
- zeitlich geordnete Eintragungen mit wechselseitigen Verweisen auf Grundbuchungen, Kontenblätter und Belege
- Erfassung sämtlicher Konten im Kontenplan
- Führung eines Nachweises über alle in der Buchführung verwendeten losen Blätter.

Verfahren

Für die Durchschreibebuchführung wurden verschiedene Verfahren entwickelt. Im Handwerk kommen vor allem zur Anwendung:
- das 3-Spalten-Verfahren:
  Sowohl der Journalvordruck wie auch die Kontenblätter sind in Kunden-, Lieferanten- und Sachkonten eingeteilt.
- das 4-Spalten-Verfahren:
  Journalvordruck und Kontenblätter folgen der Kolonnenaufteilung Kunden-, Lieferanten-, Bestands- und Erfolgskonten.

Durch diese Einteilung bietet dieses Verfahren einmal einen Überblick über die Forderungen und Verbindlichkeiten und zum anderen den Vorzug, dass jede Buchung auf ein Erfolgskonto bzw. auf ein Bestandskonto automatisch auf die entsprechende Spalte des Grundbuchs durchgeschrieben wird.

Kurzfristige Erfolgsrechnung

Unter Berücksichtigung der Waren- und Materialbestandsveränderungen, Abgrenzungen und Abschreibungen kann so jederzeit eine kurzfristige Erfolgsrechnung erstellt werden.

1.1.4.4 Buchführung auf der Grundlage der EDV

Die elektronische Datenverarbeitung, bei der Daten nach der Erfassung auf entsprechenden Datenträgern maschinell weiterverarbeitet werden, ist auch für die Buchführung hervorragend geeignet. Die Buchführungsarbeit wird dadurch wesentlich vereinfacht und erleichtert. Kennzeichen der Buchführung auf der Grundlage der EDV ist, dass hier im Gegensatz zu den anderen geschilderten Verfahren die wichtigsten Abläufe nicht nacheinander, sondern gleichzeitig (simultan) vonstatten gehen.

Bei einer Buchführung auf EDV-Basis gelten ebenfalls die Prinzipien der doppelten Buchführung.

Auch die Buchführung auf der Grundlage der EDV muss also selbstverständlich die Grundsätze der Ordnungsmäßigkeit der Buchführung erfüllen. Dafür wurden spezielle Grundsätze ordnungsmäßiger EDV-gestützter Buchführungssysteme (GoBs) ausgearbeitet. Danach gilt insbesondere Folgendes:

Anforderungen nach den GoBs

- Die buchungspflichtigen Geschäftsvorfälle müssen richtig, vollständig und zeitgerecht erfasst sein sowie sich in ihrer Entstehung und Abwicklung verfolgen lassen (Beleg- und Journalfunktion).
- Die Geschäftsvorfälle sind so zu verarbeiten, dass sie geordnet darstellbar sind und ein Überblick über die Vermögens- und Ertragslage gewährleistet ist (Kontenfunktion).
- Die Buchungen müssen einzeln und geordnet nach Konten und diese fortgeschrieben nach Kontensummen oder Salden sowie nach Abschlussposition dargestellt und jederzeit lesbar gemacht werden können.
- Ein sachverständiger Dritter muss sich in dem jeweiligen Verfahren der Buchführung in angemessener Zeit zurechtfinden und sich einen Überblick über die Geschäftsvorfälle und die Lage des Unternehmens verschaffen können.
- Das Verfahren der EDV-Buchführung muss durch eine Verfahrensdokumentation, die sowohl die aktuellen als auch die historischen Verfahrensinhalte nachweist, verständlich und nachvollziehbar gemacht werden.
- Es muss gewährleistet sein, dass das in der Dokumentation beschriebene Verfahren dem in der Praxis eingesetzten Programm (Version) voll entspricht (Programmidentität).

Schritte bei der Buchführung per EDV

Auf der Basis eines geeigneten Programms (Software) übernimmt der Computer nach der Dateneingabe alle weiteren Arbeiten. Die meisten Programme bauen auf folgenden Schritten auf:
- Erfassung der Firmendaten
- Erfassung der Steuersätze (Umsatzsteuer)
- Erfassung der Konten – entweder nach einem vorgegebenen Kontenrahmen oder betriebsindividuell (sog. Stammdaten, die konstant bleiben)
- Erfassung der Buchungen (sog. Bewegungsdaten).

Notwendige Eingaben

Für die eigentliche Buchung sind in der Regel Eingaben in folgenden Feldern nötig:
- Datum
- Belegnummer

- Betrag
- gebendes Konto
- empfangendes Konto
- Buchungstext.

Automatik-buchungen

Mehrwertsteuer, Vorsteuer und Skonti können zur Vereinfachung als Standard- bzw. Automatikbuchungen vorgenommen werden. Bei Buchführungsprogrammen mit Schnittstellen zu anderen Programmen wie Zahlungsverkehr und Leistungsabrechnung können entsprechende Daten auch direkt von dort übernommen (importiert) werden. Die verschiedenen Buchführungsprogramme sind teilweise auch so angelegt, dass sie dem Nutzer helfen, Fehler dadurch zu vermeiden, dass nach Eingabe im Soll des gebenden Kontos nur das Feld Haben im zugehörigen empfangenden Konto (auch Gegenkonto genannt) eine Eingabe zulässt.

Bei der Dateneingabe per PC wird neben dem Datenträger eine Eingabeliste (man nennt sie Primanota) erstellt. Sie bleibt als Kontrollmittel beim Betriebsinhaber.

Reihenfolge der Arbeitsgänge

Bei der Buchführung auf EDV-Basis fallen vor allem folgende Arbeitsgänge an:

Aufstellung des Kontenplans nach den besonderen Anforderungen der EDV (zum Beispiel Kontenrahmen der DATEV)

↓

Eingabe der Anfangsbestände (soweit diese nicht automatisch vom Vorjahr übertragen werden)

↓

Sammlung, Prüfung, Vorkontierung der Belege

↓

Dateneingabe

↓

Datenverarbeitung (simultane Eintragung in das Grundbuch,
Ermittlung der aktuellen Kontensalden, Erstellung des Journals und Erstellung entsprechender Abschlüsse)

↓

Datenausgabe

↓

Datenspeicherung

Ausgliederung von Buchführungsarbeiten

Buchführungsarbeiten sind in der Regel zeitintensiv und erfordern eine geschulte Arbeitskraft. Vor allem kleine Betriebe können oder wollen diesen Aufwand an Zeit und Personal nicht erbringen. In diesen Fällen bietet sich die Ausgliederung der Buchführungsaufgaben an.

Möglichkeiten

Dafür stehen dem Handwerksbetrieb folgende Stellen zur Verfügung:

- Buchstellen
- Steuerkanzleien
- EDV-Rechenzentren.

Buchstellen

Buchstellen sind organisationseigene oder vertraglich gebundene Einrichtungen, die die Handwerksbetriebe bei der Buchführung mit den Mitteln der EDV entlasten.

Steuerkanzleien

Der Handwerksbetriebsinhaber kann dieselben Aufgaben, die Buchstellen erledigen, auch an seinen Steuerberater übertragen.

Rechenzentren

Unter einem Rechenzentrum versteht man die Konzentration leistungsfähiger EDV-Anlagen in speziell dafür errichteten Einrichtungen und Gebäuden. Den Betreibern solcher Rechenzentren können ebenfalls Buchführungsarbeiten übertragen werden. Man unterscheidet:

- unternehmenseigene Rechenzentren (nur bei Großbetrieben)
- unabhängige Servicerechenzentren
- Gemeinschaftsrechenzentren mehrerer Unternehmen oder einer Berufsgruppe. Diese Gemeinschaftseinrichtungen haben den Vorteil, dass sie auf die besonderen Bedürfnisse ihrer Mitglieder ausgerichtet werden können.

Auch Buchstellen und Steuerberater sind vielfach an solche Rechenzentren angeschlossen (zum Beispiel DATEV).

Datenschutz

Für alle genannten Stellen einer Ausgliederung von Buchführungsarbeiten ist selbstverständlich die Geheimhaltung der ihnen bekannt werdenden Daten oberstes Prinzip. Es gelten auch die Vorschriften des Datenschutzgesetzes. Betriebsgeheimnisse bleiben so in jedem Fall gewahrt.

Betriebliche Voraussetzungen

Notwendige Anpassungen

Ehe ein Betrieb die gesamten oder einen Teil seiner Buchführungsarbeiten ausgliedern kann und dadurch die bestmöglichen wirtschaftlichen Vorteile erzielt werden können, müssen die betrieblichen Gegebenheiten auf die Anforderungen der Buchstelle, des Steuerberaters oder des Rechenzentrums abgestimmt werden. Dies bedeutet insbesondere, dass der Betrieb seine einzelbetriebliche Organisation in diesen Bereichen an die Buchführungsprogramme der jeweiligen Stellen anpassen muss.
Vermehrt werden dazu in der Praxis – gerade in der Zusammenarbeit mit dem Steuerberater über Rechenzentren wie der DATEV – deren Spezialkontenrahmen zugrunde gelegt, die auf branchenmäßige Besonderheiten abgestimmt sind.

Einzelbereiche der Ausgliederung von Buchführungsarbeiten

Je nach betrieblichen Gegebenheiten bieten sich mehrere Formen der Ausgliederung von Buchführungsarbeiten an.
In jedem Fall muss der einzelne Betrieb nach wie vor die anfallenden Belege sammeln und ordnen. Daran anschließend hat er folgende Möglichkeiten:

Möglichkeiten der Ausgliederung

- Weitergabe dieser nicht kontierten Belege
- Vorkontierung der Belege im Betrieb und anschließende Weitergabe
- Erfassung der Geschäftsvorfälle auf EDV-Datenträgern (CD-ROM, DVD) und Weitergabe dieser Datenträger.

Die Weitergabe der Daten ist dabei auch durch direkten Datenaustausch zwischen Betrieb und der entsprechenden Ausgliederungsstelle möglich. Diese Datenfernübertragung geschieht in der Regel über die normale Fernsprechleitung.
Als technische Voraussetzungen müssen ein entsprechender PC, ein Modem bzw. eine ISDN-Karte oder DSL-Ausrüstung und die dazugehörige Kommunikationssoftware vorhanden sein.
Man spricht in diesen Fällen auch von so genannten Datenverbundsystemen. Ein solcher Datenverbund ermöglicht erhebliche Zeitersparnisse.

Datenverbundsysteme

Die Datenverarbeitung und Datenausgabe (Ergebnisse) wird im Rechenzentrum vorgenommen. Anschließend erfolgt die Rückgabe an den Betrieb.

Praktischer Ablauf der Zusammenarbeit mit externen Datenverarbeitungsstellen

Unter den geschilderten Gegebenheiten und Voraussetzungen ergibt sich folgender Ablauf der Zusammenarbeit zwischen Betrieb und Buchstelle, Steuerberater oder Rechenzentrum bei der Ausgliederung von Buchführungsarbeiten:

Grundaufzeichnungen, Belegsammlung und Belegordnung im Handwerksbetrieb

↓

Vorkontieren nach Kontenplan und Sach- bzw. Personenkontenverzeichnis auf den Belegen oder Kontierungsstreifen (im eigenen Betrieb oder bei externer Stelle)

↓

Maschinelle Erfassung mit PC (im eigenen Betrieb oder in externer Stelle)

↓

Weiterleitung der Daten an das Rechenzentrum über Datenverbund oder Datenträgerübersendung

↓

Verarbeitung der Daten im Rechenzentrum

↓

Datenausgabe und Rücksendung der Ergebnisse direkt vom Rechenzentrum oder über Buchstelle bzw. Steuerberater an den Betrieb

↓

Wichtige Ergebnisse

Buchungsjournal	Kontenauszüge	Summen- und Saldenlisten für Sach- und Personenkonten	versandfertige Mahnungen	Umsatzsteuervoranmeldung, Lohnsteueranmeldung in Dateiform	betriebswirtschaftliche Auswertungen, Unternehmensspiegel, Zwischenbilanzen, Kennzahlen, Betriebsvergleichszahlen, Statistiken, Kostenrechnung

↓

Datenspeicherung

Vor- und Nachteile der Datenverarbeitung außer Haus

Zu den Vorteilen der Ausgliederung von Buchführungsarbeiten zählen, in Abhängigkeit von den einzelbetrieblichen Gegebenheiten, insbesondere:

Vorteile

- Kostenvorteile gegenüber der Beschaffung oder Miete (Leasing) von betriebseigenen Anlagen
- die Umgehung von Personal- und Auslastungsproblemen
- stetiger Anschluss an modernste Techniken
- Lösung auch komplexer und schwieriger Probleme über vielfältige und umfassende Programmpakete.

Nachteile

Nachteile können sich im Einzelfall ergeben durch
- die räumliche Trennung von Datenanfall und Datenverarbeitung
- Abweichungen der betriebsspezifischen Erfordernisse und der Möglichkeiten im Rahmen von Standardauswertungsprogrammen.

1.1.4.5 Ergebnisse der Buchführung per EDV

Auswertungen

Als wichtige Ergebnisse bzw. Auswertungen erhält man bei den meisten Programmen sowohl bei der Buchführung im eigenen Haus wie auch bei der durch externe Stellen durchgeführten insbesondere:
- Buchungsjournal: vollständige Protokollierung aller Buchungen
- Kontoauszüge: erfasste Buchungen pro Konto
- Summen- und Saldenliste: Darstellung der Konten sortiert nach den Kontonummern mit den entsprechenden Summen und Salden
- betriebswirtschaftliche Auswertung
- Mahnungen
- Umsatzsteuer-Voranmeldung in Dateiform
- Zwischenbilanzen
- Jahresabschluss.

Die Unterlagen sind in der Regel in Datei- und/oder Papierform.

> Zwei für den Betriebsinhaber besonders wichtige Ergebnisunterlagen der Buchführung auf der Grundlage der EDV sind
> - die Summen- und Saldenliste und
> - die betriebswirtschaftliche Auswertung (auch Unternehmensspiegel genannt).

Summen- und Saldenliste

Die Summen- und Saldenliste ist in der Regel in der EDV-Fassung des zugrunde liegenden Kontenrahmens aufgebaut und enthält auch dessen Kontenbezeichnungen (z. T. allerdings verkürzt).
Sie wird zumeist so ausgestaltet, dass sie über die monatliche Entwicklung und den jeweiligen Stand der einzelnen Konten informiert.

Wesentlicher Inhalt

Im Einzelnen enthält die Summen- und Saldenliste:

- die Zahlen der Eröffnungsbilanz
- die jeweiligen Monatsverkehrszahlen
- die aufgelaufenen Jahresverkehrszahlen
- den jeweiligen Endsaldo aus den Werten der Eröffnungsbilanz und den Jahresverkehrszahlen.

Für eine ausführliche Darstellung sind weitere Aufteilungen und Untergliederungen möglich, z. B. nach Sachkonten und Personenkonten.

Auszug aus einer Summen- und Saldenliste

Konto	Kontenbezeichnung	Eröffnungsbilanz		Monatsverkehrszahlen		Jahresverkehrszahlen		Endsaldo	
		Soll	Haben	Soll	Haben	Soll	Haben	Soll	Haben
....	Kasse	4.898,17		11.957,18	13.678,14	38.717,17	39.816,04	3.799,30	
....	Bank	36.754,07		64.481,78	57.452,98	198.520,33	184.925,24	50.349,16	
....	Forderungen aus Lieferungen und Leistungen	9.712,83		68.819,14	72.709,59	201.616,77	200.348,14	10.981,46	
....	Verbindlichkeiten aus Lieferungen und Leistungen		4.011,16	33.817,51	27.194,22	128.916,72	129.611,12		4.705,56
....	Verbindlichkeiten an Finanzamt für Umsatzsteuer			9.279,34	10.179,34	42.032,10	43.937,36		1.905,26
....	Privat			6.190,97		36.260,99	3.950,82	32.310,17	
Summe	Kontenklasse	51.365,07	4.011,16	194.545,92	181.214,27	646.064,08	602.588,72	97.440,09	6.610,82

Abbildung 35

Betriebswirtschaftliche Auswertung (Unternehmensspiegel)

Der Unternehmensspiegel ist eine kurzfristige Erfolgsrechnung auf der Basis der Daten aus der Summen- und Saldenliste. Er liefert dem Betriebsinhaber und anderen Entscheidungsträgern Daten über die Erlös-, Kosten-, Vermögens-, Kapital- und Liquiditätsstruktur und damit wichtige Basisinformationen für Entscheidungen und Maßnahmen.

Die hier dargestellte betriebswirtschaftliche Auswertung, wie sie die DATEV für Handwerksbetriebe erstellt (Abdruck mit Genehmigung der DATEV eG), umfasst folgende drei Abschnitte:

Kurzfristige Erfolgsrechnung

- Kurzfristige Erfolgsrechnung über die Auswertung der Ertrags- und Aufwandskonten.

Bewegungsbilanz

- Bewegungsbilanz mit Informationen über Veränderungen bei einzelnen Positionen der Aktiva und Passiva sowie Mittelherkunft und -verwendung.

Liquiditätsrechnung

- Liquiditätsrechnung anhand verschiedener Liquiditätsgrade. Um die Entwicklung der Zahlungsfähigkeit besser beurteilen zu können, werden neben den Werten des Abrechnungsstichtages auch die Werte der vorigen Abrechnung aufgeführt.

Im Rahmen der Liquiditätsrechnung werden drei verschiedene Kennzahlen gebildet:

- **Liquidität I:** Verhältnis der liquiden Mittel 1. Ordnung (Bestände von Kasse und Bank) zu den kurzfristigen Verbindlichkeiten (Rückstellungen, Verbindlichkeiten aus Lieferungen und Leistungen, Verbindlichkeiten an Finanzamt für Umsatzsteuer u. Ä.). In der Praxis gilt hier ein Verhältnis von 1 : 1 als Richtschnur.
- **Liquidität II:** Verhältnis der liquiden Mittel 1. und 2. Ordnung (Forderungen aus Lieferungen und Leistungen) zu den kurzfristigen Verbindlichkeiten.
- **Liquidität III:** Verhältnis der liquiden Mittel 1., 2. und 3. Ordnung (Vorräte) zu den kurzfristigen Verbindlichkeiten. Die Liquidität III wird von der DATEV nur bei exakter Wareneinsatzermittlung errechnet.

Vorjahreswerte

Neben der Monatssumme und der Jahressumme können im Bedarfsfall auch noch die jeweiligen Vorjahreswerte mit dazu ausgedruckt werden. Zusätzliche Informationen ergibt die Gegenüberstellung der Monats- und Jahresverkehrszahlen mit verschiedenen Basisgrößen wie Umsatz, Gesamtkosten oder Lohnkosten. Damit lassen sich wichtige Kennzahlen ermitteln wie zum Beispiel

Kennzahlen

- Umsatzrentabilität: Betriebsergebnis in v. H. des Umsatzes
- Lohnintensität: Löhne in v. H. des Umsatzes.

Vorläufiges Ergebnis

Durch ihren Vergleich kann man Änderungen feststellen und analysieren. Bei der Beurteilung der Aussagefähigkeit der Summen- und Saldenliste und des Unternehmensspiegels sind die betriebsindividuellen Buchungsgewohnheiten zu berücksichtigen. So wird die Belastung mit Abschreibungen meistens erst am Jahresende vorgenommen. Bei anderen Kosten wiederum kann es vorkommen, dass sie in einem Betrag gebucht werden, aber mehrere Monate betreffen (zum Beispiel Strom- oder Wasserrechnungen). Deshalb ist das Gesamtergebnis in der betriebswirtschaftlichen Auswertung während des Jahres als vorläufig zu betrachten. Trotzdem ist der Unternehmensspiegel aber geeignet, laufend zumindest wichtige Entwicklungstendenzen aufzuzeigen. Weiterhin gibt es für Betriebe, die ihre Buchführung bei der DATEV erledigen lassen, Auswertungsmöglichkeiten wie den Ratingreport, den Unternehmenscheck oder den Controllingreport.

Betriebswirtschaftliche Auswertung zum 30.04.2006

	Monatssumme EUR	v. H. vom Umsatz	v. H. von Gesamtkosten	v. H. von Lohnkosten	Jahressumme EUR	v. H. vom Umsatz	v. H. von Gesamtkosten	v. H. von Lohnkosten
Betriebserlöse	98.120,00	100,00	108,66	452,79	418.000,00	100,00	119,06	478,75
davon Handwerkserlöse Handelserlöse	62.350,00 35.770,00	63,54 36,46	69,05 39,61	287,72 165,07	298.600,00 119.400,00	71,44 28,56	85,05 34,01	342,00 136,75
Material/Wareneinkauf	42.670,00	43,49	47,25	196,91	158.910,00	38,02	45,26	182,01
davon Materialien und Stoffe Handelswaren	29.770,00 12.900,00	30,34 13,15	32,97 14,29	137,38 59,53	114.890,00 44.020,00	27,49 10,53	32,73 12,54	131,59 50,42
Rohertrag	55.450,00	56,51	61,41	255,88	298.600,00	71,44	85,05	342,00
aus Handwerksleistungen Handelswaren	47.200,00 8.250,00	48,10 8,41	52,27 9,14	217,81 38,07	252.120,00 46.480,00	60,32 11,12	71,81 13,24	288,76 53,24
Kalkulatorischer Aufschlag insgesamt (%)	129,95				187,91			
auf Handwerksleistungen (%) auf Handelswaren (%)	158,55 63,95				219,44 105,59			
Erlösschmälerungen (aus Sachmängeln)	2.480,00	2,53	2,75	11,44	10.120,00	2,42	2,88	11,59
Sondereinzelkosten	1.245,00	1,27	1,38	5,75	4.210,00	1,01	1,20	4,82
Löhne und Gehälter (produktive Löhne)	21.670,00	22,09	24,00	100,00	87.310,00	20,89	24,87	100,00
Gemeinkosten Sonstige Löhne und Gehälter	3.890,00	3,96	4,31	17,95	11.990,00	2,87	3,42	13,73
Gesetzliche Sozialleistungen	4.675,00	4,76	5,18	21,57	24.660,00	5,90	7,02	28,24
Freiwillige Sozialleistungen	1.120,00	1,14	1,24	5,17	3.795,00	0,91	1,08	4,35
Kleinmaterialien und Stoffe	890,00	0,91	0,99	4,11	3.160,00	0,76	0,90	3,62

Strom/Gas/Wasser	3.895,00	3,97	4,31	17,97	17.125,00	4,10	4,88	19,61
Steuern/Versicherungen/Beiträge	670,00	0,68	0,74	3,09	1.890,00	0,45	0,54	2,16
Miete/Pacht	1.320,00	1,35	1,46	6,09	4.900,00	1,17	1,40	5,61
Reparaturen	390,00	0,40	0,43	1,80	1.560,00	0,37	0,44	1,79
Porto/Telefon/Fax	990,00	1,01	1,10	4,57	1.560,00	0,37	0,44	1,79
Büro/Zeitungen	450,00	0,46	0,50	2,08	1.980,00	0,47	0,56	2,27
EDV/Steuerberatung	285,00	0,29	0,32	1,32	1.135,00	0,27	0,32	1,30
Werbe-/Reisekosten	665,00	0,68	0,74	3,07	1.290,00	0,31	0,37	1,48
Kfz-Kosten ohne AfA	800,00	0,82	0,89	3,69	3.715,00	0,89	1,06	4,25
Abschreibungen	240,00	0,24	0,27	1,11	1.090,00	0,26	0,31	1,25
Sonstige Gemeinkosten	765,00	0,78	0,85	3,53	990,00	0,24	0,28	1,13
Kalkulatorische Kosten	3.670,00	3,74	4,06	16,94	19.800,00	4,74	5,64	22,68
Summe Gemeinkosten	24.715,00	25,19	27,37	114,05	100.640,00	24,08	28,67	115,27
Gesamtkosten	90.300,00	92,03	100,00	416,71	351.070,00	83,99	100,00	402,10
Erlöse (./. Erlösschmälerungen)	95.640,00	97,47	105,91	441,35	407.880,00	97,58	116,18	467,16
Betriebsergebnis	5.340,00	5,44	5,91	24,64	56.810,00	13,59	16,18	65,07
Neutraler Aufwand	670,00	0,68	0,74	3,09	2.815,00	0,67	0,80	3,22
Neutraler Ertrag	410,00	0,42	0,45	1,89	1.670,00	0,40	0,48	1,91
Sonstige Erlöse	0,00	0,00	0,00	0,00	3.450,00	0,83	0,98	3,95
Vorläufiges Ergebnis	5.080,00	5,18	5,63	23,44	59.115,00	14,14	16,84	67,71

Abbildung 36

1.1.5 Beispiel zur doppelten Buchführung

Zum besseren Verständnis der gesamten Buchungstechnik wird nachfolgend ein praxisorientiertes Beispiel mit häufig vorkommenden Geschäftsvorfällen behandelt. Dazu werden alle erforderlichen Arbeitsvorgänge dargestellt:

- Erstellung der Eröffnungsbilanz (siehe dazu auch Abschnitt 1.2.1 „Aufbau von Bilanz sowie Gewinn- und Verlustrechnung")
- Konteneröffnung mit Kontennummern aus dem SKR 04 (siehe Abbildung 8)
- Verbuchung der Geschäftsvorfälle unter Verwendung der Kontennummern aus dem SKR 04; dabei ist es möglich, Einzelkonten zu nehmen oder diese zusammenzufassen (z. B. 6300 Sonstige betriebliche Aufwendungen)
- Verbuchung der Abschlussangaben
- Abschluss der Konten
- Erstellung von Schlussbilanz sowie Gewinn- und Verlustrechnung (siehe dazu auch Abschnitt 1.2.1 „Aufbau von Bilanz sowie Gewinn- und Verlustrechnung").

Praxisorientiertes Beispiel

__Aufgabe:__

1. Die Eröffnungsbilanz ist aufgrund folgender Zahlen aus der Schlussbilanz des vorangegangenen Geschäftsjahres zu erstellen:

Eröffnungsbilanz

Betriebsgebäude	105.000,00 EUR
Maschinen	65.000,00 EUR
Fahrzeuge	25.000,00 EUR
Vorräte	18.500,00 EUR
Forderungen aus Lieferungen und Leistungen	15.650,00 EUR
Kasse	1.260,00 EUR
Bank	41.820,00 EUR
Verbindlichkeiten aus Lieferungen und Leistungen	10.320,00 EUR
Darlehen	128.000,00 EUR
Verbindlichkeiten im Rahmen der sozialen Sicherheit	1.200,00 EUR
Verbindlichkeiten an Finanzamt für Umsatzsteuer	2.880,00 EUR

2. Es sind folgende Konten zu eröffnen und auf den Bestandskonten die Anfangsbestände aus der Eröffnungsbilanz vorzutragen:

Konteneröffnung

Betriebsgebäude, Maschinen, Pkw, Geringwertige Wirtschaftsgüter, Vorräte, Erhaltene Skonti, Vorsteuer, Wechselforderungen, Forderungen aus Lieferungen und Leistungen, Kasse, Bank, Aktive Rechnungsabgrenzungsposten, Eigenkapital, Privat, Verbindlichkeiten aus Lieferungen und Leistungen, Darlehen, Sonstige Verbindlichkeiten, Verbindlichkeiten aus Lohn- und Kirchensteuer, Verbindlichkeiten im Rahmen der sozialen Sicherheit,

Verbindlichkeiten an Finanzamt für Umsatzsteuer, Materialaufwand, Löhne und Gehälter, Gesetzliche soziale Aufwendungen, Abschreibungen, Kfz-Betriebskosten, Sonstige betriebliche Aufwendungen, Abschreibungen geringwertige Wirtschaftsgüter, Zinsen und ähnliche Aufwendungen, Kfz-Steuer, Gewerbesteuer, Umsatzerlöse, Gewährte Skonti, Schlussbilanz, Gewinn- und Verlustrechnung.

Geschäftsvorfälle

3. Folgende Geschäftsvorfälle sind zu verbuchen, wobei ein Umsatzsteuersatz (USt) von 16 % zugrunde gelegt wird (ab 1.1.2007 ist eine Erhöhung des Umsatzsteuersatzes auf 19 % geplant):

	Geschäftsvorfälle	Buchung		Betrag
		Soll	Haben	EUR
1)	Barerlös für Handelswaren Warenwert Umsatzsteuer Barzahlung			 800,00 128,00 928,00
2)	Kauf einer Maschine gegen Rechnung Warenwert Umsatzsteuer Rechnungsbetrag			 12.440,00 1.990,40 14.430,40
3)	Privatentnahme Bar in Waren Umsatzsteuer			 500,00 450,00 72,00
4)	Bezahlung der gekauften Maschine (siehe Geschäftsvorfall 2) durch Banküberweisung mit 3 % Skonto			
5)	Lieferung an Kunden A gegen Rechnung Warenwert Umsatzsteuer Gesamt			 74.510,00 11.921,60 86.431,60
6)	Kauf von Material gegen Rechnung bei Lieferant A Warenwert Umsatzsteuer Rechnungsbetrag			 4.812,00 769,92 5.581,92
7)	Bezahlung der rückständigen Umsatzsteuer und Sozialversicherungsbeiträge über das Bankkonto			 2.880,00 1.200,00
8)	Bezahlung durch Kunde A (siehe Geschäftsvorfall 5) per Banküberweisung unter Abzug von 3 % Skonto			
9)	Einzahlung von Bargeld aus der Kasse auf das Bankkonto			800,00

10)	Bezahlung an Lieferant A (siehe Geschäftsvorfall 6) per Banküberweisung unter Abzug von 3 % Skonto			
11)	Rücksendung fehlerhafter Ware durch Kunde A und Erstattung des Wertes durch Banküberweisung Warenwert Umsatzsteuer Gesamt			 1.200,00 192,00 1.392,00
12)	Kauf einer Kleinmaschine gegen Barzahlung Maschine Umsatzsteuer Gesamt			 380,00 60,80 440,80
13)	Bezahlung von Fahrzeugkosten und Benzin in bar Warenwert Umsatzsteuer Gesamt			 128,00 20,48 148,48
14)	Zahlung der fälligen Zinsen und der Tilgung für das Darlehen per Bank			12.500,00 4.500,00 17.000,00
15)	Bezahlung von Steuern per Bank Einkommensteuer des Unternehmers Gewerbesteuer Gesamt			 1.500,00 1.000,00 2.500,00
16)	Lohn- und Gehaltsauszahlung für 5 Mitarbeiter per Banküberweisung Bruttolohn Einbehaltene Lohn- und Kirchensteuer Arbeitnehmeranteil zur Sozialversicherung Arbeitgeberanteil zur Sozialversicherung			 14.612,00 1.400,00 3.060,00 3.060,00
17)	Bezahlung der Kfz-Steuer von Oktober bis September des folgenden Jahres per Bankeinzugsverfahren			264,00
18)	Bareinnahme für Reparaturleistungen Reparaturleistungen Umsatzsteuer Gesamt			 1.245,00 199,20 1.444,20

Vorbereitende Abschlussbuchungen

4. Als vorbereitende Abschlussbuchungen sind vorzunehmen:

1) Bestand an Vorräten laut Inventur 14.212,00 EUR
2) Abschreibungen
   Maschinen 10.500,00 EUR
   Pkw 11.420,00 EUR
   Gebäude 4.800,00 EUR
3) Rückständige Telefonrechnung 560,00 EUR
4) Abgrenzung der Kfz-Steuer für das folgende Geschäftsjahr (siehe Geschäftsvorfall 17)

Umbuchungen

5. Die Umbuchungen sind entsprechend der geschilderten Regeln und Verfahrensweisen vorzunehmen.

Schlussbilanz G+V

6. Aufgrund dieser Vorgaben sind Schlussbilanz sowie Gewinn- und Verlustrechnung zu erstellen.

Lösung:

1. Aus den Angaben der Eröffnungsinventur wird zunächst die Eröffnungsbilanz erstellt.

Zum Anlagevermögen gehören die Posten Betriebsgebäude, Maschinen und Fahrzeuge.
Zum Umlaufvermögen zählen Vorräte, Forderungen aus Lieferungen und Leistungen, Kasse und Bank.
Die übrigen Posten sind Verbindlichkeiten und kommen deshalb auf die Passivseite.
Aus der Differenz von Vermögen und Verbindlichkeiten ergibt sich ein Eigenkapital von 129.830,00 EUR.

2. Eröffnung der angegebenen Konten.

3. Verbuchung der Geschäftsvorfälle.

Buchungsregeln

Die Verbuchung der Geschäftsvorfälle erfolgt nach den besprochenen Buchungsregeln. Dabei werden für den ersten Geschäftsvorfall zwei Regeln behandelt. Die Verbuchung der übrigen Geschäftsvorfälle erfolgt dann, wie heute in der Praxis üblich, über Buchungssätze (siehe nachstehende Tabelle).

1) **Mit Buchungsregel 1:**
   Das Kassenkonto ist ein Aktivkonto. Es handelt sich um einen Zugang, also werden 928,00 EUR auf der linken Seite gebucht. Das Konto Umsatzerlöse ist ein Ertragskonto. Bei Ertragskonten kommen Zugänge auf die rechte Seite. Der Warenverkauf ist eine betriebliche Leistung und somit ein Umsatzerlös, also Buchung von 800,00 EUR auf der rechten Seite. Die an den Kunden vom Betrieb überwälzte Umsatzsteuer ist auf dem Konto Verbindlichkeiten an Finanzamt für Umsatzsteuer zu erfassen. Es handelt sich um ein Passivkonto. Bei diesen stehen Zugänge auf der rechten Seite, also Buchung von 128,00 EUR rechts.
   Mit Buchungsregel 2 (in Klammer sind die Kontonummern nach SKR 04 von DATEV angegeben):
   Kasse (1600) 928,00 EUR **an** Umsatzerlöse (4400) 800,00 EUR und Verbindlichkeiten an Finanzamt für Umsatzsteuer (3805) 128,00 EUR.

Die folgende Tabelle zeigt die Verbuchung der Geschäftsvorfälle: Buchungssätze

	Geschäftsvorfälle	Buchung Soll	Buchung Haben	Betrag EUR
1)	Barerlös für Handelswaren			
	Warenwert		4400	800,00
	Umsatzsteuer		3805	128,00
	Barzahlung	1600		928,00
2)	Kauf einer Maschine gegen Rechnung			
	Warenwert	0440		12.440,00
	Umsatzsteuer (Vorsteuer)	1405		1.990,40
	Rechnungsbetrag		3310	14.430,40
3)	Privatentnahme			
	Bar		1600	500,00
	in Waren	2100	4400	450,00
	Umsatzsteuer		3805	72,00
4)	Bezahlung der gekauften Maschine (siehe Geschäftsvorfall 2) durch Banküberweisung mit 3 % Skonto	3310		14.430,40
			1800	13.997,49
			5735	373,20
			1405	59,71
5)	Lieferung an Kunden A gegen Rechnung			
	Warenwert		4400	74.510,00
	Umsatzsteuer (Vorsteuer)		3805	11.921,60
	Gesamt	1210		86.431,60
6)	Kauf von Material gegen Rechnung bei Lieferant A			
	Warenwert	1000		4.812,00
	Umsatzsteuer (Vorsteuer)	1405		769,92
	Rechnungsbetrag		3310	5.581,92
	Würde der Betrieb während des Rechnungszeitraums die Einkäufe von Materialvorräten „Just-in-Time" verbuchen, wäre der Betrag von 4.812,00 EUR nicht auf das Bestandskonto Vorräte (1000), sondern auf das Aufwandskonto Wareneingang 16 % (5400) zu verbuchen. (Siehe hierzu auch Erläuterungen zu Just-in-Time-Buchungen im Abschnitt 1.1.3.5 „Umbuchungen, Vorbereitung des Abschlusses, Abschlussbuchungen".)			
7)	Bezahlung der rückständigen Umsatzsteuer und Sozialversicherungsbeiträge über das Bankkonto	3805		2.880,00
		3740		1.200,00
			1800	4.080,00
8)	Bezahlung durch Kunde A (siehe Geschäftsvorfall 5) per Banküberweisung unter Abzug von 3 % Skonto	1800		83.838,65
		4735		2.235,30
		3805		357,65
			1210	86.431,60
9)	Einzahlung von Bargeld aus der Kasse auf das Bankkonto	1800	1600	800,00

10)	Bezahlung an Lieferant A (siehe Geschäftsvorfall 6) per Banküberweisung unter Abzug von 3 % Skonto	3310	1800 5735 1405	5.581,92 5.414,46 144,36 23,10
11)	Rücksendung fehlerhafter Ware durch Kunde A und Erstattung des Wertes durch Banküberweisung			
	Warenwert	4400		1.200,00
	Umsatzsteuer	3805		192,00
	Gesamt		1800	1.392,00
12)	Kauf einer Kleinmaschine gegen Barzahlung			
	Maschine (Geringwertige	0670		380,00
	Wirtschaftsgüter)	1405		60,80
	Umsatzsteuer (Vorsteuer)		1600	440,80
	Gesamt			
13)	Bezahlung von Fahrzeugkosten und Benzin in bar			
	Warenwert	6530		128,00
	Umsatzsteuer (Vorsteuer)	1405		20,48
	Gesamt		1600	148,48
14)	Zahlung der fälligen Zinsen und der Tilgung für das Darlehen per Bank	7300 3150	 1800	12.500,00 4.500,00 17.000,00
15)	Bezahlung von Steuern per Bank			
	Einkommensteuer des Unternehmers	2100		1.500,00
	Gewerbesteuer	7610		1.000,00
	Gesamt		1800	2.500,00
16)	Lohn- und Gehaltsauszahlung für 5 Mitarbeiter per Banküberweisung			
	Bruttolohn	6000		14.612,00
	Einbehaltene Lohn- und Kirchensteuer		3730	1.400,00
	Arbeitnehmeranteil zur Sozialversicherung		3740	3.060,00
	Arbeitgeberanteil zur Sozialversicherung	6110	3740	3.060,00
			1800	10.152,00
17)	Bezahlung der Kfz-Steuer von Oktober bis September des folgenden Jahres per Bankeinzugsverfahren	7685	1800	264,00
18)	Bareinnahme für Reparaturleistungen			
	Reparaturleistungen		4400	1.245,00
	Umsatzsteuer		3805	199,20
	Gesamt	1600		1.444,20

4. Vorbereitende Abschlussbuchungen:

Abschlussbuchungen

19) Berechnung des Materialaufwands:

Materialaufwand

Anfangsbestand	18.500,00 EUR
+ Zugänge	4.812,00 EUR
– Erhaltene Skonti auf Vorräte	144,36 EUR
	23.167,64 EUR
– Inventurbestand	14.212,00 EUR
= Materialverbrauch	8.955,64 EUR

Verbuchung: Materialaufwand (5400) 8.955,64 EUR **an** Vorräte (1000) 8.955,64 EUR

Hätte der Betrieb während des Rechnungszeitraumes beim Einkauf von Materialvorräten Just-in-Time-Buchungen vorgenommen (siehe Erläuterungen zu Abschnitt 1.1.3.5 „Umbuchungen, Vorbereitung des Abschlusses, Abschlussbuchungen") und die Einkäufe von Roh-, Hilfs- und Betriebsstoffen nicht auf dem Bestandskonto Vorräte (1000), sondern auf dem Aufwandskonto Wareneingang 16 % (5400) verbucht, wäre statt der dargestellten Berechnung und Abschlussbuchung entsprechend den Ausführungen in Abschnitt 1.1.3.5 zu verfahren.

Die nachfolgende Tabelle zeigt die vorbereitenden Abschlussbuchungen im Überblick:

Vorbereitende Abschlussbuchungen		Buchung		Betrag
		Soll	Haben	EUR
19)	Materialaufwand	5400		8.955,64
	Vorräte		1000	8.955,64
20)	Maschinen		0440	10.500,00
	Pkw		0520	11.420,00
	Gebäude		0230	4.800,00
	Abschreibungen	6220		26.720,00
21)	Sonstige betriebliche Aufwendungen	6300		560,00
	Sonstige Verbindlichkeiten		3500	560,00
22)	Aktive Rechnungsabgrenzung	1900		198,00
	KfZ-Steuer		7685	198,00

Umbuchungen

5. Folgende Umbuchungen müssen berücksichtigt werden:

	Umbuchungen	Buchung Soll	Buchung Haben	Betrag EUR
23)	Umbuchung Privatkonto auf Eigenkapitalkonto			
	Eigenkapital Privat	2000	 2100	2.522,00 2.522,00
24)	Umbuchung Vorsteuer auf Verbindlichkeiten an Finanzamt für Umsatzsteuer			
	Verbindlichkeiten an Finanzamt für Umsatzsteuer Vorsteuer	3805	 1405	2.758,79 2.758,79
25)	Umbuchung Erhaltene Skonti auf Vorräte			
	Erhaltene Skonti Vorräte	5735	 1000	144,36 144,36
26)	Umbuchung Erhaltene Skonti auf Maschinen			
	Erhaltene Skonti Maschinen	5735	 0440	373,20 373,20
27)	Umbuchung Gewährte Skonti auf Umsatzerlöse			
	Umsatzerlöse Gewährte Skonti	4400	 4735	2.235,30 2.235,30
28)	Umbuchung Geringwertige Wirtschaftsgüter auf Abschreibungen			
	Abschreibungen geringwertiger Wirtschaftsgüter Geringwertige Wirtschaftsgüter	6260	 0670	380,00 380,00

Kontendarstellung:

Aktiva	**Eröffnungsbilanz**		*Passiva*
Anlagevermögen		**Eigenkapital**	*129.830,00*
Betriebsgebäude	*105.000,00*	**Verbindlichkeiten**	
Maschinen	*65.000,00*	*Darlehen*	*128.000,00*
Fahrzeuge	*25.000,00*	*Verbindlichkeiten aus Lieferungen und Leistungen*	*10.320,00*
Umlaufvermögen			
Vorräte	*18.500,00*	*Verbindlichkeiten im Rahmen der soz. Sicherheit*	*1.200,00*
Forderungen aus Lieferungen und Leistungen	*15.650,00*	*Verbindlichkeiten an Finanzamt für Umsatzsteuer*	*2.880,00*
Kasse	*1.260,00*		
Bank	*41.820,00*		
	272.230,00		*272.230,00*

Soll	Betriebsgebäude (0230)		Haben
EB	105.000,00	20)	4.800,00
		SB	**100.200,00**
	105.000,00		105.000,00

Soll	Maschinen (0440)		Haben
EB	65.000,00	20)	10.500,00
2)	12.440,00	26)	373,20
		SB	**66.566,80**
	77.440,00		77.440,00

Soll	Pkw (0520)		Haben
EB	25.000,00	20)	11.420,00
		SB	**13.580,00**
	25.000,00		25.000,00

Soll	Geringwertige Wirtschaftsgüter (0670)		Haben
12)	380,00	28)	380,00
	380,00		380,00

Soll	Vorräte (1000)		Haben
EB	18.500,00	19)	8.955,64
6)	4.812,00	25)	144,36
		SB	**14.212,00**
	23.312,00		23.312,00

Soll	Erhaltene Skonti (5735)		Haben
25)	144,36	4)	373,20
26)	373,20	10)	144,36
	517,56		517,56

Soll	Vorsteuer (1405)		Haben
2)	1.990,40	4)	59,71
6)	769,92	10)	23,10
14)	60,80	24)	2.758,79
13)	20,48		
	2.841,60		2.841,60

Soll	Forderungen aus Lieferungen und Leistungen (1210)		Haben
EB	15.650,00	8)	86.431,60
5)	86.431,60	**SB**	**15.650,00**
	102.081,60		102.081,60

Soll	Kasse (1600)		Haben
EB	1.260,00	3)	500,00
1)	928,00	9)	800,00
18)	1.444,20	12)	440,80
		13)	148,48
		SB	**1.742,92**
	3.632,20		3.632,20

Soll — *Bank (1800)* — *Haben*

Soll		Haben	
EB	41.820,00	4)	13.997,49
8)	83.838,65	7)	4.080,00
9)	800,00	10)	5.414,46
		11)	1.392,00
		14)	17.000,00
		15)	2.500,00
		16)	10.152,00
		17)	264,00
		SB	**71.658,70**
	126.458,65		126.458,65

Soll — *Aktive Rechnungsabgrenzung (1900)* — *Haben*

Soll		Haben	
22)	198,00	**SB**	**198,00**
	198,00		198,00

Soll — *Eigenkapital (2000)* — *Haben*

Soll		Haben	
23)	2.522,00	EB	129.830,00
SB	**132.896,06**	G+V	5.588,06
	135.418,06		135.418,06

Soll — *Privat (2100)* — *Haben*

Soll		Haben	
3)	1.022,00	23)	2.522,00
15)	1.500,00		
	2.522,00		2.522,00

Soll — *Verbindlichkeiten aus Lieferungen und Leistungen (3310)* — *Haben*

Soll		Haben	
4)	14.430,40	EB	10.320,00
10)	5.581,92	2)	14.430,40
SB	**10.320,00**	6)	5.581,92
	30.332,32		30.332,32

Soll — *Darlehen (3560)* — *Haben*

Soll		Haben	
14)	4.500,00	EB	128.000,00
SB	**123.500,00**		
	128.000,00		128.000,00

Soll — *Sonstige Verbindlichkeiten (3500)* — *Haben*

Soll		Haben	
SB	**560,00**	21)	560,00
	560,00		560,00

Soll — *Verbindlichkeiten aus Lohn- und Kirchensteuer (3730)* — *Haben*

Soll		Haben	
SB	**1.400,00**	16)	1.400,00
	1.400,00		1.400,00

Soll – Verbindlichkeiten im Rahmen der soz. Sicherh. (3740) – Haben

Soll		Haben	
7)	1.200,00	EB	1.200,00
SB	**6.120,00**	16)	3.060,00
		16)	3.060,00
	7.320,00		7.320,00

Soll – Verbindlichkeiten an Finanzamt für Umsatzst. (3805) – Haben

Soll		Haben	
7)	2.880,00	EB	2.880,00
8)	357,65	1)	128,00
11)	192,00	3)	72,00
24)	2.758,79	5)	11.921,60
SB	**9.012,36**	18)	199,20
	15.200,80		15.200,80

Soll – Materialaufwand (5400) – Haben

Soll		Haben	
19)	8.955,64	**G+V**	**8.955,64**
	8.955,64		8.955,64

Soll – Löhne u. Gehälter (6000) – Haben

Soll		Haben	
16)	14.612,00	**G+V**	**14.612,00**
	14.612,00		14.612,00

Soll – Gesetzliche soziale Aufwendungen (6110) – Haben

Soll		Haben	
16)	3.060,00	**G+V**	**3.060,00**
	3.060,00		3.060,00

Soll – Abschreibungen (6220) – Haben

Soll		Haben	
20)	26.720,00	**G+V**	**26.720,00**
	26.720,00		26.720,00

Soll – Kfz-Betriebskosten (6530) – Haben

Soll		Haben	
13)	128,00	**G+V**	**128,00**
	128,00		128,00

Soll – Sonstige betriebliche Aufwendungen (6300) – Haben

Soll		Haben	
21)	560,00	**G+V**	**560,00**
	560,00		560,00

Soll – Abschreibungen geringwertige Wirtschaftsgüter (6260) – Haben

Soll		Haben	
28)	380,00	**G+V**	**380,00**
	380,00		380,00

Soll – Zinsen und ähnliche Aufwendungen (7300) – Haben

Soll		Haben	
14)	12.500,00	**G+V**	**12.500,00**
	12.500,00		12.500,00

Soll – Gewerbesteuer (7610) – Haben

Soll		Haben	
15)	1.000,00	**G+V**	**1.000,00**
	1.000,00		1.000,00

Soll	Umsatzerlöse (4400)		Haben
11)	1.200,00	1)	800,00
27)	2.235,30	3)	450,00
G+V	**73.569,70**	5)	74.510,00
		18)	1.245,00
	77.005,00		77.005,00

Soll	Gewährte Skonti (4735)		Haben
8)	2.235,30	27)	2.235,30
	2.235,30		2.235,30

Soll	Kfz-Steuer (7685)		Haben
17)	264,00	22)	198,00
		G+V	**66,00**
	264,00		264,00

Aktiva	**Schlussbilanz**		*Passiva*
Betriebsgebäude	100.200,00	Eigenkapital	132.896,06
Maschinen	66.566,80	Darlehen	123.500,00
Fahrzeuge (Pkw)	13.580,00	Verbindlichkeiten aus Lieferungen und Leistungen	10.320,00
Vorräte	14.212,00	Sonstige Verbindlichkeiten	560,00
Forderungen aus Lieferungen und Leistungen	15.650,00	Verbindlichkeiten aus Lohn- und Kirchensteuer	1.400,00
Kasse	1.742,92	Verbindlichkeiten im Rahmen der soz. Sicherheit	6.120,00
Bank	71.658,70	Verbindlichkeiten an Finanzamt für Umsatzsteuer	9.012,36
Rechnungsabgrenzung	198,00		
	283.808,42		283.808,42

Aufwendungen	**Gewinn- und Verlustrechnung**		*Erträge*
Materialaufwand	8.955,64	Umsatzerlöse	73.569,70
Löhne und Gehälter	14.612,00		
Gesetzliche soziale Aufwendungen	3.060,00		
Abschreibungen auf Sachanlagen	26.720,00		
Abschreibungen geringwertige Wirtschaftsgüter	380,00		
Kfz-Betriebskosten	128,00		
Sonstige betriebliche Aufwendungen	560,00		
Zinsen und ähnliche Aufwendungen	12.500,00		
Gewerbesteuer	1.000,00		
Kfz-Steuer	66,00		
Gewinn	***5.588,06***		
	73.569,70		73.569,70

Diese Bilanz sowie Gewinn- und Verlustrechnung ergeben sich aus der Reihenfolge der einzelnen Konten innerhalb der Buchführung, die kontenrahmenorientiert ist und die dort übliche Gliederungsfolge der Konten berücksichtigt. Legt man die Gliederungsvorschriften des HGB zugrunde (vgl. auch Abbildungen 42 und 45), so ergibt sich folgende Darstellung von Bilanz sowie Gewinn- und Verlustrechnung.

Gliederungsvorschriften des HGB

Aktiva **Schlussbilanz** *Passiva*

Aktiva		Passiva	
A. Anlagevermögen		***A. Eigenkapital***	*132.896,06*
I. Sachanlagen			
1. Grundstücke, grundstücksgleiche Rechte, Bauten	*100.200,00*	***B. Verbindlichkeiten***	
2. Technische Anlagen und Maschinen	*66.566,80*	*1. Verbindlichkeiten aus Lieferungen und Leistungen*	*10.320,00*
3. Andere Anlagen, Betriebs- und Geschäftsausstattung	*13.580,00*	*2. Darlehen*	*123.500,00*
B. Umlaufvermögen		*3. Sonstige Verbindlichkeiten*	*17.092,36*
I. Vorräte	*14.212,00*		
II. Forderungen und sonstige Vermögensgegenstände			
1. Forderungen aus Lieferungen und Leistungen	*15.650,00*		
III. Flüssige Mittel			
1. Kassenbestand	*1.742,92*		
2. Guthaben bei Kreditinstituten	*71.658,70*		
C. Rechnungsabgrenzungsposten	*198,00*		
	283.808,42		*283.808,42*

Gewinn- und Verlustrechnung nach dem Gesamtkostenverfahren

1. Umsatzerlöse	73.569,70
2. Materialaufwand	– 8.955,64
3. Personalaufwand	
a) Löhne und Gehälter	–14.612,00
b) soziale Abgaben	– 3.060,00
4. Abschreibungen	–27.100,00
5. Sonstige betriebliche Aufwendungen	– 754,00
6. Zinsen und ähnliche Aufwendungen	–12.500,00
7. Ergebnis der gewöhnlichen Geschäftstätigkeit	6.588,06
8. Steuern	– 1.000,00
9. Jahresüberschuss	**5.588,06**

Übungs- und Prüfungsaufgaben

1. Welches ist der wichtigste Zweig des betrieblichen Rechnungswesens?

☐ a) Die Deckungsbeitragsrechnung
☐ b) Die Kalkulation
☐ c) Die Kostenrechnung
☐ d) Die Buchführung und der Jahresabschluss
☐ e) Die Statistik.

„Siehe Seite 18 des Textteils!"

2. Ist die Buchführung auch aus betriebswirtschaftlichen Gründen notwendig?

☐ a) Ja, weil sie die Grundlage für die Entwicklung neuer Fertigungstechniken darstellt.
☐ b) Ja, weil sie eine wichtige Grundlage für unternehmerische Entscheidungen darstellt.
☐ c) Nein, sie muss nur geführt werden, wenn dies die kreditgebenden Banken verlangen.
☐ d) Nein, weil man im Kleinbetrieb auch ohne Buchführung den notwendigen Überblick behalten kann.
☐ e) Nein, sie muss nur geführt werden, weil es nach steuerlichen Vorschriften Pflicht ist.

„Siehe Seite 18 des Textteils!"

3. Die Buchführung hat für den Betriebsinhaber aus handels- und aus steuerrechtlichen Gründen einen hohen Stellenwert.

Aufgabe: Beschreiben Sie deren Aufgaben und Zweck!

„Siehe Seite 18 des Textteils!"

4. Wo sind die gesetzlichen Vorschriften für die Buchführung geregelt?

☐ a) Im Bürgerlichen Gesetzbuch
☐ b) Im Handelsgesetzbuch und im Steuerrecht
☐ c) In der Zivilprozessordnung
☐ d) In der Gewerbeordnung
☐ e) In der Bundesbuchführungsverordnung.

„Siehe Seite 19 des Textteils!"

5. Nach dem Steuerrecht sind bestimmte gewerbliche Unternehmer für den einzelnen Betrieb zur Buchführung verpflichtet.

Aufgabe: Als gewerblicher Unternehmer sind Sie zur Buchführung verpflichtet, wenn Sie mehr als

☐ a) 150.000,00 EUR Umsatz oder 41.000,00 EUR Betriebsvermögen haben.
☐ b) 126.000,00 EUR Umsatz oder 9.000,00 EUR Gewinn aus Gewerbebetrieb haben.
☐ c) 150.000,00 EUR Umsatz oder 10.000,00 EUR Gewinn aus Gewerbebetrieb haben.
☐ d) 350.000,00 EUR Umsatz oder 30.000,00 EUR Gewinn aus Gewerbebetrieb haben.
☐ e) 61.000,00 EUR Betriebsvermögen oder 15.000,00 EUR Gewinn aus Gewerbebetrieb haben.

„Siehe Seite 20 des Textteils!"

6. Als Betriebsinhaber haben Sie besondere Aufzeichnungspflichten zu erfüllen.

Aufgabe:

a) Erläutern Sie, wer zur gesonderten Aufzeichnung des Wareneingangs verpflichtet ist?

b) Erklären Sie, was im Einzelnen aus den Aufzeichnungen nach den umsatzsteuerlichen Vorschriften zu ersehen sein muss?

c) Stellen Sie fest, wer zur Führung von Lohnkonten verpflichtet ist?

„Siehe Seiten 21–23 des Textteils!"

7. Welche ist die wichtigste Grundregel für die ordnungsmäßige Buchführung? Eine Buchführung muss so beschaffen sein, dass

☐ a) sie dem Betriebsinhaber jederzeit einen Überblick über die Vermögens- und Ertragslage des Betriebes vermitteln kann.

☐ b) sie nur dem Betriebsprüfer des Finanzamtes mit angemessenem Zeitaufwand einen Überblick über die Vermögens- und Ertragslage vermitteln kann.

☐ c) sie jedem sachverständigen Dritten innerhalb angemessener Zeit einen Überblick über die Geschäftsvorfälle und die Lage des Unternehmens vermitteln kann.

☐ d) der sachliche und materielle Inhalt stimmen und keine grundlegenden Mängel aufweisen.

☐ e) vor allem die Formvorschriften beachtet wurden, die die einschlägigen Gesetze vorsehen.

„Siehe Seite 24 des Textteils!"

8. Kasseneinnahmen und Kassenausgaben sollen

☐ a) täglich festgehalten werden.

☐ b) mindestens jeden zweiten Tag aufgezeichnet werden.

☐ c) wöchentlich erfasst werden.

☐ d) monatlich registriert werden.

☐ e) nur stichprobenartig aufgezeichnet werden.

„Siehe Seite 24 des Textteils!"

9. Die Aufbewahrungsfrist für Geschäftsbücher und Belege beträgt

☐ a) einheitlich 12 Jahre.

☐ b) einheitlich 10 Jahre.

☐ c) einheitlich 5 Jahre.

☐ d) für Geschäftsbücher 8 Jahre und für Belege 6 Jahre.

☐ e) für Geschäftsbücher 10 Jahre und für Belege 6 Jahre.

„Siehe Seite 25 des Textteils!"

10. Für Buchführung und Bilanzierung gelten die Grundsätze ordnungsmäßiger Buchführung, die Sie als Betriebsinhaber verbindlich anzuwenden haben.

Aufgabe: Beschreiben Sie diese Grundsätze!

„Siehe Seiten 24 f. des Textteils!"

11. Erklären Sie mögliche Folgen von Verstößen gegen die Grundsätze ordnungsmäßiger Buchführung?

„Siehe Seite 26 des Textteils!"

12. Welche für den Handwerksbetrieb geeigneten Buchführungssysteme gibt es und welche Kriterien sind bei der Auswahl eines geeigneten Buchführungssystems zu beachten?

„Siehe Seite 27 des Textteils!"

13. Nicht zuletzt aus Gründen der Aussagefähigkeit haben Sie sich als Betriebsinhaber für das System der doppelten Buchführung entschieden.

Aufgabe: Worin liegt für Sie der Vorteil der doppelten Buchführung? Die doppelte Buchführung ist

☐ a) in erster Linie eine kombinierte Bestands- und Erfolgsrechnung.
☐ b) nur ein System zur Ermittlung des Geschäftserfolges.
☐ c) nur ein System zur Erfassung von Veränderungen bei Vermögen und Verbindlichkeiten (Schulden).
☐ d) eine Doppelrechnung von Aufwendungen und Kosten.
☐ e) ein System zur Umrechnung von Einnahmen und Ausgaben in Aufwendungen und Kosten.

„Siehe Seite 28 des Textteils!"

14. Welche Kontenarten werden in der Buchführung unterschieden?

„Siehe Seite 28 des Textteils!"

15. Welche der nachfolgenden Einteilungen ist richtig?
Sachkonten werden unterteilt in

☐ a) Personenkonten und Verbindlichkeiten aus Lieferungen und Leistungen.
☐ b) Bestandskonten und Erfolgskonten.
☐ c) Aufwandskonten und Personenkonten.
☐ d) Ertragskonten und Personenkonten.
☐ e) Forderungen aus Lieferungen und Leistungen sowie Verbindlichkeiten aus Lieferungen und Leistungen.

„Siehe Seite 33 des Textteils!"

16. Bei der Organisation der Buchführung in Ihrem Betrieb greifen Sie auf einen Kontenrahmen zurück.

Aufgabe: Erläutern Sie, welche Kontenrahmen für Sie von Bedeutung sind!

„Siehe Seite 34 des Textteils!"

17. Der Kontenplan hat die Aufgabe

☐ a) in erster Linie Buchungsregeln für die Verbuchung erstellen zu können.
☐ b) vorwiegend die Materialkosten erfassen und gliedern zu können.
☐ c) in erster Linie Datenverbundsysteme sinnvoll im Betrieb einzusetzen.
☐ d) in erster Linie eine übersichtliche Buchführungsorganisation zu gewährleisten.
☐ e) in allen Betrieben die Buchführung per EDV sicherzustellen.

„Siehe Seite 38 des Textteils!"

18. Erläutern Sie kurz die zwei wichtigsten Buchungsregeln bei der doppelten Buchführung!

„Siehe Seiten 39 f. des Textteils!"

19. Unter Inventur versteht man

☐ a) die Bestandsaufnahme aller Vermögensgegenstände und Verbindlichkeiten sowie deren Bewertung.
☐ b) nur die körperliche Bestandsaufnahme aller Waren und Materialvorräte.
☐ c) eine Aufstellung über die am Bilanzstichtag im Betrieb vorhandenen Zahlungsmittel.
☐ d) das Zählen und Messen wichtiger Gegenstände des Betriebsvermögens.
☐ e) die Zusammenstellung der Aufwendungen und Erträge.

„Siehe Seite 43 des Textteils!"

20. Erklären Sie, wofür und wie ein Inventar aufzustellen ist!

„Siehe Seite 45 des Textteils!"

21. Unter Saldo versteht man

☐ a) die Summe aller Zahlen auf der linken Seite eines Kontos.
☐ b) die Summe aller Zahlen auf der rechten Seite eines Kontos.
☐ c) die Differenz zwischen der Soll- und der Haben-Seite eines Kontos.
☐ d) den Ausgleich zwischen zwei Konten in der Buchhaltung.
☐ e) die Differenz der Summen zwischen Bilanz sowie Gewinn- und Verlustrechnung.

„Siehe Seite 45 des Textteils!"

22. Im Rahmen der Bewertung Ihres Anlagevermögens können Sie Abschreibungen vornehmen.

Aufgabe: Die Höhe der Abschreibung richtet sich nach

☐ a) der jeweiligen Einschätzung des Betriebsinhabers.
☐ b) der betriebsgewöhnlichen Nutzungsdauer.
☐ c) der Art des Buchführungssystems.
☐ d) der Art der Buchführungsmethode.
☐ e) der Vorgabe der Berufsorganisation.

„Siehe Seite 50 des Textteils!"

23. Welche der nachfolgenden Aussagen ist richtig?

☐ a) Der Jahresüberschuss (Gewinn) wird auf der Haben-Seite des Eigenkapitals verbucht.
☐ b) Privatentnahmen werden auf der Haben-Seite des Eigenkapitalkontos verbucht.
☐ c) Die Verbuchung des Jahresüberschusses (Gewinns) erfolgt immer auf der Soll-Seite des Eigenkapitalkontos.
☐ d) Die Verbuchung des Jahresüberschusses (Gewinns) erfolgt immer auf dem Privatkonto.
☐ e) Die Verbuchung des Jahresüberschusses (Gewinns) erfolgt immer auf Konto Rückstellungen.

„Siehe Seite 55 des Textteils!"

24. Als Unternehmer haben Sie nach verschiedenen rechtlichen Vorschriften Bücher zu führen, die Grundlage der Buchführung sind.

Aufgabe:

a) Was muss im Kassenbuch erfasst sein?
b) Was ist im Lohnbuch zu erfassen?

„Siehe Seite 58 des Textteils!"

25. Die Durchschreibebuchführung ist

☐ a) eine Buchführung mit Speicherung auf Diskette.
☐ b) eine Buchführung, die nur aus gebundenen Büchern besteht.
☐ c) eine reine Karteikasten-Buchführung.
☐ d) eine Buchführung mit Lochkartenspeicherung.
☐ e) eine Loseblatt-Buchführung.

„Siehe Seite 59 des Textteils!"

26. Bei der Buchführung auf der Grundlage der EDV

☐ a) erübrigt sich die Sammlung, Prüfung und Vorkontierung der Belege.
☐ b) muss die Erlaubnis des Finanzamtes vorliegen.
☐ c) gelten die Prinzipien der doppelten Buchführung weiter.
☐ d) werden die Daten der Buchführung direkt an das Finanzamt weitergegeben.
☐ e) ist kein Kontenplan mehr erforderlich.

„Siehe Seite 60 des Textteils!"

27. Für die Ausgliederung von Buchführungsarbeiten stehen dem Handwerksbetrieb folgende Stellen zur Verfügung:

☐ a) Buchstellen, Steuerkanzleien, EDV-Rechenzentren
☐ b) Innungen, Handwerkskammern
☐ c) Institut für Handwerkswirtschaft
☐ d) Buchstellen, Steuerberater, Berufsgenossenschaft
☐ e) EDV-Rechenzentren, Rationalisierungskuratorium der Deutschen Wirtschaft.

„Siehe Seite 61 des Textteils!"

28. Was versteht man unter einem Datenverbundsystem?

☐ a) Zusammenfassung einzelbetrieblicher Daten nach Branchen und Betriebstypen
☐ b) Den Austausch von Daten zwischen mehreren Rechenzentren
☐ c) Rechenzentren, die als Gemeinschaftsanlage von Berufs- und Unternehmergruppen gebildet werden
☐ d) Die Zusammenfassung der Daten mehrerer Handwerksbetriebe bei einer Buchstelle
☐ e) Die Arbeitsteilung zwischen eigenbetrieblichen Computern und Rechenzentren.

„Siehe Seite 63 des Textteils!"

29. Wie viele andere Betriebsinhaber arbeiten Sie bei den Buchführungsarbeiten eng mit Ihrem Steuerberater zusammen.

<u>Aufgabe:</u> Stellen Sie den praktischen Ablauf der Zusammenarbeit mit derartigen externen Datenverarbeitungsstellen dar!

„Siehe Seite 63 des Textteils!"

30. Sie setzen als Betriebsinhaber die EDV zur Buchhaltung ein.

Aufgabe: Welche Ergebnisse liefert Ihnen die Buchführung per EDV in der Regel?

- ☐ a) Unter anderem Journal, Kontoauszüge, Summen- und Saldenlisten, betriebswirtschaftliche Auswertungen und Umsatzsteuervoranmeldungen
- ☐ b) Einen kompletten Betriebsabrechnungsbogen mit erweiterter Erfolgsrechnung
- ☐ c) Fertigungspläne für die Durchführung verschiedenartiger Arbeiten
- ☐ d) Auftragspläne für die Arbeitsvorbereitung im Betrieb
- ☐ e) Komplett kalkulierte Preise.

„Siehe Seite 64 des Textteils!"

31. Beschreiben Sie kurz die wichtigsten Arbeitsvorgänge von der Erstellung der Eröffnungsbilanz bis zum Jahresabschluss an einem Beispiel zur doppelten Buchführung auf T-Konten!

„Siehe Seiten 69 ff. des Textteils!"

1.2 Jahresabschluss und Grundzüge der Auswertung

1.2.1 Aufbau von Bilanz und Gewinn- und Verlustrechnung

1.2.1.1 Allgemeine Hinweise

Wie bei der Rechnungslegung, so sind auch bei der Aufstellung des Jahresabschlusses generell die Grundsätze ordnungsmäßiger Buchführung zu beachten.

Dabei gelten für den einzelnen Betrieb unterschiedliche Regelungen.

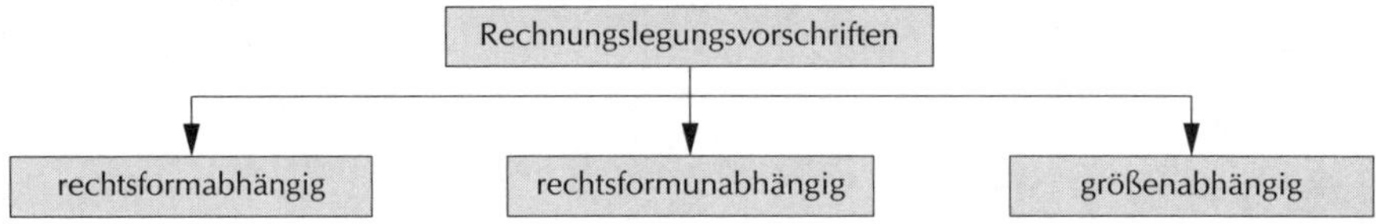

Abbildung 37

Für **Kaufleute** (Einzelunternehmen und Personengesellschaften) gelten folgende Anforderungen:

- Jahresabschluss = Bilanz, Gewinn- und Verlustrechnung sowie Zusatzangaben „unter der Bilanz":
  - Bilanzmindestinhalt = Anlage- und Umlaufvermögen, Eigenkapital, Verbindlichkeiten, Rechnungsabgrenzungsposten.
  - Zusatzangaben „unter der Bilanz" = bestimmte Haftungsverhältnisse wie Verbindlichkeiten aus der Begebung von Wechseln, aus Bürgschaften, Gewährleistungsverpflichtungen und anderem.

Für **Kapitalgesellschaften** gilt:

Jahresabschluss

- Jahresabschluss = Bilanz, Gewinn- und Verlustrechnung sowie Anhang. Gefordert wird ferner ein Lagebericht.
  - Aufstellung der Bilanz sowie der Gewinn- und Verlustrechnung nach dem im HGB vorgegebenen Schema.

Anhang

  - Anhang = Erläuterung des Jahresabschlusses und Pflichtangaben wie Angabe der angewandten Bilanzierungs- und Bewertungsmethoden sowie gegebenenfalls Angabe und Begründungen für Abweichungen davon, Gesamtbetrag der Verbindlichkeiten mit einer Restlaufzeit von mehr als 5 Jahren, durchschnittliche Zahl der während des Geschäftsjahres beschäftigten Arbeitnehmer, getrennt nach Gruppen, und Mitglieder des Geschäftsführungsorgans sowie Mitglieder eines Aufsichtsrates.

Lagebericht

  - Lagebericht = Darstellung des Geschäftsverlaufs und der Lage der Kapitalgesellschaft, so dass ein den tatsächlichen Verhältnissen entsprechendes Bild vermittelt wird. Er soll ferner auf Vorgänge besonderer Art (die nach dem Schluss des Geschäftsjahres eingetreten sind), auf die voraussichtliche Entwicklung der Kapitalgesellschaft und auf Forschung und Entwicklung eingehen.

Für den Inhalt des Jahresabschlusses bei Kapitalgesellschaften im Einzelnen ist deren Größe von besonderer Bedeutung.

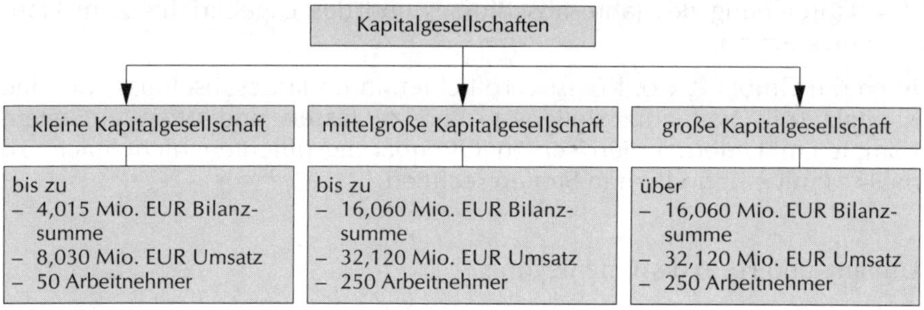

Abbildung 38

Für die Zuordnung ist entscheidend, dass an zwei aufeinander folgenden Bilanzstichtagen jeweils zwei der genannten drei Merkmale unter- bzw. überschritten werden. Die Zahl der Arbeitnehmer bezieht sich auf den Jahresdurchschnitt und enthält nicht die Auszubildenden.

Prüfung, Offenlegung

Entsprechend der Betriebsgröße ergeben sich unterschiedliche Vorschriften zu einzelnen Posten der Bilanz, über die Pflicht zur Prüfung und zur Offenlegung des Jahresabschlusses.

Befreiung von Vorschriften

Kleine Kapitalgesellschaften sind beispielsweise von den Vorschriften über die Pflicht zur Erläuterung bestimmter Forderungen und Verbindlichkeiten im Anhang sowie den Vorschriften über die Aufstellung eines Anlagegitters (= Darstellung sämtlicher Anlagegüter) befreit. Kleine Kapitalgesellschaften brauchen keinen Lagebericht aufzustellen. Bezüglich der Prüfung, Aufstellung und Offenlegung des Jahresabschlusses gilt:

- Kleine Kapitalgesellschaften
  - Aufstellung 6 Monate und Veröffentlichung 12 Monate nach Abschluss des Geschäftsjahres.
  - Keine Prüfung der Rechnungslegung durch einen Abschlussprüfer.
  - Einreichung der Bilanz und des Anhangs zum Handelsregister. Der Anhang braucht die Angaben zur G+V nicht zu enthalten.
  - Bekanntmachung im Bundesanzeiger, bei welchem Registergericht die Unterlagen hinterlegt sind.
- Mittelgroße Kapitalgesellschaften
  - Aufstellung 3 Monate und Veröffentlichung 12 Monate nach Abschluss des Geschäftsjahres.
  - Prüfung des Jahresabschlusses und des Lageberichts durch einen Abschlussprüfer (auch vereidigte Buchprüfer).
  - Einreichung des Jahresabschlusses und des Lageberichts zum Handelsregister.
  - Bekanntmachung im Bundesanzeiger, bei welchem Registergericht die Unterlagen hinterlegt sind.

- Große Kapitalgesellschaften
  - Aufstellung 3 Monate und Veröffentlichung 12 Monate nach Abschluss des Geschäftsjahres.
  - Prüfung des Jahresabschlusses und des Lageberichts durch einen Abschlussprüfer.
  - Veröffentlichung des Jahresabschlusses und des Lageberichts im Bundesanzeiger.
  - Einreichung des Jahresabschlusses und des Lageberichts zum Handelsregister.

Auch die GmbH & Co. KG ist verpflichtet, ihren Jahresabschluss wie eine Kapitalgesellschaft aufzustellen, prüfen zu lassen und offen zu legen. Kommt ein Unternehmen seinen Offenbarungspflichten nicht nach, so muss es mit empfindlichen Strafen rechnen.

Umfang und Form der Offenlegung

	Kleine Kapitalgesellschaft	Mittelgroße Kapitalgesellschaft	Große Kapitalgesellschaft
Umfang			
Bilanz	x	x	x
G+V		x	x
Anhang	x	x	x
Lagebericht		x	x
Form			
Handelsregister	x	x	x
Bundesanzeiger			
Veröffentlichung			x
Bekanntmachung über Einreichung beim Handelsregister	x	x	

Abbildung 39

Offenlegungspflichten können sich auch nach dem Publizitätsgesetz ergeben.

1.2.1.2 Bilanz

Begriff

Die Bilanz ist die Gegenüberstellung des Vermögens auf der Aktivseite und des Kapitals des Unternehmens auf der Passivseite zu einem bestimmten Zeitpunkt. Sie beruht auf dem Inventar und enthält dessen einzelne Posten in teilweise zusammengefasster Darstellung.

- Vermögen sind grundsätzlich alle im Betrieb eingesetzten Wirtschaftsgüter und Geldmittel. Man nennt diese auch Aktiva. Vermögen
- Kapital sind die betrieblichen Verbindlichkeiten (Schulden) gegenüber dem Betriebsinhaber und außen stehenden Gläubigern, auch Passiva genannt. Kapital

Da eine Bilanz (der Begriff steht ursprünglich für Waage = Gleichgewicht) immer ausgeglichen sein muss, entsprechen sich auch Vermögen und Kapital wertmäßig.

Die Passivseite der Bilanz informiert über die Herkunft der finanziellen Mittel. Passivseite

Man unterscheidet dabei grundsätzlich zwischen
- Eigenkapital und
- Fremdkapital:
  - kurzfristige Verbindlichkeiten wie Verbindlichkeiten aus Lieferungen und Leistungen, Verbindlichkeiten gegenüber Kreditinstituten, Wechselverbindlichkeiten
  - langfristige Verbindlichkeiten wie Darlehen.

Die Aktivseite der Bilanz spiegelt dagegen die Verwendung dieser Mittel wider. Aktivseite

Dabei unterscheidet man folgende Gruppen:
- **Anlagevermögen:** Hierzu gehören Gegenstände, die dazu bestimmt sind, dauernd dem Geschäftsbetrieb zu dienen:
  - materielles Anlagevermögen wie Grundstücke, Bauten, Maschinen, Geschäftsausstattung, Fahrzeuge
  - immaterielles Anlagevermögen wie Patente, Konzessionen
  - Finanzanlagevermögen wie Beteiligungen, langfristige Darlehens- und Hypothekenforderungen.
- **Umlaufvermögen:** Also Gegenstände, die im Betrieb verbraucht werden und sich ständig stofflich, inhaltlich, mengenmäßig usw. verändern:
  - Vorräte wie Roh-, Hilfs- und Betriebsstoffe, Halb- und Fertigfabrikate
  - Forderungen aller Art wie Forderungen aus Lieferungen und Leistungen
  - Wertpapiere kurzfristiger Art
  - Zahlungsmittel wie Bank und Kasse.

Zur Darstellung der Bilanz wird im Allgemeinen die Form eines Kontos gewählt mit den Aktivposten auf der linken und den Passivposten auf der rechten Seite. Konto

Gliederung der Bilanz

Kaufleute

Der Kaufmann im Sinne des Handelsrechts hat die Bilanz als wesentlichen Bestandteil des Jahresabschlusses nach den Grundsätzen ordnungsmäßiger Buchführung aufzustellen. Sie muss klar und übersichtlich sein.

Schema einer einfachen Bilanz

Aktivseite	***Bilanz*** / ***Passivseite***
Anlagevermögen	*Eigenkapital*
Umlaufvermögen	*Verbindlichkeiten*
Rechnungsabgrenzungsposten	*Rechnungsabgrenzungsposten*

Abbildung 40

Die in Abbildung 40 genannten Posten sind gesondert auszuweisen und gegebenenfalls auch hinreichend aufzugliedern.

Kapitalgesellschaften

Zwingende Gliederungsvorschriften gibt es für Kapitalgesellschaften. Sie müssen die Bilanz in Kontenform erstellen. Das HGB regelt genau, welche Posten die Aktivseite und die Passivseite jeweils enthalten müssen. Kleine Kapitalgesellschaften (darunter fallen die meisten GmbHs im Handwerk) brauchen dabei nur eine verkürzte Bilanz aufzustellen (siehe Abbildung 41). Alle Kapitalgesellschaften haben in der Bilanz zu jedem Posten den entsprechenden Betrag des vorhergehenden Geschäftsjahres anzugeben.

In der Praxis ist es üblich, dass man sich hinsichtlich der Bilanzgliederung für Personengesellschaften bzw. Einzelunternehmen, ohne dass dies gesetzlich vorgeschrieben ist, an das Schema für Kapitalgesellschaften anlehnt.

Darüber hinaus ist es empfehlenswert, noch ausführlicher zu untergliedern, falls die Bilanz für einen Kreditantrag o. Ä. benötigt wird. Das Schema in Abbildung 42 orientiert sich insbesondere an den Positionen, die bei einem Einzelunternehmen und einer Personengesellschaft im Handwerk vorkommen.

Verkürzte Bilanz nach HGB für kleine Kapitalgesellschaften (gemäß § 266, Abs. 1 HGB):

Aktivseite	**Passivseite**
A. Anlagevermögen I. Immaterielle Vermögensgegenstände II. Sachanlagen III. Finanzanlagen	A. Eigenkapital I. Gezeichnetes Kapital II. Kapitalrücklage III. Gewinnrücklagen IV. Gewinnvortrag/Verlustvortrag V. Jahresüberschuss/Jahresfehlbetrag
B. Umlaufvermögen I. Vorräte II. Forderungen und sonstige Vermögensgegenstände III. Wertpapiere IV. Schecks, Kassenbestand, Bundesbank- und Postbankguthaben, Guthaben bei Kreditinstituten	B. Rückstellungen C. Verbindlichkeiten
C. Rechnungsabgrenzungsposten	D. Rechnungsabgrenzungsposten

Abbildung 41

Möglichkeiten für die ausführlichere Untergliederung:

Aktivseite

A. Anlagevermögen
  - I. Immaterielle Vermögensgegenstände
  - II. Sachanlagen
    1. Grundstücke, grundstücksgleiche Rechte und Bauten
    2. Technische Anlagen und Maschinen
    3. Andere Anlagen, Betriebs- und Geschäftsausstattung
    4. Geleistete Anzahlungen und Anlagen im Bau
  - III. Finanzanlagen
    1. Beteiligungen
    2. Wertpapiere des Anlagevermögens
    3. Sonstige Ausleihungen

B. Umlaufvermögen
  - I. Vorräte
    1. Roh-, Hilfs- und Betriebsstoffe
    2. Unfertige Erzeugnisse und unfertige Leistungen
    3. Fertige Erzeugnisse und Waren
    4. Geleistete Anzahlungen
  - II. Forderungen und sonstige Vermögensgegenstände
    1. Forderungen aus Lieferungen und Leistungen
    2. Forderungen an Gesellschafter
    3. Sonstige Vermögensgegenstände
  - III. Wertpapiere
  - IV. Flüssige Mittel
    1. Schecks und Kassenbestand
    2. Guthaben bei Kreditinstituten

C. Rechnungsabgrenzungsposten

Passivseite

A. Eigenkapital
  - I. Kapitaleinlagen unbeschränkt haftender Gesellschafter
  - II. Kapitaleinlagen der Kommanditisten

B. Sonderposten mit Rücklageanteil

C. Rückstellungen

D. Verbindlichkeiten
  1. Verbindlichkeiten gegenüber Kreditinstituten
  2. Erhaltene Anzahlungen
  3. Verbindlichkeiten aus Lieferungen und Leistungen
  4. Wechselverbindlichkeiten
  5. Verbindlichkeiten gegenüber Gesellschaftern
  6. Darlehen
  7. Sonstige Verbindlichkeiten

E. Rechnungsabgrenzungsposten

Abbildung 42

Bilanzarten

Je nach Anlass und Zielsetzung der Bilanzaufstellung unterscheidet man verschiedene Arten von Bilanzen:

- Nach dem Bilanzierungsanlass
  - ordentliche Bilanzen
    - Eröffnungsbilanz
    - Zwischenbilanz
    - Schlussbilanz
  - außerordentliche, das heißt unregelmäßige, oft nur einmal auftretende Bilanzen (Sonderbilanzen) wie
    - Gründungsbilanz (Eröffnungs- oder Anfangsbilanz eines Betriebes, die insbesondere über die Zusammensetzung und Werte der eingebrachten Vermögensgegenstände informieren soll)
    - Umwandlungsbilanz (Sonderbilanz bei der Änderung der Rechtsform)
    - Auseinandersetzungsbilanz (Sonderbilanz bei Ausscheiden eines Gesellschafters)
    - Konkurs- und Liquidationsbilanz (Sonderbilanz bei Zahlungsunfähigkeit des Betriebes)

Ordentliche Bilanzen

Außerordentliche Bilanzen

- Aus rechtlicher Sicht
  - gesetzliche Bilanzen
    - Handelsbilanz
    - Steuerbilanz (die Steuerbilanz ist eine unter Berücksichtigung steuerlicher Vorschriften aus der Handelsbilanz abgeleitete Vermögensübersicht; bei Einzelunternehmen und Personengesellschaften können beide Bilanzen identisch sein und werden dann auch nicht getrennt erstellt)
  - freiwillige Bilanzen (etwa monatliche, vierteljährliche oder halbjährliche Zwischenabschlüsse (Zwischenbilanzen) zur Vorlage bei einem Kreditinstitut, aus Anlass der Kapitalbeschaffung oder für die Herabsetzung von Steuervorauszahlungen).

Steuerbilanz

Die genannten Bilanzen dienen der Information, Dokumentation, Rechenschaft und Sicherung, sei es für die Gläubiger, die Gesellschafter, die Öffentlichkeit oder auch die Finanzbehörden.

1.2.1.3 Gewinn- und Verlustrechnung

Bedeutung

Die Gewinn- und Verlustrechnung informiert darüber, welcher Gewinn oder Verlust sich aus den einzelnen Aufwendungen und Erträgen ergibt.

Erläuterung der Begriffe Einnahmen und Ausgaben, Aufwand und Ertrag, Gewinn und Verlust

Zur Beschreibung der vom gesamten betrieblichen Rechnungswesen erfassten Vorgänge sind folgende Begriffspaare besonders wichtig:

- Einnahmen und Ausgaben

Einnahmen

  - Einnahmen = Summe aller Eingänge an Zahlungsmitteln und Forderungen

Ausgaben

  - Ausgaben = Summe der Abgänge an Zahlungsmitteln und der Zunahme an Verbindlichkeiten.
- Aufwand und Ertrag

Aufwand

  - Aufwand = Summe der Ausgaben für die in einer Abrechnungsperiode verbrauchten Güter und Dienstleistungen.

    Nicht zu den Aufwendungen gehören alle Privatentnahmen für Privatausgaben, Einkommensteuer, Solidaritätszuschlag und Kirchensteuer.

    Stimmen Aufwand und Ausgaben nicht überein, so wird eine **Rechnungsabgrenzung** vorgenommen.

    Sind Aufwendungen nicht durch den betrieblichen Leistungsprozess verursacht, so spricht man von **neutralem Aufwand.** Beispiele hierfür sind Spenden sowie Feuer-, Sturm- und Diebstahlschäden.

Ertrag

  - Ertrag = Summe aller durch den betrieblichen Leistungsprozess bedingten Einnahmen.

    Nicht zu den Erträgen gehören dementsprechend Privateinlagen und Einnahmen aus Privatverkäufen.

    Soweit Erträge und Einnahmen nicht übereinstimmen, ist eine **Rechnungsabgrenzung** erforderlich. Erträge aufgrund betriebsfremder oder außerordentlicher Vorfälle werden als **neutraler Ertrag** erfasst. Dies ist beispielsweise bei Erträgen aus Beteiligungen und bei Anlagenverkäufen über dem Buchwert der Fall.
- Gewinn und Verlust.

> – Gewinn oder Verlust bzw. Jahresüberschuss oder Jahresfehlbetrag = Differenz zwischen Erträgen und Aufwendungen.

Arten der Gewinnermittlung

> Handels- und steuerrechtlich gibt es unterschiedliche Arten der Gewinnermittlung.

- Nach dem Handelsrecht hat jeder Kaufmann zum Schluss eines Geschäftsjahres eine Gegenüberstellung von Aufwendungen und Erträgen, die so genannte Gewinn- und Verlustrechnung, zu erstellen, aus der sich der Jahresüberschuss oder der Jahresfehlbetrag ergibt.
- Steuerrechtlich sind zwei Fälle zu unterscheiden:

Überschussrechnung

  - Gewerbetreibende, die nicht zur Führung von Büchern und Erstellung von Abschlüssen verpflichtet sind und dies auch nicht freiwillig tun, ermitteln den Gewinn als Überschuss der Betriebseinnahmen über die Betriebsausgaben (so genannte Überschussrechnung). In diesem Fall werden lediglich Einnahmen und Ausgaben aufgezeichnet.

    Diese Art der Erfolgsrechnung führt zu ungenauen Ergebnissen und genügt keinesfalls den betriebswirtschaftlichen Anforderungen an die Buchführung.

Die Überschussrechnung kommt in der Praxis eher bei kleineren Handwerksbetrieben vor, da sie steuerrechtlich nur für Steuerpflichtige zulässig ist, die keine Bücher führen müssen und auch freiwillig keine Bücher führen. Durch aktuelle gesetzliche Regelungen wurden allerdings die Grenzen für die Buchführungspflicht angehoben (siehe dazu auch Abschnitt 1.1.1.2 „Gesetzliche Regelungen"), so dass noch mehr Kleinbetriebe die Überschussrechnung nutzen können. In diesem Fall ist der Steuererklärung eine Gewinnermittlung nach dem amtlich vorgeschriebenen Vordruck beizufügen.
Betriebseinnahmen und Betriebsausgaben sind insofern mit Erträgen und Aufwendungen identisch, wenn es sich beispielsweise nicht um Aufwendungen handelt, die nach dem Steuerrecht als Betriebsausgaben den Gewinn nicht mindern dürfen.

– Steuerpflichtige, die Bücher führen müssen oder dies freiwillig tun, ermitteln den Gewinn durch Gegenüberstellung des Betriebsvermögens am Schluss des aktuellen und des vorangehenden Geschäftsjahres (so genannter Betriebsvermögensvergleich) unter Anrechnung der Entnahmen und Abzug der Einlagen.

Betriebsvermögensvergleich

Arten der Gewinnermittlung

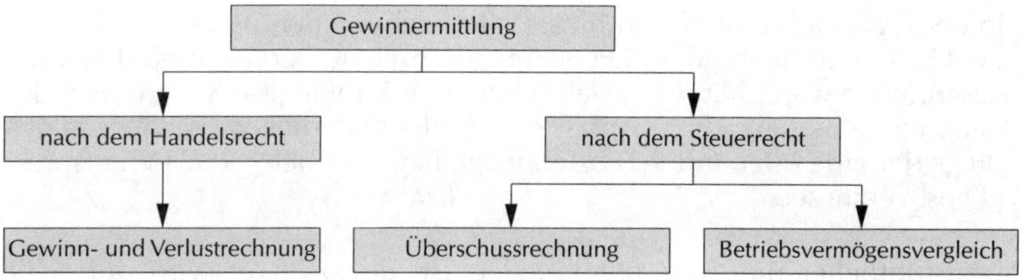

Abbildung 43

Gliederung der Gewinn- und Verlustrechnung

Für den Kaufmann im Sinne des HGB gilt, dass die Gewinn- und Verlustrechnung (G+V) als wesentlicher Bestandteil des Jahresabschlusses nach den Grundsätzen ordnungsmäßiger Buchführung aufzustellen ist. Sie muss ferner klar und übersichtlich sein. Vielfach wird dazu die Kontenform gewählt.

Bestimmungen des HGB

Schema einer einfachen Gewinn- und Verlustrechnung

Aufwendungen	***Gewinn- u. Verlustrechnung (G+V)***	***Erträge***
Jahresüberschuss (Gewinn)		

Abbildung 44

Kapitalgesellschaften

Kapitalgesellschaften müssen die Gewinn- und Verlustrechnung in Staffelform aufstellen nach dem Gesamtkostenverfahren oder dem Umsatzkostenverfahren.

Gesamtkostenverfahren

- Gesamtkostenverfahren
  Dabei werden die insgesamt angefallenen betrieblichen Aufwendungen unter Berücksichtigung der Bestandsveränderungen an fertigen und unfertigen Erzeugnissen den gesamten Umsatzerlösen gegenübergestellt. Dieses Verfahren ist bei uns das häufiger gebräuchliche.

Umsatzkostenverfahren

- Umsatzkostenverfahren
  Die Herstellungskosten der zur Erzielung der Umsatzerlöse erbrachten Leistungen zuzüglich der in der Abrechnungsperiode angefallenen Verwaltungs- und Vertriebsgemeinkosten und der Sonderkosten des Vertriebes werden den Umsatzerlösen gegenübergestellt.

Das HGB schreibt genau vor, welche Einzelposten jeweils entsprechend dem gewählten Verfahren auszuweisen sind (siehe Abbildungen 45 und 46). Alle Kapitalgesellschaften haben in der Gewinn- und Verlustrechnung wie in der Bilanz zu jedem Posten den entsprechenden Betrag des vorhergehenden Geschäftsjahres anzugeben.

Praxis

In der Praxis lehnt man sich hinsichtlich der Gliederung der G+V auch bei Einzelunternehmen und Personengesellschaften, ohne dass dies vorgeschrieben wäre, häufig an das Schema für Kapitalgesellschaften an. Je nach einzelbetrieblichem Anfall des Zahlenmaterials wird dabei allerdings der eine oder andere Posten wegfallen und sich die G+V entsprechend verkürzen.

Je ausführlicher die G+V untergliedert ist, umso klarer wird durch sie auch, welche Ertragsquellen im Betrieb vorhanden sind und welche Aufwendungen das Gesamtbetriebsergebnis beeinflussen.

Der rechnerischen Feststellung des Gewinns über die G+V folgt die Entscheidung über die Gewinnverwendung. Die wichtigsten Formen sind dabei

- die Verteilung auf Inhaber oder Anteilseigner
  sowie
- die Einbehaltung im Unternehmen.

Die im Unternehmen verbleibenden Gewinnanteile erhöhen das Eigenkapital.

Gewinn- und Verlustrechnung nach dem Gesamtkostenverfahren

1. Umsatzerlöse	+...........	
2. Erhöhung oder Verminderung des Bestands an fertigen und unfertigen Erzeugnissen	±...........	
3. andere aktivierte Eigenleistungen	+...........	
4. sonstige betriebliche Erträge	+...........	
5. Materialaufwand:		
a) Aufwendungen für Roh-, Hilfs- und Betriebsstoffe und für bezogene Waren	−...........	
b) Aufwendungen für bezogene Leistungen	−...........	
6. Personalaufwand:		
a) Löhne und Gehälter	−...........	
b) soziale Abgaben und Aufwendungen für Altersversorgung und für Unterstützung, davon für Altersversorgung	−...........	
7. Abschreibungen		
a) auf immaterielle Vermögensgegenstände des Anlagevermögens und Sachanlagen sowie auf aktivierte Aufwendungen für die Ingangsetzung und Erweiterung des Geschäftsbetriebes	−...........	
b) auf Vermögensgegenstände des Umlaufvermögens, soweit diese die in der Kapitalgesellschaft üblichen Abschreibungen überschreiten	−...........	
8. sonstige betriebliche Aufwendungen	−...........	
9. Erträge aus Beteiligungen, davon aus verbundenen Unternehmen	+...........	
10. Erträge aus anderen Wertpapieren und Ausleihungen des Finanzanlagevermögens, davon aus verbundenen Unternehmen	+...........	
11. sonstige Zinsen und ähnliche Erträge, davon aus verbundenen Unternehmen	+...........	
12. Abschreibungen auf Finanzanlagen und auf Wertpapiere des Umlaufvermögens	−...........	
13. Zinsen und ähnliche Aufwendungen, davon an verbundene Unternehmen	−...........	
14. Ergebnis der gewöhnlichen Geschäftstätigkeit		±...........
15. außerordentliche Erträge	+...........	
16. außerordentliche Aufwendungen	−...........	
17. außerordentliches Ergebnis		±...........
18. Steuern vom Einkommen und vom Ertrag		−...........
19. sonstige Steuern		−...........
20. Jahresüberschuss/Jahresfehlbetrag		±...........

Abbildung 45

Gewinn- und Verlustrechnung nach dem Umsatzkostenverfahren

1. Umsatzerlöse	+...........	
2. Herstellungskosten der zur Erzielung der Umsatzerlöse erbrachten Leistungen	−...........	
3. Bruttoergebnis vom Umsatz	±...........	
4. Vertriebskosten	−...........	
5. allgemeine Verwaltungskosten	−...........	
6. sonstige betriebliche Erträge	+...........	
7. sonstige betriebliche Aufwendungen	−...........	
8. Erträge aus Beteiligungen, davon aus verbundenen Unternehmen	+...........	
9. Erträge aus anderen Wertpapieren und Ausleihungen des Finanzanlagevermögens, davon aus verbundenen Unternehmen	+...........	
10. sonstige Zinsen und ähnliche Erträge, davon aus verbundenen Unternehmen	+...........	
11. Abschreibungen auf Finanzanlagen und auf Wertpapiere des Umlaufvermögens	−...........	
12. Zinsen und ähnliche Aufwendungen, davon an verbundene Unternehmen	−...........	
13. Ergebnis der gewöhnlichen Geschäftstätigkeit		±...........
14. außerordentliche Erträge	+...........	
15. außerordentliche Aufwendungen	−...........	
16. außerordentliches Ergebnis		±...........
17. Steuern vom Einkommen und vom Ertrag		−...........
18. sonstige Steuern		−...........
19. Jahresüberschuss/Jahresfehlbetrag	±...........	

Abbildung 46

1.2.2 Spielräume bei Ansatz und Bewertung

1.2.2.1 Begriffsklärung

Ansatzvorschriften
Bewertungsvorschriften

Das Handelsgesetzbuch enthält Ansatz- und Bewertungsvorschriften. Die Ansatzvorschriften beantworten die Frage, ob ein Wirtschaftsgut in den Jahresabschluss aufzunehmen ist. Die Bewertungsvorschriften sagen, wie ein Wirtschaftsgut in den Jahresabschluss aufzunehmen ist.

1.2.2.2 Ansatzvorschriften

Das Handelsgesetzbuch enthält in den §§ 246–251 verschiedene Vorschriften darüber, ob bestimmte Posten in den Jahresabschluss aufzunehmen sind. Dabei sind drei Gruppen zu unterscheiden:

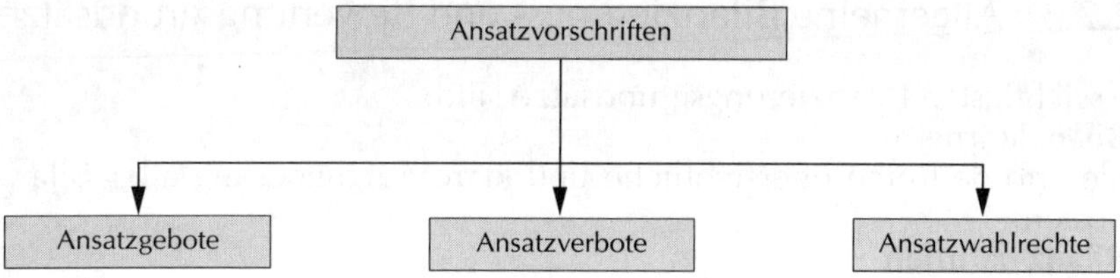

Abbildung 47

Ansatzgebote

Ansatzgebote:
Der Jahresabschluss muss sämtliche Vermögensgegenstände, Verbindlichkeiten (Schulden), Rechnungsabgrenzungsposten, Aufwendungen und Erträge enthalten. Rückstellungen sind zu bilden für ungewisse Verbindlichkeiten und für drohende Verluste aus schwebenden Geschäften sowie für unterlassene Aufwendungen für Instandhaltung, die im folgenden Geschäftsjahr innerhalb von 3 Monaten, oder für Abraumbeseitigungen, die im folgenden Geschäftsjahr nachgeholt werden, sowie für Gewährleistungen, die ohne rechtliche Verpflichtung erbracht werden.

Ansatzverbote

Ansatzverbote:
Aufwendungen für die Gründung des Unternehmens und für die Beschaffung des Eigenkapitals dürfen in der Bilanz nicht als Aktivposten aufgenommen werden. Gleiches gilt für immaterielle Vermögensgegenstände des Anlagevermögens, die nicht entgeltlich erworben wurden. Aufwendungen für den Abschluss von Versicherungsverträgen dürfen nicht aktiviert werden.

Ansatzwahlrechte

Ansatzwahlrechte:
Sie gelten für als Aufwand berücksichtigte Zölle und Verbrauchsteuern, soweit sie auf am Abschlussstichtag auszuweisende Vermögensgegenstände des Vorratsvermögens entfallen, sowie für als Aufwand berücksichtigte Umsatzsteuer auf am Abschlussstichtag auszuweisende oder von den Vorräten offen abgesetzte Anzahlungen. Für Rückstellungen gibt es die Wahlmöglichkeit bei unterlassenen Aufwendungen für Instandhaltung, wenn die Instandhaltung zwar erst nach 3 Monaten, aber innerhalb 1 Jahres, erfolgt; ferner bei ihrer Eigenart nach genau umschriebenen, dem Geschäftsjahr oder einem früheren zuzuordnenden Aufwendungen, die am Abschlussstichtag wahrscheinlich oder sicher, aber hinsichtlich ihrer Höhe oder des Zeitpunkts ihres Eintritts unbestimmt, sind.

Steuerrechtlich sind die Posten, die nach Handelsrecht angesetzt werden müssen, ebenfalls auszuweisen. Es gelten allerdings gewisse Ausnahmen, insbesondere hinsichtlich der Rückstellungen. Handelsrechtliche Ansatzverbote gelten auch in der Steuerbilanz. Ansatzwahlrechte gibt es im Steuerrecht nicht. Was nach Handelsrecht aktiviert werden darf, muss dies im Steuerrecht. Was nach Handelsrecht nicht passiviert werden muss, darf es im Steuerrecht nicht.

1.2.2.3 Allgemeine Bilanzierungs- und Bewertungsgrundsätze

Bilanzierungsgrundsätze

Die wichtigsten Bilanzierungsgrundsätze sind:

- **Bilanzklarheit**
  Sie erfordert eine übersichtliche und klare Aufgliederung aller Bilanzposten.
- **Bilanzwahrheit**
  Dies bedeutet vor allem, dass die Bilanzansätze richtig und vollständig sind.
- **Bilanzkontinuität** mit folgenden Teilprinzipien:
  - **formale Bilanzkontinuität**
    Für aufeinander folgende Bilanzen müssen Gliederung und Aufbau beibehalten werden.
  - **materielle Bilanzkontinuität**
    Sie besagt, dass einerseits die auf den vorhergehenden Jahresabschluss angewandten Bewertungsgrundsätze und andererseits auch die Wertansätze fortgeführt werden sollen.
- **Bilanzidentität** (oder auch Bilanzstetigkeit und Bilanzzusammenhang)
  Schlussbilanz eines Jahres und Anfangsbilanz des folgenden Jahres müssen sich entsprechen.

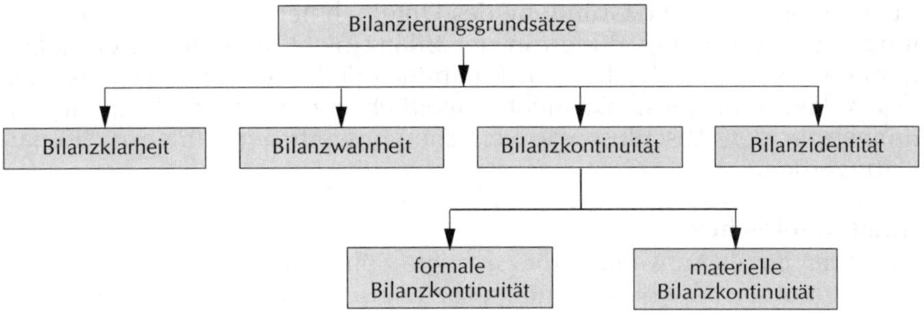

Abbildung 48

1.2.2.4 Bestandsbewertung

Handels- und steuerrechtliche Bewertungsvorschriften

Handelsrecht

Die **handelsrechtlichen Bewertungsvorschriften** sind für alle Kaufleute

- in den §§ 252–256 des Handelsgesetzbuches
  und ergänzend für Kapitalgesellschaften
- in den §§ 279–283 des Handelsgesetzbuches

enthalten. Hinzu kommen rechtsformspezifische Ergänzungen in Spezialgesetzen wie dem Aktiengesetz, dem GmbH-Gesetz und dem Genossenschaftsgesetz.

Steuerrecht

Die **steuerrechtlichen Vorschriften** für die Bewertung finden sich

- im § 6 des Einkommensteuergesetzes.

Wichtige Bewertungsbegriffe und Bewertungsmaßstäbe

Für die Handelsbilanz und für die Steuerbilanz sind folgende Bewertungsbegriffe und Bewertungsmaßstäbe wichtig:

- Anschaffungskosten

Anschaffungskosten sind die Aufwendungen, die geleistet werden, um einen Vermögensgegenstand (Wirtschaftsgut) zu erwerben und in einen betriebsbereiten Zustand zu versetzen, soweit sie dem Vermögensgegenstand einzeln zugeordnet werden können.

Sie setzen sich zusammen aus dem Anschaffungspreis, den Nebenkosten (zum Beispiel Provisionen) und den nachträglichen Anschaffungskosten. Anschaffungspreisminderungen (wie Skonti und Rabatte) müssen abgesetzt werden.

- Herstellungskosten

Herstellungskosten sind die Aufwendungen, die durch den Verbrauch von Gütern und die Inanspruchnahme von Diensten für die Herstellung eines Vermögensgegenstandes, seine Erweiterung oder für eine über seinen ursprünglichen Zustand hinausgehende wesentliche Verbesserung entstehen.

Zu den Herstellungskosten gehören Materialkosten einschließlich der notwendigen Materialgemeinkosten, die Fertigungskosten einschließlich der notwendigen Fertigungsgemeinkosten und die Sonderkosten der Fertigung (Aktivierungsgebot).

Aktivierungsgebot

Kosten für allgemeine Verwaltung sowie Aufwendungen für soziale Leistungen brauchen nicht in die Herstellungskosten einbezogen zu werden (Aktivierungswahlrecht).

Aktivierungswahlrecht

Vertriebskosten und der Unternehmerlohn gehören nicht zu den Herstellungskosten; ebenso Zinsen für Fremdkapital, es sei denn, sie fallen im Zeitraum der Herstellung an für Fremdkapital, das zur Finanzierung der Herstellung eines Vermögensgegenstandes verwendet wird (Aktivierungsverbot).

Aktivierungsverbot

- Geschäfts- oder Firmenwert

Als Geschäfts- oder Firmenwert darf der Unterschiedsbetrag angesetzt werden, um den die für die Übernahme eines Unternehmens bewirkte Gegenleistung (Kaufpreis) den Wert der einzelnen Vermögensgegenstände des Unternehmens abzüglich der Schulden zum Zeitpunkt der Übernahme übersteigt.

- Marktpreis oder Börsenkurs

Bei Vermögensgegenständen des Umlaufvermögens ist der Wert anzusetzen, der sich aus einem niedrigeren Börsenkurs oder Marktpreis ergibt, sofern diese feststellbar sind.
Börsenkurs ist der an einer Börse amtlich festgestellte oder ermittelte Preis zum Stichtag.
Der Marktpreis richtet sich nach dem Beschaffungs- oder dem Absatzmarkt.

- Teilwert

Der Teilwert ist der Betrag, den ein Erwerber des ganzen Betriebes im Rahmen des Gesamtkaufpreises für das einzelne Wirtschaftsgut ansetzen würde. Dabei ist davon auszugehen, dass der Erwerber den Betrieb fortführt.

Bewertungsbegriffe

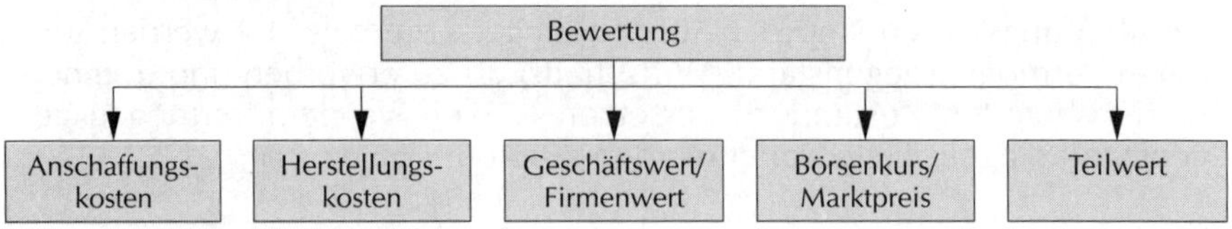

Abbildung 49

Allgemeine Bewertungsgrundsätze

Bei der Bewertung der im Jahresabschluss ausgewiesenen Vermögensgegenstände und Schulden sind folgende Grundsätze zu beachten:

- **Bilanzidentität**
  Die Wertansätze in der Eröffnungsbilanz des Geschäftsjahres müssen mit denen der Schlussbilanz des vorhergehenden Geschäftsjahres übereinstimmen.
- **Unternehmensfortführung**
  Bei der Bewertung ist in der Regel von der Fortführung der Unternehmenstätigkeit auszugehen.
- **Einzelbewertung**
  Vermögensgegenstände und Verbindlichkeiten (Schulden) sind zum Abschlussstichtag einzeln zu bewerten. Man spricht deshalb auch vom Stichtagsprinzip.

Stichtagsprinzip

- **Vorsichtsprinzip**
  Es ist insgesamt vorsichtig zu bewerten, insbesondere sind alle vorhersehbaren Risiken und Verluste zu berücksichtigen, die bis zum Abschlussstichtag entstanden sind. Dies gilt selbst dann, wenn sie erst zwischen Stichtag und dem Tag der Aufstellung des Jahresabschlusses bekannt geworden sind. Gewinne dürfen nur berücksichtigt werden, wenn sie am Abschlussstichtag realisiert sind.

Risiken

- **Richtige zeitliche Zuordnung**
  Aufwendungen und Erträge des jeweiligen Geschäftsjahres sind unabhängig von den Zeitpunkten der entsprechenden Zahlungen im Jahresabschluss zu berücksichtigen.
- **Bewertungskontinuität bzw. materielle Bilanzkontinuität**
  Es sollen die auf den vorhergehenden Jahresabschluss angewandten Bewertungsmethoden beibehalten werden.

Allgemeine Bewertungsgrundsätze

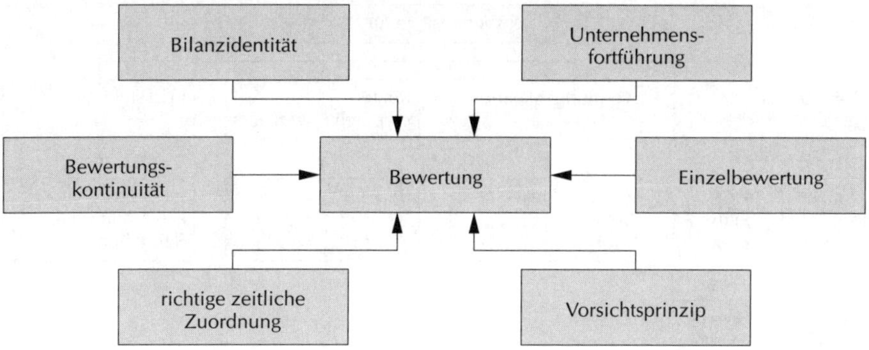

Abbildung 50

Wertansätze der Vermögensgegenstände und Schulden in Handelsbilanz und Steuerbilanz

Für die Handelsbilanz gilt:

- **Vermögensgegenstände** sind höchstens mit den Anschaffungs- oder Herstellungskosten, vermindert um die Abschreibungen, anzusetzen.
  - Dabei sind bei Vermögensgegenständen des Anlagevermögens mit begrenzter zeitlicher Nutzung die Anschaffungs- oder Herstellungskosten um planmäßige, das heißt im Voraus auf die voraussichtliche zeitliche Nutzung verteilte, Abschreibungen zu vermindern. Außerplanmäßige Abschreibungen sind möglich bei einer voraussichtlich dauernden Wertminderung, zum Beispiel durch technischen Verschleiß. Abschreibungen
  - Die **Abschreibungen** bei Vermögensgegenständen des Umlaufvermögens werden durch die Börsen- oder Marktpreise am Abschlussstichtag bestimmt. Nach dem Niederstwertprinzip ist von den zwei möglichen Wertansätzen Anschaffungs- oder Herstellungskosten bzw. Börsen- oder Marktpreis der jeweils niedrigere anzusetzen. Niederstwertprinzip
- Für den Ansatz der **Verbindlichkeiten** ist der Rückzahlungsbetrag maßgeblich. Dabei muss nach dem Höchstwertprinzip von zwei möglichen Wertansätzen stets der höhere gewählt werden, zum Beispiel wenn bei Auslandsschulden infolge Wechselkursänderungen der Tageswert unter den Anschaffungskosten liegt. Höchstwertprinzip
- **Rentenverpflichtungen** müssen zu ihrem Barwert bilanziert werden.

Wertansätze in der Handelsbilanz

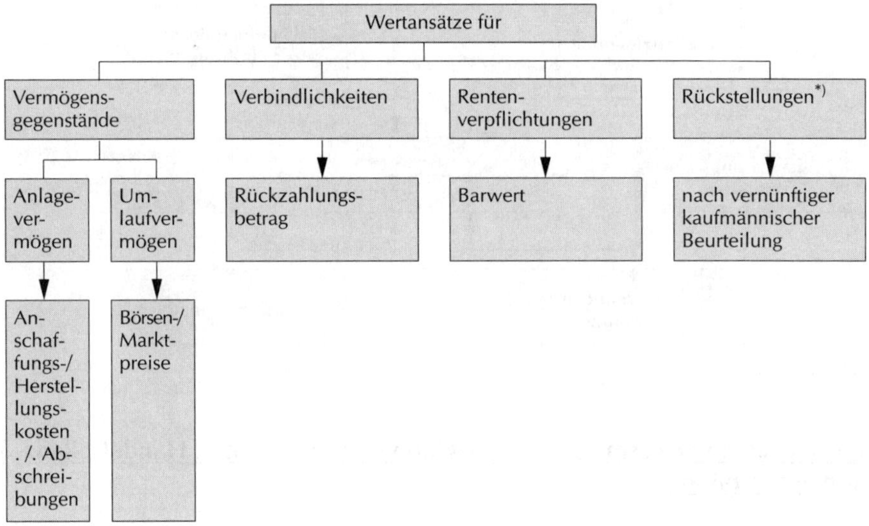

*) Hierauf wird unter 1.2.2.6 „Rückstellungen" näher eingegangen.

Abbildung 51

Die Handelsbilanz ist grundsätzlich maßgeblich für die Steuerbilanz. In der **Steuerbilanz** sind jedoch einige wichtige und weitreichende vom Handelsrecht abweichende Ansatz- und Bewertungsregeln zu beachten:

Abnutzbare Wirtschaftsgüter

- **Wirtschaftsgüter des Anlagevermögens, die der Abnutzung unterliegen,** sind mit den Anschaffungs- oder Herstellungskosten oder dem an deren Stelle tretenden Wert, vermindert um die Absetzungen für Abnutzung (Begriff des Steuerrechts für die Abschreibungen), Sonderabschreibungen und Abzüge, anzusetzen. Ist der Teilwert aufgrund einer voraussichtlich dauernden Wertminderung niedriger, so kann dieser angesetzt werden. Wirtschaftsgüter, die bereits am Schluss des vorangegangenen Wirtschaftsjahres zum Anlagevermögen des Steuerpflichtigen gehört haben, können in den folgenden Wirtschaftsjahren nur dann zum Teilwert angesetzt werden, wenn der Steuerpflichtige die Berechtigung dafür nachweisen kann.

Grund und Boden

Umlaufvermögen

- **Andere als die vorher bezeichneten Wirtschaftsgüter** (Grund und Boden, Beteiligungen, Umlaufvermögen) sind mit den Anschaffungs- oder Herstellungskosten oder dem an deren Stelle tretenden Wert, vermindert um Abzüge, anzusetzen. Ist der Teilwert aufgrund einer voraussichtlich dauernden Wertminderung niedriger, so kann dieser angesetzt werden.
- **Verbindlichkeiten** sind unter sinngemäßer Anwendung der im vorigen Punkt genannten Vorschriften anzusetzen und mit einem Zinssatz von 5,5 v. H. abzuzinsen. Ausgenommen von der Abzinsung sind Verbindlichkeiten, deren Laufzeit am Bilanzstichtag weniger als 12 Monate beträgt, und Verbindlichkeiten, die verzinslich sind oder auf einer Anzahlung oder Vorausleistung beruhen.
- Der Ansatz von **Entnahmen und Einlagen** erfolgt in der Regel nach dem Teilwert. Für die private Nutzung eines Kraftfahrzeuges gelten besondere Regeln.

Geringwertige Wirtschaftsgüter

- Bewegliche Wirtschaftsgüter des Anlagevermögens, die einer selbstständigen Bewertung und Nutzung fähig sind, können im Jahr der Anschaffung oder Herstellung in voller Höhe als Betriebsausgaben abgezogen werden, wenn die Anschaffungs- oder Herstellungskosten abzüglich des darin enthaltenen Vorsteuerbetrags für das einzelne Wirtschaftsgut 410,00 EUR nicht übersteigen.
- Wird ein Betrieb, ein Teilbetrieb oder der Anteil eines Mitunternehmers an einem Betrieb unentgeltlich übertragen, so sind bei der Ermittlung des Gewinns des bisherigen Betriebsinhabers (Mitunternehmers) die Wirtschaftsgüter mit den Werten anzusetzen, die sich nach den Vorschriften über die Gewinnermittlung ergeben. Der Rechtsnachfolger ist an diese Werte gebunden.
- Wird ein einzelnes Wirtschaftsgut außer in den Fällen einer Einlage unentgeltlich in das Betriebsvermögen eines anderen Steuerpflichtigen übertragen, gilt sein gemeiner Wert für das aufnehmende Betriebsvermögen als Anschaffungskosten.
- Wird ein einzelnes Wirtschaftsgut von einem Betriebsvermögen in ein anderes Betriebsvermögen desselben Steuerpflichtigen überführt, ist bei der Überführung der Wert anzusetzen, der sich nach den Vorschriften über die Gewinnermittlung ergibt, sofern die Besteuerung der stillen Reserven sichergestellt ist.
- Wird ein einzelnes Wirtschaftsgut im Wege des Tausches übertragen, bemessen sich die Anschaffungskosten nach dem gemeinen Wert des hingegebenen Gutes. Erfolgt die Übertragung im Wege der verdeckten Einlage, erhöhen sich die Anschaffungskosten der Beteiligung an der Kapitalgesellschaft um den Teilwert des eingelegten Wirtschaftsgutes.

Wichtige Wertansätze in der Steuerbilanz

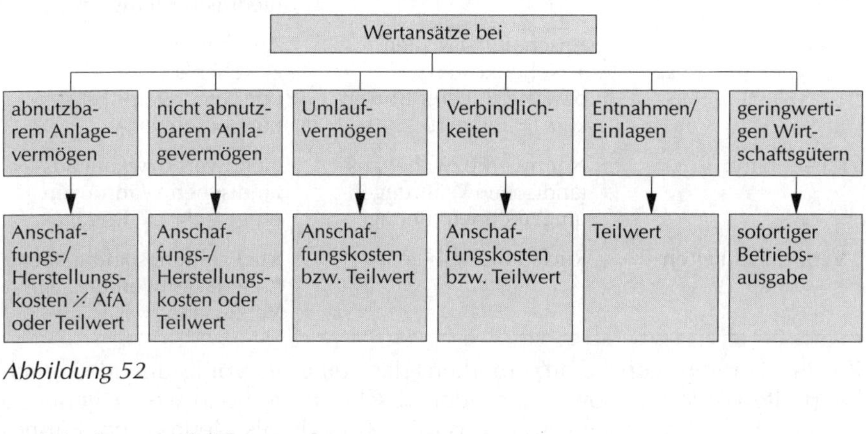

Abbildung 52

Praktische Durchführung der Bewertung

In der Praxis wird unter Berücksichtigung der oben aufgeführten Bewertungsbegriffe, Bewertungsgrundsätze und Wertansätze bei den wichtigsten Bilanzpositionen eines Handwerksbetriebes folgendermaßen bewertet:

Bilanzposition	Handelsrechtliche Bewertung	Steuerrechtliche Bewertung
Anlagevermögen		
Grundstücke	Anschaffungskosten + Nebenkosten (zum Beispiel Grunderwerbsteuer) ⁒ Preisminderungen	Anschaffungskosten + Nebenkosten ⁒ Preisminderungen oder dauerhaft niedrigerer Teilwert (Wiederbeschaffungskosten)
Bauten	Anschaffungspreis + Nebenkosten ⁒ Preisminderungen ⁒ Abschreibungen	Anschaffungskosten + Nebenkosten ⁒ Preisminderungen ⁒ AfA oder dauerhaft niedrigerer Teilwert
Maschinen, Betriebs- und Geschäftsausstattung	wie Bauten	wie Bauten
Umlaufvermögen		
Vorräte	Anschaffungskosten + Nebenkosten (Frachten, Provisionen) ⁒ Preisminderungen	Anschaffungskosten + Nebenkosten ⁒ Preisminderungen oder dauerhaft niedrigerer Teilwert
Forderungen	Anschaffungskosten (Nennwert bzw. Höhe des erwarteten Eingangs) + Nebenkosten	Anschaffungskosten (Nennwert) + Nebenkosten oder dauerhaft niedrigerer Teilwert
Wertpapiere	Anschaffungskosten + Nebenkosten bzw. niedrigerer Börsenkurs (= Teilwert)	Anschaffungskosten + Nebenkosten oder niedrigerer Börsenkurs (= Teilwert)
Kasse, Bank	Nennwert bzw. bei ausländischen Währungen umgerechnete Beträge	Nennwert bzw. bei ausländischen Währungen umgerechnete Beträge
Verbindlichkeiten	Rückzahlungsbetrag	Rückzahlungsbetrag oder höherer Teilwert und ggf. Verzinsung

Zu den Forderungen ist anzumerken, dass eine als völlig uneinbringlich beurteilte Forderung sowie nach der Abschreibung noch weiter genutzte Gegenstände des Anlagevermögens mit 1,00 EUR als Merkposten (Erinnerungswert) angesetzt werden.

1.2.2.5 Abschreibungen

Definition

Bilanzielle Abschreibungen stehen für den Werteverzehr bei materiellen und immateriellen Gegenständen des Anlagevermögens. Basis dafür sind die Anschaffungs- oder Herstellungskosten. Die Abschreibungen können dabei planmäßig und außerplanmäßig sein. Entsprechende Vorschriften dafür finden sich sowohl im Handelsrecht wie auch im Steuerrecht.

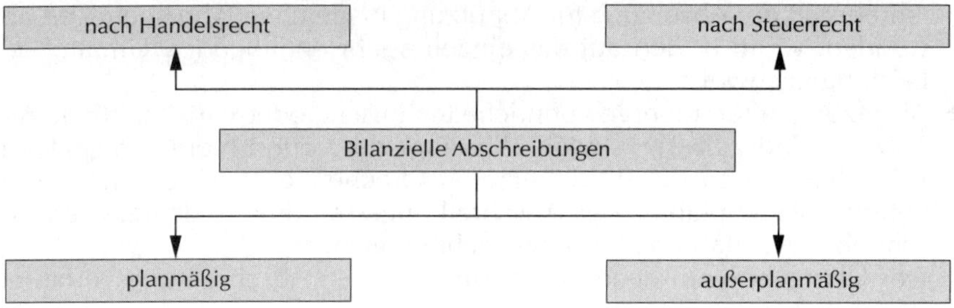

Abbildung 53

Nach dem **Handelsrecht** gilt für Abschreibungen:

- Bei Vermögensgegenständen des Anlagevermögens, deren Nutzung zeitlich begrenzt ist, sind die Anschaffungs- oder Herstellungskosten um planmäßige Abschreibungen zu vermindern. Der Plan muss die Anschaffungs- oder Herstellungskosten auf die Geschäftsjahre verteilen, in denen der Vermögensgegenstand voraussichtlich genutzt werden kann.

Planmäßige Abschreibungen

- Ohne Rücksicht darauf, ob ihre Nutzung zeitlich begrenzt ist, können bei Vermögensgegenständen des Anlagevermögens außerplanmäßige Abschreibungen vorgenommen werden, um die Vermögensgegenstände mit dem niedrigeren Wert anzusetzen, der ihnen am Abschlussstichtag beizulegen ist; sie sind vorzunehmen bei einer voraussichtlich dauernden Wertminderung.

Außerplanmäßige Abschreibungen

- Bei Vermögensgegenständen des Umlaufvermögens sind Abschreibungen vorzunehmen, um diese mit einem niedrigeren Wert anzusetzen, der sich aus einem Börsen- oder Marktpreis am Abschlussstichtag ergibt. Ist ein Börsen- oder Marktpreis nicht festzustellen und übersteigen die Anschaffungs- oder Herstellungskosten den Wert, der den Vermögensgegenständen am Abschlussstichtag beizulegen ist, so ist auf diesen Wert abzuschreiben.
- Außerdem dürfen Abschreibungen vorgenommen werden, soweit diese nach vernünftiger kaufmännischer Beurteilung notwendig sind, um zu verhindern, dass in der nächsten Zukunft der Wertansatz dieser Vermögensgegenstände aufgrund von Wertschwankungen geändert werden muss.

Nach dem **Steuerrecht** gilt für Abschreibungen:

- Bei Wirtschaftsgütern, deren Verwendung oder Nutzung durch den Steuerpflichtigen zur Erzielung von Einkünften sich erfahrungsgemäß auf einen Zeitraum von mehr als 1 Jahr erstreckt, ist jeweils für 1 Jahr der Teil der Anschaffungs- oder Herstellungskosten abzusetzen, der bei gleichmäßiger Verteilung dieser Kosten auf die Gesamtdauer der Verwendung oder Nutzung auf 1 Jahr entfällt (lineare Abschreibung). Es ist auch die Absetzung für Abnutzung in fallenden Jahresbeträgen möglich (degressive Abschreibung). Die Absetzung bemisst sich hierbei nach der betriebsgewöhnlichen Nutzungsdauer des Wirtschaftsguts. Hierfür gibt es spezielle AfA-Tabellen.

Lineare AfA

Degressive AfA

- Bei beweglichen Wirtschaftsgütern des Anlagevermögens, bei denen es wirtschaftlich begründet ist, die Absetzung für Abnutzung nach Maßgabe der Leistung vorzunehmen, kann der Steuerpflichtige dieses Verfahren statt der Absetzung für Abnutzung in gleichen Jahresbeträgen anwenden, wenn er den auf das einzelne Jahr entfallenden Umfang der Leistung nachweist.
- Absetzungen für außergewöhnliche technische oder wirtschaftliche Abnutzung sind zulässig; soweit allerdings der Grund hierfür in späteren Wirtschaftsjahren entfällt, ist eine entsprechende Zuschreibung vorzunehmen. Außerplanmäßige Abschreibungen sind beim degressiven Abschreibungsverfahren allerdings nicht möglich.

Außerplanmäßige AfA

- Der Übergang vom degressiven zum linearen Abschreibungsverfahren ist möglich.
- Für Gebäude gelten besondere, langfristig angelegte, Bestimmungen.
- Werterhöhende Reparaturen müssen dem Anschaffungspreis zugeschrieben (aktiviert) werden und erhöhen damit die jährlichen Abschreibungsbeträge anteilig.

Werterhöhung

1.2.2.6 Rückstellungen

Rückstellungen sind ein Posten der Passivseite der Bilanz. Nach dem schon erwähnten Gliederungsschema des HGB für die Bilanz sind mehrere Arten von Rückstellungen zu unterscheiden.

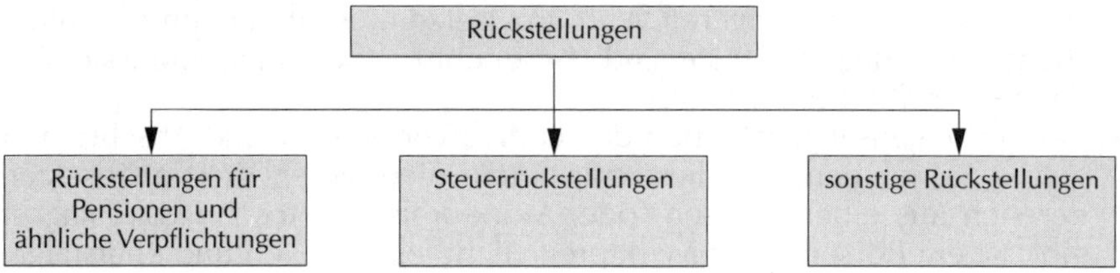

Abbildung 54

Sonstige Rückstellungen sind beispielsweise Rückstellungen für Preisnachlässe, für Garantieverpflichtungen und für Prozesse. Begriffsmäßig gibt es bei Rückstellungen für die Steuer- und die Handelsbilanz zwar keine Unterschiede, bei der Bewertung sind jedoch unterschiedliche Verfahren zu berücksichtigen.

Rückstellungen sind zu unterscheiden von Verbindlichkeiten und von Rücklagen. Der Unterschied zu den Verbindlichkeiten besteht darin, dass bei Rückstellungen deren Höhe sowie abschließende Entstehung und Fälligkeit noch ungewiss sind. Bei Rücklagen sind offene und stille zu unterscheiden. Offene Rücklagen sind Teil des Eigenkapitals. Einzelunternehmen und Personengesellschaften ist es im Gegensatz zu Kapitalgesellschaften gestattet, **stille Rücklagen** (auch stille Reserven genannt) zu bilden. Sie entstehen durch Abschreibungen, die im Rahmen vernünftiger kaufmännischer Beurteilung zulässig sind. In der betrieblichen Praxis ergeben sie sich vor allem durch Unterbewertung von Vermögensgegenständen (zum Beispiel durch Verrechnung zu hoher Abschreibungsbeträge), durch Nichtaktivieren aktivierungsfähiger Wirtschaftsgüter oder Unterlassen der Zuschreibung von Wertsteigerungen.

Stille Reserven

Diese unterschiedlichen Wertansätze wirken sich dann auch auf die Höhe des Gewinns aus. Stille Reserven vermindern den Gewinn im Jahresabschluss.

Nach dem **Handelsrecht** gilt für Rückstellungen:
- **Rückstellungen** dürfen nur in Höhe des Betrages angesetzt werden, der nach vernünftiger kaufmännischer Beurteilung notwendig ist.

Nach dem **Steuerrecht** sind Rückstellungen höchstens insbesondere unter Berücksichtigung folgender Grundsätze anzusetzen.
- Bei Rückstellungen für gleichartige Verpflichtungen ist auf der Grundlage der Erfahrungen in der Vergangenheit aus der Abwicklung solcher Verpflichtungen die Wahrscheinlichkeit zu berücksichtigen, dass der Steuerpflichtige nur zu einem Teil der Summe dieser Verpflichtungen in Anspruch genommen wird.
- Rückstellungen für Sachleistungsverpflichtungen sind mit den Einzelkosten und den angemessenen Teilen der notwendigen Gemeinkosten zu bewerten.
- Künftige Vorteile, die mit der Erfüllung der Verpflichtung voraussichtlich verbunden sein werden, sind, soweit sie nicht als Forderung zu aktivieren sind, bei ihrer Bewertung wertmindernd zu berücksichtigen.
- Rückstellungen für Verpflichtungen, für deren Entstehen im wirtschaftlichen Sinne der laufende Betrieb ursächlich ist, sind zeitanteilig in gleichen Raten anzusammeln.
- Rückstellungen für Verpflichtungen sind mit einem Zinssatz von 5,5 v. H. abzuzinsen. Es gelten dieselben Ausnahmen, wie unter Abschnitt 1.2.2.4 bei den Verbindlichkeiten beschrieben. Für die Abzinsung von Rückstellungen für Sachleistungsverpflichtungen ist der Zeitraum bis zum Beginn der Erfüllung maßgebend.

1.2.3 Auswertung von Bilanz und Gewinn- und Verlustrechnung (Jahresabschluss und unterjährig)

1.2.3.1 Bilanzanalyse und Bilanzkritik

Unter Bilanzanalyse versteht man das Zerlegen und Aufgliedern des gesamten Jahresabschlusses für eine umfassende Beurteilung. Diese Beurteilung selbst wird oft auch Bilanzkritik genannt.

Bilanzanalyse

Bilanzkritik

Sowohl Bilanzanalyse wie auch Bilanzkritik beziehen sich nicht nur auf die Bilanz, sondern auf den gesamten Jahresabschluss, also Bilanz, Gewinn- und Verlustrechnung, Anhang sowie auf den Lagebericht.

Aufgaben und Ziele von Bilanzanalyse und Bilanzkritik sind:

Aufgaben

- Information
- Wahrheitsfindung durch Tatsachenermittlung
- Urteilsbildung
- Entscheidungsfindung.

Arten der Bilanzanalyse

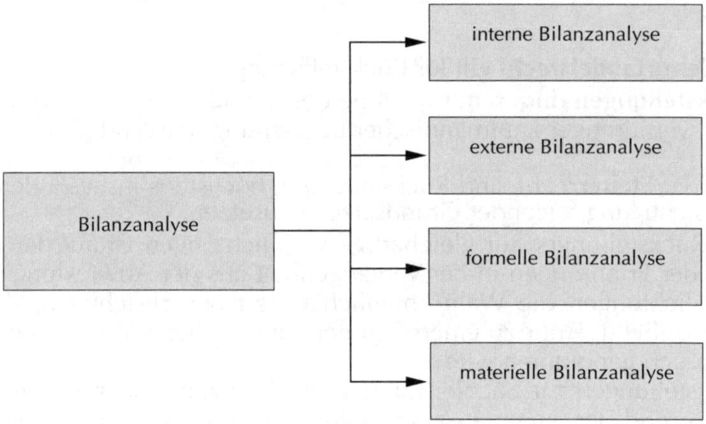

Abbildung 55

Extern

Die externe Bilanzanalyse erfolgt von Stellen außerhalb des Unternehmens. Diese können dabei nur auf veröffentlichte oder frei zugängliche Daten über den Betrieb zurückgreifen.

Intern

Die interne Bilanzanalyse erfolgt durch den Betrieb selbst. Dementsprechend stehen alle betrieblichen Daten und Informationen zur Verfügung.

Formell

Die formelle Bilanzanalyse richtet sich an der Gliederung der Bilanz sowie der Gewinn- und Verlustrechnung aus.

Materiell

Die materielle Bilanzanalyse verfolgt die inhaltliche Auswertung der Informationen aus der Bilanz sowie der Gewinn- und Verlustrechnung.

Nach dem methodischen Vorgehen unterscheidet man im Allgemeinen zwischen

- finanzwirtschaftlicher
  und
- ertragswirtschaftlicher

Bilanzanalyse.

Die finanzwirtschaftliche Bilanzanalyse befasst sich im Einzelnen mit

- der Kapitalverwendung (Investition)
- der Kapitalaufbringung (Finanzierung)
- den Beziehungen zwischen beiden (Liquidität).

Die ertragswirtschaftliche Bilanzanalyse beinhaltet die Analyse

- des betrieblichen Ergebnisses
- der Rentabilität
- der Wertschöpfung.

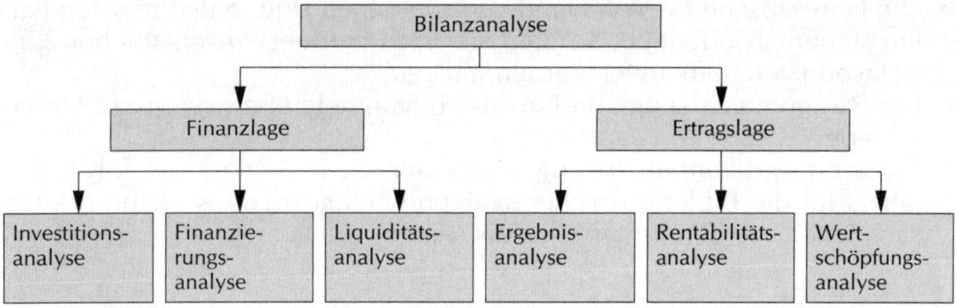

Abbildung 56

Wichtige Größen und Bereiche für die finanzwirtschaftliche Bilanzanalyse sind vor allem: *Wichtige Größen*

- Anlagevermögen
- Umlaufvermögen
- Eigenkapital
- Fremdkapital
  - kurzfristiges
  - langfristiges
- Cashflow.

Für die ertragswirtschaftliche Bilanzanalyse sind vor allem folgende Größen und Bereiche von Bedeutung:

- Aufwendungen
- Erträge.

Bilanzanalyse und Bilanzkritik liefern insgesamt wichtige Erkenntnisse für unternehmerische Dispositionen: *Wichtige Erkenntnisse*

- Die Bilanz ist die Grundlage der Finanzierungsentscheidungen des Unternehmens.
- Die Bilanz ist die Basis für die Steuer- und Bewertungspolitik.
- Die Gewinn- und Verlustrechnung liefert das wesentliche Material für Kostenrechnung und Kalkulation.
- Die Gewinn- und Verlustrechnung ist die Basis für die Betriebsabrechnung.
- Bilanz sowie Gewinn- und Verlustrechnung stellen zusammen mit anderen Aufzeichnungen die Basis für die betriebliche Statistik und Kennzahlenrechnung dar.
- Bilanz sowie Gewinn- und Verlustrechnung ermöglichen Betriebsvergleiche.
- Der Jahresabschluss ist Ausgangspunkt für zahlreiche Rationalisierungsmaßnahmen.

1.2.3.2 Aufbereitung des Jahresabschlusses für die betriebswirtschaftliche Auswertung

Werden die Daten des Jahresabschlusses für die Bilanzanalyse herangezogen, so muss man sich auch der damit verbundenen Einschränkungen bewusst sein: *Einschränkungen*

- Alle Jahresabschlussdaten sind Daten vergangener Perioden.
- Die Jahresabschlussdaten liefern kein vollständiges Bild des Betriebes. Wichtige Faktoren wie Auftragsbestände u. Ä. bleiben unberücksichtigt.

- Die Jahresabschlüsse von Handwerksbetrieben sind in den meisten Fällen steuerlich orientiert, so dass sie nach betriebswirtschaftlichen Gesichtspunkten aufbereitet werden müssen.
- Die Zusammenfassung von Einzel- zu Sammelgrößen verwischt Unterschiede.
- Bilanzen sind zeitpunktbezogen. Werden sie im Verlauf des folgenden Jahres für die Bildung von Kennzahlen herangezogen, so kann die tatsächliche Lage bereits ganz anders sein.

Bilanzierungsgrundsätze

Grundsätzlich setzt auch die betriebswirtschaftliche Auswertung voraus, dass bei der Aufstellung der Bilanz die Bilanzierungsgrundsätze (Bilanzklarheit, Bilanzwahrheit, Bilanzkontinuität und Bilanzidentität) beachtet werden.

Gliederung

Für die Auswertung empfiehlt sich allerdings oft eine ganz andere Gliederung des Jahresabschlusses, als nach den Vorschriften des Handelsrechts und des Steuerrechts erforderlich ist. Bestimmte Bilanzposten und Bilanzgruppen können nur dann sinnvoll ausgewertet werden, wenn sie auch von der Gliederung her systematisch dargestellt sind.

Wichtige Darstellungen

Für den Handwerksbetrieb ist es besonders zweckmäßig, wenn mindestens folgende Bilanzposten und Bilanzgruppen dargestellt sind:

- Anlagevermögen
- Umlaufvermögen
  - flüssige Mittel
  - sonstiges Umlaufvermögen
- Eigenkapital
- Fremdkapital
  - langfristig
  - kurzfristig.

Bereinigung der G+V

Auch die G+V muss für betriebswirtschaftliche Auswertungen entsprechend umgegliedert und bereinigt werden, um von den Umsatzerlösen über die Betriebsleistung, den Rohertrag, den steuerlichen Gewinn, den bereinigten Betriebsgewinn bis zum betrieblichen Gewinn zu kommen.

Kalkulatorische Kosten

Dabei sind auch die kalkulatorischen Kosten zu berücksichtigen. Steuerlich werden sie nicht angesetzt, aber im Rahmen einer exakten betriebswirtschaftlichen Analyse dürfen sie nicht außer Acht gelassen werden, weil sie das betriebliche Ergebnis maßgeblich beeinflussen.

Außerordentliche und betriebsfremde Aufwendungen und Erträge (vgl. zur Definition die Ausführungen in Abschnitt 1.2.1.3 „Gewinn- und Verlustrechnung“) sollen ausgeklammert werden, da sie das betriebliche Ergebnis verfälschen. Inwieweit dies möglich ist, hängt von der Aufgliederung und Genauigkeit des gesamten Rechnungswesens ab. Anhaltsmäßig, allerdings nicht komplett, sind diese Posten direkt aus der G+V ablesbar, auch wenn die nach dem HGB für Kapitalgesellschaften vorgeschriebenen Schemen nicht alle betriebsfremden, periodenfremden und außerordentlichen Erträge und Aufwendungen enthalten.

So werden die betriebsfremden Aufwendungen in der Regel unter den sonstigen betrieblichen Aufwendungen, die betriebsfremden Erträge unter den sonstigen betrieblichen Erträgen ausgewiesen.
Dabei wird deutlich, dass der betriebliche Gewinn wesentlich niedriger sein kann als der steuerliche Gewinn.

Betrieblicher Gewinn

Schema für die Aufbereitung einer einfachen G+V für die betriebswirtschaftliche Auswertung:

	Umsatzerlöse Handwerk und Handel (abzüglich Erlösschmälerungen)
+	außerordentliche und betriebsfremde Erträge
=	Gesamterlöse (Gesamtleistung)
–	außerordentliche und betriebsfremde Erträge
=	Betriebsleistung
–	Materialaufwand, Wareneinsatz, Fremdleistungen
=	Rohertrag (Bruttowertschöpfung)
–	sämtliche Aufwendungen
+	außerordentliche und betriebsfremde Erträge
=	Gewinn laut G+V (steuerlicher Gewinn)
+	außerordentliche und betriebsfremde Aufwendungen
–	außerordentliche und betriebsfremde Erträge
=	bereinigter Betriebsgewinn
–	kalkulatorische Kosten
=	betrieblicher (betriebswirtschaftlicher) Gewinn

Mit Hilfe der Daten, die durch die verschiedenen Aufbereitungen des Jahresabschlusses gewonnen werden können, lassen sich dann Kennzahlen für die jeweiligen Bereiche bilden. Durch Vergleich dieser Kennzahlen ist es möglich, Entwicklungstendenzen aufzuzeigen und nachzuvollziehen.

Vergleiche

1.2.3.3 Beispiel für die Durchführung einer einfachen Bilanzanalyse

Auswertung der Bilanz

Für die Auswertung der Bilanz wird zuerst eine sinnvolle Gliederung nach betriebswirtschaftlichen Erfordernissen vorgenommen.

Die Abbildung 57 zeigt, wie für die Auswertung Bilanzposten und Bilanzgruppen systematisch dargestellt werden können. Zur Verdeutlichung des Bilanzbildes trägt bei, wenn man dabei für die einzelnen Bilanzposten und -gruppen deren prozentualen Anteil an der gesamten Bilanzsumme angibt.

Bilanzposten
Bilanzgruppen

Das Schema enthält ferner die Zahlen mehrerer Jahre. Durch deren Gegenüberstellung erhält man entsprechende Aufschlüsse über Veränderungen bei einzelnen Bilanzposten und -gruppen, die im Zeitverlauf eintreten.

Gliederungsschema zur Auswertung einer Bilanz:

Aktiva	31. 12. 2005	%	31. 12. 2004	%	31. 12. 2003	%
I. 1. Kasse, Bank, Postgiro	21.012	1,7	10.872	1,1	12.430	1,3
2. Wertpapiere	7.803	0,6	1.120	0,1	1.900	0,2
Summe zu I	28.815	2,3	11.992	1,2	14.330	1,5
II. 3. Forderungen aus Lieferungen und Leistungen	166.208	13,4	219.340	22,1	183.710	19,7
4. Sonstige Forderungen	19.764	1,6	13.300	1,3	10.205	1,1
Summe zu II	185.972	15,0	232.640	23,4	193.915	20,8
Summe zu I und II	214.787	17,3	244.632	24,6	208.245	22,3
III. 5. Vorräte (Roh-, Hilfs- und Betriebsstoffe)	66.227	5,3	43.610	4,4	24.016	2,6
6. Vorräte (unfertige Erzeugnisse und Leistungen)	172.925	14,0	114.000	11,5	178.375	19,1
7. Vorräte (fertige Erzeugnisse und Waren)	144.333	11,6	119.700	12,0	95.633	10,3
8. Geleistete Anzahlungen an Lieferanten					281	
9. Rechnungsabgrenzungsposten aktiv	1.016	0,1	1.219	0,1	926	0,1
Summe zu III	384.501	31,0	278.529	28,0	299.231	32,1
Summe zu I, II und III	599.288	48,3	523.161	52,6	507.476	54,4
IV. 10. Grundstücke	121.030	9,8	101.928	10,3	100.250	10,7
11. Bauten	186.400	15,1	79.700	8,0	80.400	8,6
12. Bauten auf fremden Grundstücken						
13. Technische Anlagen und Maschinen	102.000	8,2	82.575	8,3	80.005	8,6
14. Betriebs- und Geschäftsausstattung, Werkzeuge	92.400	7,5	86.489	8,7	53.518	5,7
15. Fahrzeuge	137.550	11,1	117.280	11,8	111.600	12,0
16. Geleistete Anzahlungen auf Anlagevermögen						
17.						
Summe zu IV	639.380	51,7	467.972	47,1	425.773	45,6
Summe zu I–IV	1.238.668	100	991.133	99,8	933.249	100
V. 18. Darlehensforderungen			2.000	0,2		
19. Beteiligungen	300		300			
20.						
21.						
22.						
23.						
Summe zu V	300		2.300			
Summe zu I–V	1.238.968	100	993.433	100	933.249	100
24.						
25.						
26.						
27.						
28.						
29. Verlustvortrag						
30. Jahresfehlbetrag (Verlust) des Jahres +						
31. Entnahmen +						
32. Jahresfehlbetrag (Verlust) am Bilanzstichtag						
Summe zu I–V und Ziffer 32	1.238.968	100	993.433	100	933.249	100

Erläuterung: Summe zu I = liquide (flüssige) Mittel 1. Ordnung; Summe zu II = liquide Mittel 2. Ordnung; Summe zu III = liquide Mittel 3. Ordnung; Summe zu I, II und III = Umlaufvermögen; Summe zu IV und V = Anlagevermögen; Summe zu I–V = Gesamtvermögen

Passiva	31. 12. 2005	%	31. 12. 2004	%	31. 12. 2003	%
I. 1. Kurzfristige Rückstellungen	16.430	1,3	4.300	0,4	14.025	1,5
2. Kurzfr. Verbindlichk. gegenüber Kreditinstituten	102.300	8,3	58.620	5,9	94.147	10,1
3. Erhaltene Anzahlungen	106.000	8,5	104.000	10,5	110.443	11,8
4. Verbindlichkeiten aus Lieferungen u. Leistungen	216.860	17,5	191.410	19,3	183.103	19,6
5. Verbindlichkeiten aus Wechseln			6.805	0,7	14.016	1,5
6. Sonstige kurzfristige Verbindlichkeiten	52.904	4,3	46.817	4,7	40.032	4,3
7. Verbindlichkeiten aus betrieblichen Steuern	2.000	0,2	1.200	0,1	900	0,1
8. Verbindlichkeiten im Rahmen der soz. Sicherheit	1.116	0,1	1.050	0,1	700	0,1
9. Rechnungsabgrenzungsposten passiv			3.102	0,3		
10.						
11.						
12.						
Summe zu I	497.610	40,2	417.304	42,0	457.366	49,0
II. 13. Langfr. Verbindlichk. gegenüber Kreditinstituten	146.460	11,8	138.526	14,0	115.924	12,4
14. Langfristige Darlehen	63.898	5,1	61.000	6,1	59.609	6,4
15. Langfristige Hypotheken	94.000	7,6	82.400	8,3	86.750	9,3
16.						
17.						
18.						
19.						
20.						
Summe zu II	304.358	24,5	281.926	28,4	262.283	28,1
Summe zu I und II	801.968	64,7	699.230	70,4	719.649	77,1
III. 21. Langfristige Rückstellungen	13.500	1,1	4.703	0,5	9.700	1,0
22.						
23.						
24.						
25.						
26.						
27.						
Summe zu III	13.500	1,1	4.703	0,5	9.700	1,0
Summe zu I–III	815.468	65,8	703.933	70,9	729.349	78,1
IV. 28. Eigenkapital am letzten Bilanzstichtag	289.500		203.900		92.347	
29. Rücklagen +						
zusammen						
30. Jahresüberschuss (Gewinn) des Jahres +	217.336		156.800		211.148	
31. Jahresfehlbetrag (Verlust) des Jahres –						
Summe	506.836		360.700		303.495	
32. Einlagen +						
33. Entnahmen –	83.336		71.200		99.595	
34. Eigenkapital am Bilanzstichtag	423.500	34,2	289.500	29,1	203.900	21,9
Summe zu I–III und Ziffer 34	1.238.968	100	993.433	100	933.249	100

Erläuterung: Summe zu I = kurzfristige Verbindlichkeiten; Summe zu II und III = langfristiges Fremdkapital; Summe zu IV, Ziffer 34 = Eigenkapital; Summe zu I–III und IV, Ziffer 34 = Gesamtkapital

Abbildung 57

In einem nächsten Schritt werden dann verschiedene Bilanzposten oder Bilanzgruppen zueinander in Beziehung gesetzt. Dies wird im Folgenden anhand der Zahlenangaben aus der Abbildung 57 verdeutlicht.

Vermögensstruktur

Vermögensstruktur

Die Aufteilung in Anlagevermögen und Umlaufvermögen vermittelt Aufschluss über die Vermögensstruktur eines Betriebes.

2005: Anlagevermögen : Umlaufvermögen = 639.680 : 599.288 = 1,07 : 1
2004: Anlagevermögen : Umlaufvermögen = 470.272 : 523.161 = 0,90 : 1
2003: Anlagevermögen : Umlaufvermögen = 425.773 : 507.476 = 0,84 : 1

Das Anlagevermögen ist im untersuchten Zeitraum (2003–2005) schneller gewachsen als das Umlaufvermögen und übersteigt dieses im Jahr 2005.

Branchenunterschiede

Das Verhältnis von Anlagevermögen zu Umlaufvermögen hat insbesondere branchenspezifische Bedeutung. Zwischen verschiedenen Handwerkszweigen können die Abweichungen sehr groß sein; so hat zum Beispiel ein Feinwerkmechanikerbetrieb branchenüblich ein verhältnismäßig hohes Anlagevermögen, während es bei einem Malerbetrieb vergleichsweise gering ist.
Deshalb sind hier insbesondere Vergleiche mit Zahlen, die aus branchenbezogenen Betriebsvergleichen gewonnen werden, interessant.

Es ist weiter möglich, Anlagevermögen und Umlaufvermögen jeweils zum Gesamtvermögen (laut Bilanzsumme) in Beziehung zu setzen.

Anlagenintensität

Den Anteil des Anlagevermögens am Gesamtvermögen in Prozent nennt man Anlagenintensität.

$$2005: \frac{\text{Anlagevermögen}}{\text{Gesamtvermögen}} \times 100 = \frac{639.680}{1.238.968} \times 100 = 52\ \%$$

$$2004: \frac{\text{Anlagevermögen}}{\text{Gesamtvermögen}} \times 100 = \frac{470.272}{993.433} \times 100 = 47\ \%$$

$$2003: \frac{\text{Anlagevermögen}}{\text{Gesamtvermögen}} \times 100 = \frac{425.773}{933.249} \times 100 = 46\ \%$$

Umlaufintensität

Den Anteil des Umlaufvermögens am Gesamtvermögen in Prozent nennt man Umlaufintensität.

$$2005: \frac{\text{Umlaufvermögen}}{\text{Gesamtvermögen}} \times 100 = \frac{599.288}{1.238.968} \times 100 = 48\ \%$$

$$2004: \frac{\text{Umlaufvermögen}}{\text{Gesamtvermögen}} \times 100 = \frac{523.161}{993.433} \times 100 = 53\ \%$$

$$2003: \frac{\text{Umlaufvermögen}}{\text{Gesamtvermögen}} \times 100 = \frac{507.476}{933.249} \times 100 = 54\ \%$$

Anlagen- und Umlaufintensität geben an, in welcher Weise die finanziellen Mittel im Betrieb investiert sind.
Im Beispiel ist der Anteil des Anlagevermögens und des Umlaufvermögens am Gesamtvermögen jeweils in etwa gleich hoch.
Ist die Anlagenintensität außergewöhnlich hoch und geht sie über den branchenüblichen Wert deutlich hinaus, so besteht die Gefahr einer Überinvestition im Anlagenbereich. Überinvestition
Die Zusammensetzung des Umlaufvermögens gibt interessante Aufschlüsse, zum Beispiel hinsichtlich der Lagerbestandspolitik oder der Zahlungsmoral der Kunden im Zusammenhang mit dem Bilanzposten „Forderungen aus Lieferungen und Leistungen". Zahlungsmoral

Kapitalstruktur

Für die Beurteilung der Kapitalstruktur ist die Aufgliederung in Eigenkapital und Fremdkapital notwendig. Kapitalstruktur

2005: Eigenkapital : Fremdkapital = 423.500 : 815.468 = 1 : 1,93
2004: Eigenkapital : Fremdkapital = 289.500 : 703.933 = 1 : 2,43
2003: Eigenkapital : Fremdkapital = 203.900 : 729.349 = 1 : 3,58

Nach einer bewährten betriebswirtschaftlichen Faustregel sollten sich Eigenkapital und Fremdkapital in etwa die Waage halten, also ein Verhältnis von 1 : 1 aufweisen. Regel
Im Beispiel wird diese Regel nicht erfüllt. Das Verhältnis verbessert sich jedoch von Jahr zu Jahr.
Genauer wird die Beurteilung, wenn man sowohl das Eigenkapital wie auch das Fremdkapital jeweils in Beziehung zum Gesamtkapital (laut Bilanzsumme) setzt.

Den Anteil des Eigenkapitals am Gesamtkapital in Prozent nennt man Eigenkapitalintensität. Eigenkapitalintensität

$$2005: \frac{\text{Eigenkapital}}{\text{Gesamtkapital}} \times 100 = \frac{423.500}{1.238.968} \times 100 = 34\ \%$$

$$2004: \frac{\text{Eigenkapital}}{\text{Gesamtkapital}} \times 100 = \frac{289.500}{993.433} \times 100 = 29\ \%$$

$$2003: \frac{\text{Eigenkapital}}{\text{Gesamtkapital}} \times 100 = \frac{203.900}{933.249} \times 100 = 22\ \%$$

Den Anteil des Fremdkapitals am Gesamtkapital in Prozent nennt man Fremdkapitalintensität. Fremdkapitalintensität

$$2005: \frac{\text{Fremdkapital}}{\text{Gesamtkapital}} \times 100 = \frac{815.468}{1.238.968} \times 100 = 66\ \%$$

$$2004: \frac{\text{Fremdkapital}}{\text{Gesamtkapital}} \times 100 = \frac{703.933}{993.433} \times 100 = 71\ \%$$

$$2003:\ \frac{\text{Fremdkapital}}{\text{Gesamtkapital}} \times 100 = \frac{729.349}{933.249} \times 100 = 78\ \%$$

Je höher der Anteil der eigenen Mittel (Eigenkapital) am Gesamtkapital eines Unternehmens ist, desto solider ist die Kapitalstruktur und desto günstiger die Finanzierung.

Im Beispiel verbessert sich die Eigenkapitalintensität von Jahr zu Jahr. In den einzelnen Handwerkszweigen kann auch dieser Wert sehr unterschiedlich sein.

Richtige Finanzierung

Beim Fremdkapital ist ferner für die Beurteilung der richtigen Finanzierung (s. auch Abschnitt 2.5.4 „Arten der Finanzierung") eine Untersuchung des Anteils des kurzfristigen Fremdkapitals am gesamten Fremdkapital und des Anteils des langfristigen Fremdkapitals am gesamten Fremdkapital von Interesse.

Im Beispiel ergeben sich folgende Werte:

Kurzfristiges Fremdkapital

$$2005:\ \frac{\text{kurzfristiges Fremdkapital}}{\text{gesamtes Fremdkapital}} \times 100 = \frac{497.610}{815.468} \times 100 = 61\ \%$$

$$2004:\ \frac{\text{kurzfristiges Fremdkapital}}{\text{gesamtes Fremdkapital}} \times 100 = \frac{417.304}{703.933} \times 100 = 59\ \%$$

$$2003:\ \frac{\text{kurzfristiges Fremdkapital}}{\text{gesamtes Fremdkapital}} \times 100 = \frac{457.366}{729.349} \times 100 = 63\ \%$$

Langfristiges Fremdkapital

$$2005:\ \frac{\text{langfristiges Fremdkapital}}{\text{gesamtes Fremdkapital}} \times 100 = \frac{317.858}{815.468} \times 100 = 39\ \%$$

$$2004:\ \frac{\text{langfristiges Fremdkapital}}{\text{gesamtes Fremdkapital}} \times 100 = \frac{286.629}{703.933} \times 100 = 41\ \%$$

$$2003:\ \frac{\text{langfristiges Fremdkapital}}{\text{gesamtes Fremdkapital}} \times 100 = \frac{271.983}{729.349} \times 100 = 37\ \%$$

Gegenüberstellung von Vermögen und Kapital (Vermögens- und Kapitalstruktur)

Für die Beurteilung der Finanzierung eines Unternehmens ist das Verhältnis von Eigenkapital zum Anlagevermögen bzw. von Eigenkapital und langfristigem Fremdkapital zum Anlagevermögen von großer Bedeutung. Daraus ergibt sich die Anlagendeckung.

Anlagendeckung I

Das Verhältnis von Eigenkapital und Anlagevermögen nennt man Anlagendeckung I.

$$2005:\ \frac{\text{Eigenkapital}}{\text{Anlagevermögen}} \times 100 = \frac{423.500}{639.680} \times 100 = 66\ \%$$

$$2004: \frac{\text{Eigenkapital}}{\text{Anlagevermögen}} \times 100 = \frac{289.500}{470.272} \times 100 = 62\ \%$$

$$2003: \frac{\text{Eigenkapital}}{\text{Anlagevermögen}} \times 100 = \frac{203.900}{425.773} \times 100 = 48\ \%$$

Eine klassische betriebswirtschaftliche Regel besagt, dass das Anlagevermögen durch Eigenkapital gedeckt sein sollte.

Betriebswirtschaftliche Regel

Dies ist im Beispiel in keinem Jahr der Fall. Jedoch bessert sich das Verhältnis von Jahr zu Jahr.

Wenn das Eigenkapital zur Finanzierung des Anlagevermögens nicht ausreicht, sollte der Fremdfinanzierungsanteil aus langfristigen Mitteln bestehen.

Das Verhältnis von Eigenkapital und langfristigem Fremdkapital zum Anlagevermögen nennt man Anlagendeckung II.

Anlagendeckung II

$$2005: \frac{\text{Eigenkapital + langfr. Fremdkapital}}{\text{Anlagevermögen}} \times 100 = \frac{741.358}{639.680} \times 100 = 116\ \%$$

$$2004: \frac{\text{Eigenkapital + langfr. Fremdkapital}}{\text{Anlagevermögen}} \times 100 = \frac{576.129}{470.272} \times 100 = 123\ \%$$

$$2003: \frac{\text{Eigenkapital + langfr. Fremdkapital}}{\text{Anlagevermögen}} \times 100 = \frac{475.883}{425.773} \times 100 = 112\ \%$$

Die Finanzierungsregel wird im Beispiel in jedem Jahr erfüllt.

Wichtige Aufschlüsse über die Liquidität (Zahlungsfähigkeit) des Unternehmens gibt eine Gegenüberstellung des Umlaufvermögens und der kurzfristigen Verbindlichkeiten.

Zahlungsbereitschaft

$$2005: \frac{\text{Umlaufvermögen}}{\text{kurzfristige Verbindlichkeiten}} \times 100 = \frac{599.288}{497.610} \times 100 = 120\ \%$$

$$2004: \frac{\text{Umlaufvermögen}}{\text{kurzfristige Verbindlichkeiten}} \times 100 = \frac{523.161}{417.304} \times 100 = 125\ \%$$

$$2003: \frac{\text{Umlaufvermögen}}{\text{kurzfristige Verbindlichkeiten}} \times 100 = \frac{507.476}{457.366} \times 100 = 111\ \%$$

Sind die kurzfristigen Verbindlichkeiten höher als die liquiden Mittel 1., 2. und 3. Ordnung (= Umlaufvermögen), so ist die Liquidität insgesamt unzureichend. Im Beispiel ist dies in keinem Jahr der Fall.
Übersteigen dagegen die liquiden Mittel 1., 2. und 3. Ordnung die kurzfristigen Verbindlichkeiten, so ergibt sich eine zusätzliche Reserve für die

Zusätzliche Reserve

Zahlungsbereitschaft. Diese darf allerdings nicht zu einer Überfinanzierung führen, die die Kapitalrentabilität schmälert.

Richtschnur

Als betriebswirtschaftliche Richtschnur ist eine Deckung der kurzfristigen Verbindlichkeiten mit flüssigen Mitteln 1., 2. und 3. Ordnung in Höhe von mindestens 100 % empfehlenswert.

Im Beispiel ist dies in allen Jahren der Fall.

Auswertung der Gewinn- und Verlustrechnung

Gliederungsschema

Auch bei der Gewinn- und Verlustrechnung empfiehlt sich ein Gliederungsschema, das sich an den betriebswirtschaftlichen Auswertungserfordernissen orientiert, so wie es in Abschnitt 1.2.3.2 „Aufbereitung des Jahresabschlusses für die betriebswirtschaftliche Auswertung" dargestellt wurde.

Dabei erscheint es – ähnlich wie bei der Bilanzauswertung – zweckmäßig, sowohl die absoluten Zahlen als auch entsprechende Verhältniszahlen darzustellen. So können die einzelnen Aufwandsposten in Prozent der Betriebsleistung betrachtet werden. Auch bei der Gewinn- und Verlustrechnung zeigt der Vergleich über mehrere Jahre interessante Entwicklungstendenzen auf.

Bereinigung

Das Beispiel in Abbildung 58 stellt die entsprechenden Möglichkeiten dar. In diesem Beispiel ergeben sich im Zeitablauf auffallende Veränderungen bei den Posten Materialaufwand, Miete und Pacht sowie Abschreibungen. Das Beispiel zeigt ferner deutlich, wie man den „steuerlichen" Gewinn laut G+V bereinigen muss, um zum echten „betrieblichen" Gewinn zu kommen. Neben der Bereinigung von außerordentlichen und betriebsfremden Aufwendungen und Erträgen müssen die kalkulatorischen Kosten in Abzug gebracht werden. Im Beispiel wird deutlich, dass der betriebliche Gewinn wesentlich niedriger ist als der steuerliche Gewinn.

Hinsichtlich weiterer Auswertungsmöglichkeiten der Zahlen der G+V darf auch auf die in Abschnitt 1.1.4.5 „Ergebnisse der Buchführung per EDV" dargestellte betriebswirtschaftliche Auswertung (Unternehmensspiegel) hingewiesen werden.
Die Auswertung der G+V bringt oftmals noch aufschlussreichere Ergebnisse als die Bilanzanalyse.

Gliederungsschema zur Auswertung einer Gewinn- und Verlustrechnung:

	2005	%	2004	%	2003	%
Umsatzerlöse	1.850.800		1.427.400		1.601.300	
– Erlösschmälerungen	35.000		27.600		51.500	
+ außerordentliche Erträge	15.500		10.900		12.600	
+ betriebsfremde Erträge	12.000		10.700		9.800	
Gesamterlöse	1.843.300		1.421.400		1.572.200	
– außerordentliche Erträge	15.500		10.900		12.600	
– betriebsfremde Erträge	12.000		10.700		9.800	
Betriebsleistung	1.815.800	100	1.399.800	100	1.549.800	100
– Materialaufwand (Roh-, Hilfs- und Betriebsstoffe)	452.800	24,9	420.700	30,1	406.400	26,2
– Löhne und Gehälter	627.400	34,6	479.300	34,2	541.800	35,0
– gesetzliche Sozialabgaben und soziale Aufwendungen	119.800	6,6	89.600	6,4	101.360	6,5
– Strom, Gas, Wasser	24.800	1,4	21.400	1,5	21.950	1,4
– Porto, Telekommunikation	11.661	0,6	4.990	0,4	7.910	0,5
– Bürobedarf	3.763	0,2	2.166	0,2	3.212	0,2
– Miete, Pacht	21.000	1,2	3.869	0,3	3.400	0,2
– Werbe- und Repräsentationskosten	16.500	0,9	7.850	0,6	10.260	0,7
– Fahrzeugkosten	52.240	2,9	40.150	2,9	38.760	2,5

– betriebliche Steuern, Gebühren, Versicherungen	26.300	1,4	19.775	1,4	23.900	1,5
– Abschreibungen	158.850	8,7	82.050	5,9	98.900	6,4
– Zinsen	31.200	1,7	27.300	1,9	29.700	1,9
– sonstige betriebliche Aufwendungen	63.500	3,5	51.200	3,7	58.700	3,8
– außerordentliche Aufwendungen	7.800		8.050		7.200	
– betriebsfremde Aufwendungen	8.350		6.200		7.600	
+ außerordentliche Erträge	15.500		10.900		12.600	
+ betriebsfremde Erträge	12.000		10.700		9.800	
Gewinn laut Gewinn- und Verlustrechnung (steuerlicher Gewinn)	217.336	12,0	156.800	11,2	211.148	13,6
+ außerordentliche Aufwendungen	7.800		8.050		7.200	
+ betriebsfremde Aufwendungen	8.350		6.200		7.600	
– außerordentliche Erträge	15.500		10.900		12.600	
– betriebsfremde Erträge	12.000		10.700		9.800	
bereinigter Betriebsgewinn	205.986	11,3	149.450	10,7	203.548	13,1
– Unternehmerlohn	72.000	4,0	72.000	5,1	66.000	4,3
– Eigenkapitalzins	25.400	1,4	17.370	1,2	12.230	0,8
– sonstige kalkulatorische Kosten	14.500	0,8	12.000	0,9	10.500	0,7
betrieblicher Gewinn	94.086	5,2	48.080	3,4	114.818	7,4

Abbildung 58

Gemeinsame Auswertung von Bilanz sowie Gewinn- und Verlustrechnung

Aus der Verknüpfung von Zahlen der Bilanz als Zeitpunktrechnung und der Gewinn- und Verlustrechnung als Zeitraumrechnung ergeben sich zusätzliche Aussagen für die Beurteilung eines Unternehmens.

So gibt beispielsweise der durchschnittliche Bestand an Außenständen bezogen auf die Umsatzerlöse des Betriebes die durchschnittliche Dauer der Außenstände an.

Außenstände

Auf der Grundlage der Zahlen im Beispiel ergibt sich:

$$2005: \frac{\text{durchschnittliche Bestände an Forderungen aus Lieferungen und Leistungen}}{\text{Umsatzerlöse}} \times 360 = \frac{166.208}{1.850.800} \times 360 = 32{,}3 \text{ Tage}$$

$$2004: \frac{\text{durchschnittliche Bestände an Forderungen aus Lieferungen und Leistungen}}{\text{Umsatzerlöse}} \times 360 = \frac{219.340}{1.427.400} \times 360 = 55{,}3 \text{ Tage}$$

$$2003: \frac{\text{durchschnittliche Bestände an Forderungen aus Lieferungen und Leistungen}}{\text{Umsatzerlöse}} \times 360 = \frac{183.710}{1.601.300} \times 360 = 41{,}3 \text{ Tage}$$

Besonders wichtige Kennzahlen aus der gemeinsamen Auswertung von Bilanz sowie Gewinn- und Verlustrechnung sind die Kennzahlen für die Rentabilität.

Rentabilität

Bezieht man den Gewinn pro Jahr auf das Eigenkapital, so erhält man die Eigenkapitalrentabilität. Sie gibt an, mit wie viel Prozent sich das Eigenkapital im Betrieb verzinst.

Eigenkapitalrentabilität

Auf der Grundlage des **steuerlichen Gewinns** ergeben sich im Beispiel folgende Werte:

$$2005: \frac{\text{Gewinn}}{\text{Eigenkapital}} \times 100 = \frac{217.336}{423.500} \times 100 = 51\ \%$$

$$2004: \frac{\text{Gewinn}}{\text{Eigenkapital}} \times 100 = \frac{156.800}{289.500} \times 100 = 54\ \%$$

$$2003: \frac{\text{Gewinn}}{\text{Eigenkapital}} \times 100 = \frac{211.148}{203.900} \times 100 = 103\ \%$$

Legt man der Berechnung den **betrieblichen Gewinn** zugrunde, so ergeben sich folgende Werte für die Eigenkapitalrentabilität:

2005: 22 %
2004: 17 %
2003: 56 %

Bei der Ermittlung der Eigenkapitalrentabilität kann man auch anstelle des Eigenkapitals am Jahresende den Mittelwert aus dem Eigenkapital zu Beginn und zum Schluss des Jahres zugrunde legen.

Gesamtkapitalrentabilität

Bezieht man den Gewinn und die Fremdkapitalzinsen eines Jahres auf das Gesamtkapital, so erhält man die Gesamtkapitalrentabilität. Sie gibt Auskunft über die Rentabilität des gesamten Kapitals, das im Betrieb investiert ist.

Auf der Basis des **steuerlichen Gewinns** ergeben sich im Beispiel folgende Ergebnisse:

$$2005: \frac{\text{Gewinn + Fremdkapitalzinsen}}{\text{Gesamtkapital}} \times 100 = \frac{217.336 + 31.200}{1.238.968} \times 100 = 20\ \%$$

$$2004: \frac{\text{Gewinn + Fremdkapitalzinsen}}{\text{Gesamtkapital}} \times 100 = \frac{156.800 + 27.300}{993.433} \times 100 = 19\ \%$$

$$2003: \frac{\text{Gewinn + Fremdkapitalzinsen}}{\text{Gesamtkapital}} \times 100 = \frac{211.148 + 29.700}{933.249} \times 100 = 26\ \%$$

Auf der Basis des **betrieblichen Gewinns** ergeben sich an Gesamtkapitalrendite:
2005: 10 %
2004: 8 %
2003: 15 %

Umsatzrentabilität

Bezieht man den Gewinn auf die Umsatzerlöse, so ergibt sich daraus die Umsatzrentabilität. Sie gibt an, wie viel Prozent Gewinn der Umsatz in einer Rechnungsperiode abwirft.

Im Beispiel ergibt sich auf der Basis des **steuerlichen Gewinns:**

$$2005: \frac{\text{Gewinn}}{\text{Umsatzerlöse}} \times 100 = \frac{217.336}{1.850.800} \times 100 = 12\ \%$$

$$2004: \frac{\text{Gewinn}}{\text{Umsatzerlöse}} \times 100 = \frac{156.800}{1.427.400} \times 100 = 11\ \%$$

$$2003: \frac{\text{Gewinn}}{\text{Umsatzerlöse}} \times 100 = \frac{211.148}{1.601.300} \times 100 = 13\ \%$$

Für den **betrieblichen Gewinn** ergibt sich folgende Umsatzrentabilität:
2005: 5 %
2004: 3 %
2003: 7 %

Die aussagefähigeren Kennzahlen der Rentabilität sind für den Betriebsinhaber die auf der Basis des betrieblichen Gewinns errechneten, weil hier die außerordentlichen und betriebsfremden Aufwendungen und Erträge sowie die kalkulatorischen Kosten berücksichtigt sind.

Cashflow

Die Kennzahl Cashflow, die ebenfalls aus dem Jahresabschluss abgeleitet wird, informiert über den Kassenzufluss (Liquiditätszufluss) während eines Geschäftsjahres. Sie zeigt auf, welche finanziellen Mittel für Investitionen, Tilgung von Verbindlichkeiten und Entnahmen bzw. Gewinnausschüttung (bei Kapitalgesellschaften) zur Verfügung stehen. Cashflow

Der Cashflow ergibt sich aus dem Jahresüberschuss/Jahresfehlbetrag, vermehrt um die Aufwendungen, denen keine Auszahlungen gegenüberstehen, und vermindert um Erträge, denen keine Einzahlungen gegenüberstehen. Definition

In der Praxis wird der Cashflow für Handwerksbetriebe aus dem Jahresüberschuss/Jahresfehlbetrag und den Abschreibungen ermittelt. Handwerksbetrieb

Berechnung:

Jahresüberschuss/Jahresfehlbetrag
+ Abschreibungen
= Cashflow

Bei der Berechnung des Cashflows muss man sich bewusst sein, dass diese Kennzahl nur Informationen über eine abgelaufene Periode vermittelt und deshalb ohne entsprechende Vorausberechnungen nicht dazu geeignet ist, zuverlässig auf den zukünftigen Kassenzufluss zu schließen.

Für das Bilanzbeispiel ergeben sich folgende Cashflow-Werte:

2005: Jahresüberschuss + Abschreibungen = 217.336 +158.850 = 376.186
2004: Jahresüberschuss + Abschreibungen = 156.800 + 82.050 = 238.850
2003: Jahresüberschuss + Abschreibungen = 211.148 + 98.900 = 310.048

1.2.3.4 Auswertung von Zwischenabschlüssen

Die Auswertung von Zwischenabschlüssen erfolgt prinzipiell nach den gleichen Grundsätzen wie die Auswertung des Jahresabschlusses, wobei je nach Anlass für den Zwischenabschluss besondere Schwerpunkte gesetzt werden können. Zwischenabschlüsse

Übungs- und Prüfungsfragen

1. Eine Bilanz ist

☐ a) die Gegenüberstellung des betrieblichen Vermögens auf der Aktivseite und des Kapitals auf der Passivseite.
☐ b) die Zusammenstellung des gesamten Vermögens und aller Verbindlichkeiten (Schulden) eines Unternehmers.
☐ c) der Ausweis aller betrieblichen Vermögensgegenstände ohne Verbindlichkeiten (Schulden).
☐ d) nur der Ausweis aller betrieblichen Verbindlichkeiten (Schulden).
☐ e) die Gegenüberstellung von Eigenkapital und Fremdkapital.

„Siehe Seite 90 des Textteils!"

2. Auf der Aktivseite der Bilanz teilt man ein in

☐ a) Anlagevermögen und Umlaufvermögen.
☐ b) Betriebsvermögen und Privatvermögen.
☐ c) Vermögen und Eigenkapital.
☐ d) Eigenkapital und Verbindlichkeiten (Schulden).
☐ e) Eigenkapital und Fremdkapital.

„Siehe Seite 91 des Textteils!"

3. Aufwendungen im Sinne der Gewinn- und Verlustrechnung sind

☐ a) alle Ausgaben für den privaten Bereich des Betriebsinhabers.
☐ b) die Summen aller effektiven betrieblichen Aufwendungen.
☐ c) nur die Ausgaben für bezogene Vorleistungen.
☐ d) nur die Ausgaben für Einkommensteuer, Kirchensteuer und Vermögensteuer.
☐ e) alle privaten und betrieblichen Ausgaben.

„Siehe Seite 96 des Textteils!"

4. Unter Erträgen im Sinne der Gewinn- und Verlustrechnung versteht man

☐ a) alle Einnahmen aus privatem Wertbesitz.
☐ b) alle Einnahmen aus privater Geldanlage.
☐ c) die Privateinlagen.
☐ d) nur die Summe der Umsatzerlöse.
☐ e) die Summe aller Umsatzerlöse und sonstigen betrieblichen Erträge.

„Siehe Seite 96 des Textteils!"

5. Die Gewinnermittlung ist für den Betriebsinhaber im gesamten betrieblichen Rechnungswesen eine wichtige Aufgabe.

Aufgabe:

a) Beschreiben Sie die Gewinnermittlung nach Handelsrecht!
b) Beschreiben Sie die Gewinnermittlung nach Steuerrecht!

„Siehe Seite 96 des Textteils!"

6. Der erzielte Jahresüberschuss oder Jahresfehlbetrag bzw. Gewinn oder Verlust ergibt sich

☐ a) aus der Differenz zwischen Aufwendungen und Erträgen.
☐ b) nur aus der Differenz zwischen Vermögen und Verbindlichkeiten (Schulden).
☐ c) aus der Differenz zwischen Eigenkapital und Fremdkapital.
☐ d) aus der Differenz zwischen Umsatzerlösen und Privatentnahmen.
☐ e) aus der Differenz zwischen betrieblichen Erträgen und Eigenkapital.

„Siehe Seite 96 des Textteils!"

7. Welche Grundsätze sind bei der Bilanzierung zu beachten?

„Siehe Seite 102 des Textteils!"

8. Die Bewertung der Aktiva und Passiva spielt für die Ermittlung Ihres Gewinns letztendlich eine wichtige Rolle.

Aufgabe:

a) Beschreiben Sie kurz die allgemeinen Bewertungsgrundsätze!
b) Welche Wertansätze der Vermögensgegenstände und Schulden gelten für die Handelsbilanz?
c) Welche Wertansätze der Vermögensgegenstände und Schulden gelten für die Steuerbilanz?

„Siehe Seiten 104 ff. des Textteils!"

9. Was versteht man unter Bilanzkritik?

☐ a) Die regelmäßige Kritik des Steuerberaters an der Betriebsführung seines Mandanten.
☐ b) Die Kritik des Betriebsberaters der Handwerkskammer an den Bilanzen der Handwerker.
☐ c) Die kritische Auswertung und Beurteilung der Zahlen der Bilanz für innerbetriebliche Zwecke.
☐ d) Nur die kritische Kommentierung von Bilanzen in Wirtschaftsteilen der Tageszeitungen.
☐ e) Die kritische Auseinandersetzung mit verschiedenen Wertansätzen vor Erstellung einer Bilanz.

„Siehe Seite 111 des Textteils!"

10. Schildern Sie Zweck und Inhalt der Bilanzanalyse!

„Siehe Seite 111 des Textteils!"

11. Um wichtige Informationen für Ihre betrieblichen Entscheidungen zu erhalten, wollen Sie Bilanz sowie Gewinn- und Verlustrechnung entsprechend auswerten.

Aufgabe: Erläutern Sie ein Schema für die Aufbereitung einer Gewinn- und Verlustrechnung für die betriebswirtschaftliche Auswertung!

„Siehe Seite 115 des Textteils!"

12. Unter Vermögensstruktur versteht man insbesondere

- ☐ a) das Verhältnis von Privatvermögen zu Betriebsvermögen.
- ☐ b) das Verhältnis der Zahlungsmittel zu den Forderungen aus Lieferungen und Leistungen.
- ☐ c) das Verhältnis von Forderungen aus Lieferungen und Leistungen zu Verbindlichkeiten aus Lieferungen und Leistungen.
- ☐ d) das Verhältnis von Gesamtvermögen zu Gesamtschulden.
- ☐ e) das Verhältnis von Anlagevermögen zu Umlaufvermögen.

„Siehe Seite 118 des Textteils!"

13. Man spricht von Kapitalstruktur, wenn man insbesondere

- ☐ a) das Verhältnis von Privatkapital und Betriebskapital im Auge hat.
- ☐ b) die Forderungen aus Lieferungen und Leistungen und die Verbindlichkeiten aus Lieferungen und Leistungen einander gegenüberstellt.
- ☐ c) das Eigenkapital zum Fremdkapital ins Verhältnis setzt.
- ☐ d) die Zusammensetzung des Fremdkapitals beurteilt.
- ☐ e) die verschiedenen Anlageformen für Kapital gegenüberstellt.

„Siehe Seite 119 des Textteils!"

14. Liquidität beinhaltet

- ☐ a) das Verhältnis von Betriebsvermögen zu Kapitalvermögen.
- ☐ b) das Verhältnis des Gesamtvermögens zu den Gesamtverbindlichkeiten.
- ☐ c) die Auflösung eines Unternehmens.
- ☐ d) den Grad der Zahlungsfähigkeit eines Unternehmens.
- ☐ e) das Verhältnis von liquiden Mitteln 1. Ordnung zu liquiden Mitteln 2. Ordnung.

„Siehe Seite 121 des Textteils!"

15. Was sagt die Kennzahl „Cashflow" aus und wie wird sie ermittelt?

„Siehe Seite 127 des Textteils!"

1.3 Kosten- und Leistungsrechnung

Vorbemerkung

Um sich auf dem Markt und gegenüber seinen Mitwettbewerbern behaupten zu können, muss jeder Betriebsinhaber in der Lage sein, die Preise für seine Produkte und Dienstleistungen kalkulieren zu können.

Vor allem bei größeren Aufträgen erwartet heute auch jeder private Auftraggeber eine solide und exakte Kalkulation (Kostenvoranschlag). Dies gilt auch für die immer häufiger üblichen „Komplettpreis-Angebote".

Kostenvoranschlag
Komplettpreis

Besonders wichtig sind verlässliche Kalkulationen auch dann, wenn sich ein Betrieb an öffentlichen Ausschreibungen beteiligt. Der Unternehmer muss dabei bedenken, dass er an sein Angebot gebunden ist und die Arbeiten ordnungsgemäß auszuführen hat.

Es gibt für die Kostenrechnung und Kalkulation des einzelnen Betriebes kein Einheitsschema, jedoch müssen generell die allgemeinen Grundlagen einer einwandfreien Kalkulation und Kostenrechnung beachtet werden. Eine sachgerechte Kostenrechnung und Kalkulation entscheiden heute mehr denn je, wie erfolgreich ein Betrieb sich auf dem Markt behaupten kann.

Gerade im Handwerk weisen Kostenrechnung und Kalkulationen vielfach noch erhebliche Fehler und Mängel auf.

Dazu zählen insbesondere die

- Kalkulation durch Schätzung
  Von Preisschätzungen muss dringend abgeraten werden, weil es dabei nicht möglich ist, alle wichtigen und für die Preisbildung ausschlaggebenden Faktoren zu berücksichtigen.

  Preisschätzungen
- Übernahme von Konkurrenzpreisen
  Wer starr und unüberlegt die Preise für seine eigenen Produkte und Dienstleistungen am Angebot seiner Konkurrenten ausrichtet, läuft Gefahr, besondere Bedingungen des Betriebes und des Standortes völlig außer Acht zu lassen. Die Gefahr von Fehlkalkulationen ist dabei besonders hoch.

  Konkurrenzpreise
- Übernahme von Kalkulationshilfen
  Für die Kalkulation entwickelte Hilfen oder Schemen können vom Handwerker nur angewandt werden, wenn er sie für die eigenen betrieblichen Verhältnisse nachgeprüft und ggf. entsprechend angepasst hat.

  Kalkulationshilfen

1.3.1 Aufgaben und Gliederung der fachübergreifenden Kostenrechnung

1.3.1.1 Grundsätzliches zum Preisbegriff

In der Alltagssprache versteht man unter dem Preis die Geldsumme, die ein Käufer für eine Ware oder für eine Leistung im wirtschaftlichen Leben bezahlen muss.

Für den Betriebsinhaber spielen zwei Preise eine besondere Rolle:

- der Marktpreis

und

- der kalkulierte betriebliche Preis.

Marktpreis

Nach allgemeinen volkswirtschaftlichen Grundsätzen bestimmen Angebot und Nachfrage den Preis. Voraussetzung dafür sind ein funktionierender Wettbewerb und die umfassende Information der Anbieter und Nachfrager über die Marktgegebenheiten.

Dann gibt es nur einen Preis für ein Gut und es gilt:
- Wenn das Angebot größer ist als die Nachfrage, dann sinkt der Preis.
- Wenn die Nachfrage größer ist als das Angebot, dann steigt der Preis.

Der Preis pendelt sich also nach dem wechselseitigen Spiel von Mengen- und Preisvorstellungen der Anbieter und der Nachfrager ein. Wo beide Gruppen sich treffen, bildet sich der Marktpreis (auch Gleichgewichtspreis genannt).

Betriebliche Preispolitik

Dieser Marktpreis ist für jeden Unternehmer eine Tatsache, die Auswirkungen auf seinen Betrieb und seine betriebliche Preispolitik haben muss.

Kalkulierter betrieblicher Preis

Ehe sich der einzelne Unternehmer dem Markt und seiner Preisbildung stellt, muss er zunächst unter Berücksichtigung der besonderen einzelbetrieblichen Gegebenheiten seinen betrieblichen Preis kalkulieren.

Dabei sollte sich jeder Betriebsinhaber bewusst sein, dass der am Markt für die Lieferungen und Leistungen erzielte Preis nicht nur die Kosten decken soll. Er sollte auch für einen angemessenen Gewinn und ein angemessenes Einkommen ausreichen. Um diesen betrieblichen Preis zu ermitteln, sind eine genaue Kalkulation und Kostenrechnung erforderlich.

1.3.1.2 Aufgaben der Kostenrechnung

Aufgaben

Zentrale Aufgabe der Kostenrechnung ist die
- Erfassung
- Verteilung
- Zurechnung

der Kosten, die bei der Produktion und der Erbringung einer Dienstleistung entstehen.

Einsatzmöglichkeiten

Darüber hinaus hat die Kostenrechnung noch folgende Funktionen:
- Information
- Lieferung von Daten für die Unternehmensführung
- Prognose
- Kontrolle.

1.3.1.3 Gliederung und Begriffe der Kostenrechnung

Kostenbegriff

Kosten sind der bewertete Verbrauch von Produktionsfaktoren (Rohstoffe, Arbeit und Kapital) und Dienstleistungen für die Erstellung und zum Absatz betrieblicher Leistungen und zur Aufrechterhaltung der betrieblichen Leistungsbereitschaft.

Gliederung der Kostenrechnung

Bereiche

Die Kostenrechnung gliedert sich grundsätzlich in drei Bereiche:
- Kostenartenrechnung
- Kostenstellenrechnung
- Kostenträgerrechnung.

Kostenartenrechnung

Kostenarten

Die Kostenartenrechnung gibt eine Antwort auf die Frage:
Welche Kosten sind in welcher Höhe angefallen?
Als wichtigste Kostenarten sind dabei im Handwerk im Allgemeinen zu unterscheiden:
- Materialkosten
- Personalkosten
- kalkulatorische Kosten.

Effektive Kosten

Materialkosten und Personalkosten sind effektive Kosten, denen tatsächliche Aufwendungen gegenüberstehen und die ihren Niederschlag in der Buchführung finden.

Kalkulatorische Kosten

Kalkulatorische Kosten werden in der Buchführung nicht erfasst, sie müssen auf andere Weise, meist statistisch, ermittelt werden.

Darüber hinaus unterscheidet man zwischen

- Einzelkosten
  Darunter versteht man alle Kosten, die pro Einzelauftrag direkt ermittelt und zugerechnet werden können. Im Handwerksbetrieb sind dies vor allem die Material- und die Lohnkosten.
- Gemeinkosten
  Dies sind alle Kosten, die nicht direkt auf eine Leistung verrechnet werden können, aber zur Aufrechterhaltung des Betriebes insgesamt anfallen.
- Sonder(einzel)kosten
  Diese Kosten können direkt zugerechnet werden, sind jedoch keine Material- und Lohneinzelkosten.

Die Kosten lassen sich ferner trennen nach

- fixen Kosten
  Dies sind Kosten, die von der Beschäftigungslage bzw. der Leistung des Betriebes unabhängig sind.
- variablen Kosten
  Variable Kosten verändern sich mit zunehmender und abnehmender Beschäftigung, Leistung oder Ausbringung.

Die einzelnen Kostenarten

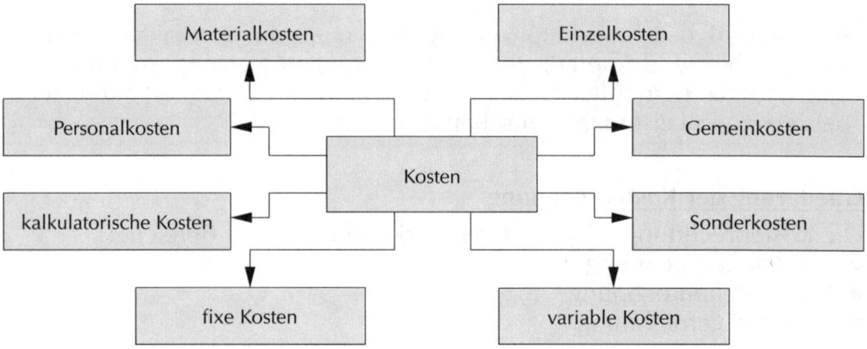

Abbildung 59

Kostenstellenrechnung

Verteilung der Kosten

Nach der Erfassung der Kostenarten müssen diese auf die Betriebsbereiche verteilt werden, in denen sie entstanden bzw. angefallen sind. Die Kostenstellenrechnung beantwortet also die Frage:
Wo sind die Kosten entstanden?

Kostenstellen

Dazu werden Kostenstellen gebildet. Sie stehen für die Orte im Betrieb, an denen Kosten beim betrieblichen Leistungsprozess entstehen. Die einzelnen Kostenstellen lassen sich nach funktionellen, räumlichen oder institutionellen Gesichtspunkten abgrenzen. Wie weit die Bildung von Kostenstellen dabei geht oder gehen soll, hängt vor allem von der jeweiligen Branche und den betrieblichen Gegebenheiten ab.

Kostenträgerrechnung

Kostenträger

Die Kostenträgerrechnung schließlich gibt die Antwort auf die Frage:
Wofür sind die Kosten entstanden?
Die einzelnen Kostenträger sind dabei die jeweiligen betrieblichen Leistungen (Güter oder Dienstleistungen), auf die die verursachten Kosten entfallen.

1.3.2 Kostenartenrechnung

1.3.2.1 Erfassungsmöglichkeiten der Kosten

Daten aus Buchführung und Jahresabschluss (effektive Kosten)

Eine ordnungsmäßige und sorgfältige Buchführung ist nicht nur aus steuerrechtlichen und gegebenenfalls aus handelsrechtlichen Gründen erforderlich. Sie ist auch die wichtigste und darum unentbehrlichste Grundlage für die Kostenrechnung und Kalkulation.

Ohne genaue Buchführung gibt es keine genaue Kalkulation!

Gliederung

Deshalb ist es auch wichtig, bereits durch eine sinnvolle und möglichst weitgehende Gliederung der Kostenartenkonten bestmögliche Voraussetzungen für die kalkulatorische Auswertung zu schaffen.
Meistens können die entsprechenden Werte dann direkt aus der Buchführung in die Kostenrechnung und Kalkulation übernommen werden.

Grundkosten

Aufwendungen, die im Geschäftszeitraum in gleicher Höhe in die Kostenrechnung eingehen, werden auch Grundkosten oder effektive Kosten genannt. Darunter fallen in der Regel die Materialkosten, die Personalkosten und die Gemeinkosten.

Umbewertung

In einigen Fällen werden nicht die Werte der Buchführung übernommen, sondern es findet vorher eine Umbewertung statt. So gehen in die Kostenrechnung nicht die bilanziellen, sondern die kalkulatorischen Abschreibungen ein. Ferner müssen sachfremde und periodenfremde Kosten abgegrenzt werden.

Zusatzkosten

Ein weiterer Sonderfall sind Zusatzkosten. Auch sie können nicht direkt der Buchführung entnommen werden, sondern es findet vorher eine Neubewertung statt.
Aufwendungen der Buchführung (vgl. zur Definition die Ausführungen in Abschnitt 1.2.1.3 „Gewinn- und Verlustrechnung“) und Kosten der Kostenrechnung und Kalkulation (vgl. zur Definition die Ausführungen in Abschnitt 1.3.1.3 „Gliederung und Begriffe der Kostenrechnung“) sind also nicht immer deckungsgleich. Ihre Beziehung lässt sich folgendermaßen darstellen:

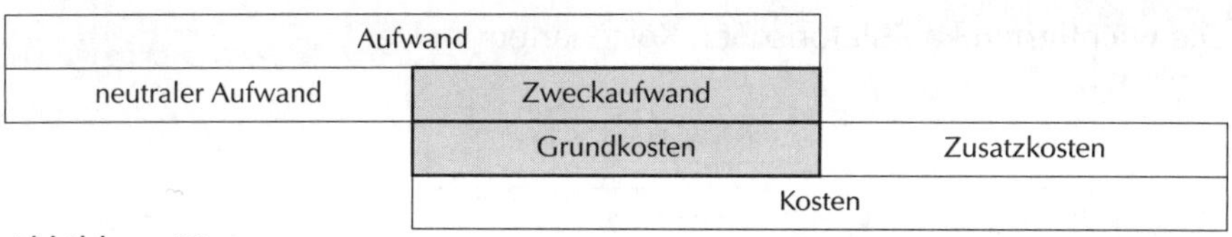

Abbildung 60

Neutraler Aufwand

Neutraler Aufwand, das heißt Aufwand, dem keine Kosten gegenüberstehen, lässt sich in folgende Gruppen einteilen:
- betriebsfremder Aufwand wie Spenden
- außerordentlicher Aufwand wie Feuer- oder Sturmschäden
- periodenfremder Aufwand wie Steuernachzahlungen für frühere Jahre
- bewertungsbedingter Aufwand wie die Differenz zwischen bilanzieller und kostenrechnungsmäßiger Abschreibung.

Wichtige Zusatzkosten, die auch im Handwerksbetrieb vorkommen, sind:
- die kalkulatorischen Kosten, insbesondere Unternehmerlohn und Wagniszuschläge
- bewertungsbedingte Zusatzkosten als Differenz zwischen kostenrechnungsmäßiger und bilanzieller Abschreibung.

Verwertung sonstiger Unterlagen

Für Kostenrechnung und Kalkulation sind neben Buchführung und Jahresabschluss weitere wichtige Unterlagen:

Weitere Unterlagen

- Daten aus der direkten Erfassung, zum Beispiel über Materialentnahmescheine, Lohnzettel, Arbeitszeiterfassungsbelege, Arbeits- und Auftragszettel, Inventurlisten und anderem.
- Daten aus der indirekten Erfassung, zum Beispiel Berechnung des Materialverbrauchs auf der Basis von Stücklisten oder von Erfahrungswerten, Kapazitätsberechnungen, Planungsberechnungen und anderem.

EDV

Auch für die Kostenrechnung spielt die EDV eine immer wichtigere Rolle. Für Klein- und Mittelbetriebe liegen zahlreiche geeignete und leicht bedienbare Standardsoftware-Programme vor. Vor allem wenn Schnittstellen zu anderen Programmen wie der Buchführung vorliegen, lassen sich die Basisdaten relativ einfach übertragen. Kostenrechnung mit Hilfe der EDV fördert die Aktualität, Flexibilität, Auswertbarkeit und Wirtschaftlichkeit.

Ansatz kalkulatorischer Kosten

Die kalkulatorischen Kosten, denen überhaupt kein oder kein entsprechender Aufwand gegenübersteht und die deshalb nicht oder nicht in der zu berechnenden Höhe in der Buchführung zu Buche schlagen, müssen in jeder Kostenrechnung und Kalkulation berücksichtigt werden.

Ein Verzicht würde gleichzeitig den Verzicht auf einen Teil des Gegenwertes der Betriebsleistung bedeuten.
Zweck der kalkulatorischen Kosten ist somit, die Genauigkeit der Kostenrechnung und Kalkulation zu steigern.

Die wichtigsten kalkulatorischen Kostenarten

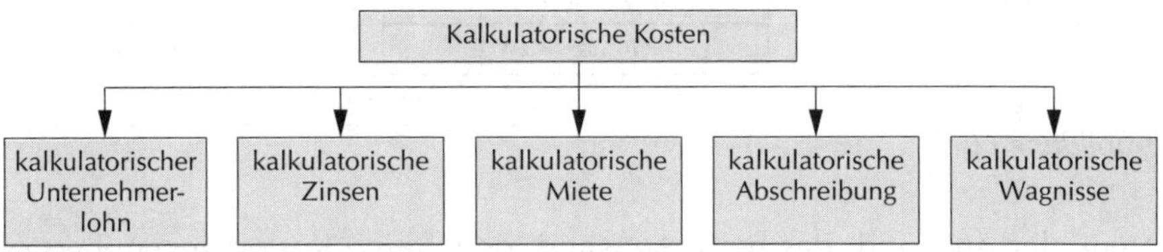

Abbildung 61

Der kalkulatorische Unternehmer- oder Meisterlohn

Bei Einzelfirmen und Personengesellschaften erhält der Betriebsinhaber bzw. Gesellschafter kein als Aufwand abzugfähiges Gehalt. Um die echten Kosten eines Produktes oder einer Leistung ermitteln zu können, darf aber die Arbeitsleistung des Unternehmers nicht unberücksichtigt bleiben. Bei Kapitalgesellschaften stellt sich dieses Problem nicht, weil hier die mit der Geschäftsführung betrauten Personen so genannte Geschäftsführergehälter erhalten.

Geschäftsführergehalt

Deshalb wird bei Einzelfirmen und Personengesellschaften ein kalkulatorischer Unternehmerlohn angesetzt, der in der Regel im Handwerksbetrieb dem Gehalt entspricht, das für einen Betriebsleiter oder Geschäftsführer mit den gleichen Aufgaben bezahlt werden müsste.

Bezüglich der Zurechenbarkeit des kalkulatorischen Unternehmerlohns sind zu unterscheiden:

- Der direkt verrechenbare Anteil für die unmittelbare Arbeit am Produkt bzw. für die Leistung in Form von Lohn- und Gehaltseinzelkosten.
- Der indirekt verrechenbare Anteil für überwachende, disponierende und verwaltende Tätigkeit als Gemeinkostenlohn.

Verrechenbarkeit

In gleicher Form ist für mithelfende Familienangehörige, die nicht als Lohn- oder Gehaltsempfänger geführt werden, ein kalkulatorisches Entgelt in Ansatz zu bringen.

Familienangehörige

Die kalkulatorischen Zinsen

Das im Betrieb investierte Fremdkapital muss zwangsläufig marktgerecht verzinst werden. Diese Zinsen schlagen als Aufwand zu Buche.

Bei dem im Betrieb investierten Eigenkapital ist zu bedenken, dass dies auch anderweitig angelegt werden könnte und damit eine entsprechende Verzinsung bringen würde.

Verzinsung des Eigenkapitals

Deshalb wird für dieses Kapital im Rahmen der Kostenrechnung eine kalkulatorische Verzinsung in Ansatz gebracht.

Für die kalkulatorische Berücksichtigung des Eigenkapitals gibt es in der Praxis zwei Verfahren:

- Für das investierte Eigenkapital wird entsprechend der marktüblichen Zinsen ein kalkulatorischer Zinsaufwand berechnet, der zusätzlich zum Zinsaufwand für Fremdkapital in die Kostenrechnung eingesetzt wird.
- Die Zinsen für Fremdkapital und Eigenkapital werden gemeinsam auf der Basis des betriebsnotwendigen Vermögens ermittelt. Das betriebsnotwendige Vermögen errechnet sich aus dem betriebsnotwendigen Anlage- und Umlaufvermögen abzüglich des zinslosen Fremdkapitals.

Die kalkulatorische Miete

Wenn ein Einzelunternehmer oder Personengesellschafter private Räume für betriebliche Zwecke einsetzt, so entgehen ihm damit Mieterträge, die bei anderweitiger Verwendung der Räume zu erzielen wären. Bei Betrieben in fremden Räumen sind die Mietaufwendungen Grundkosten, die effektiv in die Kostenrechnung eingehen.

Bei Betrieben in eigenen Räumen ist es deshalb erforderlich, eine kalkulatorische Miete in Ansatz zu bringen. Berechnungsgrundlage ist im Allgemeinen die ortsübliche Miete für vergleichbare Räumlichkeiten.

Ortsübliche Miete

Die kalkulatorische Abschreibung

Für die Abschreibungen im Rahmen der Bilanz sind die Bestimmungen des Steuerrechts maßgebend. Sie entsprechen aber nicht immer dem tatsächlichen Werteverzehr. Unterschiede zwischen bilanziellen und kalkulatorischen Abschreibungen können vor allem entstehen, weil

Werteverzehr

- nach dem Steuerrecht die Anschaffungskosten maßgeblich sind, während im Rahmen der Kalkulation die Substanzerhaltung angestrebt wird,
- unterschiedliche Zeiträume für die Nutzungsdauer zugrunde gelegt werden,
- verschiedene Abschreibungsmethoden angewandt werden (zum Beispiel degressiv in der Bilanz und linear in der Kalkulation).

Für kalkulatorische Zwecke muss die Abschreibung in Ansatz gebracht und gesondert berechnet werden, die der effektiven Abnutzung des entsprechenden Wirtschaftsgutes entspricht.

Totalverschleiß

Die Ermittlung des richtigen Betrages ist allerdings nicht immer einfach, weil beispielsweise außergewöhnliche Preissteigerungen oder plötzlicher Totalverschleiß auftreten können.

Kalkulatorische Wagnisse

Unternehmerrisiko

Spezielle Wagnisse

Im Rahmen jeder betrieblichen Tätigkeit können Wagnisse auftreten, die zu Schäden und Verlusten führen. Das allgemeine Unternehmerwagnis (auch Unternehmerrisiko) wird über den Gewinn abgegolten. Die speziellen Wagnisse, zum Beispiel infolge von Fehlarbeiten, Beständeschwund, Forderungsverlusten, Entwicklungsfehlschlägen und Gewährleistungen, sollten jedoch in jeder Kalkulation berücksichtigt werden.

In welcher Höhe entsprechende kalkulatorische Kosten angesetzt werden, hängt jeweils vom Produkt, der Leistung und den besonderen örtlichen Gegebenheiten ab. In der Praxis werden dann bestimmte v. H.-Sätze der entsprechenden Bezugsgrößen eingesetzt, zum Beispiel vom mittleren Forderungsbestand für die Forderungsverluste oder vom Warenumschlag für den Beständeschwund.

1.3.2.2 Trennung von Einzelkosten – Gemeinkosten – Sonderkosten

Kostenarten

Es wurde bereits darauf hingewiesen, dass die Kosten nach
- Einzelkosten
- Gemeinkosten
- Sonderkosten

unterschieden werden können.

Einzelkosten

Wichtige Einzelkosten sind vor allem
- Materialeinzelkosten und
- Lohneinzelkosten.

Materialeinzelkosten

Die Materialeinzelkosten lassen sich direkt auf das einzelne Produkt bzw. die einzelne Leistungseinheit zurechnen.

Grundsätzlich ergeben sich die Materialeinzelkosten dadurch, dass der mengenmäßige Verbrauch an Material mit den entsprechenden Preisen multipliziert wird.

Materialien

Materialien sind vor allem
- Rohstoffe, die als wesentliche Grundstoffe in ein Fertigprodukt eingehen.
- Hilfsstoffe, die zwar in das Fertigprodukt eingehen, dort aber keine wesentlichen Bestandteile sind (Klebstoffe, Farben u. Ä.).
- Betriebsstoffe, die nicht in das Produkt eingehen, sondern bei dessen Herstellung verbraucht werden (Treibstoffe, Schmierstoffe u. Ä.).

Erfassung

Für die exakte Erfassung der verbrauchten Mengen liefern die Lagerbuchführung und das innerbetriebliche Belegwesen die entsprechenden Unterlagen. Solche Unterlagen sind beispielsweise Arbeits- und Auftragszettel, Auftragsbeschreibungen, Materialentnahmescheine und Stücklisten.

Verfahren

Grundsätzlich gibt es je nach der Genauigkeit der zur Verfügung stehenden Unterlagen drei Verfahren zur Erfassung der Verbrauchsmengen:
- Die unmittelbare Feststellung durch laufende Fortschreibung des Materialverbrauchs; diese Methode ist zwar die arbeitsaufwändigste, jedoch auch die genaueste.
- Die mittelbare Erfassung durch Vergleich von Anfangs- und Endbestand, die sich jeweils aus der Inventur ergeben.
- Die Zugrundelegung eines einmal ermittelten Verbrauchs (Standardverbrauchs) für alle weiteren gleichartigen Produkte und Leistungen; verständlicherweise ist dabei die Gefahr von Ungenauigkeiten besonders groß.

Gerade im Handwerk sind darüber hinaus bei der Verbrauchsermittlung folgende Besonderheiten zu beachten:

Zutaten

- Zutaten, „Neben"-Materialien und direkt verrechenbare Hilfsstoffe, die oft erhebliche Beträge ausmachen, müssen ebenfalls berücksichtigt werden. Hilfsstoffe sind direkt verrechenbar, wenn die verbrauchten Mengen beispielsweise anhand ganzer Originalpackungen festgestellt werden können.
  Allerdings ist darauf zu achten, dass der Erfassungsaufwand nicht den Wert einzelner Stoffe übersteigt. Dies kann bei Kleinmaterialien wie Nägeln, Schrauben, Dichtungen der Fall sein. Dann empfiehlt es sich, sie als Gemeinkosten zu behandeln (man spricht in diesem Zusammenhang von unechten Gemeinkosten) oder mittels Zuschlagssatz zu den Materialkosten zu verrechnen.

Verschnitt

- Auch der Verschnitt, der bei einer Arbeit anfallende Materialabfall und andere Bearbeitungsverluste, muss in die Berechnung des Materialverbrauchs einbezogen werden.
  Solche Verluste sind abhängig von der Qualität der Werkstoffe, der Fertigungsmethode und der Qualifikation der Arbeitskräfte.
  Der Anteil der Bearbeitungsverluste am Materialverbrauch kann einmal nach Erfahrungssätzen in Prozent geschätzt und dann den Materialmengen zugeschlagen werden.

Beispiel:

Materialverbrauch nach Belegen	500 kg
erfahrungsmäßiger Verlust 15 %	75 kg
Materialverbrauch für die Kalkulation	575 kg

Bearbeitungsverluste

Aussagefähigere Ergebnisse erhält man, wenn die Bearbeitungsverluste für das einzelne Produkt genau ermittelt werden können, etwa durch Vergleich von tatsächlichem Verbrauch und Soll-Verbrauch laut Materialliste und Konstruktionszeichnung:

Beispiel:

Materialbedarf laut Materialliste	5,2 m^3
tatsächlich verbrauchtes Material	5,6 m^3

Materialmehrverbrauch gegenüber der Soll-Berechnung:
$(5{,}6\ m^3 - 5{,}2\ m^3)/5{,}2\ m^3 \times 100 = 7{,}7\ \%$
Dieser Prozentsatz wird dann wiederum den Soll-Verbrauchsmengen zugeschlagen, um den tatsächlichen Materialverbrauch für die Kalkulation zu erhalten.

Als Materialpreis können verschiedene Größen zum Ansatz kommen:

Anschaffungskosten

- Die Anschaffungskosten (zur Definition siehe Abschnitt 1.2.2.4 „Bestandsbewertung"), wenn die Materialien für einen konkreten Auftrag gekauft werden; die entsprechenden Angaben kann der Betriebsinhaber in der Regel den Rechnungen seiner Lieferanten entnehmen.

Tagespreis

- Der jeweils geltende Tagespreis, wenn sich die Materialien bereits auf Lager befinden.

Verrechnungspreise

- Betriebliche Einheitspreise bzw. Verrechnungspreise, wenn man unterstellen kann, dass alle Materialien vom Lager weg verarbeitet werden und Preisänderungen sich nach oben und nach unten immer wieder ausgleichen.

Grundsätzlich ist bei Materialpreisen von Preisen ohne Umsatzsteuer auszugehen.
Die Kostenrechnung und Kalkulation wird selbstverständlich auch dadurch beeinflusst, inwiefern der Betriebsinhaber die günstigsten Einkaufs- und Zahlungsmöglichkeiten optimal ausnutzt. Deshalb sind auch Lagerhaltung, Transport sowie die Ausnutzung von Skonti und Rabatten mit zu berücksichtigen.

Die Ermittlung der Materialeinzelkosten

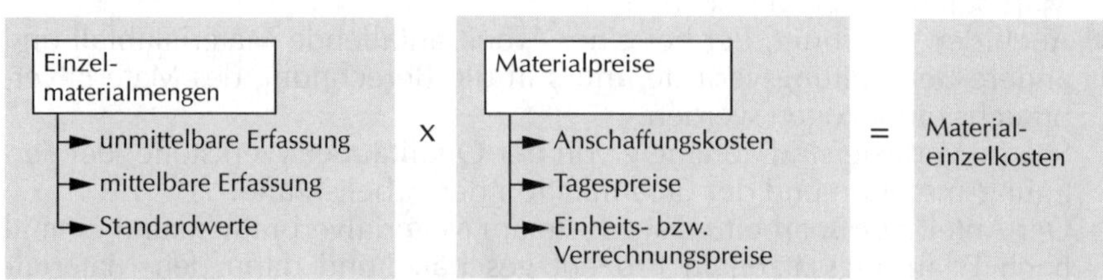

Abbildung 62

Lohneinzelkosten

Die Lohnkosten sind grundsätzlich ein Teil der gesamten Personalkosten. Diese umfassen insgesamt
- die Löhne
  - Fertigungslöhne
  - Hilfslöhne, auch Gemeinkostenlöhne genannt
- die Gehälter
- die Lohnzusatzkosten (auch Personalzusatzkosten genannt).

Personalkosten

Personalkosten sind Einzelkosten, soweit sie unmittelbar für produkt- und leistungsbezogene Arbeit anfallen (auch produktive Personalkosten oder produktive Löhne genannt). Dies ist in der Regel nur bei den Löhnen der Fall; deshalb spricht man im Allgemeinen von den Lohneinzelkosten oder von Fertigungslöhnen und Herstellungslöhnen.

Fertigungslöhne

Die Lohneinzelkosten erhält man durch Multiplikation der geleisteten Arbeitsmenge mit dem Arbeitslohn (Arbeitspreis).

Die geleistete Arbeitsmenge wird anhand der Lohn- und Gehaltsbuchführung sowie weiterer Unterlagen wie Gehaltslisten, Zeiterfassungsbelege, Lohnscheine erfasst und berechnet. Für die Abschätzung der für die einzelnen Arbeiten erforderlichen Arbeitszeiten werden ferner Erfahrungswerte aus der Vergangenheit mit einbezogen.

Arbeitsmenge

Die notwendige Arbeitszeit wird maßgeblich durch die gesamte Betriebsorganisation beeinflusst. Deshalb muss der Betriebsinhaber dabei stets auch Fragen der folgenden Art bedenken:

Arbeitszeit

- Welche Arbeitsgänge – Produktion, Dienstleistung, Montage – fallen im Einzelnen an?
- Welche Qualifikationen sind bei den Arbeitskräften vorhanden und wie können diese beim jeweiligen Auftrag optimal eingesetzt werden?
- Wie können Arbeitskräfte und vorhandene Maschinen bei dem jeweiligen Auftrag optimal kombiniert werden?
- Welche Arbeiten müssen nach Zeitlohn und welche können nach Akkordlohn ausgeführt werden?
- Wie können Zeitverluste durch Arbeitswege und besonders ungünstige Umstände möglichst gering gehalten werden?

Kostenrechnung und Kalkulation lassen sich deutlich hinsichtlich ihrer Genauigkeit verbessern, wenn es dem Betriebsinhaber möglich ist, den gesamten Auftrag in mehrere Einzelabschnitte zu zerlegen und dafür die jeweiligen Teilarbeitszeiten festzulegen.

Teilarbeitszeiten

Für den Arbeitslohn (Stundenlohn) sind nicht die Tariflöhne, sondern die vom Betrieb tatsächlich gezahlten Stundenlöhne (der so genannte Effektivlohn) für die einzelnen Arbeitskräfte zugrunde zu legen.

Der kalkulatorische Unternehmerlohn und das kalkulatorische Entgelt für mitarbeitende Familienangehörige gehören ebenfalls zu den Lohneinzelkosten, soweit sie sich direkt auf ein Produkt und eine Leistung zurechnen lassen.

Kalkulatorische Entgelte

Ermittlung der Lohneinzelkosten

Arbeitsmenge ↓ geleistete Stundenzahl	x	Arbeitspreis ↓ effektive Stundenlöhne, direkt zurechenbare Teile des kalkulatorischen Unternehmerlohns und des kalkulatorischen Entgelts für mitarbeitende Familienangehörige	=	Lohneinzelkosten

Abbildung 63

Die Lohneinzelkosten lassen sich auch dadurch ermitteln, dass von den gesamten Lohnkosten die Hilfslöhne bzw. Gemeinkostenlöhne abgezogen werden (siehe dazu auch folgender Abschnitt).

Exakte Ermittlung

In der Regel empfiehlt es sich für alle Handwerksbetriebe, die Lohnkosten auf der Basis der Arbeitszeiten und der Löhne exakt zu ermitteln. Aufgrund der besonderen Produktionsbedingungen werden vereinzelt noch die Lohneinzelkosten nicht eigens ermittelt. Sie können dann allerdings auch nicht unmittelbar in das Kalkulationsschema übernommen werden, sondern sind in ihrer Gesamtheit in einem einheitlichen Zuschlagssatz zusammenzufassen.

Gemeinkosten

Die richtige Erfassung der Gemeinkosten und deren Verteilung und Verrechnung sind eine unabdingbare Voraussetzung für eine exakte Kostenrechnung und Kalkulation. Daher sollte jeder Betriebsinhaber seine Gemeinkosten stets im Einzelnen kennen.

Zu den Gemeinkosten, die zur Aufrechterhaltung des Betriebes notwendig sind, gehören die unterschiedlichsten Posten. Ihre Anzahl und Bedeutung hängt auch von der Größe eines Betriebes sowie von seiner Tätigkeit ab.

Wichtige Arten

Wichtige Gemeinkosten sind unter anderem:

- Hilfslöhne bzw. Gemeinkostenlöhne
- Arbeitgeberbeiträge zur Sozialversicherung
- Berufsgenossenschaftsbeiträge
- freiwillige soziale Leistungen
- sonstige Personalzusatzkosten
- Gemeinkostenmaterialien wie Hilfsstoffe, Verpackungsmaterial, Schmierstoffe, Öle, Fette, Treibstoffe, Heizungsmaterialien und andere
- Kosten für Strom, Gas, Wasser
- betriebliche Steuern (ohne Umsatzsteuer)
- Gebühren, Abgaben
- Beiträge, Umlagen, Versicherungen
- Miete, Pacht
- Porto, Telekommunikationsgebühren
- Büromaterial, Zeitungen, Zeitschriften
- Werbekosten, Repräsentationskosten, Reisekosten
- Kosten für Steuer- und Rechtsberatung

- Fremdreparaturen
- Fahrzeugkosten
- Zins- und Diskontaufwendungen
- kalkulatorische Kosten (beim kalkulatorischen Unternehmerlohn und beim kalkulatorischen Entgelt für mitarbeitende Familienangehörige nur der nicht direkt zurechenbare Anteil).

Hilfs- bzw. Gemeinkostenlöhne sind alle nicht direkt verrechenbaren Löhne, die für Arbeitszeiten anfallen, in denen nicht produktiv direkt am Werkstück gearbeitet wird.

Gemeinkostenlöhne

Dazu zählen nicht nur die Löhne für Fehltage (Entgeltfortzahlung im Krankheitsfall), Urlaubstage und Feiertage (bei Lehrlingen auch die Berufsschultage und Zeiten der überbetrieblichen Unterweisung), sondern auch Löhne, die bei Anwesenheit der Arbeitskräfte gezahlt werden müssen, ohne dass sie jedoch produktiv am Stück arbeiten und somit nicht im Rahmen der produktiven Löhne verrechnet werden können. Zu berücksichtigen sind dabei auch Anteile des kalkulatorischen Unternehmerlohns und des kalkulatorischen Entgelts für mithelfende Familienangehörige, soweit sie sich auf solche nicht direkt auf das Werkstück oder die Leistung zurechenbare Tätigkeiten beziehen. Dabei ist man allerdings oft auf Schätzungen aufgrund eigener Beobachtungen angewiesen.
Für die Berechnung dieser „unproduktiven Löhne und Gehälter" bietet sich folgendes Schema an:

Schema für die Berechnung der Gemeinkostenlöhne (unproduktiven Löhne)

	Nichtanwesenheitslöhne (Arbeitsstunden × Stundenlöhne für Feiertage, Urlaubs- und Krankheitstage, sonstige gesetzliche und tarifliche Ausfalltage, Schulbesuch usw.)
+	nicht direkt verrechenbare Anwesenheitslöhne (unproduktive Arbeitsstunden und Lohnkosten, die nicht direkt auf einzelne Kundenaufträge verrechnet werden können, wie Reinigung, Be- und Entladungsarbeiten, eigene Reparaturen oder eigene Aufträge und dergleichen)
+	Gehälter für kaufmännisches und technisches Verwaltungspersonal
+	Gehälter für Verkäufer
+	unproduktiver Anteil des Unternehmerlohns
+	unproduktiver Anteil des kalkulatorischen Entgelts für mithelfende Familienangehörige (soweit nicht in der Buchführung enthalten)
=	nicht direkt verrechenbare oder unproduktive Löhne, auch Gemeinkostenlöhne genannt

Wichtige Unterlagen für die Erfassung der Gemeinkosten sind in erster Linie

Unterlagen

- die Buchführung mit dem Jahresabschluss
- statistische Aufzeichnungen aller Art
- der Betriebsabrechnungsbogen.

Bevor allerdings die Aufwendungen aus der Buchführung in die Gemeinkostenrechnung übernommen werden können, ist zunächst eine zeitliche

Abgrenzung

und sachliche Abgrenzung und Bereinigung erforderlich. Dabei kann man nach folgendem Schema vorgehen:

Schema zur Ermittlung der Gesamtgemeinkosten eines Betriebes

	Im jeweiligen Rechnungszeitraum tatsächlich bezahlte Gemeinkosten (ohne Gemeinkostenmaterialien und Gemeinkostenlöhne)
–	bereits in der vorangegangenen entstandene, aber erst in dieser Rechnungsperiode bezahlte Gemeinkosten
+	noch nicht bezahlte Gemeinkosten dieser Rechnungsperiode
=	zeitlich bereinigte Gemeinkostensumme
–	betriebsfremde und außerordentliche Aufwendungen
=	sachlich bereinigte Gemeinkostensumme
+	Gemeinkostenmaterialien
+	Gemeinkostenlöhne
+	kalkulatorische Kosten
=	Gesamtgemeinkosten des Rechnungszeitraumes

Untergliederung der Gemeinkosten nach Verrechnungsgesichtspunkten

Materialeinzel- und Lohneinzelkosten lassen sich für jedes Produkt genau ermitteln.

Selbstkosten

Der Betrieb muss jedoch bestrebt sein, alle durch den betrieblichen Leistungsprozess entstandenen Kosten (Selbstkosten des Betriebes) zu decken. Deshalb müssen auch die Gemeinkosten, die im Rahmen des gesamten Betriebes anfallen, hinzugerechnet werden. Um dies zu erreichen, werden die Gemeinkosten nach dem Verursachungsprinzip auf einer oder mehreren Bezugsgrundlagen verrechnet (zugeschlagen).

Verursachungsprinzip

Das Verursachungsprinzip in der Kostenrechnung besagt, dass die Erfassung und Verrechnung der Kosten entsprechend der wirtschaftlichen Ursache-Wirkung-Beziehungen erfolgen soll; das heißt, die Kosten müssen den Leistungen und Bereichen zugerechnet werden, die sie verursacht haben.
Für die Gemeinkosten bedeutet das Verursachungsprinzip, dass sie soweit wie möglich den betrieblichen Funktionsbereichen und Stellen zugeordnet werden sollen, an denen sie entstanden sind; beispielsweise Materialstellen, Fertigungsstellen, Verwaltungsstellen, Vertriebsstellen.

Zurechnungsmöglichkeiten der Gemeinkosten

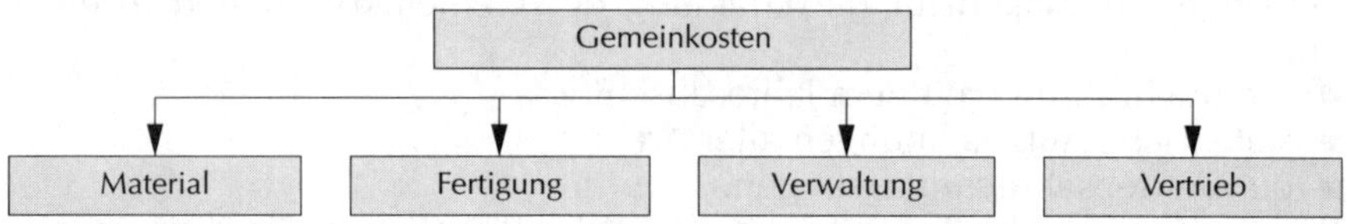

Abbildung 64

Zu den **Materialgemeinkosten** gehören alle bei der Beschaffung, Prüfung, Lagerung und Abnahme des Materials anfallenden Kosten, also zum Beispiel

- Löhne, Gehälter und Personalzusatzkosten der im Einkauf, im Lager und bei der Prüfung tätigen Personen
- Abschreibung, Instandsetzung, Versicherungen, Heizungs- und Stromkosten im Zusammenhang mit Lagergebäuden und Einrichtungen.

Wichtige **Fertigungsgemeinkosten** sind

- Hilfslöhne
- Hilfsmaterialien
- Energiekosten u. Ä., die im Fertigungsbereich entstanden sind.

Zu den **Verwaltungsgemeinkosten** zählen unter anderem alle Kosten, die für

- Unternehmensleitung
- Rechnungswesen
- Registratur
- Kommunikation

anfallen.

Vertriebsgemeinkosten schließlich sind insbesondere

- die Gehälter des Vertriebspersonals
- Verpackungsmaterial
- allgemeine, nicht produktbezogene Werbung.

Verteilungsgrundlagen

Zu beachten ist bei der verursachungsgerechten Zuordnung der Gemeinkosten ferner die Wahl der richtigen **Verteilungsgrundlage.** Möglich sind

- Mengengrößen (zum Beispiel Anzahl der Beschäftigten)
- Zeitgrößen (zum Beispiel zeitliche Inanspruchnahme des Meisters für produktive und nicht direkt zurechenbare Tätigkeiten)
- physikalisch-technische Größen (zum Beispiel Raumfläche, Energieverbrauch)
- Wertgrößen (zum Beispiel Anschaffungskosten).

Sonderkosten

> Als Sonderkosten bezeichnet man Einzelkosten, die über Material- und Lohneinzelkosten hinausgehen. (Deshalb ist auch der Begriff Sondereinzelkosten gebräuchlich.) Sie werden, sofern sie auftreten, in der Kalkulation gesondert berechnet und verrechnet.

Sonderkosten

Zu unterscheiden sind dabei

- Sonderkosten der Fertigung
  Sie fallen beispielsweise an für Modelle, Entwürfe, Schablonen, Patente, Lizenzen und Spezialvorrichtungen.
- Sonderkosten des Vertriebs
  Darunter fallen alle pro Auftrag erfassbaren Vertriebskosten wie Provisionen, Frachten, Zölle und Transportverpackung.

1.3.2.3 Aufgliederung nach fixen und variablen Kosten

Für die Aufteilung der Kosten nach fixen und variablen Kosten ist die Abhängigkeit vom Beschäftigtenstand bzw. von Beschäftigungsschwankungen maßgeblich.

Fixe Kosten

Unter fixen Kosten versteht man allgemein die von der Beschäftigungslage des Betriebes (Auslastung) bzw. von der Leistung unabhängigen Kosten.

Variable Kosten sind dagegen leistungsabhängig.

Variable Kosten

Variable Kosten sind alle Einzelkosten, also
- Materialeinzelkosten
- Lohneinzelkosten
- Sondereinzelkosten der Fertigung und des Vertriebs.

Aber auch einzelne Gemeinkosten können zumindest teilweise variabel sein, zum Beispiel
- abnutzungsbedingte Abschreibungen oder
- Energiekosten.

Die variablen Kosten ändern sich allerdings nicht immer im gleichen Ausmaß oder Umfang wie die Beschäftigtenmenge. Sie können sich gegenüber der Beschäftigtenmenge sowohl proportional (gleiche Entwicklung) wie auch progressiv (die Kosten steigen stärker als die Beschäftigtenmenge) oder degressiv (die Kosten steigen weniger als die Beschäftigtenmenge) entwickeln.

Betriebsbereitschaft

Die meisten Gemeinkosten sind fixer Natur, das heißt, sie fallen grundsätzlich immer zur Aufrechterhaltung der Betriebsbereitschaft an, wie beispielsweise Mieten. Der Anteil der fixen Kosten am jeweils produzierten Stück nimmt bei zunehmender Ausbringung ab und bei abnehmender Ausbringung steigt er.

1.3.3 Kostenstellenrechnung

1.3.3.1 Aufgaben der Kostenstellenrechnung und Aufbau eines einfachen Betriebsabrechnungsbogens

Auf die Aufgaben der Kostenstellenrechnung wurde bereits eingegangen (siehe Abschnitt 1.3.1.3 „Gliederung und Begriffe der Kostenrechnung“). Die Kostenstellenrechnung kann kontenmäßig aufgebaut sein. Überwiegend wird sie jedoch mit Hilfe eines Betriebsabrechnungsbogens durchgeführt.

Der Betriebsabrechnungsbogen ist eine tabellarische Darstellung, in der waagerecht die Kostenstellen und senkrecht die Kostenarten, also Einzelkosten, Gemeinkosten und kalkulatorische Kosten, eingetragen sind.

Die Kostenarten richten sich in der Regel nach einem besonderen Kostenartenkatalog, der für den einzelnen Betrieb aufgestellt und bei Bedarf jeweils geändert und ergänzt wird. Ausgangspunkt für die Übernahme der Zahlen sind die Buchführung und statistische Aufzeichnungen. Kostenartenkatalog

Während früher die Erstellung eines Betriebsabrechnungsbogens manuell erfolgte, lassen sich heute alle damit zusammenhängenden Arbeiten zeit- und kostensparend per EDV durchführen.

Über den Betriebsabrechnungsbogen können dann folgende Aufgaben ausgeführt werden: Aufgaben

- Verteilung der Gemeinkosten entsprechend ihres Ursache-Wirkung-Zusammenhanges auf die entsprechenden Kostenstellen.
- Umlage der Kosten der allgemeinen Kostenstellen auf nachgelagerte Kostenstellen.
- Umlage der Kosten der Hilfskostenstellen auf die Hauptkostenstellen.
- Ermittlung von Zuschlagssätzen für jede Kostenstelle durch Gegenüberstellung von Gemein- und Einzelkosten.

(Vgl. dazu auch Abschnitt 1.3.3.5 „Beispiel eines einfachen Betriebsabrechnungsbogens".)

1.3.3.2 Begriff der Kostenstelle (Hauptkostenstelle, Hilfskostenstelle) und Bildung von Kostenstellen nach betrieblichen Erfordernissen

Die Bildung der Kostenstellen (zur Definition siehe auch Abschnitt 1.3.1.3 „Gliederung und Begriffe der Kostenrechnung") orientiert sich meistens an den betrieblichen Funktionen, also Material, Fertigung, Verwaltung und Vertrieb. Weitere Untergliederungen sind je nach Bedarf und nach der Größe eines Betriebes möglich. Kostenstelle

Die Bildung von Kostenstellen nach betrieblichen Funktionen:

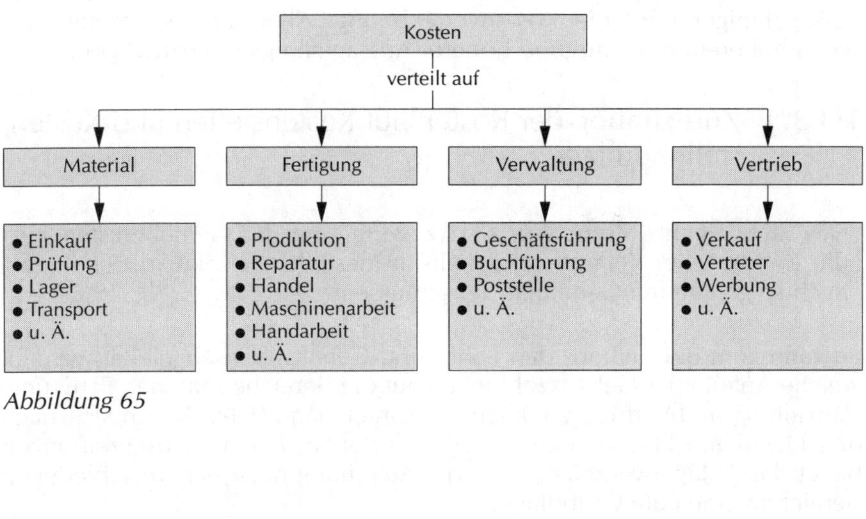

Abbildung 65

Bei Bedarf können die Kostenstellen auch nach anderen Kriterien wie Verantwortungsbereiche oder räumliche Gesichtspunkte (Büro, Werkstatt) gebildet werden.

Kostenstellen werden in
- Hauptkostenstellen (auch Endkostenstellen genannt) und
- Hilfskostenstellen (auch Vorkostenstellen genannt)

unterteilt.

Hauptkostenstellen sind die betrieblichen Funktionsbereiche.
Zu den Hilfskostenstellen gehören

Hilfskostenstellen

- allgemeine Hilfskostenstellen (zum Beispiel Energieversorgung, Fuhrpark, Kantine) und
- spezielle Hilfskostenstellen einzelner betrieblicher Funktionsbereiche (zum Beispiel Arbeitsvorbereitung, Lohnbüro u. Ä. im Bereich der Fertigung).

Unterteilung der Kostenstellen

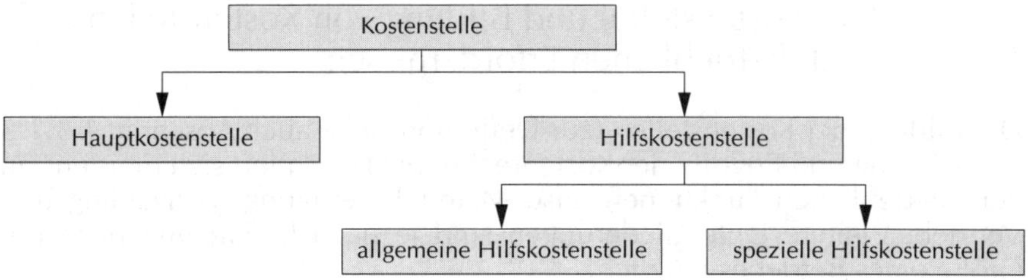

Abbildung 66

Aussagefähigkeit

Je genauer und gegliederter die Bildung der Kostenstellen erfolgt, desto aussagefähiger wird die Kostenverrechnung. Allerdings ist immer zwischen höherem Aufwand und höherer Aussagefähigkeit abzuwägen.

1.3.3.3 Zurechnung der Kosten auf Kostenstellen und Kostenstellenumlage

Die sachgerechte Zurechnung bzw. Verteilung der Gemeinkosten auf die Kostenstellen (Haupt- und Hilfskostenstellen) erfolgt in der Regel nach so genannten Gemeinkostenschlüsseln.

Unterlagen

So kann zum Beispiel aus den Lohn- und Gehaltslisten abgeleitet werden, welche Anteile der Gehaltszahlungen auf die Bereiche Material, Fertigung, Verwaltung und Vertrieb entfallen. Die anteiligen Mieten lassen sich nach den jeweiligen Flächenanteilen in m² ableiten. Für die Abschreibungen bietet das Anlagenverzeichnis für die Aufteilung nach den verschiedenen Bereichen eine gute Grundlage.

Beispiel:

Mietaufwand insgesamt 20.000,00 EUR
Anteilige Räume nach betrieblichen Funktionsbereichen:

- Material: 100 m² (20 %)
- Fertigung: 300 m² (60 %)
- Verwaltung: 50 m² (10 %)
- Vertrieb: 50 m² (10 %)

Aufteilung des Mietaufwandes:

Material	Fertigung	Verwaltung	Vertrieb
4.000,00	12.000,00	2.000,00	2.000,00

In einem weiteren Schritt werden die Hilfskostenstellen ebenfalls nach bestimmten Schlüsseln auf die Hauptkostenstellen umgelegt. In der Praxis der Betriebsabrechnung wird dabei meist nach dem so genannten Stufenleiterverfahren vorgegangen.

Teilumlagen

Neben der Umlage der Hilfskostenstellen können manchmal auch Teilumlagen der Material- sowie der Verwaltungs- und Vertriebskostenstellen zweckmäßig sein.

Innerbetriebliche Leistungsverrechnung

Im Zusammenhang mit der Kostenumlage spricht man auch von der innerbetrieblichen Leistungsverrechnung.

Beispiel:

Gegeben sind folgende Kostenstellen:

- Hilfskostenstelle A: 1.400,00 EUR
- Hilfskostenstelle B: 2.200,00 EUR
- Hauptkostenstelle Material: 4.000,00 EUR
- Hauptkostenstelle Fertigung: 8.000,00 EUR
- Hauptkostenstelle Verwaltung: 2.500,00 EUR
- Hauptkostenstelle Vertrieb: 1.800,00 EUR

Der Verteilungsschlüssel für das Stufenleiterverfahren lautet:

- für Hilfskostenstelle A: 10 % auf Hilfskostenstelle B, 30 % auf Hauptkostenstelle Material und je 20 % auf die übrigen Hauptkostenstellen
- für Hilfskostenstelle B: je 25 % auf die einzelnen Hauptkostenstellen.

Hilfsk. A	Hilfsk. B	Material	Fertigung	Verwaltung	Vertrieb
1.400,00	2.200,00	4.000,00	8.000,00	2.500,00	1.800,00
→	140,00	420,00	280,00	280,00	280,00
	2.340,00				
	→	585,00	585,00	585,00	585,00
Gesamtkosten		5.005,00	8.865,00	3.365,00	2.665,00

1.3.3.4 Ermittlung von Kostenverrechnungssätzen

Kalkulationssätze

Kostenverrechnungssätze (auch Kalkulationssätze genannt) sind erforderlich, um die Gemeinkosten nach dem Verursachungsprinzip auf die einzelnen Kostenträger verrechnen zu können.

Entscheidend dafür ist die Wahl der richtigen Bezugsgröße. Es ist möglich, eine oder mehrere Bezugsgrundlagen zu wählen. Die Entscheidung darüber hängt im Einzelnen von der Art und Größe des jeweiligen Betriebes ab.

Bezugsgrundlagen

Als Bezugsgrundlage sind möglich:
- die Lohneinzelkosten
- die Materialeinzelkosten
- die Summe aus Material- und Lohneinzelkosten
- jeweils die Lohneinzelkosten und die Materialeinzelkosten
- jeweils die Lohneinzelkosten, die Materialeinzelkosten und die Herstellkosten
- Kostenstellen nach betrieblichen Funktionen.

Verrechnung der Gemeinkosten auf der Basis der Lohneinzelkosten

In diesem Fall arbeitet der Betrieb mit **einem** Gemeinkostenzuschlagssatz, der auf die produktiven Löhne bezogen wird.

Dabei wird berechnet, wie viel Prozent die Gemeinkosten für einen bestimmten Zeitraum (in der Regel für 1 Jahr) von den produktiven Löhnen (Lohneinzelkosten) für denselben Zeitraum betragen. Diese Methode ist im Handwerk aufgrund der in diesem Wirtschaftsbereich überdurchschnittlich hohen Lohnintensität nach wie vor am häufigsten anzutreffen.

Der errechnete Zuschlagssatz wird dann für jede auszuführende Arbeit angewandt.

Formel für die Berechnung des Gemeinkostenzuschlagssatzes auf der Basis der Lohneinzelkosten:

$$\text{Gemeinkostenzuschlagssatz} = \frac{\text{Gemeinkostensumme}}{\text{Lohneinzelkosten}} \times 100$$

Beispiel:

Jahressumme der produktiven Löhne	305.000,00 EUR
Jahressumme der Gemeinkosten	560.000,00 EUR

$$\text{Gemeinkostenzuschlagssatz} = \frac{560.000,00}{305.000,00} \times 100 = \underline{\underline{183,6\ \%}}$$

Es ergibt sich also ein Gemeinkostenzuschlagssatz von rund 184 %, der in jeder Stückkostenkalkulation auf die dort errechneten Lohneinzelkosten aufgeschlagen wird.

Beispiel:

Stückkostenkalkulation auf Basis Lohneinzelkosten:

	Materialkosten	6.500,00 EUR
+	Lohneinzelkosten (Stundenzahl × Stundenlohn)	3.500,00 EUR
+	184 % Gemeinkosten auf Basis Lohneinzelkosten von 3.500,00 EUR	6.440,00 EUR
=	Selbstkosten	16.440,00 EUR

Verrechnung der Gemeinkosten auf der Basis der Materialeinzelkosten

In materialintensiven Betrieben, in denen große Mengen Material eingesetzt werden und die Lohneinzelkosten demgegenüber verhältnismäßig gering sind, entstehen die Gemeinkosten auch zum überwiegenden Teil durch den Bezug des Materials sowie seine Lagerung und Beförderung. Sie werden deshalb auf der Basis Materialeinzelkosten verrechnet. Im Handwerk ist dieser Fall eher selten.

Materialintensive Betriebe

Der Zuschlagssatz wird berechnet, indem die Jahresgemeinkostensumme zur Summe des Materialaufwands für das vergangene Geschäftsjahr in Beziehung gesetzt wird.

Formel für die Berechnung des Gemeinkostenzuschlagssatzes auf Basis der Materialeinzelkosten:

$$\text{Gemeinkostenzuschlagssatz} = \frac{\text{Gemeinkostensumme}}{\text{Materialeinzelkosten}} \times 100$$

Formel

Beispiel:

Materialaufwand	320.000,00 EUR
Jahressumme der Gemeinkosten	280.000,00 EUR

$$\text{Gemeinkostenzuschlagssatz} = \frac{280.000,00}{320.000,00} \times 100 = 87,5\ \%$$

Es ergibt sich also ein Gemeinkostenzuschlagssatz von rund 88 %, der bei jeder Stückkostenkalkulation auf die dort errechneten Materialeinzelkosten aufgeschlagen wird.

Beispiel:

Stückkostenkalkulation auf Basis Materialeinzelkosten:

	Materialeinzelkosten	5.600,00 EUR
+	Lohneinzelkosten	800,00 EUR
+	88 % Gemeinkosten auf Basis Materialeinzelkosten in Höhe von 5.600,00 EUR	4.928,00 EUR
=	Selbstkosten	11.328,00 EUR

Verrechnung der Gemeinkosten auf der Basis der Summe der Einzelkosten (Materialeinzel- plus Lohneinzelkosten)

Die Berücksichtigung der Gemeinkosten auf der Basis nur einer Bezugsgrundlage liefert oft nur grobe Durchschnittswerte und birgt deshalb naturgemäß gewisse Risiken im Hinblick auf die Genauigkeit der Kostenverrechnung.

Um diese zu mindern, können die Gemeinkosten nach der Entstehungsursache auf Lohneinzel- und Materialeinzelkosten zusammen verteilt werden.

Zur Berechnung des Zuschlagssatzes werden Jahresgemeinkostensumme und Einzelkostensumme zueinander in Beziehung gesetzt.

Formel für die Berechnung des Gemeinkostenzuschlagssatzes auf der Basis der gesamten Einzelkosten:

$$\text{Gemeinkostenzuschlagssatz} = \frac{\text{Gemeinkostensumme}}{\text{Summe der Einzelkosten}} \times 100$$

Beispiel:

Lohneinzelkosten	340.000,00 EUR
Materialeinzelkosten	680.000,00 EUR
Summe der Einzelkosten	1.020.000,00 EUR
Jahresgemeinkostensumme	460.000,00 EUR

$$\text{Gemeinkostenzuschlagssatz} = \frac{460.000,00}{1.020.000,00} \times 100 = 45,1\ \%$$

Es ergibt sich also ein Gemeinkostenzuschlagssatz von rund 45 %, der bei jeder Stückkostenkalkulation auf die dort errechneten Einzelkosten insgesamt aufgeschlagen wird.

Beispiel:

Stückkostenkalkulation auf Basis Summe der Einzelkosten:

	Lohneinzelkosten	6.500,00 EUR
+	Materialeinzelkosten	3.500,00 EUR
=	Summe der Einzelkosten	10.000,00 EUR
+	45% Gemeinkosten auf Basis Summe der Einzelkosten	4.500,00 EUR
=	Selbstkosten	14.500,00 EUR

Verrechnung der Gemeinkosten auf der Basis von Lohneinzelkosten und Materialeinzelkosten

Eine noch größere Genauigkeit lässt sich erzielen, wenn die Gemeinkosten entsprechend ihrer Zugehörigkeit und Abhängigkeit jeweils auf die verursachenden Einzelkosten verrechnet werden.

Verursachende Einzelkosten

Das heißt, die materialabhängigen Gemeinkosten werden auf die Materialeinzelkosten und die lohn- bzw. personalabhängigen Gemeinkosten auf die Lohneinzelkosten bezogen.

Die Daten für eine solche Aufteilung lassen sich am besten und zweckmäßigsten aus dem Betriebsabrechnungsbogen gewinnen (vgl. dazu die Ausführungen in Abschnitt 1.3.3 „Kostenstellenrechnung").

Formel für die Berechnung des Gemeinkostenzuschlagssatzes auf Basis Lohneinzelkosten und Materialeinzelkosten:

$$\text{Zuschlagssatz lohnabhängige Gemeinkosten} = \frac{\text{Lohn- bzw. personalabhängige Gemeinkosten}}{\text{Lohneinzelkosten}} \times 100$$

$$\text{Zuschlagssatz materialabhängige Gemeinkosten} = \frac{\text{Materialabhängige Gemeinkosten}}{\text{Materialeinzelkosten}} \times 100$$

Beispiel:

Lohneinzelkosten	160.000,00 EUR
Lohnabhängige Gemeinkosten	220.000,00 EUR

$$\text{Zuschlagssatz lohnabhängige Gemeinkosten} = \frac{220.000,00}{160.000,00} = \underline{\underline{137,5\ \%}}$$

Materialeinzelkosten	30.000,00 EUR
Materialabhängige Gemeinkosten	10.000,00 EUR

$$\text{Zuschlagssatz materialabhängige Gemeinkosten} = \frac{10.000,00}{30.000,00} = \underline{\underline{33,3\ \%}}$$

Es ergibt sich also ein Gemeinkostenzuschlagssatz von rund 138 %, der auf die Lohneinzelkosten und ein Satz von rund 33 %, der auf die Materialeinzelkosten aufgeschlagen wird.

Beispiel:

Stückkostenkalkulation auf der Basis Lohneinzelkosten und Materialeinzelkosten:

Lohneinzelkosten	8.400,00 EUR
+ 138 % lohnabhängige Gemeinkosten von 8.400,00 EUR	11.592,00 EUR

+ Materialeinzelkosten	1.200,00 EUR
+ 33 % materialabhängige Gemeinkosten von 1.200,00 EUR	396,00 EUR
= Selbstkosten	21.588,00 EUR

Verrechnung der Gemeinkosten auf der Basis von Lohneinzelkosten, Materialeinzelkosten und Herstellkosten

Detaillierte Aufteilung

Herstellkosten

Eine weitere, noch detailliertere Aufteilung kann erfolgen, indem man die materialabhängigen Gemeinkosten auf der Basis Materialeinzelkosten, die lohn- bzw. personalabhängigen Gemeinkosten auf der Basis Lohneinzelkosten und die Verwaltungs- und Vertriebsgemeinkosten auf der Basis Herstellkosten (= Summe aus den gesamten Material- und Lohn- bzw. Personalkosten sowie ggf. Sonderkosten) verrechnet.

Auch für diese Kostenverrechnung und Aufteilung ist ein Betriebsabrechnungsbogen zweckmäßig.

Formel für die Berechnung des Gemeinkostenzuschlagssatzes auf Basis der Lohneinzelkosten, der Materialeinzelkosten und der Herstellkosten:

Lohnabhängige Gemeinkosten und materialabhängige Gemeinkosten werden wie im vorherigen Beispiel berechnet.

$$\text{Zuschlagssatz herstellabhängige Gemeinkosten} = \frac{\text{Verwaltungs- und Vertriebsgemeinkosten}}{\text{Herstellkosten}} \times 100$$

Beispiel:

Lohneinzelkosten	160.000,00 EUR
lohnabhängige Gemeinkosten	180.000,00 EUR

$$\text{Zuschlagssatz lohnabhängige Gemeinkosten} = \frac{180.000,00}{160.000,00} \times 100 = 112,5\ \%$$

Materialeinzelkosten	30.000,00 EUR
materialabhängige Gemeinkosten	5.000,00 EUR

$$\text{Zuschlagssatz materialabhängige Gemeinkosten} = \frac{5.000,00}{30.000,00} \times 100 = 16,7\ \%$$

Herstellkosten	375.000,00 EUR
herstellabhängige Gemeinkosten	45.000,00 EUR

$$\text{Zuschlagssatz herstellabhängige Gemeinkosten} = \frac{45.000,00}{375.000,00} \times 100 = 12,0\ \%$$

Es ergibt sich also ein Gemeinkostenzuschlagssatz von rund 113 %, der auf die Lohneinzelkosten, ein Satz von rund 17 %, der auf die Materialeinzelkosten und ein Satz von 12 %, der auf die Herstellkosten aufgeschlagen wird.

Beispiel:

Stückkostenkalkulation auf der Basis Lohneinzelkosten, Materialeinzelkosten und Herstellkosten:

	Lohneinzelkosten	8.400,00 EUR
+	113 % lohnabhängige Gemeinkosten von 8.400,00 EUR	9.492,00 EUR
+	Materialeinzelkosten	1.200,00 EUR
+	17 % materialabhängige Gemeinkosten von 1.200,00 EUR	204,00 EUR
=	Herstellkosten	19.296,00 EUR
+	12 % herstellabhängige Gemeinkosten von 19.296,00 EUR	2.315,52 EUR
=	Selbstkosten	21.611,52 EUR

Verrechnung auf Kostenstellen nach betrieblichen Funktionen

In manchen Betrieben ergeben sich durch die Eigenart der Erzeugnisse oder durch Besonderheiten der Arbeitsmethoden sehr unterschiedliche Gemeinkostenanteile.

Besondere Gegebenheiten

Beispiel:

Im Fleischerhandwerk entstehen durch die Wurstherstellung größere Gemeinkosten als durch das Fleischgeschäft.
In einem Tischlereibetrieb fallen durch die Maschinenarbeit wesentlich mehr Gemeinkosten an als durch die Handarbeit.

Diese Unterschiede in den einzelnen betrieblichen Funktionen oder Betriebsabteilungen sollten bei der Gemeinkostenverrechnung unbedingt berücksichtigt werden; beispielsweise dadurch, dass man sowohl einen Gemeinkostenzuschlagssatz für die Handarbeit wie auch einen Gemeinkostenzuschlagssatz für die Maschinenarbeit ermittelt.

Handarbeit Maschinenarbeit

Man spricht in diesem Zusammenhang auch von Platzkostenrechnung. Sie erfordert allerdings auch eine umfassendere Untergliederung des betrieblichen Rechnungswesens. Auch hier liefert der Betriebsabrechnungsbogen die entsprechenden Daten.

Platzkostenrechnung

Formel für die Berechnung des Gemeinkostenzuschlagssatzes unter getrennter Berücksichtigung der Gemeinkosten für Maschinenarbeit und der Gemeinkosten für Handarbeit:

$$\text{Zuschlagssatz maschinenarbeitabhängige Gemeinkosten} = \frac{\text{Gemeinkosten für Maschinenarbeit}}{\text{Lohnsumme für Maschinenarbeit}} \times 100$$

$$\text{Zuschlagssatz handarbeitabhängige Gemeinkosten} = \frac{\text{Gemeinkosten für Handarbeit}}{\text{Lohnsumme für Handarbeit}} \times 100$$

Beispiel:

Lohnkosten (davon 50 % für Arbeit an den Maschinen)	180.000,00 EUR
lohnabhängige Gemeinkosten (davon 80 % für Arbeit an Maschinen)	450.000,00 EUR

$$\text{Zuschlagssatz für maschinenarbeitabhängige Gemeinkosten} = \frac{360.000{,}00}{90.000{,}00} \times 100 = 400{,}0\ \%$$

$$\text{Zuschlagssatz für handarbeitabhängige Gemeinkosten} = \frac{90.000{,}00}{90.000{,}00} \times 100 = 100{,}0\ \%$$

Es ergibt sich also ein Zuschlag von 400 % auf maschinenarbeitabhängige Lohneinzelkosten und ein Zuschlag von 100 % auf Lohneinzelkosten, die der Handarbeit zuzurechnen sind.

Beispiel:

Stückkostenkalkulation bei Trennung nach Maschinenarbeit und Handarbeit:

	Lohneinzelkosten für Maschinenarbeit	4.500,00 EUR
+	400 % maschinenarbeitabhängige Gemeinkosten von 4.500,00 EUR	18.000,00 EUR
+	Lohneinzelkosten für Handarbeit	4.500,00 EUR
+	100 % handarbeitabhängige Gemeinkosten von 4.500,00 EUR	4.500,00 EUR
=	Selbstkosten	31.500,00 EUR

Kontrolle der Gemeinkostenzuschlagssätze

Erhebliche Schwankungen

Die Gemeinkosten bleiben innerhalb eines Betriebes über längere Zeit hinweg nie genau gleich. Sie sind manchmal sogar erheblichen Schwankungen unterworfen.

Neuberechnung

Deshalb ist mindestens einmal jährlich die Neuberechnung der Gemeinkostenzuschlagssätze erforderlich. Bei wesentlichen Änderungen ist sogar eine viertel- oder halbjährliche Überprüfung und ggf. Neuberechnung der Gemeinkostenzuschlagssätze zu empfehlen. Auf keinen Fall dürfen sie ohne eingehendere Kontrolle über mehrere Jahre hinweg unverändert beibehalten werden.

Kostenverrechnungssätze mit anderen Bezugsgrößen

Maschinenstundensatz

Die Gesamtkosten einzelner Hauptkostenstellen und die Gesamtsumme aller Kosten können darüber hinaus noch zahlreichen anderen Bezugsgrößen gegenübergestellt werden. Angesichts des zunehmenden Maschineneinsatzes werden häufig so genannte Maschinenstundensätze gebildet.
Der Maschinenstundensatz errechnet sich aus folgender Formel (wobei die abzuziehenden freien Tage je nach Branche und Betrieb unterschiedlich sein können):

$$\text{Maschinenstundensatz} = \frac{\text{Maschinenkosten}}{\text{Maschinenlaufzeit in Stunden}}$$

Maschinenkosten

Dabei werden als Maschinenkosten insbesondere berücksichtigt: Abschreibungen, Instandhaltungskosten, Raumkosten, Energiekosten, Zinsaufwendungen.

Maschinenlaufzeit

Die jährliche Maschinenlaufzeit ergibt sich aus folgender Formel:

Jährliche Maschinenlaufzeit = (Tage pro Jahr ./. Samstage, Sonntage, Feiertage ./. Betriebsurlaubstage ./. Leer- und Ausfalltage) × tägliche Laufzeit in Stunden

Je nach Eigenart und besonderer Bedeutung sowie zur Verfügung stehender und auswertbarer Statistiken sind in den verschiedenen Handwerkszweigen weitere Bezugsgrößen gebräuchlich:

Weitere Bezugsgrößen

- Zeit (vor allem in dienstleistungsorientierten Handwerksberufen) zur Berechnung der Kosten je Arbeitsstunde
- Gewicht (zum Beispiel in Fleischereien) zur Berechnung der Kosten je Kilogramm
- Fläche (zum Beispiel bei Malern, Fliesenlegern) zur Berechnung der Kosten je m^2
- Rauminhalt (zum Beispiel bei den Bauhandwerken) zur Berechnung der Kosten je m^3.

Beispiel für die Aufbereitung kostenrechnerischer Unterlagen und die Berechnung des Gemeinkostenzuschlagssatzes

Für das nachfolgende Beispiel wird ein Betrieb gewählt, der nur mit einem betriebseinheitlichen Gemeinkostenzuschlagssatz auf Basis der Lohneinzelkosten rechnet.

Die Gewinn- und Verlustrechnung des Betriebes weist folgende Zahlen aus:

Aufwendungen	**Gewinn- und**	**Verlustrechnung**	*Erträge*
Materialaufwand	*270.000,00*	*Umsatzerlöse*	*800.000,00*
Löhne und Gehälter	*240.000,00*	*Außerordentliche Erträge*	*10.000,00*
Gesetzl. Sozialabgaben	*50.000,00*		
Abschreibungen	*18.000,00*		
Miete	*60.000,00*		
Werbekosten	*15.000,00*		
Beratungskosten	*6.000,00*		
Sonstige betriebliche Aufwendungen	*45.000,00*		
Außerordentliche Aufwendungen	*3.500,00*		
Betriebliche Steuern	*15.000,00*		
Jahresüberschuss (Gewinn)	*87.500,00*		
	810.000,00		*810.000,00*

Aufgabe:
Daraus sind die Gemeinkostensumme, die direkt zurechenbaren Löhne (Lohneinzelkosten) und der Gemeinkostenzuschlagssatz zu berechnen.

Dabei ist zu berücksichtigen:
- Von den ausgewiesenen Löhnen und Gehältern sind 40.000,00 EUR nicht direkt auf das Erzeugnis zurechenbar.
- Der kalkulatorische Unternehmerlohn beträgt 72.000,00 EUR; drei Viertel davon sind nicht direkt verrechenbar.
- Die kalkulatorische Abschreibung wurde mit 20.000,00 EUR berechnet und weicht damit von der steuerlichen ab.
- Das für die Eigenkapitalverzinsung (entsprechend des auf Seite 137 dargestellten ersten Verfahrens) in Höhe von 8 % maßgebliche Eigenkapital beträgt 150.000,00 EUR.

Lösung:

Berechnung der Gemeinkostensumme

Bereinigungen

Nach Ausscheidung des Materialaufwands und der direkt zurechenbaren Löhne, die im Rahmen der Kalkulation ja als Einzelkosten verrechnet werden, sowie unter Bereinigung der außerordentlichen und der betriebsfremden Aufwendungen und unter Berücksichtigung der kalkulatorischen Kosten ergibt sich folgende Gemeinkostensumme:

Nicht direkt verrechenbare Löhne	40.000,00 EUR
Gesetzliche Sozialabgaben	50.000,00 EUR
Miete	60.000,00 EUR
Betriebliche Steuern	15.000,00 EUR
Werbekosten	15.000,00 EUR
Beratungskosten	6.000,00 EUR
Sonstige Gemeinkosten	45.000,00 EUR
Kalkulatorische Abschreibungen	20.000,00 EUR
Nicht verrechenbarer Anteil des Unternehmerlohns	54.000,00 EUR
Kalkulatorische Eigenkapitalverzinsung (8 % von 150.000,00 EUR)	12.000,00 EUR
Gemeinkostensumme	317.000,00 EUR

Berechnung des direkt zurechenbaren Lohns

	Löhne und Gehälter laut G+V	240.000,00 EUR
–	nicht direkt zurechenbarer Lohn	40.000,00 EUR
=	direkt zurechenbarer Lohn laut G+V	200.000,00 EUR
+	direkt verrechenbarer Anteil des Unternehmerlohns	18.000,00 EUR
=	gesamter direkt zurechenbarer Lohn (produktive Lohnsumme)	218.000,00 EUR

Berechnung des Gemeinkostenzuschlagssatzes auf Basis der Lohneinzelkosten

$$\text{Gemeinkostenzuschlagssatz} = \frac{\text{Jahresgemeinkostensumme}}{\text{Lohneinzelkosten (produktive Lohnsumme)}} \times 100$$

$$= \frac{317.000,00}{218.000,00} \times 100 = 145,4\ \%$$

Der als Beispiel gewählte Betrieb hat also künftig in allen Stückkostenkalkulationen auf die berechneten Lohneinzelkosten rund 145 % Gemeinkosten aufzuschlagen.

1.3.3.5 Beispiel eines einfachen Betriebsabrechnungsbogens

Die Zahlenwerte für den folgenden Betriebsabrechnungsbogen sind willkürlich gewählt. Die Hilfskostenstellen werden ebenfalls nach einem beliebigen Schlüssel auf die Hauptkostenstellen umgelegt.
Das Beispiel für den Betriebsabrechnungsbogen zeigt auch, wie auf seiner Basis die Zuschlagssätze für die einzelnen Gemeinkostenbereiche durch Gegenüberstellung der jeweiligen Gemeinkostensummen und der Materialeinzelkosten, der Lohneinzelkosten und der Herstellkosten ermittelt werden können (Reihe 16. im Beispiel Betriebsabrechnungsbogen).
Gleichfalls aufgezeigt wird eine weitere Auswertungsmöglichkeit anhand des Betriebsabrechnungsbogens. Durch Gegenüberstellung der errechneten Ist-Zuschlagssätze und früher vorgegebener Soll-Zuschlagssätze können Über- und Unterdeckungen in den verschiedenen Bereichen als EUR-Betrag oder in Prozent dargestellt werden (Reihe 19. im Beispiel Betriebsabrechnungsbogen).

Auswertungsmöglichkeiten

Der Betriebsabrechnungsbogen ist deshalb auch ein wichtiges Instrument für
- Kostenkontrolle
- Kostenvergleiche
- Verlustquellenforschung.

Einsatzmöglichkeiten

Beispiel Betriebsabrechnungsbogen

Kostenstellen / Kostenarten	Summe	Hilfskostenstelle I	Hilfskostenstelle II	Material	Fertigung	Verwaltung	Vertrieb
1. Einzellöhne	80.000,00						
2. Einzelmaterial	120.000,00						
3. Unprod. Löhne	20.000,00	1.500,00	2.100,00	1.000,00	13.000,00	1.400,00	1.000,00
4. Ges. soziale Aufwendungen	16.000,00	300,00	420,00	200,00	14.400,00	480,00	200,00
5. Gemeink. Material	9.000,00	700,00	800,00	1.000,00	5.000,00	1.000,00	500,00
6. Miete	20.000,00	1.300,00	1.700,00	2.000,00	5.000,00	8.000,00	2.000,00
7. Werbung	15.000,00	200,00	300,00	800,00	700,00	3.000,00	10.000,00
8. Unprod. kalkul. Unternehmerlohn	10.000,00	300,00	200,00	1.500,00	6.000,00	1.200,00	800,00
9. Kalk. Abschr.	6.000,00	500,00	500,00	1.000,00	3.000,00	800,00	200,00
10. Kalk. Zinsen	8.000,00	700,00	1.100,00	500,00	4.200,00	1.100,00	400,00
11. Summe Gemeinkosten	104.000,00	5.500,00	7.120,00	8.000,00	51.300,00	16.980,00	15.100,00
12. Umlage Hilfskostenstelle I		↳	500,00	2.200,00	1.800,00	600,00	400,00
13. Umlage Hilfskostenstelle II			↳	1.200,00	3.800,00	1.800,00	820,00
14. Summe Gemeinkosten (nach Umlage)	104.000,00			11.400,00	56.900,00	19.380,00	16.320,00
Ermittlung von Zuschlagssätzen							
15. Zuschlagsbasis – Materialeinzelkosten				120.000,00			
– Lohneinzelkosten					80.000,00		
– Herstellkosten						268.300,00	
16. Ist-Zuschlagssatz				9,5 %	71,1 %	7,2 %	6,1 %
17. Soll-Zuschlagssatz				8,0 %	75,0 %	7,0 %	6,5 %
18. Rechnerische Gemeinkosten (nach 17.)				9.600,00	60.000,00	18.800,00	17.400,00
19. Über- bzw. Unterdeckung in %				–1.800,00 –18,7 %	+3.100,00 +5,2 %	–580,00 –3,1 %	+1.080,00 +6,2 %

1.3.4 Kostenträgerrechnung

1.3.4.1 Begriff und Aufgaben der Kalkulation

Im Rahmen der Kostenträgerrechnung wird generell ermittelt, wofür die Kosten anfallen.

Dabei interessieren vor allem auch die Kosten einzelner produzierter oder verkaufter Einheiten. Sie zu ermitteln, ist die Aufgabe der Kostenträgerstückrechnung. Sie ermittelt die Selbstkosten und liefert damit wichtige Grundlagen für die Preisfindung.
Statt Kostenträgerstückrechnung spricht man auch von Selbstkostenrechnung oder von Kalkulation.

Selbstkostenrechnung

1.3.4.2 Kalkulationsarten

Man unterscheidet im Allgemeinen nach dem Zeitpunkt der Durchführung drei Arten der Kalkulation:
- die Vorkalkulation
- die Nachkalkulation
- die Zwischen- und Begleitkalkulation.

Vorkalkulation

Die Vorkalkulation findet vor der Erstellung der Betriebsleistung bzw. vor der Annahme eines Auftrages statt. Sie hat die Aufgabe, für ein einzelnes Stück oder eine einzelne Leistung die Selbstkosten und auf deren Grundlage den Angebotspreis zu berechnen.

Angebotspreis

Einzelfragen

Dabei stellen sich unter anderem folgende Fragen:
- Wie hoch ist der Preis für das Material, das ich benötige?
- Wie viel Arbeitszeit ist erforderlich?
- Welche Teile des Auftrages sind mit Maschinenarbeit, welche mit Handarbeit zu erledigen?
- Welcher Gemeinkostenzuschlag entspricht den betrieblichen Verhältnissen?
- Nach welcher Verrechnungsart sollen die Gemeinkosten aufgeschlagen werden?
- Welcher Gewinnzuschlag entspricht der Besonderheit des Auftrages und der jeweiligen betrieblichen Lage?

Erfahrungswerte

Bei der Beantwortung dieser Fragen spielen Erfahrungswerte aus der Vergangenheit eine wichtige Rolle. In die Vorkalkulation gehen deshalb oft die aus der Vergangenheit gewonnenen Ist-Werte als Durchschnitts- oder Erfahrungswerte ein. Sie müssen allerdings stets an zwischenzeitlich eingetretene Veränderungen angepasst, d. h. aktualisiert, werden.

Unsicherheitsfaktoren

Dennoch bleibt bei der Vorkalkulation das Risiko, dass zahlreiche Unsicherheitsfaktoren wie Preisänderungen, Lohnsteigerungen, unerwartete Ausführungserschwernisse u. Ä. nicht exakt berücksichtigt werden können.

Nachkalkulation

Die Nachkalkulation findet nach Abschluss der Leistungserstellung auf der Basis der tatsächlich angefallenen Kosten pro Stück, pro Auftrag oder pro Abrechnungszeitraum statt.

Aufgaben

Aufgabe und Zweck der Nachkalkulation sind in erster Linie:
- Kostenermittlung und Kostenkontrolle
- Ermittlung der Gewinnspanne
- Wirtschaftlichkeitskontrolle und Kontrolle der Vorkalkulation durch Gegenüberstellung der Ist- und Soll-Werte.

Fragen

Dabei stellen sich unter anderem folgende Fragen:
- Welche Materialkosten sind bei den Arbeiten entstanden?
- Welche Lohnkosten sind angefallen?
- Welche Kosten ergaben sich aus der Maschinenarbeit?
- Welcher Gemeinkostenzuschlagssatz ist in Ansatz zu bringen?
- Welcher Reingewinn verbleibt nach Abzug der Selbstkosten vom Lieferpreis?

Aus diesen Überlegungen lässt sich eine allgemeine Formel für die Gewinnspannenberechnung in der Nachkalkulation ableiten:

Schema für die Gewinnspannenberechnung in der Nachkalkulation:

  Lieferpreis (ohne Umsatzsteuer)
– Materialeinzelkosten
– Lohneinzelkosten für Handarbeit und für Maschinenarbeit
– Gemeinkosten

= Gewinnspanne

Rückkalkulation

Bei Betrieben, die zu Richtpreisen oder zu Festpreisen anbieten, wird eine Rückkalkulation vorgenommen, bei der die gegebenen Verkaufspreise um die Gewinnspanne vermindert werden, um so zu ermitteln, welcher Betrag zur Deckung der dem Betrieb entstehenden Kosten zur Verfügung steht.

Schema für die Rückkalkulation:

  Verkaufspreis (ohne Umsatzsteuer)
– Wagnis und Gewinn

= Betrag, der zur Deckung der Selbstkosten zur Verfügung steht

Fragen

Der Betriebsinhaber erhält dann Ausgangsdaten für Fragen wie:
- Reicht die Arbeitskapazität, wenn ein derartiger Auftrag in einer vorgegebenen Zeit ausgeführt sein muss?
- Lohnen sich zusätzliche betriebliche Dispositionen, etwa Änderungen in der Organisation oder investive Maßnahmen und Neueinstellungen?

Zwischen- oder Begleitkalkulation

Bei Aufträgen, die sich über einen längeren Zeitraum hinweg erstrecken, ist es zweckmäßig, zwischen der Vorkalkulation und der Nachkalkulation eine oder mehrere Zwischenkalkulationen vorzunehmen.

So kann überprüft werden, ob die in der Vorkalkulation errechneten Soll-Kosten durch die aufgelaufenen Ist-Kosten eingehalten oder über- bzw. unterschritten werden. Mit diesen Informationen eröffnet die Zwischen- oder Begleitkalkulation die Möglichkeit für entsprechende betriebliche Entscheidungen.

Kontroll-möglichkeit

1.3.4.3 Kalkulationsmethoden

Je nach der Art, wie die Kosten in der Vorkalkulation den Produkten und Leistungen zugerechnet werden, unterscheidet man verschiedene Kalkulationsmethoden, nämlich

- die Zuschlagskalkulation
- die Divisionskalkulation.

Dabei sind auch ein Gewinn- und Wagniszuschlag sowie die Umsatzsteuer zu berücksichtigen.

Gewinn- und Wagniszuschlag bei der Kalkulation

Bei jeder Stückkalkulation wird auf die Selbstkosten ein Zuschlag für Gewinn und Wagnis berechnet. Dieser Zuschlag bedeutet für den Betrieb die Gegenleistung für die Übernahme des Betriebs- und Marktrisikos.

Betriebs- und Marktrisiko

Er soll dem Betrieb auch die

- Bildung von Reserven
- Deckung von Verlusten
- Vornahme von Rationalisierungs- und Erweiterungsinvestitionen auf der Basis der Selbstfinanzierung

ermöglichen.

Die Höhe des Gewinn- und Wagniszuschlagssatzes hängt unter anderem von folgenden Faktoren ab:

Bestimmungs-faktoren

- Allgemeine wirtschaftliche Lage
  In Zeiten der Hochkonjunktur lässt sich ein höherer Zuschlag durchsetzen als in wirtschaftlich schwierigeren Zeiten.
- Örtliche Konkurrenzverhältnisse und allgemeine Wettbewerbssituation
  Bei hartem Wettbewerb lassen sich nur schwer hohe Gewinn- und Wagniszuschläge durchsetzen.
- Gesamtkostensituation des einzelnen Betriebes
  Ein Betrieb, der eine günstige Gesamtkostensituation gegenüber seinen Konkurrenten aufweist, kann leichter einen höheren Gewinn- und Wagniszuschlagssatz verrechnen.

Behandlung der Umsatzsteuer bei der Kalkulation

Die Umsatzsteuer nach dem Mehrwertsteuersystem ist erfolgsneutral und scheidet daher als Kostenfaktor in der Kalkulation aus. Sie wird lediglich am Ende der Kalkulation auf den errechneten Preis in Prozenten nach dem jeweils gültigen Mehrwertsteuersatz aufgerechnet.

Überwälzung

Vorsteuer

Die überwälzte Umsatzsteuer geht allerdings nur bei privaten Endverbrauchern tatsächlich in den Preis ein und muss vom Käufer getragen werden. Gewerbliche Abnehmer können die überwälzte Umsatzsteuer ihrerseits wieder als Vorsteuer geltend machen.

1.3.4.4 Divisionskalkulation

Serienfertigung

Die Divisionskalkulation kommt nur bei Serienfertigung oder bei einheitlichen Leistungen zur Anwendung.

Bei der Divisionskalkulation werden die vorausberechneten Gesamtkosten durch die Zahl der Erzeugnisse oder eine andere Bezugsgröße wie Zeit, Fläche und Gewicht dividiert (Stundenverrechnungssätze und Verrechnungssätze mit anderen Bezugsgrundlagen). Auf diese Weise werden sie zu gleichen Teilen auf die Einzelstücke umgelegt.

Verschiedene Divisionskalkulationen

Man unterscheidet dabei die:

- einstufige Divisionskalkulation
  Hier werden alle Gesamtkosten auf die erzeugte Menge umgelegt. Die einstufige Divisionskalkulation ist nur geeignet, wenn sich bei dem jeweiligen Erzeugnis das Problem von Bestandsveränderungen nicht stellt.
- mehrstufige Divisionskalkulation
  Der Produktionsprozess läuft in mehreren Produktionsstufen ab bzw. zwischen den einzelnen Stufen sind Lager mit wechselnden Beständen. Für diese einzelnen Stufen werden dann Kosten und Mengen in Beziehung gesetzt.

Für die einstufige Divisionskalkulation lässt sich folgendes allgemeines Schema erstellen.

Schema für die Divisionskalkulation:

	Gesamtkosten/hergestellte Menge
=	Selbstkosten
+	Gewinn- und Wagniszuschlag in % der Selbstkosten
=	Angebotspreis ohne Umsatzsteuer
+	% Umsatzsteuer
=	Angebotspreis einschließlich Umsatzsteuer

Äquivalenzziffernrechnung

Die Äquivalenzziffernrechnung als Spezialform der Divisionskalkulation eignet sich als Kalkulationsmethode, wenn von einem Produkt mehrere Sorten hergestellt werden und für diese einzelnen Sorten jeweils der Preis kalkuliert werden soll. Dies ist beispielsweise im Nahrungsmittelhandwerk der Fall. Auch bei Kuppelprodukten, also Produkten, die aufgrund technischer Gegebenheiten bei der Herstellung gemeinsam anfallen, (z. B. Bretter und Sägemehl in einer Schreinerei) findet die Äquivalenzziffernrechnung Anwendung.

Kuppelprodukte

Durch Äquivalenzziffern (man spricht auch von Gewichtungsziffern) werden die unterschiedlichen Sorten auf eine Basis umgerechnet, um für die Divisionskalkulation eine einheitliche Bezugsgröße zu erhalten. Dabei wird eine Sorte gleich 1 gesetzt. Die übrigen Sorten erhalten dann die Äquivalenzziffer, die ausdrückt, in welchem Verhältnis zur Richtsorte sie an der Kostenverursachung beteiligt sind.

Eine Kalkulation auf der Basis von Äquivalenzziffern orientiert sich dann an folgendem Schema.

Schema für die Äquivalenzziffernrechnung:

$$\frac{\text{Gesamtkosten}}{M_1 \times Ä_1 + M_2 \times Ä_2 + M_3 \times Ä_3 + \ldots} \times Ä_1\ (_{2,\,3,\,\ldots})$$

= Selbstkosten für Sorte 1 (2, 3, ...)
+ Gewinn- und Wagniszuschlag in % der Selbstkosten

= Angebotspreis ohne Umsatzsteuer für Sorte 1 (2, 3, ...)
+ % Umsatzsteuer

= Angebotspreis einschließlich Umsatzsteuer für Sorte 1 (2, 3, ...)

M = Menge
Ä = Äquivalenzziffer
1, 2, 3 ... = verschiedene Sorten

1.3.4.5 Zuschlagskalkulation

Die Zuschlagskalkulation eignet sich grundsätzlich für Produktion, Dienstleistung und Handel. Sie ist die Kalkulationsmethode, die im Handwerk am häufigsten Anwendung findet.
Bei diesem Verfahren werden die Kosten des Betriebes aufgegliedert in solche, die direkt auf die Leistungseinheit verrechnet werden können (Einzelkosten), und in solche, bei denen dies nur mittelbar oder indirekt möglich ist (Gemeinkosten).

Häufigste Methode im Handwerk

Die Zuschlagskalkulation orientiert sich demnach an folgendem allgemeinen Schema:

Schema für die Zuschlagskalkulation:

	Materialeinzelkosten
+	Lohneinzelkosten
+	Gemeinkosten (in % der Einzelkosten)
+	Sondereinzelkosten
=	Selbstkosten
+	Gewinn- und Wagniszuschlag in % der Selbstkosten
=	Angebotspreis ohne Umsatzsteuer
+	% Umsatzsteuer
=	Angebotspreis einschließlich Umsatzsteuer

Stundenverrechnungssatz-Ermittlung

Handwerksunternehmen, die vorwiegend im Dienstleistungsbereich tätig sind, bieten sozusagen Arbeitsstunden an. Der Preis für ihre Leistung ergibt sich aus der Anzahl der geleisteten Arbeitsstunden multipliziert mit einem Verrechnungssatz. Dieser Verrechnungssatz muss alle Kosten und einen Ausgleich für die Übernahme des Unternehmerrisikos enthalten (vgl. dazu auch Abschnitt 1.3.4.6 „Kalkulationsschemen für die Zuschlagskalkulation").

Verrechnungssatz

Eine Sonderform der Zuschlagskalkulation ist die Indexrechnung. Sie wird beispielsweise im Kfz-Handwerk angewandt. Die Materialeinzelkosten sind als Listenpreise vorgegeben. Gemeinkosten sowie Wagnis- und Gewinnzuschlag werden über eine Indexziffer den Bruttolöhnen zugeschlagen.

Indexrechnung

Listenpreise

Der Wert bzw. die Höhe dieser Indexziffer wird anhand der Ergebnisse der vorhergehenden Rechnungsperiode festgelegt.

Für eine Kalkulation mit Hilfe von Indexzahlen lässt sich folgendes Schema ableiten.

Schema für die Indexzahlenrechnung:

	Materialeinzelkosten nach Listenpreis
+	Bruttolöhne × Index
=	Angebotspreis ohne Umsatzsteuer
+	% Umsatzsteuer
=	Angebotspreis einschließlich Umsatzsteuer

Stundenverrechnungssätze

Auf eine Stunde bezogen lassen sich damit wiederum Stundenverrechnungssätze ermitteln.

1.3.4.6 Kalkulationsschemen für die Zuschlagskalkulation

Bei der Zuschlagskalkulation können je nach betrieblicher Anforderung mehrere Kalkulationsschemen zur Anwendung kommen.

Für die Vorkalkulation werden dabei geplante Kosten eingesetzt, in die Nachkalkulation gehen die tatsächlichen Ist-Werte ein. Eine exakte Ermittlung der direkt verrechenbaren Einzelkosten ist dabei sehr wichtig, weil sich Fehler über die Zuschläge bis zum Angebotspreis fortsetzen.

Vorkalkulation
Nachkalkulation

Kalkulationsschema mit einem betriebseinheitlichen Gemeinkostenzuschlagssatz auf Basis Lohneinzelkosten

Hier gilt das bereits in Abschnitt 1.3.4.5 „Zuschlagskalkulation" dargestellte allgemeine Schema.

Kalkulationsschema mit mehreren Gemeinkostenzuschlagssätzen

Wenn der Betrieb die Gemeinkosten jeweils auf Materialeinzelkosten, Lohneinzelkosten und Herstellkosten zurechnet, kommt folgendes Kalkulationsschema zur Anwendung:

	Materialeinzelkosten
+	% Gemeinkosten auf Materialeinzelkosten
=	Materialkosten
+	Lohneinzelkosten
+	% Gemeinkosten auf Lohneinzelkosten
+	Sonderkosten der Fertigung
=	Herstellkosten
+	% Verwaltungs- und Vertriebsgemeinkosten auf Herstellkosten
+	Sonderkosten des Vertriebs
=	Selbstkosten
+	% Gewinn- und Wagniszuschlagssatz auf Selbstkosten
=	Angebotspreis ohne Umsatzsteuer
+	% Umsatzsteuer
=	Angebotspreis einschließlich Umsatzsteuer

Kalkulationsschema für die Berechnung von betrieblichen Stundenverrechnungssätzen

	Bruttostundenlohn (einschl. Zuschlägen und Zulagen) als Lohneinzelkosten
+	% Gemeinkosten auf Lohneinzelkosten
=	Selbstkosten
+	% Gewinn- und Wagniszuschlagssatz auf Selbstkosten
=	Stundenverrechnungssatz ohne Umsatzsteuer
+	% Umsatzsteuer
=	Stundenverrechnungssatz einschließlich Umsatzsteuer

Der Stundenverrechnungssatz ist für eine geleistete Arbeitsstunde ohne Berücksichtigung von verbrauchten Materialien in Ansatz zu bringen.

Kalkulationsschema für Handelswaren

	Einstandspreis
+	% Gemeinkosten auf Einstandspreis
=	Selbstkosten
+	% Gewinn- und Wagniszuschlagssatz auf Selbstkosten
=	Barverkaufspreis
+	% Verkaufszuschläge (Provision, Skonto, Rabatt) auf Barverkaufspreis
=	Verkaufspreis ohne Umsatzsteuer
+	% Umsatzsteuer
=	Verkaufspreis einschließlich Umsatzsteuer

Einstandspreis

Der Einstandspreis wird dabei aus folgender Formel berechnet:
Listenpreis – Preisnachlässe + Bezugskosten = Einstandspreis

Bezüglich des Ansatzes der Rabatte und Skonti ist zu bedenken, dass der Betrieb diese gegenüber dem Kunden auf der Basis des Verkaufspreises gibt; das bedeutet, dass auf den Barverkaufspreis entsprechend folgender Formel aufgeschlagen werden muss:

Berechnung des Rabattaufschlages

$$\frac{\text{Rabatt oder Skonto in \%}}{100 - \text{Rabatt oder Skonto in \%}} \times 100$$

Will also der Betriebsinhaber auf den Verkaufspreis 2 % Rabatt einräumen, so muss er auf den Barverkaufspreis

$\frac{2}{98} \times 100 =$ (etwa 2,04 %) aufschlagen, um zum richtigen Verkaufspreis (ohne Umsatzsteuer) zu kommen.

In der Praxis des Handelsbetriebes werden die einzelnen prozentualen Zuschläge oft zusammengefasst. Dieser Gesamtzuschlag erstreckt sich auf den Unterschied zwischen Einstandspreis und Verkaufspreis (ohne Umsatzsteuer), der den Rohgewinn wiedergibt. Dabei sind zwei Varianten gebräuchlich:

Kalkulationszuschlag

$$\text{Kalkulationszuschlag} = \frac{\text{Verkaufspreis – Einstandspreis (Rohgewinn)}}{\text{Einstandspreis}} \times 100$$

Handelsspanne

$$\text{Handelsspanne} = \frac{\text{Verkaufspreis – Einstandspreis (Rohgewinn)}}{\text{Verkaufspreis (ohne Umsatzsteuer)}} \times 100$$

1.3.4.7 Beispiele zur Zuschlagskalkulation

(mit dem bei Drucklegung gültigen Mehrwertsteuersatz von 16 %)

Berechnung des Angebotspreises mit einem betriebseinheitlichen Gemeinkostenzuschlagssatz auf Basis der Lohneinzelkosten

Angaben:

Materialeinzelkosten		800,00 EUR
Arbeitszeit 20 Stunden, davon		
Betriebsinhaber	5 Stunden à 16,00 EUR	
1. Geselle	5 Stunden à 12,00 EUR	
2. Geselle	10 Stunden à 11,00 EUR	

Lösung:

	Materialeinzelkosten			800,00 EUR
+	Lohneinzelkosten			
	5 Meisterstunden	à 16,00 EUR	80,00 EUR	
	5 Gesellenstunden	à 12,00 EUR	60,00 EUR	
	10 Gesellenstunden	à 11,00 EUR	110,00 EUR	250,00 EUR
+	140 % Gemeinkosten auf Lohneinzelkosten			350,00 EUR
=	Selbstkosten			1.400,00 EUR
+	10 % Gewinn- und Wagniszuschlag			140,00 EUR
=	Angebotspreis ohne Umsatzsteuer			1.540,00 EUR
+	16 % Umsatzsteuer			246,40 EUR
=	Angebotspreis einschließlich Umsatzsteuer			1.786,40 EUR

Berechnung des Angebotspreises mit mehreren Zuschlagssätzen für die Gemeinkosten, nämlich auf Materialeinzelkosten, Lohneinzelkosten und Herstellkosten

Angaben:

Materialeinzelkosten		800,00 EUR
Arbeitszeit 18 Stunden, davon		
Betriebsinhaber	5 Stunden à 16,00 EUR	
Geselle	13 Stunden à 12,00 EUR	
Gemeinkostenzuschlagssatz auf Materialeinzelkosten		20 %
Gemeinkostenzuschlagssatz auf Lohneinzelkosten		80 %
Gemeinkostenzuschlagssatz auf Herstellkosten		40 %

Lösung:

	Materialeinzelkosten			800,00 EUR
+	20 % Gemeinkosten auf Materialeinzelkosten			160,00 EUR
=	Materialkosten			960,00 EUR
+	Lohneinzelkosten			
	5 Meisterstunden	à 16,00 EUR	80,00 EUR	
	13 Gesellenstunden	à 12,00 EUR	156,00 EUR	236,00 EUR
+	80 % Gemeinkosten auf Lohneinzelkosten			188,80 EUR
=	Herstellkosten			1.384,80 EUR

+ 40 % Verwaltungs- und Vertriebsgemeinkosten auf Herstellkosten	553,92 EUR
= Selbstkosten	1.938,72 EUR
+ 10 % Gewinn- und Wagniszuschlag auf Selbstkosten	193,87 EUR
= Angebotspreis ohne Umsatzsteuer	2.132,59 EUR
+ 16 % Umsatzsteuer	341,21 EUR
= Angebotspreis einschließlich Umsatzsteuer	2.473,80 EUR

Berechnung des Angebotspreises für einen betrieblichen Stundenverrechnungssatz (der Betrieb arbeitet mit einem betriebseinheitlichen Gemeinkostenzuschlagssatz)

Angaben:

Stundenlohn	12,00 EUR
Gemeinkostenzuschlagssatz	140 %

Lösung:

Stundenlohn	12,00 EUR
+ 140 % Gemeinkosten auf Stundenlohn	16,80 EUR
= Selbstkosten	28,80 EUR
+ 10 % Gewinn- und Wagniszuschlag auf Selbstkosten	2,88 EUR
= Stundenverrechnungssatz ohne Umsatzsteuer	31,68 EUR
+ 16 % Umsatzsteuer	5,07 EUR
= Stundenverrechnungssatz einschließlich Umsatzsteuer	36,75 EUR

Berechnung des Angebotspreises für eine Handelsware

Angaben:

Einstandspreis	4.700,00 EUR
Gemeinkostenzuschlagssatz	18 %
Verkaufszuschläge (2 % Skonto, 3 % Rabatt)	5 %

Lösung:

Einstandspreis	4.700,00 EUR
+ 18 % Gemeinkosten auf Einstandspreis	846,00 EUR
= Selbstkosten	5.546,00 EUR
+ 10 % Gewinn- und Wagniszuschlag auf Selbstkosten	554,60 EUR
= Barverkaufspreis	6.100,60 EUR
+ 5,26 % Verkaufszuschläge (genau $\frac{5}{95}$)	321,08 EUR
= Verkaufspreis ohne Umsatzsteuer	6.421,68 EUR
+ 16 % Umsatzsteuer	1.027,47 EUR
= Verkaufspreis einschließlich Umsatzsteuer	7.449,15 EUR

Berechnung des Kalkulationszuschlags und der Handelsspanne

Angaben:

Werte des obigen Beispiels

Lösung:

$$\text{Kalkulationszuschlag} = \frac{\text{Verkaufspreis – Einstandspreis (Rohgewinn)}}{\text{Einstandspreis}} \times 100$$

$$= \frac{6.421{,}68 - 4.700{,}00}{4.700{,}00} \times 100$$

$$= \underline{\underline{36{,}63\ \%}}$$

Auf den Einstandspreis müssen also im obigen Beispiel rund 37 % zugeschlagen werden, um zum Verkaufspreis ohne Umsatzsteuer zu kommen.

$$\text{Handelsspanne} = \frac{\text{Verkaufspreis – Einstandspreis (Rohgewinn)}}{\text{Verkaufspreis ohne Umsatzsteuer}} \times 100$$

$$= \frac{6.421{,}68 - 4.700{,}00}{6.421{,}68} \times 100$$

$$= \underline{\underline{26{,}81\ \%}}$$

Die Handelsspanne vom Verkaufspreis ohne Umsatzsteuer beträgt im obigen Beispiel rund 27 %.

1.3.5 Erfolgsrechnung

1.3.5.1 Erlösrechnung

Das Gegenstück zur Kostenrechnung ist die Leistungs- bzw. Erlösrechnung (dieser Begriff ist heute gebräuchlicher). Dementsprechend lässt auch sie sich untergliedern in eine Erlösrechnung

- Erlösartenrechnung
- Erlösstellenrechnung
- Erlösträgerrechnung.

Erlöse werden in der Regel durch den Verkauf von Erzeugnissen und Dienstleistungen erzielt.

> Die Erlösrechnung hat die Aufgabe, die gesamten Erlöse nach ihrer Art, Zuordnung zu Betriebsteilen sowie zu Produkten und Dienstleistungen darzustellen.

Für den Handwerksbetrieb wichtige Erlösarten sind beispielsweise: Erlösarten

- Produkterlöse
- Leistungserlöse
- Arbeitserlöse.

Zu den Erlösstellen zählen: Erlösstellen

- Produktarten
- Arten von Dienstleistungen
- Kunden und Kundengruppen.

Typische Erlösträger sind die einzelnen Güter und Leistungen, die vom Betrieb abgesetzt werden.

Aus der Verknüpfung von Kosten- und Erlösrechnung ergibt sich die Erfolgsrechnung.

1.3.5.2 Stückerfolgsrechnung

Die Stückrechnung hat die Aufgabe, den Betriebserfolg je Produkt- oder Leistungseinheit zu ermitteln. Hierzu werden die Stückkosten vom Stückerlös abgezogen.

1.3.5.3 Periodenerfolgsrechnung

Die Periodenrechnung hat die Aufgabe, den Betriebserfolg insgesamt oder nach Produkten und Leistungen für bestimmte Zeiträume (beispielsweise monatlich oder vierteljährlich) darzustellen. Hierzu werden die Kosten je Periode vom Erlös je Periode abgezogen.

1.3.6 Kostenrechnungssysteme

1.3.6.1 Übersicht

Systeme der Kostenrechnung

Kostenrechnungssysteme

Kostenrechnungssysteme ergeben sich aus den Regeln für die Erfassung, Verteilung und Zurechnung der Kosten.
Die Kostenrechnung kann nach zwei Kriterien erfolgen:

- Zeitbezug
  und
- Umfang.

Zeitbezug

Nach dem Zeitbezug unterscheidet man:

- Ist-Kostenrechnung
- Normalkostenrechnung
- Plankostenrechnung

Umfang

Nach dem Umfang werden unterschieden:

- Vollkostenrechnung
- Teilkostenrechnung

Kostenrechnungssysteme

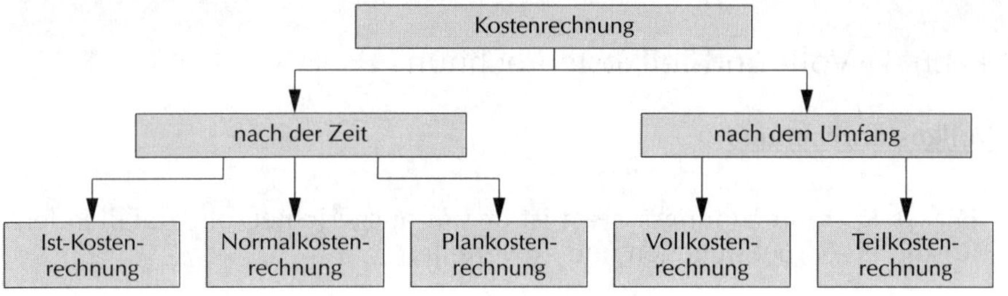

Abbildung 67

1.3.6.2 Ist- und Plankostenrechnung

Ist-Kostenrechnung

Dabei werden die effektiv angefallenen Kosten eines Abrechnungszeitraums berücksichtigt und verrechnet. Die Ist-Kostenrechnung ist damit vergangenheitsorientiert. Ist-Kosten

Sie dient der Nachkalkulation. Ein Nachteil besteht darin, dass einmalige Vorgänge und zufällige Schwankungen (beispielsweise bei den Rohstoffpreisen) das Ergebnis erheblich verzerren können und damit Vergleiche unterschiedlicher Abrechnungsperioden erschwert werden.

Normalkostenrechnung

Um Schwankungen wie bei der Ist-Kostenrechnung auszuschalten, orientiert sich dieses Verfahren nicht an den aktuellen Ist-Kosten, sondern an Durchschnittswerten aus der Vergangenheit. Normalkosten

Dabei können auch sich abzeichnende Entwicklungen berücksichtigt werden, so dass man aktualisierte Mittelwerte enthält. Formen der Normalkostenrechnung sind die

- starre Normalkostenrechnung, die nur für einen bestimmten Beschäftigungsstand Gültigkeit hat.
- flexible Normalkostenrechnung, die unterschiedliche Kapazitätsausnutzungen berücksichtigt.

Plankostenrechnung

Plankosten haben Vorgabecharakter (Prognosen) und werden aus der betrieblichen Planung abgeleitet. Plankosten

Die Plankostenrechnung ist also zukunftsorientiert. Man kann unterscheiden:

- die starre Plankostenrechnung, bei der Beschäftigungsschwankungen nicht berücksichtigt werden.

- die flexible Plankostenrechnung, die an Beschäftigungsschwankungen angepasst werden kann.

1.3.6.3 Voll- und Teilkostenrechnung

Vollkostenrechnung

Dieses Kostenrechnungssystem ist darauf ausgerichtet, alle anfallenden Kosten zu berücksichtigen und zu verteilen.

Beispiel:

Ein Zulieferbetrieb ist vertraglich verpflichtet, an einen Kunden 100 Teile zum Stückpreis von 11.000,00 EUR zu liefern. Seine Kapazitäten sind damit noch nicht voll ausgelastet. Ein anderes Unternehmen würde ihm weitere 20 Teile zum Preis von 8.000,00 EUR je Stück abnehmen. Die Gesamtkosten des Betriebes betragen derzeit 1.000.000,00 EUR (also pro Teil 10.000,00 EUR), 30 % der Kosten sind variabel, also pro Stück 3.000,00 EUR. Soll der Betriebsinhaber den zusätzlich möglichen Auftrag annehmen?

Die **Vollkostenrechnung** führt zu folgendem Ergebnis:

Ohne Zusatzauftrag		**Mit** Zusatzauftrag	
Gesamtumsatz	1.100.000,00 EUR	Gesamtumsatz	1.260.000,00 EUR
– Gesamtkosten	1.000.000,00 EUR	– Gesamtkosten	1.200.000,00 EUR
= Gewinn	100.000,00 EUR	= Gewinn	60.000,00 EUR

Aufgrund dieser Vollkostenrechnung wird der Betriebsinhaber zu dem Schluss gelangen, dass der zusätzliche Auftrag mit einem Verlust verbunden ist und zu einer Schmälerung des Gesamtgewinns führt. Unter diesen Voraussetzungen wird er den Auftrag in aller Regel ablehnen.

Teilkostenrechnung

Im Rahmen dieses Systems wird nur ein Teil der Kosten, in der Regel die variablen oder die Einzelkosten, verrechnet.

Beispiel:

Eine **Teilkostenrechnung** ergibt für das obige Zahlenbeispiel folgendes Bild:

Ohne Zusatzauftrag		**Mit** Zusatzauftrag	
Umsatzerlöse	1.100.000,00 EUR	Umsatzerlöse	1.260.000,00 EUR
– variable Kosten	300.000,00 EUR	– variable Kosten	360.000,00 EUR
= Deckungsbeitrag	800.000,00 EUR	= Deckungsbeitrag	900.000,00 EUR
– fixe Kosten	700.000,00 EUR	– fixe Kosten	700.000,00 EUR
= betriebl. Gewinn	100.000,00 EUR	= betriebl. Gewinn	200.000,00 EUR

Durch Übernahme des Zusatzauftrages kann der Betrieb bei gleich bleibenden Fixkosten seinen Gewinn sogar verdoppeln. Bei dem neu dazukommenden Auftrag sind ja nur noch die variablen Kosten zu decken. Der sie übersteigende Umsatzerlös kommt vollkommen dem Gewinn zugute.

1.3.6.4 Deckungsbeitragsrechnung

Die bislang dargestellten Kalkulationsmethoden gehen davon aus, dass

- die tatsächlich entstandenen Kosten (Ist-Kosten) verrechnet werden. Ist-Kosten
- alle angefallenen Kosten auch auf die einzelnen Kostenträger verteilt werden (Vollkostenrechnung). Vollkostenrechnung

Bei der Kalkulation des Angebotspreises kann es im Einzelfall jedoch auch zweckmäßig sein, nur die variablen Kosten zu berücksichtigen und die fixen Kosten außer Ansatz zu lassen (Teilkostenrechnung). Teilkostenrechnung

Der Deckungsbeitrag ist die Differenz zwischen dem Umsatzerlös und den variablen Kosten. Deckungsbeitrag

Der Vorteil der Deckungsbeitragsrechnung besteht darin, dass man sich besser an die Marktverhältnisse anpassen kann. So lange nämlich der Absatzpreis über den variablen Kosten liegt, wird zumindest ein Teil der Fixkosten mit abgedeckt. Dieser Anteil würde durch die Nichtannahme so kalkulierter Aufträge ganz entfallen.

Die Deckungsbeitragsrechnung ist vor allem wichtig zur Beurteilung der Erfolgsentwicklung, wenn unter gleich bleibenden Bedingungen eine Leistungseinheit hinzukommt oder wegfällt.

Die Deckungsbeitragsrechnung ist ein wichtiges Instrument, um die Gewinne des Betriebes langfristig zu sichern und zu steigern.

1.3.7 Anwendung der Kostenrechnung

1.3.7.1 Aufbereitung von Kostenrechnungsunterlagen und Ermittlung informativer Kostendaten für betriebswirtschaftliche Analysen

Die Kostenrechnung als wichtiger Zweig des Rechnungswesens gibt wertvolle Anhaltspunkte für unternehmerische Dispositionen.

Dazu zählen insbesondere folgende Möglichkeiten:

- Die Darstellung der Entwicklung einzelner Kostenarten anhand der Daten der Kostenrechnung (Kostenentwicklungsvergleiche). Auswertung der Kostenrechnung
- Die Gegenüberstellung verschiedener Kostenarten in Form von Verhältniszahlen, also etwa von Einzelkosten und Gemeinkosten, oder verschiedener Einzelkosten und Gemeinkosten untereinander oder im Verhältnis zur Bezugsbasis Gesamtkosten (Kostenstrukturvergleiche).
- Die detaillierte Analyse einzelner Kostenarten, beispielsweise die Zusammensetzung der Personalkosten.

- Die Gegenüberstellung von Kosten- und Leistungsdaten für ein Unternehmen insgesamt oder für einzelne Teilbereiche (Betriebsteile), etwa nach wichtigen Kostenstellen.

1.3.7.2 Kostenplanung

Aus der Analyse der kostenbeeinflussenden Faktoren für eine abgeschlossene Abrechnungsperiode ergeben sich auch wichtige Erkenntnisse für die Kostenbeeinflussung und Kostenplanung in der Zukunft.

Kostenprognose

Die Kostenplanung – auch Kostenprognose genannt – erfolgt für eine Planungsperiode; dies kann beispielsweise ein Monat, ein Vierteljahr, ein Halbjahr oder ein Jahr sein. Dazu wird für die einzelnen Kostenstellen die Planbeschäftigung (zum Beispiel Stückzahlen, Arbeitsstunden, Maschinenstunden) festgelegt. Sie ist dann die Basis für die Bestimmung der Planpreise und Planmengen für die benötigten Produktionsfaktoren (Arbeitskräfte, Maschinen, Materialien).

1.3.7.3 Kostenkontrolle

Für die Kostenkontrolle werden die tatsächlich entstandenen Kosten den geplanten Kosten gegenübergestellt (Soll-Ist-Vergleich).

Somit lassen sich Abweichungen feststellen, die anschließend auf ihre Ursachen hin untersucht werden. Diese Suche nach Verlustquellen ist für den Betriebsinhaber eine wichtige und informative Aufgabe.

Kostenüberschreitungen

Eine gezielte Kostenkontrolle ermöglicht es, Kostenüberschreitungen frühzeitig zu erkennen und kostendämpfende Maßnahmen rechtzeitig einzuleiten.

Der Betriebsabrechnungsbogen liefert dazu wichtige Unterlagen. Damit sind sowohl Zeitpunkt- wie auch Zeitraum- und kurzfristige Erfolgsrechnungen möglich.

Kostenstruktur
Kostenstrukturentwicklung

Die im Betriebsabrechnungsbogen vorgenommene Kostenzusammenstellung bringt eine Übersicht über Kostenstruktur und Kostenstrukturentwicklung. Sie ermöglicht ferner Vergleiche hinsichtlich der Kostenarten und der Kostenstellen.

Diese Daten sind eine wichtige Basis für die Analyse kostenbeeinflussender Faktoren im gesamten Betrieb oder einzelner Bereiche in der abgelaufenen Rechnungsperiode und eventuell weiteren vorangegangenen Jahren.

Wenn zum Beispiel der Anteil der Personalkosten an den Gesamtkosten von Jahr zu Jahr steigt, so kann dies unter anderem mit der Zusammensetzung der Arbeitskräfte oder auch der Produktivität des Betriebes im Verhältnis zu anderen vergleichbaren Betrieben zusammenhängen.

EDV-Programme

Sowohl für Kostenplanung wie auch für Kostenkontrolle gibt es geeignete EDV-Programme.

1.3.7.4 Entscheidungsunterstützung

Durch die Erfassung der Kosten in ihrer Struktur und nach ihrer Höhe sowie ihre Zurechnung auf Betriebsbereiche, Produkte und Dienstleistungen vermittelt die Kostenrechnung dem Betriebsinhaber wichtige Entscheidungsgrundlagen.

Leistungsprogramm

Auf der Basis der Ergebnisse der Kostenrechnung kann der Betriebsinhaber Einfluss auf das Leistungsprogramm seines Betriebes nehmen, indem er beispielsweise Produkte und Leistungen mit hohen Deckungsbeiträgen ausweitet und Verlustbringer möglicherweise einschränkt oder aus seinem Programm nimmt.

Die Kostenrechnung liefert die Daten zu Entscheidungen über Sachverhalte wie
- Eigenfertigung oder Fremdbezug
- Herausnahme von bestimmten Produkten und Dienstleistungen
- Optimierung des Produkt- und Leistungsprogramms
- Abbau von Kapazitätsengpässen.

Entscheidungsdaten

Preispolitik

Im Vordergrund der betrieblichen Praxis steht zwar die kostenorientierte Preisbildung (zuzüglich eines Gewinn- und Wagniszuschlages).

Aber die Kostenrechnung liefert dem Betriebsinhaber auch die notwendigen Informationen zur Ermittlung von Preisuntergrenzen beim Verkauf bzw. Preisobergrenzen beim Einkauf.

Preisuntergrenzen

Ermittelte Preisuntergrenzen können im Einzelfall sogar noch unterschritten werden, wenn im Gesamtunternehmen auch Produkte hergestellt und vertrieben werden, die einen relativ hohen Deckungsbeitrag aufweisen.
Wenn negative Deckungsbeiträge bestimmter Produkte durch positive Deckungsbeiträge anderer Produkte ausgeglichen werden, dann spricht man auch vom kalkulatorischen Ausgleich.

Kalkulatorischer Ausgleich

1.3.7.5 Gewinnschwellenanalyse

Für jeden Betrieb lässt sich der Punkt ausrechnen, ab dem er Gewinne erzielen kann. Dieser Punkt, der Kostendeckungspunkt, Gewinnschwelle oder auch „Break-even-Point" genannt wird, liegt dort, wo die Summe aus fixen und variablen Kosten gerade dem Umsatzerlös entspricht.
Der Kostendeckungspunkt lässt sich sowohl über eine Formel wie auch grafisch ableiten.

Gewinnschwelle

Formel zur Ermittlung des Kostendeckungspunktes:

$$\text{Gewinnschwellenumsatz} = \frac{\text{Fixkosten}}{\text{Deckungsgrad}} \qquad \text{Deckungsgrad} = \frac{\text{Deckungsbeitrag}}{\text{Umsatzerlöse}}$$

Auf der Basis der Zahlen des Beispiels zur Vollkostenrechnung (ohne Zusatzauftrag) ergibt sich:

$$\text{Deckungsgrad} = \frac{800.000{,}00}{1.100.000{,}00}$$

Gewinnschwellenumsatz =

$$\frac{700.000{,}00}{\frac{800.000{,}00}{1.100.000{,}00}} = \frac{700.000{,}00}{800.000{,}00} \times 1.100.000{,}00 = \underline{\underline{962.500{,}00}}$$

Daraus folgt, dass der Betrieb 962.500,00 EUR an Umsatz tätigen muss, um seine Gesamtkosten durch die Umsatzerlöse abzudecken. Ist der Umsatz niedriger, liegt der Betrieb im Verlustbereich.
Auf die Teileanzahl – bei einem Stückpreis von 11.000,00 EUR – umgerechnet bedeutet dies, dass 87,5 Stück hergestellt werden müssen.

Dieselbe Lösung ergibt sich bei der grafischen Darstellung:

Grafische Ermittlung der Gewinnschwelle

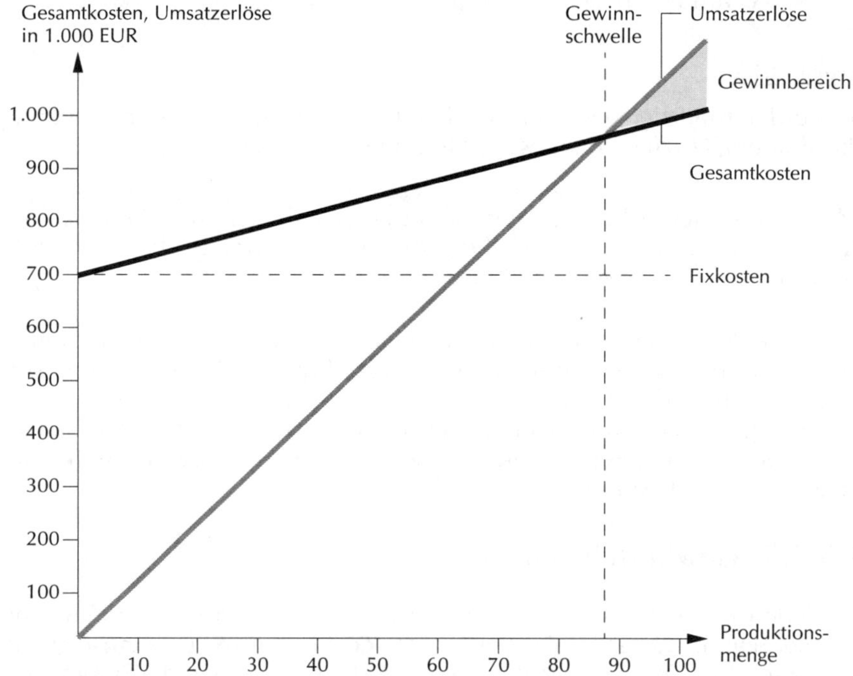

Abbildung 68

Die Abbildung macht auch deutlich, dass ein zusätzlicher Auftrag, der durch den Umsatzerlös mehr als die variablen Kosten abdeckt, die Gewinnsituation verbessert.

Neue Gewinnschwellenberechnung

Es ist zu beachten, dass immer eine neue Gewinnschwellenberechnung erforderlich ist, sobald ein Auftrag die Gesamtkostensituation ändert.

Übungs- und Prüfungsfragen

1. Was versteht man unter Marktpreis?

☐ a) Jeden Preis im System einer Marktwirtschaft.
☐ b) Den Preis, der vom Hersteller empfohlen wird.
☐ c) Den Preis, der auf dem Produkt ausgezeichnet ist.
☐ d) Den Preis, der sich am freien Markt nach Angebot und Nachfrage bildet.
☐ e) Den Preis, der von der staatlichen Aufsichtsbehörde genehmigt wurde.

„Siehe Seite 132 des Textteils!"

2. Um sich auf dem Markt und gegen die Mitwettbewerber behaupten zu können, müssen Sie als Betriebsinhaber in der Lage sein, die Preise für Ihre Produkte und Dienstleistungen kalkulieren zu können.

Aufgabe: Was versteht man unter dem kalkulierten betrieblichen Preis?

☐ a) Den Preis, den alle Betriebe einer bestimmten Branche in gleicher Weise verlangen.
☐ b) Den Preis, den der einzelne Betrieb anhand seiner Kosten berechnet.
☐ c) Den betrieblich errechneten Preis, den man aber nie am Markt erzielen kann.
☐ d) Den vom Hersteller einer vorangegangenen Produktionsstufe empfohlenen Preis.
☐ e) Den vom Hersteller einer vorangegangenen Produktionsstufe verbindlich festgesetzten Preis.

„Siehe Seite 132 des Textteils!"

3. Warum braucht man in erster Linie eine Kostenrechnung und Kalkulation?

☐ a) Um einen kostengerechten Preis für eine betriebliche Leistung oder für ein vom Betrieb hergestelltes Produkt zu berechnen.
☐ b) Weil sie nach den Grundsätzen der ordnungsmäßigen Buchführung vorgeschrieben sind.
☐ c) Um den Jahresumsatz ermitteln zu können.
☐ d) Um eine staatliche Preiskontrolle durch die zuständigen Behörden zu ermöglichen.
☐ e) Um einen Betriebsabrechnungsbogen erstellen zu können.

„Siehe Seite 132 des Textteils!"

4. Welches ist die richtige Reihenfolge der zentralen Aufgaben der Kostenrechnung?

☐ a) Kosten zurechnen, Kosten erfassen, Kosten verteilen
☐ b) Kosten erfassen, Kosten zurechnen, Kosten verteilen
☐ c) Kosten zurechnen, Kosten verteilen, Kosten erfassen
☐ d) Kosten verteilen, Kosten zurechnen, Kosten erfassen
☐ e) Kosten erfassen, Kosten verteilen, Kosten zurechnen.

„Siehe Seite 132 des Textteils!"

5. Erklären Sie, in welche wichtigen Bereiche sich die Kostenrechnung gliedert!

„Siehe Seite 133 des Textteils!"

6. Direkt zu verrechnende Kosten sind in der Regel

☐ a) Kosten, die direkt auf das Einzelstück verrechnet werden.
☐ b) alle im Betrieb anfallenden Gemeinkosten.
☐ c) nur ein Teil der Gemeinkosten des Betriebes.
☐ d) nur die Lohnkosten, die direkt auf das Produkt verrechnet werden können.
☐ e) nur die Materialkosten, die direkt auf das Produkt verrechnet werden können.

„Siehe Seite 133 des Textteils!"

7. Als Betriebsinhaber müssen Sie für eine solide Kalkulation in der Lage sein, verschiedene Kostenarten unterscheiden zu können.

Aufgabe:

a) Welche Kosten gehören zu den Einzelkosten?
b) Welche Kosten gehören zu den Gemeinkosten?
c) Welche Kosten gehören zu den Sonderkosten?

„Siehe Seiten 133 f. des Textteils!“

8. Die „effektiven“ Kosten ergeben sich in erster Linie aus

☐ a) Notizen des Betriebsinhabers.
☐ b) den Wochenlisten einzelner Arbeitskräfte.
☐ c) statistischen Aufschreibungen.
☐ d) den Zahlen der Buchführung.
☐ e) den Preislisten.

„Siehe Seite 133 des Textteils!“

9. Eine wichtige Voraussetzung für eine einzelbetriebliche Kostenrechnung und Kalkulation ist

☐ a) eine ordnungsmäßige Buchführung, die wichtige kostenrechnerische Daten liefert.
☐ b) die Schätzung der Preise für bestimmte Lieferungen und Leistungen.
☐ c) die Einbeziehung von Konkurrenzpreisen in die einzelbetrieblichen kostenrechnerischen Überlegungen.
☐ d) die Berücksichtigung von Unterangeboten bei der Vergabe öffentlicher Aufträge.
☐ e) die unveränderte Zugrundelegung von Kalkulationshilfen, die Vorlieferanten zur Verfügung stellen.

„Siehe Seite 134 des Textteils!“

10. Kalkulatorische Kosten bzw. Zusatzkosten sind

☐ a) Kosten, die bei einzelnen Aufträgen dem Betrieb zusätzlich entstehen.
☐ b) Kosten, die in einer Reihe von Dienstleistungsberufen zusätzlich entstehen.
☐ c) alle Kosten, die in der Kalkulation des Betriebes einzusetzen sind.
☐ d) Kosten, die nicht oder nicht in der zu berechnenden Höhe in der Buchführung zu Buche schlagen.
☐ e) Kosten, die sich aus den Aufwendungen der G+V ergeben.

„Siehe Seite 136 des Textteils!“

11. Sie sind selbstständiger Handwerksmeister in der Rechtsform der Einzelfirma und arbeiten teilweise noch direkt an der Herstellung von Produkten und Dienstleistungen mit. Zum Teil bezieht sich Ihre Arbeit aber auch auf überwachende, disponierende und verwaltende Tätigkeit als Unternehmer.

Aufgabe: Erläutern Sie, wie jeweils der direkt und der indirekt verrechenbare Anteil des Meisterlohnes (Unternehmerlohnes) berechnet und verrechnet werden!

„Siehe Seite 136 des Textteils!“

12. Als Betriebsinhaber wissen Sie, dass Sie zur Steigerung der Genauigkeit und Aussagefähigkeit Ihrer Kalkulation auch kalkulatorische Kosten berücksichten müssen.

Aufgabe:

a) Wofür und in welcher Form wird die kalkulatorische Verzinsung in Ansatz gebracht?
b) Wofür und in welcher Form muss die kalkulatorische Miete berechnet werden?
c) Wofür und in welcher Form geht die kalkulatorische Abschreibung in die Kalkulation ein?

„Siehe Seiten 137 f. des Textteils!"

13. Durch Multiplikation des mengenmäßigen Verbrauchs an Material mit den entsprechenden Preisen erhält man in der Kalkulation die

☐ a) Materialgemeinkosten.
☐ b) Materialsonderkosten.
☐ c) Materialzusatzkosten.
☐ d) Materialeinzelkosten.
☐ e) Materialfixkosten.

„Siehe Seite 139 des Textteils!"

14. Die Berechnung der Materialeinzelkosten in der Kalkulation setzt voraus:

☐ a) eine Materialmengenberechnung, die auch Nebenmaterialien einschließt.
☐ b) eine Lagerbuchführung über das gesamte Warenlager des Betriebes.
☐ c) eine ständige Überwachung des Materialbestandes durch einen Materialverwalter.
☐ d) eine fortlaufende Statistik über Preisveränderungen auf dem Beschaffungsmarkt.
☐ e) Preisempfehlungen der Vorlieferanten.

„Siehe Seite 139 des Textteils!"

15. Welche Preise können bei der Ermittlung der Materialeinzelkosten nicht in Ansatz gebracht werden?

☐ a) Die Einkaufspreise einschließlich Beschaffungskosten
☐ b) Die Tagespreise
☐ c) Gesondert berechnete betriebliche Einheitspreise
☐ d) Empfohlene Verkaufspreise der Vorlieferanten, die Gemeinkosten- und Gewinnbestandteile enthalten
☐ e) Die Materialpreise ohne Umsatzsteuer.

„Siehe Seite 140 des Textteils!"

16. Die Berechnung der Lohneinzelkosten für den Ansatz in der Angebotskalkulation erfolgt

☐ a) durch die Multiplikation von Arbeitszeit und Stundenlohn.
☐ b) durch Schätzung der Lohnkostenbestandteile.
☐ c) durch Übernahme von Lohnkostenzahlen aus der Buchführung.
☐ d) durch Zusammenzählen der direkt verrechenbaren und der nicht verrechenbaren Löhne.
☐ e) durch einen Zuschlag auf die Materialeinzelkosten.

„Siehe Seite 141 des Textteils!"

17. Welcher der nachstehenden Grundsätze ist <u>nicht zutreffend</u>?

- ☐ a) Der Stundenlohn wird für kalkulatorische Zwecke nach den tatsächlichen Beträgen berechnet.
- ☐ b) Der Stundenlohn richtet sich nur nach den Tarifverträgen.
- ☐ c) Der Stundenlohn kann sich nach betrieblichen Durchschnittslohnsätzen richten.
- ☐ d) Für die direkte Mitarbeit des Betriebsinhabers wird der Stundenlohnsatz für Meister angesetzt.
- ☐ e) Der Stundenlohn wird für Meister und Gesellen getrennt berechnet.

„Siehe Seite 141 des Textteils!"

18. Da Ihr Betrieb deutlich mehr Personal- als Kapitaleinsatz erfordert, ist die genaue Erfassung der Lohnkosten für Sie besonders wichtig.

<u>Aufgabe:</u> Stellen Sie das Schema für die Berechnung der Lohneinzelkosten dar!

„Siehe Seite 142 des Textteils!"

19. Die richtige Erfassung, Verteilung und Verrechnung der Gemeinkosten ist

- ☐ a) für die Kalkulation unerheblich.
- ☐ b) in Klein- und Mittelbetrieben nur schwer möglich.
- ☐ c) eine wichtige Voraussetzung für die Ermittlung der Umsatzsteuerschuld.
- ☐ d) überflüssig, wenn Preisempfehlungen der Lieferanten gegeben sind.
- ☐ e) eine unabdingbare Voraussetzung für eine exakte Kalkulation.

„Siehe Seite 142 des Textteils!"

20. Erklären Sie, nach welchen Kriterien fixe und variable Kosten unterschieden werden!

„Siehe Seite 146 des Textteils!"

21. Was versteht man unter Kostenstellenrechnung?

- ☐ a) Wenn alle Kosten nach Verteilungsschlüsseln auf Hilfskostenstellen umgelegt werden.
- ☐ b) Wenn alle Kosten nach Verteilungsschlüsseln auf betriebliche Kostenstellen umgelegt werden.
- ☐ c) Wenn nur die Einzelkosten auf betriebliche Kostenstellen umgelegt werden.
- ☐ d) Wenn nur die Gemeinkosten auf betriebliche Kostenstellen umgelegt werden.
- ☐ e) Wenn zu jeder Hauptkostenstelle mindestens zwei Hilfskostenstellen gebildet werden.

„Siehe Seite 146 des Textteils!"

22. Als Betriebsinhaber ist es für Sie wichtig zu wissen, wo in Ihrem Betrieb jeweils Kosten entstehen.

<u>Aufgabe:</u>

a) Welcher Zweig der Kostenrechnung beantwortet Ihnen diese Frage?
b) Stellen Sie wichtige Kostenstellen dar!
c) Erläutern Sie, was man unter Gemeinkostenschlüsseln versteht und wozu sie benötigt werden!

„Siehe Seiten 146 ff. des Textteils!"

23. Bringt die Verrechnung der Gemeinkosten auf Kostenstellen nach betrieblichen Funktionen Vorteile?

☐ a) Ja, weil man den unterschiedlichen Gemeinkostenanteilen besser Rechnung tragen kann.
☐ b) Ja, weil die Gemeinkostenverrechnung dadurch rechentechnisch viel einfacher wird.
☐ c) Nein, weil eine so detaillierte Kostenverrechnung im Handwerksbetrieb wenig Nutzeffekt bringt.
☐ d) Nein, weil die für diese Kostenverrechnung notwendige Kostenerfassung im Kleinbetrieb nicht möglich ist.
☐ e) Nein, weil die Gemeinkosten in der Regel die unbedeutendsten Kostenkomponenten sind.

„Siehe Seite 148 des Textteils!"

24. Die Gemeinkostenverteilung bzw. -verrechnung erfolgt

☐ a) direkt ohne Bezug auf eine Kostengröße.
☐ b) in den meisten Handwerksbetrieben auf einer Bezugsgrundlage.
☐ c) im Handwerk immer auf zwei Bezugsgrundlagen.
☐ d) in den meisten Handwerksbetrieben pauschal in einem festen Betrag.
☐ e) im Handwerk immer über die Handelsspanne.

„Siehe Seite 150 des Textteils!"

25. Bei der Verrechnung der Gemeinkosten auf der Basis der Lohneinzelkosten ergibt sich der betriebseinheitliche Zuschlagssatz wie folgt:

☐ a) $\frac{\text{Gemeinkostenlöhne}}{\text{Lohneinzelkosten}} \times 100$

☐ b) $\frac{\text{Gemeinkostenlöhne}}{\text{Gemeinkostensumme}} \times 100$

☐ c) $\frac{\text{Gemeinkostensumme}}{\text{Gemeinkostenlöhne}} \times 100$

☐ d) $\frac{\text{Lohneinzelkosten}}{\text{Gemeinkostensumme}} \times 100$

☐ e) $\frac{\text{Gemeinkostensumme}}{\text{Lohneinzelkosten}} \times 100$

„Siehe Seite 150 des Textteils!"

26. Bei der Verrechnung der Gemeinkosten auf der Basis der Materialeinzelkosten errechnet sich der betriebseinheitliche Gemeinkostenzuschlagssatz wie folgt:

☐ a) $\frac{\text{Lohneinzelkosten}}{\text{Materialeinzelkosten}} \times 100$

☐ b) $\frac{\text{Materialeinzelkosten}}{\text{Gemeinkostensumme}} \times 100$

☐ c) $\frac{\text{Materialeinzelkosten}}{\text{kalkulatorische Kosten}} \times 100$

☐ d) $\frac{\text{Gemeinkostensumme}}{\text{Materialeinzelkosten}} \times 100$

☐ e) $\frac{\text{Materialeinzelkosten}}{\text{Herstellkosten}} \times 100$

„Siehe Seite 151 des Textteils!"

27. Bei der Verrechnung der Gemeinkosten auf der Basis der Summe aller Einzelkosten errechnet sich der betriebseinheitliche Gemeinkostenzuschlagssatz wie folgt:

☐ a) $\frac{\text{Materialeinzelkosten}}{\text{Summe der Einzelkosten}} \times 100$

☐ b) $\frac{\text{Lohneinzelkosten}}{\text{Summe der Einzelkosten}} \times 100$

☐ c) $\frac{\text{Gemeinkostenlöhne}}{\text{Gemeinkostensumme}} \times 100$

☐ d) $\frac{\text{Summe der Einzelkosten}}{\text{Gemeinkostensumme}} \times 100$

☐ e) $\frac{\text{Gemeinkostensumme}}{\text{Summe der Einzelkosten}} \times 100$

„Siehe Seite 152 des Textteils!"

28. Eine Kontrolle der Gemeinkostenzuschlagssätze ist, sofern keine außerordentlichen Ereignisse eintreten, im Regelfall bei einem Handwerksbetrieb durchschnittlicher Größe notwendig

☐ a) täglich.
☐ b) wöchentlich.
☐ c) monatlich.
☐ d) halbjährlich.
☐ e) jährlich.

„Siehe Seite 156 des Textteils!"

29. Sie führen die Kostenstellenrechnung für Ihren Betrieb mittels eines Betriebsabrechnungsbogens durch.

Aufgabe: Beschreiben Sie die wichtigsten Aufgaben und den Aufbau eines Betriebsabrechnungsbogens!

„Siehe Seiten 157 ff. des Textteils!"

30. Der Betriebsabrechnungsbogen enthält in der Regel

☐ a) nur die kalkulatorischen Kosten oder Zusatzkosten.
☐ b) nur die Gemeinkosten.
☐ c) nur Kosten, denen tatsächliche Ausgaben gegenüberstehen.
☐ d) sämtliche Kosten der Kostenrechnung.
☐ e) vorwiegend die Einzelkosten.

„Siehe Seiten 159 f. des Textteils!"

31. Um sich auf dem Markt und gegen die Mitwettbewerber behaupten zu können, müssen Sie als Betriebsinhaber mit den Grundlagen der Kalkulation vertraut sein.

Die Kalkulation hat in erster Linie die Aufgabe

☐ a) der Selbstkostenberechnung und der Preisermittlung.
☐ b) Unterlagen für die Steuerberechnung zu liefern.
☐ c) die Wirtschaftlichkeit des betrieblichen EDV-Einsatzes zu untersuchen.
☐ d) Preisempfehlungen für Betriebe der gleichen Branche zu ermöglichen.
☐ e) die Einhaltung von Richtpreisen zu kontrollieren.

„Siehe Seite 161 des Textteils!"

32. Die Vorkalkulation hat insbesondere die Aufgabe

☐ a) vorwiegend die Materialeinzelkosten vor Auftragsdurchführung zu berechnen.
☐ b) vorwiegend die Lohneinzelkosten vor Auftragsdurchführung zu berechnen.
☐ c) die Selbstkosten während der Auftragsdurchführung zu überwachen.
☐ d) Anhaltspunkte für Sonderkosten nach Auftragsdurchführung zu geben.
☐ e) die Selbstkosten und den Angebotspreis vor Auftragsdurchführung zu ermitteln.

„Siehe Seite 161 des Textteils!"

33. Die Nachkalkulation hat in erster Linie die Aufgabe

☐ a) die Selbstkosten und den Angebotspreis vor Auftragsdurchführung zu liefern.
☐ b) während der Auftragsdurchführung einen Überblick über die Kostenentwicklung zu geben.
☐ c) nach Auftragsdurchführung eine umfassende Kostenkontrolle zu ermöglichen.
☐ d) nach Auftragsdurchführung die anteiligen Kosten für Handarbeit zu ermitteln.
☐ e) nach Auftragsdurchführung die anteiligen Kosten für Maschinenarbeit zu ermitteln.

„Siehe Seite 162 des Textteils!"

34. Die Rückkalkulation dient

☐ a) der Ermittlung des Betrages, der bei Richtpreisen oder Festpreisen zur Deckung der dem Betrieb entstehenden Kosten zur Verfügung steht.
☐ b) der nachträglichen Berechnung der Gemeinkosten.
☐ c) der Berechnung der Umsatzsteuer in der Kalkulation.
☐ d) nur der Selbstkostenberechnung.
☐ e) nur der Lohnkostenberechnung.

„Siehe Seite 162 des Textteils!"

35. Der Gewinn- und Wagniszuschlag wird in der Kalkulation angesetzt
☐ a) als Entgelt für entgangene Zinsgewinne, wenn investiertes Kapital weniger Erträge bringt als andere Kapitalanlagen.
☐ b) als Gegenleistung für die Übernahme des Betriebs- und Marktrisikos.
☐ c) als Entgelt für die direkte Mitarbeit des Betriebsinhabers im Fertigungs- und Dienstleistungsprozess des Betriebes.
☐ d) als Entgelt für die Mitarbeit von Familienangehörigen im Betrieb, denen kein Lohn oder Gehalt bezahlt wird.
☐ e) als Entgelt für die Arbeit, die durch die Auszubildenden während des Jahres im Betrieb geleistet wird.

„Siehe Seite 163 des Textteils!"

36. Um sich auf dem Markt und gegen die Mitwettbewerber behaupten zu können, müssen Sie als Betriebsinhaber in der Lage sein, die Preise für Ihre Produkte und Dienstleistungen kalkulieren zu können.

Aufgabe: Stellen Sie die einzelnen Kalkulationsmethoden dar!

„Siehe Seiten 163 ff. des Textteils!"

37. Welcher der nachfolgenden Grundsätze ist richtig?
Der Gewinn- und Wagniszuschlagssatz in der Kalkulation
☐ a) hängt von einer Reihe von Faktoren ab.
☐ b) muss in der Regel in der Hochkonjunktur niedrig sein.
☐ c) muss in Zeiten volkswirtschaftlicher Krisen zunehmen.
☐ d) ist für alle Betriebe und Branchen gesetzlich vorgeschrieben.
☐ e) wird für das Handwerk vom Deutschen Handwerksinstitut ermittelt.

„Siehe Seite 163 des Textteils!"

38. Erläutern Sie die Behandlung der Umsatzsteuer bei der Kalkulation!

„Siehe Seite 164 des Textteils!"

39. Welche Kalkulationsmethode kommt im Handwerk am häufigsten vor?
☐ a) Die Divisionskalkulation
☐ b) Die Zuschlagskalkulation
☐ c) Die Indexrechnung
☐ d) Die Deckungsbeitragsrechnung
☐ e) Die Grenzkostenrechnung.

„Siehe Seite 165 des Textteils!"

40. Bei der Zuschlagskalkulation werden die Kosten des Betriebes
☐ a) aufgegliedert in effektive und kalkulatorische Kosten.
☐ b) aufgegliedert in Einzelkosten und Gemeinkosten.
☐ c) nicht aufgegliedert, sondern einfach pauschal verrechnet.
☐ d) nur teilweise auf die Leistung verrechnet.
☐ e) aufgegliedert in fixe und variable Kosten.

„Siehe Seite 165 des Textteils!"

41. Stellen Sie das Kalkulationsschema für eine Stückkalkulation dar, in der die materialabhängigen Gemeinkosten auf Basis Materialeinzelkosten und die lohnabhängigen Gemeinkosten auf Basis Lohneinzelkosten verrechnet werden!

„Siehe Seite 167 des Textteils!"

42. Erläutern Sie das Kalkulationsschema für eine Stückkalkulation, bei der die Verrechnung der Gemeinkosten auf drei Bezugsgrundlagen erfolgt, nämlich Lohneinzelkosten, Materialeinzelkosten und Herstellkosten!

„Siehe Seite 167 des Textteils!"

43. Um sich auf dem Markt und gegen die Mitwettbewerber behaupten zu können, müssen Sie als Betriebsinhaber in der Lage sein, die Preise für Ihre Produkte und Dienstleistungen kalkulieren zu können.

Aufgabe: Stellen Sie die Berechnung des Angebotspreises für eine Handelsware dar!

„Siehe Seite 168 des Textteils!"

44. Erläutern Sie wichtige Systeme der Kostenrechnung!

„Siehe Seite 172 des Textteils!"

45. Im Rahmen der Teilkostenrechnung werden in der Regel

☐ a) nur die fixen oder die Gemeinkosten verrechnet.
☐ b) nur die variablen oder die Gemeinkosten verrechnet.
☐ c) nur die Sonderkosten verrechnet.
☐ d) nur die variablen oder die Einzelkosten verrechnet.
☐ e) nur die fixen oder die Sonderkosten verrechnet.

„Siehe Seite 174 des Textteils!"

46. Sie sehen als Betriebsinhaber in der Deckungsbeitragsrechnung eine wichtige Entscheidungshilfe für Ihre Absatzpolitik.

Aufgabe: Erklären Sie die Grundsätze und Vorteile der Deckungsbeitragsrechnung!

„Siehe Seite 175 des Textteils!"

47. Stellen Sie Kostenplanung und Kostenkontrolle als konkrete Anwendungsbereiche der Kostenrechnung dar!

„Siehe Seite 176 des Textteils!"

48. In der Preisgestaltung sehen Sie als Betriebsinhaber auch ein wichtiges absatzförderndes Instrument.

Aufgabe: Welche Informationen und Möglichkeiten liefert Ihnen die Kostenrechnung für Ihre betriebliche Preispolitik?

„Siehe Seite 177 des Textteils!"

49. Die Gewinnschwelle ist für einen Betrieb dann erreicht, wenn

☐ a) die Summe der Einzelkosten dem Umsatzerlös entspricht.
☐ b) die Summe der Gemeinkosten dem Umsatzerlös entspricht.
☐ c) die Summe aus fixen und variablen Kosten dem Umsatzerlös entspricht.
☐ d) die fixen den variablen Kosten entsprechen.
☐ e) die Summe der kalkulatorischen Kosten dem Umsatzerlös entspricht.

„Siehe Seite 177 des Textteils!"

1.4 Controlling

1.4.1 Aufgaben und Ziele

Planung
Steuerung
Kontrolle

Im Handwerksbetrieb liegt die Unternehmensführung zumeist in der Hand des Inhabers. Von wenigen Ausnahmen abgesehen, plant, steuert und kontrolliert er sämtliche Abläufe seines Unternehmens.

Die Hauptaufgabe des Controllings in Handwerksbetrieben ist es, dem Inhaber für diese Tätigkeiten Informationen bereitzustellen. Mit Hilfe dieser Informationen ist er in der Lage, sämtliche Führungsbereiche (z.B. Einkauf, Produktion, Absatz usw.), miteinander abzustimmen (zu koordinieren).

Darüber hinaus sollen ihn diese Informationen dazu befähigen, notwendige Anpassungen an sich ändernde Umwelteinflüsse vorzunehmen und wichtige Neuerungen zu erkennen.

Einzelaufgaben

Aufgaben des Controllings in Handwerksbetrieben:
- Informationsbereitstellung
- Abstimmung von Führungsbereichen
- Anpassung an Umweltänderungen
- Erkennung wichtiger Neuerungen.

Ziel

Das Ziel des Controllings in Handwerksbetrieben besteht darin, sämtliche Führungsbereiche (z.B. Beschaffung, Produktion, Absatz, Finanzen etc.) auf die Unternehmensziele hin auszurichten.

Diese Unternehmensziele können sehr unterschiedlich sein. Weder Umsatz noch Gewinn sind als isolierte Ziele geeignet, einen Handwerksbetrieb erfolgreich zu führen. Ein umfangreiches Zielbündel ist in den meisten Betrieben anzutreffen. Neben monetären werden auch immer nicht monetäre Ziele verfolgt (siehe auch Abschnitt 2.6.1.1 „Arten betrieblicher Ziele“). Außerdem gilt es, auch Nebenbedingungen, wie z.B. eine ausreichende Liquidität, einzuhalten. Sollten diese nicht erfüllt sein, kann es geschehen, dass der Betrieb in große Schwierigkeiten gerät.
Controlling unterstützt den Inhaber bei der Zielbildung, Zielsteuerung und Zielüberwachung.
Aus dem bisher Gesagten wird klar, dass man den Begriff Controlling nicht mit Kontrolle gleichsetzen darf.

Unter Controlling ist vielmehr ein Prozess zu verstehen, der vergleichbar mit dem Führen eines Schiffes ist. Vereinfachend kann man sagen, dass Controlling die (Kenn-)Zahlen zur Verfügung stellen muss, mit Hilfe derer der Betrieb auf Kurs gehalten werden kann.

Es erscheint wichtig, darauf hinzuweisen, dass für das Controlling im Handwerksbetrieb kein großer finanzieller Aufwand nötig ist. Die meisten Zahlen und sonstigen Informationen sind in der Regel bereits im Unternehmen vorhanden. Ein Betriebsinhaber, der seine betriebswirtschaftliche

Auswertung und seine Kennzahlenentwicklung regelmäßig beobachtet und sich betriebswirtschaftlich sowie fachlich auf dem Laufenden hält, kann ein hervorragender Controller sein. Zur Unterstützung des Betriebsinhabers stehen für jede Betriebsgröße geeignete EDV-Anwendungen zur Verfügung.
Vom Zeithorizont betrachtet unterscheidet man, ähnlich wie bei der Planung (Kapitel 2.6), das operative Controlling (kurzfristige Maßnahmen) und das strategische Controlling (längerfristige Maßnahmen).

1.4.2 Schwachstellenanalyse

In jedem Betrieb sind, unabhängig von seiner Größe, Schwachstellen vorhanden. Mit Hilfe der Schwachstellenanalyse gilt es, diese aufzuspüren und zu ihrer Beseitigung beizutragen.

Die Schwachstellenanalyse besteht aus drei Schritten (Phasen). Im ersten Schritt wird der gegenwärtige Zustand aufgenommen. Man spricht auch von einer Ist-Analyse. In ihr werden sämtliche betrieblichen Bereiche unter die Lupe genommen, nach Unstimmigkeiten sowie Fehlern durchsucht und schriftlich festgehalten.

Ist-Analyse

Unternehmensbereiche, die der Schwachstellenanalyse unterworfen werden müssen:

Unternehmensbereiche

- Rechnungswesen
- Kalkulation
- Marketing
- Organisation
- Finanzwesen
- Personalwesen
- Planung.

Hilfreich bei der Fehlersuche können beispielsweise Checklisten, Betriebsvergleichszahlen und Merkblätter zur Stärken-/Schwächenanalyse (siehe auch Abschnitt 2.6.4 „Planungsinstrumente") sein. Sie sollen dem Betriebsinhaber erste Anhaltspunkte liefern, wo sich Fehlerquellen verbergen können. Bei genauerem Hinsehen treten dann meist betriebstypische Fehlerquellen zutage, die es ebenfalls zu beseitigen gilt.

Fehlersuche

Im zweiten Schritt der Schwachstellenanalyse müssen die Ursachen für die aufgedeckten Missstände gesucht werden. Wie bei allen Analysen ist es hierbei äußerst wichtig, dass man versucht, die Lage wirklichkeitsgetreu zu betrachten. Diese Aufrichtigkeit gegenüber sich selbst und anderen kann zu einschneidenden Erkenntnissen führen. Andererseits war alle Mühe vergebens und niemandem ist damit geholfen, wenn man sich in die eigene Tasche lügt.

Ursachenermittlung

In einem dritten und abschließenden Schritt werden die Unzulänglichkeiten den gefundenen Ursachen gegenübergestellt. Dies kann z. B. in Form einer bildlichen Übersicht erfolgen. Diese erleichtert die Entwicklung von Maßnahmen zur Beseitigung der Missstände.

Beseitigung der Missstände

Beispiel für eine Schwachstellenanalyse:

Schwachstelle	Ursache	Maßnahme
Buchführung ist nicht auf dem neuesten Stand.	Rechnungen werden nur einmal im Monat erfasst bzw. geschrieben.	Rechnungen werden ab sofort einmal pro Woche erfasst und geschrieben. Eine zusätzliche Bürohilfe wird auf Stundenbasis eingestellt und über die gewonnenen Skonti und geringeren Überziehungszinsen finanziert.
Kunden haben Mühe, die Reparaturwerkstatt zu finden.	Der Weg zur Werkstatt ist von der Straße aus nicht beschildert.	Aufstellen von Hinweisschildern mit Firmenlogo.
...	...	...

Abbildung 69

1.4.3 Kennzahlen, Kennzahlensysteme und Kennzahlenanalyse

1.4.3.1 Wesen und Arten von Kennzahlen

In jedem Unternehmen gibt es eine Reihe von Zahlen. Alle diese Zahlen haben einen gewissen Informationsgehalt. Da es unmöglich ist, alle Zahlen ständig zu beobachten und auszuwerten, hat es sich als sinnvoll herausgestellt, nur bestimmte Werte zu untersuchen.

Zweck

Diese Zahlen, die entweder bereits im Betrieb vorhanden sind oder erst noch ermittelt werden müssen, nennt man Kennzahlen. Zweck einer Kennzahl ist es, dem Betriebsinhaber möglichst gute Informationen über den Zustand seines Betriebes zu liefern.

Kennzahlen lassen sich für fast jeden Betriebsbereich ermitteln. Sie sind darüber hinaus wichtiges Datenmaterial für die Planung, Steuerung und Kontrolle im Betrieb. Weiterhin sind Kennzahlen auch Maßstabswerte für inner- und zwischenbetriebliche Vergleiche.

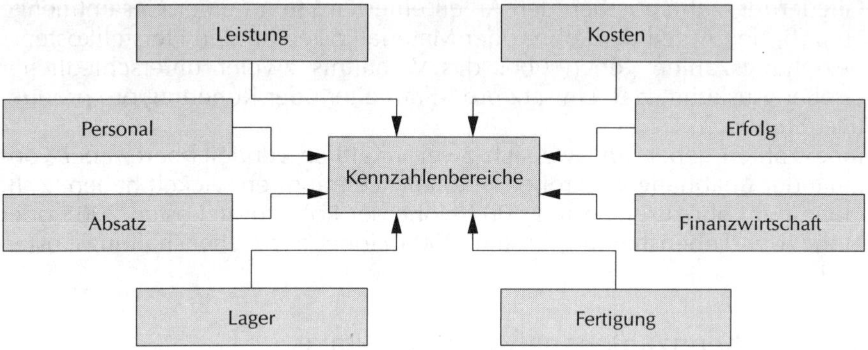

Abbildung 70

Es lassen sich grundsätzlich zwei Arten von Kennzahlen unterscheiden.

Die erste Gruppe nennt man absolute Zahlen. Sie geben die genaue Größe wieder, wie z. B. Umsatz, Kontostand, Rechnungsbetrag, Bilanzgewinn, Produktionsmenge etc.

Absolute Zahlen

Diese Kennzahlenart hat jedoch den Nachteil, dass sie ab einer gewissen Größe schlecht überschaubar und handhabbar wird. Außerdem ist sie für Vergleiche nicht gut geeignet. Beispielsweise ist eine Umsatzsteigerung nur dann aussagekräftig, wenn sie ins Verhältnis mit dem dazu notwendigen Aufwand gesetzt wird.

Beispiel:

Macht ein Handwerksbetrieb im Jahr einen Umsatz von 750.000 EUR und im darauf folgenden Jahr einen Umsatz von 900.000 EUR, so hat sich der absolute Umsatz um 20 % gesteigert. Waren aber zum Erreichen dieses Umsatzes anstatt sechs Mitarbeiter im 1. Jahr elf Mitarbeiter im 2. Jahr notwendig, so sank der Prokopfumsatz um ca. 35 %. Bei genauerem Hinsehen erkennt man, dass absolute Zahlen zu Vergleichen nicht gut geeignet sind.

Daher verwendet man für Vergleiche und bei großen Zahlen eine andere Kennzahlenart. Man nennt sie Verhältniszahlen. Sie geben an, wie eine Zahl im Verhältnis zu einer anderen Zahl steht. Beide Zahlen können die gleiche (z. B. EUR/EUR) oder unterschiedliche (z. B. EUR/Anzahl der Mitarbeiter; km/Std.) Benennung tragen.

Verhältniszahlen

Innerhalb der Verhältniszahlen gibt es drei verschiedene Arten:

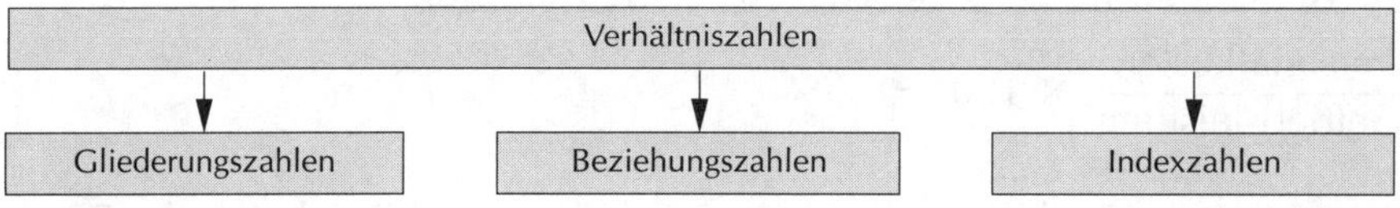

Abbildung 71

Gliederungszahlen geben den Anteil einer Größe an einer Gesamtmenge an, z.B. den Anteil der Lohn- oder Materialkosten an den Herstellkosten.
Beziehungszahlen geben über das Verhältnis zweier unterschiedlicher Größen Auskunft, z.B. Umsatz pro Mitarbeiter oder Rohertrag pro produktiver Stunde.
Indexzahlen geben an, wie sich zwei inhaltlich vergleichbare, aber voneinander unabhängige Größen in einem Zeitraum entwickelt haben, z. B. Höhe der Lohnzusatzkosten 2004/Höhe der Lohnzusatzkosten 2005 oder Höhe der Lebenshaltungskosten 2004/Höhe der Lebenshaltungskosten 2005.

1.4.3.2 Kennzahlenanalyse in der Praxis

Personalwirtschaftliche Kennzahlen

- Verhältnis der Bürokräfte zu den Gesellen bzw. der Angestellten zu den Arbeitern

Kaufmännische und gewerbliche Kräfte

$$\frac{\text{Bürokräfte}}{\text{Gesellen}} \times 100 = \ldots\ \%\ \text{bzw.}\ \frac{\text{Angestellte}}{\text{Arbeiter}} \times 100 = \ldots\ \%$$

Aus diesen Kennzahlen erhält man einen Maßstab, ob im Verwaltungsbereich eine Über- oder Unterbesetzung besteht.

- Verhältnis der einzelnen Berufsgruppen der Belegschaft zu den Gesamtbeschäftigten

Berufsgruppen

$$\frac{\text{Einzelne Berufsgruppe}}{\text{Zahl der Gesamtbeschäftigten}} \times 100 = \ldots\ \%$$

Aus dieser Kennzahl lässt sich im Vergleich mit anderen Betrieben erkennen, ob in einzelnen Berufsgruppen Unter- oder Überbesetzungen vorherrschen.

- Altersgruppen in Prozent der Arbeitskräfte

Altersgruppen

$$\frac{\text{Bestimmte Altersgruppe}}{\text{Gesamtarbeitskräfte}} \times 100 = \ldots\ \%$$

Diese Kennzahl informiert über die Altersstruktur der Arbeitskräfte und ermöglicht wichtige Schlussfolgerungen hinsichtlich der Personalpolitik. Sie ist ferner wichtig, um für den eigenen Betrieb zu ermitteln, wie er von altersabhängigen Gesetzes- und Tarifbestimmungen betroffen ist.

- Verhältnis der Personalkosten zur Betriebsleistung

Personalkosten und Betriebsleistung

$$\frac{\text{Personalkosten}}{\text{Betriebsleistung}} \times 100 = \ldots\ \%$$

Diese Kennzahl gibt einen wichtigen Anhaltspunkt hinsichtlich des Personalkostenanteils an der Betriebsleistung.

- Verhältnis von Überstunden zu geleisteten Gesamtarbeitsstunden

Überstunden

$$\frac{\text{Geleistete Überstunden}}{\text{Geleistete Gesamtarbeitsstunden}} \times 100 = \ldots \%$$

Diese Kennzahl informiert zum einen darüber, zu welchen Zeitpunkten besonders viele Überstunden anfallen. Zum anderen kann daraus abgeleitet werden, ob Neueinstellungen erforderlich werden.

- Personalbewegung

Fluktuation

$$\frac{\text{Zu- und Abgänge an Arbeitskräften}}{\text{gesamte Arbeitskräfte}} \times 100 = \ldots \%$$

Diese Kennzahl informiert über die Fluktuation des Personals in einem Betrieb und lässt eventuell Rückschlüsse auf Betriebsklima u. Ä. zu.

- Austrittsquote

Austrittsquote

$$\frac{\text{Kündigungen im Jahr}}{\text{durchschnittliche Zahl der Beschäftigten im Jahr}} \times 100 = \ldots \%$$

Die Austrittsquote als Teilbereich der Personalbewegung zeigt an, wie viel Prozent der Belegschaftsmitglieder im laufenden Jahr das Unternehmen verlassen haben.

- Fehlzeitenquote

Fehlzeitenquote

$$\frac{\text{Fehlarbeitstage im Jahr}}{\text{mögliche Arbeitstage im Jahr}} \times 100 = \ldots \%$$

Die Fehlzeitenquote gibt ein interessantes Bild über die versäumten Arbeitstage im Verhältnis zu den möglichen Arbeitstagen.

Fertigungswirtschaftliche Kennzahlen

- Verhältnis der nicht direkt verrechenbaren zu den direkt verrechenbaren Löhnen

Produktive und unproduktive Löhne

$$\frac{\text{nicht direkt verrechenbare Löhne}}{\text{direkt verrechenbare Löhne}} \times 100 = \ldots \%$$

Diese Kennzahl gibt unter anderem Aufschluss über den rationellen Einsatz der Arbeitskräfte.

- Verhältnis der nicht direkt verrechenbaren Löhne zur Betriebsleistung

Nicht direkt verrechenbarer Lohnanteil am Umsatz

$$\frac{\text{nicht direkt verrechenbare Löhne}}{\text{Betriebsleistung}} \times 100 = \ldots \%$$

Diese Kennzahl gibt Aufschluss über den Anteil der nicht direkt verrechenbaren Löhne am Umsatz des Betriebes.

Produktiver Lohnanteil am Umsatz

- <u>Verhältnis direkt verrechenbarer Löhne zur Betriebsleistung</u>

$$\frac{\text{direkt verrechenbare Löhne}}{\text{Betriebsleistung}} \times 100 = \ldots\ \%$$

Diese Kennzahl gibt Auskunft über den Anteil der direkt verrechenbaren Löhne am Umsatz des Betriebes.

Umsatz pro Fertigungsarbeiter

- <u>Betriebsleistung pro Fertigungsarbeiter</u>

$$\frac{\text{Betriebsleistung}}{\text{Zahl der Fertigungsarbeiter}} = \ldots\ \text{EUR}$$

Diese Kennzahl gibt Aufschluss über den Umsatz pro Arbeitskraft im Bereich der Fertigung.

Maschinenauslastung

- <u>Verhältnis der effektiven Maschinenstunden zu den möglichen Maschinenstunden</u>

$$\frac{\text{Maschinen-Ist-Stunden}}{\text{Maschinen-Soll-Stunden}} \times 100 = \ldots\ \%$$

Mit dieser Kennzahl erhält man einen Überblick über die Maschinenauslastung.

Grad der Mechanisierung

- <u>Gesamtmaschinenwert je Fertigungsarbeiter</u>

$$\frac{\text{Gesamtmaschinenwert}}{\text{Zahl der Fertigungsarbeiter}} = \ldots\ \text{EUR}$$

Diese Kennzahl gibt Aufschluss über den Grad der Mechanisierung, Technisierung und Rationalisierung eines Betriebes.
Dabei ist jedoch zu berücksichtigen, dass der Maschinenwert nicht nach steuerlichen Buchwerten, sondern nach Zeitwerten angesetzt wird.

Betriebsraum je Arbeiter

- <u>Betriebsraum je Fertigungsarbeiter</u>

$$\frac{\text{Werkstattfläche}}{\text{Zahl der Fertigungsarbeiter}} = \ldots\ m^2$$

Diese Kennzahl gibt insbesondere im Vergleich zu anderen Betrieben Aufschluss darüber, ob im einzelnen Betrieb die m^2-Fläche für den Arbeitsbereich jedes Fertigungsarbeiters ausreichend ist.

<u>Lagerwirtschaftliche Kennzahlen</u>

Werkstoffkosten

- <u>Verhältnis der Werkstoffkosten (Materialkosten) zur Betriebsleistung</u>

$$\frac{\text{Werkstoffkosten}}{\text{Betriebsleistung}} \times 100 = \ldots\ \%$$

Der Anteil der Materialkosten am Umsatz ist eine wichtige Kennzahl. Man kann gerade im Vergleich zu anderen Betrieben aus dieser Kennzahl herauslesen, ob im Materialbereich des Betriebes Verlustquellen liegen.

- Verhältnis von Rabatten und Kostenvergünstigungen zu den Werkstoffkosten (Materialkosten)

Rabatte

$$\frac{\text{Rabatte + Kostenvergünstigungen}}{\text{Werkstoffkosten}} \times 100 = \ldots\ \%$$

Diese Kennzahl gibt bei der Überprüfung der günstigsten Einkaufsquelle interessante Hinweise.

- Lagerumschlagshäufigkeit

Lagerumschlag

$$\frac{\text{Werkstoffkosten (Materialverbrauch)}}{\text{durchschnittlicher Lagerbestand}} = \ldots$$

Diese Kennzahl gibt an, wie oft sich das Lager innerhalb eines bestimmten Zeitraumes umschlägt.

- Lagerdauer

Lagerdauer

$$\frac{\text{durchschnittlicher Lagerbestand}}{\text{Werkstoffkosten (Materialverbrauch)}} \times 360 = \ldots\ \text{Tage}$$

Diese Kennzahl informiert darüber, wie lange sich das Material durchschnittlich im Lager befindet und ist für Dispositionen ebenso wie die Kennzahl zur Lagerumschlagshäufigkeit eine wichtige Grundlage.

Verwaltungs- und vertriebs(absatz)wirtschaftliche Kennzahlen

- Verhältnis der Verwaltungskosten zur Betriebsleistung

Verwaltungskosten

$$\frac{\text{Verwaltungskosten}}{\text{Betriebsleistung}} \times 100 = \ldots\ \%$$

Die Kennzahl informiert über Über- oder Unterorganisation im Verwaltungsbereich.

- Verhältnis der Vertriebskosten zur Betriebsleistung

Vertriebskosten

$$\frac{\text{Vertriebskosten}}{\text{Betriebsleistung}} \times 100 = \ldots\ \%$$

Diese Kennzahl gibt wichtige Hinweise zur Wirtschaftlichkeit im Vertriebssystem des Betriebes.

- Auftragsgröße

Auftragsgrößenstreuung

$$\frac{\text{Betriebsleistung}}{\text{Zahl der Aufräge}} = \ldots\ \text{EUR}$$

Diese Kennzahl informiert über die durchschnittliche Größe eines Auftrages.

Angebotserfolg

- Angebotserfolg

$$\frac{\text{Erteilte Aufträge (Stückzahl)}}{\text{Abgegebene Angebote (Stückzahl)}} \times 100 = \ldots\ \%$$

Diese Kennzahl zeigt, wie erfolgreich der Betrieb mit seinen Angeboten bei den Kunden war.

Stammkunden

- Anteil der Stammkunden

$$\frac{\text{alter Kundenbestand}}{\text{gesamter Kundenbestand}} \times 100 = \ldots\ \%$$

Diese Kennzahl informiert über die Zusammensetzung und Entwicklung des Kundenstammes.

Finanzwirtschaftliche Kennzahlen

Anlagenintensität

- Anlagenintensität

$$\frac{\text{Anlagevermögen}}{\text{Gesamtvermögen (laut Bilanzsumme)}} \times 100 = \ldots\ \%$$

Die Anlagenintensität informiert über den Anteil des Anlagevermögens am Gesamtvermögen.

Umlaufintensität

- Umlaufintensität

$$\frac{\text{Umlaufvermögen}}{\text{Gesamtvermögen}} \times 100 = \ldots\ \%$$

Diese Kennzahl gibt den Anteil des Umlaufvermögens am Gesamtvermögen an.

Eigenkapitalintensität

- Eigenkapitalintensität

$$\frac{\text{Eigenkapital}}{\text{Gesamtkapital}} \times 100 = \ldots\ \%$$

Diese Kennzahl informiert über den Anteil des Eigenkapitals am Gesamtkapital.

Fremdkapitalintensität

- Fremdkapitalintensität

$$\frac{\text{Fremdkapital}}{\text{Gesamtkapital}} \times 100 = \ldots\ \%$$

Diese Kennzahl informiert über den Anteil des Fremdkapitals am Gesamtkapital.

- Verschuldungsgrad

Verschuldungsgrad

$$\frac{\text{Fremdkapital}}{\text{Eigenkapital}} \times 100 = \ldots\ \%$$

Diese Kennzahl gibt Aufschluss darüber, in welchem Umfang ein Betrieb im Vergleich zum Eigenkapital auf fremde Mittel angewiesen ist.

- Anlagendeckung I

Anlagendeckung I

$$\frac{\text{Eigenkapital}}{\text{Anlagevermögen}} \times 100 = \ldots\ \%$$

Diese Kennzahl informiert darüber, inwieweit das Anlagevermögen durch Eigenkapital gedeckt ist.

- Anlagendeckung II

Anlagendeckung II

$$\frac{\text{Eigenkapital + langfristiges Fremdkapital}}{\text{Anlagevermögen}} \times 100 = \ldots\ \%$$

Diese Kennzahl gibt an, inwieweit das Anlagevermögen durch Eigenkapital und langfristiges Fremdkapital gedeckt ist.

- Dauer der Außenstände

Außenstände

$$\frac{\text{Durchschnittliche Bestände an Forderungen aus Lieferungen und Leistungen}}{\text{Umsatzerlöse (Rechnungsausgang)}} \times 360 = \ldots\ \text{Tage}$$

Diese Kennzahl ist wichtig für die Überwachung der Außenstände und die Organisation des betrieblichen Mahnwesens sowie für die Finanzierung des kurzfristigen Kapitalbedarfs.

- Kapitalumschlag

Kapitalumschlag

$$\frac{\text{Betriebsleistung (Umsatz)}}{\text{Gesamtkapital}} = \ldots$$

Die Kennzahl gibt an, wie oft sich das Gesamtkapital im Jahr umschlägt.

- Umschlagsdauer der Lieferantenverbindlichkeiten

Lieferantenverbindlichkeiten

$$\frac{\text{Durchschnittlicher Bestand an Verbindlichkeiten aus Lieferungen und Leistungen}}{\text{Bezogene Lieferungen und Leistungen (Rechnungseingang im Jahr)}} \times 360 = \ldots\ \text{Tage}$$

Diese Kennzahl gibt die durchschnittliche Inanspruchnahme des Zahlungsziels bei Lieferanten an.

- Cashflow

Cashflow

Jahresüberschuss/Jahresfehlbetrag + Abschreibungen = … EUR

Der Cashflow zeigt auf, welche finanziellen Mittel für Investitionen, Tilgung von Verbindlichkeiten und Entnahme bzw. Gewinnausschüttung zur Verfügung stehen.

- Liquidität 1. Ordnung

Liquidität

$$\frac{\text{Zahlungsmittel (Kasse, Postbank, Bank, Wechsel, Scheck usw.)}}{\text{kurzfristige Verbindlichkeiten}} \times 100 = \ldots\ \%$$

- Liquidität 2. Ordnung

$$\frac{\text{Zahlungsmittel + kurzfristige Forderungen}}{\text{kurzfristige Verbindlichkeiten}} \times 100 = \ldots\ \%$$

- Liquidität 3. Ordnung

$$\frac{\text{Zahlungsmittel + kurzfristige Forderungen + Vorräte}}{\text{kurzfristige Verbindlichkeiten}} \times 100 = \ldots\ \%$$

Die Liquiditätskennzahlen geben Auskunft darüber, in welchem Umfang der Betrieb seinen fälligen Verpflichtungen nachkommen kann.

Kennzahlen für die Rentabilität

- Rentabilität des Eigenkapitals

Eigenkapitalrendite

$$\frac{\text{Gewinn pro Jahr}}{\text{Eigenkapital}} \times 100 = \ldots\ \%$$

Die Eigenkapitalrentabilität gibt an, mit wie viel Prozent sich das Eigenkapital im Betrieb verzinst.

- Rentabilität des Gesamtkapitals

Gesamtkapitalrendite

$$\frac{\text{Gewinn + Fremdkapitalzinsen pro Jahr}}{\text{Gesamtkapital}} \times 100 = \ldots\ \%$$

Diese Kennzahl gibt Auskunft über die Rentabilität des gesamten Kapitals, das im Betrieb investiert ist. Je höher der Gewinn und je kleiner das Eigenkapital bzw. das Gesamtkapital ist, desto höher ist die Rentabilität des Eigenkapitals bzw. des Gesamtkapitals.

- Umsatzrentabilität

Umsatzrentabilität

$$\frac{\text{Gewinn pro Jahr}}{\text{Umsatzerlöse}} \times 100 = \ldots\ \%$$

Die Umsatzrentabilität zeigt auf, wie viel Gewinn der Umsatz in einer Rechnungsperiode abwirft. Die Umsatzrentabilität kann insgesamt als die wichtigste betriebswirtschaftliche Kennzahl angesehen werden.

Spezielle Kennzahlen für Sonderinformationen

In besonders gelagerten Fällen können notwendige Sonderinformationen durch die Bildung spezieller Kennzahlen ermittelt werden.

Die Verwertbarkeit und Aussagefähigkeit von Kennzahlen erhöht sich, wenn man sie im Rahmen des innerbetrieblichen Vergleichs früheren Kennzahlen gegenüberstellt und im zwischenbetrieblichen Vergleich mit Branchenkennzahlen vergleicht.

Vergleiche

1.4.4 Balanced Scorecard (BSC)

Ein modernes Instrument im Rahmen der Schwachstellenanalyse und der Analyse von Kennzahlensystemen ist die Balanced Scorecard (BSC). Sie ist eine ganzheitlich orientierte kennzahlenbasierte Controlling- und Managementmethode.

Auf Basis einer sog. SWOT-Analyse (S = Strengths = Stärken; W = Weaknesses = Schwächen; O = Opportunities = Gelegenheiten/Chancen; T = Threats = Bedrohungen/Risiken) wird der Handwerksbetrieb unter vielfältigen Blickwinkeln analysiert. Diese Analyse gilt als Grundlage für die Erarbeitung von Strategien, die Definition von Zielen, die Festlegung von Messgrößen und der Interpretation von Abweichungen.

Beispiel:

Basis der BSC ist die Festlegung von sog. Beobachtungsfeldern (z. B. Finanzen, interne Organisation, Personal etc.). Diesen Beobachtungsfeldern werden dann Ziele zugeordnet (z. B. Steigerung der Rentabilität). Im nächsten Schritt wird festgelegt, mit welcher Kennzahl dieses Ziel zu messen ist (z. B. Umsatzrentabilität). Dann wird der Soll-Wert festgelegt und mit Ist-Wert verglichen. Bei Abweichung gilt es Maßnahmen zu finden, die den Ist-Wert Richtung Soll-Wert positiv beeinflussen (z. B. Senkung der Gemeinkosten).

1.4.5 Budgetierung

Aufgabe der Budgetierung ist es, Budgets zu erstellen und deren Einhaltung zu kontrollieren. Ein Budget ist ein kurzfristiger Plan, der die Verwendung von betrieblichen Mitteln festlegt.

Wichtige Größen

Die Budgets können sich auf die unterschiedlichsten Größen beziehen. Zählbare bzw. bewertbare Größen, auf die sich Budgets beziehen können:

- Umsatz (Erlöse)
- Kosten
- Einnahmen
- Ausgaben
- Deckungsbeiträge
- Produktionsmengen
- Verkaufsmengen.

Zeitvorgaben

Budgets werden für einen genau bestimmten Zeitraum vorgegeben.

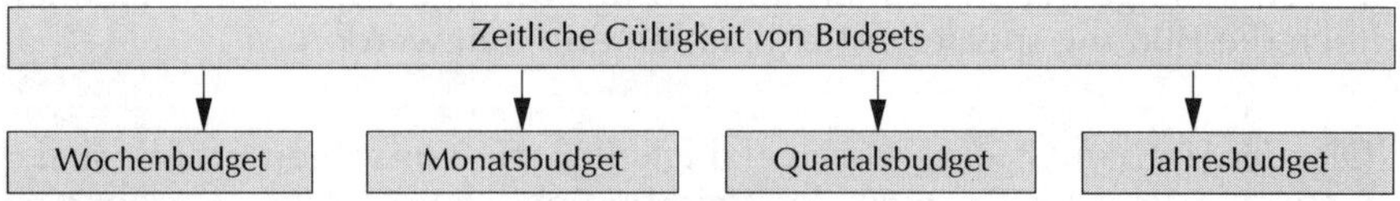

Abbildung 72

Hauptzweck

Die Aufstellung von langfristigen Budgets macht im Allgemeinen keinen Sinn, da es der Hauptzweck von Budgets ist, überschaubare Entwicklungen zu steuern und zu kontrollieren. Je kürzer ein Budgetintervall ist, desto öfter kann man kontrollieren, ob das Budget auch eingehalten wurde. Ist dies nicht der Fall, so müssen Maßnahmen ergriffen werden, dieser Entwicklung gegenzusteuern.
Grundsätzlich unterscheidet man zwei Arten von Budgets. Diejenigen, die nicht überschritten werden dürfen, nennt man Positivbudgets. Budgets, die mindestens erreicht, wenn nicht sogar überschritten werden sollen, heißen Negativbudgets.

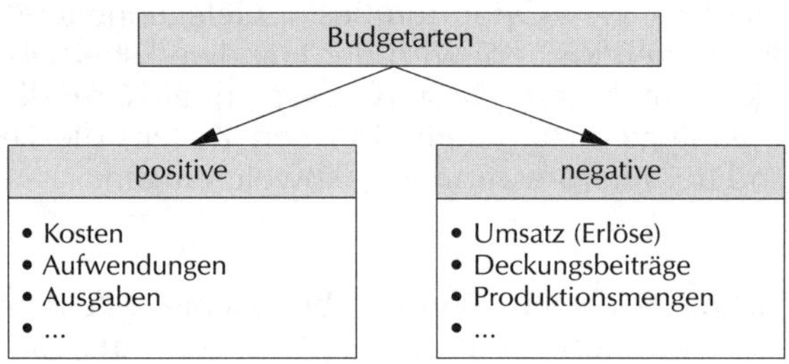

Abbildung 73

Über-/Unterschreitungen

Derjenige, der die Verantwortung für ein Budget hat, muss dafür Sorge tragen, dass es eingehalten wird. Im Falle einer Über- bzw. Unterschreitung muss er dem Betriebsinhaber Rechenschaft darüber ablegen, wie es dazu kam.

Leistungs- und Kostenvorgabe

Diese Art der Leistungs- oder Kostenvorgabe sollte allerdings nicht als ein Mittel zur Bestrafung des Mitarbeiters eingesetzt werden, sondern vielmehr zu seiner Motivation beitragen. Es erscheint verständlich, dass ein Mitarbeiter, der die Gelegenheit hat, einen Kostenbereich selbstständig zu steuern, motivierter an die Arbeit gehen wird. Die ihm übertragene Verantwortung und das Inaussichtstellen einer Belohnung bei Budgetunterschreitungen werden sich positiv auf seine Arbeitszufriedenheit auswirken. Besonders motivierend kann es für einen Mitarbeiter sein, wenn er z. B. die Höhe und die Laufzeit eines Budgets beeinflussen kann.

Steuerung der Kosten

Die Aufstellung und Überwachung von Budgets bieten die besondere Möglichkeit, viele unterschiedliche Betriebsbereiche kostenmäßig besser steuerbar zu gestalten. Durch den gewonnenen Überblick ist der Betriebsinhaber in der Lage, die Kostensituation besser abzuschätzen und eventuell nötige Lenkungsmaßnahmen frühzeitig zu ergreifen.

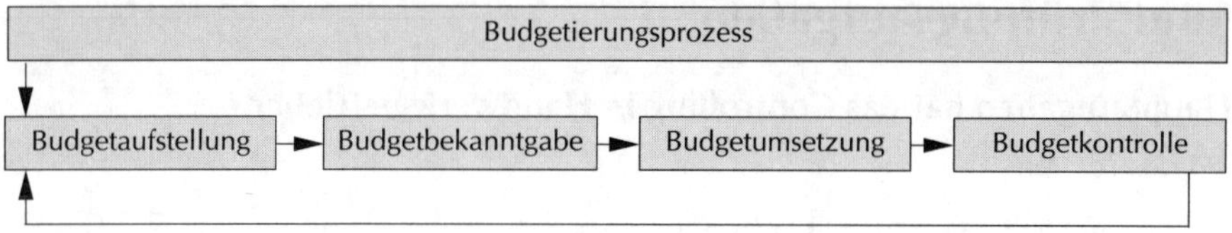

Abbildung 74

Ein sehr gutes und einfaches Beispiel für ein Budget stellt das Haushaltsgeld dar. Am Monatsanfang wird festgelegt, welcher Betrag für Essen und Trinken im Monat ausgegeben werden darf. Derjenige, dem die Haushaltsführung obliegt, wird sich nun Gedanken darüber machen, wie viel und was er einkaufen wird. Bleibt bei sparsamer Haushaltsführung am Monatsende etwas in der Kasse, so kann z. B. eine Belohnung in Form eines gemeinsamen Restaurantbesuches erfolgen oder die Urlaubskasse aufgefüllt werden.

Beispiel Haushaltsführung

Dieses Beispiel, das jedermann geläufig ist, wird im Folgenden auf eine betriebliche Situation übertragen:

Beispiel für die Aufstellung eines betrieblichen Budgets:

In einem Elektrotechnikbetrieb ist ein Mitarbeiter für die Annahme und Durchführung von Reparaturaufträgen von Heim-Elektrogeräten (z. B. Waschmaschinen, Herde, Küchengeräte etc.) zuständig. Sein Jahresentgelt beträgt 28.000,00 EUR. Der Betriebsinhaber möchte erreichen, dass die Reparaturabteilung kostendeckend arbeitet. Um dies zu erreichen, stellt er für seinen Servicemitarbeiter folgendes Budget auf:

Jahresentgelt (Bruttolohn inkl. Lohnzusatzkosten)		28.000,00 EUR
Gemeinkostenzuschlag (Verwaltung, sonstige betriebliche Kosten)	78 %	21.840,00 EUR
kostendeckender Umsatz ohne Material		49.840,00 EUR
durchschnittlicher Materialeinsatz pro Auftrag	35 %	17.444,00 EUR
kostendeckender Umsatz inkl. Material, ohne USt		67.284,00 EUR
kostendeckender Umsatz inkl. Material, inkl. USt		78.049,44 EUR

Das Jahresbudget für den Servicemitarbeiter beträgt, lediglich Kostendeckung unterstellt, 78.049,44 EUR. Das vierteljährlich zu erwirtschaftende Budget beläuft sich demnach auf 19.512,36 EUR. Daraus resultiert eine Monatsvorgabe von 6.504,12 EUR und ein Mindestwochenumsatz von 1.626,03 EUR.

Durch diese Art der Budgetvorgabe kann dem Mitarbeiter ein Anreiz geboten werden, ein größeres Auftragsvolumen einzuwerben und abzuarbeiten. Der Mitarbeiter kann bei einer solchen objektiven Vorgabe leicht erkennen, dass er diese Zahlen erreichen muss, um seinen Arbeitsplatz für den Betriebsinhaber kostendeckend bzw. rentabel zu halten. Ein möglicher Anreiz für den Servicemitarbeiter mehr Aufträge einzuwerben, könnte beispielsweise darin liegen, dass er an den Umsätzen, die über dem Jahresbudget getätigt werden, prozentual beteiligt wird.

Anreiz für Mitarbeiter

Übungs- und Prüfungsaufgaben

1. Welche Hauptaufgaben hat das Controlling in Handwerksbetrieben?

„Siehe Seite 188 des Textteils!"

2. Ziel des Controllings in Handwerksbetrieben ist es,

☐ a) nur die Produktion des Betriebes auf die Unternehmensziele hin auszurichten.
☐ b) Unternehmensziele zu bilden und den Mitarbeitern mitzuteilen.
☐ c) Informationen über die Mitarbeiter zu erhalten.
☐ d) alle Führungsbereiche auf die Unternehmensziele auszurichten.
☐ e) den Jahresabschluss vor der Betriebsprüfung zu kontrollieren.

„Siehe Seite 188 des Textteils!"

3. Controlling als Prozess bedeutet,

☐ a) dass die im Betrieb mitarbeitende Meisterfrau die Auftragszettel auf Vollständigkeit prüft.
☐ b) dass Ist- und Soll-Werte stets verglichen werden müssen und bei Abweichungen gegengesteuert werden muss.
☐ c) dass niemand in laufende Betriebsabläufe eingreifen darf.
☐ d) dass der Steuerberater für Kalkulationszwecke herangezogen wird.
☐ e) dass nur die Arbeitszeiten der Mitarbeiter kontrolliert werden.

„Siehe Seite 189 des Textteils!"

4. Erläutern Sie die drei Schritte der Schwachstellenanalyse!

„Siehe Seite 189 des Textteils!"

5. Welche Unternehmensbereiche müssen einer Schwachstellenanalyse unterworfen werden?

„Siehe Seite 189 des Textteils!"

6. Erklären Sie, welche Hauptpunkte in einer grafischen Schwachstellenübersicht enthalten sein sollten?

„Siehe Seite 190 des Textteils!"

7. Beschreiben Sie wichtige Kennzahlenbereiche!

„Siehe Seite 191 des Textteils!"

8. Welche zwei Arten von Kennzahlen lassen sich grundsätzlich unterscheiden?

„Siehe Seite 191 des Textteils!"

9. Erläutern Sie wichtige Kennzahlen
a) aus dem Bereich der Personalwirtschaft!
b) aus dem Bereich der Fertigungswirtschaft!

„Siehe Seiten 192, 193 des Textteils!"

10. Das Verhältnis der Werkstoffkosten zur Betriebsleistung ergibt sich aus folgender Formel:

☐ a) $\frac{\text{Betriebsleistung}}{\text{Werkstoffkosten}} \times 100$

☐ b) $\frac{\text{Betriebsleistung}}{\text{Werkstoffkosten}} : 100$

☐ c) $\frac{\text{Werkstoffkosten}}{\text{Betriebsleistung}} : 100$

☐ d) $\frac{\text{Werkstoffkosten}}{\text{Betriebsleistung}} \times 100$

☐ e) $\frac{\text{Werkstoffkosten} - \text{Betriebsleistung}}{\text{Betriebsleistung} - \text{Werkstoffkosten}} \times 100$

„Siehe Seite 194 des Textteils!"

11. Die durchschnittliche Lagerdauer des Materials im Betrieb ergibt sich aus folgender Kennzahl:

☐ a) $\frac{\text{Wareneingang}}{\text{Warenausgang}}$

☐ b) $\frac{\text{Warenausgang}}{\text{Warenbestand}}$

☐ c) $\frac{\text{Lagerbestand}}{\text{Werkstoffkosten (Materialverbrauch)}} \times 100$

☐ d) $\frac{\text{Lagerbestand}}{\text{Umsatzerlöse}} \times 360$

☐ e) $\frac{\text{durchschnittlicher Lagerbestand}}{\text{Werkstoffkosten (Materialverbrauch)}} \times 360$

„Siehe Seite 195 des Textteils!"

12. Die Anlagendeckung II ergibt sich aus folgender Formel:

☐ a) $\frac{\text{Eigenkapital}}{\text{Anlagevermögen}}$

☐ b) $\frac{\text{Eigenkapital + langfristiges Fremdkapital}}{\text{Anlagevermögen}} \times 100$

☐ c) $\frac{\text{Anlagevermögen}}{\text{langfristiges Fremdkapital}}$

☐ d) $\frac{\text{Fremdkapital}}{\text{Eigenkapital}}$

☐ e) $\frac{\text{Anlagevermögen}}{\text{kurzfristiges Fremdkapital}}$

„Siehe Seite 197 des Textteils!"

13. Die Umsatzrentabilität eines Unternehmens ergibt sich aus folgender Formel:

☐ a) $\frac{\text{Rohgewinn}}{\text{Umsatzerlöse}} \times 100$

☐ b) $\frac{\text{Gewinn}}{\text{Umsatzerlöse}} \times 100$

☐ c) $\frac{\text{betriebliches Eigenkapital}}{\text{Umsatzerlöse}} \times 100$

☐ d) $\frac{\text{Reinvermögen}}{\text{Umsatzerlöse}} \times 100$

☐ e) $\frac{\text{Gewinn + Fremdkapitalzinsen}}{\text{durchschnittliches Gesamtkapital}} \times 100$

„Siehe Seite 198 des Textteils!"

14. Was versteht man unter einer Balanced Scorecard?

„Siehe Seite 199 des Textteils!"

15. Welche Aufgabe hat die Budgetierung?

„Siehe Seite 199 des Textteils!"

16. Erklären Sie, auf welche bewertbaren Größen sich ein Budget beziehen kann?

„Siehe Seite 199 des Textteils!"

17. Bei der Aufstellung von Budgets sollte man vor allem darauf achten,

☐ a) dass sie für einen genau bestimmten Zeitraum vorgegeben werden.
☐ b) dass sie möglichst zeitlich nicht begrenzt sind.
☐ c) dass für ein Budget möglichst viele Entscheidungsträger verantwortlich sind.
☐ d) dass sie so bemessen sind, dass eine Erfüllung des Vorgabewertes nicht möglich ist.
☐ e) dass sie von demjenigen aufgestellt werden sollen, der sie später auch einhalten muss.

„Siehe Seite 200 des Textteils!"

18. Erläutern Sie die zwei Budgetarten!

„Siehe Seite 200 des Textteils!"

19. Beschreiben Sie kurz den Budgetierungsprozess!

„Siehe Seite 201 des Textteils!"

20. Stellen Sie beispielhaft ein Jahres-, Monats- und Wochenbudget für einen Mitarbeiter der Reparaturabteilung eines Handwerksbetriebes auf!

„Siehe Seite 201 des Textteils!"

2 Handlungsfeld: Grundlagen wirtschaftlichen Handelns im Betrieb

2.1 Handwerk in Wirtschaft und Gesellschaft

2.1.1 Stellung des Handwerks in der Volkswirtschaft

2.1.1.1 Grundzüge der volkswirtschaftlichen Zusammenhänge

Bedürfnisse, Bedarf, Wirtschaft

Jeder Mensch hat Grundbedürfnisse zur Bewältigung seines Lebens. Neben den Mindestbedürfnissen an Nahrung, Kleidung und Wohnung entstanden je nach Kultur- und Entwicklungsstand der Menschen weitere Bedürfnisse wie Sicherheitsbedürfnisse, soziale Bedürfnisse, Wertschätzungsbedürfnisse und Entwicklungsbedürfnisse.

Die Bedürfnisse des Menschen, die am Markt zu Nachfrage nach Gütern und Dienstleistungen führen, nennt man Bedarf. Die Herstellung und Verteilung von Gütern und Dienstleistungen bezeichnet man als Wirtschaft. Die Wirtschaft eines Landes (auch Volkswirtschaft genannt) stellt also Güter und Dienstleistungen zur Befriedigung der menschlichen Bedürfnisse her und übernimmt deren Verteilung.

Bedarf

Volkswirtschaft

Produktion

Die Grundlagen für die Gütererzeugung sind die Produktionsfaktoren Boden (Bodenfläche und Bodenschätze/Rohstoffe), Arbeit und Kapital.

Produktionsfaktoren

Die Natur bietet uns die notwendigen Rohstoffe. Unter Kapital versteht man Sachkapital (Werkzeuge, Maschinen, Betriebsanlagen usw.)
Die Produktion von Gütern und Dienstleistungen geschieht dadurch, dass in einer Produktionsstätte (Betrieb) Arbeitskräfte, Maschinen, Gebäude und Rohstoffe eingesetzt werden. Das gesamte Sachkapital wird durch die „Produktion" abgenutzt und verliert an Wert. Zur Erhaltung und zur Steigerung der Leistungsfähigkeit des Wirtschaftens muss das Sachkapital immer wieder durch Investitionen erneuert und erweitert werden. Dies setzt eine laufende Kapitalbildung voraus. Kapital kann aber nur gebildet werden, wenn nicht das gesamte Brutto-Inlandsprodukt verbraucht wird, sondern ein Teil davon über das Sparen wieder in die Investition fließt.

Investitionen

Sparen

Um die drei Produktionsfaktoren in bester Weise wirksam werden zu lassen, ist unternehmerisches Können erforderlich. Jedes Unternehmen ist also innerhalb der Volkswirtschaft eine Einheit, die durch die Verbindung der Produktionsfaktoren zur volkswirtschaftlichen Leistung beiträgt.

Brutto-Inlandsprodukt

Entstehung

Das Brutto-Inlandsprodukt ist der Maßstab zur Erfassung der gesamtwirtschaftlichen Leistung. Es umfasst die in einem Wirtschaftsgebiet (beispielsweise Deutschland) in einem bestimmten Zeitraum erbrachten Güter und Dienstleistungen.

Wirtschaftswachstum

Durch Wirtschaftswachstum, das unter anderem durch mehr Leistung pro Arbeitskraft erreicht wird, wird das Inlandsprodukt erhöht.

Handwerk

Der Beitrag der verschiedenen Wirtschaftszweige zum Brutto-Inlandsprodukt ist unterschiedlich. Das Handwerk ist mit rund 8,6 % beteiligt.

Verwendung

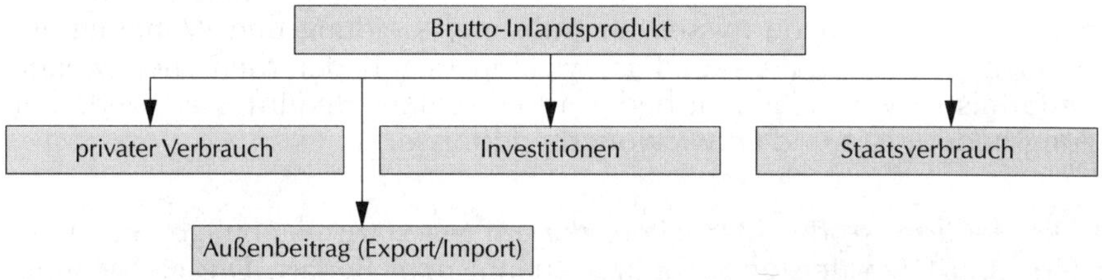

Abbildung 75

Privater Verbrauch
Investitionen

Der Anteil des privaten Verbrauchs am Inlandsprodukt dient der Steigerung des Lebensstandards. Ein weiterer, nicht verbrauchter Teil des Inlandsprodukts wird investiert (Kauf von Maschinen, Fabriken und Anlagen) und trägt dazu bei, die Produktion für die Zukunft zu erhalten und nach Möglichkeit zu steigern. Das vom Bürger gesparte Geldkapital wird also wieder teilweise in Sachkapital umgewandelt.

Staatsverbrauch
Außenbeitrag

Ein dritter Teil des Inlandsprodukts wird vom Staat für die Erfüllung seiner Aufgaben beansprucht. Ein vierter Teil wiederum wird exportiert. Werden davon die Importe abgezogen, so erhält man den Außenbeitrag. Abbildung 76 gibt eine Übersicht über die Verwendung des Brutto-Inlandsprodukts in Deutschland:

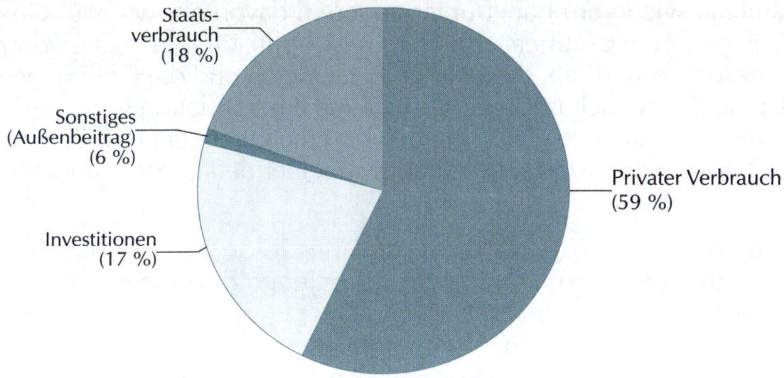

Abbildung 76

Geld und Währung

Früher funktionierte der Ablauf der Güterverteilung durch Tausch von Waren. Über den Tausch von Edelmetallen entstand zunächst Metallgeld, später entwickelte sich daraus das Papiergeld. Neben seiner Funktion als Tauschmittel hat das Geld als Recheneinheit und als Wertaufbewahrungsmittel Bedeutung.

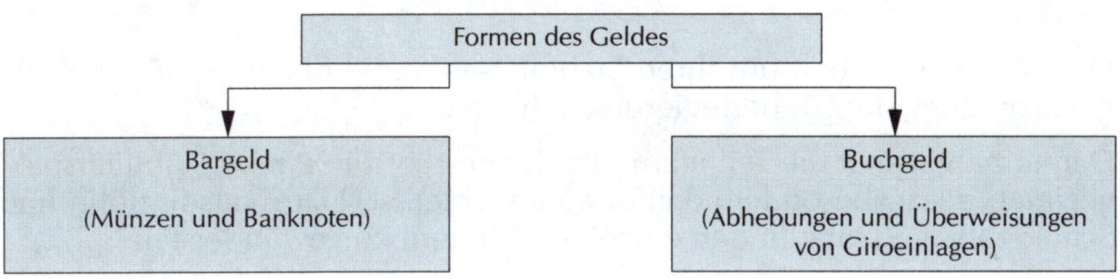

Abbildung 77

Europäische Währungsunion

Euro

Am 1.1.1999 wurde mit der Europäischen Währungsunion begonnen. Die europäische Währungseinheit heißt für alle Länder, die der Währungsunion angehören, Euro. Der Euro ist auch in Deutschland seit 1.1.1999 die geltende Währung. Seit 1.1.2002 ist der Euro gesetzliches Zahlungsmittel in Form von Euro-Banknoten und -Münzen.

Währung

Unter Währung versteht man die Ordnung des Geldwesens innerhalb eines Landes oder eines Wirtschaftsgebietes sowie die Wertbeziehungen und den Zahlungsverkehr zu anderen Ländern.

Der Begriff Währung bezieht sich also sowohl auf eine volkswirtschaftliche Größe eines Landes oder eines Gebietes (Europäische Währungsunion) mit einheitlichem Geldwesen als auch auf das Verhältnis zu den Währungen anderer Länder.

Kaufkraft

Der Wert des Geldes spielt eine wichtige Rolle: Er beruht auf seiner Kaufkraft.

Die Kaufkraft wiederum hängt unter anderem davon ab, wie viel Geldvorrat dem Gütervorrat gegenübersteht. Der Geldvorrat soll dem Gütervorrat wertmäßig entsprechen. Bleibt die Warenmenge gleich und die Geldmenge steigt, lässt der Geldwert nach und man spricht von einer inflationären Entwicklung. Würde die Warenmenge gleich bleiben und die Geldmenge sinken, steigt die Kaufkraft des Geldes. Man spricht dann von einer deflatorischen Entwicklung.

Inflation

Europäische Zentralbank (EZB)

Mit Beginn der Europäischen Währungsunion hat die Europäische Zentralbank (EZB) in Frankfurt/Main die geldpolitische Verantwortung übernommen.

Die nationalen Zentralbanken sind rechtlich eigenständige Untergliederungen der EZB und somit Bestandteil des Systems Europäischer Zentralbanken (ESZB).

Die EZB ist verpflichtet, vorrangig das Ziel der Preisstabilität in Unabhängigkeit von den Regierungen zu verfolgen und für einen stabilen Euro zu sorgen. Sie setzt dabei auf eine vorausschauende Geldmengenstrategie, die auch der Fiskalpolitik (finanzpolitische Maßnahmen des Staates) und der Wirtschafts- und Tarifpolitik eine klare Orientierung gibt.

Die EZB muss dabei, um ihren Stabilitätsauftrag erfüllen zu können, die Unterstützung der Länderregierungen haben.

Stabilitätspakt

Darauf haben sich die Teilnehmerländer des Euro in einem Stabilitätspakt geeinigt, der insbesondere darauf ausgerichtet ist, Haushaltsdisziplin und Schuldenbegrenzung in den einzelnen Ländern zu gewährleisten.

Instrumente der EZB

Die EZB hat selbst eigene Instrumente der Geldpolitik, um ihre Aufgaben und Ziele zu erreichen. Dazu gehören u. a.:

1. Die Durchführung von Offenmarktgeschäften zur Steuerung der Zinssätze, der Kontrolle der Liquiditätslage am Geldmarkt und der Signalisierung des geldpolitischen Kurses.
2. Die zur Verfügungstellung ständiger Fazilitäten (= Möglichkeit für die Inanspruchnahme sehr kurzfristiger Kredite), um rasch Liquidität bereitstellen oder vom Markt nehmen zu können.
3. Die Verpflichtung der Kreditinstitute zur Haltung von Mindestreserven auf Konten bei den nationalen Zentralbanken.

Über den Einsatz aller Instrumente der EZB bestimmt der EZB-Rat.

2.1.1.2 Wirtschaftssysteme, Merkmale der sozialen Marktwirtschaft

Als Wirtschaftssystem oder Wirtschaftsordnung bezeichnet man den organisatorischen Aufbau und Ablauf einer Volkswirtschaft. Die zwei extremen Formen sind die freie Marktwirtschaft und die Planwirtschaft (Zentralverwaltungswirtschaft). Nach dem Zusammenbruch der östlichen Planwirtschaften kommen beide in ihrer Reinform allerdings nur noch selten vor. Weit größere Bedeutung haben die entsprechenden Abwandlungen zwischen beiden Formen.

Abbildung 78 gibt einen Überblick über die wichtigsten Wirtschaftssysteme:

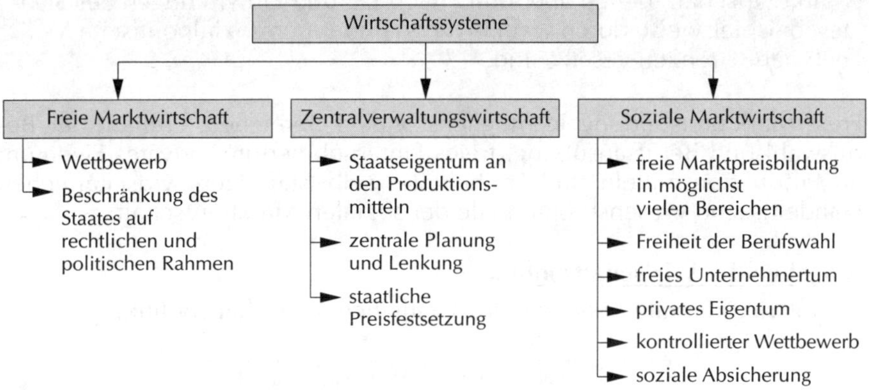

Abbildung 78

Freie Marktwirtschaft

Preisbildung

In der freien Marktwirtschaft vollziehen sich Herstellung, Verteilung und Verbrauch von Gütern und Leistungen überwiegend ohne Vorschriften und Maßnahmen des Staates. Der Preis wird durch Angebot und Nachfrage bestimmt.

Uneingeschränkter Wettbewerb

Wird mehr Ware angeboten als nachgefragt, zeigt der Preis eine sinkende Tendenz. Ist das Angebot dagegen bei einer großen Nachfrage gering, so steigt der Preis. Entscheidendes Merkmal der freien Marktwirtschaft ist der uneingeschränkte Wettbewerb, also die vollkommene Konkurrenz.

Zentralverwaltungswirtschaft

Planung

Die Zentralverwaltungswirtschaft, auch gelenkte Wirtschaft genannt, ist dadurch gekennzeichnet, dass allein der Staat und nicht der Einzelne festlegt, was erzeugt wird und wie die erzeugten Güter zur Verteilung gelangen.

Der Staat bestimmt also durch Plan, was und wie viel hergestellt wird und nimmt somit Einfluss auf Preis-, Spar-, Lohn- und Eigentumspolitik. Dieses staatswirtschaftliche System lässt die persönliche Initiative und das freie Unternehmertum nicht wirksam werden.

Merkmale der sozialen Marktwirtschaft

Das in der Bundesrepublik praktizierte System der sozialen Marktwirtschaft geht davon aus, dass die Gemeinschaft und der Einzelne vor Auswüchsen in der Preisgestaltung und vor sozialen Unsicherheiten geschützt werden.

Die soziale Marktwirtschaft enthält vorwiegend die Elemente der freien Marktwirtschaft, denen aber durch Gesetze und Einwirkungen des Staates, beispielsweise durch wettbewerbs- und durch sozialpolitische Maßnahmen, Grenzen gesetzt sind.

Wichtige Bestandteile

Freie Marktpreisbildung in möglichst vielen Bereichen, Freiheit der Berufswahl und Berufsausübung, freies Unternehmertum, privates Eigentum an Produktionsmitteln und Freiheit des selbstständigen wirtschaftlichen Handelns sind Wesensbestandteile der sozialen Marktwirtschaft.

Aufgaben der Wirtschaftspolitik

Es gibt vier zentrale Aufgaben der staatlichen Wirtschaftspolitik:

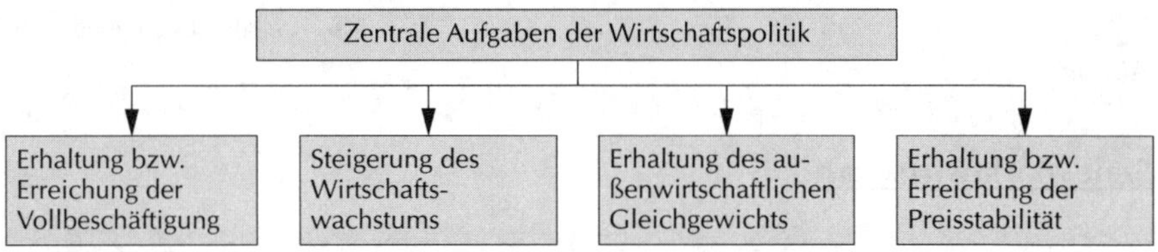

Abbildung 79

2.1.1.3 Einordnung des Handwerks in die Gesamtwirtschaft

Volkswirtschaftliche Aufgaben des Handwerks

Entwicklungsgeschichtliche Betrachtung

Früher war es die alleinige wirtschaftliche Aufgabe des Handwerks, Güter herzustellen, die der Mensch zur Befriedigung der elementaren Lebensbedürfnisse – Nahrung, Wohnung und Bekleidung – benötigte.

Haushandwerk Berufshandwerk

Mit einfachen Hilfsmitteln, aus der Verbindung von Geist und manueller Geschicklichkeit, erfüllte zunächst das Haushandwerk und später das Berufshandwerk seine wirtschaftliche Aufgabe als Träger der gesamten Produktion von Gebrauchs- und Verbrauchsgütern.

Kulturelle Leistungen

Dank seiner wirtschaftlichen Leistungskraft hat sich das Handwerk im Laufe der Zeit zu Leistungen weiterentwickelt, die in den kulturellen Bauleistungen und im Städtebau des Mittel- und Spätmittelalters einen Höhepunkt fanden.

Technisierung

Die Technisierung und der daraus folgende Wandel in den Arten des Wirtschaftens ließen aus dem Handwerk heraus die industrielle Gütererzeugung entstehen, die heute überwiegt. Dabei wurde das Handwerk aus einigen Bereichen der gewerblichen Produktion verdrängt.

Die aktuellen Aufgaben des Handwerks

Heute kommen dem Handwerk durch das Entstehen neuer Werkstoffe, neuer Erfindungen, neuer Technologien und neuer Industriezweige zusätzliche volkswirtschaftliche Aufgaben zu.

Viele industrielle Erzeugnisse (zum Beispiel sanitäre Einrichtungsgegenstände, Heizungsanlagen, Erzeugnisse der Elektroindustrie und andere) werden erst durch Leistungen des Handwerks (Montage) zu einem gebrauchsfähigen Wirtschaftsgut für den Letztverbraucher.

Abgesehen von einigen Arbeitsgebieten, bei denen die industrielle Massenproduktion und die handwerklichen Erzeugnisse im Wettbewerb stehen (zum Beispiel Bekleidungshandwerk – Bekleidungsindustrie), hat sich in unserer Volkswirtschaft zwischen Handwerk, Industrie und Dienstleistern eine weitgehende volkswirtschaftlich wünschenswerte Arbeitsteilung vollzogen.

Arbeitsteilung

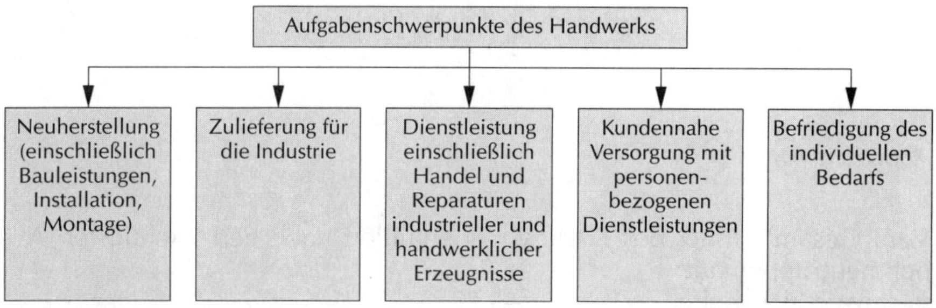

Abbildung 80

Die Nachfrage nach individueller Befriedigung der Bedürfnisse und somit nach Qualität, Maßarbeit und kreativen Leistungen ist groß.

In der Deckung des gehobenen Bedarfs und der persönlichen Dienstleistungen sowie der individuellen Problemlösungen liegen die Stärke und die Zukunftschancen eines großen Teils der handwerklichen Leistungen und Produkte.

Leistungsstruktur des Handwerks

Das Handwerk ist nach der Industrie der zweitstärkste Wirtschaftsbereich unserer Volkswirtschaft. Die Leistungsstruktur ist vielseitig. Deshalb bezeichnet man das Handwerk auch als Deutschlands vielseitigsten Wirtschaftsbereich.
Im Folgenden werden noch die Einteilungen beibehalten, wie sie teilweise bis zur Novelle der Handwerksordnung zum 1. Januar 2004 entsprechend der Handwerksgruppen vorgegeben waren. Rein wirtschaftlich betrachtet gelten diese Zusammenhänge weiter.

Leistungen des Gesamthandwerks

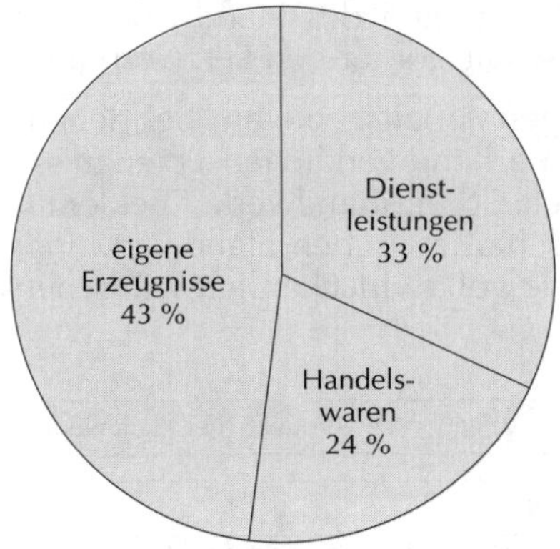

Abbildung 81

Abnehmergruppen

Vom Gesamtumsatz des Handwerks entfallen nach den wichtigsten Abnehmergruppen auf:

- private Haushalte 45 %
- gewerbliche Wirtschaft 43 %
- öffentliche Auftraggeber 12 %

Die amtliche Statistik teilt die Aktivitäten des Handwerks nach Leistungsbereichen und wirtschaftlichen Funktionen wie folgt ein:

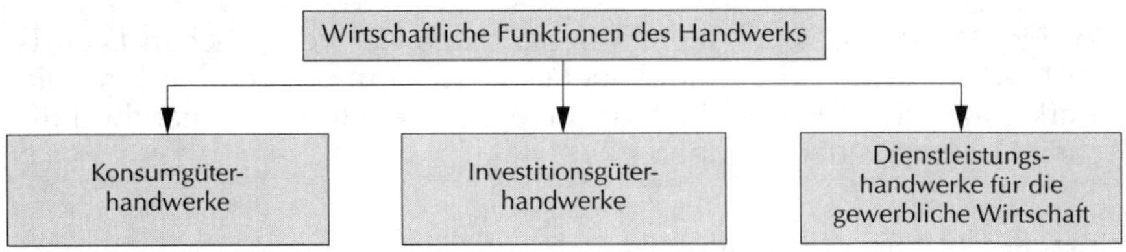

Abbildung 82

Konsumgüterhandwerke

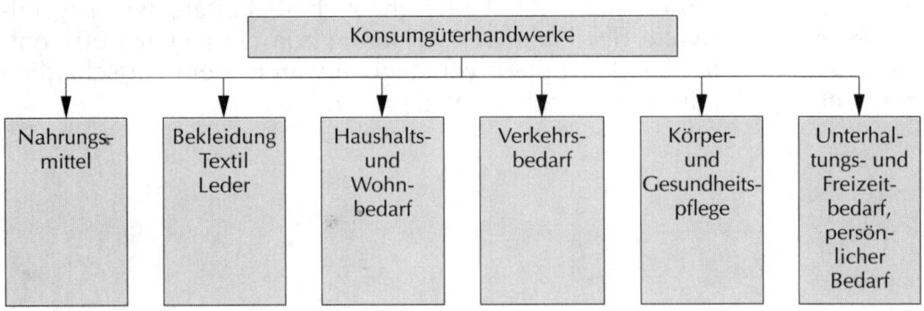

Abbildung 83

Nahrungsmittelhandwerke

Bei der Versorgung der Bevölkerung mit Nahrungsmitteln deckt das Handwerk trotz zunehmender Zahl an Brotfabriken, Wurstfabriken, Großbrauereien und Verbrauchermärkten einen erheblichen Teil des Bedarfs.

Beispielsweise werden – regional unterschiedlich – bis zu 75 % der Brot- und Backwaren vom Bäckerhandwerk erzeugt und zu mehr als der Hälfte auch selbst im persönlichen Verkehr mit dem Verbraucher abgesetzt. Vom gesamten Umsatz an Fleisch- und Wurstwaren entfallen 43 % auf das Fleischer-/Metzgerhandwerk. Diesen nach wie vor hohen Anteil verdanken die Nahrungsmittelhandwerke auch der Tatsache, dass hier alle individuellen Verzehrs- und Geschmackswünsche berücksichtigt werden und vor allem frische Ware von hoher Qualität angeboten wird.

Qualität und Frische

Bekleidung, Textil, Leder

Zum individuellen Bekleidungsangebot tragen nach wie vor die Bekleidungshandwerke bei.

Aus der Verbindung von handwerklicher Verarbeitung des Materials und schöpferischer Phantasie prägt diese Berufsgruppe zu einem erheblichen Teil die modische Linie unserer Zeit und kann daher von der Massenproduktion der Bekleidungsindustrie nie ganz verdrängt werden.

Modische Linie

Haushalts- und Wohnbedarf

Die Innenraumgestaltung und -ausstattung bietet ein weites handwerkliches Betätigungsfeld.

Die hohen Ansprüche breiter Kreise der Bevölkerung an verbesserte Wohnverhältnisse lassen den Bedarf weiter steigen.

Wohnkomfort

Verkehrsbedarf

Die in dieser Gruppe zusammengefassten Handwerke rund um das Kraftfahrzeug haben innerhalb der Konsumgüterhandwerke eine herausragende Stellung.

Das hohe Mobilitätsbedürfnis unserer Wirtschaft und Gesellschaft sowie der damit steigende Motorisierungsgrad waren dafür die wesentlichen Ursachen.

Mobilität

Körper- und Gesundheitspflege

Den Handwerken dieses Bereiches eröffnen sich in der Regel gute Zukunftschancen. Der Bedarf an derart personenbezogenen Dienstleistungen ist groß.

Unterhaltungs- und Freizeitbedarf, persönlicher Bedarf

Die in dieser Gruppe zusammengefassten Handwerke sind sehr stark auf den privaten Verbrauch ausgerichtet.

Private Kunden

Entsprechend kommt dem privaten Kunden als Abnehmer eine große Bedeutung zu. Die Entwicklungsmöglichkeiten in diesem Bereich hängen sehr stark von den verfügbaren Einkommen, dem Wohlstandsniveau, dem Wertewandel und der wachsenden Freizeit ab.

Investitionsgüterhandwerke

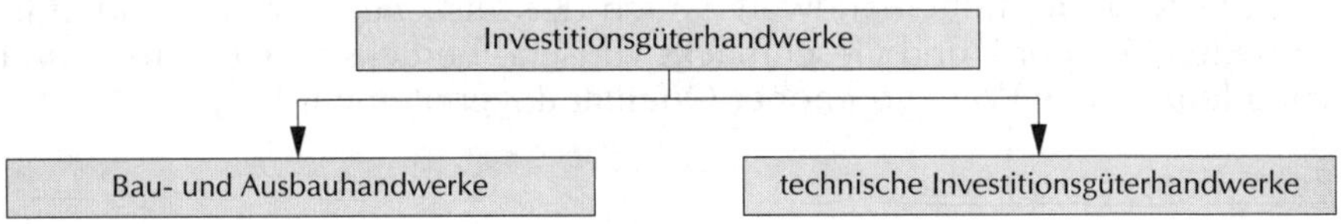

Abbildung 84

Bau- und Ausbauhandwerk

Das Bau- und Ausbauhandwerk stellt nach wie vor eine der stärksten Gruppen (32 % des Gesamthandwerksumsatzes) mit einer Vielzahl von Berufen dar und beweist damit, dass das produzierende Handwerk noch eine verhältnismäßig große Rolle in unserer Wirtschaft spielt. Der Anteil des Handwerks am gesamten Bauvolumen beträgt mehr als 70 %.

Wohnungsbau
Gewerblicher Bau
Öffentlicher Bau
Sanierung
Modernisierung

Im Wohnungsbau leistet das Handwerk einen Anteil von 85 % der Arbeitsstunden des Bauhauptgewerbes, im gewerblichen Bau 60 %, im öffentlichen Hochbau 75 % und im Straßenbau 60 %. In erheblichem Umfang ist das Bau- und Ausbauhandwerk im Bereich der Stadtsanierung, der Denkmalpflege sowie der Sanierung und Modernisierung von Gebäuden aller Art tätig.

Technische Investitionsgüterhandwerke

Die technischen Investitionsgüterhandwerke liefern sowohl den Investitionsgüterproduzenten zu, produzieren eigene maschinelle Ausrüstungen und führen auch Montage-, Reparatur- und Wartungsarbeiten an Maschinen und Anlagen aus.

Auf dem Sektor der Zulieferungen ist ein großer struktureller Umbruch im Gange. Die Industrie verlagert Produktionsbetriebe ins Ausland und/oder lagert Zulieferungen ins preisgünstigere Ausland aus. Sie will eine kleinere Zahl an Zulieferern. Ferner verlangt sie Qualitätsmanagement und Zertifizierung von den handwerklichen Zulieferern. Die Industrie legt immer mehr Wert darauf, dass nicht nur Produkte, sondern in Kombination auch Dienstleistungen und Komplettlösungen angeboten werden. Schließlich will die Industrie von den Zulieferern größere Betriebseinheiten. Trotz dieser großen Probleme für die Zulieferer aus dem Handwerk haben diese auch in der Zukunft wirtschaftliche Chancen, denn die großen Industriebetriebe gliedern in erheblichem Umfang aus Kostengründen Teilbereiche ihrer Produktion aus (Verringerung der Fertigungstiefe) und übertragen diese an Zulieferer. Die Chancen der Handwerksbetriebe liegen vor allem in Qualität, Spezialwissen, Preiswürdigkeit, Flexibilität, Kooperationsfähigkeit, Zuverlässigkeit und Termintreue. Chancen

Dienstleistungen für die gewerbliche Wirtschaft

Diejenigen Handwerksberufe, die als Dienstleister für die gewerbliche Wirtschaft tätig sind, haben sich in den letzten Jahren expansiv entwickelt.

Betriebe, Beschäftigte, Umsätze

Handwerksbetriebe

Zurzeit gibt es in der gesamten Bundesrepublik rund 923.000 Handwerks- und handwerksähnliche Betriebe.

Beschäftigte

Gegenwärtig werden im Handwerk in Deutschland ca. 4,8 Millionen Menschen beschäftigt.

Über die Betriebsgrößen nach der Zahl der Beschäftigten im Gesamthandwerk informiert die nachstehende Abbildung.

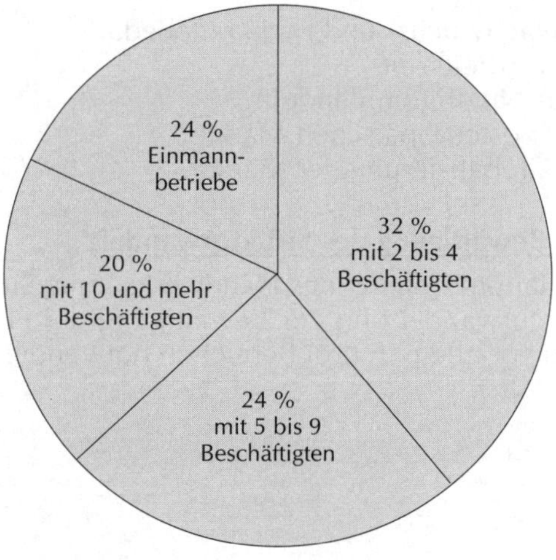

Abbildung 85

Umsätze

Der Gesamtumsatz des deutschen Handwerks betrug im Jahre 2005 rd. 453,00 Mrd. EUR. Er erreicht damit rund 29 % des Umsatzes der Industrie. Der Durchschnittsumsatz pro Betrieb beläuft sich auf rd. 490.800,00 EUR und je Beschäftigten auf rd. 94.400,00 EUR.

Investitionen

Das Handwerk investiert jährlich rd. 12,00 Mrd. EUR in seine Betriebe.

2.1.1.4 Strukturwandel und Zukunftsperspektiven des Handwerks

Hauptprobleme des Strukturwandels

Das deutsche Handwerk befindet sich in einem umfassenden technisch und wirtschaftlich bedingten Strukturwandel.

Hauptprobleme

Die Hauptprobleme des Handwerks sind:

- geringe Eigenkapitalausstattung
- unzureichende Ertragslage
- hohe Lohnzusatzkosten
- Zunahme der Schwarzarbeit, der organisierten Nachbarschaftshilfe und von Heimwerkerarbeiten (do it yourself)
- Verdrängungswettbewerb durch Verbraucher- und Baumärkte
- Verdrängungswettbewerb durch Industrie und Handel
- mangelnde Berücksichtigung der Belange der Kleinbetriebe in der Steuer- und Sozialpolitik
- die rasante technologische Entwicklung
- Wandel des Absatzmarktes für zahlreiche Handwerksbetriebe von einem Verkäufer- zu einem Käufermarkt
- Veränderungen in der Bevölkerungsstruktur
- hoher Sättigungsgrad bei Gütern und Dienstleistungen des täglichen Bedarfs
- Deckung des Nachwuchs- und Fachkräftebedarfs
- Verkürzung der Arbeitszeit
- Konkurrenz aus Niedriglohnländern
- die Öffnung der osteuropäischen Märkte
- die weltweite Globalisierung der Märkte.

Maßnahmen zur Bewältigung des Strukturwandels

Zur Lösung der Hauptprobleme des Handwerks im technischen und wirtschaftlichen Strukturwandel und zur Bewältigung der Herausforderungen sind Maßnahmen vor allem in drei Bereichen notwendig:

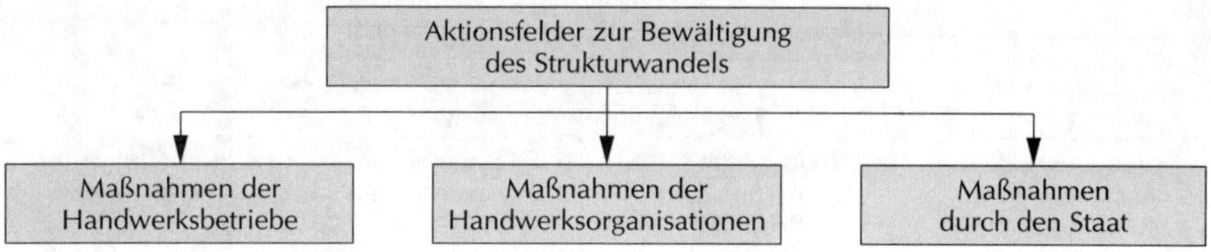

Abbildung 86

Betriebe

Die Handwerksbetriebe müssen bereit sein,
- neue Produkte **und** Dienstleistungen anzubieten.
- bestehende Leistungsangebote ständig an sich ändernde Marktbedingungen und Zielgruppen anzupassen und zu erweitern.
- neue Absatzwege und Absatzgebiete zu erschließen.
- EDV sowie Informations- und Kommunikationstechnologien konsequent in Werkstatt und Büro einzusetzen.
- die Bereitschaft zu Kooperationen zu steigern.
- sich noch stärker an den Anforderungen der Kundenwünsche und deren Bedarf zu orientieren.

Handwerks-organisationen

Die Handwerksorganisationen (Handwerkskammern, Fachverbände, Innungen) müssen ihre Förderungsmaßnahmen, insbesondere Beratung, Informationsvermittlung, Nachwuchssicherung sowie Aus- und Fortbildung, ausweiten. Zur Stärkung des Handwerks in der EU und zur Verstärkung der Exportaktivitäten generell sind außenwirtschaftliche Kontaktstellen und Messebeteiligungen wichtig.

Rahmen-bedingungen

Besonders wichtig ist die Schaffung handwerks- und mittelstandsfreundlicher wirtschaftlicher Rahmenbedingungen durch den Staat, vor allem in der Steuer-, Wettbewerbs-, Sozial- und Bildungspolitik.

Zukunftsperspektiven und Entwicklungschancen des Handwerks

Entwicklungs-chancen handwerklicher Betätigung

Günstige Entwicklungsmöglichkeiten eröffnen sich bei entsprechenden Rahmenbedingungen vor allem:
- bei der Befriedigung des individuellen Bedarfs
- bei Reparatur- und Dienstleistungen
- bei der fachkundigen Beratung
- bei Leistungen im zunehmenden Freizeit- und Wellnessbereich
- bei der Qualität der Produkte
- durch den technischen Fortschritt
- durch das Entstehen neuer Marktnischen
- durch Kundennähe und Kundenorientierung
- durch Kooperationen zum Angebot von Komplettleistungen.

Industrie/Handwerk

In unserer modernen und hoch entwickelten Volkswirtschaft bestehen einerseits klare Schwerpunkte der Tätigkeit von Handwerk und Industrie, andererseits auch enge Verknüpfungen zwischen Industrie und Handwerk.

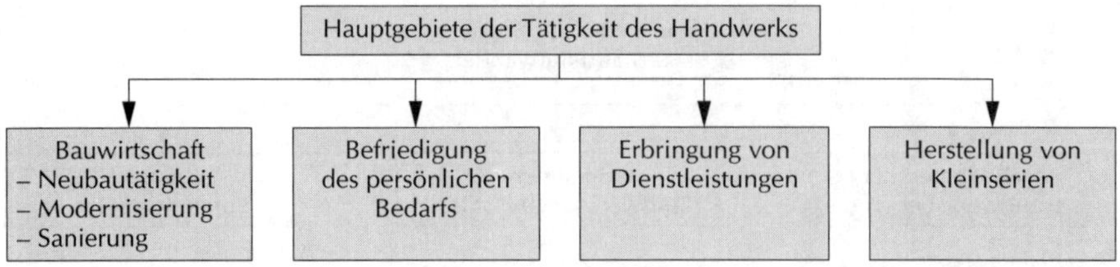

Abbildung 87

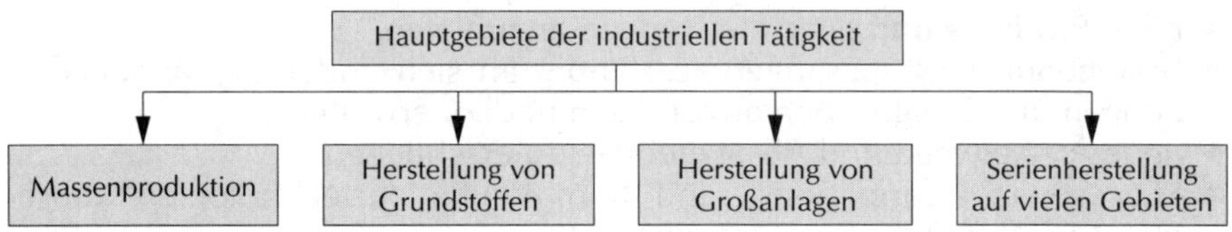

Abbildung 88

Arbeitsteilung

Die Arbeitsteilung hat in vielen Bereichen zu einer engen Zusammenarbeit zwischen Industrie und Handwerk geführt.

Die Industrie erhält vom Handwerk insbesondere:
- Bau- und Reparaturleistungen
- Dienstleistungen aller Art
- Spezialmaschinen und Werkzeuge
- Modelle, Mess- und Prüfgeräte
- Einzelteile.

Das Handwerk erhält von der Industrie unter anderem:
- Rohstoffe und Halbfabrikate
- Maschinen und Fahrzeuge.

Neue Handwerkszweige

Industrie und Handwerk schließen sich also nicht aus, vielmehr lassen neue Industriezweige auch neue Handwerkszweige entstehen (zum Beispiel Kfz-Industrie/Kfz-Handwerk).

Neue Technologien

Auch bei den neuen Technologien liegen die Chancen und Schwerpunkte für die Handwerksbetriebe in der Zulieferung an die Industrie sowie bei Montage, Installation und Wartung. Aufgrund der neuen Technologien ändern sich allerdings Leistungsangebot, Produktionsstruktur und Maschinen sowie das damit verbundene Wissen sehr rasch. Die Mikroelektronik sowie die Neu- und Weiterentwicklung von Informations-, Nachrichten-, Datenverarbeitungs-, Regelungs- und Steuerungstechnik, die Telekommunikation, Pneumatik, Hydraulik und die neuen Werkstoffe ersetzen vielfach herkömmliche Produkte und Dienstleistungen, öffnen den Weg zur Entwicklung flexibler Fertigungs- und Leistungssysteme und führen zu Rationalisierung und Automation.

Umweltschutz

Zusätzliche Chancen bietet auch der Umweltschutz. Gerade die Klein- und Mittelbetriebe des Handwerks sind hier bewährte Problemlöser. Das Handwerk muss sich verstärkt als umweltfreundlicher Wirtschaftsbereich präsentieren.

Das Handwerk hat gute Voraussetzungen, in Zukunft zu bestehen. Damit verbunden ist jedoch auch ein ständiger Wandel in weiten Teilen des Handwerks, der zu neuen Berufen und Tätigkeitsschwerpunkten sowie teilweise auch zu anderen Betriebsgrößen führen wird.

2.1.2 Gesellschaftliche und kulturelle Bedeutung des Handwerks

2.1.2.1 Gesellschaftliche Bedeutung des Handwerks

Selbstständige Existenzen

Die Betätigung im Handwerk bildet die Grundlage vieler selbstständiger Existenzen. Eine Marktwirtschaft kann nur funktionieren, wenn es eine große Zahl von selbstständigen Gewerbetreibenden gibt.

Gesellschaftspolitisch betrachtet ist es von großer Bedeutung, dass eine beachtliche Anzahl der im Handwerk beschäftigten Personen tätige Inhaber und Familienangehörige sind und dass ein erheblicher Teil aller Handwerker auf eigenem Grund und Boden arbeitet. Jährlich machen sich Tausende im Handwerk selbstständig und schaffen neue Arbeitsplätze. Sie zeigen damit ein erhebliches Maß an Initiative, Eigenverantwortung und Risikofreudigkeit. Die breite Streuung der Betriebe auf Stadt und Land führt zu einer gesunden und sozial ausgewogenen Struktur unserer Volkswirtschaft. Zahlreiche Handwerker engagieren sich in ehrenamtlichen Aktivitäten in nahezu allen Lebensbereichen unserer Gesellschaft.

Eigenverantwortung

Ehrenamtliche Aktivitäten

Das Handwerk leistet über seine ökonomischen Aufgaben hinaus einen wichtigen Beitrag zur Sicherheit und Weiterentwicklung der demokratischen Staats- und Gesellschaftsordnung.

2.1.2.2 Kulturelle Bedeutung des Handwerks

Aus der Kulturgeschichte des Handwerks

Kulturelle Bedeutung

So lange es eine Geschichte des Handwerks gibt, gibt es auch eine Kulturgeschichte des Handwerks. Zu allen Zeiten hat sich das Handwerk als starker Träger der Kultur erwiesen.

Handwerk gestaltet also Kultur und kulturelle Lebensräume und trägt zur Sicherung der kulturellen Identität einer Region genauso bei wie zur kulturellen Vielfalt in der Formgebung.

Bedeutende Künstler sind aus dem Handwerk hervorgegangen. Handwerker waren die Erbauer der Dome oder berühmter Schlösser, Patrizierhäuser oder Gemeinschaftsbauten. Sie formten Fassaden und Giebel, schmiedeten kunstvolle Gitter, schufen formschöne Luxusmöbel, schlugen aus Stein oder gossen aus Erz unvergessliche Denkmäler.

Künstler und Handwerker

Auch wenn Idee und Entwurf vielfach von Künstlerhand stammten, waren es dennoch Handwerker, welche der Idee unvergängliche Formen zu geben vermochten. Die Blütezeit des Handwerks war auch eine Blütezeit der Kultur.

Handwerk als Kulturträger

Handwerklich technisches Können und künstlerische Betätigung gehen vielfach ineinander über. Alle Kultur setzt Arbeit voraus. Die Arbeitswerte werden dadurch zu Kulturgütern, so dass sie zum Ausdruck ihrer Zeit werden.

Nur schöpferisch gestaltende Arbeit kann Kulturgüter erzeugen. Gerade aber der Handwerker ist mit der Planung, Vertiefung und Vollendung seines Werkes persönlich sehr eng verbunden. Seine Werke sind nicht Serien- oder Massenartikel, sondern persönliche Qualitätsarbeiten, an denen vielfach ein Stück seines Lebens hängt. Der Handwerker vermag jedoch nur das in sein Werk zu legen, was er selbst in sich trägt. Daher sind das hohe Niveau seiner handwerklichen Fähigkeiten und Kenntnisse (Gesellenprüfung, Meisterprüfung) und die schöpferisch gestaltende Kraft seiner Persönlichkeit entscheidend.

Schöpferisch gestaltende Kraft

Zweifellos hat sich durch die Fortentwicklung der Technik auch manches in der Formgebung des Handwerks wesentlich geändert. Die Formgebung des gestaltenden Handwerks und deren kulturelle Bedeutung hat aber auch beim heutigen Zug zur industrialisierten Technik und zum industriellen Design nach wie vor hohe Bedeutung. Die kulturelle Tradition und Leistung des Handwerks sind für die Weiterentwicklung unserer abendländischen Gesamtkultur unentbehrlich.

Formgebung

Besondere Leistungen erbringt das Handwerk laufend auch in der Denkmalpflege und in der Restaurierung und trägt damit zur Bewahrung des bauhistorischen Erbes bei.

2.1.3 Aufbau, Struktur und Aufgaben der Handwerksorganisationen

2.1.3.1 Aufbau der Handwerksorganisationen

Fachliche und regionale Organisationen

Die Handwerksorganisation wird in zwei Gruppen eingeteilt.

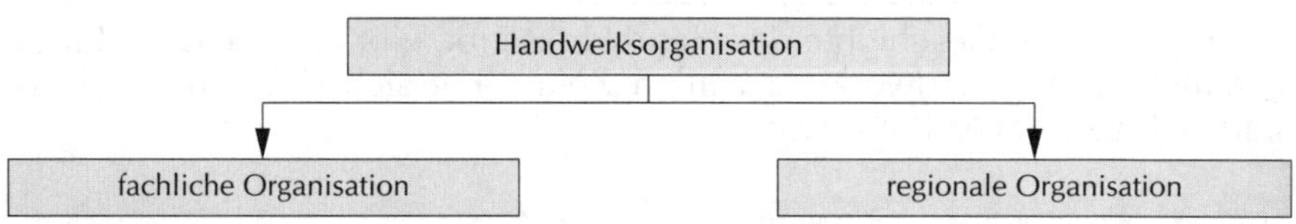

Abbildung 89

Fachlich ist die Handwerksorganisation aufgebaut in:

- Innungen
- Landesinnungsverbände
- Bundesinnungsverbände.

Der regionale Aufbau erfolgt nach

- Kreishandwerkerschaften
- Handwerkskammern.

Zur Interessenvertretung gemeinsamer Belange auf Landes- und Bundesebene haben Handwerkskammern und Fachverbände Arbeitsgemeinschaften bzw. gemeinsame Dachorganisationen gebildet. Dachorganisationen

Beispiele für die Landesebene

- Zusammenschluss der bayerischen Landesinnungsverbände im „Unternehmerverband Bayerisches Handwerk"
- Zusammenschluss der bayerischen Handwerkskammern in der „Arbeitsgemeinschaft der Bayerischen Handwerkskammern"
- Zusammenschluss der Landesfachverbände und der Handwerkskammern Bayerns im „Bayerischen Handwerkstag".

Gleiche oder ähnliche „Landeshandwerksvertretungen" gibt es auch in anderen Bundesländern. Landeshandwerksvertretung

Die Bundesebene

Alle deutschen Handwerkskammern bilden den „Deutschen Handwerkskammertag" (DHKT). DHKT
Die Bundesinnungsverbände sind in dem „Unternehmerverband Deutsches Handwerk" (UDH) zusammengefasst. UDH
Die Spitzenorganisation des gesamten deutschen Handwerks ist der „Zentralverband des Deutschen Handwerks" (ZDH). ZDH
Dem ZDH gehören die im Unternehmerverband Deutsches Handwerk zusammengeschlossenen Bundesinnungsverbände und die im Deutschen Handwerkskammertag zusammengeschlossenen Handwerkskammern an.

Die Handwerksorganisation in Deutschland

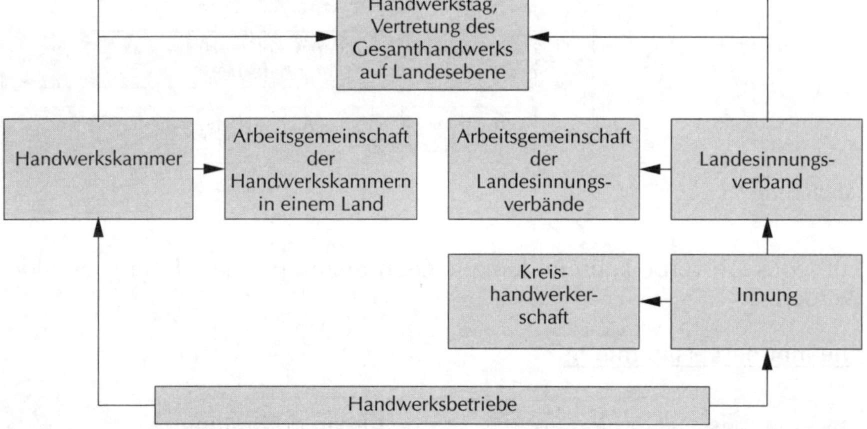

Abbildung 90

2.1.3.2 Strukturen und Aufgaben der einzelnen Organisationen

Innung

Rechtsform

Körperschaft öffentlichen Rechts

Die Innung ist der freiwillige Zusammenschluss von Inhabern von Betrieben des gleichen zulassungspflichtigen Handwerks oder des gleichen zulassungsfreien Handwerks oder solcher Handwerke oder handwerksähnlicher Gewerbe, die sich fachlich oder wirtschaftlich nahe stehen. Voraussetzung ist, dass für das jeweilige Gewerbe eine Ausbildungsordnung erlassen worden ist.

Die Innung ist eine Körperschaft des öffentlichen Rechts. Auch Gewerbetreibende, die ein in dem Gewerbe, für welches die Innung gebildet ist, fachlich oder wirtschaftlich nahe stehendes handwerksähnliches Gewerbe ausüben, für das keine Ausbildungsordnung erlassen ist, können bei entsprechender Satzung Innungsmitglied werden. Bei Vorliegen der Voraussetzungen darf der Innungsbeitritt nicht versagt werden.

Aufgaben

Abbildung 91

Für jedes Gewerbe kann in dem gleichen Bezirk nur eine Innung gebildet werden.

Die Innungsversammlung

Oberstes Organ

Die Innungsversammlung ist das oberste Organ der Innung.

Ihr obliegen insbesondere

- alle Beschlüsse von vermögensrechtlicher Bedeutung (Beitragsordnung, Haushaltsplan, Jahresrechnung, Anlage des Innungsvermögens, Mietverträge, Anstellungsverträge usw.)
- die Wahlen der Mitglieder des Vorstandes, der Ausschüsse, der Vertreter bei der Kreishandwerkerschaft und beim Landesinnungsverband sowie
- die Beschlüsse über Satzungsänderung und Auflösung der Innung.

Jedes Mitglied hat eine Stimme. Die Beschlüsse werden in der Regel mit einfacher Mehrheit gefasst.

Der Vorstand

Aufgabe und Zusammensetzung

> Dem Vorstand obliegt die Ausführung der Beschlüsse der Innungsversammlung sowie die Vertretung der Innung nach außen.

Er setzt sich zusammen aus dem Obermeister und so vielen weiteren Mitgliedern, wie die Satzung bestimmt.

Die Ausschüsse

Die Innung kann für die Beratung und Erledigung wichtiger Angelegenheiten besondere Ausschüsse einsetzen. Die nachfolgend aufgeführten fünf Ausschüsse hat in der Regel jede Innung:

Ausschuss für Berufsbildung

Lehrlingswart

- Der Ausschuss für Berufsbildung hat die Berufsausbildung der Lehrlinge zu fördern. Er soll insbesondere Vorschriften für die Berufsausbildung erarbeiten und zu Verfahren zur Untersagung des Einstellens und Ausbildens von Lehrlingen Stellung nehmen, soweit die Innung damit befasst ist. Der Vorsitzende des Ausschusses ist der Lehrlingswart.

Schlichtung von Streitigkeiten

- Der Ausschuss zur Schlichtung von Streitigkeiten zwischen Ausbildenden und Auszubildenden hat in Streitfällen einen Schiedsspruch zu erlassen, sofern solche Verfahren keine anderweitige Erledigung finden.

Gesellenausschuss

- Der Gesellenausschuss wird von den bei den Innungsmitgliedern beschäftigten Gesellen gewählt und ist in der Innungsversammlung zu beteiligen, wenn es sich um berufsständische Angelegenheiten handelt.

Gesellenprüfungsausschuss

- Der Gesellenprüfungsausschuss hat die Gesellenprüfungen durchzuführen, sofern die Handwerkskammer der Innung die Ermächtigung hierzu erteilt hat.

Rechnungsprüfungsausschuss

- Der Rechnungsprüfungsausschuss hat die Kassenführung und die Jahresrechnung zu prüfen und über das Ergebnis der Innungsversammlung zu berichten, in der dem Vorstand Entlastung erteilt werden soll.

Beiträge

> Jedes Mitglied der Innung ist verpflichtet, den von der Innungsversammlung festgesetzten Beitrag zu bezahlen.

Haushaltsplan, Jahresrechnung

Die Beiträge sollen es der Innung ermöglichen, ihre Aufgaben zu erfüllen. Vor Beginn des Rechnungsjahres hat der Vorstand einen Haushaltsplan aufzustellen und der Innungsversammlung zur Annahme vorzulegen, in dem angegeben wird, welche Einnahmen die Innung im kommenden Geschäftsjahr erwartet und wie sie diese zu verwenden gedenkt. Nach Ablauf des Geschäftsjahres ist dann die Jahresrechnung aufzustellen und nachzuweisen, wie hoch die Einnahmen der Innung wirklich waren und dass sie entsprechend dem Haushaltsplan verwendet wurden.

Aufsicht

Die Aufsicht über die Innung führt die Handwerkskammer.

Kreishandwerkerschaft

Rechtsform

Die Kreishandwerkerschaft setzt sich zusammen aus den Innungen, die im Bereich der Kreishandwerkerschaft (Stadt- und Landkreis) ihren Sitz haben. Sie ist eine Körperschaft des öffentlichen Rechts.

Aufgaben

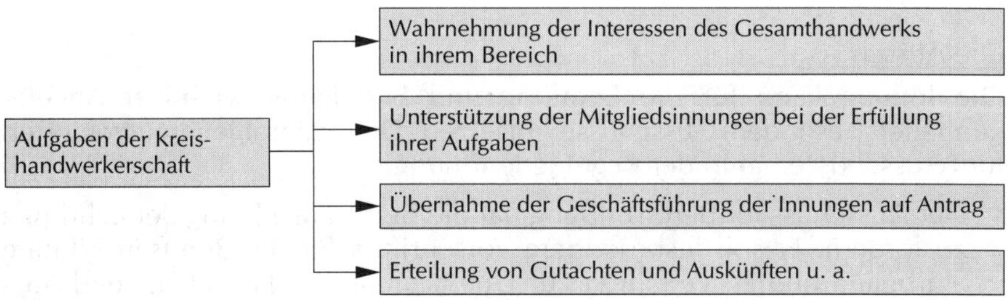

Abbildung 92

Die Mitgliederversammlung

Mitgliederversammlung

Die Mitgliederversammlung setzt sich aus den Vertretern der Mitgliedsinnungen zusammen. Jede Innung hat eine Stimme. Die Satzung kann bestimmen, dass den Handwerksinnungen entsprechend der Zahl ihrer Mitglieder bis zu höchstens zwei Zusatzstimmen zuerkannt werden.

Der Vorstand

Kreishandwerksmeister

Der Vorstand setzt sich zusammen aus dem Kreishandwerksmeister, seinem Stellvertreter und so vielen weiteren Mitgliedern, wie die Satzung bestimmt.

Die Ausschüsse

Diese können nach Bedarf von der Mitgliederversammlung eingesetzt werden.

Beiträge

Beiträge zur Kreishandwerkerschaft werden von den Mitgliedsinnungen nach dem von der Kreishandwerkerschaftsversammlung festgelegten Berechnungsmodus entrichtet.

Aufsicht

Die Aufsicht über die Kreishandwerkerschaft führt die Handwerkskammer.

Handwerkskammer

Rechtsform

> Die Handwerkskammer ist die gesetzliche Berufsstandsvertretung des Gesamthandwerks im Kammerbezirk (zum Beispiel Regierungsbezirk).

Interessenvertretung des Gesamthandwerks

Ihr gehören kraft Gesetzes Inhaber eines Handwerksbetriebes und eines handwerksähnlichen Gewerbes des Handwerkskammerbezirks sowie deren Gesellen, andere Arbeitnehmer mit einer abgeschlossenen Berufsausbildung und Lehrlinge an. Zur Handwerkskammer gehören auch Personen, die eine unwesentliche Teiltätigkeit eines zulassungspflichtigen Handwerks ausüben und diese nach dem 31. Dezember 2003 angemeldet haben. Voraussetzung ist, dass sie die Gesellenprüfung in einem zulassungspflichtigen Handwerk erfolgreich abgelegt haben, die betreffende Tätigkeit Bestandteil der Erstausbildung in diesem zulassungspflichtigen Handwerk war und die Tätigkeit den überwiegenden Teil der gewerblichen Tätigkeit ausmacht. Die Handwerkskammer ist eine Körperschaft des öffentlichen Rechts.

Aufgaben

Die Vielfalt der einzelnen Aufgaben der Handwerkskammer lässt sich in drei Hauptaufgabenbereiche zusammenfassen:

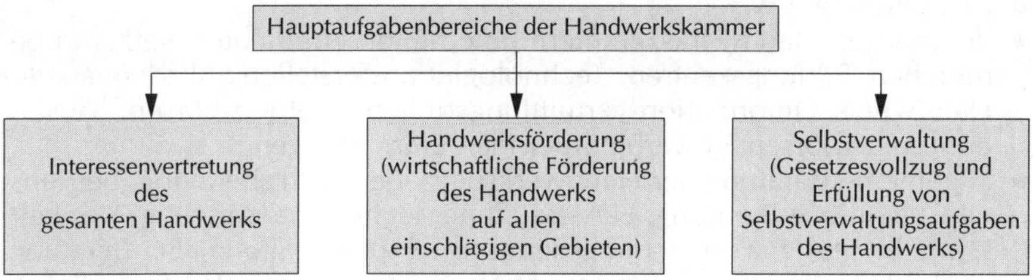

Abbildung 93

Interessenvertretung

> Oberste Aufgabe der Handwerkskammer ist die Vertretung und Förderung der wirtschaftlichen Interessen des Gesamthandwerks im Kammerbezirk.

Im Einzelnen sind unter anderem zu nennen:

- Mitwirkung an Gesetzesinitiativen zur Schaffung handwerks- und mittelstandsgerechter Rahmenbedingungen. — Initiativen
- Anhörung und Stellungnahmen zu Gesetzentwürfen und Gesetzesänderungen, insbesondere auf den Gebieten des Wirtschafts- und Gewerberechts, des Steuer- und Sozialrechts, des Berufsbildungsrechts sowie des Landesplanungs- und Baurechts. Die Handwerkskammer soll in allen wichtigen das Handwerk und das handwerksähnliche Gewerbe berührenden Angelegenheiten gehört werden. — Stellungnahmen

- Vorschläge zur Stadt- und Landesentwicklung, Regionalplanung, Umweltpolitik, Bau- und Auftragsvergabepolitik.

Kontakte

- Kontakte zu Behörden und Parlamenten auf EU-, Bundes-, Landes- und kommunaler Ebene.

Statistik

- Wirtschaftsbeobachtung, Statistik und Konjunkturberichterstattung.

Öffentlichkeitsarbeit

- Öffentlichkeitsarbeit und Information (Verbindung zu Presse, Rundfunk und Fernsehen).
- Vertretung der Interessen in allen das Handwerk berührenden Fragen auf EU-, Bundes-, Landes- und kommunaler Ebene.

Handwerksförderung

Die regionale und überfachliche Handwerksförderung ist ein wesentlicher Bestandteil der Wirtschaftsförderung.

Dienstleistung

Der Bereich der Handwerksförderung nimmt heute bei der Handwerkskammer den breitesten Raum ein. Sie ist damit ein wichtiges Dienstleistungsunternehmen für die Mitgliedsbetriebe. Wichtige Bereiche sind unter anderem:

Berufliche Bildung

- Förderung der beruflichen Bildung durch allgemeine Nachwuchswerbung
- überbetriebliche Unterweisungsmaßnahmen für Lehrlinge
- Fortbildungslehrgänge
- Meistervorbereitungskurse
- Maßnahmen zur Förderung der Unternehmensführung
- Fachvorträge usw.

Bildungszentren

- die meisten Handwerkskammern unterhalten ein dichtes Netz von beruflichen Bildungszentren, Technologietransferstellen, Akademien des Handwerks, Informationsvermittlungsstellen, Betriebsbörsen, Ausbildungsplatzbörsen, gewerbefördernden Einrichtungen

Beratungsdienste

- allgemeine Beratung der Handwerksbetriebe (Rechtsberatung, betriebswirtschaftliche Beratung, EDV-Beratung, technische Beratung, Umweltschutzberatung, Formgebungsberatung, Exportberatung, EU-Beratung, Ausbildungsberatung (siehe auch Abschnitt 2.1.3.3 „Beratungsdienste der Handwerksorganisationen für die Mitgliedsbetriebe – Handwerksförderung")
- Förderung auf dem Gebiet der Finanzierung der Existenzgründung und Betriebsübernahme; Gründeragenturen
- Förderung der Formgebung (Formgestaltung) im Handwerk

Messewesen

- Förderung des Handwerks durch Beteiligungen an Messen und Ausstellungen

Wirtschaftsfördernde Einrichtungen

- Beteiligung bzw. Unterhaltung wirtschaftsfördernder Einrichtungen, wie Messegesellschaften, Buchstellen, Kreditgarantiegemeinschaften, Kapitalbeteiligungsgesellschaften, Handwerkerhof- und Gewerbehofgesellschaften, Technologiezentren

Internet

- Förderung der Handwerksbetriebe bei der Nutzung des Internets
- Förderung des Handwerks durch Mitgliedschaft bei wirtschaftsfördernden Einrichtungen

Wissenschaftliche Förderung

- Förderung durch Beteiligung an wissenschaftlichen Einrichtungen (zum Beispiel Deutsches Handwerksinstitut e.V.)
- Förderung des Images des gesamten Handwerks durch geeignete Werbemaßnahmen (Öffentlichkeitsarbeit für das Handwerk).

Selbstverwaltung

Die Selbstverwaltung ist ebenfalls ein wichtiges Aufgabengebiet der Handwerkskammer.

Hier sind als wesentliche Bereiche unter anderem zu nennen:
- Führung der Handwerksrolle und des Verzeichnisses der zulassungsfreien Handwerke sowie der handwerksähnlichen Gewerbe
- Führung eines Verzeichnisses von Personen, die eine nicht wesentliche Teiltätigkeit eines zulassungspflichtigen Handwerks ausüben
- die Bestellung und Vereidigung von Sachverständigen zur Erstellung von Gutachten über Waren, Leistungen und Preise von Handwerkern
- Aufsicht über Innungen und Kreishandwerkerschaften
- Regelung und Überwachung der Berufsausbildung nach dem Berufsbildungsgesetz und der Handwerksordnung
- Führung des Verzeichnisses über die Berufsausbildungsverhältnisse (Lehrlingsrolle)
- Erlass von Prüfungsordnungen
- organisatorische Durchführung der Meisterprüfungen
- Abnahme von Gesellenprüfungen bzw. Überwachung des Gesellenprüfungswesens
- Durchführung von Fortbildungs- und Umschulungsprüfungen
- Errichtung von Vermittlungsstellen zur Beilegung von Streitigkeiten zwischen Inhabern eines Betriebes eines Handwerks und ihren Auftraggebern
- Ausstellung von Ursprungszeugnissen über in Handwerksbetrieben gefertigten Erzeugnissen
- Ausfertigung von anderen dem Wirtschaftsverkehr dienenden Bescheinigungen
- Handwerkskammern können auch die Aufgaben der höheren Verwaltungsbehörden bei der Erteilung von Ausübungsberechtigungen und Ausnahmebewilligungen sowie der Zu- und Aberkennung der Ausbildungsberechtigung übertragen werden.

Die Mitgliederversammlung (Vollversammlung)

Die Vollversammlung ist das oberste Organ der Handwerkskammer.

Zusammensetzung

Sie setzt sich zusammen aus den gewählten Mitgliedern bzw. Vertretern des Handwerks und des handwerksähnlichen Gewerbes im Kammerbezirk. Je nach Satzung einer Handwerkskammer können auch Personen, die eine nicht wesentliche Teiltätigkeit eines zulassungspflichtigen Handwerks ausüben, Mitglieder der Vollversammlung sein. Die Mitglieder und ihre Stellvertreter werden aufgrund von Wahlvorschlägen (Wahllisten) in allgemeiner, gleicher und geheimer Wahl im Briefwahlverfahren für eine Amtszeit von 5 Jahren gewählt. Eine Wiederwahl ist zulässig.

Wahlverfahren

Da zwei Drittel der Mitglieder der Vollversammlung selbstständige Unternehmer von Handwerksbetrieben bzw. handwerksähnlichen Betrieben und ein Drittel Gesellen oder andere Arbeitnehmer mit einer abgeschlossenen Berufsausbildung sein müssen, werden die Wahlvorschläge für diese zwei Gruppen getrennt eingereicht.

Jeder Wahlvorschlag muss von mindestens der zweifachen Anzahl der jeweils für die Arbeitgeber- und Arbeitnehmerseite zu besetzenden Sitze an Wahlberechtigten, höchstens aber von 70 Wahlberechtigten, unterzeichnet sein. Er muss die Namen von so vielen Bewerbern enthalten, wie Mitglieder und Stellvertreter nach der Kammersatzung zu wählen sind.

Wählbarkeit

Von den selbstständigen Unternehmern ist wählbar, wer seit mindestens einem Jahr im Kammerbezirk selbstständig ein Handwerk oder ein handwerksähnliches Gewerbe betreibt, das aktive Wahlrecht hat, die Ausbildungsbefugnis für Lehrlinge hat und am Wahltag volljährig ist. Auch gesetzliche Vertreter der wahlberechtigten juristischen Personen und die vertretungsberechtigten Gesellschafter der wahlberechtigten Personengesellschaften sind unter bestimmten Voraussetzungen wählbar.
Die Wahl der Vertreter der zulassungspflichtigen und zulassungsfreien Handwerke sowie der handwerksähnlichen Gewerbe sowie gegebenenfalls der Personen, die eine nicht wesentliche Teiltätigkeit eines zulassungspflichtigen Handwerks ausüben, erfolgt durch die eingetragenen natürlichen und juristischen Personen und Personengesellschaften im Kammerbezirk, die Wahl der Gesellen bzw. der anderen Arbeitnehmer mit einer abgeschlossenen Berufsausbildung durch diese Personengruppe. Ist nur ein Wahlvorschlag eingereicht und zugelassen, so gelten die darin aufgeführten Personen als gewählt, ohne dass es einer Wahlhandlung bedarf.

Der Vorstand

Präsident

Der Vorstand der Handwerkskammer setzt sich zusammen aus dem Vorsitzenden (Präsidenten), zwei Stellvertretern (Vizepräsidenten, von denen einer ein Geselle oder ein anderer Arbeitnehmer mit einer abgeschlossenen Berufsausbildung sein muss) und so vielen weiteren Vorstandsmitgliedern, wie die Satzung bestimmt.

Vertretung der Handwerkskammer

Auch von diesen weiteren Vorstandsmitgliedern sind zwei Drittel Vertreter der zulassungspflichtigen und zulassungsfreien Handwerke sowie der handwerksähnlichen Gewerbe und ein Drittel Arbeitnehmer. Präsident und Hauptgeschäftsführer vertreten die Kammer gerichtlich und außergerichtlich.

Die Ausschüsse

Die Ausschüsse werden je nach Bedarf von der Vollversammlung, der obligatorische Berufsbildungsausschuss (zur Regelung aller wichtigen Fragen der beruflichen Bildung) unter Mitwirkung der nach Landesrecht zuständigen Behörde errichtet.

Der Hauptgeschäftsführer

Der Hauptgeschäftsführer führt die laufenden Verwaltungsgeschäfte der Handwerkskammer.

Er wird dabei von den Bediensteten gemäß Geschäftsverteilungsplan unterstützt.

Beiträge

Beiträge zur Handwerkskammer muss jeder Inhaber eines Betriebes des Handwerks und eines handwerksähnlichen Gewerbes nach einem von der Vollversammlung beschlossenen und von der Aufsichtsbehörde (in der Regel das Wirtschaftsministerium) genehmigten Beitragsmaßstab entrichten. Der Jahresbeitrag setzt sich in der Regel zusammen aus einem Grundbeitrag und einem Zusatzbeitrag, der in einem bestimmten Prozentsatz des Gewerbeertrages bzw. des Gewinns aus Gewerbebetrieb besteht. Die Handwerkskammer kann auch Sonderbeiträge erheben. Zusammensetzung Sonderbeiträge

Für Existenzgründer mit einem Gewinn unter 25.000,00 EUR gelten in den ersten 4 Jahren Sonderregelungen. Personen, die selbstständig eine unwesentliche Teiltätigkeit eines zulassungspflichtigen Handwerks als gewerbliche Tätigkeit ausüben, bleiben bis zu einem Jahresgewinn von 5.200,00 EUR beitragsfrei. Existenzgründer

Aufsicht

Die Aufsicht über die Handwerkskammer führt die oberste Landesbehörde, das ist in der Regel das jeweilige Wirtschaftsministerium.

Landesinnungsverband

Rechtsform

Der Landesinnungsverband ist der freiwillige Zusammenschluss der Fachinnungen in einem Bundesland. Er ist eine juristische Person des Privatrechts.

Aufgaben

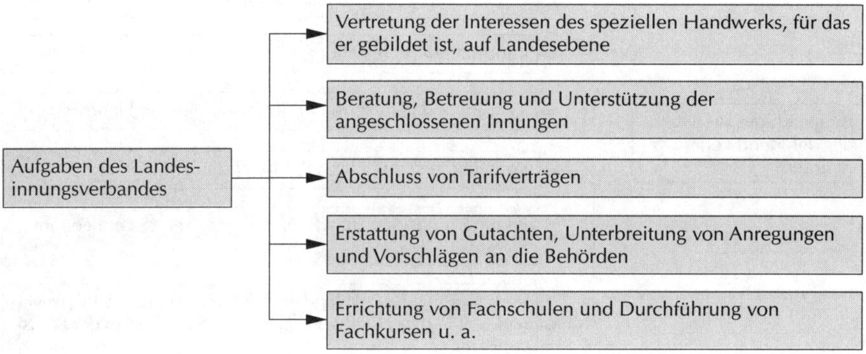

Abbildung 94

Die Verbandsversammlung

Die Verbandsversammlung setzt sich zusammen aus den Vertretern der Mitgliedsinnungen und soweit satzungsmäßig vorgesehen aus Einzelmitgliedern.

Der Vorstand

Vorsitzender des Vorstandes ist der Landesinnungsmeister. Landesinnungsmeister

Die Ausschüsse

Die Ausschüsse werden von der Verbandsversammlung eingesetzt (zum Beispiel Tarifausschuss).

Beiträge

Bemessungsgrundlagen

Beiträge zum Landesinnungsverband entrichten die Mitgliedsinnungen entsprechend ihrer Mitgliederzahl oder nach anderen Bemessungsgrundlagen.

Bundesinnungsverband

Der Bundesinnungsverband ist der freiwillige Zusammenschluss der Landesinnungsverbände, die für ein bestimmtes Handwerk bestehen. Er ist eine juristische Person des Privatrechts.

Bundesinnungsmeister

Seine Hauptaufgabe ist die Vertretung der Interessen des speziellen Handwerks, für das er gebildet ist, auf der Bundesebene. Der Vorsitzende des Vorstandes heißt Bundesinnungsmeister. Im Übrigen gelten für ihn die Bestimmungen über den Landesinnungsverband entsprechend.

Sonstige Handwerksorganisationen

Handwerksjunioren

Organisationsstruktur

Der Verband der Junioren des Handwerks ist eine Nachwuchsorganisation, in der junge Handwerker bis zu einer Altersgrenze von 40 Jahren Mitglied werden können. Die Organisationsstruktur umfasst in der Regel die Kreis-, Landes- und Bundesebene. Die Dachorganisation ist der Bundesverband der Junioren des Handwerks e.V.

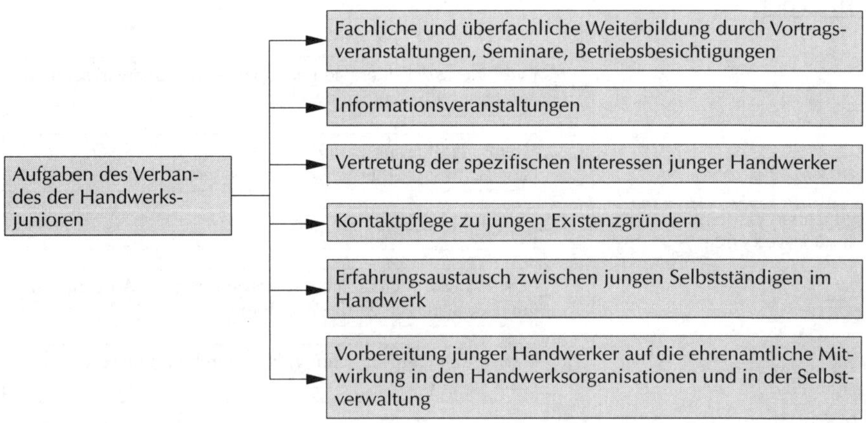

Abbildung 95

Vereine der Meister- bzw. Unternehmerfrauen im Handwerk

Die Mitglieder der Vereinigungen der Meisterfrauen sind mitarbeitende Ehefrauen in Handwerksbetrieben oder selbstständige Meisterinnen im Handwerk.

Die Vereine auf regionaler Ebene bilden in der Regel Landesverbände. Die Landesverbände sind Mitglieder im Bundesverband der Unternehmerfrauen im Handwerk e.V. Deutschland.

Aufgaben

Ziele und Aufgaben:

- Interessenvertretung der spezifischen Belange der Meisterfrauen
- auf die Bedürfnisse der Meisterfrauen zugeschnittene Bildungsmaßnahmen
- Vortragsveranstaltungen
- Studienreisen
- gesellschaftspolitisches Engagement für die Frauen im Handwerk
- Kontakt zu den anderen Handwerksorganisationen.

Gesellenvereinigungen

Gesellenvereinigungen sind Zusammenschlüsse von Gesellen im Handwerk. Sie sind in der Regel nach örtlichen, beruflichen oder konfessionellen Zielsetzungen strukturiert.

Aufgaben

In erster Linie sind hier die Gesellenzusammenschlüsse des Kolpingwerks und der evangelischen Handwerkervereine zu nennen, die ihre Arbeit für die Mitglieder an Maßnahmen zur persönlichen und beruflichen Lebensbewältigung auf christlicher Grundlage orientieren. Einen breiten Raum der Tätigkeit nehmen Bildungsmaßnahmen ein.

2.1.3.3 Beratungsdienste der Handwerksorganisationen für die Mitgliedsbetriebe – Handwerksförderung

Beratungsdienste als Teilbereiche der Handwerks- und Gewerbeförderung, Aufgaben und Träger der Handwerksförderung

Die Gewerbe- und Handwerksförderung hat die Aufgabe, zur Erhaltung und Verbesserung des Leistungsstandes und der Leistungsfähigkeit des Handwerks beizutragen. Sie soll ferner betriebsgrößenbedingte Wettbewerbsnachteile ausgleichen. Sie gibt den Betrieben eine wichtige Hilfe zur Selbsthilfe.

Technische und wirtschaftliche Entwicklung

Die Notwendigkeit einer ständigen Anpassung der Betriebe an die technische und wirtschaftliche Entwicklung verlangt von Betriebsinhabern und Mitarbeitern:

- handwerkliches Können
- fachtheoretische Kenntnisse
- betriebswirtschaftliche Kenntnisse
- Handlungskompetenz.

Durch die Gewerbeförderung erhalten alle im Handwerk Tätigen Gelegenheit, ihre Kenntnisse fortlaufend zu erweitern. Die Handwerksbetriebe werden durch zahlreiche Förderungsmaßnahmen in die Lage versetzt, wettbewerbsfähig zu werden und zu bleiben.

Träger

Die wesentlichen Träger der Gewerbe- und Handwerksförderung sind die Handwerksorganisationen, also:
- Handwerkskammern,
- Innungen,
- Landes-, Bundesinnungsverbände.

<u>Maßnahmen der Handwerksförderung</u>

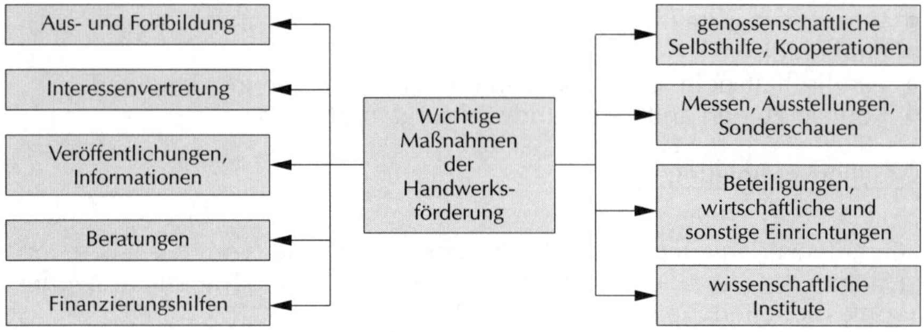

Abbildung 96

Bevor die Beratungsleistungen im Einzelnen dargestellt werden, sind noch zwei wichtige Bereiche der Handwerksförderung zu erwähnen.

Messen

- <u>Messen, Ausstellungen, Sonderschauen</u>

Messen/Ausstellungen sind Veranstaltungen mit wichtiger Barometer- und Signalfunktion. Sie gewinnen für das Handwerk durch Öffnung zusätzlicher Märkte insbesondere in Europa noch mehr an Bedeutung.

Abbildung 97

Internationale Handwerksmesse

Die Leitmesse des deutschen Handwerks und größte Messe des Handwerks und der Zulieferindustrie für das Handwerk auf der ganzen Welt ist die Internationale Handwerksmesse in München.

Ziele

Mit den Messeveranstaltungen sollen folgende Ziele erreicht werden:
- Absatzförderung für Produkte und Dienstleistungen der Handwerker
- Beschaffungs- und Einkaufsmöglichkeiten für das Handwerk
- Anbahnung internationaler Geschäftsbeziehungen und Kooperationen
- Informationsbörse für Handwerksbetriebe und Verbraucher
- Image- und Nachwuchswerbung für das Handwerk
- Förderung der Kooperation der Betriebe im Handwerk und zwischen Industrie und Handwerk
- Forum für Rahmenveranstaltungen wie Fachtagungen und Kongresse
- Forum für handwerkspolitische Dialoge.

- Wissenschaftliche Institute

Zur wissenschaftlichen Untersuchung der Handwerkswirtschaft und zur wissenschaftlichen Förderung des Handwerks wird handwerks- oder mittelstandsbezogene Forschung betrieben. Handwerksforschung

Die umfassendste Handwerksforschung erfolgt durch das Deutsche Handwerksinstitut (DHI).
Wichtige Forschungsbereiche des Deutschen Handwerksinstituts sind:
- Handwerkswirtschaft
- berufliche Bildung
- Management
- Handwerkstechnik
- Recht
- Steuern.

Die wissenschaftlichen Forschungsergebnisse werden ausgewertet und gewerbefördernden und handwerkspolitischen Entscheidungen und Maßnahmen zugrunde gelegt. Ferner werden zahlreiche Forschungsergebnisse des DHI zur Stärkung der Wettbewerbsfähigkeit in den Handwerksbetrieben umgesetzt. Umsetzung

Die einzelnen Forschungsinstitute des DHI sind: Einzelne Forschungsinstitute
- Forschungsinstitut für Berufsbildung im Handwerk an der Universität zu Köln
- Volkswirtschaftliches Institut für Mittelstand und Handwerk an der Universität Göttingen
- Heinz-Piest-Institut für Handwerkstechnik an der Universität Hannover
- Institut für Technik der Betriebsführung im Handwerk, Karlsruhe
- Ludwig-Fröhler-Institut für Handwerkswissenschaften, Abteilung für Handwerkswirtschaft, München
- Ludwig-Fröhler-Institut für Handwerkswissenschaften, Abteilung für Handwerksrecht, München
- Institut für Kunststoffverarbeitung in Industrie und Handwerk an der Rheinisch-Westfälischen Technischen Hochschule Aachen e. V.

Beratungsangebote und Leistungen im Einzelnen

Betriebswirtschaftliche Beratung

> Zur betriebswirtschaftlichen Beratung der Handwerksbetriebe bestehen bei allen Handwerkskammern überfachliche und bei zahlreichen Landes- und Bundesinnungsverbänden fachliche Betriebsberatungsstellen.

Die wichtigsten Aufgaben bzw. Beratungsgebiete sind: Beratungsgebiete
- Unternehmensführung
- Existenzgründung und alle damit zusammenhängenden Fragen, wie zum Beispiel Rechtsform, Standortwahl, Finanzierung, Planung
- Betriebsübernahme/Nachfolgeregelung/Betriebsbörse
- Organisation des Rechnungswesens (Buchführung, Kostenrechnung, Auswertung, Controlling)
- Investitionen und Finanzierung, Finanzplanung, Kapitalbeschaffung, spezielle Finanzierungshilfen, Handwerksförderungsprogramme
- Marktanalysen, Marketing/Vertrieb

- Messebeteiligungen
- Kooperationsmöglichkeiten
- Personalwesen
- Arbeitsvorbereitung (REFA)
- Betriebsanalysen, Wirtschaftlichkeitsuntersuchungen, Rentabilitätsberechnungen, Verlustquellenforschung, Schwachstellenanalysen.

In einer modernen Volkswirtschaft kann ein Handwerksbetrieb nur wettbewerbsfähig sein und bleiben, wenn er über eine gute betriebswirtschaftliche Organisation verfügt. Deshalb sollte sich der Betriebsinhaber bei Bedarf von der betriebswirtschaftlichen Beratungsstelle seiner Berufsorganisation beraten lassen.

Freiberufliche Beratung

Auf dem Sektor der Betriebsberatung sind auch freiberufliche Berater tätig. Wichtige Beratungsgebiete sind:

- Existenzgründung
- Existenzaufbau
- Marketing
- Umweltschutz
- Energieeinsparung
- wirtschaftliche und organisatorische Probleme der Unternehmensführung
- Personalwesen.

Zuschüsse

Der Bundesminister für Wirtschaft und Technologie gewährt Zuschüsse für die Beratungskosten.

Über Einzelheiten der Auswahl des richtigen Beraters und der Förderungsvoraussetzungen sollte sich der Handwerksbetriebsinhaber vorab beim Betriebsberater seiner Handwerkskammer beraten lassen.

<u>Technische Betriebsberatung</u>

> Die technische Betriebsberatung und die Technologietransferberatung werden von Handwerkskammern und Fachverbänden durchgeführt.

Aufgaben technischer Betriebsberatung sind u. a.:

- technische Betriebsplanung
- Betriebsstätte, Betriebseinrichtung
- Verfahrenstechnik
- Produktinnovationen
- Fertigungswirtschaft
- Qualitätssicherung, Qualitätsmanagement
- technischer Umweltschutz
- CE-Kennzeichnung von Produkten nach EG-Richtlinien
- Verwertung von Erfindungen
- Technologietransfer
- Zulieferfragen.

Nach verschiedenen Technologieberatungsprogrammen können auch freiberuflich tätige Unternehmensberater beauftragt werden. Wegen des Förderumfangs und des Antragsverfahrens sollten sich die Betriebsinhaber vor Erteilung des Beratungsauftrags mit dem technischen Betriebsberater einer Handwerksorganisation in Verbindung setzen.

EDV-Beratung/neue Medien

Bereiche der EDV-Beratung sind:
- EDV im betrieblichen Rechnungswesen
- Analyse der betrieblichen Anforderungen
- EDV-Geräte
- EDV-Programme
- Anwendungsgebiete
- Einsatz des Internets in Werkstatt und Büro.

Beratung in Fragen der Außenwirtschaft

Die von den meisten Handwerkskammern betriebenen Exportberatungsstellen unterstützen in Zusammenarbeit mit verschiedenen Kontaktstellen im Ausland eine wachsende Zahl von exportwilligen und exportfähigen Handwerksbetrieben beim Absatz ihrer Produkte und Dienstleistungen auf ausländischen Märkten. Träger

Aufgaben der Exportberatungsstellen sind vor allem:
- Formalitäten der Importländer
- Zahlungsbedingungen, Devisen- und Zollvorschriften
- Vermittlung von Geschäftsverbindungen für Einkauf und Verkauf
- Exportfinanzierung
- Werbebroschüren, Exportkataloge
- Beteiligung an Ausstellungen und Messen im Ausland.

EU-Beratung

Aufgaben der EU-Beratung sind:
- Rahmenbedingungen (Vorschriften)
- Normen
- Kooperationsmöglichkeiten
- Absatzchancen (Qualität, Einfallsreichtum, Zuverlässigkeit, Serviceleistungen)
- EU-weite, öffentliche Ausschreibungen
- Förderprogramme der EU, des Bundes und der Länder.

Informationsberatung, Informationsvermittlungsstellen

Der Bedarf an Information und deren geeigneter Vermittlung nimmt auch im Handwerk laufend zu. Informationsbedarf

Um den Handwerksbetrieben dabei zu helfen, haben einzelne Handwerkskammern Informationsvermittlungsstellen geschaffen.

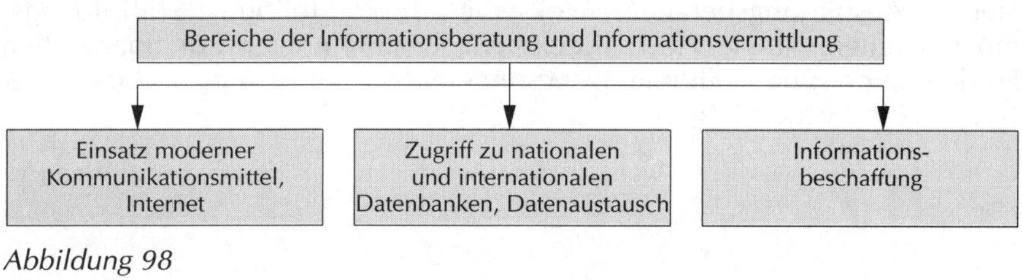

Abbildung 98

Umweltschutzberatung

Der Umweltschutz berührt den Handwerksbetrieb in zweifacher Hinsicht:

Betroffener
Problemlöser

- als von Umweltschutzvorschriften Betroffener
- als Problemlöser bei der Umsetzung des Umweltschutzes.

Umweltschutzberater bei Handwerkskammern, Fachverbänden und staatlichen bzw. kommunalen Beratungsstellen beraten den Handwerker auf beiden genannten Gebieten. Sie unterstützen ferner Handwerksbetriebe bei der Teilnahme am EMAS (Umwelt-Management-System) und anderen Umweltprüfungen.

Beratung in Formgebung und Formgestaltung

Zur Steigerung der kulturellen Leistungsfähigkeit des Handwerks und zur bestmöglichen Gestaltung von Handwerksprodukten tragen die Formgebungsberatungsstellen der Handwerksorganisationen, insbesondere der Handwerkskammern, bei.

Hauptaufgaben der Formgebungsberatung sind:

- Aufklärung über die kulturelle Bedeutung des Handwerks
- Herausstellung der Wertarbeit
- verkaufswirksame Gestaltung handwerklicher Produkte
- Mitwirkung bei Ausstellungen und Messen
- moderne Gestaltung von Produkten/Design.

Rechtsberatung

Die engmaschige Gesetzgebung hat einen großen Beratungsbedarf bei der Rechtsberatung entstehen lassen. Die Handwerksorganisationen (Handwerkskammern und Verbände) geben ihren Mitgliedern auf allen einschlägigen Rechtsgebieten Auskunft.

Wichtige Gebiete:

- Zivilrecht
- öffentliches Recht
- Arbeitsrecht
- Sozialversicherungsrecht, Versicherungsfragen
- Steuerrecht (nur Spezialfragen).

Sonstige Beratungsbereiche

Beratung durch die Handwerksorganisationen erfolgt ferner durch die Ausbildungsberatung und die Fortbildungsberatung der Handwerkskammern. (Siehe auch Abschnitte 1.5.2.1 „Handwerkskammer als zuständige Stelle – Ausbildungsberater", 7.5.2 „Ziele der Fortbildung, Fortbildungsmöglichkeiten" sowie 7.5.7 „Rechtliche Bestimmungen zur finanziellen Förderung der Berufsbildung, insbesondere der Fortbildung" in Band 3 der Neuen Handwerker-Fibel.)

2.1.3.4 Bezug der Handwerksorganisationen zu anderen Wirtschafts-, Arbeitgeber- und Arbeitnehmerorganisationen

Industrie- und Handelskammern

Die Industrie- und Handelskammern sind Körperschaften des öffentlichen Rechts.

Ihr gehören alle Gewerbetreibenden (Schwerpunkt Industrie und Handel) im Kammerbezirk an, ausgenommen Inhaber eines Betriebes eines Handwerks und eines handwerksähnlichen Gewerbes und zur Handwerkskammer gehörende Personen, die eine unwesentliche Teiltätigkeit eines zulassungspflichtigen Handwerks ausüben.

Aufgaben

Ihre Aufgaben beziehen sich auf die Wahrnehmung der Gesamtinteressen ihrer Mitglieder und die Förderung der gewerblichen Wirtschaft.
Die Aufgaben der Industrie- und Handelskammern sind in einigen Bereichen in etwa mit denen der Handwerkskammern vergleichbar.

Dachorganisation

Die Dachorganisation der Industrie- und Handelskammern auf Bundesebene ist der Deutsche Industrie- und Handelskammertag (DIHK).

Zwischen den Industrie- und Handelskammern und den Handwerkskammern gibt es einige Bereiche der Zusammenarbeit u. a. bei:

- der Vertretung der Interessen der gesamten Wirtschaft regional und überregional
- Grundsatzfragen der Wirtschafts- und Mittelstandspolitik sowie der Bildungspolitik
- der regionalen Wirtschaftsförderung
- der Stadt- und Landesentwicklung
- der Regionalplanung
- der Öffentlichkeitsarbeit für die gesamte Wirtschaft
- der Schaffung von Infrastrukturmaßnahmen im Messewesen
- der Konzipierung von staatlichen Förderungsprogrammen für die Wirtschaft
- der Beteiligung an wirtschaftsfördernden Einrichtungen
- der Aus-, Fort- und Weiterbildung
- den beruflichen Aus- und Fortbildungsprüfungen
- der Abwicklung von Fragen des Sachverständigenwesens
- der Klärung von gewerbe- und handwerksrechtlichen Fragen.

Wirtschaftsverbände

Wirtschaftsverbände sind Vereinigungen von Unternehmen im gleichen fachlichen Wirtschaftszweig. Die Mitgliedschaft ist freiwillig.

Nach außen vertreten die Wirtschaftsverbände die gemeinsamen wirtschaftlichen Interessen ihrer Mitglieder gegenüber Staat, Gesellschaft und Öffentlichkeit sowie gegenüber anderen Wirtschaftszweigen. Nach innen fördern sie ihre Mitglieder insbesondere durch Beratung auf verschiedenen Gebieten.

Arbeitgeberverbände

Arbeitgeberverbände sind freiwillige Zusammenschlüsse von Arbeitgebern zur Wahrnehmung gemeinsamer arbeitsrechtlicher und sozialpolitischer Interessen. Sie schließen Tarifverträge mit Tarifparteien (in der Regel mit den Gewerkschaften) ab.

Arbeitgeberverbände des Handwerks

Die Arbeitgeberverbände des Handwerks sind Innungen, Landes- und Bundesinnungsverbände. Sie kooperieren teilweise mit den Arbeitgeberverbänden anderer Wirtschaftszweige und sind meist direkt oder indirekt über Vereinigungen von Fachverbänden des Handwerks auf Landes- oder Bundesebene Mitglied der Zusammenschlüsse der Arbeitgeberverbände.
Die Zusammenarbeit erstreckt sich insbesondere auf gemeinsame Interessen der Tarifpolitik, der Arbeitsbedingungen, der arbeitsrechtlichen und sozialpolitischen Gesetzgebung und damit zusammenhängender Beratungsleistungen.

Dachorganisationen

Die bedeutenden Verbände haben sich auf Bundesebene zu Dachorganisationen zusammengeschlossen. Die wichtigsten sind:
- Bundesverband der Deutschen Industrie (BDI)
- Bundesvereinigung der Deutschen Arbeitgeberverbände (BDA).

Die vier wichtigsten Spitzenverbände der gesamten deutschen Wirtschaft sind:

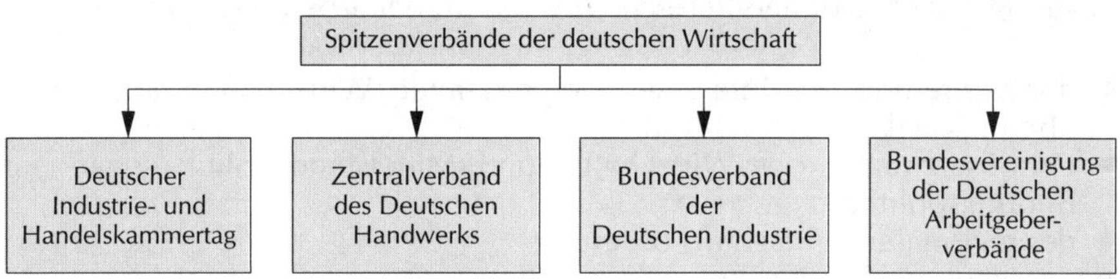

Abbildung 99

Diese vier Spitzenverbände und einige andere relevante Spitzenverbände der Wirtschaft arbeiten im Gemeinschaftsausschuss der deutschen gewerblichen Wirtschaft zusammen.

Gemeinschaftsausschuss

Der Gemeinschaftsausschuss hat die Aufgabe, wirtschaftspolitische Angelegenheiten von grundsätzlicher Bedeutung zu beraten, um gemeinsame Auffassungen aller Mitgliedsverbände und damit der Wirtschaft als Ganzes einheitlich nach außen zu vertreten. Dabei hat auch das Handwerk durch die Mitgliedschaft des ZDH im „Gemeinschaftsausschuss" die Möglichkeit, seine wirtschaftspolitischen Vorstellungen einzubringen.

Gewerkschaften

Die Gewerkschaften sind Vereinigungen von Arbeitnehmern zur Verbesserung der wirtschaftlichen und sozialen Lebensbedingungen der Arbeitnehmer und dabei Interessenvertreter gegenüber Staat, Gesellschaft und Arbeitgebern. Die Mitgliedschaft ist freiwillig.

Aufgaben

Wichtige Aufgaben sind u.a.
- Einflussnahme auf die Wirtschafts-, Sozial- und Gesellschaftspolitik
- Erreichen günstiger Arbeitsbedingungen, Löhne und Gehälter für ihre Mitglieder durch Abschluss von Tarifverträgen
- Sicherung der Mitwirkungsrechte der Arbeitnehmer
- Beratung, Betreuung und Vertretung ihrer Mitglieder in sozial- und arbeitsrechtlichen Angelegenheiten
- Durchführung von Bildungsmaßnahmen.

Organisatorischer Aufbau

Die Gewerkschaften sind fachlich nach Einzelgewerkschaften organisiert. Die Einzelgewerkschaften bilden auf Bundesebene den Deutschen Gewerkschaftsbund (DGB) mit seinen Landesbezirken.
Daneben gibt es den Christlichen Gewerkschaftsbund (CGB) und den Deutschen Beamtenbund (DBB).

Zwischen den Gewerkschaften und den von ihnen entsandten Vertretern einerseits sowie den verschiedenen Handwerksorganisationen andererseits gibt es u.a. folgende wichtige Berührungspunkte bzw. Bereiche der Zusammenarbeit:
- Abschluss von Tarifverträgen
- Arbeitnehmermitwirkung in Einrichtungen der Selbstverwaltung der Wirtschaft und in den Trägern der Sozialversicherung sowie der Arbeitsverwaltung usw.
- bei der Erarbeitung von Ausbildungs- und Fortbildungsvorschriften
- bei der laufenden Arbeit in den Gremien der Handwerkskammern und beim Deutschen Handwerkskammertag
- in den Prüfungsausschüssen der Innungen und Handwerkskammern
- in Berufsschulbeiräten.

Übungs- und Prüfungsaufgaben

1. Wie wirken die volkswirtschaftlichen Produktionsfaktoren zusammen?

„Siehe Seite 205 des Textteils!"

2. Unter Brutto-Inlandsprodukt versteht man

☐ a) alle in einem Wirtschaftsgebiet produzierten Güter und Dienstleistungen.
☐ b) alle Bar- und Sachleistungen der gesetzlichen Krankenversicherung.
☐ c) nur die Sachleistungen der gesetzlichen Krankenversicherung.
☐ d) alle Leistungen der gesetzlichen Sozialversicherungszweige.
☐ e) das Wirtschaftswachstum in einer Volkswirtschaft, bezogen auf die Leistungen pro Arbeitskraft.

„Siehe Seite 206 des Textteils!"

3. Was wissen Sie über die Verwendung des Brutto-Inlandsprodukts?

„Siehe Seite 206 des Textteils!"

4. Unter Währung versteht man

☐ a) die Kaufkraft des Geldes, bezogen auf den Gütervorrat in einer Wirtschaft.
☐ b) das in einer Volkswirtschaft umlaufende Metallgeld.
☐ c) das in einer Volkswirtschaft umlaufende Papiergeld.
☐ d) die Ordnung des Geldwesens eines Landes oder eines Wirtschaftsgebietes sowie die Wertbeziehungen und den Zahlungsverkehr zu anderen Ländern.
☐ e) den geldlichen Bereich der Wirtschaftspolitik.

„Siehe Seite 207 des Textteils!"

5. Welche wichtigen Aufgaben hat die Europäische Zentralbank (EZB)?

„Siehe Seite 208 des Textteils!"

6. Wovon hängt die Kaufkraft des Geldes unter anderem ab?

„Siehe Seite 208 des Textteils!"

7. Stellen Sie die wichtigsten geldpolitischen Instrumente der Europäischen Zentralbank (EZB) dar!

„Siehe Seite 208 des Textteils!"

8. Beschreiben Sie die wesentlichen Merkmale der Wirtschaftssysteme!

„Siehe Seite 209 des Textteils!"

9. Wesentliche Elemente einer sozialen Marktwirtschaft sind

☐ a) umfassende Investitionslenkung in allen Bereichen durch den Staat und die sonstigen Gebietskörperschaften öffentlichen Rechts.
☐ b) weitgehende Verstaatlichung der Grundstoffgüterindustrie und geringes Eigentum an Produktionsmitteln.
☐ c) Verstaatlichung des gesamten Bankensystems und eingehende Regelung der Zinspolitik durch die Bundesregierung.
☐ d) weitgehende Einschränkung der Tarifautonomie der Sozialpartner sowie Lenkung der Berufswahl und Berufsausübung.
☐ e) freie Marktpreisbildung, freies Unternehmertum und Freiheit des selbstständigen wirtschaftlichen Handelns.

„Siehe Seite 210 des Textteils!"

10. Die zentralen Aufgaben der staatlichen Wirtschaftspolitik in der sozialen Marktwirtschaft sind:

☐ a) Maßnahmen zum bestmöglichen Einsatz der Produktionsfaktoren Arbeit, Rohstoffe und Kapital.
☐ b) Die Einrichtung von staatlichen Unternehmensberatungsstellen zur Förderung von Rationalisierungsmaßnahmen.
☐ c) Die Verteilung des Sozialprodukts für Verbrauchs- und Investitionszwecke sowie für den Staatsverbrauch.
☐ d) Die Erreichung von Vollbeschäftigung, Wirtschaftswachstum, Preisstabilität und außenwirtschaftlichem Gleichgewicht.
☐ e) Einflussnahme auf Preisbildung, Lohn- und Tarifpolitik sowie auf die Führung großer Unternehmen.

„Siehe Seite 210 des Textteils!"

11. Welche volkswirtschaftlichen Aufgaben hat das Handwerk in erster Linie?

☐ a) Nur noch Facharbeiter für die Industrie auszubilden.
☐ b) Den individuellen Bedarf an Gütern und Leistungen zu befriedigen.
☐ c) Eine große Masse gleichförmiger Güter herzustellen, die dem täglichen Bedarf dienen.
☐ d) Rohstoffe zu gewinnen und zu verarbeiten.
☐ e) Der Industrie Vorleistungen zu erbringen.

„Siehe Seite 211 des Textteils!"

12. Stellen Sie Schwerpunkte der handwerklichen Leistungsstruktur dar!

„Siehe Seite 211 des Textteils!"

13. Beschreiben Sie die wichtigsten wirtschaftlichen Funktionen und Bereiche, in denen das Handwerk tätig ist!

„Siehe Seite 212 des Textteils!"

14. Wo liegen heute die Hauptprobleme des Handwerks?

„Siehe Seite 216 des Textteils!"

15. Sie sind Inhaber eines Handwerksbetriebes und stellen in Ihrer Arbeit fortlaufend fest, wie sich die Strukturen unserer Wirtschaft im Allgemeinen und im Handwerk im Besonderen verändern. Um den Herausforderungen des technischen und wirtschaftlichen Strukturwandels zu begegnen, sind Maßnahmen zu dessen Bewältigung im Wesentlichen auf drei Aktionsfeldern notwendig.

Aufgabe: Stellen Sie einige Maßnahmen dar, die Sie für erforderlich halten,

a) im Bereich der Handwerksbetriebe
b) durch die Handwerksorganisationen
c) durch den Staat!

„Siehe Seite 217 des Textteils!"

16. Wo liegen in der Zukunft die günstigsten Entwicklungschancen für das Handwerk?

„Siehe Seite 217 des Textteils!"

17. Beschreiben Sie die Hauptgebiete der Tätigkeit von Handwerk und Industrie und schildern Sie die im Wege der Arbeitsteilung bestehenden Verknüpfungen von Handwerk und Industrie!

„Siehe Seite 218 des Textteils!"

18. Warum ist eine große Zahl von selbstständigen, eigenverantwortlich und wirtschaftlich unabhängig handelnden Handwerksunternehmern für das Funktionieren der Marktwirtschaft und für die Sicherung einer demokratischen Staats- und Gesellschaftsordnung so wichtig?

„Siehe Seite 219 des Textteils!"

19. Worin besteht der Beitrag des Handwerks zur Formgebung und zur Schaffung und Erhaltung von Kulturgütern?

„Siehe Seite 220 des Textteils!"

20. Als Inhaber eines Handwerksbetriebes wissen Sie, dass die Wahrnehmung und Vertretung der Interessen der Betriebe gegenüber der Politik, den Behörden, den gesellschaftlichen Gruppierungen und der Öffentlichkeit nur durch organisiertes Handeln in Handwerksorganisationen wirksam möglich ist. Deshalb wollen Sie sich einen Überblick über den Aufbau der Handwerksorganisationen verschaffen.

Aufgabe: Erstellen Sie eine Übersicht über den Aufbau der gesamten Handwerksorganisationen!

„Siehe Seiten 220 und 220 des Textteils!"

21. Wie baut sich die fachliche Organisation auf?

☐ a) Innung, Kreishandwerkerschaft, Handwerkskammer
☐ b) Kreishandwerkerschaft, Handwerkskammer, Landesinnungsverband
☐ c) Innung, Landesinnungsverband, Zentralverband des Deutschen Handwerks
☐ d) Innung, Landesinnungsverband, Bundesinnungsverband
☐ e) Innung, Handwerkskammer, Deutscher Handwerkskammertag.

„Siehe Seite 220 des Textteils!"

22. Wie baut sich die regionale Organisation auf?

☐ a) Kreishandwerkerschaft, Landesinnungsverband, Bundesinnungsverband
☐ b) Innung, Handwerkskammer, Zentralverband des Deutschen Handwerks
☐ c) Kreishandwerkerschaft, Handwerkskammer
☐ d) Innung, Kreishandwerkerschaft, Handwerkskammer
☐ e) Innung, Landesinnungsverband, Bundesinnungsverband.

„Siehe Seite 220 des Textteils!"

23. Die oberste Spitzenorganisation des gesamten deutschen Handwerks nennt sich

☐ a) Gesamtverband des Deutschen Handwerks.
☐ b) Zentralverband des Deutschen Handwerks.
☐ c) Deutscher Handwerkstag.
☐ d) Bundesverband des Deutschen Handwerks.
☐ e) Deutscher Handwerkskammertag.

„Siehe Seite 221 des Textteils!"

24. Die Handwerksinnung ist

☐ a) der freiwillige Zusammenschluss von Inhabern von Betrieben des gleichen zulassungspflichtigen Handwerks oder des gleichen zulassungsfreien Handwerks.
☐ b) der zwangsweise Zusammenschluss von Inhabern von Betrieben des gleichen zulassungspflichtigen Handwerks oder des gleichen zulassungsfreien Handwerks.
☐ c) der freiwillige Zusammenschluss von selbstständigen und unselbstständigen Handwerkern eines bestimmten Handwerks in einem bestimmten Bereich.
☐ d) der zwangsweise Zusammenschluss der unter c) genannten Handwerker.
☐ e) eine Einrichtung der gemeinsamen Selbsthilfe von Arbeitgebern und Arbeitnehmern.

„Siehe Seite 222 des Textteils!"

25. Welche Rechtsform hat die Handwerksinnung?

☐ a) Sie ist eine Handwerkergenossenschaft.
☐ b) Sie ist ein nicht rechtsfähiger Verein.
☐ c) Sie ist ein im Vereinsregister eingetragener rechtsfähiger Verein.
☐ d) Sie ist eine Körperschaft des öffentlichen Rechts.
☐ e) Sie ist eine Gesellschaft des bürgerlichen Rechts.

„Siehe Seite 222 des Textteils!"

26. Sie sind als Inhaber eines Handwerksbetriebes noch nicht Mitglied der zuständigen Innung. In einem Schreiben des Obermeisters wurden Sie aufgefordert, Mitglied der Innung zu werden. Bevor Sie eine Entscheidung über die Mitgliedschaft, die ja freiwillig ist, treffen, wollen Sie sich einen möglichst vollständigen Überblick darüber verschaffen, welche Aufgaben die Innung hat bzw. was sie für die Mitglieder tut.

Aufgabe: Stellen Sie die Aufgaben der Innung dar!

„Siehe Seite 222 des Textteils!"

27. Woher bekommt die Innung die finanziellen Mittel, die sie zur Erfüllung ihrer Aufgaben benötigt?

☐ a) Von den Innungsmitgliedern, die Beiträge an die Innung zahlen müssen.
☐ b) Von allen Inhabern von Betrieben des gleichen zulassungspflichtigen Handwerks oder des gleichen zulassungsfreien Handwerks.
☐ c) Von der Kreishandwerkerschaft.
☐ d) Von der Handwerkskammer.
☐ e) Vom Staat aus Gewerbeförderungsmitteln.

„Siehe Seite 223 des Textteils!"

28. Die Kreishandwerkerschaft ist

☐ a) der Zusammenschluss der Handwerksinnungen, die in einem Landkreis bestehen.
☐ b) der Zusammenschluss aller in einem bestimmten Landkreis ansässigen selbstständigen Handwerker.
☐ c) der Zusammenschluss einiger selbstständiger Handwerker zu einem Arbeitskreis.
☐ d) der Zusammenschluss von älteren Handwerksmeistern, die seit mehr als 25 Jahren selbstständig sind.
☐ e) der Zusammenschluss der Gesellen in einem Stadt- oder Landkreis.

„Siehe Seite 224 des Textteils!"

29. Welche Rechtsform hat die Kreishandwerkerschaft?

☐ a) Nicht rechtsfähiger Verein
☐ b) Personengesellschaft
☐ c) Kapitalgesellschaft
☐ d) Rechtsfähiger Verein
☐ e) Körperschaft des öffentlichen Rechts.

„Siehe Seite 224 des Textteils!"

30. Welches ist die wichtigste Aufgabe der Kreishandwerkerschaft?

☐ a) Durchführung von geselligen Veranstaltungen von Handwerkern
☐ b) Durchführung von Aufgaben der Handwerkskammer als deren Außenstelle
☐ c) Rechtsaufsicht über die Innungen
☐ d) Wahrnehmung der Interessen des Gesamthandwerks im Kreishandwerkerschaftsbezirk
☐ e) Abschluss von Tarifverträgen.

„Siehe Seite 224 des Textteils!"

31. Die Handwerkskammer ist

☐ a) der freiwillige Zusammenschluss von Inhabern von Betrieben des gleichen zulassungspflichtigen Handwerks oder des gleichen zulassungsfreien Handwerks in einem bestimmten Regierungsbezirk.
☐ b) die gesetzliche Berufsstandsvertretung des Gesamthandwerks im Kammerbezirk (zum Beispiel Regierungsbezirk).
☐ c) der freiwillige Zusammenschluss von selbstständigen und unselbstständigen Handwerkern im Kammerbereich.
☐ d) der zwangsweise Zusammenschluss von selbstständigen und unselbstständigen Handwerkern im Kammerbereich.
☐ e) der freiwillige Zusammenschluss der Arbeitnehmer im Regierungsbezirk.

„Siehe Seite 225 des Textteils!"

32. Die Handwerkskammer hat die Rechtsform

☐ a) einer juristischen Person des Privatrechts.
☐ b) eines nicht rechtsfähigen Vereins.
☐ c) einer BGB-Gesellschaft.
☐ d) einer Körperschaft des öffentlichen Rechts.
☐ e) einer Handwerkergenossenschaft.

„Siehe Seite 225 des Textteils!"

33. Sie haben als selbstständiger Handwerker einen Beitragsbescheid der Handwerkskammer erhalten. Es ist für Sie von Interesse, zu wissen, wofür Sie diesen Pflichtbeitrag leisten, d.h., welche Aufgaben die Handwerkskammer grundsätzlich und für die einzelnen Mitglieder erfüllt.

Aufgabe: Stellen Sie dar, welches die drei Hauptaufgabenbereiche der Handwerkskammer sind!

„Siehe Seite 225 des Textteils!"

34. Beschreiben Sie die wichtigsten Tätigkeitsbereiche der Handwerkskammer als Dienstleistungsunternehmen (Handwerksförderung) für ihre Mitglieder!

„Siehe Seite 226 des Textteils!"

35. Auf welchen Gebieten wird die Handwerkskammer zur Vertretung der Interessen ihrer Mitglieder hauptsächlich tätig?

„Siehe Seite 225 des Textteils!"

36. Welche von den nachstehend aufgeführten Aufgaben gehört <u>nicht</u> zu den gesetzlichen Aufgaben der Handwerkskammer?

☐ a) Vertretung der Interessen des Gesamthandwerks im Kammerbereich
☐ b) Festsetzung von Preisen für handwerklich erzeugte Waren und für handwerkliche Dienstleistungen
☐ c) Beratung aller Handwerker des Kammerbereichs in allen mit dem Handwerk zusammenhängenden Fragen
☐ d) Bestellung und Vereidigung von Sachverständigen für die verschiedenen Handwerke
☐ e) Führung der Handwerksrolle und der Lehrlingsrolle.

„Siehe Seite 226 des Textteils!"

37. Welches ist das oberste Organ der Handwerkskammer?

☐ a) Der Präsident
☐ b) Der Hauptgeschäftsführer
☐ c) Präsident und Hauptgeschäftsführer zusammen
☐ d) Die Mitgliederversammlung (Vollversammlung)
☐ e) Der Gesamtvorstand.

„Siehe Seite 227 des Textteils!"

38. Sind in den wichtigsten Organen der Handwerkskammer auch die Gesellen oder andere Arbeitnehmer mit einer abgeschlossenen Berufsausbildung vertreten?

☐ a) Nein, sie bestehen nur aus selbstständigen Handwerkern.
☐ b) Ja, die Gesellen oder andere Arbeitnehmer mit einer abgeschlossenen Berufsausbildung sind mit 50 % in allen Organen vertreten.
☐ c) Ja, die Gesellen oder andere Arbeitnehmer mit einer abgeschlossenen Berufsausbildung sind mit 20 % in allen Organen vertreten.
☐ d) Ja, ein Viertel der Mitglieder der Vollversammlung, des Vorstandes und des Präsidiums sind Gesellen oder andere Arbeitnehmer mit einer abgeschlossenen Berufsausbildung.
☐ e) Ja, ein Drittel der Mitglieder der Vollversammlung, des Vorstandes und des Präsidiums sind Gesellen oder andere Arbeitnehmer mit einer abgeschlossenen Berufsausbildung.

„Siehe Seite 227 des Textteils!"

39. Welches ist die wichtigste Finanzierungsquelle der Handwerkskammer für die Durchführung ihrer Aufgaben?

☐ a) Alle im Kammerbereich ansässigen Inhaber eines Betriebes eines Handwerks und eines handwerksähnlichen Gewerbes und deren Arbeitnehmer sind verpflichtet, an die Handwerkskammer Beiträge zu bezahlen.
☐ b) Alle Inhaber eines Betriebes eines Handwerks und eines handwerksähnlichen Gewerbes sind verpflichtet, an die Handwerkskammer Beiträge zu bezahlen.
☐ c) Alle Innungen eines Kammerbereichs sind verpflichtet, einen Teil ihrer Einnahmen an die Handwerkskammer abzuführen.
☐ d) Alle benötigten Finanzmittel erhält die Handwerkskammer vom Staat aus Gewerbeförderungsmitteln.
☐ e) Alle Gemeinden des Kammerbereichs sind verpflichtet, einen Teil (10 %) der von ihnen erhobenen Gewerbesteuer an die Handwerkskammer abzuführen.

„Siehe Seite 229 des Textteils!"

40. Stellen Sie wichtige Aufgaben der Landes- und Bundesinnungsverbände dar!

„Siehe Seite 229 f. des Textteils!"

41. Aufgaben der Gewerbeförderung sind

☐ a) die Erhaltung und Verbesserung des Leistungsstandes und der Leistungsfähigkeit des Handwerks.
☐ b) nur die Maßnahmen zur Förderung der beruflichen Aus- und Fortbildung.
☐ c) vorwiegend Maßnahmen zur Förderung des Exports und außenwirtschaftlicher Kontakte.
☐ d) vorwiegend Maßnahmen zur Förderung der zwischenbetrieblichen Kooperation.
☐ e) Pflege von Gemeingeist und Berufsehre im Handwerk.

„Siehe Seite 231 des Textteils!"

42. Wichtigste Träger von Gewerbe- und Handwerksförderungsmaßnahmen sind

☐ a) die Handwerkskammern, Innungen und Verbände.
☐ b) die Handwerkskammern und die Kreishandwerkerschaften.
☐ c) in größtem Umfang der Bundesminister für Finanzen.
☐ d) in größtem Umfang der Bundesminister für Wirtschaft und Technologie.
☐ e) vorwiegend die Gewerbeämter.

„Siehe Seite 232 des Textteils!"

43. Beschreiben Sie die wichtigsten Maßnahmen der Handwerksförderung!

„Siehe Seite 232 des Textteils!"

44. Welche Ziele werden mit der Durchführung von Messeveranstaltungen im Handwerk angestrebt?

„Siehe Seite 232 des Textteils!"

45. Das Handwerk wird wissenschaftlich gefördert

☐ a) durch alle Universitäten in der Bundesrepublik.
☐ b) durch alle Fachhochschulen in der Bundesrepublik.
☐ c) durch alle Fachakademien des Handwerks.
☐ d) in erster Linie durch das Deutsche Handwerksinstitut e. V.
☐ e) nur durch den Bundesminister für Bildung und Wissenschaft.

„Siehe Seite 233 des Textteils!"

46. Sie sind selbstständiger Handwerksmeister und haben die Erfahrung gemacht, dass zur Wahrnehmung der sachgerechten Leitungsfunktion eines modernen und erfolgreichen Handwerksbetriebes die Inanspruchnahme von Beratungsleistungen erforderlich ist. Die Beratungsangebote der Handwerksorganisationen sind neben freiberuflichen Beratungsleistungen, wie z.B. durch Steuerberater und Rechtsanwälte, für Sie die wichtigsten. Damit Sie diese Beratungsleistungen je nach Bedarf in bestmöglicher Weise beanspruchen können, verschaffen Sie sich einen Überblick.

Aufgabe: Erstellen Sie eine Liste über die wichtigsten Beratungsleistungen der Handwerksorganisationen, die Sie in Anspruch nehmen können!

„Siehe Seiten 233 ff. des Textteils!"

47. Stellen Sie die wichtigsten Beratungsangebote der betriebswirtschaftlichen Berater der Handwerkskammer dar!

„Siehe Seite 233 des Textteils!"

48. Welche Möglichkeiten bestehen für einen Handwerksbetrieb, freiberufliche Berater über die Handwerksorganisation in Anspruch zu nehmen?

„Siehe Seite 234 des Textteils!"

49. Welches sind die wichtigsten Organisationen der übrigen gewerblichen Wirtschaft und ihre Aufgaben?

„Siehe Seiten 237 ff. des Textteils!"

50. Beschreiben Sie einige Gebiete, auf denen die Handwerksorganisationen mit den Organisationen der übrigen gewerblichen Wirtschaft zusammenarbeiten (Industrie- und Handelskammern, Wirtschaftsverbände, Arbeitgeberverbände)!

„Siehe Seiten 237 f. des Textteils!"

51. Stellen Sie die Aufgaben der Gewerkschaften dar!

„Siehe Seite 238 des Textteils!"

52. Wo gibt es Berührungspunkte und Felder der Zusammenarbeit zwischen den Handwerksorganisationen und den Gewerkschaften?

„Siehe Seite 239 des Textteils!"

2.2 Marketing

Begriff

Marketing bedeutet die Ausrichtung aller unternehmerischen Entscheidungen am Absatzmarkt. Diese konzentrieren sich insbesondere auf die tatsächlichen und möglichen Bedürfnisse der Kunden, die der einzelne Betrieb in Kaufentscheidungen für die eigenen Produkte und Dienstleistungen umwandeln muss.
Marketing zu betreiben, bedeutet aktive Politik und nicht nur Reaktion auf den Markt.

Ziel

Hauptziel des Marketing ist die Absatzsicherung für die Gegenwart und die Zukunft.

2.2.1 Konzeption des Marketing

Die dynamische Entwicklung der Märkte führt auch für den Handwerksbetrieb dazu, dass ständig Anpassungen und Innovationen vorgenommen werden müssen. Eine marktorientierte Unternehmensführung unter Berücksichtigung aktueller Entwicklungen und Tendenzen auf den für den Betrieb relevanten Märkten ist die Basis für den nachhaltigen Unternehmenserfolg.

Marketingkonzept

Das Marketingkonzept und die Marketingstrategie bilden in diesem Zusammenhang die marktorientierte Stoßrichtung der Unternehmenspolitik. Die Koordination aller zusammenwirkenden Bereiche im Betrieb ist wichtig und für die Umsetzung eines Marketingkonzepts von grundlegender Bedeutung.

Abbildung 100

2.2.2 Analyse des Absatz- und Beschaffungsmarktes

Marktwirtschaft

Im Wirtschaftssystem der Marktwirtschaft ist jedes Unternehmen und somit auch jeder Handwerksbetrieb Teil des Marktes. Um erfolgreich zu sein, hat der Betriebsinhaber täglich eine Reihe bedeutender Entscheidungen zu treffen, die er ohne Kenntnis der Marktzusammenhänge und der dafür erforderlichen Informationen nicht treffen kann.

Die wichtigsten Märkte, die es für den Handwerksbetrieb zu beobachten und zu analysieren gilt, sind der Absatzmarkt und der Beschaffungsmarkt.

Die folgenden Ausführungen beziehen sich schwerpunktmäßig auf die Untersuchung des Absatzmarktes. Der Beschaffungsmarkt wird hauptsächlich in Abschnitt 2.2.4 „Beschaffung" behandelt.

2.2.2.1 Methoden der Marktanalyse und Marktforschung

Hauptziel der Marktanalyse und Marktforschung ist es, Handlungsalternativen für den Betriebsinhaber zu schaffen, die dazu beitragen, die Unternehmensziele zu verwirklichen. Marktanalyse

Die systematische Untersuchung und Beobachtung der Stellung eines Unternehmens im Marktgeschehen stellt eine wichtige Grundvoraussetzung für den nachhaltigen Erfolg dar. Somit kommt der Marktanalyse und der Marktforschung eine zentrale Bedeutung innerhalb des Bereiches Marketing zu und bildet die Grundlage aller Aktivitäten in diesem Bereich.

Die Marktforschung bildet die Grundlage für eine fundierte Marktanalyse. Die Marktanalyse als Zeitpunktbetrachtung ist die Basis für eine fortgesetzte Marktbeobachtung als Zeitraumbetrachtung. Marktforschung
Nur dadurch ist sichergestellt, dass der Betriebsinhaber auf Chancen und Risiken rechtzeitig reagieren kann.

Die für den Handwerksbetrieb in diesem Bereich wichtigsten Elemente und Methoden werden im Weiteren dargestellt.

Informationsbeschaffung

Vor Beginn der Marktanalyse ist es wichtig, ein klares Untersuchungsziel festzulegen. Dieses bildet die Basis für eine gezielte, erfolgreiche Beschaffung der Informationen, die für die Erreichung der Unternehmensziele erforderlich sind. Untersuchungsziel
Die Beschaffung der benötigten Informationen kann auf verschiedene Arten erfolgen:

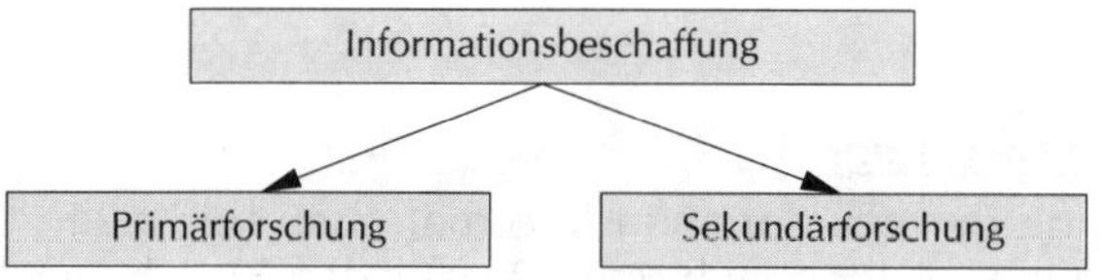

Abbildung 101

Primärforschung

Sekundärforschung

> Die Primärforschung beschäftigt sich mit der möglichst exakten Ermittlung von Meinungen, Einstellungen, Motiven und Wünschen der Kunden durch Befragungen und Beobachtungen.
> Die Sekundärforschung bezieht sich auf die Aufbereitung und Auswertung betriebsinterner und -externer Daten.

Informationsquellen

Wichtige Informationsquellen der Sekundärforschung sind:

Interne Quellen:
- Kundendateien bzw. -karteien
- Angebotsstatistiken
- Auftragsstatistiken
- Umsatzstatistiken
- Reklamationsstatistiken
- Mitarbeiterberichte.

Externe Quellen:
- Informationen von Wirtschaftsverbänden (z.B. Handwerkskammern, Fachverbände etc.)
  - Konjunkturberichte
  - Betriebsvergleiche
  - Branchenstatistiken
  - Sonderumfragen
- Informationen wirtschaftswissenschaftlicher Institute
  - Ludwig-Fröhler-Institut für Handwerkswissenschaften, Abteilung für Handwerkswirtschaft
  - Institut für Handelsforschung
  - Deutsches Institut für Wirtschaftsforschung
  - ifo-Institut
  - Gesellschaft für Konsumforschung (GfK)
- Informationen aus amtlichen Statistiken
  - Informationsmaterial des Statistischen Bundesamtes (z.B. statistisches Jahrbuch)
  - Informationsmaterial der statistischen Landesämter und Gemeinden
  - Informationsmaterial der Bundes- und Landesministerien
  - Berichte der Deutschen Bundesbank und der Europäischen Zentralbank
- Informationen externer Dienstleister
  - Marktforschungsagenturen
  - Werbeagenturen
  - Kreditinstitute
  - Adressverlage etc.
- Fachliteratur, Zeitungen, Zeitschriften
- elektronische Medien
- Internet.

Informationsauswertung

Die Auswertung der gewonnenen Informationen bildet die Grundlage zu einer laufenden Marktbeobachtung. Die für den Handwerksbetrieb wichtigsten praktischen Anwendungen werden im Folgenden dargestellt.

2.2.2.2 Gegenstände der Marktanalyse und Marktforschung

Beurteilung der allgemeinen Marktsituation

Ein grundlegender Einflussfaktor für den einzelnen Betrieb ist die gesamtwirtschaftliche Lage.

Gesamtwirtschaftliche Lage

Für den Betriebsinhaber ist es wichtig, die Auswirkungen von gesamtwirtschaftlichen Veränderungen für den eigenen Betrieb einschätzen zu können und entsprechend zu reagieren und zu handeln.

Volkswirtschaftliche Einflussgrößen

Wichtige volkswirtschaftliche Einflussgrößen sind unter anderem:
- Entwicklung der Inflationsrate
- Veränderung des Zinsniveaus
- Veränderung der privaten und staatlichen Konsumausgaben
- Entwicklung der Investitionsneigung
- Veränderung von Umweltschutzvorschriften
- Entwicklungen in der Rechtsprechung (z. B. Produkthaftung)
- Entwicklung der Wechselkurse.

Beispiel:

Bei steigenden Zinsen wird die Auftragslage für Handwerksbetriebe der Baubranche, wenn man nur diesen Einflussfaktor isoliert betrachten würde, eher rückläufig sein, weil die private und staatliche Investitionsneigung zurückgeht.

Informationsquellen

Wichtige Informationen zur Beurteilung der gesamtwirtschaftlichen Lage können den Konjunkturberichten der Handwerkskammern, aber auch der Tagespresse und dem Internet, entnommen werden.

Ermittlung von Strukturdaten

Die Ermittlung von Strukturdaten ist eine wichtige Grundlage zur Beurteilung zukünftiger Absatzpotenziale.

Angaben über die demografische Struktur eines bestimmten Absatzgebietes lassen erkennen, wie die Verbrauchergewohnheiten in der betreffenden Region einzuschätzen sind.

Wichtige Strukturdaten sind beispielsweise:
- Struktur des Familienstandes
- Struktur der Familiengröße
- Altersstruktur
- Geschlechtsstruktur.

Quelle für die Ermittlung von Strukturdaten sind amtliche Statistiken, aber auch Statistiken von Verbänden und Kammern.

Einbeziehung von Kaufkraftkennziffern

Kaufkraft

Die Kaufkraft, d.h. der Geldbetrag, der den Verbrauchern tatsächlich zur Verfügung steht, hat erhebliche Auswirkungen auf die Absatzchancen eines Handwerksbetriebes.

Messung

Die Kaufkraft ist regional sehr unterschiedlich ausgeprägt. Eine Messung erfolgt durch sog. Kaufkraftkennziffern. Setzt man die durchschnittliche Kaufkraft in der Bundesrepublik Deutschland = 100, so ist die Kaufkraft z.B. in einer Region mit der Kennziffer 110 um 10 % höher als im Bundesdurchschnitt. Umgekehrt ist sie beispielsweise um 20 % niedriger in einem Gebiet mit Kaufkraftkennziffer 80.

Beispiel:

Ein Handwerksbetrieb, der sich mit der Herstellung und dem Vertrieb hochwertiger Luxusartikel beschäftigt (z.B. Goldschmied), wird in einem Gebiet mit einer möglichst hohen Kaufkraftkennziffer bessere Absatzchancen vorfinden als in einer Region mit geringer Kaufkraftkennziffer.

Datenquelle

Aufschluss über die regionale Kaufkrafthöhe geben sog. Kaufkraftkarten, die beispielsweise bei der Gesellschaft für Konsumforschung (GfK) in Nürnberg erhältlich sind.

Auswertung von Kundendaten

Neben der Kenntnis externer Daten ist die Auswertung der betriebsindividuellen Kundendaten für die Marktanalyse und Marktforschung von großer Bedeutung.

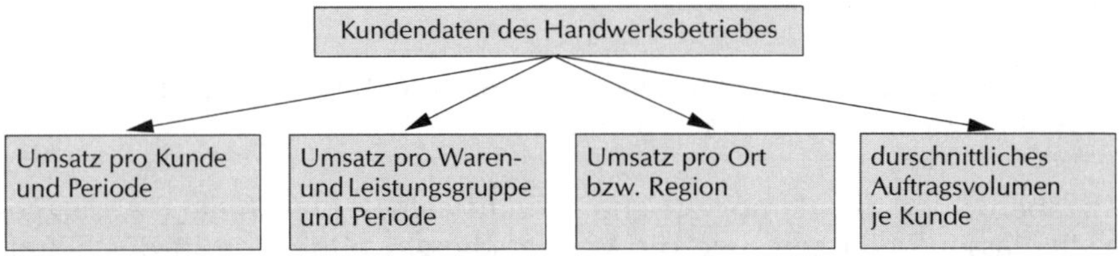

Abbildung 102

ABC-Analyse

Ein besonderes Verfahren zur Ermittlung des Deckungsbeitrages für einzelne Produkte bzw. Produktgruppen ist die sog. ABC-Analyse.

Beispiel:

Ein Handwerksbetrieb bietet schwerpunktmäßig vier Produkte an. Der Umsatz verteilt sich wie folgt auf die Produkte und die Zahl der Kunden:

Produkt	Umsatz	%-Anteil	Anzahl Kunden	%-Anteil
P 1	50.000,00	25 %	10	21,3 %
P 2	75.000,00	37,5 %	5	10,6 %
P 3	10.000,00	5 %	25	53,2 %
P 4	65.000,00	32,5 %	7	14,9 %
Gesamt	**200.000,00**	**100 %**	**47**	**100 %**

Das Beispiel dokumentiert folgende Situation:

- 70 % des Umsatzes werden durch die Produkte P 2 und P 4 erzielt; es werden jedoch mit diesen Produkten nur 25,5 % der Kunden angesprochen.
- 30 % des Umsatzes werden durch die Produkte P 1 und P 3 erzielt; hier werden jedoch 74,5 % der Kunden angesprochen.

Für den Beispielbetrieb zeigt sich einerseits eine Abhängigkeit von wenigen Kunden. Andererseits liegt aber auch gegenüber dem Markt ein Spezialisierungsvorteil bei den Produkten P 2 und P 4 vor, der von der Konkurrenz derzeit nicht erreicht wird.

Handlungsleitlinie

Handlungsleitlinie für diesen Betrieb könnte somit sein:

- intensive Betreuung der Kunden der Produkte P 2 und P 4 (VIP-Kunden)
- Sicherstellung einer hohen Servicebereitschaft gegenüber diesen Kunden (z. B. telefonische Erreichbarkeit)
- Untersuchung der Deckungsbeitragsanteile der Produkte P 2 und P 4 (Wird mit diesen Produkten auch ein angemessener Gewinn erzielt?)
- Prüfung der Möglichkeiten, den Absatz der Produkte P 1 und P 3 bei den Kunden der Produkte P 2 und P 4 zu erhöhen.
- Förderung des Absatzes von Produkt P 3 (Ist dieses Produkt rentabel?).

Kunde

Im Mittelpunkt des wirtschaftlichen Handelns steht der Kunde. Er bildet die Basis für eine erfolgreiche Marktforschung.

Kundendatei

Grundlage für die erfolgreiche Kundenbetreuung ist das Anlegen einer Kundendatei. In Einzelfällen kann diese auch noch in Karteiform geführt werden.

Folgende grundsätzliche Unterscheidung ist hierbei zu treffen:

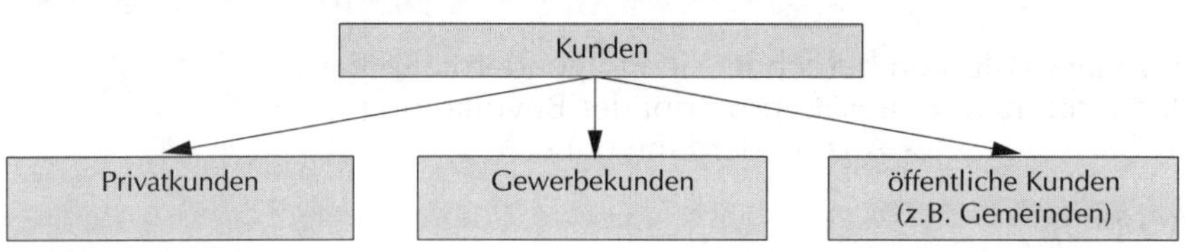

Abbildung 103

Checkliste

Nachfolgende Checkliste stellt die wichtigsten allgemeinen Inhalte einer Kundendatei dar:

- Name
- Anschrift

- Telefon, Mobiltelefon, Telefax, E-Mail
- Geschlecht
- Geburtstag
- Familienstand
- Beruf
- persönliche Interessen
- Kunde seit ...
- Umsatz pro Jahr
- Umsatz im letzten Jahr
- letzter Kontakt am ... / Inhalt
- nächster Kontakt am ... / Inhalt
- Zahlungsmoral
- Gesprächsberichte.

Bei Gewerbekunden sollte die Checkliste um folgende Angaben ergänzt werden:
- Branche
- Betriebsgröße
- Lieferadresse
- Ansprechpartner
- Namen und sonstige Daten wichtiger Entscheider.

CRM

Qualifizierte EDV-Unterstützung ist bei der Anlage einer Kundendatei zweckmäßig. Das sog. CRM (Customer-Relationship-Management) hat das Ziel, erfolgreiche Kundenbeziehungen herzustellen und zu erhalten. Für die meisten Branchen gibt es heute CRM-Standardsoftware, die Auswertungen und Selektionen des Kundenbestandes nach wichtigen Kriterien ermöglicht (Beispiel: Suche alle Kunden, die jünger sind als 40 Jahre etc.)

Aktualisierung

Eine wichtige Rolle spielt auch die ständige Pflege der Aktualisierung der Kundendatei. Veraltete Adressen, die Nennung falscher Ansprechpartner und vieles mehr kann zu Verärgerungen bei Kunden führen.

2.2.2.3 Praktische Anwendung der Marktforschung im Handwerksbetrieb

Ermittlung des Marktvolumens

Das Marktvolumen ist die Maßzahl für die Größe eines Marktes in einer bestimmten Region gemessen an der Höhe des Umsatzes.

Das Marktvolumen berechnet sich folgendermaßen:
Marktvolumen = Umsatz pro Kopf der Bevölkerung
x Anzahl der Einwohner

Beispiel:

Der Umsatz pro Kopf der Bevölkerung in der Bundesrepublik Deutschland betrage in einem Handwerkszweig 150,00 EUR im Jahr. Eine Stadt mit 50.000 Einwohnern hat somit ein Marktvolumen von 7.500.000,00 EUR.

Die Betrachtung des Marktvolumens ist gegenwartsbezogen. Wichtig für die weitere Entwicklung des einzelnen Betriebes ist der Blick in die Zukunft.

Nachfolgende Fragestellungen sind hierbei zu untersuchen:

Fragestellungen

- Wie entwickelte sich der Umsatz der Branche in den letzten Jahren?
- Wie entwickelt sich der Umsatz der Branche voraussichtlich in den nächsten Jahren?
- Wie entwickelte sich das Produktionsvolumen der Branche in den letzten Jahren?
- Wie entwickelt sich das Produktionsvolumen voraussichtlich in den nächsten Jahren?
- Gibt es Möglichkeiten, das Marktvolumen durch Produktinnovationen auszuweiten?

Ermittlung des Marktanteils

Marktanteil

Der Marktanteil ist die Maßzahl für den Anteil eines Betriebes am Marktvolumen in einer bestimmten Region gemessen an der Höhe des Umsatzes. Er gibt also das Umsatzvolumen eines Betriebes im Vergleich zum Marktvolumen an und gibt somit wichtige Aufschlüsse über die Stellung eines Unternehmens am Markt.

Der Marktanteil berechnet sich wie folgt:
Marktanteil in % = eigener Umsatz/Marktvolumen x 100

Beispiel:

Beträgt der Umsatz eines Handwerksbetriebes 750.000,00 EUR und das im Beispiel ermittelte Marktvolumen 7.500.000,00 EUR, so ergibt sich ein Marktanteil von 10 %.
Ebenso wie die Ermittlung des Marktvolumens ist die Berechnung des Marktanteils gegenwartsbezogen.

Zahl der Anbieter

Zur Einschätzung der Marktposition ist außerdem die Zahl der übrigen Anbieter zu berücksichtigen. Gibt es beispielsweise nur noch einen anderen Anbieter, der 90 % Marktanteil hätte, so wäre die Marktsituation wesentlich ungünstiger, als wenn es 20 weitere Anbieter gäbe, die sich den Markt nahezu zu gleichen Anteilen aufteilen.

Ermittlung des Marktbesetzungsfaktors

Marktbesetzungsfaktor

Der Marktbesetzungsfaktor zeigt auf, wie hoch der Anteil an Kunden einer Region gemessen an der Gesamtbevölkerung dieser Region ist. Er bietet somit ein wirksames Instrument zur Ermittlung möglicher versteckter Potenziale im Einzugsgebiet.

Der Marktbesetzungsfaktor wird folgendermaßen ermittelt:
Marktbesetzungsfaktor in % = Anzahl Kunden/Anzahl Einwohner x 100

Beispiel:

Beträgt die Anzahl der Kunden eines Handwerksbetriebes 500 und die Zahl der Einwohner seines entsprechenden Einzugsgebietes 50.000, so beträgt der Marktbesetzungsfaktor 1 %.

Die Ermittlung des Marktbesetzungsfaktors ist ebenso wie der Marktanteil und das Marktvolumen eine gegenwartsbezogene Zeitpunktbetrachtung.

Potenziale

Er zeigt an, welche Potenziale in einzelnen Regionen für den Handwerksbetrieb noch vorhanden sind. Der Umsatz und abgesetzte Mengen des einzelnen Betriebes bleiben hier unberücksichtigt.

2.2.2.4 Analyse der Wettbewerbssituation

In den vorangegangenen Ausführungen wurde deutlich, dass die volks- und betriebswirtschaftlichen Rahmenbedingungen erheblichen Einfluss auf die Stellung eines Handwerksbetriebes am Markt haben.

Stärken und Schwächen

Alleinstellungsmerkmal

Für den eigenen betrieblichen Erfolg ist jedoch in erster Linie der Betrieb selbst verantwortlich. Aufbauend auf den Stärken eines Betriebes, die das Fundament bilden, gilt es individuelle Schwachstellen abzubauen, eigenständig am Markt aufzutreten und das eigene Unternehmen von den Mitbewerbern abzuheben. Die Bildung von Alleinstellungsmerkmalen (einzigartiges Waren- und/oder Dienstleistungsangebot) ist ein wichtiger Erfolgsfaktor. Zur Ermittlung der eigenen Stärken und Schwächen, aber auch der der Mitbewerber, gibt es verschiedene Verfahren.

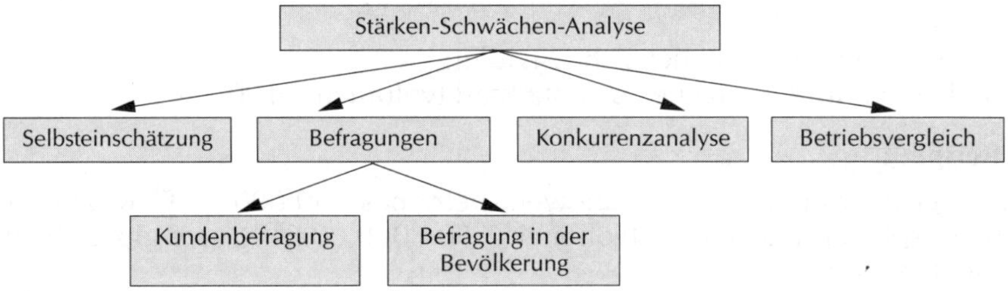

Abbildung 104

Selbsteinschätzung

Bei diesem Verfahren gilt es, den eigenen Handwerksbetrieb selbstkritisch zu analysieren. Der Betriebsinhaber hat die Aufgabe, die Stärken und Schwächen seines Unternehmens zu erkennen und mit den Wettbewerbern zu vergleichen.

Checkliste

Nachfolgende Checkliste gibt einen Überblick hinsichtlich wichtiger Vergleichsmaßstäbe:

- Betriebsgröße
- Qualifikation des Betriebsinhabers
- Qualifikation der Mitarbeiter
- Auftreten gegenüber den Kunden
- technische Ausstattung des Betriebes
- Art der Unternehmensführung
- Standort des Betriebes
- Produkt- bzw. Dienstleistungsangebot
- Ertragssituation
- Betriebsorganisation
- Öffentlichkeitsarbeit
- Werbung
- Zukunftschancen.

Diese Kriterien gilt es zu beurteilen im Vergleich zu den Wettbewerbern. Dabei wird es Bereiche geben, die besser, gleich gut oder schlechter eingeschätzt werden.

Beispiel:

Kommt der Betriebsinhaber zu der Einschätzung, dass sein Dienstleistungsangebot im Vergleich zu den Wettbewerbern besser ist, jedoch die Ertragssituation aufgrund einer verbesserungsbedürftigen Betriebsorganisation leidet, so wird sein zukünftiges Handeln schwerpunktmäßig in der Verbesserung der Betriebsabläufe zu finden sein.

Der Betriebsinhaber muss sein Handeln selbstkritisch auf den Abbau der erkannten Schwächen lenken und gleichzeitig die vorhandenen Stärken weiter ausbauen.

Befragungen

Unter einer Befragung versteht man eine systematische Erhebung, bei der Personen durch gezielte Fragen zu konkreten, für den Handwerksbetrieb verwertbaren Aussagen veranlasst werden sollen.
Die Befragung gilt als die wichtigste Methode der Informationsbeschaffung im Marketing.

Ein wichtiger Aspekt bei der Planung und Durchführung von Befragungen ist die Zielgruppenauswahl. Sie bestimmt, welche Personen befragt werden sollen. Es ist zu beachten, dass die befragte Zielgruppe weitgehend mit der Zielgruppe des Handwerksbetriebes übereinstimmt.

Zielgruppenauswahl

Beispiel:

Befragt werden sollen Frauen zwischen 20 und 50 Jahren, die über ein Familiennettoeinkommen von mehr als 15.000,00 EUR im Jahr verfügen und einem Angestelltenhaushalt angehören.

Bei der Planung und Durchführung von Befragungen ist weiterhin festzulegen, auf welchem Weg die Zielgruppe befragt werden soll.

Befragungswege

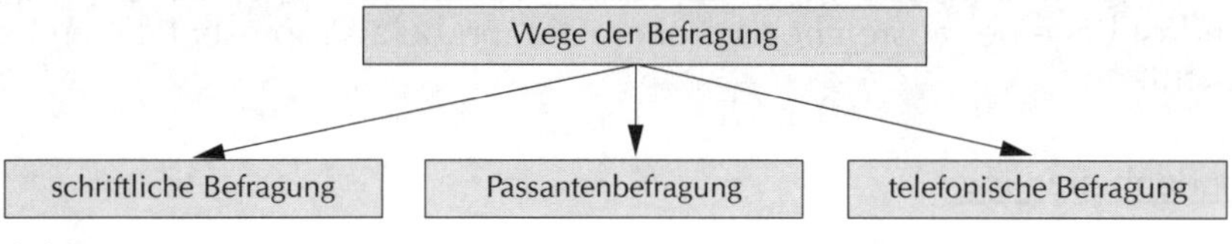

Abbildung 105

Folgende Vor- und Nachteile treten bei den einzelnen Befragungsarten auf:

Vor- und Nachteile

Vorteile der schriftlichen Befragung:
- gute Repräsentativität
- Möglichkeit komplexere Fragen zu stellen
- Angebot von Auswahlmöglichkeiten durch vorformulierte Antworten.

Nachteile der schriftlichen Befragung:
- teuere und aufwendige Methode
- geringe Rücklaufquote.

Vorteile der Passantenbefragung:
- relativ kostengünstige Methode
- Möglichkeit genaueren Nachfragens.

Nachteile der Passantenbefragung:
- geringe Repräsentativität
- Anwendung von Antwortalternativen schwierig.

Vorteile der telefonischen Befragung:
- relativ geringer Zeitaufwand
- hohe Repräsentativität.

Nachteile der telefonischen Befragung:
- Telefoninterviews werden häufig abgebrochen
- Anwendung von Antwortalternativen schwierig.

Welche der genannten Methoden den Bedürfnissen des einzelnen Handwerksbetriebes am besten entspricht, hat der Betriebsinhaber unter Berücksichtigung der genannten Vor- und Nachteile individuell zu entscheiden.

In der Praxis ist oftmals eine telefonunterstützte schriftliche Befragung der geeignetste Weg.

Rücklaufquote

Um eine möglichst hohe Rücklaufquote zu erhalten, können folgende Techniken die Bereitschaft zur Mitarbeit bei den Befragten erhöhen:
- Beilegen eines frankierten Rückkuverts
- schriftliche Zusicherung von Anonymität und Vertraulichkeit
- Formulierung einfacher und klar strukturierter Fragen
- übersichtliche, nicht zu umfangreiche Gestaltung des Fragebogens
- Verwendung farbiger Fragebögen
- individuelle Gestaltung des Anschreibens
- Angebot einfacher Antwortalternativen
- telefonische Vorankündigung einer schriftlichen Befragung
- telefonische Nachfassaktion starten.

Eine Rücklaufquote bei einer schriftlichen Befragung zwischen 5 % und 20 % gilt trotz dieser unterstützenden Maßnahmen allgemein als Erfolg und ist bei einer ausreichend großen Stichprobe als repräsentativ zu betrachten.

<u>Kundenbefragung</u>

Kundenbefragung

Marketing bedeutet kunden- und marktorientiertes Denken und Handeln. Aus diesem Grund ist die Befragung von Kunden für den Betriebsinhaber wichtig. Der Unternehmer muss genau wissen, was der Kunde denkt und will.

Eine Kundenbefragung hat grundsätzlich zwei positive Aspekte. Einerseits erfährt der Betriebsinhaber die Wünsche seiner Kunden, zum anderen erkennt der Kunde, dass es dem Betrieb ernst damit ist, die Wünsche und Anregungen der Kunden zu erfahren und umzusetzen.

Beispiel:

Für eine Fleischerei könnte ein Fragebogen für eine schriftliche Kundenbefragung folgendes Aussehen haben:

Fragebogen

Sehr geehrte Frau Kundin, sehr geehrter Herr Kunde,

hervorragende Produktqualität und bestmöglicher Service sind unsere Ziele, um in Zukunft noch besser auf Ihre individuellen Kundenwünsche eingehen zu können.

Deshalb möchten wir Sie bitten, an unserer diesjährigen Kundenbefragung teilzunehmen und die wenigen nachfolgenden Fragen zu beantworten. Natürlich ist die Umfrage völlig anonym! Um Ihnen keine Kosten zu verursachen, haben wir ein Rückkuvert beigelegt, bei dem die Postgebühr vom Empfänger bezahlt wird.

Bitte kreuzen Sie nachfolgend die zutreffenden Antworten an.
Vielen Dank für Ihre Mitarbeit

1. Warum kaufen Sie in der Fleischerei Kalb ein?

Lage des Geschäftes	☐
Nähe zum Wohnort	☐
Gute Verkehrsanbindung	☐
Gute Parkmöglichkeiten	☐
Frische der Produkte	☐
Auswahl der Produkte	☐
Einkaufsatmosphäre	☐
Freundliche Bedienung	☐
Sonstiges	☐

2. Wie beurteilen Sie die Produktqualität der Fleischerei Kalb?

Fleischwaren

	sehr gut	gut	befriedigend	schlecht
• Rindfleisch	☐	☐	☐	☐
• Kalbfleisch	☐	☐	☐	☐
• Schweinefleisch	☐	☐	☐	☐
• Putenfleisch	☐	☐	☐	☐
• Sonstiges	☐	☐	☐	☐

Wurstwaren

	sehr gut	gut	befriedigend	schlecht
• Bierschinken	☐	☐	☐	☐
• Salami	☐	☐	☐	☐
• Leberwurst	☐	☐	☐	☐
• Sonstiges	☐	☐	☐	☐

3. Wie beurteilen Sie das Erscheinungsbild der Fleischerei Kalb?

	sehr gut	gut	befriedigend	schlecht
• Gebäude und Fassade	☐	☐	☐	☐
• Schaufenstergestaltung	☐	☐	☐	☐
• Ladeneinrichtung	☐	☐	☐	☐
• Warenpräsentation	☐	☐	☐	☐

4. Wie beurteilen Sie das Verkaufspersonal?

	sehr gut	gut	befriedigend	schlecht
• Freundlichkeit	☐	☐	☐	☐
• Höflichkeit	☐	☐	☐	☐
• Schnelligkeit	☐	☐	☐	☐
• Sauberkeit	☐	☐	☐	☐
• Fachkompetenz	☐	☐	☐	☐
• Erscheinungsbild	☐	☐	☐	☐

5. Welche Verbesserungsvorschläge haben Sie im Allgemeinen?

____

____

____

____

____

6. Statistische Angaben

Alter
Geschlecht
Familienstand
Zahl der Kinder
Wohnort

Umfragen in der Bevölkerung

Die Ermittlung der Stellung eines Unternehmens am Markt in den Augen der Öffentlichkeit ist neben der Ermittlung der Kundenmeinung für einen Handwerksbetrieb wichtig.
Durch die Befragung der Bevölkerung kann vor allem das Image eines Betriebes untersucht werden. Ebenso können Meinungen zu Konkurrenzbetrieben ermittelt werden.

Umfragen in der Bevölkerung

Beispiel:

Für einen Betrieb des Elektrotechniker-Handwerks könnte ein Fragebogen folgendes Aussehen haben:

Fragebogen

Guten Tag, wir führen eine Meinungsumfrage durch und Sie wurden zufällig aus dem Telefonbuch ausgewählt ...

1. Welche Elektrohandwerker und -betriebe hier aus der Umgebung kennen Sie, wenn auch nur dem Namen nach? ______________
   ____
2. Jetzt geht es um den Einkauf verschiedener Elektroartikel und um Elektroinstallation. Sagen Sie mir bitte, welchen Betrieb Sie bevorzugen: ______________
3. Sie haben Ihren Fernseher gekauft bei: ______________
4. Wo lassen Sie Ihren Fernseher reparieren? ______________
5. Sie lassen Elektroinstallationen machen von: ______________
6. Sie lassen Anlagen reparieren bei: ______________
7. Sie haben Ihre Waschmaschine gekauft bei: ______________
8. Wo lassen Sie Ihre Waschmaschine reparieren? ______________
9. Können Sie sich an die Werbung eines dieser Geschäfte erinnern?
   ☐ ja
   ☐ nein
   Wenn ja, wissen Sie auch noch, welches oder welche Geschäfte da geworben haben? ______________
10. Sie sagen, Sie kaufen bei der Fa.: ______________ (oben überwiegend genannt)

Wie beurteilen Sie dort:

	1	2	3	4	5
Auswahl	☐	☐	☐	☐	☐
Fachberatung	☐	☐	☐	☐	☐
Preise	☐	☐	☐	☐	☐
Freundlichkeit der Mitarbeiter	☐	☐	☐	☐	☐
Serviceleistungen	☐	☐	☐	☐	☐
Reparaturpreise	☐	☐	☐	☐	☐

1 = sehr gut; 2 = gut; 3 = weniger gut; 4 = schlecht; 5 = keine Angabe

11. Die Firma Elektro Watt möchte sich in Zukunft noch besser auf ihre Kunden einstellen. Was könnte bei der Firma Watt geändert oder verbessert werden, damit Sie persönlich lieber dort einkaufen würden?
☐ bin zufrieden ☐ kein Vorschlag ☐ unbekannt
☐ kenne ich, kaufe dort aber nicht
☐ Verbesserungsvorschlag: ____________________

Statistik:
12. Wo wohnen Sie? 1 in Stromstadt
2 außerhalb in ____________________

13. Wie alt sind Sie? 1 ☐ bis 20 2 ☐ 20–30 3 ☐ 30–50
4 ☐ über 50 Jahre

... vielen Dank für Ihre Mithilfe ...

(aus Marketing im Elektroinstallateur-Handwerk, Hrsg. Institut für Handwerkswirtschaft, München)

Konkurrenzanalyse

Um die Stellung eines Handwerksbetriebes am Markt beurteilen zu können, ist auch die Analyse der Mitbewerber bzw. Konkurrenten notwendig.

Konkurrenzforschung

Hauptziel der Konkurrenzforschung ist die Ermittlung der Fähigkeiten, Stärken und Schwächen der derzeitigen und potenziellen Konkurrenten. Vor allem die Erforschung deren Kernkompetenzen ist von Bedeutung.

Grundsätzlich gilt es festzulegen, welche Einzelinformationen über die Mitbewerber zu sammeln sind.

Wichtige Daten

Folgende Daten sind in der Regel wichtig:
- Name, Anschrift
- Alter und Ausbildung des Betriebsinhabers und weiterer Führungskräfte
- Umsatz
- Mitarbeiterzahl
- Qualifikation der Mitarbeiter
- Produkt- und Leistungsprogramm (Sortimentsgestaltung, Qualität)
- Preise
- Arbeitstechniken und Maschinenausstattung
- Kundengruppen
- Absatzgebiet
- Marketing- und Vertriebsmethoden
- Stärken und Schwächen.

Mitbewerber

Der erste Schritt bei der Konkurrenzanalyse ist die Ermittlung der Mitbewerber. Zum einen sind dies Betriebe, die im gleichen Absatzgebiet gleiche oder ähnliche Produkte anbieten. Zum anderen sind aber auch Unternehmen zu beachten, die sog. Substitutionsgüter (Ersatzgüter) im Angebot haben.

Beispiel:

Ein Konkurrent eines Schreinereibetriebes bietet Kunststofftüren statt der vom Schreiner gefertigten Holztüren an.
Außerdem bieten manche Betriebe auch Produkte und Leistungen anderer Handwerkszweige an.

Beispiel:

Verkauf von Brot in der Metzgerei.

Betriebsvergleich

Informationen können auch aus veröffentlichten Betriebsvergleichen gewonnen werden, soweit sie sich auf marketingrelevante Daten beziehen.

2.2.3 Marketingfunktionen und -instrumente auf der Absatzseite

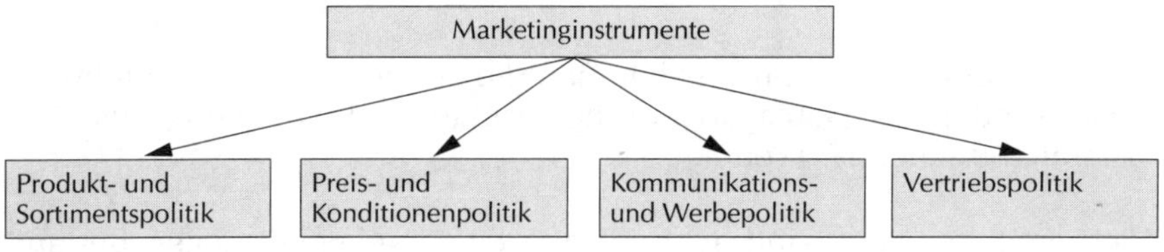

Abbildung 106

2.2.3.1 Produkt- und Sortimentspolitik

Aufgabe

> Die Aufgabe der Produktpolitik ist es, ein an den Bedürfnissen der Nachfrager orientiertes Angebot zu konzipieren. Ihr Ziel ist es, sich durch die Schaffung eines bedarfsgerechten Güter- und Dienstleistungsangebotes positiv vom Angebot der Mitbewerber abzuheben.

Produkteigenschaften

Einem Produkt lassen sich grundsätzlich folgende Eigenschaften zuordnen:

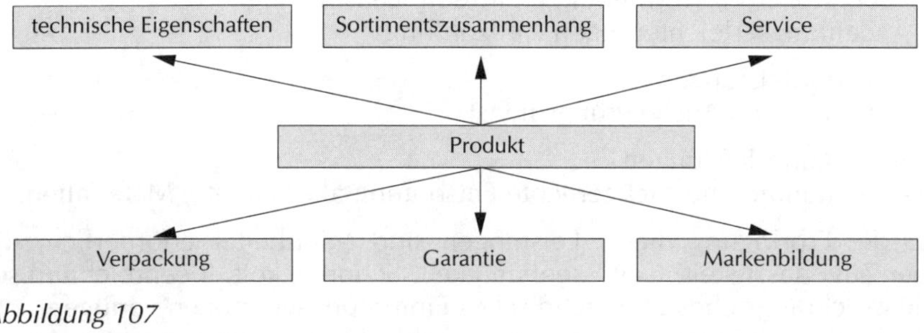

Abbildung 107

Leistungsprogramm

Die Produktpolitik bildet die Basis für das Leistungsprogramm des Handwerksbetriebes. Aufgabe des Betriebsinhabers ist es, die Leistungsbereiche festzulegen. Hierbei ist in Haupt- und Nebenleistungen zu unterscheiden.

Beispiel:

Eine Bäckerei hat ihr Produktprogramm zusammenzustellen. Es gilt also zum Beispiel auszuwählen, welche Brotsorten angeboten werden. Bei der Überlegung der Sortimentsgestaltung ist hier beispielsweise festzulegen, ob auch Feinbackwaren angeboten werden sollen. Das Produkt- bzw. Sortimentsangebot bildet dann die Hauptleistung. Eine mögliche Nebenleistung wäre im Beispiel ein Lieferservice.

Markt-
bedürfnisse

Das Produkt- und Leistungsprogramm eines Handwerksbetriebes muss sich immer aktuell den Marktbedürfnissen anpassen.

Ein Angebot, das die Kunden zu einem bestimmten Zeitpunkt attraktiv finden, kann bereits in kurzer Zeit seine Attraktivität verlieren. Aufgabe des Handwerksbetriebes ist es daher, sein Produkt- und Leistungsprogramm immer wieder zu überprüfen und entsprechend den technischen Veränderungen und den Marktbedürfnissen anzupassen. Möglichkeiten hierzu entstehen durch Produktinnovationen und Produktvariationen.

Unter Produktinnovation versteht man die Entwicklung und Einführung neuer Produkte. Produktvariation nennt man die Veränderung und Anpassung bestehender Produkte.

Wie bereits erwähnt, sind auch Zusatz- bzw. Nebenleistungen Bestandteile des gesamten Leistungsprogramms und somit der Produktpolitik. Es geht dabei um Leistungen, die der Verkäufer seinem Abnehmer während und nach dem Kauf anbietet, um den Erwerb, Einsatz und Gebrauch eines Produkts oder einer Leistung zu ermöglichen bzw. zu erleichtern.

Kundendienst-
leistungen

Wichtige Kundendienstleistungen sind beispielsweise

- technische Leistungen
  - Installation
  - Wartung
  - Reparatur
  - Ersatzteilversorgung
- kaufmännische Kundendienstleistungen
  - Finanzierungsvermittlungen (Kredit, Leasing)
  - Zahlungserleichterungen (Teilzahlung)
- Transportleistungen
  - Abhol- und Auslieferungsdienst
- Entsorgungsleistungen
  - Mitnahme und sachgerechte Entsorgung alter Geräte, Materialien.

Anforderungen
an Mitarbeiter

Für die Erbringung dieser Leistungen sind Mitarbeiter erforderlich, die über Zuverlässigkeit, Gewissenhaftigkeit, Schnelligkeit, Ideenreichtum sowie psychologisches und technisches Einfühlungsvermögen verfügen.
Kundendienstleistungen kosten zwar Geld; sie sind jedoch wichtige Investitionen in Kunden, Produkte und Verfahren.

Kundendienstleistungen steigern die Kundenzufriedenheit, fördern die Marken- und Herstellertreue und helfen mit, einen engen und intensiven Kontakt zum Kunden aufzubauen und ihn zum Stammkunden zu machen. Sie sind so eine wichtige Voraussetzung für eine insgesamt erfolgreiche Produkt- und Leistungsgestaltung. Vermehrt will der Kunde nicht nur das Produkt kaufen, sondern er verlangt eine komplette Problemlösung und besten Service.

Komplette
Problemlösung

2.2.3.2 Preis- und Konditionenpolitik

Gegenstand der Preispolitik ist die Bestimmung einer Preisforderung, die unter der jeweiligen Marktsituation (Preise der Mitbewerber) und den einzelbetrieblichen Daten aus der Kostenrechnung und Kalkulation den vorgegebenen Zielen (z.B. Gewinnerzielung) entspricht.

Wichtige Einflussgrößen auf die Preisbildung im Handwerksbetrieb sind: Preisbildung

Betriebliche Bestimmungsfaktoren der Preisbildung (interne Faktoren): Interne Faktoren

- Betriebsstandort
- Betriebsgröße
- Betriebsstruktur
- Produktionstechnik
- Produktqualität
- Kapazität
- Kapazitätsauslastung
- Kostenstruktur.

Bestimmungsfaktoren des Marktes auf die Preisbildung (externe Faktoren): Externe Faktoren

- Marktgröße
- Marktzusammensetzung
- Konkurrenzsituation
- Konkurrenzverhalten
- Nachfrageverhalten.

Folgende Entscheidungssituationen sind in einem Handwerksbetrieb für den Betriebsinhaber zu unterscheiden und sind Grundlage seines Handelns: Entscheidungssituationen

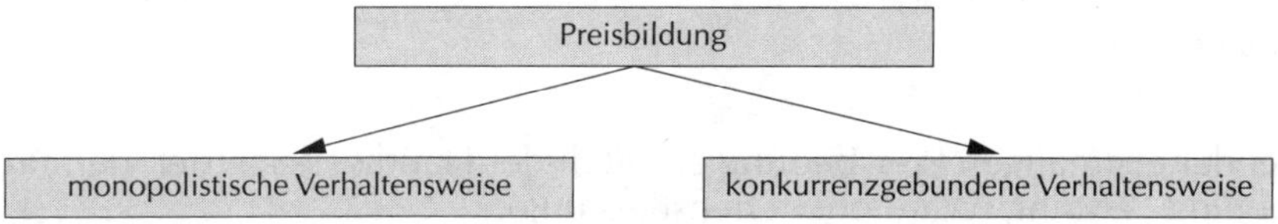

Abbildung 108

Bei der monopolistischen Verhaltensweise geht der Betriebsinhaber davon aus, dass der Absatz seiner Güter und Dienstleistungen von den eigenen preispolitischen Maßnahmen und dem Käuferverhalten abhängig ist. Das Verhalten der Konkurrenten spielt keine Rolle. Verhaltensweisen

Die konkurrenzgebundene Verhaltensweise geht davon aus, dass der Absatz von Gütern und Dienstleistungen sowohl von der eigenen Preispolitik und dem Käuferverhalten als auch vom Verhalten der Konkurrenten und Mitbewerber abhängt.

Arten der Preisbildung

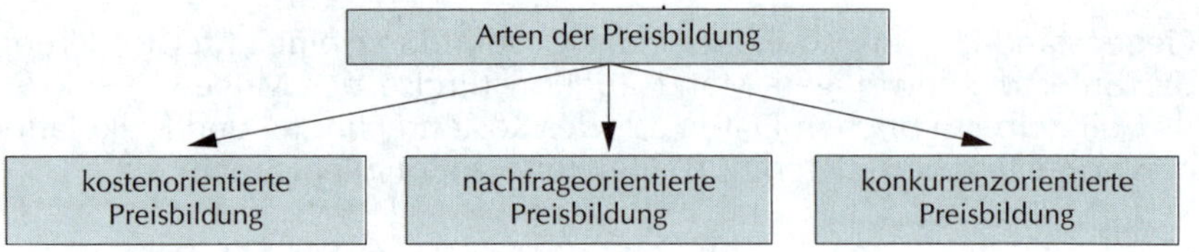

Abbildung 109

Die kostenorientierte Preisbildung geht davon aus, dass der Preis hauptsächlich von den Kosten bestimmt wird, die das Leistungsprogramm verursacht.
Die nachfrageorientierte Preisbildung basiert auf der Überlegung, dass die Bedarfsentwicklung durch den Grad der Marktsättigung und das Käuferverhalten bestimmt wird.
Die konkurrenzorientierte Preisbildung legt die Annahme zugrunde, dass der Preis durch die Preisbildung der Konkurrenten und Mitbewerber bestimmt wird.

Anlässe der Preisbildung

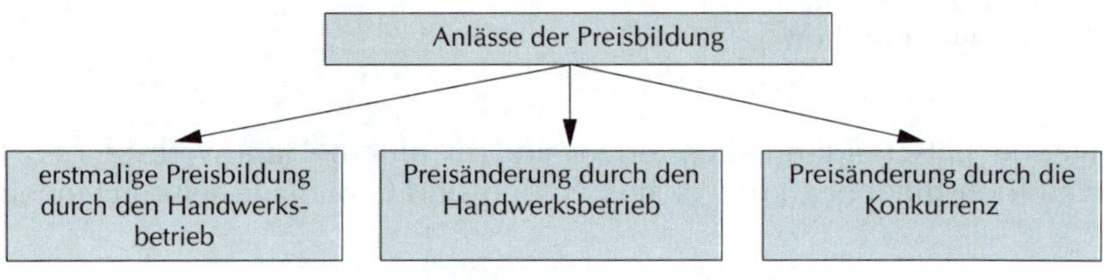

Abbildung 110

Erstmalige Preisbildung

Bei der erstmaligen Preisbildung ermittelt der Handwerksbetrieb den Preis für eine Leistung (Ware oder Dienstleistung).

Beispiel:

Eine Bäckerei ermittelt den Preis für eine neue Brotsorte.

Preisänderung

Bei der Preisänderung durch den Handwerksbetrieb ändert sich der Preis für ein bereits bestehendes Produkt aufgrund der Veränderung interner Faktoren.

Beispiel:

Eine Bäckerei ändert den Preis für eine bereits im Sortiment vorhandene Brotsorte aufgrund von Veränderungen der internen Kostenstruktur.

Konkurrenz-verursachte Preisänderung

Bei der Preisänderung durch die Konkurrenz hat der Handwerksbetrieb die Aufgabe, seine eigene Preispolitik zu überprüfen und gegebenenfalls anzupassen.

Beispiel:

Der Konkurrent einer Bäckerei verändert den Preis für eine Brotsorte, die auch vom eigenen Betrieb in gleicher oder ähnlicher Form angeboten wird.

Weitere Instrumente der Preisgestaltung

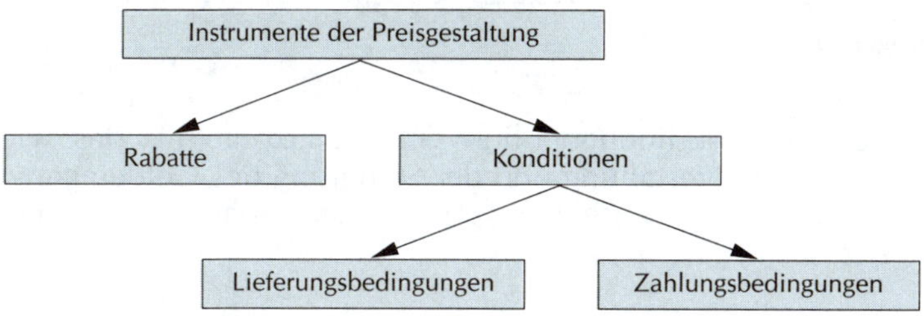

Abbildung 111

Rabatte Rabatte sind Preisnachlässe, die in Form von Preisabschlägen (Nominalrabatt) oder Mengenzugaben (Naturalrabatt) an Kunden gewährt werden.

Konditionen Konditionen in Form von Lieferungs- und Zahlungsbedingungen beeinflussen die Höhe und Struktur der Preise eines Handwerksbetriebes.

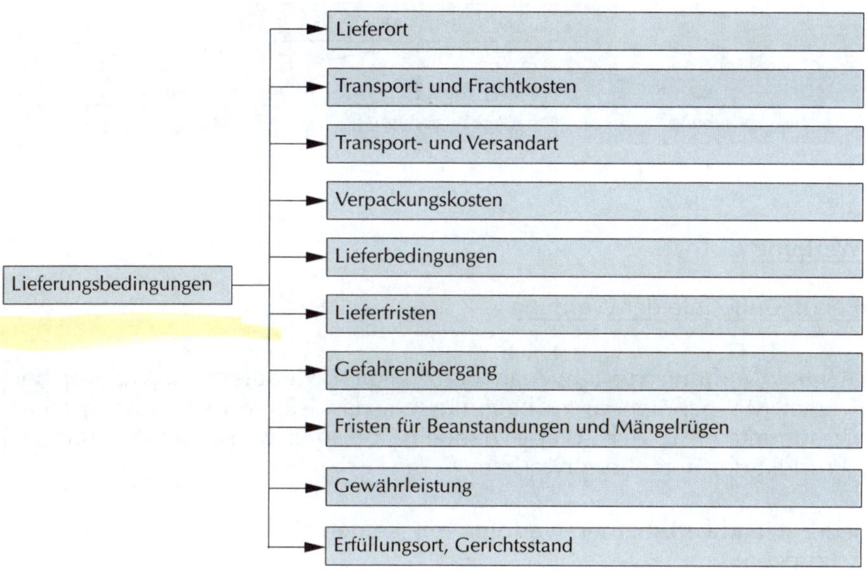

Abbildung 112

Bei den Zahlungsbedingungen ist im Besonderen zu beachten:

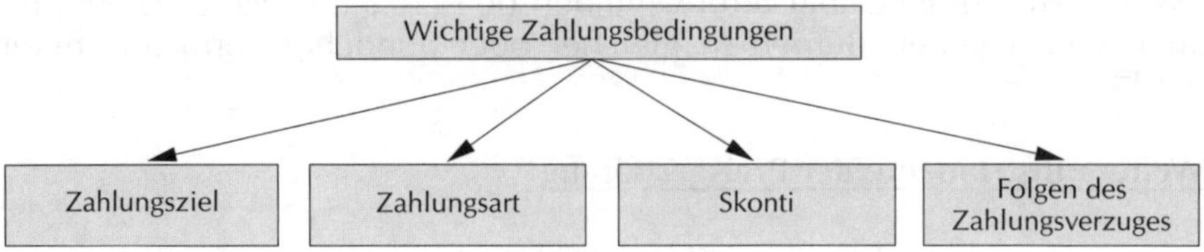

Abbildung 113

Im Rahmen der Konditionenpolitik gilt das Skonto als das wichtigste Instrument der Preisgestaltung und der Steuerung des Geldeinganges. Die Höhe des jeweiligen Abschlages richtet sich nach der vereinbarten Zahlungsweise.

2.2.3.3 Kommunikations- und Werbepolitik

Die Kommunikationspolitik von Handwerksbetrieben beinhaltet alle Entscheidungen und Handlungen zur Gestaltung und Übermittlung von Informationen an Kunden oder potenzielle Kunden.

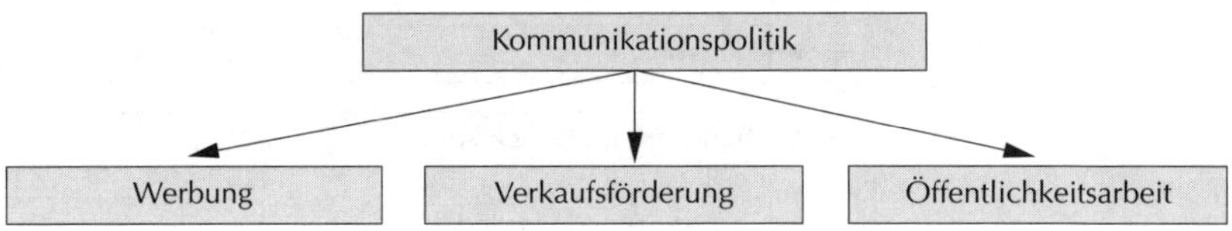

Abbildung 114

Werbung

Begriff und Ziele der Werbung

Begriff

Unter Werbung versteht man den Versuch, Kunden und Verbraucher durch Maßnahmen so zu beeinflussen, dass sie von sich aus in einer bestimmten Art und Weise handeln, beispielsweise ein bestimmtes Produkt des Betriebes erwerben.

Jeder Handwerksbetrieb verfolgt mit seiner Werbung bestimmte Zielsetzungen:

Werbeziele

- Einführung neuer Produkte und Dienstleistungen
- Erhaltung und Sicherung des Absatzes
- Erweiterung von Umsatz und Marktanteilen
- Ansprache bestimmter Zielgruppen
- Steigerung des Absatzes in verkaufsschwachen Gebieten
- Sicherung des Absatzes in verkaufsstarken Gebieten
- Weckung neuen Bedarfs

- Steigerung des Bekanntheitsgrades
- Verbesserung des Images.

Für jeden Handwerksbetrieb hat die Werbung einen hohen Stellenwert. Nicht von ungefähr gilt der Satz: „Wer nicht wirbt, der stirbt.“ Jeder Betrieb ist auf Kunden angewiesen. Er muss daher bestrebt sein, einen Kundenkreis zu erwerben, zu sichern und auszuweiten.

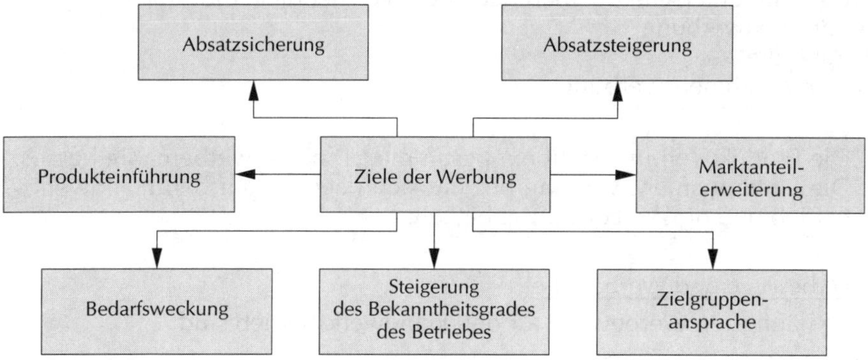

Abbildung 115

<u>Arten der Werbung</u>

Je nach Blickwinkel ergeben sich unterschiedliche Arten der Werbung. Hat man die jeweiligen Adressaten im Blick, so lassen sich unterscheiden:

- die direkte Werbung
  und
- die indirekte Werbung.

Von Direktwerbung spricht man, wenn der Werbeadressat, insbesondere der Endverbraucher, ganz persönlich angesprochen wird. Diese Werbeart wird immer stärker eingesetzt.
Als indirekte Werbung dagegen werden allgemeine verkaufsfördernde Maßnahmen bezeichnet, vor allem solche der Produzenten gegenüber Händlern.

Darüber hinaus unterscheidet man grundsätzlich zwischen

- Einzelwerbung Einzelwerbung
  und
- Gemeinschaftswerbung. Gemeinschaftswerbung

Einzelwerbung bedeutet, dass jeder Betrieb seine Werbeaktivitäten selbst organisiert bzw. für sich durch eine Agentur betreiben lässt.
Bei der Gemeinschaftswerbung dagegen schließen sich mehrere Unternehmen der gleichen Wirtschaftsstufe zur Durchführung gemeinsamer Werbemaßnahmen zusammen.

Eng verbunden damit sind

- die Verbundwerbung, bei der mehrere Unternehmen verschiedener Wirtschaftsstufen (z.B. Hersteller und Handwerker oder Händler) zusammenarbeiten und
- die Sammelwerbung als gemeinsame Aktivität beispielsweise aller Handwerker in einem Wohngebiet oder in einer Straße.

Weiterhin unterscheidet man nach dem Werbeobjekt die
- Produktwerbung
und die
- Unternehmenswerbung.

Die Produktwerbung stellt ein bestimmtes Produkt werbemäßig heraus. Die Unternehmenswerbung bezieht sich dagegen auf den Handwerksbetrieb und dessen Leistungsfähigkeit.

Werbewege und Werbemittel

Werbewege

Die häufigsten Werbewege für den Handwerksbetrieb sind:

- Printmedien, also Druckerzeugnisse
- die elektronischen Medien, also Fernsehen, Rundfunk, Kino, Video, CD-ROM, Internet
- Medien der Außenwerbung wie Plakate, Firmenfahrzeuge, Leuchtschriften etc.

Werbemittel

Im Rahmen dieser Werbewege kommen jeweils spezifische Werbemittel zum Einsatz, wobei in einzelnen Fällen Werbeweg und Werbemittel nicht exakt zu trennen sind.

Die wichtigsten Werbemittel sind

- bei der gedruckten Werbung (Printwerbung): Anzeigen, Poster, Beilagen, Prospekte, Kataloge, Handzettel, Werbebriefe, Adressbücher, Branchenfernsprechbücher, Gelbe Seiten, Telefonbücher
- bei der elektronischen Werbung: Fernseh- und Rundfunkspots, Kinowerbung, Werbung im Internet, E-Mail-Werbung
- bei der Außenwerbung: Plakate, Litfaßsäulen, Anschlagtafeln, öffentliche Verkehrsmittel, Leuchtschriften, Firmenfahrzeuge, Banden bei Sportplätzen, Trikots, Sponsoring, Schaufenster, lebende Werkstätten, spezielle Werbeveranstaltungen.

Für einzelne Werbemittel, die gerade auch im Handwerk von Bedeutung sind, sollte der Betriebsinhaber folgende Grundsätze beachten:

Anzeigenwerbung

Hier sind für den Handwerker, dessen Absatzgebiet zumeist regional und lokal begrenzt ist, insbesondere
- Lokalzeitungen und
- Anzeigenblätter

von Bedeutung. Bei branchenbezogenen Angeboten kommen auch Fachzeitschriften in Frage.

Anzeigen sollen kurz, knapp, aber nicht zu klein und gut lesbar gestaltet sein. Wiederholte Anzeigen in gleicher Form, bei denen auch das Firmenzeichen und eventuell ein branchen- oder firmenspezifischer Slogan (Claim) besonders herausgestellt werden, prägen sich besser ein.

Anzeigengestaltung

Werbebrief

Gestaltung

Der Werbebrief muss klar, überzeugend, geschmackvoll und übersichtlich gestaltet sein und damit aus der Alltagspost hervorstechen, um die Kunden und Verbraucher direkt und gezielt ansprechen zu können. Der klassische Werbebrief hat im Rahmen der Direktwerbung und des Direkt- bzw. Dialogmarketings einen hohen Stellenwert.
In diesem Zusammenhang spielt die Durchführung von Mailingaktionen auch für den Handwerksbetrieb eine immer wichtigere Rolle im Bereich des schriftlichen Kundendialogs.

Mailingaktion

Folgende Schritte sind bei der Durchführung einer Mailingaktion im Besonderen zu beachten:
- Definition des Ziels der Aktion
- Auswahl der Zielgruppe
- Nutzenargumentation gegenüber dem Adressaten
- Konzentration auf eine Kernbotschaft
- einfache Antwortmöglichkeit (Response), z. B. Fax, E-Mail, Antwortkarte
- schnelle Reaktion auf Interessentenfragen.

Wichtige Hinweise für die Durchführung von Mailingaktionen gibt bspw. das Direkt Marketing Center der Deutschen Post (www.deutschepost.de/direktmarketing).

Werbe- und Handzettel

Inhalte

Werbe- und Handzettel dienen zur kurzen und sprachlich aufgelockerten Information über das Dienstleistungs- bzw. Warenangebot eines Betriebes, vor allem aber zum Hinweis auf besonders interessante oder Sonderangebote.

Verteilung

Neben der Auslage im Ladengeschäft selbst sollten Werbe- und Handzettel durch Verteilung von Hand zu Hand, in Form der Zeitungsbeilage oder als Infopost oder Postwurfsendung im Einzugsgebiet des Betriebes verteilt werden. Auf diese Weise können auch mögliche neue Kunden erreicht werden.

Prospekt

Prospekte sind ausführlicher gestaltet als Werbe- und Handzettel und weisen oftmals auch bildliche Elemente auf.

Die Verbreitungswege für Prospekte sind dieselben wie für Werbe- und Handzettel. Sie können aber auch im Kundengespräch eingesetzt werden.

Plakat

Inhalte

Plakate werden einerseits in bestimmten Branchen als Motivplakate eingesetzt. Andererseits werden sie von den einzelnen Betrieben als so genannte Preisplakate genutzt, um insbesondere auf Sonderangebote aktuell hinweisen zu können.

Plakate eignen sich vor allem für das Schaufenster sowie für Litfaßsäulen, Werbetafeln und andere Werbeflächen.

Hörfunkwerbung, Kinowerbung, Fernsehwerbung, Internet

Unter den elektronischen Werbemitteln kommen für den Handwerksbetrieb vorrangig die Hörfunkwerbung, die Kinowerbung und die Werbung im Internet in Frage. Auch E-Mails und SMS-Nachrichten werden zunehmend als Werbemedium eingesetzt.

Lokale Rundfunk- und Fernsehsender

Internet

Interessant für lokal und regional begrenzt orientierte Betriebe sind die lokalen Rundfunksender oder auch lokale Fernsehprogramme. Damit lassen sich Kunden vor Ort gezielt, schnell und preisgünstig ansprechen. Eine große Anzahl von Handwerksbetrieben wirbt durch eigene Homepages, Verlinkungen und Bannerwerbung auf für den Betrieb interessanten Homepages anderer Unternehmen. Zunehmende Bedeutung hat auch die attraktive Platzierung eines Betriebes in den wichtigsten Suchmaschinen.

Schaufenster

Schaufenster sind die Visitenkarte eines Betriebes und werden genutzt, um das Angebot des Handwerksbetriebes optimal darzustellen. Schaufenster sind geeignet, erste Eindrücke über das Sortiment eines Geschäfts zu vermitteln und dessen Leistungsfähigkeit darzustellen.

Schaufenstergestaltung

Wichtige Grundsätze für die Gestaltung eines Schaufensters sind:

- Übersichtlichkeit
- Erzielung eines hohen Aufmerksamkeitswerts, zum Beispiel durch Gegensätze in Form und Farbe, Beleuchtung und Gestaltung eines Blickfangs
- Wechsel der ausgestellten Waren, eventuell entsprechend der jeweiligen Saison.

Schaukasten

Handwerksbetriebe, die über keine Schaufenster verfügen, können ihre Waren auch in einem Schaukasten oder in einer Vitrine anbieten. Im Übrigen wirken die Verkaufs- und Arbeitsräume ebenfalls als Schaufenster. Es sollte deshalb in diesen Räumen u. a. auf besondere Sauberkeit und Ordnung geachtet werden.

Leuchtreklame

Beleuchtung

Die Beleuchtung („ins rechte Licht setzen“) spielt bei der Werbung insgesamt eine sehr wichtige Rolle. Besondere Effekte lassen sich hier durch die Beleuchtung des Firmenschildes bzw. des Firmenzeichens und durch die helle, indirekte Beleuchtung des Ladens sowie die gezielte Ausleuchtung von Waren im Schaufenster erreichen.

Maßnahmenbündel

In der Praxis wird selten nur eines der genannten Werbemittel allein eingesetzt. Vielmehr lassen sich durch ein abgestimmtes Bündel verschiedener Werbemittel in der Regel gute Erfolge erzielen.

Werbegrundsätze

Jeder Betriebsinhaber sollte bei seinen Werbemaßnahmen vor allem auf vier wichtige Grundsätze achten:

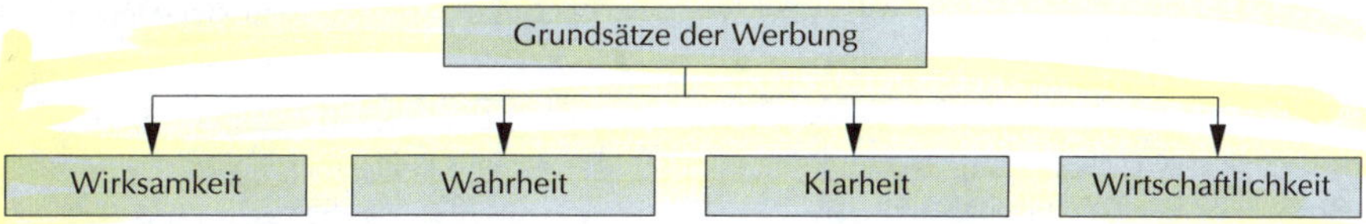

Abbildung 116

Wirksamkeit bedeutet, dass die Werbung auch tatsächlich den beabsichtigten Zweck erreichen soll.
Nach dem Grundsatz der **Wahrheit** darf Werbung nicht irreführend sein und auch nicht gegen die guten Sitten verstoßen. Diese Anforderung wird nicht nur durch rechtliche Bestimmungen gestützt, sondern liegt auch im Eigeninteresse jedes Betriebsinhabers, da bei Verstößen sein guter Ruf auf dem Spiel stehen kann.
Es muss darauf geachtet werden, dass alle in der Werbung zugesicherten Eigenschaften auch tatsächlich in den Lieferungen und Leistungen enthalten sind.
Der Grundsatz der **Klarheit** bedeutet, dass die Werbeaussagen leicht verständlich und deutlich sein müssen.
Wirtschaftlich ist eine Werbung dann, wenn sie zu einem messbaren Werbeerfolg führt. Der Erfolg durch Werbung lässt sich allerdings nur sehr schwer exakt sachlich und zeitlich abgrenzen.

Hilfsmaßstäbe sind:

- die Absatzentwicklung
- die Entwicklung des Marktanteils
- Daten aus Kundenbefragungen
- Werbewirksamkeitsmessungen.

Werbekosten

Wegen dieser Erfolgsmessprobleme verdienen die Kosten der Werbung besondere Aufmerksamkeit. Wichtige Anhaltspunkte über die Wirtschaftlichkeit der Werbung können sich durch sog. Werbewirksamkeitsanalysen ergeben.

Werbeplanung

Aufgrund der Bedeutung der Werbung ist es sehr wichtig, diese systematisch zu planen; das heißt, Werbewege und Werbemittel genau auf die Werbeziele auszurichten.

Elemente einer systematischen Werbeplanung

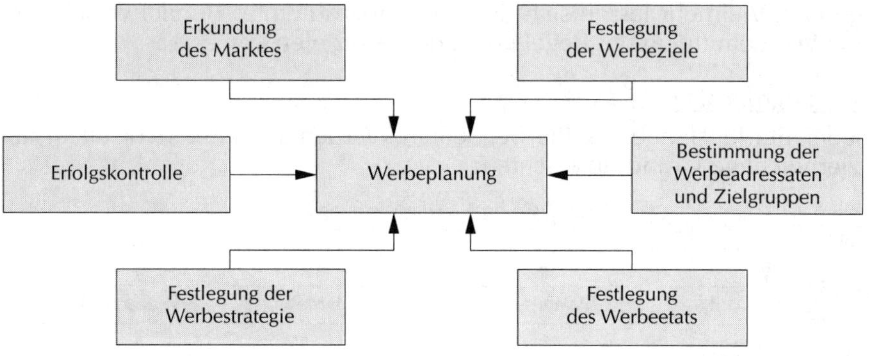

Abbildung 117

Handlungsschritte

In der betrieblichen Praxis sind folgende Handlungsschritte durchzuführen:

1. Festlegung des Werbeetats
⇩
2. Zusammensetzung wichtiger Markt- und Firmeninformationen
⇩
3. Entwicklung der Werbekonzeption
⇩
4. Gestaltung der Werbemittel
⇩
5. Erstellen des Mediaplanes
⇩
6. Werbeerfolgskontrolle und Werbewirksamkeitsanalyse

Verkaufsförderung

Unter Verkaufsförderung (Sales-Promotion) versteht man Maßnahmen und Handlungen des Betriebsinhabers, mit denen Kunden und Verbraucher zum Erwerb von Gütern, Sach- oder Dienstleistungen veranlasst werden sollen.

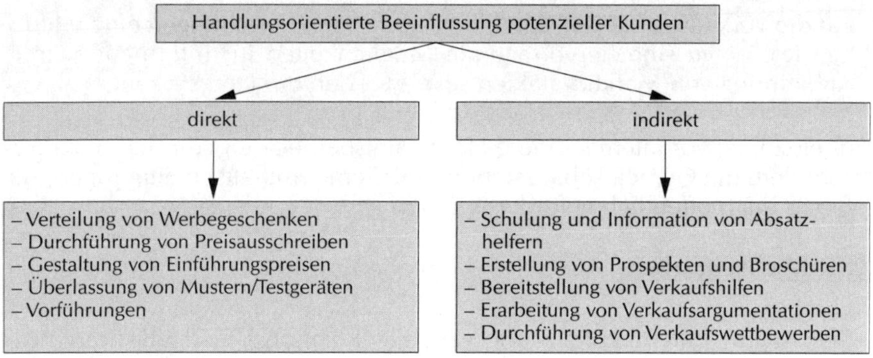

Abbildung 118

Wichtige Mittel der Verkaufsförderung sind:

Mittel der Verkaufsförderung

Sachliche Mittel:

- aktuelle Informationssysteme
- Hand- und Hilfsbücher
- Informationsbroschüren
- Sonderdrucke aus Fachzeitschriften
- Argumentationshilfen
- Verkaufsmappen, CD-ROMs und DVDs
- Musik- und Videocassetten
- Werbefilme
- Werbebriefe
- Bildschirmpräsentationen
- Werbeblätter
- Produktpräsentationen
- Messen und Ausstellungen
- Muster und Proben
- Modelle
- Informationsdienste
- Gewinnspiele
- Preisausschreiben
- Newsletter per E-Mail
- Internetportale
- Intranet und Extranet.

Personenbezogene Mittel:

- Verkaufsschulungen
- Fachschulungen
- Produktvorstellungen
- Produkteinführungen
- Vorführungen
- Sonderangebote
- Gutscheinaktionen
- Weiterempfehlungsaktionen
- Verkaufswettbewerbe.

Messen und Ausstellungen

> Für die Verkaufsförderung spielen Messen und Ausstellungen eine wichtige Rolle. Sie sind hervorragende Möglichkeiten für Information und Anbahnung von Marktkontakten sowie für den direkten Verkauf.

Für einzelne, vor allem kleinere Handwerksbetriebe eignen sich dazu insbesondere die Gemeinschaftsstände und Gemeinschaftsbeteiligungen, die oftmals auch öffentlich gefördert werden.

Öffentlichkeitsarbeit

Image

> Der Begriff Öffentlichkeitsarbeit (Public Relations) fasst alle kommunikativen Maßnahmen und Handlungen eines Handwerksbetriebes zusammen, die geeignet sind, das Ansehen und das Image eines Betriebes in der Öffentlichkeit zu steigern.

Im Gegensatz zum Bereich Verkaufsförderung dient die Öffentlichkeitsarbeit nicht der unmittelbaren Umsatzsteigerung, sondern bereitet eine allgemein wohlwollende und vertrauensbildende Atmosphäre für die unternehmerischen Handlungen des Betriebes in der Öffentlichkeit und bei den Zielgruppen.

Instrumente

Wichtige Instrumente der Öffentlichkeitsarbeit sind:
- Kontaktpflege zu den Medien
- Unterrichtung der Öffentlichkeit (z.B. Pressekonferenzen, Geschäftsberichte, PR-Berichte)
- Öffnung des Betriebes für die Öffentlichkeit (z.B. „Tag der offenen Tür")
- finanzielle Unterstützung öffentlicher Anliegen
- Herausgabe von Firmen- und Kundenzeitschriften
- Übernahme von Schirmherrschaften
- Darstellung im Internet
- Informationsübermittlung durch Newsletter-Service.

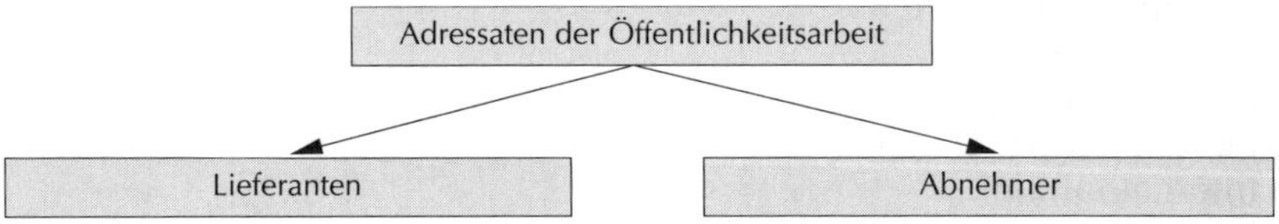

Abbildung 119

Durch eine erfolgreiche Öffentlichkeitsarbeit werden die Unternehmensziele positiv beeinflusst.

Beispiel:

Ein Handwerksbetrieb veranstaltet einen „Tag der offenen Tür". Zu diesem Termin werden Lieferanten, Kunden und potenzielle Kunden eingeladen. Für eine erfolgreiche Gestaltung und Durchführung des Tages müssen sich die Mitarbeiter positiv mit „ihrem" Betrieb identifizieren. Kunden, potenzielle Kunden und Lieferanten sollen von der Leistungsfähigkeit des Betriebes und seiner Mitarbeiter überzeugt werden.

2.2.3.4 Vertriebspolitik

Die Vertriebspolitik beschäftigt sich mit Handlungen und Entscheidungen des Handwerksbetriebes, die die Art und Weise des Absatzes von Produkten und Dienstleistungen betreffen.

In Abgrenzung zu den Bereichen Werbung, Verkaufsförderung und Öffentlichkeitsarbeit, die alle den Vertrieb vorbereiten bzw. unterstützen, ist es Aufgabe des Vertriebs, Waren und Dienstleistungen zu verkaufen. Aufgabe

Vertriebswege

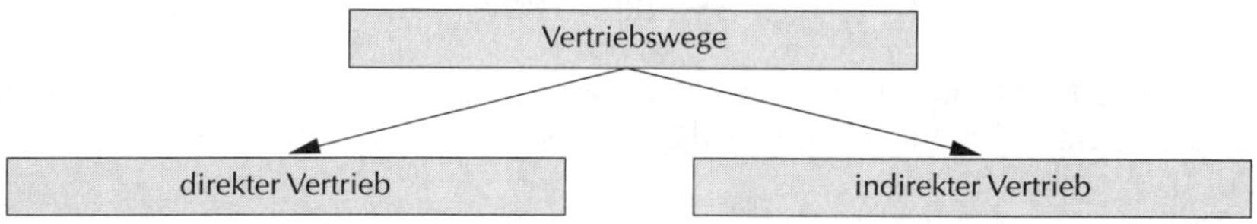

Abbildung 120

Unter direktem Vertrieb versteht man den unmittelbaren Verkauf einer Sach- oder Dienstleistung direkt vom Handwerksbetrieb an den Verbraucher oder an Weiterverarbeiter (z.B. Zulieferungen an die Industrie) ohne Einschaltung von Zwischenhändlern oder Absatzmittlern. Direkter Vertrieb

Unter indirektem Vertrieb versteht man den Verkauf einer Sach- oder Dienstleistung des Handwerksbetriebes über Zwischenhändler oder Absatzmittler. Dies können einerseits Großhändler sein, andererseits aber auch Einzelhändler, Handelsvertreter oder Makler. Indirekter Vertrieb

Beim direkten Vertrieb hat der Handwerksbetrieb je nach Art seiner Tätigkeit eine Reihe von Aufgaben selbst vorzunehmen. Dies sind unter anderem:

- Festsetzung des Preises
- Festsetzung der Lieferbedingungen
- Beratung und Überzeugung des Käufers
- Präsentation und Erklärung der Leistung
- Bereithaltung der Ware
- Lieferung der Ware
- Installation
- Verkaufsabschluss
- Inkasso.

Beim indirekten Vertrieb gehen einige Aufgaben auf die Absatzmittler über. Dies sind unter anderem:

- Gestaltung des Sortiments nach individuellen Kundenwünschen
- Angebotserstellung
- Verkauf der Ware
- Bereithaltung der Ware
- Lieferung der Ware.

Zusammenfassend kann festgehalten werden, dass der direkte Absatz arbeits- und kostenintensiver ist, jedoch den großen Vorteil des unmittelbaren Kundenkontaktes hat. Zusammenfassung

Entscheidend für die Auswahl des Vertriebsweges im Handwerk ist die Art der Produkte oder Dienstleistungen, die ein Handwerksbetrieb anbietet.

Beispiel:

Verkauf von Brot in einer Bäckerei direkt an den Endverbraucher (direkter Vertrieb).
Verkauf von Türen einer Schreinerei über Großhändler (indirekter Vertrieb).

Vertriebsformen

Absatzorganisation

Die Wahl der Vertriebsform beschäftigt sich unabhängig vom Vertriebsweg mit Fragen der Absatzorganisation, sowohl in Bezug auf institutionelle als auch auf personelle Aspekte.

Personelle Fragen

Hinsichtlich des Personaleinsatzes ist zu klären, über wen die Geschäftskontakte abgewickelt werden sollen. Dies kann geschehen durch

- Betriebsinhaber
- Bedienungspersonal
- Außendienstmitarbeiter
- Zwischenhändler.

Neue Vertriebswege

Dabei sind im Einzelnen auch verschiedene Kombinationen denkbar. Eine besondere Form des Außendienstes stellen Vertriebswege wie die so genannten „rollenden Verkaufswagen“ bzw. Servicemobile dar. Letztgenannte sind Kundendienstfahrzeuge, die mit bester Ausstattung und Besetzung in der Regel rund um die Uhr schnell benötigte Leistungen ausführen bzw. Sofortaufträge abwickeln.

Institutionelle Regelungen

Die institutionelle Regelung der Absatzorganisation betrifft zunächst die Frage, ob der Verkauf

- zentralisiert (über einen Betrieb oder ein Ladengeschäft) oder
- dezentralisiert (über Filialen)

erfolgen soll und wo der geeignete Standort dafür liegt.

Geschäfts- und Ladenräume

Im Weiteren ist dann zu klären, wie Geschäfts- und Ladenräume unter absatzpolitischen Erwägungen eingerichtet werden sollen. Hier sind Faktoren von Bedeutung wie

- Raumausstattung
- Raumgestaltung
- Kassenanordnung
- Parkmöglichkeiten.

Personal

Zu einer erfolgreichen Vertriebsorganisation gehört ferner geschultes Personal, das eine entsprechende Fachberatung durchführen kann. Eine systematische Verkaufsorganisation ist sowohl

- beim Absatz von selbst hergestellten Waren als auch
- bei ausschließlicher Handelstätigkeit notwendig.

Absatzorganisation und Vertriebseinrichtungen können branchenspezifisch derart unterschiedlich sein, dass sie hier nicht im Detail behandelt werden können.

Beispiel:

Die Absatzorganisation eines Bauunternehmens ist zu unterscheiden von der eines Bäckereibetriebes oder eines Zuliefererbetriebes an die Industrie.

Wesentliche Fragen der Absatzorganisation und Vertriebseinrichtungen lassen sich wie folgt nochmals im Überblick zusammenfassen:

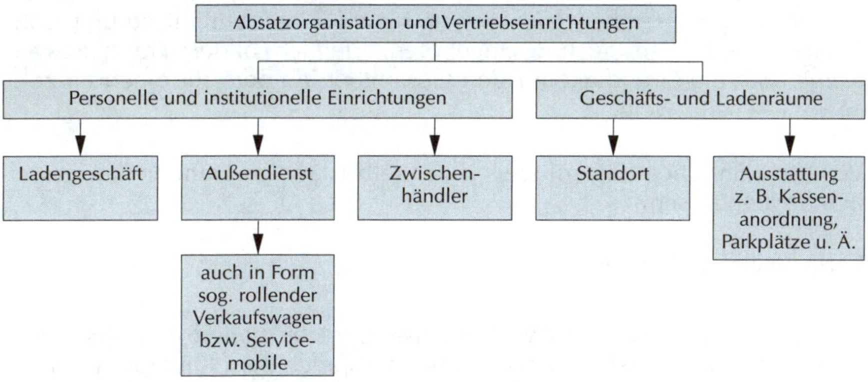

Abbildung 121

Franchising

Eine Vertriebsform besonderer Art, die auch im Handwerk Anwendung findet, ist „Franchising".

Unter Franchising versteht man ein Geschäftskonzept bzw. ein Vertriebssystem für Waren und Dienstleistungen unter einem einheitlichen Marketingkonzept. Grundlage ist ein Vertrag zwischen Franchisegeber und Franchisenehmer, in dem die Rechte und Pflichten geregelt sind. Die Inhalte des Konzepts sind meist in einem sog. Franchisehandbuch niedergelegt.

Franchisenehmer

Der **Franchisenehmer** ist im Handwerk als selbstständiger Handwerker im eigenen Namen und für eigene Rechnung tätig. Er hat das Recht und die Pflicht zur Nutzung des „Franchisepakets" gegen Entgelt.

Franchisegeber

Der **Franchisegeber** richtet je nach Inhalt der vertraglichen Vereinbarung zum Beispiel den Verkaufsraum ein, sorgt für ein einheitliches Marketing, liefert Werbemittel und Dekorationsmaterial, Produkte und Vorprodukte, gibt Richtlinien für die Verarbeitung und den Vertrieb. Er bietet Messedienste an und führt Verkaufsberatung und Personalschulung durch.
Ferner sorgt er für überregionale Werbe- und Absatzstrategien unter einheitlichem Zeichen.

Vorteile

Vorteile:
- erleichterte Möglichkeit zur Selbstständigmachung für Existenzgründer
- sinnvolle Arbeitsteilung
- Teilhabe an der Marketingstrategie und am Know-how des Franchisegebers
- bessere Konditionen beim Einkauf
- Aufgabenentlastung bei Sortiments-, Preis- und Marketingpolitik
- Stärkung der Wettbewerbsfähigkeit
- weniger betriebliche Risiken
- laufender Erfahrungsaustausch mit Kollegen im Verbund.

Nachteile

Nachteile:
- Begrenzung der eigenen unternehmerischen Gestaltungs- und Dispositionsmöglichkeiten
- langfristige Vertragsbindung
- zu entrichtende Gebühren als Kosten
- Abhängigkeit von der Zuverlässigkeit des Franchisegebers.

In der Regel führen Franchisesysteme zu einer Uniformierung von Waren- und Dienstleistungsangeboten. Vielfach bilden Franchisesysteme aber die Grundlage für den Gesamtbetrieb oder für einen einzelnen Geschäftszweig.

Vor einer Entscheidung sollte sich der selbstständige Handwerker gründlich beraten lassen.

Verkaufsverhandlungen

Ziel

Verkaufsverhandlungen bzw. Verkaufsgespräche haben in erster Linie das Ziel, den Kunden im persönlichen Gespräch zum Kaufabschluss zu bewegen.

Sie richten sich vielfach nach den in einer Branche üblichen Grundsätzen, müssen aber dennoch mit jedem Kunden individuell geführt werden. Wichtige Hilfsmittel dafür sind Prospekte und andere Unterlagen. Von Personen, die Verkaufsverhandlungen führen, sind dafür insbesondere

Personal

- Fachkenntnisse
- rechtliche Kenntnisse
- psychologisches Geschick

gefordert.

Das Verkaufspersonal sollte für den richtigen Umgang mit dem Kunden und den Erfolg im Verkaufsgespräch regelmäßig in den wichtigsten Verhandlungstechniken geschult werden.

Verkaufs-psychologie

Dazu gehören vor allem das Kennenlernen der verschiedenen Käufertypen und der Grundsätze der Verkaufspsychologie, das heißt, wie man auf den Kunden eingeht und ihn, ohne dass er es aufdringlich findet, zu einem Kaufabschluss hinführen kann.

2.2.3.5 Unternehmensleitbild und Unternehmenskultur

Kunden-orientierung

Für ein attraktives Image des Betriebes ist dessen Erscheinungsbild eine wichtige Voraussetzung. Dabei kommt es nicht nur auf das Äußere des Betriebes an. Das Erscheinungsbild des Betriebes ist umfassender zu verstehen und bezieht sich sowohl auf den Betrieb wie auch auf die Produkte, Leistungen und Mitarbeiter. In der Außendarstellung ist vor allem die Kundenorientierung von großer Bedeutung.

Man spricht in diesem Zusammenhang von Corporate Identity (= Unternehmens- und Firmenidentität). Noch umfassender ist der Begriff Unternehmenskultur, zu der nicht nur eine zielgerichtete Gestaltung des äußeren Erscheinungsbildes, sondern auch bestimmte Einstellungen und Werthaltungen gehören. Weil Unternehmenskultur immer von Menschen bestimmt wird, kommt es beim Klein- und Mittelbetrieb auf die Persönlichkeitsprofile der Betriebsinhaber, der Führungskräfte und aller Mitarbeiter an. Die Unternehmenskultur muss u. a. ausgerichtet sein auf:

Corporate Identity
Unternehmenskultur

- hohe Qualität
- Zuverlässigkeit
- Leistungsbereitschaft
- Kundenorientierung, Kundenfreundlichkeit
- Serviceleistungen.

Wichtige betriebliche Leitgrundsätze (Unternehmensleitbild) sollten sich an folgenden Fragestellungen orientieren:

Leitgrundsätze

- Wer sind wir?
- Was sind wir?
- Wer sind unsere Partner und unsere Zielgruppen?
- Wer sind unsere Konkurrenten?
- Von wem wollen wir uns positiv abheben?
- Worin bestehen die besonderen Leistungen unseres Betriebes?
- Wo liegen unsere Stärken und Schwächen?
- Welches Image haben wir am Markt?
- Welche Ziele verfolgen wir und was müssen wir dafür tun?

Ein wesentlicher Bestandteil des Erscheinungsbildes eines Betriebes ist der Meisterstatus und die Bezeichnung „Meisterbetrieb“ als Symbol für Qualität, handwerkliche Leistungsvielfalt, Fach- und Problemlösungskompetenz, qualifizierte, moderne, wirtschaftliche und effiziente Unternehmensführung. Diese Stärken muss der Betriebsinhaber zielgruppengerecht bei seinen potenziellen Privat- und Gewerbekunden sowie den öffentlichen Auftraggebern überzeugend zum Tragen bringen. Dann werden die Kunden bewusst Wert darauf legen, Produkte und Dienstleistungen von einem Meisterbetrieb zu erhalten.

Meisterbetrieb

Eine wichtige Rolle für Corporate Identity spielt das Firmenzeichen (Logo). Es sollte aus einem für Verbraucher und Kunden einprägsamen und unverwechselbaren Firmensymbol mit firmentypischem Schriftzug bestehen. Für die Gestaltung und optische Linie kommt es insbesondere auf Schriftart, Farben, Farbkombinationen und Raumaufteilung an.

Firmenzeichen

Besondere Anforderungen an das Firmenzeichen

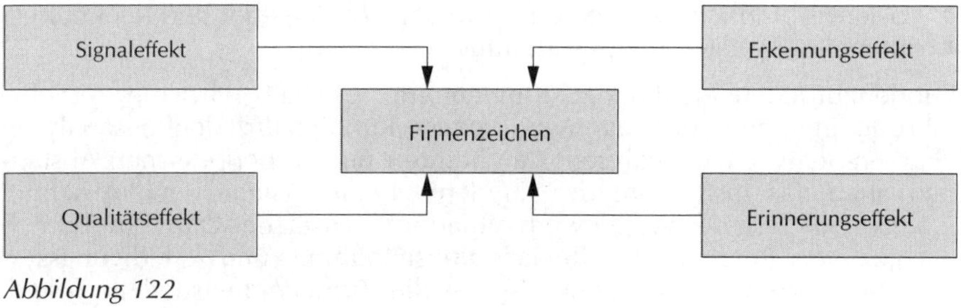

Abbildung 122

Zur raschen Durchsetzung und Bekanntmachung wird das Firmenzeichen möglichst überall eingesetzt, so insbesondere

Einsatzmöglichkeiten

- am Betrieb und Geschäft sowie im Schaufenster
- auf der Kleidung der Beschäftigten
- auf Visitenkarten, Briefbogen, Briefumschlägen und Rechnungsformularen sowie Firmenstempeln
- auf Firmenfahrzeugen
- als Aufkleber auf den Produkten
- auf Verpackungen
- auf allen Werbematerialien wie Prospekten und Zeitungsanzeigen
- bei Messen und Ausstellungen
- auf Werbeartikeln
- im Internet.

Handwerksdesign

Die Bestrebungen gehen dahin, auch für das gesamte Handwerk als Handwerksdesign ein einheitliches Gestaltungsmerkmal durchzusetzen, das von der Öffentlichkeit unverwechselbar mit dieser Wirtschafts- und Gesellschaftsgruppe verbunden wird. Ein solches Zeichen für das Handwerk – für jeden Handwerksbetrieb, für jede Handwerksorganisation, für Handwerksprodukte und -dienstleistungen – ist das Handwerksachteck.

2.2.3.6 Kundenorientierung und Kundenbehandlung

Kundenorientierung

Zentrale Aufgabe der Betriebsführung

Die Ausrichtung aller marktrelevanten Maßnahmen eines Betriebes an den Wünschen, Bedürfnissen und Problemen des Kunden (Kundenorientierung) ist eine zentrale Aufgabe der Betriebsführung im Handwerk. In den vorangehenden Abschnitten wurde bereits auf eine Reihe von Kundengewinnungs- und Kundenbindungsinstrumenten hingewiesen. Ein wichtiger Erfolgsfaktor ist die persönliche Beziehung der Unternehmensleitung und der Mitarbeiter zum Kunden. Gegenüber dem Kunden präsentiert sich der Handwerksbetrieb als zuverlässiger Dienstleister und Problemlöser: sachkundig, freundlich und kompetent.

Einflussfaktoren

Oberstes Ziel ist die Zufriedenheit des Kunden, die vor allem von folgenden Faktoren beeinflusst wird:

- Freundlichkeit
- Pünktlichkeit, Termintreue
- Zuverlässigkeit
- Fachwissen
- Qualität der Produkte und Leistungen, Produktberatung
- Service, kompetente Beratung und Problemlösung
- Kostenverbindlichkeit (Übereinstimmung von Angebot und Rechnung)
- optimales Preis-Leistungs-Verhältnis.

Kundenbefragung

Kundenzufriedenheit führt zu Kundentreue. Deshalb wird die Betriebsführung in einem permanenten Prozess Kundenzufriedenheitsanalysen (Stärken-Schwächen-Analysen) durchführen und in periodischen Abständen auch das Instrument der Kundenbefragung (siehe auch Abschnitt 2.2.2.4 „Analyse der Wettbewerbssituation") einsetzen. Dabei und durch ein gezieltes Beschwerde-, Reklamationsannahme- und -erledigungssystem (Beschwerdemanagement) werden die Zufriedenheitsdefizite festgestellt, die in neue Strategien zum Abbau der Defizite und zur Verbesserung der Zufriedenheit münden. Die Betriebsführung setzt anschließend die erarbeiteten Maßnahmen um und kontrolliert die Ergebnisse.

Unabdingbare Voraussetzung für die Umsetzung aller Ziele der Kundenorientierung ist ein kundenorientiertes Personalmanagement. Nur wenn **alle** Mitarbeiter eines Betriebes das Programm mittragen und täglich praktizieren, wird sich der gewünschte Erfolg einstellen. Speziell ausgerichtete Mitarbeiterbesprechungen und Schulungen in Kundenorientierung und Service sind eine Daueraufgabe der Betriebsführung und für die Motivation der Mitarbeiter wichtig.

Personalmanagement

Wichtige Leitsätze sind:
- mit Kompetenz überzeugen
- mit Information, Beratung und Leistung Kunden binden
- mit Kulanz Kunden behalten und
- mit Geschick verlorene Kunden zurückgewinnen.

Imagepflege

Das Bild bzw. die Vorstellung, die Kunden und Öffentlichkeit von einem Betrieb haben, nennt man auch Image.

Image

Diese Einstellungen werden durch persönliche Erfahrungen gewonnen und weiterentwickelt. Sie hängen maßgeblich ab vom
- Erscheinungsbild des Handwerksbetriebes und
- direkten Umgang des Betriebsinhabers und seiner Mitarbeiter mit dem Kunden.

Jeder selbstständige Handwerker und seine Mitarbeiter werben für die Erhaltung und für die Erweiterung eines Betriebes durch ihre fachliche Leistung und durch ihr Verhalten gegenüber dem Kunden.

Dazu gehören insbesondere
- Kundendienst
- Kundenbetreuung
- qualifizierte fachliche Beratung.

Zufriedene Kunden sind für einen Betrieb die beste Werbung (Mund-zu-Mund-Werbung).

Kundenzufriedenheit

Gerade für den Handwerker, der vielfach intensiven Kontakt zum Endverbraucher hat, kommt es deshalb besonders darauf an, zum Kunden eine gute Vertrauensbasis herzustellen.

Der einzelne Betrieb prägt durch Erscheinungsbild und Umgang mit dem Kunden nicht nur sein eigenes Image, sondern zugleich das Image des gesamten Wirtschaftsbereichs Handwerk.

Handwerksimage

Betriebsinterne Voraussetzung für die Entwicklung eines guten Images ist die Identifikation der Mitarbeiter mit dem Betrieb und mit den Firmen-

Motivation

zielen. Dazu ist es notwendig, alle Mitarbeiter ständig so zu motivieren, dass ihre Gemeinsamkeit für das Unternehmen nach innen und außen demonstriert wird.

Kundenbehandlung

Für das Verhalten von Betriebsinhaber, Gesellen und Auszubildenden sowie anderen Mitarbeitern lassen sich folgende Regeln aufstellen:

Am Telefon

Am Telefon

- klar und deutlich sprechen
- stets Firmennamen und persönlichen Namen nennen sowie Grußformel („Guten Tag", „Grüß Gott" u. Ä.) verwenden
- Höflichkeit und Geduld zeigen, insbesondere den Ansprechpartner ausreden lassen
- mit dem Kunden bzw. Interessenten konkrete Vereinbarungen treffen, um ihm das Gefühl zu geben, dass seine Anliegen ernst genommen werden (zum Beispiel Terminvereinbarung, Zusenden von Prospekten, Beratung u. Ä.) bzw. Rückruf zusichern, falls dem Anliegen des Kunden nicht sofort entsprochen werden kann.

Im Betrieb und Ladengeschäft

Im Betrieb

- sauber, gepflegt, korrekt und freundlich auftreten
- alle Kunden höflich begrüßen, soweit mit Namen bekannt
- ausführlich und bereitwillig beraten, zum Beispiel anhand von Prospekten, Katalogen, Mustern oder ggf. der Gebrauchsanleitung gekaufter Produkte, Pläne, Skizzen und Zeichnungen; dem Kunden muss dabei immer das Gefühl vermittelt werden, dass man ihn ernst nimmt und seine Fragen für angebracht und berechtigt hält
- Zusicherung geben, dass der Kunde sich bei Fragen jederzeit wieder an den Betrieb wenden kann.

Beim Kunden (zum Beispiel bei Arbeiten in Wohnungen, im Kundenbetrieb, auf Baustellen u. Ä.)

Beim Kunden

- pünktlich sein und vereinbarte Termine exakt einhalten (Verlässlichkeit); bei unerwarteter Verhinderung sofortige Benachrichtigung des Kunden mit dem Angebot von Ersatzterminen
- qualitativ einwandfreie und fachgerechte Auftragsdurchführung
- sauber und höflich auftreten (zum Beispiel Vermeidung von Musikhören, Rauchen, Trinken und nicht sachbezogenen Gesprächen)
- auf Sauberkeit und umweltgerechtes Verhalten bei der Arbeit achten (Beseitigung von Unrat, Materialresten und Verpackungsabfall mit entsprechender Entsorgung, besenreine Übergabe von Wohnungen u. Ä.).

Weitere empfehlenswerte Maßnahmen

Zusätzliche Maßnahmen

- Sicherstellung der ständigen Erreichbarkeit für den Kunden, zum Beispiel durch Anrufbeantworter, Telefax, Mobilfunk, E-Mail
- Annahme und schnelle Ausführung auch von Kleinaufträgen (bei Zufriedenheit des Kunden folgen diesen oft größere Aufträge)
- jeder Reklamation sofort nachgehen und fehlerhafte Arbeit ohne Wenn und Aber ausbessern
- eine Kundendatei bzw. Datenbank anlegen, um Kunden eventuell auch regelmäßig zum Geburtstag oder anderen Jubiläen gratulieren zu können

sowie sie über Sortimentsänderungen und Sonderangebote auf dem Laufenden zu halten (Kundenpflege), Treuebonus gewähren
- eine offensive Öffentlichkeitsarbeit, beispielsweise durch „Tage der offenen Tür" und Pressemeldungen, Kundenseminare und Gruppenveranstaltungen mit Kunden durchführen
- Kostenvoranschläge so klar und sorgfältig anfertigen, dass sie betragsmäßig auch eingehalten werden können; bei Betragsüberschreitungen Abweichungen verständlich begründen
- vereinbarte Preise einhalten
- dem Kunden Angebote, ggf. Kostenvoranschläge, Stundenverrechnungssatz und Rechnungen auf Verlangen ausführlich erläutern.

Verrechnungssatz für eine Handwerkerstunde

Nur wenige Kunden und nicht alle Mitarbeiter können ohne genauere Information nachvollziehen, wie der Verrechnungssatz für eine Handwerkerstunde zustande kommt. Deshalb gibt es auch vielfach bei der Bevölkerung ungerechtfertigte Vorurteile über angeblich zu hohe Preise gegenüber dem Handwerk.
Wie sich der durchschnittliche Preis für eine Handwerkerstunde beispielsweise zusammensetzt, kann dem folgenden Schema entnommen werden:

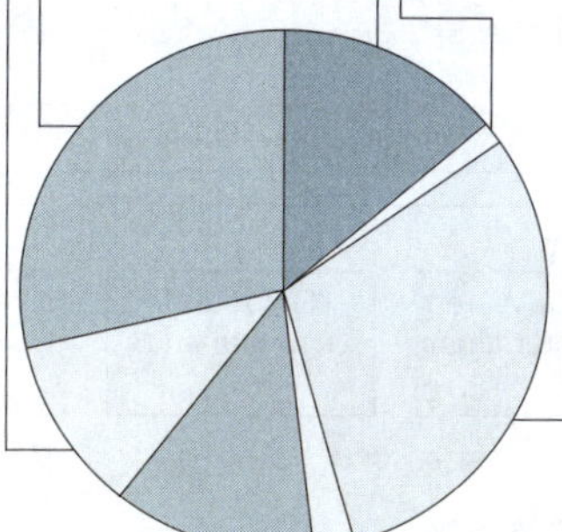

Dabei sind bei verschiedenen Handwerksbetrieben und Handwerkszweigen Abweichungen von Einzelansätzen und vom Durchschnittswert selbstverständlich.

Wichtige Merkmale für die äußere Produkt- und Leistungsgestaltung

Äußere Merkmale

Nicht nur die technische Ausstattung, sondern auch die „Aufmachung" der Produkte ist ein wichtiger absatzpolitischer Faktor. Bei der äußeren Produkt- und Leistungsgestaltung sind besonders wichtig:

- Präsentation
- Material
- Farbe
- Formgebung
- Passform
- Handhabung
- Verpackung
- Transportfähigkeit
- Haltbarkeit.

2.2.4 Beschaffung

Aufgabe

Aufgabe der Beschaffung ist die Deckung des Bedarfs eines Betriebes an Gütern und Dienstleistungen, die für die Erreichung des Betriebszweckes benötigt werden.

Märkte

2.2.4.1 Beschaffungsmärkte, Beschaffungsplanung

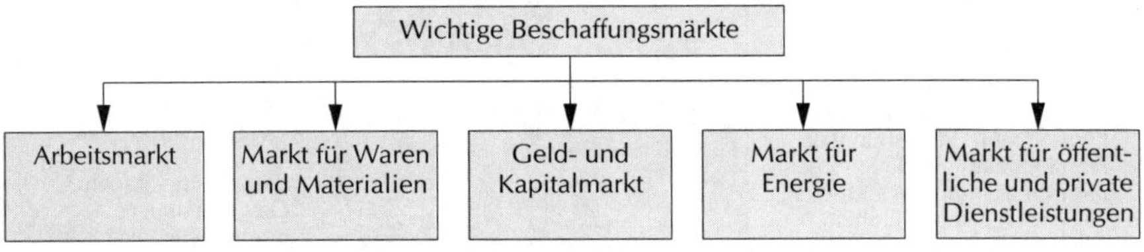

Abbildung 123

Erkundung des Beschaffungsmarktes

Einkaufsplanung

Der Betrieb ist aufgrund der Verflechtung mit den verschiedenen Beschaffungsmärkten erheblich vom Marktgeschehen abhängig. Durch eine gute Einkaufsplanung werden günstige Marktpositionen ausgenutzt. Sie ist für den nachhaltigen wirtschaftlichen Erfolg eines Betriebes von großer Bedeutung.

Marktbeobachtung

Systematische Informationsbeschaffung und eingehende Kenntnisse über die Verhältnisse auf den Beschaffungsmärkten sind für erfolgreiches betriebliches Handeln unabdingbar. Daher ist die fortlaufende Markterkundung und Marktbeobachtung für den Betriebsinhaber eine wichtige Aufgabe.

Marktanalyse

Hinzu kommt in bestimmten Zeitabständen der Einsatz fundierter Marktanalysen.

Beschaffungsmarkterkundung

Die Beschaffungsmarkterkundung erstreckt sich vor allem auf folgende Gebiete:
- Preisentwicklung
- technische Neuerungen
- qualitative Veränderungen
- grundsätzliche Marktveränderungen
- Bezugsquellen
- Liefertermine
- Transportwege
- Liefer- und Zahlungskonditionen u. v. m.

Zweckmäßigerweise erfolgt die Beschaffungsmarkterkundung durch folgende Vorgehensweise:
- Materialsammlungen und Datenbanken über wichtige Marktdaten
- Information im Internet
- Informationen auf Messen und Ausstellungen
- Einholung von konkreten Angeboten
- karteimäßige bzw. EDV-gestützte Erfassung der wichtigsten Lieferanten
- Beschaffung von Mustern und Proben
- Auswertung von Veröffentlichungen verschiedenster Art.

Spezifische Einkaufsplanung

Aus einer erfolgreichen Beschaffungsmarkterkundung ergibt sich dann die spezifische Einkaufsplanung des Handwerksbetriebes. Als Hilfsmittel können dabei zweckentsprechende Formulare bzw. Dateien und Unterlagensammlungen verwendet werden.
Für eine erfolgreiche Unternehmensführung ist die Beschaffung von Informationen auf den verschiedensten Gebieten notwendig.

Beschaffungsobjekte

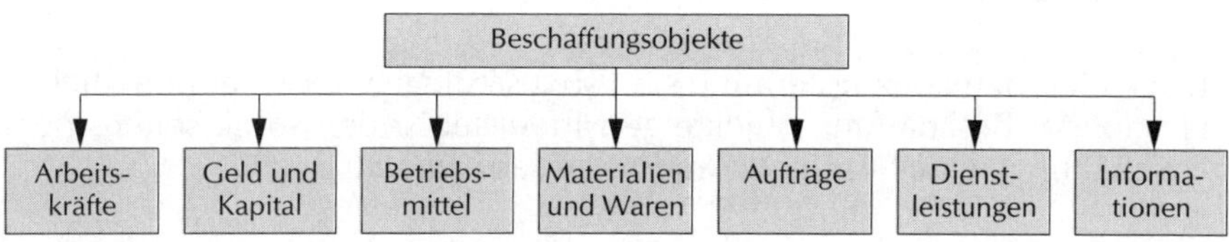

Abbildung 124

> Die Beschaffung sämtlicher Objekte sollte von dem Grundsatz getragen sein: „Schon im Einkauf liegt der Gewinn."

Es gilt für den Betriebsinhaber, die günstigsten Beschaffungsobjekte und Bezugsquellen zu ermitteln.

Dies geschieht vor allem durch:
- Preisvergleich
- Mengenvergleich
- Qualitätsvergleich
- Konditionenvergleich.

Informations- und Bezugsquellen

Informationsquellen

Wichtige Informationsquellen für die Erkundung des günstigsten Beschaffungsmarktes sind:

- Fachzeitschriften
- Wirtschaftsteil der Tageszeitungen
- Informationen der Berufsorganisationen
- Marktberichte
- Angebote
- Preislisten
- Datenbanken
- Kataloge
- Internet usw.

Bezugsquellenkatalog

In Branchen mit einem umfangreichen Beschaffungssortiment empfiehlt sich die Anlage eines Bezugsquellenkatalogs.
In zahlreichen Handwerkszweigen erfolgt die Beschaffung wichtiger Objekte (vor allem Waren) vermehrt über das Internet (E-Procurement).

Beschaffungsdispositionen

Bezugsmengen

Mengenfeststellung

Die Bezugsmengen richten sich nach dem Bedarf an einzelnen Beschaffungsobjekten. Für die Mengenfeststellung ergeben sich unterschiedliche Methoden, die je nach den Beschaffungsobjekten ausgerichtet sind.

Auf die Personalbeschaffung und die Kapitalbeschaffung wird in den Abschnitten 2.4 „Personalwesen und Mitarbeiterführung" und 2.5 „Finanzierung" eingegangen.

Liefertermine

Termine

Die Liefer- bzw. Bezugstermine sind so festzulegen, dass der pünktliche Einsatz der Beschaffungsobjekte gewährleistet ist und somit seitens der Beschaffung keine Störungen im Betriebsablauf auftreten.

2.2.4.2 Liefer- und Zahlungsbedingungen

Besonderheiten der Lieferbedingungen ergeben sich aus der vertragsrechtlichen Gestaltung (zum Beispiel Kaufvertrag, Werkvertrag). Einzelnen Bedingungen kommt hierbei je nach Branche besondere Bedeutung zu (zum Beispiel Transport, Fracht).

Siehe dazu im Einzelnen Abschnitt 2.2.3.2 „Preis- und Konditionenpolitik".

2.2.4.3 Material- und Rechnungskontrolle

Materialkontrolle

Nach Eintreffen der beschafften Waren und Materialien im Betrieb ist eine Materialkontrolle erforderlich.

Diese bezieht sich auf:
- Zahl
- Menge
- Qualität.

Nach der Materialprüfung ist eine Rechnungskontrolle notwendig. Dabei werden die berechneten Positionen mit der eingegangenen Ware verglichen.
Die Durchführung einer Material- und Rechnungsprüfung ist wichtig, um Rechtsnachteile zu vermeiden und Verluste zu verhindern.

Rechnungskontrolle

2.2.4.4 Vorratshaltung und Lagerdisposition

Die Vorratshaltung ist so abzustimmen, dass einerseits nur wirtschaftliche Niederstbestände auf Lager sind (Vermeidung einer zu hohen Kapitalbindung), andererseits aber Rohstoffe und Materialien in ausreichendem Maße vorhanden sind (Vermeidung der Behinderung von Fertigung und Leistungserstellung).

Wirtschaftliche Niederstbestände

Im Rahmen der Vorratshaltung ist dafür zu sorgen, dass die Vorratsgüter fachgerecht gelagert und entsprechende Vorkehrungen gegen Diebstahl getroffen sind.
Die Lagertechnik (z. B. Regalsysteme, Stapeltechnik usw.) richtet sich nach den Anforderungen der Branche und der einzelnen Betriebsgröße.
Die Alternative zur Vorratshaltung bildet die so genannte „Just-in-Time-Produktion“. Hierbei wird die Lagerhaltung beinahe völlig abgebaut und durch genau abgestimmte Beziehungen zu Vorlieferanten und ein umfangreiches und zuverlässiges Transportwesen ersetzt. Die Just-in-Time-Produktion ist jedoch nicht für alle Fertigungs- und Leistungsbereiche geeignet.

Fachgerechte Lagerung

Im Rahmen der Lagerhaltung ist auf eine ausreichende Kontrolle der Materialausgabe zu achten, um Verlustquellen wie Materialverschwendung und Diebstahl zu verhindern.

Kontrolle der Materialausgabe

Dazu bedarf es des Einsatzes entsprechender Formulare (z. B. Materialentnahme-/Materialausgabescheine) und der Organisation entsprechender Arbeitsabläufe, die sich am sinnvollsten per EDV erledigen lässt. Bei entsprechender Betriebsgröße erscheint es zweckmäßig, eine Person mit der verantwortlichen Betreuung des Lagers zu beauftragen.

Übungs- und Prüfungsaufgaben

1. Was bedeutet Marketing?

☐ a) Den Versuch nur die Meinung der Verbraucher durch besondere Maßnahmen zu beeinflussen.
☐ b) Die eingehende Untersuchung des für einen Handwerksbetrieb räumlich abgegrenzten Marktes.
☐ c) Die eingehende Untersuchung des für einen Handwerksbetrieb sachlich abgegrenzten Marktes.
☐ d) Die laufende Beobachtung des Absatzmarktes.
☐ e) Die Ausrichtung aller unternehmerischen Entscheidungen am Absatzmarkt.

„Siehe Seite 248 des Textteils!"

2. Sie sind Inhaber eines Handwerksbetriebes und wollen im Hinblick auf die dynamische Entwicklung der Märkte für Ihren Betrieb ein Marketingkonzept entwickeln. Die Basis für ein solches Konzept ist die Festlegung der wichtigsten Bereiche des Marketing.

Aufgabe: Stellen Sie die wichtigsten Bereiche für Ihren Betrieb zusammen!

„Siehe Seite 248 des Textteils!"

3. Beschreiben Sie wichtige Methoden der Marktanalyse und Marktforschung!

„Siehe Seite 249 des Textteils!"

4. Als selbstständiger Handwerker wissen Sie, dass die Untersuchung und Beobachtung der Stellung Ihres Betriebes im Marktgeschehen eine wichtige Grundvoraussetzung für den nachhaltigen Erfolg ist. Deshalb wollen Sie künftig systematische Marktanalyse betreiben. Dazu sind eine Reihe von Informationen erforderlich.

Aufgabe: Erläutern Sie wichtige Methoden und Wege der Informationsbeschaffung für den genannten Zweck!

„Siehe Seite 249 des Textteils!"

5. Wie werden Kaufkraftkennziffern in der Marktforschung eingesetzt?

„Siehe Seite 252 des Textteils!"

6. Die Kundenbetreuung ist eine wichtige Voraussetzung für eine erfolgreiche betriebliche Arbeit im Handwerk. Eine elementare Grundlage für die Kundenbetreuungsarbeit ist eine Kundenkartei oder Kundendatei, die alle bedeutsamen Daten über die Kunden enthalten muss. Als selbstständiger Handwerker wollen Sie eine Kundendatei auf EDV-Basis aufbauen.

Aufgabe: Stellen Sie in einer Checkliste fest, welchen Inhalt diese Datei haben soll!

„Siehe Seite 252 des Textteils!"

7. Was versteht man unter dem Marktvolumen?

„Siehe Seite 254 des Textteils!"

8. Im Rahmen der Marktforschung wollen Sie als Inhaber eines Handwerksbetriebes feststellen, welchen Anteil Ihr Betrieb am Marktvolumen gemessen am Umsatz in Ihrer Region hat.

Aufgabe: Erläutern Sie, wie Sie bei der Ermittlung des Marktanteils für Ihren Betrieb vorgehen!

„Siehe Seite 255 des Textteils!"

9. Warum sind bei der Ermittlung und Beurteilung des Marktanteils eines Handwerksbetriebes auch die Marktanteile der Mitbewerber zur Beurteilung der Marktsituation von Bedeutung?

„Siehe Seite 255 des Textteils!"

10. Der Marktbesetzungsfaktor ist

☐ a) eine Zeitpunktbetrachtung.
☐ b) eine Zeitraumbetrachtung.
☐ c) eine Zeitpunkt- und eine Zeitraumbetrachtung.
☐ d) zeitpunktunabhängig.
☐ e) zeitraumunabhängig.

„Siehe Seite 255 des Textteils!"

11. Sie wollen als Inhaber eines Handwerksbetriebes künftig den Kundenerwartungen besser entsprechen als bisher. Deshalb soll das Instrument der Kundenbefragung eingesetzt werden.

Aufgabe: Erklären Sie die drei gebräuchlichen Wege der Befragung und stellen Sie die Vor- und Nachteile der Befragungsarten fest!

„Siehe Seite 257 des Textteils!"

12. Sie sind in einem Handwerksbetrieb mit Ladengeschäft als Meister angestellt und u.a. für den Bereich Kundenbetreuung zuständig. Vom Betriebsinhaber erhalten Sie den Auftrag, eine schriftliche Kundenbefragung durchzuführen. In Ausführung dieses Auftrages haben Sie zuerst einen entsprechenden Fragebogen zu erstellen und Ihrem Chef vorzulegen.

Aufgabe: Stellen Sie die wichtigsten Inhalte des von Ihnen erarbeiteten Fragebogens dar!

„Siehe Seite 259 des Textteils!"

13. Als Inhaber eines Handwerksbetriebes wollen Sie Ihre eigene Stellung am Markt, vor allem in Bezug auf Ihre unmittelbare Konkurrenz, beurteilen. Im Wege einer durchzuführenden Konkurrenzanalyse sind die Fähigkeiten, Stärken und Schwächen Ihrer Konkurrenten zu ermitteln.

Aufgabe: Erläutern Sie stichwortartig, welche Einzelinformationen für Sie in der Regel wichtig sind!

„Siehe Seite 262 des Textteils!"

14. Die wichtigsten Marketinginstrumente sind:

☐ a) Vertriebspolitik, Produktpolitik, Preispolitik, Kostenrechnung
☐ b) Buchhaltung, Kostenrechnung, Preispolitik, Kommunikationspolitik
☐ c) Werbepolitik, Verkaufsförderungspolitik, Personalpolitik, Vertriebspolitik
☐ d) Marktforschung, Konkurrenzbeobachtung, Kundenbefragung, Logistik
☐ e) Produktpolitik, Preispolitik, Kommunikationspolitik, Vertriebspolitik.

„Siehe Seite 263 des Textteils!"

15. Aufgabe der Produkt- und Sortimentspolitik ist es,

☐ a) ein an den Bedürfnissen der Anbieter orientiertes Angebot zu konzipieren.
☐ b) ein an den Bedürfnissen der Nachfrager orientiertes Angebot zu konzipieren.
☐ c) kostenorientierte Preisbildung vorzunehmen.
☐ d) ein an den Bedürfnissen der Mitbewerber orientiertes Angebot zu konzipieren.
☐ e) ein an den Bedürfnissen der Kostenrechnung orientiertes Angebot zu konzipieren.

„Siehe Seite 263 des Textteils!"

16. Sie wollen sich als Inhaber eines Handwerksbetriebes durch Schaffung eines bedarfsgerechten Güter- und Dienstleistungsangebots positiv vom Angebot der Mitbewerber abheben. Deshalb gestalten Sie Ihre Produkt- und Sortimentspolitik neu. Neben bereits festgelegten Produkterneuerungen wollen Sie Ihre Kundendienstleistungen als Bestandteil des gesamten Leistungsprogramms ausbauen.

Aufgabe:

a) Stellen Sie einige Kundendienstleistungen, die Sie anbieten wollen, dar!
b) Erläutern Sie kurz, über welche Eigenschaften Ihre Mitarbeiter bei diesen Kundendienstleistungen verfügen müssen!

„Siehe Seite 264 des Textteils!"

17. Ein wichtiges Marketinginstrument ist für Sie als Inhaber eines Handwerksbetriebes die Preis- und Konditionenpolitik. Zwar stellen die betrieblichen Daten aus der Kostenrechnung und der Kalkulation die wichtigsten Bestimmungsfaktoren für die Preisbildung des Betriebes dar. Daneben müssen aber auch Bestimmungsfaktoren des Marktes, d.h. nachfrageorientierte und konkurrenzorientierte Gesichtspunkte, berücksichtigt werden.

Aufgabe: Erläutern Sie wichtige Instrumente der Preisgestaltung im Rahmen der Preis- und Konditionenpolitik!

„Siehe Seite 265 des Textteils!"

18. Lieferungs- und Zahlungsbedingungen

☐ a) richten sich nach den Vorgaben der Handwerkskammer.
☐ b) werden einzelbetrieblich festgelegt.
☐ c) werden zwischen Betriebsinhaber und Betriebsrat vereinbart.
☐ d) sind vorrangig in Großbetrieben üblich.
☐ e) müssen von der Gewerbeaufsicht genehmigt werden.

„Siehe Seite 267 des Textteils!"

19. Die wichtigsten Teilbereiche der Kommunikationspolitik sind:
☐ a) Buchhaltung, Kostenrechnung, Werbung
☐ b) Öffentlichkeitsarbeit, Verkaufsförderung, Marktforschung
☐ c) Marktforschung, Werbung, Vertrieb
☐ d) Werbung, Verkaufsförderung, Öffentlichkeitsarbeit
☐ e) Betriebsorganisation, Öffentlichkeitsarbeit, Vertrieb.

„Siehe Seite 268 des Textteils!"

20. Sie sind Inhaber eines Handwerksbetriebes und wollen die Werbung für Ihre Produkte und Dienstleistungen verstärken. Bevor Sie das auf Ihren Betrieb speziell zugeschnittene Werbekonzept überarbeiten, setzen Sie sich mit den Zielen der Werbung grundsätzlich auseinander.

Aufgabe: Erläutern Sie wichtige Ziele!

„Siehe Seite 268 des Textteils!"

21. Sie sind in einem größeren Handwerksbetrieb für den Bereich Vertrieb, Marketing, Werbung zuständig. Ihr Chef beauftragt Sie, im Rahmen der Überprüfung und Neugestaltung des betrieblichen Werbekonzepts die wichtigsten Arten der Werbung zusammenzustellen, um anschließend über den Einsatz der für den Betrieb geeignetsten Werbemittel entscheiden zu können.

Aufgabe: Stellen Sie für Ihren Chef die wichtigsten Arten der Werbung zusammen!

„Siehe Seite 269 des Textteils!"

22. Erklären Sie kurz die wichtigsten Kriterien für die erfolgreiche Durchführung einer Mailingaktion!

„Siehe Seite 271 des Textteils!"

23. Erklären Sie die wichtigsten Handlungsschritte einer erfolgreichen Werbeplanung!

„Siehe Seite 274 des Textteils!"

24. Stellen Sie die wichtigsten direkten und indirekten Mittel der Verkaufsförderung dar!

„Siehe Seite 274 des Textteils!"

25. Öffentlichkeitsarbeit dient
☐ a) der unmittelbaren Umsatzsteigerung.
☐ b) das Image des Handwerksbetriebes zu verbessern.
☐ c) der Bilanzanalyse.
☐ d) der Verbesserung der Sortimentsgestaltung.
☐ e) der Personalentwicklung.

„Siehe Seite 276 des Textteils!"

26. Beschreiben Sie kurz den Unterschied zwischen direktem und indirektem Vertrieb!

„Siehe Seite 277 des Textteils!"

27. Erläutern Sie kurz das Vertriebssystem Franchising!

„Siehe Seite 279 des Textteils!"

28. Erklären Sie wichtige Voraussetzungen des Betriebsinhabers und seiner Mitarbeiter zur Führung erfolgreicher Verkaufsverhandlungen!

„Siehe Seite 280 des Textteils!"

29. Sie sind Inhaber eines Handwerksbetriebes und haben die Erfahrung gemacht, dass das äußere Erscheinungsbild des Betriebes im Sinne einer kundenorientierten Außendarstellung und das Unternehmensleitbild im Sinne einer Unternehmenskultur für den geschäftlichen Erfolg sehr wichtig sind.

Aufgabe:

a) **An welchen Fragen werden Sie Ihre betrieblichen Leitgrundsätze orientieren?**
b) **Warum ist der Meisterstatus ein wesentlicher Bestandteil des Erscheinungsbildes Ihres Betriebes?**

„Siehe Seite 281 des Textteils!"

30. Sie wollen sich als junger Handwerksmeister demnächst selbstständig machen. Um sich Verbrauchern und Kunden bestmöglich und unverwechselbar einzuprägen, gestalten Sie ein Firmenzeichen und setzen es entsprechend ein.

Aufgabe:

a) **Auf welche Effekte richten Sie Ihr Firmenzeichen aus?**
b) **In welchen Bereichen werden Sie das Firmenzeichen einsetzen, damit dessen Bekanntmachung und Durchsetzung möglichst rasch erfolgt?**

„Siehe Seite 281 des Textteils!"

31. Sie sind Inhaber eines Handwerksbetriebes und stellen fest, dass sich das Verhalten und die Ansprüche der Kunden laufend verändern. Deshalb wollen Sie das Marktverhalten Ihres Betriebes stärker an den Wünschen, Bedürfnissen und Problemen der Kunden ausrichten und die Kundenorientierung zu einer zentralen Aufgabe der Betriebsführung machen, um ein Höchstmaß an Kundenzufriedenheit zu erreichen.

Aufgabe:

a) **Durch welche Faktoren wird die Kundenzufriedenheit beeinflusst?**
b) **Welche Instrumente setzen Sie zur stärkeren Kundenorientierung in Ihrem Betrieb ein?**
c) **Stellen Sie stichwortartig vier Leitsätze der Kundenorientierung dar!**

„Siehe Seite 282 des Textteils!"

32. Sie stellen als Inhaber eines Handwerksbetriebes nicht zuletzt im Hinblick auf Beschwerden und Reklamationen von Kunden immer wieder fest, dass sich mancher Mitarbeiter des Betriebes im Umgang mit dem Kunden nicht richtig oder zumindest so verhält, dass es dem Image des Betriebes schadet. Deshalb halten Sie es für wichtig, diesen Themenbereich mit Ihren Mitarbeitern zu besprechen. Dabei wollen Sie ihnen eine Liste übergeben, aus der die wichtigsten Verhaltensregeln der Mitarbeiter im Umgang mit den Kunden hervorgehen.

Aufgabe: Listen Sie die wichtigsten Verhaltensregeln für Ihre Mitarbeiter in folgenden Bereichen auf:

a) **am Telefon**
b) **im Betrieb**
c) **beim Kunden vor Ort!**

„Siehe Seite 284 des Textteils!"

33. Wichtige äußere Merkmale für die Produkt- und Leistungsgestaltung im Handwerksbetrieb sind:

☐ a) Preis und Form
☐ b) Funktionalität und Gestaltung
☐ c) Farbe und Form
☐ d) Unternehmensstruktur und Unternehmensleitbild
☐ e) Corporate Identity und Corporate Design.

„Siehe Seite 286 des Textteils!“

34. Wie gehen Sie bei der Erkundung des Beschaffungsmarktes vor?

„Siehe Seite 286 des Textteils!“

35. Zur Feststellung der günstigen Beschaffungsobjekte ist es vor allem notwendig,

☐ a) einen eigenen Einkäufer im Betrieb einzustellen.
☐ b) die Beschaffung einer Einkaufsgenossenschaft zu übertragen.
☐ c) sich über Rabatte und Sonderaktionen zu informieren.
☐ d) Preisvergleiche durchzuführen.
☐ e) Preis-, Mengen-, Konditionen-, Qualitätsvergleiche aufzustellen.

„Siehe Seite 287 des Textteils!“

36. Erläutern Sie wichtige Liefer- und Zahlungsbedingungen!

„Siehe Seite 288 des Textteils!“

2.3 Organisation

Ziel

Unter Organisation versteht man den Prozess des organisatorischen Gestaltens des Aufbaus und der Abläufe in einem Handwerksbetrieb.
Ziel ist es, den Betriebsaufbau und die Betriebsabläufe bestmöglich zu gestalten.

In der Praxis bedeutet dies Produktionsfaktoren und Betriebsbereiche nach dem ökonomischen Prinzip zu steuern.

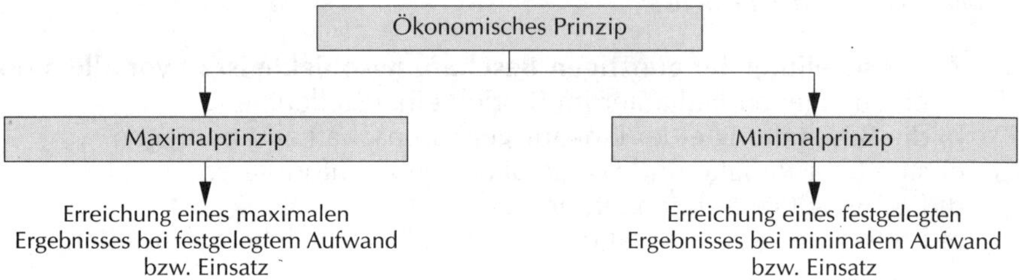

Abbildung 125

2.3.1 Ablauforganisation

Unter Ablauforganisation versteht man die räumliche, zeitliche und zielgerichtete Strukturierung von Arbeitsprozessen.

Die Ablauforganisation versucht, Arbeitsprozesse bezüglich Arbeitsinhalt, Arbeitszeit und Arbeitszuordnung so zu kombinieren, dass rationell gewirtschaftet wird.
Ziel ist es, den Arbeitsablauf so zu gestalten, dass unter Berücksichtigung der bestmöglichen Auslastung aller Stellen alle Objekte mit optimaler Geschwindigkeit den Betrieb durchlaufen.

Leitsätze

Wichtige Leitsätze der Ablauforganisation und Ablaufplanung in einem Handwerksbetrieb sind:

- Ausrichtung der Abläufe an Regelfällen
- Anordnung der Arbeitsstationen entsprechend dem Arbeitsfluss
- Minimierung der Arbeitsstationen innerhalb des Arbeitsablaufs
- Minimierung der zu verrichtenden Tätigkeiten im Arbeitsablauf
- optimale Auswahl der Arbeitsmittel und Hilfsmittel
- bestmöglicher Einsatz des Personals
- dauernde Aufwands- und Leistungskontrolle (Soll-Ist-Abstimmung)
- Unabhängigkeit der Ablauforganisation von Personen.

2.3.1.1 Prozessanalyse und Prozessgestaltung

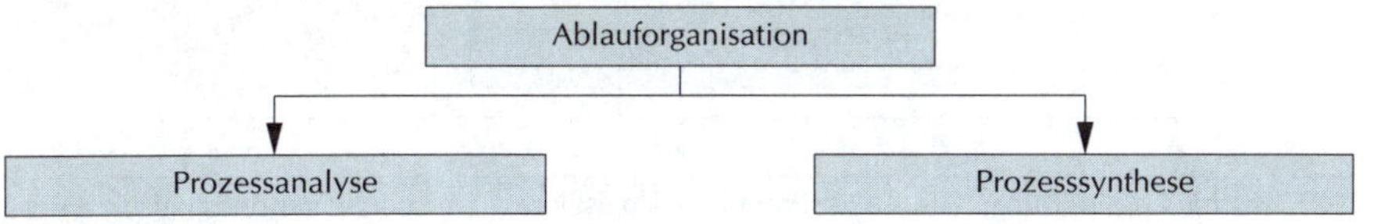

Abbildung 126

Unter Prozessanalyse versteht man die Überlegung, wie Arbeitsprozesse aufgespaltet werden können.
Unter Prozesssynthese versteht man die Überlegung, wie Arbeitsprozesse optimal kombiniert werden können.

Prozessanalyse

Prozesssynthese

Prozessanalyse

Prozessanalyse

Beispiel:

Ein Betrieb beschäftigt zwei Gesellen und fertigt Inneneinrichtungen.

Folgende Arbeitsprozesse wären denkbar:
- Geselle A fertigt nur Tische und Stühle, während Geselle B sich auf die Herstellung von Einbauschränken spezialisiert.
- Die Gesellen A und B fertigen beide je nach Arbeitsanfall Stühle, Tische und Einbauschränke.

Prozesssynthese

Prinzipien

Die Prozesssynthese erfolgt nach folgenden Prinzipien:
- Prinzip der inhaltlichen Verteilung: Welche Arbeitsgänge finden statt?
- Prinzip der personalen Arbeitsverteilung: Welche Person erledigt welche Arbeitsvorgänge?
- Prinzip der zeitlichen Verteilung: Wann findet welcher Arbeitsgang statt?
- Prinzip der räumlichen Verteilung: Wo findet welcher Arbeitsgang statt?

Die Arbeitsverteilung sollte grundsätzlich so erfolgen, dass eine optimale inhaltliche, personelle, zeitliche und räumliche Abstimmung gewährleistet ist.

2.3.1.2 Logistik

Unter Logistik versteht man eine Konzeption zur Koordination und Einordnung verschiedener Teilbereiche eines Handwerksbetriebes zur Steuerung des Güter- und Informationsflusses.

Der Aufbau eines effizienten Logistiksystems im Handwerksbetrieb bedarf der ganzheitlichen Betrachtung aller logistischen Aufgaben und deren Schnittstellen zu anderen betrieblichen und überbetrieblichen Systemen.

Die Aufgaben der Logistik können nach den betrieblichen Funktionen eines Handwerksbetriebes gegliedert werden:

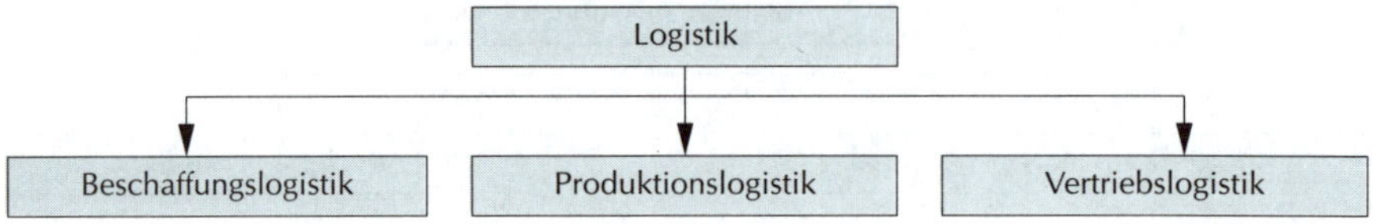

Abbildung 127

Operative Logistik

Wichtige organisatorische Bereiche der operativen Logistik in einem Handwerksbetrieb sind:

- Organisation des innerbetrieblichen und außerbetrieblichen Transports
- Organisation der Lagerhaltung
- Organisation der Vorratsdisposition
- Organisation der zeitlichen und terminlichen Abstimmungen.

Einrichtungen

Die Aufgaben der Logistik sind vom Handwerksbetrieb durch verschiedene Einrichtungen zu lösen. Dies sind beispielsweise:

- Warenannahmen
- Fertigwarenlager
- Lager für Roh-, Hilfs- und Betriebsstoffe
- Verpackungsmateriallager
- Lager für Abfallstoffe
- Packereien
- Fahrzeuge.

2.3.1.3 Qualitätssicherung und Qualitätsmanagement (QM)

Begriffe

Hoher Qualitätsstandard

Unter Qualitätssicherung ist ein umfassender Begriff zu verstehen, der alle organisatorischen und technischen Maßnahmen zur Schaffung und Erhaltung eines hohen Qualitätsstandards einschließt.

Der Begriff Qualitätsmanagement wird verwendet, wenn strukturelle, organisatorische und wirtschaftliche Maßnahmen zur Qualitätssicherung aufeinander abgestimmt eingesetzt werden. Qualitätsmanagement kann als Mittel zur optimalen Unternehmensführung bezeichnet werden.

Qualitätsmanagement

Qualitätsmanagement ist damit der übergeordnete Begriff und bezeichnet die Gesamtheit aller qualitätsbezogenen Tätigkeiten und Zielsetzungen. Mit den organisatorischen Maßnahmen soll u.a. das Ziel erreicht werden, Fehler zu vermeiden, Qualität durch geregelte Abläufe zu produzieren und Missverständnisse zwischen Betrieb und Kunden oder zwischen den Mitarbeitern im Betrieb auszuräumen.

Die Qualitätssicherung und das Qualitätsmanagement nehmen für das Handwerk auch aufgrund gesetzlicher Regelungen wie der Produkthaftpflicht und wachsenden Anforderungen von Kunden und Lieferanten eine bedeutende Funktion ein. Während früher vorrangig das wachsame Auge des Meisters für Qualität sorgte, sind heute umfassende Qualitätsmanagementsysteme im Einsatz.

Aufbau eines Qualitätsmanagements

Die wichtigsten Schritte:

Wichtige Schritte

- schriftliche Formulierung der unternehmensspezifischen Qualitätspolitik durch den Betriebsinhaber oder die Geschäftsleitung
- Planung der Vorgehensweise bei der Einführung einschließlich Terminplanung
- Benennung eines Verantwortlichen für Ausarbeitung, Aufbau, Überwachung und Pflege des Systems und Rollenverteilung für die Übernahme von Detailaufgaben
- Analyse der bereits vorhandenen Qualitätssicherungsmaßnahmen
- Angleichung vorhandener Elemente und Ergänzung durch neue Maßnahmen
- Information und Schulung der Mitarbeiter vor und während der Einführungsphase
- ständige Überwachung, Anpassung und Verbesserung des Systems.

Qualitätsmanagement-Handbuch (QM-Handbuch) eines Unternehmens

Qualitätsmanagement-Handbuch

Das Qualitätsmanagement-Handbuch enthält die Beschreibung des Qualitätssicherungssystems.

Folgendes ist dabei grundsätzlich zu beachten:

- konkreter und umfassender Inhalt
- der Inhalt muss der betrieblichen Wirklichkeit exakt entsprechen
- transparente Darstellung des organisatorischen Aufbaus und der Abläufe des Unternehmens
- Nennung personeller Verantwortlichkeiten, Zuständigkeiten und Qualifikationen.

Das Qualitätsmanagement-Handbuch enthält inhaltlich Verfahrensanweisungen und Prozessbeschreibungen, in denen Vorgehensweisen und Zuständigkeiten **konkret** festgelegt sind.

Ergänzend gibt es in der Regel Arbeitsanweisungen für einzelne Tätigkeiten und Formblätter, die die Dokumentation erleichtern.

Zertifizierung des Qualitätsmanagements

Zertifizierung

Erst wenn ein QM-System aufgebaut ist und im Betrieb praktiziert wird, kann man dies von einer externen Stelle, dem Zertifizierer, bestätigen lassen. Der Zertifizierung geht das Audit („Anhörung" bzw. die Überprüfung des Ist-Zustandes) voraus. Ist das Audit ohne Beanstandungen oder nach entsprechender Nachbesserung erfolgreich verlaufen, wird in einer Urkunde bestätigt, dass ein QM-System aufgebaut und eingeführt ist und erfolgreich angewandt wird.

Wer von der Trägergemeinschaft (TGA) zur Zertifizierung anerkannt ist, darf Betriebe nach DIN EN ISO 9001:2000 zertifizieren.

Im Gegensatz zur Meisterprüfung, die in ihrer Funktion als Gütesiegel auf die Person abstellt, zielt die Zertifizierung auf den Betriebsablauf und die Leistungsabwicklung ab.

ISO 9001

Die Norm DIN EN ISO 9001:2000 beschreibt, nach welchen Regeln die Entwicklung, die Produktion, die Montage, das Design, der Kundendienst und die Kundenorientierung zu organisieren sind. Hinzu kommen Bereiche wie die Erschließung neuer Bezugsquellen, das Eingehen von Kooperationen, der Einsatz innovativer Techniken, Qualifikation und Motivation des Personals, Arbeitssicherheit, Umweltmanagement, Kreditmanagement und Rating. Die Norm zwingt den Betrieb zu einer fortlaufenden Schwachstellenanalyse. Weitere QM-Normen sind ggfs. zu beachten.

„ZDH-Zert“

Der Zentralverband des Deutschen Handwerks hat eine eigene Zertifizierungsstelle mit dem Namen „ZDH-Zert“ eingerichtet. Ferner gibt es einige Zertifizierungsstellen bei Fachverbänden des Handwerks.

Kostensenkung, Kundenzufriedenheit, Zukunftssicherung

Der zeitliche Aufwand und die Kosten für den Aufbau eines Qualitätsmanagementsystems sind hoch. Gefordert wird der Unternehmer, aber gleichermaßen auch die Mitarbeiter. Die beste Organisation auf dem Papier ist nutzlos, wenn sie nicht von den Mitarbeitern in den Betrieben getragen und fortgeschrieben wird. Betriebsleitung und Mitarbeiter müssen fortlaufend bisher praktizierte Verhaltens- und Arbeitsweisen überprüfen und verbesserte Abläufe und Verfahren im Betrieb umsetzen.

Senkung der Kosten

Kundenzufriedenheit

Ein funktionierendes Qualitätsmanagement trägt zur Senkung der Kosten bei. Der wirtschaftliche Erfolg ist messbar und umso größer, je zufriedener die Kunden sind. Um das Ziel der Kundenzufriedenheit zu erreichen, genügt nicht eine sorgfältige Endprüfung. Zufrieden stellende Qualität ist das Resultat eines systematisch betriebenen Qualitätsmanagements, das sich über den gesamten Produktwerdegang erstreckt.

> Qualitätssicherung und Qualitätsmanagement tragen dazu bei, die Zukunft des Unternehmens und des Handwerks in einem dauerhaften Entwicklungs- und Verbesserungsprozess zu sichern.

Umwelt-Management-System

> Das EMAS (Eco-Management-Audit-Scheme) ist ein System zur Planung, Bewertung, laufenden Verbesserung, Steuerung und Kontrolle des betrieblichen Umweltschutzes. Alle Aktivitäten des betrieblichen Umweltschutzes werden geprüft, koordiniert und systematisiert. Die Teilnahme ist für den Handwerksbetrieb freiwillig.

EMAS-Verzeichnis

Die Handwerkskammern führen ein EMAS-Verzeichnis, in das die Betriebe eingetragen werden, die die Voraussetzungen erfüllen. Betriebe mit EMAS-Registrierung dürfen das EMAS-Logo verwenden.

Betrieblicher Nutzen

Der Nutzen des Umwelt-Management-Systems für den Betrieb besteht u. a.:

- in der Verbesserung des betrieblichen Umweltschutzes
- in der Möglichkeit, durch geeignete Umweltschutzmaßnahmen Kosten einzusparen (z.B. Energieeinsatz, Entsorgung)

- im Marketingnutzen und Imagegewinn
- das Haftungsrisiko zu mindern
- Schwachstellen zu erkennen
- die betriebliche Organisation zu verbessern
- Produkte und Dienstleistungen zu verbessern
- dem steigenden Umweltbewusstsein der Kunden zu entsprechen
- die Mitverantwortung der Mitarbeiter zu erhöhen
- durch Werbung mit dem EU-einheitlichen Zeichen das Image des Betriebes und die Wettbewerbsfähigkeit zu erhöhen.

Beratung Handwerkskammer

Informationen zur EMAS-Verordnung, zu Förderungsmöglichkeiten und zur notwendigen Beratung sollten zuerst beim Umweltschutzberater der zuständigen Handwerkskammer eingeholt werden. Dies gilt auch für die Teilnahme am Qualitätsverbund umweltbewusster Handwerksbetriebe (QuH), der ein eigenständiges Umwelt-Management-System ist, das auf kleine und mittelgroße Handwerksbetriebe zugeschnitten ist.

2.3.1.4 Arbeitszeitmodelle

Flexibilität der Arbeitszeit

Unter Arbeitszeitmodellen versteht man verschiedene Formen flexibler Arbeitszeitregelungen.

Durch den Einsatz von Arbeitszeitmodellen kann einerseits der Betrieb besser auf wechselnden qualitativen und mengenmäßigen Arbeitsanfall reagieren, eine höhere Produktivität erzielen, Kosten, Fehlzeiten und Überstunden senken und die Zufriedenheit der Mitarbeiter steigern.

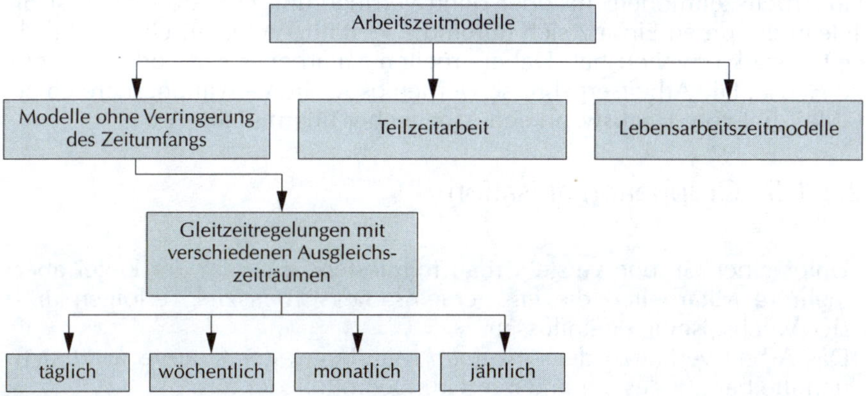

Abbildung 128

Gleitzeitmodelle

Gleitzeitregelungen geben den Mitarbeitern des Handwerksbetriebes innerhalb bestimmter Rahmenbedingungen die Möglichkeit, ihre Arbeitszeit flexibel zu gestalten. Dabei gibt es Ausgleichszeiträume, innerhalb derer die Arbeitszeit wieder ausgeglichen sein sollte. Auf die Einhaltung von täglichen Mindestarbeitszeiten ist zu achten.

Kernarbeitszeiten

Kernarbeitszeiten sind Zeiten, in denen der Mitarbeiter in jedem Fall seine Arbeitskraft zur Verfügung stellen muss.

Schichtarbeit

Ein weiteres Arbeitszeitmodell ohne Verringerung des Zeitumfangs stellt auch die Schichtarbeit dar. Bei der Schichtarbeit wird ein Arbeitsplatz im Laufe eines Tages von mehreren (zwei oder drei) Mitarbeitern besetzt. Somit kann die Produktionszeit dieses Arbeitsplatzes von 8 Stunden auf 16 oder 24 Stunden ausgedehnt werden.

Teilzeitarbeit

Eine Teilzeitregelung liegt vor, wenn zwischen Arbeitgeber und Arbeitnehmer eine kürzere als übliche wöchentliche, monatliche oder jährliche Arbeitszeit vereinbart ist.

Beispiel:

Einsatz von Saisonarbeitern, geringfügig oder kurzzeitig Beschäftigten.

Job-Sharing

Eine weitere Form der Teilzeitarbeit ist das Job-Sharing. Hier teilen sich in der Regel zwei Mitarbeiter eine Vollzeitstelle.

Lebensarbeitszeitmodelle

Lebensarbeitszeitregelungen sehen vor, dass der Ausgleichszeitraum von Zeitguthaben auf die gesamte Lebensarbeitszeit ausgedehnt wird.
In der Praxis heißt das, dass der Arbeitnehmer über sein gesamtes Arbeitsleben Zeitgutschriften ansammeln kann, um dann früher in den Ruhestand zu gehen oder ab einem bestimmten Lebensalter nur noch Teilzeitarbeit verrichtet.

Zeitarbeitskräfte

Einen Sonderfall eines Arbeitszeitmodells stellt der Einsatz von Zeitarbeitskräften dar.
Hierbei werden Arbeitskräfte von Zeitarbeitsfirmen für einen bestimmten Zeitraum ausgeliehen. Zur Überbrückung kurzfristiger Arbeitsspitzen ist dies eine sinnvolle, zugleich aber auch teuere Ergänzung des Arbeitskräftepotenzials.

Telearbeit

Ein Arbeitszeitmodell mit oder ohne Verringerung der Arbeitszeit ist die Telearbeit, deren Einsatz sich durch die vielfältigen technischen Möglichkeiten stark erweitert hat. Dabei arbeiten Mitarbeiter ganz oder teilweise zu Hause. Die Arbeitsergebnisse werden bspw. im Verwaltungsbereich per E-Mail, Telefon, Fax usw. an den Arbeitgeber übermittelt.

2.3.1.5 Gruppenorganisation

Unter einer Gruppe versteht man mindestens zwei, in der Regel aber mehrere Mitarbeiter, die ein gemeinsames Arbeitsziel verfolgen und sich wechselseitig beeinflussen.
Das Arbeitsverhalten der einzelnen Mitarbeiter der Gruppe wirkt sich unmittelbar auf das der anderen Gruppenmitglieder aus.

Vorteile der Gruppenorganisation:
- Mitglieder der Gruppe üben Druck aufeinander aus
- Gruppen denken ganzheitlicher
- Gruppen erkennen Probleme eher als Einzelpersonen
- Gruppen gleichen kurzfristige Leistungsausfälle aus
- Schutz des Einzelnen bei Misserfolgen.

Nachteile der Gruppenorganisation:
- Gruppe engt Kreativität des Einzelnen ein
- Entscheidungen werden in der Gruppe hinausgezögert

- keine klaren Verantwortlichkeiten in der Gruppe
- emotionale Konflikte innerhalb der Gruppe.

2.3.2 Verwaltungs- und Büroorganisation

Die effiziente Organisation der Verwaltungsarbeiten und eine rationelle Büroorganisation sind wichtige Voraussetzungen für den Erfolg eines Handwerksbetriebes.

2.3.2.1 Ablageorganisation

Die Schriftgutablage, auch Registratur genannt, ist die Aufbewahrungsstelle für alle wichtigen Unterlagen des Betriebes und Kopien des Schriftverkehrs. Meist erfolgt die Ablage in Dateiform.

Die nachfolgenden Ausführungen gelten sowohl für die Schriftgutablage, als auch für die elektronische Ablage in Dateiform.
Aus Gründen der Übersichtlichkeit der Aktenablage ist die Erstellung eines Aktenplanes zu empfehlen. Aktenplan

Aktenordnung

Die Aktenordnung in Papier- bzw. Dateiform kann folgendermaßen aufgebaut werden:

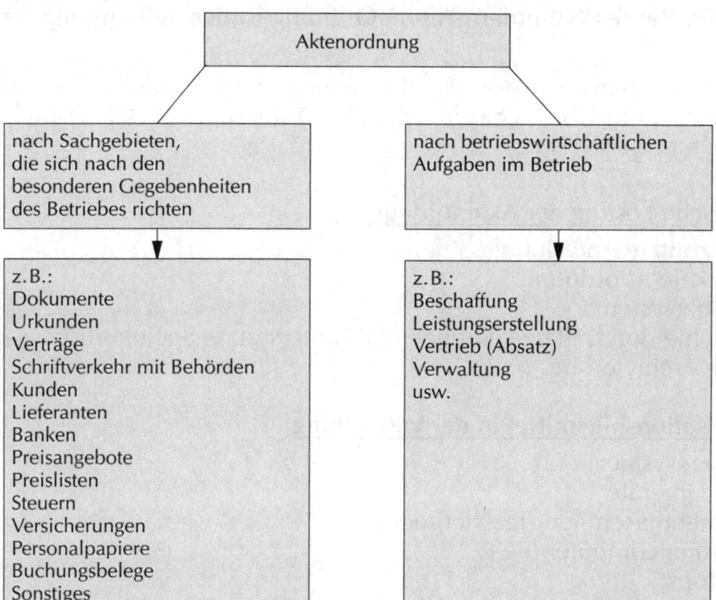

Abbildung 129

Organisation der Registratur/Dateiverwaltung

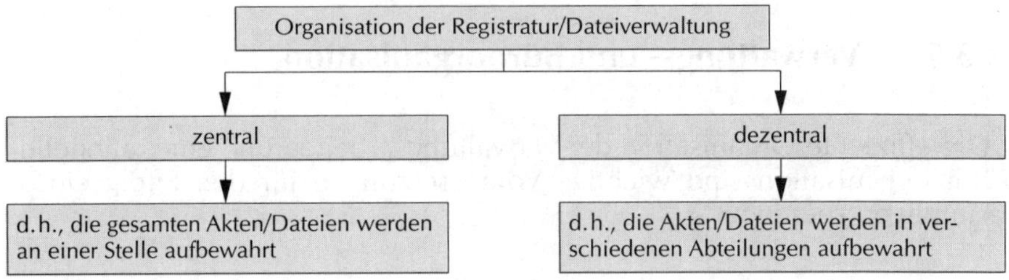

Abbildung 130

Organisation der Akten- und Dateiablage

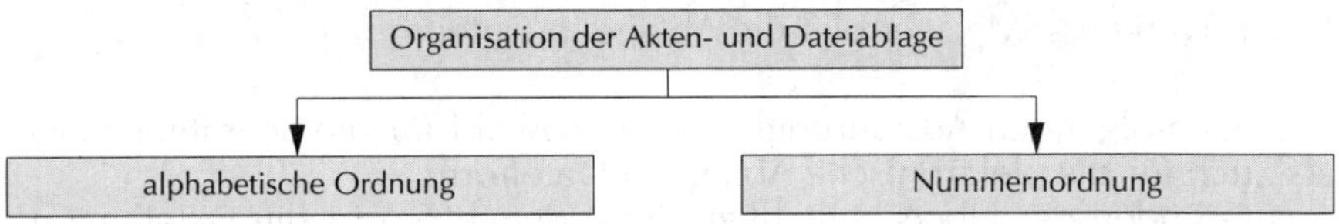

Abbildung 131

Kombinierte Systeme

Daneben sind Kombinationen der genannten Aktenablagen möglich (zum Beispiel Alpha-Nummern-Ordnung und Nummern-Alpha-Ordnung). Bei der Alpha-Nummern-Ordnung werden alphabetische Gruppen gebildet und innerhalb dieser die dazugehörigen Akten nach Nummern gekennzeichnet. Bei der Nummern-Alpha-Ordnung ist der Aufbau umgekehrt.

Für alle Organisationsformen der Akten- und Dateiablage ist wichtig, dass eine gute Übersicht ein schnelles Auffinden der Schriftstücke und Dateien gewährleistet.

Technische Lösung der Aktenordnung

- horizontale Anordnung
- vertikale Anordnung
- Ordnersystem
- Systeme durch Platz sparende EDV-unterstützte Speicherung, z.B. optische Archivierung.

Optische Archivierung

Organisationshilfsmittel in der Verwaltung

Organisationshilfsmittel

- Ablagesystem
- Diktiergeräte
- Rechenmaschinen, Taschenrechner
- Personalcomputer (PC)
- Laptops
- Taschencomputer und Handhelds
- Scanner
- Drucker
- optische Archivierungssysteme
- Fotokopiergeräte
- Frankit-Maschinen (digitale Freimachung)

- Adressiermaschinen
- Formulare
- Karteien
- Terminuhren
- Terminmappen.

2.3.2.2 Schriftverkehr und Postbearbeitung

Ein wichtiges Hilfsmittel für die Kommunikation eines Unternehmens mit seiner betrieblichen „Umwelt" ist auch in der Zeit moderner Kommunikationsmittel (zum Beispiel E-Mail) der Geschäftsbrief.

Geschäftsbrief

Durch den Geschäftsbrief werden wesentliche Sachverhalte schriftlich erfasst, festgehalten und weitergegeben. So gesehen ist er auch im rechtlichen Sinne oft ein wichtiges Beweismittel.
Der Betriebsinhaber sollte sich immer wieder vor Augen führen, dass der Geschäftsbrief die Visitenkarte seines Unternehmens ist. Häufig werden durch den Geschäftsbrief das Bild und das Ansehen des Unternehmens bei Geschäftspartnern, Behörden und anderen Stellen geprägt.

Visitenkarte des Unternehmens

Der Geschäftsbrief einer GmbH muss die Rechtsform, den Sitz der Gesellschaft, das Registergericht des Sitzes der Gesellschaft und die Nummer, unter der die Gesellschaft in das Handelsregister eingetragen ist, sowie den Geschäftsführer/die Geschäftsführerin und sofern die Gesellschaft einen Ausichtsrat gebildet und dieser einen Vorsitzenden hat, den Vorsitzenden des Aufsichtsrats mit dem Familiennamen und mindestens einem ausgeschriebenen Vornamen enthalten.

Der Betriebsinhaber hat der auslaufenden Korrespondenz eine besondere Aufmerksamkeit zuzuwenden und sollte wichtige Gestaltungsmerkmale beachten.

Korrespondenz

<u>Formale Gestaltung von Geschäftsbriefen</u>

Jeder Geschäftsbrief soll in der äußeren Form sauber und übersichtlich sein.

Übersichtlichkeit

Dies wird insbesondere durch den Einsatz von PCs gewährleistet; handschriftliche Briefe kommen auch für einen selbstständigen Handwerksmeister nicht in Betracht.
Für Form, Größe, Einteilung und Beschriftung des Briefblattes gibt es DIN-Normen. Der formale Inhalt eines Geschäftsbriefes erstreckt sich im Wesentlichen auf folgende wichtige Punkte:

Formale Gestaltungsmerkmale

- Briefrand
- Briefkopf
- Anschrift des Empfängers
- Postanschrift des Absenders
- Raum für Eingangs- und Bearbeitungsvermerke des Empfängers
- Bezugszeichenzeile mit Leitwörtern (zum Beispiel Ihr Zeichen, Ihre Nachricht vom, Unser Zeichen, Datum)
- Betreffangabe (ohne Nennung des Wortes „Betreff")

- Straße, Hausnummer, ggf. Postfach, Postleitzahl, Ort
- Behandlungsvermerke (zum Beispiel „Eilt")
- Falt- und Lochmarken
- Anrede
- Brieftext
- Briefabschluss (Grußformel, Unterschrift)
- Anlagen- und Verteilvermerke
- Kommunikationsdaten (Telefon, Telefax, E-Mail und Internetadresse)
- Bankverbindungen.

Bei der sprachlichen Gestaltung sollten folgende Grundsätze Berücksichtigung finden:

Sprache

- kurze und klare Formulierungen
- Beginn eines neuen Absatzes bei jedem neuen Sachverhalt
- Ausschluss von Rechtschreibfehlern.

Inhaltliche Gestaltung von Geschäftsbriefen

Fachlicher Inhalt

Der fachliche Inhalt des Geschäftsbriefes richtet sich nach der jeweiligen Aufgabenstellung.

Für Unternehmen des Handwerks sind folgende Gebiete des Schriftverkehrs von besonderer Bedeutung:

- Briefe bei der Betriebsgründung (zum Beispiel Anmeldung bei Gewerbeamt, Handwerkskammer, Finanzamt)
- Schriftverkehr bei der Auftragsbeschaffung und bei Verträgen (zum Beispiel Werbebrief, Angebot, Bestellung, Auftragsbestätigung, Mängelrüge)
- Mahnbriefe (zum Beispiel bei Lieferungs- oder Zahlungsverzug)
- Briefe im Verkehr mit Banken (zum Beispiel Kreditantrag, Zahlungsverkehr, Auskunftsansuchen)
- Schriftverkehr mit dem Finanzamt (zum Beispiel Stundungsantrag)
- Briefe im Verkehr mit der Belegschaft (zum Beispiel Bewerbungsschreiben, Kündigungsschreiben, Abmahnung).

Beispiel:

Bei der Erstellung eines Angebots ist es für den Handwerksbetrieb wichtig, sich inhaltlich von seinen Mitbewerbern zu unterscheiden. Folgende Möglichkeiten sind im Allgemeinen bei der Erstellung eines Angebots inhaltlich zu berücksichtigen:

Angebotserstellung

- Leistungen detailliert beschreiben
- Arbeitszeiten detailliert aufschlüsseln
- Hinweis auf Termintreue
- Hinweis auf Garantieleistung
- Hinweis auf Serviceleistungen
- Hinweis auf eigenen Kundendienst
- Hinweis auf hohe Arbeitsqualität
- Abstimmung mit anderen Gewerken anbieten
- Gewährleistung der sorgfältigen Einhaltung von aktuellen Vorschriften
- Nebenleistungen in den Preis einschließen
- Alternativen anbieten
- Referenzen nennen
- Liefer- und/oder Ausführungszeit nennen
- Zahlungsmodalitäten erwähnen

- Mehrwertsteuer separat ausweisen
- Hinweis auf Geschäftsbedingungen
- Gewährleistung erwähnen.

Die einzelnen Punke sind situationsbezogen und je nach Handwerkszweig zu prüfen und ggf. einzusetzen.

Eine einfache Version eines Textes für einen Malerbetrieb könnte folgenden Text beinhalten:

Musterbrief

Sehr geehrter Herr Mustermann,

vielen Dank für Ihre Anfrage vom ...

Nach Besichtigung Ihrer Wohnung und einer besonders knappen Kalkulation kann ich Ihnen folgendes Angebot unterbreiten:

Tapezieren von Wohn- und Esszimmer (25 m^2) mit Erfurter Raufaser (120er Körnung), Streichen von Wohn- und Esszimmer mit Alpina Weiß und Neuanstrich der Diele (7 m^2) mit Alpina Weiß in qualitativ hochwertiger Ausführung.

Selbstverständlich sind alle anfallenden Nebenarbeiten wie Abdecken, Abkleben von Fußböden und Fensterrahmen und die fachgerechte Entsorgung der alten Tapeten im Endpreis eingeschlossen. Ansonsten gelten die allgemeinen Geschäftsbedingungen meines Handwerksbetriebes, die ich in Kopie beigefügt habe.

Angebotspreis: ... EUR
Mehrwertsteuer 16 %: ... EUR
Gesamt: ... EUR

Die Zahlung erfolgt nach vollständiger Fertigstellung der Arbeiten innerhalb einer Woche ohne Abzug.

Mit freundlichen Grüßen

Firma/Abteilung

Name

Nachstehende Inhalte sollten in den im Folgenden genannten Geschäftsbriefen hauptsächlich enthalten sein:

Auftragsbestätigung

- Dank an den Auftraggeber
- klare Auflistung der vereinbarten Leistungen und/oder Produkte
- vereinbarter Preis zzgl. Umsatzsteuer
- ggf. Hinweis auf weitere Kosten bei Auftragserweiterung und/oder weiteren Regiearbeiten (z.B. Preis pro Stunde nennen)
- Liefertermin bzw. Fertigstellungstermin nennen (evtl. Einschränkungen berücksichtigen)
- Hinweis auf die allgemeinen Geschäftsbedingungen
- Zahlungsmodalitäten vereinbaren bzw. bestätigen
- Grußformel und Unterschrift.

Rechnung

- Name und Anschrift des leistenden Unternehmens
- Name und Anschrift des Leistungsempfängers
- Steuernummer oder Umsatz-Identifikationsnummer (USt-IdNr.)
- Ausstellungsdatum
- fortlaufende Rechnungsnummer
- Bezug zu Auftrag vom ...
- „Rechnung" in der Betreffzeile aufnehmen
- Gegenstand der Leistung/Lieferung aufführen
- Zeitpunkt der Lieferung oder sonstigen Leistungen oder der Vereinnahmung des Entgelts beziehungsweise Teilentgelts
- Entgelt nach Steuersätzen aufschlüsseln
- Nettobetrag in Euro
- Mehrwertsteuersatz in Prozent
- Mehrwertsteuerbetrag in Euro
- Rechnungsbetrag (brutto)
- eventuelle Angaben von Skonto
- Steuersatz
- den auf das Entgelt entfallenen Steuerbetrag oder einen Hinweis auf die Steuerbefreiung
- bei Leistungen innerhalb der EU die USt-IdNr. des leistenden Unternehmers und des Leistungsempfängers
- Angaben der Bankverbindung
- Angaben eines konkreten Zahlungsziels

Mängelrüge

- eindeutige Bezugnahme auf die erbrachte Leistung und/oder Lieferung
- genaue fachmännische Beschreibung des Mangels oder der Mängel
- Fristsetzung, innerhalb der die Nachbesserung zu erfolgen hat
- Konsequenzen aufzeigen, falls Nachbesserung nicht innerhalb der Frist erfolgt (z. B. Minderung, Schadenersatz, Rücktritt)
- Vorbehalt weiterer Schadenersatzansprüche.

Abmahnung

- Abmahnung ist als solche eindeutig zu kennzeichnen
- zu beanstandendes Verhalten so konkret wie möglich darstellen
- Hinweis auf arbeitsvertragliche Verletzung
- Schwere und/oder Häufigkeit der Pflichtverletzung ist darzustellen
- arbeitsrechtliche Konsequenz (z. B. Kündigung) muss angedroht werden
- Empfang der Abmahnung vom Arbeitnehmer bestätigen lassen
- Abschrift der Abmahnung für die Personalakte.

Einfaches Zeugnis

- persönliche Daten
- Art der Beschäftigung
- Dauer der Beschäftigung

Qualifiziertes Zeugnis

- Personalien und Beschäftigungsdauer
- Beschreibung des Aufgabengebietes
- Leistungsbeurteilung
- Verhalten zu Mitarbeitern und Kollegen
- Angaben über Auflösung des Arbeitsverhältnisses
- Glückwünsche für die Zukunft.

(Siehe auch Abschnitt 2.4.2.2 in diesem Band und Abschnitt 3.3.4.7 in Band 2.)

Bewerbungsschreiben

- genaue Eigenanschrift
- genaue Empfängeranschrift (möglichst mit Nennung des Ansprechpartners)
- angemessene Anrede
- meist Bezugnahme auf Anzeige in einer Zeitung, Fachzeitschrift oder im Internet oder sonstiger Anlass der Bewerbung
- kurzer Abriss der derzeitigen Tätigkeit (evtl. auch frühere Tätigkeiten)
- Hinweis der Eignung für die angebotene Stelle
- Nennung des frühestmöglichen Eintrittstermins
- ggf. Einkommensvorstellungen
- Hinweis auf Vorstellungsgespräch
- Grußformel und Unterschrift
- Verzeichnis der Anlagen.

Einsatz standardisierter Korrespondenz

Zur Vereinfachung und Rationalisierung des Schriftverkehrs bei häufig wiederkehrenden gleichen oder ähnlichen Vorgängen ist die Anwendung standardisierter Korrespondenz zweckmäßig.
Dazu wurden in der Geschäftspraxis Musterbriefe entwickelt, die der Betriebsinhaber bei Bedarf einsetzen kann. Personalcomputer bieten vielfältige Gestaltungsmöglichkeiten und erzeugen somit ein gutes Schriftbild und die Möglichkeit von Arbeitserleichterungen durch den Einsatz von Textbausteinen, Standardvorlagen, Serienbriefen u.Ä.

Musterbriefe

Textverarbeitung

2.3.2.3 Einsatz moderner Informations- und Kommunikationstechnologien

Der Einsatz moderner Informations- und Kommunikationstechnologien ist für den Handwerksbetrieb ein wichtiger Erfolgsfaktor.

Telekommunikationsmittel

Telefon

> Das Telefon ist der verbreitetste und einer der ältesten Fernübertragungsdienste sowie das im Geschäftsbereich immer noch wichtigste Kommunikationsinstrument.

Maß-geschneiderte Anlagen

Durch maßgeschneiderte Anlagen (Integration von Nebenstellen, Anrufbeantwortern, Wähl- und Rückrufautomatik, Rufweiterschaltung, Zusammenschaltung zu Telefonkonferenzen etc.) kann das Telefon auf die individuellen Bedürfnisse des einzelnen Betriebes abgestimmt werden.

Es gibt ferner Telefondienste, die auch für Klein- und Mittelbetriebe im Einzelfall interessant sein können, wie die verschiedenen Varianten des Service 0180 und 0800. Beim Service 0180 ist ein Betrieb unter dieser Anschlussnummer für den Anrufer kostengünstig erreichbar, beim Service 0800 ist der Anruf für den Anrufer kostenlos.

ISDN

Durch das ISDN-Netz (Integrated Services Digital Network = dienstintegriertes digitales Netz) können über eine einzige Anschlussleitung gleichzeitig Sprache, Texte, Bilder und Daten in hoher Geschwindigkeit übertragen werden. Damit können in nur einem Netz alle Kommunikationsdienste integriert werden. Durch das Zusammenwirken von Telefon und Computer lassen sich weitere Nutzungsmöglichkeiten erreichen.

Die mit den genannten Maßnahmen verbundenen Kosten stellen für Handwerksbetriebe mit hohem Kommunikationsbedarf eine lohnende Investition dar.

Telefax

> Telefax bietet die Möglichkeit, Vorlagen von Fernkopierern über das Telefonnetz an den vorgesehenen Empfänger zu übermitteln.

Am Markt sind Geräte erhältlich, die gleichzeitig als Telefon und Telefax genutzt werden können.

Verbindet man über ein Fax-Modem den PC mit dem Telefonnetz, so können direkt über den PC Telefaxe versandt werden.

Moderne Telefaxgeräte lassen sich außerdem zum automatischen Abrufen von Informationen einsetzen.

Internet

Faxversand ist auch unter bestimmten Voraussetzungen über das Internet möglich.

Mailbox-Dienste

Elektronischer Briefkasten

> In einer Art „elektronischem Briefkasten“ können Nachrichten bereitgestellt und abgerufen werden.

Onlinedienste

Die Kommunikationsmöglichkeiten durch Onlinedienste werden im Unterabschnitt „Nutzung des Internets im Handwerksbetrieb“ behandelt.

Mobilfunk

Mobilfunk

Mobile Funknetze ermöglichen dem Benutzer eine drahtlose Telekommunikation sowohl innerhalb begrenzter Zonen als auch national und international.

Handy

Die bekannteste Art des Mobilfunks ist das „Handy" (mobiles Telefon). Datenfähige Mobiltelefone gibt es nahezu von allen Herstellern mit umfangreichem Zubehör. Es bestehen zahlreiche Mobilfunknetze. Mit dem Handy können SMS-Nachrichten, E-Mails und Bilder (MMS) verschickt und empfangen werden. Per Handy kann das Internet genutzt werden, da die meisten aktuellen Handys über einen Browser (Programm für das Internet) und E-Mail-Funktionen verfügen. Zu unterscheiden ist zwischen dem aktiven Abruf der E-Mails über das Funknetz (Pull) und dem automatischen Empfang (Push). Die meisten Geschäftshandys können auch komplexe E-Mail-Anhänge öffnen und Office-Dateien (Word, Excel etc.) anzeigen.

Weitere Einsatz- und Nutzungsmöglichkeiten sind in der Entwicklung und teilweise auch bereits realisiert.
Insgesamt bieten sich für Handwerksbetriebe, die ihre Dienstleistungen an wechselnden Einsatzorten erbringen, vielfältige Möglichkeiten verbesserter Kommunikationswege, sowohl zur sprachlichen Verständigung wie auch zur Datenübertragung.

Betriebsfunk/Bündelfunk

Betriebsfunk

Der Bündelfunk ist eine preisgünstige Alternative für Betriebsinhaber, deren Unternehmen vorwiegend regional tätig ist und bei denen nur kurze Informationen auszutauschen sind. Bündelfunknetze decken in der Regel einen Umkreis von gut 50 Kilometern ab. Beim Bündelfunk fallen keine gesprächsabhängigen Kosten an, sondern es besteht lediglich ein fester Grundpreis pro Monat und Endgerät. Er kombiniert die Kostenvorteile von Betriebsfunksystemen mit dem Komfort und den Anwendungsmöglichkeiten von Mobiltelefonen.

Aufbau und Grundlagen eines EDV-Systems

Hardware

Unter Hardware versteht man die zur Datenverarbeitung erforderlichen technischen Geräte und Bestandteile.

Dies sind im Wesentlichen:

Bestandteile

- der Rechner (PC)
- die Tastatur zur Eingabe von Daten und Befehlen, ergänzt um die Maus zur Steuerung über Symbole
- der Bildschirm zur Kontrolle der Eingaben und zur Darstellung der Ergebnisse
- der Drucker zur schriftlichen Wiedergabe der Ergebnisse.

Für die Funktion eines PCs (Personalcomputer) sind darüber hinaus folgende Bestandteile notwendig:

- die CPU (Central-Processing-Unit), als zentrale Recheneinheit, die sämtliche Rechenoperationen durchführt
- die Festplatte, die als Speichermedium eines PCs in der Regel fest eingebaut ist
- der RAM-Speicher (Random-Access-Memory), auch Arbeitsspeicher genannt, der zusammen mit der CPU den entscheidenden Faktor für die Leistung des PCs ergibt
- die Grafikkarte (Steckkarte zum Einbau in einen PC) zur Ausgabe der Benutzeroberfläche.

Als zusätzliche Speichermedien stehen zur Verfügung:

Speichermedien

- Disketten für kleinere Datenmengen wie einzelne Dokumente
- ZIP-Disketten, für mittlere Datenmengen
- CD-ROMs (Compact Disc – Read Only Memory), als schreibgeschützte Datenträger für größere Datenmengen, wie z. B. Anwendungsprogramme
- CDRW (Compact Disc – Re-Write), als beschreibbare Datenträger für den Austausch größerer Datenmengen
- DVDs (Digital Versatile Disc), als Datenträger für sehr große Datenmengen, wie z. B. Videofilme. Auch DVDs können beschrieben werden.
- USB-Sticks (Universal Serial Bus), als Wechseldatenträger für mittlere bis große Datenmengen
- Flash-Cards, als Datenträger zum einfachen Austausch digitaler Medien.

Als Standardgeräte für Speichermedien sind heute in jedem PC mindestens ein Diskettenlaufwerk und ein CD-ROM/DVD-Laufwerk eingebaut. Für die Speicherung von Daten auf CDRWs sind CD-Brenner notwendig. Mit Hilfe dieser CD-Brenner können eigene Daten auf einen CD-Rohling (leere CD) geschrieben werden.

In der betrieblichen Praxis werden heute fast ausschließlich PCs eingesetzt. Moderne PCs haben eine Leistungsfähigkeit, die noch vor wenigen Jahren nur von Großrechnern erreicht wurde.

Die Leistungsfähigkeit eines modernen PCs wird im Wesentlichen durch zwei Faktoren bestimmt.

Geschwindigkeit

Zum einen ist die Rechengeschwindigkeit der CPU ausschlaggebend. Diese wird durch die Hertz-Frequenzzahl angegeben. Bei den aktuellen PCs ist die Rechengeschwindigkeit in der Regel mindestens 2 GHz (1 Gigahertz = 1000 Megahertz = 1 Millionen Hertz).

Die Hersteller der CPUs versprechen in naher Zukunft wesentlich höhere Geschwindigkeiten. Für die normalen Anwendungen in der betrieblichen Praxis sind die aktuellen PCs allerdings vollkommend ausreichend.

Arbeitsspeicher

Der andere ausschlaggebende Faktor für die Leistung eines PCs ist der Arbeitsspeicher (auch Hauptspeicher), der in der Regel zwischen 256 MB (1 MB = 1 Megabyte = rund 1 Millionen Bytes) bis 512 MB liegt. Der Arbeitsspeicher ist für die aktuell bearbeiteten Informationen relevant, d.h., je mehr Arbeitsspeicher, desto mehr Informationen können gleichzeitig von einem PC verarbeitet werden.

Durch zu geringen Arbeitsspeicher entstehen Wartezeiten, die einen reibungslosen Ablauf eines Arbeitsprozesses behindern. In einigen Fällen kann dies auch dazu führen, dass der PC „abstürzt". In diesem Fall lässt der PC keine weitere Bearbeitung oder Eingabe zu. Dies kann im schlimmsten Fall zu Datenverlust führen, nicht gespeicherte Änderungen sind dann unwiederbringlich verloren.

Durch die Anforderungen der modernen Software ist ein PC sinnvollerweise mit einer Festplatte von mindestens 100 GB (1 Gigabyte = 1000 MB) Speicherkapazität ausgerüstet. PCs lassen sich heute auch so ausrüsten, dass Ton-, Radio- und TV-Wiedergabe sowie Datenübertragungen, Telefonieren und Videokonferenzen möglich sind. Man spricht dann von Multimedia-PCs.

Multimedia-PC

Eine andere Art von PCs sind Notebooks und Laptops. Dies sind tragbare, netzunabhängige Rechner für den Einsatz unterwegs, die in ihrer Leistungsfähigkeit den stationären Geräten kaum nachstehen.

Notebook

Natürlich sind sämtliche Funktionen eines normalen PCs, wie z. B. der Netzwerkanschluss, auch bei einem mobilen Gerät verfügbar.

Bei der Wahl des Druckers stehen dem Handwerksbetrieb drei Alternativen zur Verfügung.

Drucker

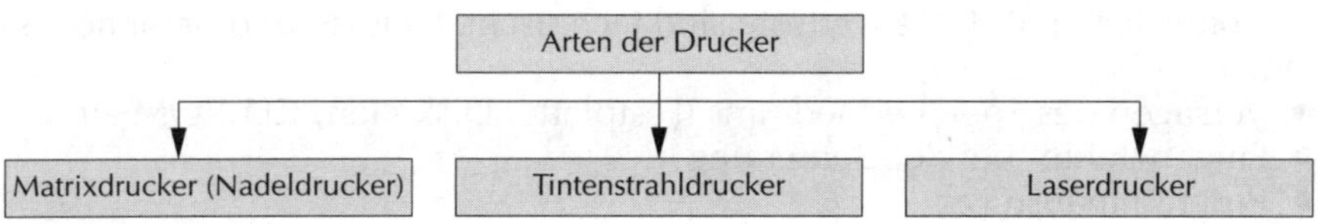

Abbildung 132

Nadeldrucker werden heute meist nur noch eingesetzt, um auf Durchschlagpapier zu drucken. Tintenstrahldrucker sind eine günstige Anschaffungsmöglichkeit, um auch Farbdrucke mit hoher Qualität auszudrucken. Für Massenausdrucke oder für viele Druckvorgänge in einem kurzen Zeitraum sind Laserdrucker vorzuziehen, da die Betriebskosten wie z.B. Toner wesentlich geringer sind. Auch die Druckgeschwindigkeit ist deutlich höher als bei einem Tintenstrahldrucker.

Scanner

Ein Scanner ermöglicht als Zusatzgerät die automatische Eingabe von Texten, Zeichnungen und Fotos durch Abtasten und Digitalisieren. Durch entsprechende Anwendungssoftware können als elektronische Daten vorliegende Texte bearbeitet werden.

Notepads sind kleine elektronische Notizbücher, die keine Tastatur brauchen und mit kleinen Stiften beschrieben werden. Der Notepad-Computer kann diese Handschrift erkennen und weiterverarbeiten.

Notepad

Lokales Netzwerk

Netzwerk

Im Handwerk werden PCs teilweise einzeln eingesetzt. Sie können jedoch auch vernetzt werden. Hier spricht man dann von einem LAN (Local-Area-Network = lokales Netzwerk). Darüber hinaus gibt es die Möglichkeit, PCs und insbesondere Notebooks per Funk (WLAN = Wireless LAN) in ein Netzwerk einzubinden.

Bei einem Netzwerk unterscheidet man ein Peer-to-Peer-Netzwerk (Anschluss zu Anschluss), bei dem ein PC über Kabel direkt mit einem anderen PC verbunden wird und die Verbindung aller PCs zu einem Server. Ein Server ist ein PC mit hoher Leistungskapazität, der zur Datenablage und Sicherung der Daten dient und die Verbindung der PCs untereinander gewährleistet. Diese Vernetzung erfolgt üblicherweise über Netzwerkkabel, kann aber auch über Funk erfolgen.

Datensicherheit

Sicherheit

Unter Datensicherheit versteht man den Schutz von Daten vor Zerstörung und Verlust einerseits und unbefugtem Zugriff durch Dritte andererseits.

Hauptursachen für Datenverluste sind technische Defekte und Bedienungsfehler:
- Versagen des Speichermediums (Festplatte, Disketten, CD-ROM etc.)
- Eingabefehler bei der Bedienung
- Programmabstürze
- Computerviren
- Manipulation
- Diebstahl, Zerstörung.

Der Betriebsinhaber sollte für eine ausreichende Sicherung der vorhandenen elektronischen Daten sorgen (Back-up).

DAT-Bänder

Für eine solche Sicherung gibt es neben den schon genannten Speichermedien auch die Möglichkeit, Daten auf DAT-Bänder (Digital-Audio-Tape) zu sichern. Sämtliche Daten sollten wöchentlich auf diese Weise gesichert werden.

Virus

Ein Computervirus ist ein sich selbst vermehrendes Computerprogramm, welches sich in andere Computerprogramme einschleust und reproduziert.

Zum Schutz vor Computerviren sind folgende Maßnahmen empfehlenswert:
- Aufbau einer Firewall zum Schutz vor Virenangriffen aus dem Internet
- Einsatz von Anti-Viren-Programmen
- schriftliche Verpflichtungserklärungen der Mitarbeiter, keine externen Datenträger einzuspielen
- Verwendung lizenzierter Originaldatenträger
- regelmäßige Datensicherungen

Software

Die Software besteht zum einen aus dem Betriebssystem, das zum Betrieb des PCs notwendig ist, und zum anderen aus den Anwendungsprogrammen.

Zu den bekannten Betriebssystemen zählen die verschiedenen Varianten von Windows, Unix/Linux und MacOS. Windows
Betriebssysteme wie Windows erleichtern durch Benutzeroberflächen die Arbeit durch Symbole, die per Maus oder Tastatur bedient werden können. Bei der Vernetzung von PCs mit unterschiedlichen Betriebssystemen, wie z. B. Windows und MacOS, kann es zu Problemen kommen. Deshalb ist auf die Kompatibilität der Betriebssysteme untereinander zu achten.
Die Anwendungssoftware dient der Lösung betriebswirtschaftlicher und technischer Probleme.

Dabei ist zu unterscheiden zwischen:

- Standardprogrammen
- Branchenlösungen
- Individualprogrammen.

Standardprogramme eignen sich insoweit, als sich die Anwendungsfälle in den einzelnen betrieblichen Teilbereichen ähnlich sind (Basisaufgaben). Viele Software-Hersteller bieten heute umfangreiche „Anwendungssoftware-Pakete" an, im Rahmen derer einzelne Anwendungsbereiche integriert und aufeinander abgestimmt sind.

Als häufigstes Software-Paket ist hier Microsoft Office zu nennen. Hierin enthalten sind in der Regel

- eine Textverarbeitung (Word)
- eine Tabellenkalkulation (Excel)
- ein Präsentationsprogramm (Power Point)
- eine Datenbankanwendung (Access).

Mit einer Tabellenkalkulation lassen sich z.B. Statistiken grafisch darstellen. Darüber hinaus sind in dem Office-Paket auch noch andere Anwendungen integriert, die z.B. zur Verwaltung interner Betriebsabläufe verwendet werden können. Office-Paket

Auf Individual- oder zumindest Branchenlösungen muss zurückgegriffen werden, wenn betriebliche oder branchenmäßige Besonderheiten vorliegen, die im Rahmen von Standardprogrammen nicht berücksichtigt und gelöst werden können, sondern maßgeschneiderte Programme erfordern. Dies ist vor allem im technischen Bereich der Fall.

Für viele Handwerkszweige wurden bereits Branchenlösungen erarbeitet. Standardsoftware weist verständlicherweise gegenüber Branchen- oder Individuallösungen deutliche Kostenvorteile auf. Branchenlösungen

Besonders erwähnenswert sind die unterschiedlichen Software-Programme, die für die Datensicherung verantwortlich sein können. Diese können so konfiguriert werden, dass sie zu bestimmten Zeitpunkten automatisch die vorhandenen Daten auf ein separates Speichermedium sichern (Back-up).

Komplettsysteme

Im Computerfachhandel sind PCs auch als Komplettsystem mit Bildschirm und Drucker erhältlich. In diesem Fall sind die Geräte mit den notwendigen Software-Programmen bereits konfiguriert, so dass der Benutzer sich nicht um die Einzelheiten zu kümmern braucht.

Durch die optimal aufeinander abgestimmte Hardware und Software sind dann die Voraussetzungen für die elektronische Verarbeitung von Daten nach dem Prinzip „Eingabe – Verarbeitung – Ausgabe" gegeben.

Daten

Unter Daten sind grundsätzlich Informationen zu verstehen wie

- Zahlen (numerische Daten)
- Texte (alphabetische Daten)
- Kombinationen aus Zahlen und Texten (alphanumerische Daten).

Man unterscheidet ferner:

- Stammdaten
  Daten, die sich nicht oder nur selten verändern, wie Kunden- und Artikelliste
- Bewegungs- oder Änderungsdaten
  Daten, die sich von einer Abrechnungsperiode zur anderen verändern können, wie Preislisten
- Eingabedaten
  aktuelle Daten, die mit den Stamm- und Bewegungsdaten verknüpft werden, wie Bestellmengen
- Referenzdaten
  Daten, die regelmäßig auf andere Daten bezogen werden, wie Umsatzsteuersätze.

Einführung eines EDV-Systems im Handwerksbetrieb

Problem- und Wirtschaftlichkeitsanalyse

Der Entscheidung über den EDV-Einsatz sollte in jedem Fall eine sorgfältige Problem- und Wirtschaftlichkeitsanalyse vorausgehen. Sie enthält folgende Punkte:

Information

- Allgemeine Information
  - Fachzeitschriften und Prospekte sowie Broschüren von Computerherstellern und -händlern
  - Besuch von Messen, Vorträgen, Seminaren und anderen Informationsveranstaltungen
  - Unternehmensberater
  - Berufsorganisationen
  - Internet

Datenmengengerüst

- Analyse des Ist-Zustandes
  - Erfassung des betrieblichen Datenmengengerüstes (zum Beispiel Mitarbeiterzahl, Lohnarten, Kundenzahl, Lieferantenzahl, Sachkontenzahl, monatliche Eingangs- und Ausgangsrechnungen, Anzahl der Buchungen, Anzahl der Angebote, Lagerartikel, monatliche Lagerzugänge und -abgänge, Kostenstellen und anderes)
  - Erfassung der Arbeitsabläufe
  - Ermittlung von Schwachstellen im Betrieb

- Entwurf einer Soll-Konzeption
  - Abfassung eines Pflichtenheftes (Zweck der EDV-Einführung, Anwendungsbereiche, Form und Inhalt der angestrebten Ergebnisse, Anforderungen an die Hardware, Anforderungen an das Betriebssystem, Anforderungen an die Anwendersoftware, künftige Datenmengen, Ausbaufähigkeit, Nebenbedingungen)

Pflichtenheft

- Ausschreibung
  - Einholung von Angeboten bei den in Frage kommenden EDV-Anbietern auf der Grundlage des Pflichtenheftes
  - Vorführung einzelner EDV-Systeme
  - Einholung von Referenzen

Angebote

- Prüfung der Angebote/Kosten-Nutzen-Abwägung/Systementscheidung
  - Kosten für Hardware einschließlich Lieferung und Installation sowie Software, Zubehör, Schulung, eventuell Programmanpassungen usw.
  - laufende Kosten (zum Beispiel Personalkosten, Verbrauchsmaterial)
  - direkt bewertbare Einsparungen durch die EDV (Rationalisierungseffekte)
  - nicht direkt bewertbarer EDV-Nutzen (zum Beispiel Informationsverbesserung, schnellere Angebotsabgaben, Verbesserung der Materialdisposition, schnellere Rechnungsstellung, Entscheidungen auf der Basis besserer betrieblicher Daten)
  - Vorhandensein geeigneter Anwendersoftware
  - Wartung und Service, Programmpflege
  - Qualität der Bedienungsunterlagen, Unterstützung bei Einarbeitung und Schulung
  - Kompatibilität mit anderen Anlagen, Ausbaufähigkeit des Systems
  - Benutzerfreundlichkeit
  - Vertragsgestaltung (zum Beispiel Liefertermin, Garantie, Zahlungsvereinbarungen, Zusicherung der im Pflichtenheft dargestellten Anforderungen, Rücktrittsmöglichkeit)

Einmalige und laufende Kosten

- Organisatorische Vorbereitung
  - geeignete Räumlichkeiten
  - personelle Voraussetzungen (Einführungsschulungen)
  - sachliche Voraussetzungen (Beleggestaltung, Stammdatenerfassung u. Ä.)
  - Information der Mitarbeiter

Organisation

- Installation
  - Testläufe
  - Dokumentation von Anlaufschwierigkeiten
  - Umsetzung.

Installation

Zu den Kosten der Einführung der EDV im Betrieb ist festzustellen, dass die Anschaffungskosten für Hardware in den letzten Jahren beträchtlich gesunken sind. Zudem sind hersteller- und händlerbedingt sowie regional oft sehr starke Preisunterschiede festzustellen.

Zu den reinen Anschaffungskosten für die Geräte müssen hinzugerechnet werden:
- laufende Kosten wie Schulung, Wartung, Versicherung, Materialien
- Beschaffung der Software und eventuell deren Installation.

Anschaffungskosten

Im Zusammenhang mit der Finanzierung einer EDV-Anlage stellt sich dann die Frage, ob sie gekauft oder geleast werden soll.

Für diese Entscheidung sind vor allem folgende Faktoren von Bedeutung:
- Kapitalverfügbarkeit
- Liquiditätsbelastung
- steuerliche Wirkung.

Lebensdauer

Ferner muss bedacht werden, dass EDV-Anlagen in der Regel sehr schnell veralten und damit auch nur einen sehr geringen Wiederverkaufswert besitzen. Man geht heute gerade noch von einer technologischen Lebensdauer der PCs von höchstens 3 Jahren aus. Dies entspricht auch der geltenden AfA-Frist.
Deshalb muss man sich beim Kauf einer EDV-Anlage darüber im Klaren sein, dass man den Typ über längere Zeit im Betrieb einsetzen wird.

Ein Leasingvertrag bietet demgegenüber feste Laufzeiten sowie die Möglichkeit zur ständigen Systemerweiterung bzw. -erneuerung.

Wartungsverträge

Mit Leasingverträgen sind allerdings oftmals auch kostensteigernde Wartungsverträge verbunden. Die Wahl zwischen Leasing und Kauf besteht jedoch nicht generell. Im Billigbereich werden kaum Leasingverträge angeboten.

Zusammenfassung der verschiedenen Stufen zur Einführung der EDV im Handwerksbetrieb

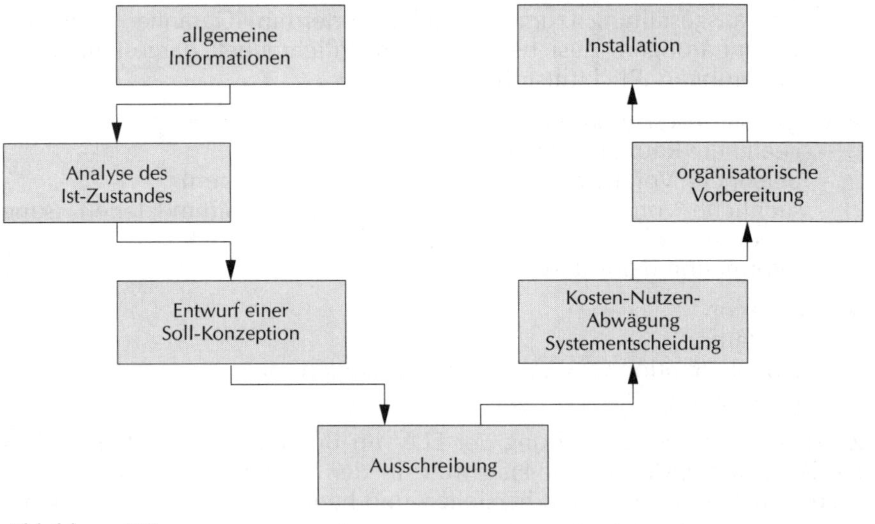

Abbildung 133

Beratung

Um die für den jeweiligen Handwerksbetrieb geeignetste Lösung zu finden, ist eine ausführliche Beratung durch unabhängige Stellen unentbehrlich. Geeignete Beratung und Information gibt es beispielsweise durch die technischen, betriebswirtschaftlichen und EDV-Beratungsstellen der Handwerksorganisationen sowie durch freiberufliche Berater.

Der Betriebsinhaber sollte auch regelmäßig für sich entsprechende Artikel in seinen Fachzeitschriften auswerten.
Daneben bieten auch Spezialfirmen komplette Servicekonzepte für das gesamte Spektrum der EDV-Dienstleistungen aus einer Hand an (moderne Hardware, anwendungsgerechte Software, Software-Änderungsdienst usw.).

EDV-Dienste aus einer Hand

Anwendungsbereiche der EDV im Handwerksbetrieb

Die EDV kann sowohl
- im Büro wie auch
- in der Werkstatt

als Instrument der Rationalisierung eingesetzt werden.

Büro und Werkstatt

Mögliche Anwendungsbereiche auf dem Gebiet der **kaufmännischen Verwaltung,** also im Büro, sind unter anderem:

Kaufmännische Verwaltung

- Angebotserstellung, Kalkulation
- Auftragsbearbeitung
- Projektplanung, Projektüberwachung
- Fakturierung (Rechnungsausstellung, Verbuchung der Eingänge, Mahnwesen)
- Führung von Kunden-, Lieferanten-, Auftrags- und Bestellkarteien
- Lohn- und Gehaltsabrechnung
- Textverarbeitung und Schriftverkehr
- Anlagen- und Finanzbuchhaltung, Jahresabschluss, Kennzahlenauswertung, Betriebsvergleiche, Controlling, Liquiditätsplanung
- Steuervoranmeldungen
- Datenarchivierung
- Kommunikation (zum Beispiel Onlinedienste, Telefax, Internet)
- Abwicklung des Zahlungsverkehrs.

Im Rahmen der **technischen Verwaltung** lassen sich mit Hilfe der EDV vor allem durchführen:

Technische Verwaltung

- technische Berechnungen
- technische Zeichnungen
- Konstruktionen
- komplette Planerstellungen.

Auf den Einsatz computergesteuerter Maschinen im Bereich der Fertigung wird ferner in Abschnitt 2.3.4 „Einfluss der Automatisierung und anderer Technologien auf die Betriebsorganisation“ näher eingegangen.

Computergesteuerte Maschinen

Möglichkeiten und Grenzen des EDV-Einsatzes im Handwerksbetrieb

Zu den Vorteilen, die mit dem Einsatz der EDV verbunden sind, gehören u. a.:

Vorteile

- Rationalisierungseffekte mit Kosten- und Personaleinsparungen
- geringere Fehlerquoten
- höheres Arbeitstempo
- weniger Schreibarbeiten (zum Beispiel durch einfachere Korrekturmöglichkeiten und Verwendung von Textbausteinen, Standardvorlagen und Serienbriefen)
- Platz sparendere Speicher- und Ablagemöglichkeiten
- rascherer Zugriff auf benötigte Daten
- zeitnahere Daten („Chefdaten“) für betriebliche Dispositionen.

Multimedia

Unter Multimedia versteht man die Kombination unterschiedlicher Darstellungsmedien wie Text, Bilder, Grafiken, Sprache, Ton und Animationen.

Die Umsetzung von Multimedia-Anwendungen erfolgt auf der Basis entsprechender Hard- und Software.

Anwendungsgebiete

Wichtige Anwendungsgebiete für den Handwerksbetrieb sind:

- Präsentationen im Bereich der Werbung und Verkaufsförderung
  - Produktkataloge
  - Produktpräsentationen
  - Firmenpräsentationen
  - Servicehandbücher etc.
- Informationsgewinnung
- Dokumentationen
- Aus- und Weiterbildung
  - Blended Learning (Kombination zwischen Onlineunterricht und Präsenzunterricht)
  - CBT-Systeme (Computer-Based-Training-Systems)
  - Übungslektionen mit Ergebniskontrolle
  - Lexika und Nachschlagewerke.

Multimediale Anwendungen verbessern das Kommunikationsergebnis, die Informationsqualität und die Informationsdurchdringung.

Nutzung des Internets im Handwerksbetrieb

Das Internet ist die Gesamtheit aller weltweit zusammengeschlossenen Computernetzwerke. Diese kommunizieren nach einem standardisierten Verfahren miteinander.

Backbones

Dazu gehören einerseits die dauernd über Standleitungen verbundenen Knotenrechner und Server, deren „Hauptverkehrsstrecken" und überregionalen Verbindungen Backbones (Rückgrat) genannt werden. Andererseits sind auch die Computer der Internetnutzer, die nur zeitweise (meist über Telefonleitungen) verbunden sind, Teil des Internets.

Das ständige Netz

Zum ständigen Netz gehören neben den Rechnern der Netzdienste und Provider (Zugangsanbieter) auch Computer von Universitäten, Behörden, sonstigen öffentlichen Einrichtungen und von mittleren und größeren Unternehmen.

Internetserver

Der rasche technische Fortschritt und der Preisverfall in der Telekommunikation führen immer mehr dazu, dass sich auch kleine Organisationseinheiten einen Internetserver leisten. Voraussetzung ist, neben bestimmter Hard- und Software, eine Standleitung, die in verschiedenen Bandbreiten

(Übertragungsraten) von der Post gemietet werden kann. Somit fällt keine Zeitgebühr mehr an. Der große Vorteil liegt darin, dass rund um die Uhr von jedem Punkt der Welt per Festnetz-, Mobil- oder Satellitentelefon auf die Daten des Servers zugegriffen werden kann und Daten übermittelt werden können. Dies kann eine elektronische Nachricht (E-Mail) sein, ein Bild, ein Artikel, eine Bestellung oder einfach eine Suchabfrage an eine Datenbank.

Die temporär angeschlossenen Computer

Der gewöhnliche Internetnutzer stellt die Verbindung zum Internet mit dem PC über ein Modem und das Telefonnetz her.
Eine andere Möglichkeit der Verbindung erfolgt über den ISDN-Anschluss, dafür wird eine ISDN-Karte benötigt. Eine weitere besonders schnelle Zugangsmöglichkeit ist die DSL-Technik. Schnelle Übertragungsgeschwindigkeiten werden auch beim Datentransfer über die UMTS-Technik (Einsatz von UMTS-Cards) erreicht.

Der Internetnutzer ist dabei aber nicht nur einseitig Konsument, sondern er kann mit jedem Computer im Internet kommunizieren.

Onlinedienste

Der Zugang zum Internet erfolgt gegen Gebühr über Onlinedienste (Internet-Provider).

Browser

Sobald der Browser (Programm zur Navigation im WWW = World Wide Web) als zentrales Programm zur Nutzung des Internets gestartet wird, stellt der Computer automatisch über das Modem und die Telefonleitung eine Verbindung zum Internet-Provider her.

Dort befindet sich ein Server, der einerseits über eine leistungsfähige Standleitung an das Internet angeschlossen ist und andererseits über viele Modems den Kunden möglichst gleichzeitigen Zugang ermöglicht.

Homepage

Sobald die Verbindung hergestellt ist, kann der Internetbenutzer zu bestimmten Homepages (= die erste Seite eines Angebots im WWW) navigieren.

Link

Über „Links“ (engl. Bezeichnung für Verbindung) werden Informationen eines anderen Computers auf den eigenen Bildschirm übertragen.
Bei einem interaktiven Link (Hyperlink) kann der Anwender durch Anklicken direkt zur entsprechenden Homepage gelangen.

Anwendungs- und Nutzungsmöglichkeiten

Für den Handwerksbetrieb bieten sich grundsätzlich folgende wichtige Anwendungs- bzw. Nutzungsmöglichkeiten:

- Darstellung des Handwerksbetriebes und seiner Produkte und Dienstleistungen durch Einrichtung eines eigenen Internetauftritts (Homepage und weitere Seiten) unter einer eigenen WWW-Adresse (Domain-Name, z.B. www.IhrBetriebsname.de).

Folgende Vorteile entstehen für den Handwerksbetrieb durch eine eigene Homepage:

- Dialogfähigkeit
  Internet und E-Mail bieten im Gegensatz zu klassischen Informationsmedien direkte „Feedback"-Möglichkeiten. Kunden können Aufträge erteilen, Kommentare hinterlassen, Nachfragen stellen etc.
- Nachprüfbarkeit
  Durch Abrufstatistiken kann der Betriebsinhaber feststellen, welche Webseiten der Interessent oder Kunde öffnet und welche Angebote somit angenommen werden
- Zielgenauigkeit
  E-Mails sind ein effektives Medium der Kundenansprache
- Schnelligkeit
  Über Internet und E-Mail können Informationen kurzfristig einem großen Personenkreis zugänglich gemacht werden
- Veränderbarkeit
  Informationen können schnell und unbürokratisch verändert werden
- Erreichbarkeit
  Potenzielle Kunden und Interessenten können den Handwerksbetrieb rund um die Uhr an 365 Tagen regional und überregional erreichen
- Verfügbarkeit
  Informationen auf Websites sind rund um die Uhr und ortsunabhängig abrufbar
- Kundenbetreuung
  Über Internet können bspw. wichtige Serviceinformationen und Hintergrundwissen abgerufen werden
- Anschaulichkeit
  Anschauliche und ansprechende Darstellung der Inhalte durch multimediale Elemente mit Animationen und Ton
- Kostenersparnis
  Die Darstellung von Produkten und Dienstleistungen im Internet ist kostengünstig

● Nutzung des WWW-Dienstes des Internets als Informationsmedium zur Beschaffung von Daten und Informationen
● Nutzung des E-Mail-Dienstes des Internets für die Korrespondenz mit Kunden und Lieferanten
● Beschaffung von Mitarbeitern
● Teilnahme an öffentlichen Ausschreibungen
● elektronischer Geschäftsverkehr (E-Commerce). *E-Commerce*

Die wichtigsten Bereiche des E-Commerce sind:

B2B

● B2B (Business to Business)
Funktionale B2B-Lösungen automatisieren die Geschäftsabläufe zwischen Anbietern und gewerblichen Käufern (wirtschaftliche Organisationen). Sie umfassen die Abfrage von Informationen, die Produktbestellung mittels elektronischer Warenkörbe, die Rechnungsstellung sowie die Bezahlung durch digitale Zahlungssysteme und die Auslieferungsorganisation. Hier liegt derzeit der Schwerpunkt des E-Commerce.

B2C

● B2C (Business to Consumer)
B2C bezeichnet den Vertriebsweg und die Kommunikation zwischen Unternehmen und Konsumenten.

- C2C (Consumer to Consumer) C2C
  C2C bedeutet, dass Konsumenten direkt mit anderen Konsumenten in Kontakt treten. Ein Bereich, der erst in jüngster Vergangenheit sehr populär wurde. Die zentrale Plattform für diese Geschäfte sind Online-Auktionshäuser.
- B2A (Business to Administration) bzw. B2G (Business to Government) B2A
  B2A bzw. B2G bezeichnet die Möglichkeiten mit Verwaltungsorganisationen in Verbindung zu treten. Ein Beispiel hierfür ist die Möglichkeit der Online-Steuererklärung bei den Finanzämtern.

Weitere Beispiele zur Nutzung des Internets und E-Commerce in der Praxis sind:

- Internet-Banking/Online-Banking (Erledigung von Bankgeschäften über den PC)
- Buchung und Reservierung von Hotels und Verkehrsmitteln
- Abruf von Nachrichten und Informationen
- Suche nach Kooperationspartnern und Subunternehmern
- Telefonieren übers Internet (VoIP = Voice over Internet Protocol).

Zur Förderung der Anwendung von Informations- und Kommunikationstechnologien im Handwerk sind die Handwerksorganisationen tätig.

Sie bieten u. a. folgende Spezialdatenbanken des Handwerks an, die über das Internet abgerufen werden können.

- Betriebsdatenbank: Informationen zur Leistungsfähigkeit von Betrieben und der Möglichkeit der direkten Verlinkung zur eigenen Homepage
- Kursdatenbank: Darstellung der Kursmaßnahmen und Seminare der Handwerksorganisationen (auch E-Learning) inkl. einer interaktiven Buchung per E-Mail
- Betriebsbörse: Angebot zum Kauf und Verkauf von Betrieben
- Ausbildungsbörse: Angebot von Lehrstellen bzw. Suche nach Ausbildungsplätzen.
- Onlineverzeichnis der Sachverständigen
- Geschäftsanfragen aus dem Ausland
- Infostream (Newsletter zu aktuellen Themen).

<u>Suchmaschinen</u>

Von großer Bedeutung für den Handwerksbetrieb ist die gute Sichtbarkeit des Internetauftritts in den wichtigsten Suchmaschinen. Dies ist die Basis für die Generierung entsprechender Besucherzahlen. Eine noch so aufwändig und interessant gestaltete Homepage ist nicht effizient, wenn sie nicht eine entsprechende Anzahl von Besuchern bzw. Interessenten und Kunden durch Suchmaschinen-Marketing anlockt. Suchmaschinen

Checkliste zur Einführung des Internets im Handwerksbetrieb

1. Zieldefinition
   Welches Ziel hat der Internetauftritt?
   (z. B. Präsentation des Unternehmens, Bereitstellung von Informationen, Unterstützung des Vertriebs etc.)

2. Zeitplanung
   Wann soll der Internetauftritt online gehen?
   Durch die Erstellung eines Zeitplans können die Planungen besser eingehalten werden. Wichtig ist, dass zum Zeitpunkt der Produktivschaltung alle Funktionen einwandfrei funktionieren.

3. Zuständigkeiten festlegen
   Wer ist für die einzelnen Aufgaben zuständig?
   (z. B. Aufbau, Texte, Grafik, Technik, Pflege etc.)

4. Internetauftritt bewerben
   Wie wird der Auftritt beworben?
   (z. B. Geschäftspapier, Visitenkarten, Pressemeldungen, Suchmaschinen etc.)

5. Erfolgskontrolle
   In welchem Umfang sind welche Teile des Internetauftritts erfolgreich?
   (z. B. Feedback-Formular, Internet-Seitenstatistik bzw. Logfiles etc.)

Hinweise für die technische Umsetzung

1. Unterstützung suchen
   Die Gestaltung einer Homepage erfordert sowohl technisches Knowhow als auch einige Marketingkenntnisse. Daher sollte der Betriebsinhaber bei der ersten Entwicklung bzw. der grundlegenden Neugestaltung des Internetauftritts die professionelle Hilfe einer Internetagentur in Anspruch nehmen. Weiterhin sollte ein „Internetverantwortlicher" im Betrieb benannt werden.

2. Wenig Bilder
   Grafiken, Animationen und Fotos verzögern den Seitenaufbau oftmals unnötig und strapazieren somit die Geduld der Anwender. Eine Internetseite sollte eine bestimmte Datengröße nicht überschreiten.

3. Startseite schnell zu laden
   Die Startseite sollte möglichst schnell geladen werden, da Untersuchungen ergeben haben, dass der Internetnutzer innerhalb weniger Sekunden entscheidet, ob er auf der Internetseite bleibt.

4. Überprüfung von Links
   Vor Produktivschaltung sollten alle Hyperlinks überprüft werden, ob sie zur richtigen Seite führen.

5. Suchmaschineneintrag
   Am Beginn eines HTML-Dokuments können Angaben zur Seite gemacht werden, die im Quelltext, aber nicht auf der Web-Seite zu sehen sind. Die sog. Meta-Tags (Keywords) bieten die Möglichkeit, den Seiteninhalt kurz mit Schlagwörtern zu beschreiben. Diese sind sehr sorgsam auszuwählen, da sie die Signalwörter für Suchmaschinen sind.

2.3.3 Aufbauorganisation

Die Aufbauorganisation umfasst die Gliederung des Handwerksbetriebes in Organisations- und Aktionseinheiten (Abteilungen und Stellen) bzw. Organisationsstrukturen und deren Koordination. Begriff

2.3.3.1 Stellen- und Abteilungsbildung

Eine Stelle ist die kleinste organisatorisch festzulegende Einheit und grenzt aufgabenmäßig den Zuständigkeits- und Kompetenzbereich für eine bestimmte Person ab. Stelle

Sie bestimmt somit unter Zusammenfassung von Teilaufgaben einen personenbezogenen Aufgabenkomplex zum Arbeitsbereich einer Person unter gleichzeitiger Regelung von Verantwortung und Zuständigkeiten.

Folgende Arten von Stellen sind grundsätzlich zu unterscheiden:

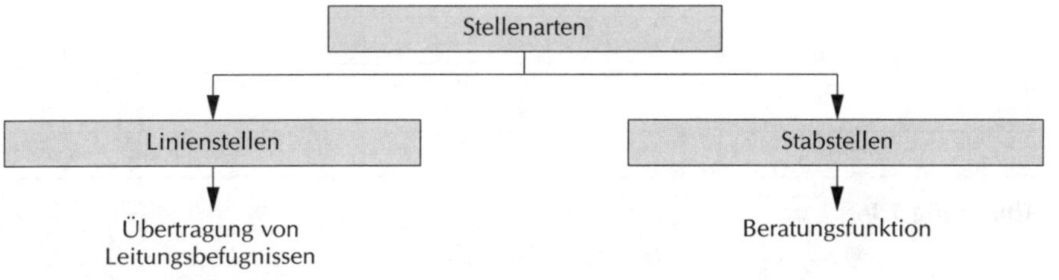

Abbildung 134

Der Aufgabeninhalt einer Stelle wird neben anderen wichtigen Punkten in der Stellenbeschreibung festgelegt (siehe hierzu auch Kapitel 2.4.1.1).

Während eine Stelle nicht örtlich fixiert ist, bezeichnet der Begriff Arbeitsplatz den Ort der Aufgabenerfüllung. Arbeitsplatz

Mehrere Stellen werden zu einer Abteilung zusammengefasst. Abteilung

Die Darstellung der Aufbauorganisation bzw. Organisationsstruktur erfolgt in einem Organigramm.

Unter einem Organigramm versteht man die schaubildartige Darstellung der Organisationsstruktur. Organigramm

2.3.3.2 Aufgabenanalyse und Aufgabensynthese

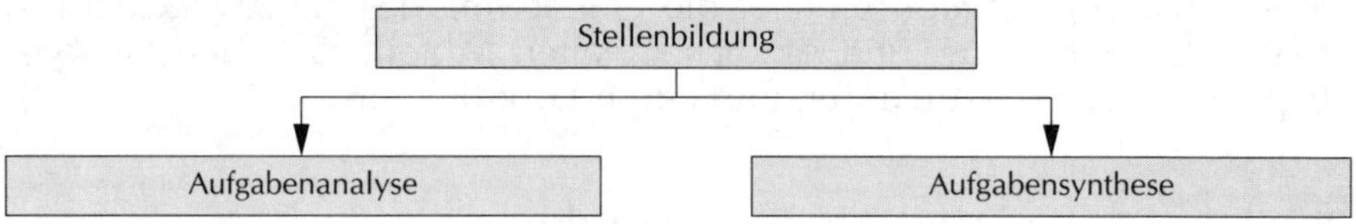

Abbildung 135

Aufgaben-analyse

Unter Aufgabenanalyse versteht man die Aufgliederung der Aufgaben eines Unternehmens.

Die Aufgabenanalyse kann erfolgen (dargestellt am Beispiel Metallbearbeitung):

Verrichtungs-prinzip

- nach dem Verrichtungsprinzip (das heißt, welche Verrichtungen werden durchgeführt?)

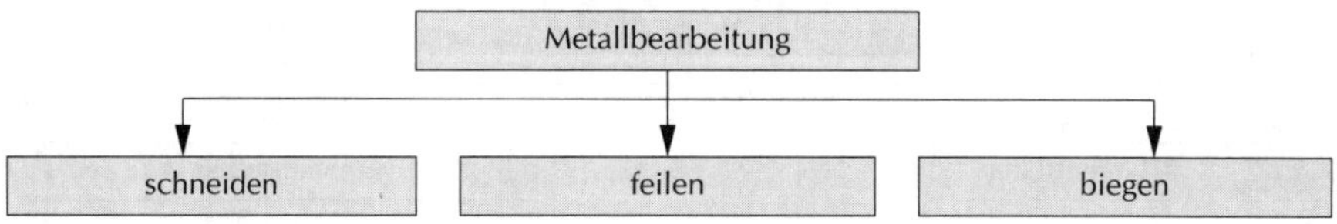

Abbildung 136

Gliederung nach Objekten

- nach Art der Objekte

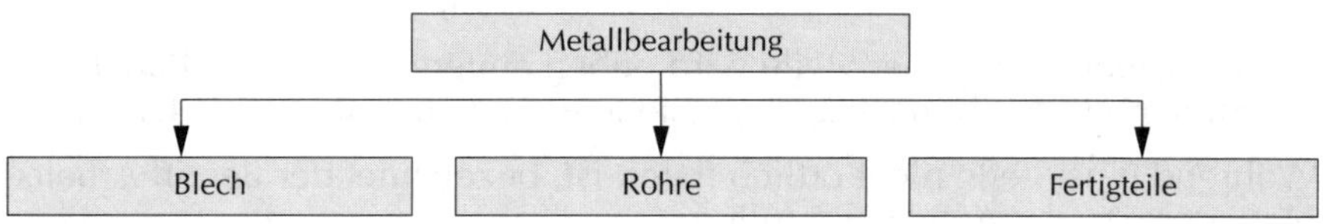

Abbildung 137

Arbeits- und Hilfsmittel

- nach den notwendigen Arbeits- und Hilfsmitteln

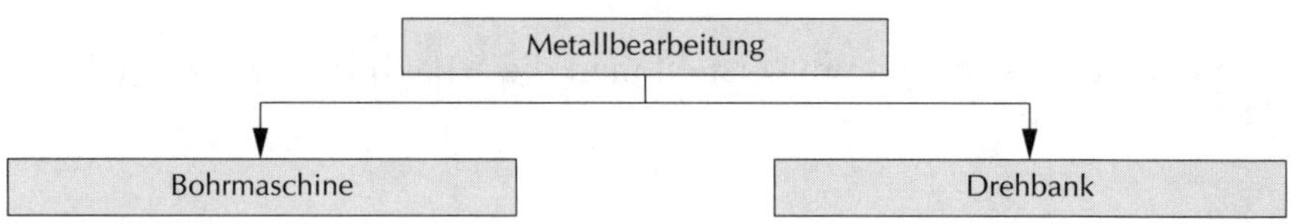

Abbildung 138

- nach dem Rang

Rangfolge

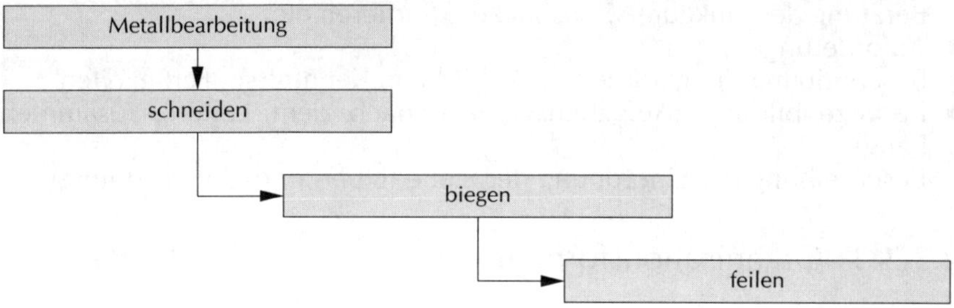

Abbildung 139

- nach der Phase

Phase

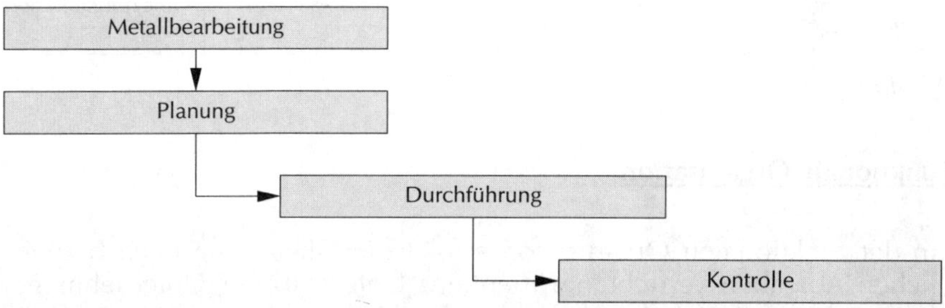

Abbildung 140

<u>Aufgabensynthese</u>

Unter Aufgabensynthese versteht man die Zusammenfassung der durch die Aufgabenanalyse festgelegten Teilaufgaben eines Unternehmens.

Im Anschluss an die Aufgabenanalyse erfolgt die Aufgabensynthese nach folgenden Prinzipien:

- Prinzip des Verteilungszusammenhangs
  Verschiedene Aufgaben werden so auf einzelne Stellen verteilt, dass ein sinnvolles Konzept entsteht, das heißt, Aufgaben, die zusammenhängen, müssen möglichst einer Stelle zugeordnet werden.
- Prinzip des Leitungszusammenhangs
  Bei der Stellenbildung muss deutlich werden, in welchem Über-, Unter- und Nebenordnungsverhältnis die verschiedenen Stellen untereinander sind (Kompetenzen, Verantwortung).
- Prinzip des Arbeitszusammenhangs
  Die Stellen müssen so gebildet werden, dass sie einen funktionsfähigen Arbeitsprozess ermöglichen.

Beispiel:

Die Aufgabensynthese und Stellenbildung für die Stelle eines Lageristen in einem Handwerksbetrieb:

- Beschreibung der Aufgaben (Aufgabensynthese nach dem Verteilungszusammenhang):
  Beratung des Einkäufers, Auspacken, Sortieren etc.
- Anforderungen:
  Beschreibung der geforderten Vorbildung, Kenntnisse, Fertigkeiten
- Instanzenbildung (Aufgabensynthese nach dem Leitungszusammenhang):
  Beschreibung der Einordnung der Stelle (Über- und Unterordnung).

2.3.3.3 Organisationsformen

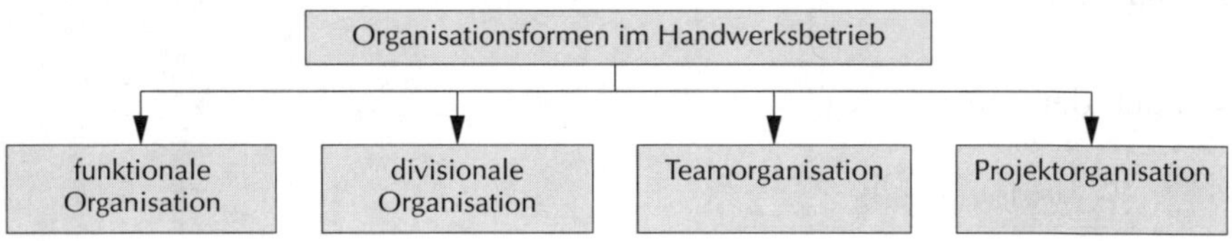

Abbildung 141

Funktionale Organisation

In der funktionalen Organisation erfolgt die Gliederung nach betrieblichen Aufgaben verrichtungsorientiert. Unterhalb der Unternehmensführung wird die Arbeitsteilung nach Funktionen vorgenommen.

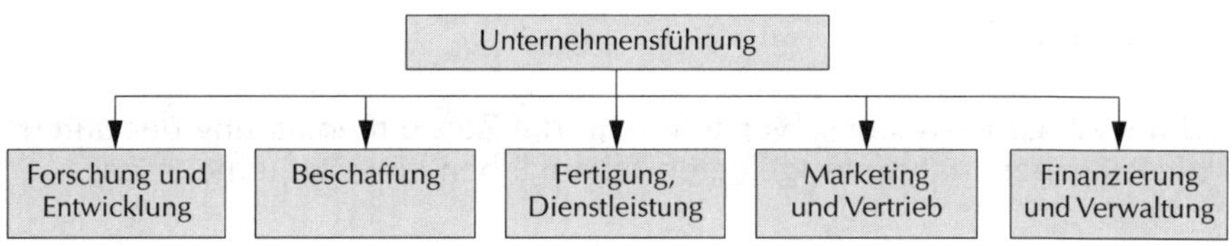

Abbildung 142

Vorteile

Vorteile:
- Nutzung von Spezialisierungsvorteilen
- hoher Informationsgrad der Unternehmensleitung über alle Unternehmensbereiche
- hohe Wirtschaftlichkeit durch geringe Gefahr von Doppelarbeiten.

Nachteile

Nachteile:
- Bereichsdenken und Ressortegoismus
- hoher Koordinationsbedarf bei der Unternehmensleitung.

Divisionale Organisation

Bei der divisionalen Organisation werden die Bereiche nach dem Objektprinzip gegliedert. Die Objektbereiche werden als Geschäftsbereiche, Sparten oder Divisions bezeichnet.

Ein Organisationsschema könnte für einen Handwerksbetrieb beispielhaft wie folgt aussehen:

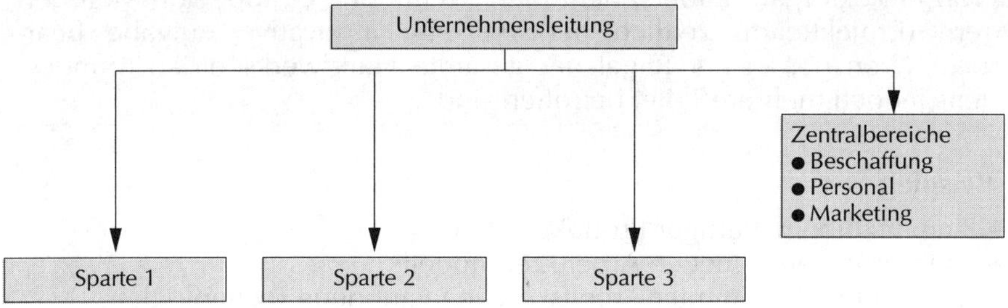

Abbildung 143

Bei der divisionalen Organisation hat jede Sparte selbstständig mindestens für die Bereiche Produktion und Vertrieb zu sorgen. Die Zentralbereiche arbeiten entsprechend ihrer Aufgaben den einzelnen Sparten zu.

Vorteile

Vorteile:
- direkte Ergebnisverantwortung der einzelnen Sparten
- Entlastung der Unternehmensleitung
- geringerer Kommunikationsbedarf.

Nachteile

Nachteile:
- höhere Produktionskosten durch schlechtere Ausnutzung der Produktionsmittel
- Koordinationsschwierigkeiten zwischen den Sparten.

Teamorganisation

Unter einem Team versteht man eine Gruppe von Mitarbeitern, die sehr eng zusammenarbeiten. Teamarbeit ist in verschiedenen Aufbauorganisationsformen möglich.

Eigenschaften

Eigenschaften von Teams in Handwerksbetrieben sind:
- funktionsgegliederte kleine Arbeitsgruppe
- gemeinsame Zielsetzung innerhalb des Teams
- intensive arbeitsbedingte wechselseitige Beziehungen
- ausgeprägter Gemeinschaftsgeist
- starker Gruppenzusammenhalt.

Die Teamarbeit ist im Handwerk unabängig von der Aufbauorganisation sehr erfolgreich. Durch die Arbeit im Team entstehen soziale Bindungen der Teammitglieder, die sich positiv auf die Arbeitsergebnisse auswirken können.

Projektorganisation

Von Projektorganisation spricht man, wenn eine Gruppe von Mitarbeitern (Projektteam) zeitlich befristet eine innovative Aufgabe bearbeitet, von der in der Regel der gesamte Handwerksbetrieb, mindestens jedoch mehrere Teile, betroffen sind.

Beispiel:

- Entwicklung neuartiger Produkte
- Einführung eines neuen Arbeitszeitmodells
- Umstellung bestimmter Arbeitsvorgänge auf neue Technologien.

Ebenso wie die Teamorganisation ist die Projektorganisation unabhängig von der Aufbauorganisation. Sie ist eine effiziente Organisationsform für die Bewältigung übergreifender Aufgabenstellungen.

Projektmanagement

Für die erfolgreiche Durchführung eines Projektes ist das Projektmanagement von großer Bedeutung. Dieses regelt die organisatorische Gestaltung und die Einbindung des Projektes in die Gesamtorganisation des Handwerksbetriebes.

2.3.3.4 Organisationsentwicklung

Organisationsentwicklung ist für den Handwerksbetrieb notwendig, um unterschiedlichsten internen und externen Veränderungen, die Auswirkungen auf die Ablauf- und Aufbauorganisation haben, Rechnung zu tragen.

Organisationsentwicklung sollte unter größtmöglicher Beteiligung der betroffenen Mitarbeiter betrieben werden.

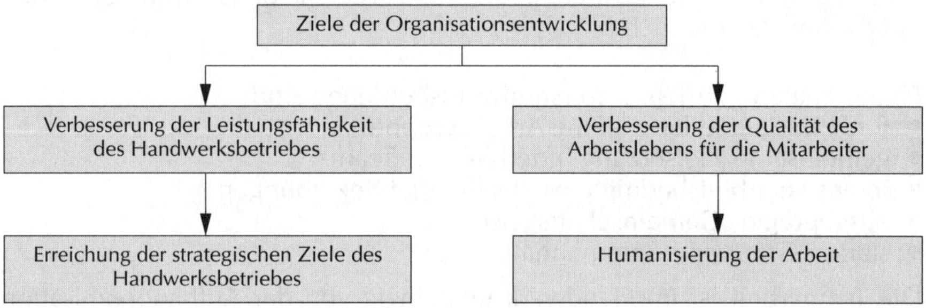

Abbildung 144

Diese zweiseitige Zielsetzung ist nicht immer konfliktfrei zu verwirklichen. Durch die intensive Einbeziehung der Mitarbeiter als Betroffene in den Veränderungsprozess („Betroffene zu Beteiligten machen") gelingt jedoch in den meisten Fällen ein positiver Entwicklungsprozess.

Geschäftsprozessoptimierung

Die Optimierung von Geschäftsprozessen durch eine fortschrittliche Entwicklung der Organisationsstrukturen und Organisationsabläufe stellt einen wichtigen Faktor für den nachhaltigen Erfolg eines Handwerksbetriebes dar.

2.3.4 Einfluss der Automatisierung und anderer Technologien auf die Betriebsorganisation

Die Entwicklung neuer Technologien, neuer Werkstoffe und neuer industrieller Vorprodukte sowie Veränderungen im Nachfrageverhalten der Verbraucher führen auch im Handwerksbetrieb ständig zu neuen Arbeitsabläufen, Arbeitsverfahren, Fertigungstechniken und zum Einsatz neuer Steuerungsmittel.

Technologiebereiche

Wichtige Technologien, von denen das Handwerk berührt wird, sind:
- Mikroelektronik
- Roboter- und Sensortechnik
- Oberflächentechnik
- Informations- und Kommunikationstechnologien
- Bio- und Gentechnik
- Lasertechnik
- Werkstofftechnik
- Energietechnik
- Hydraulik und Pneumatik.

Das Handwerk spielt sowohl als Erfinder und Entwickler wie auch als Anwender und Umsetzer neuer Verfahren und Techniken eine bedeutende Rolle.

Entwicklungen

Im Bereich der Betriebs- und Arbeitsorganisation führt dies zu folgenden Entwicklungen:
- weiter zunehmende Mechanisierung
- Einsatz von numerisch oder computergesteuerten Maschinen
- Einsatz elektronischer Mess- und Prüfgeräte.

2.3.4.1 Mechanisierung

Mechanisierung ist die Zusammenfassung gleichartiger Verrichtungen und Funktionen unter Zuhilfenahme des Einsatzes von technischen Hilfsmitteln (Maschinen) an bestimmten Arbeitsplätzen.

Die Tätigkeit des Menschen beschränkt sich dann vorwiegend auf Steuerungs- und Kontrollaufgaben.

Voraussetzungen

Folgende Voraussetzungen sind für die Mechanisierung notwendig:
- konsequente Arbeitsvorbereitung
- sinnvolle Arbeitsplatzgestaltung
- Verwendung von Normteilen.

2.3.4.2 Automatisierung

Von Automatisierung spricht man, wenn Steuerung und Kontrolle zunehmend von Maschinen übernommen werden. Dies ist mit Hilfe numerisch gesteuerter (rechnergesteuerter) Maschinen möglich.

Stufen der Automatisierung

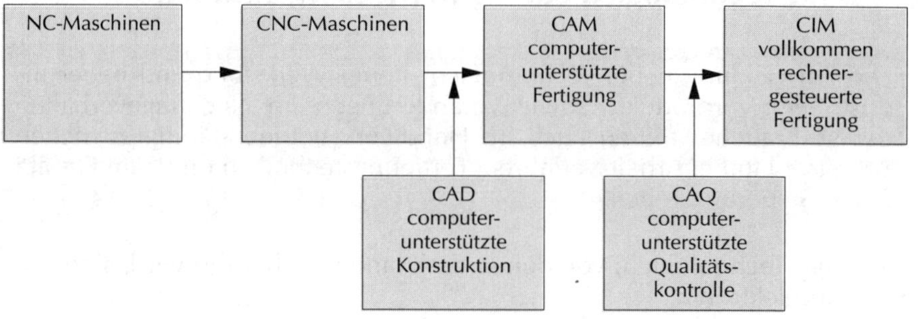

Abbildung 145

NC-Maschinen:
Mit Hilfe von NC-(Numerical-Controlled-)Maschinen werden Bewegungsabläufe durch digitale Informationen aus Datenträgern gesteuert.

CNC-Maschinen:
Mit Hilfe von CNC-(Computer-Numerical-Controlled-)Maschinen werden Bewegungsabläufe durch direkt eingebaute Computer gesteuert.

Einsatzmöglichkeiten

Folgende Einsatzmöglichkeiten von CNC-Maschinen sind unter anderem denkbar:

- Metallbearbeitung und -verarbeitung (Fräsen, Bohren, Schneiden)
- Holzverarbeitung
- Backwaren- und Teigaufbereitung.

Computergesteuerte Maschinen eignen sich insbesondere auch für die Einzel- und Kleinserienfertigung.

Vorteile

Der Einsatz von CNC-Maschinen bietet folgende Vorteile:

- größere Genauigkeit
- höhere Flexibilität
- geringerer Ausschuss
- selbsttätige Arbeitsausführung
- kürzere Produktions- und Umrüstzeiten.

CAD:
Mit Hilfe von CAD (Computer-Aided-Design) lassen sich rechnerunterstützt Entwicklungs- und Konstruktionsarbeiten sowie technische Zeichnungen für neue Produkte ausführen.

CAM:
Als CAM (Computer-Aided-Manufacturing) bezeichnet man die Speicherung einer über CAD gestalteten Neuentwicklung auf einem Datenträger, der wiederum als Programm in den Rechner einer CNC-Maschine eingegeben wird. Diese führt dann die Arbeitsvorgänge zur Herstellung des geplanten Produktes aus.
Viele Zulieferbetriebe erhalten bereits von ihrem industriellen Auftraggeber maschinenlesbare Datenträger, die sie dann nur noch mit ihren Maschinen in Verbindung bringen müssen.

CAQ:
CAQ (Computer-Aided-Quality Assurance) ist eine computerunterstützte Qualitätssicherung und -kontrolle.

CIM:
Als CIM (Computer-Integrated-Manufacturing) bezeichnet man die Ergänzung von CAD und CAM durch CAQ.

Der Einsatz von Computern nimmt auch im Fertigungsbereich des Handwerks immer mehr zu. Vorrangig im Maschinen- und Werkzeugbau, aber auch für andere Handwerksberufe, werden ständig neue Einsatzmöglichkeiten erschlossen.
Auch der Einsatz elektronischer Mess- und Prüfgeräte, vor allem im Elektro- und Kfz-Bereich, nimmt zu.

Elektronische Mess- und Prüfgeräte

Der Einsatz computergesteuerter Technologien ist für viele Handwerksbetriebe inzwischen ein wesentlicher Faktor des wirtschaftlichen Erfolgs. Rationalisierung und Produktivitäts- bzw. Wirtschaftlichkeitssteigerung entstehen für den einzelnen Betrieb dann, wenn die Kosten der anzuschaffenden Maschinen und Anlagen, bezogen auf ihre Nutzungsdauer, kleiner sind als der zusätzliche Erfolg, der mit ihrer Hilfe erzielt werden kann.

Produktivitäts- und Wirtschaftlichkeitssteigerung

Neben neuen Chancen durch die Erhaltung und Erhöhung der Wettbewerbsfähigkeit beinhalten die neuen Techniken auch Risiken.
Die Risiken bestehen vor allem:
- in mangelndem oder hinter dem jeweiligen Stand liegendem Wissen und beruflichem Können
- in der Finanzierung neuer Maschinen und Geräte, die zudem immer rascher veralten und von Klein- und Mittelbetrieben nicht immer optimal ausgelastet werden können
- in der mangelnden Anpassung der Organisation und der Unternehmensführung.

Die Handwerksorganisationen bieten dem Betriebsinhaber bei der Einführung neuer Technologien wesentliche Hilfestellungen.
Eine besonders wichtige Rolle nehmen hierbei die Berufsbildungs- und Technologiezentren bzw. Bildungszentren der Handwerksorganisationen ein, die einerseits im Rahmen der überbetrieblichen Lehrlingsunterweisung und andererseits im Rahmen von Fort- und Weiterbildungsveranstaltungen das erforderliche Wissen über die neuen Techniken vermitteln.

Die betriebswirtschaftlichen und technischen Berater sowie spezielle Technologietransferberater der Handwerkskammern und der Fachverbände beraten die Betriebe bei der Umsetzung neuer Technologien.
Die Beratung erfolgt sowohl auf betriebswirtschaftlichem Gebiet, weil die Anschaffungskosten der genannten Geräte relativ hoch sind, als auch im technischen Bereich durch eine auf den Einzelfall bezogene Anwendungshilfe in Form von Beratung, Information und Vermittlungsdiensten (Datenbanken).

Beratungsangebot

Öffentliche Hilfen

Wichtig sind auch entsprechende öffentliche Hilfen bei der Förderung des Technologietransfers.

2.3.5 Zwischenbetriebliche Zusammenarbeit (Kooperation)

Aufgabendurchführung

Je nach den Kenntnissen des Betriebsinhabers, der Betriebsgröße und der Branche wird der Handwerksmeister einen Teil der Aufgaben auf Arbeitskräfte im Betrieb (zum Beispiel Betriebsleiter, Meisterfrau, Bürokräfte) übertragen (= Zusammenarbeit im Betrieb). Gerade die mitarbeitende Meisterfrau ist als „Co-Pilotin" des Betriebsinhabers in den Handwerksbetrieben das Rückgrat und die verantwortlich mitgestaltende Führungskraft des Betriebes.
Darüber hinaus besteht die Möglichkeit, bestimmte Aufgaben von zwischenbetrieblichen Einrichtungen durchführen zu lassen.
Kooperationen im Handwerk werden in der Zukunft in vielen Bereichen notwendig werden.

2.3.5.1 Möglichkeiten, Voraussetzungen und Schwerpunkte der zwischenbetrieblichen Zusammenarbeit

Freiwillige Zusammenarbeit

Unter zwischenbetrieblicher Kooperation versteht man die freiwillige Zusammenarbeit zwischen rechtlich selbstständigen Unternehmen. Wichtige Ziele der zwischenbetrieblichen Kooperation sind im Folgenden dargestellt.

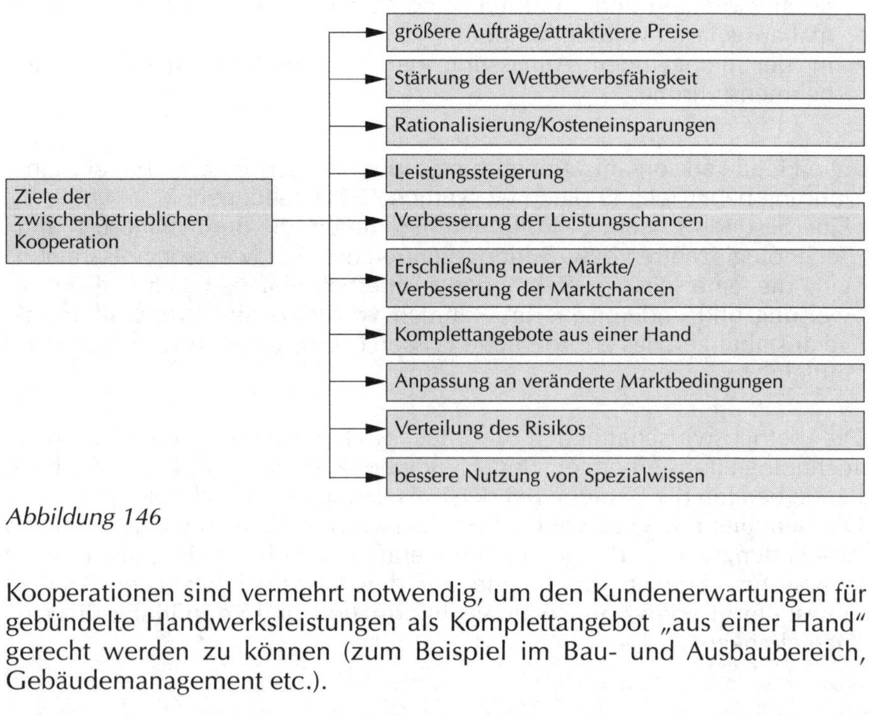

Abbildung 146

Komplettangebote

Kooperationen sind vermehrt notwendig, um den Kundenerwartungen für gebündelte Handwerksleistungen als Komplettangebot „aus einer Hand" gerecht werden zu können (zum Beispiel im Bau- und Ausbaubereich, Gebäudemanagement etc.).

Ein wichtiges Merkmal der betrieblichen Zusammenarbeit liegt darin, dass die wirtschaftliche Entscheidungsfreiheit der einzelnen Betriebe weitgehend erhalten bleibt.

Entscheidungsfreiheit

Die kooperierenden Betriebe ordnen sich nicht einer einheitlichen Leitung unter, sondern treffen nur zur Durchführung bestimmter Aufgaben gemeinsame Entscheidungen. Eine solche vertraglich geregelte Zusammenarbeit zwischen kleinen und mittleren Unternehmen ist vom Gesetzgeber im Gesetz gegen Wettbewerbsbeschränkungen (GWB) ausdrücklich erlaubt worden, sofern sie sich nicht auf reine Preisabsprachen bezieht.

Wichtigste Voraussetzungen

Die wichtigsten Voraussetzungen für eine erfolgreiche Kooperation sind:

- gegenseitiges Vertrauen der Kooperationsmitglieder (richtiges Team)
- fachliche Qualifikation der Kooperationspartner
- klare Vorgaben für die Kooperationsbereiche
- klare Spielregeln für die Partner
- zweckentsprechende Rechtsform, klare Vertragsvereinbarungen
- klare Haftungsregelung
- reibungslose verwaltungsmäßige Abwicklung (Kooperationsmanagement).

Eine zwischenbetriebliche Kooperation erfolgt insbesondere in folgenden Bereichen:

Schwerpunkte

- Beschaffung
- Produktion
- Dienstleistungen
- Vertrieb
- Marketing
- Verwaltung
- Finanzierung
- Forschung und Entwicklung
- Rechnungswesen
- EDV.

Förderung der Kooperation

Die Förderung der Kooperation ist eine wesentliche Aufgabe der Handwerksorganisationen.
Angesichts der fortschreitenden wirtschaftlichen Integration in Europa gewinnt auch die Kooperation mit ausländischen Partnern an Bedeutung.

2.3.5.2 Formen der Kooperation

Grundsätzlich unterscheidet man zwischen horizontaler und vertikaler Kooperation.

Horizontale Kooperation

Unter horizontaler (branchengleicher) Kooperation versteht man die Zusammenarbeit von gleich gearteten Kapazitäten mehrerer Unternehmen mit dem Ziel, größere Aufträge durchführen zu können.

Vertikale Kooperation

Unter vertikaler Kooperation versteht man die Zusammenfügung mehrerer Unternehmen unterschiedlicher Fertigungsstufen mit dem Ziel, Aufträge durchführen zu können, die mehrere Fertigungsstufen umfassen.

Beispiele für vertikale Kooperationen sind:

- Generalunternehmen, die die Erstellung von kompletten Bauprojekten vornehmen
- Subunternehmen, die Teilfunktionen bei der Durchführung von Bauprojekten im Auftrag eines Generalunternehmers übernehmen.

Außerdem sind Kombinationen beider Kooperationsformen möglich.

Die wichtigsten Formen und Einrichtungen der Kooperation sind im Einzelnen:

Beschaffungssektor

- Auf dem Sektor der Beschaffung mit dem Ziel, durch den Einkauf größerer Mengen günstigere Konditionen und Preise zu erhalten:
  Einkaufsgenossenschaften, Kreditgenossenschaften und Einkaufsgemeinschaften.

Leistungserstellung

- Auf dem Gebiet der Leistungserstellung zur Verbesserung der Produktionsverhältnisse (Schaffung optimaler Betriebsgrößen):
  Einschaltung von Subunternehmen (Fremdfertigung und Fremdleistung), Bildung von Arbeitsgemeinschaften zur Durchführung größerer Aufträge, Leistungsgemeinschaften, Zulieferverträge, Errichtung von Handwerkerhöfen, Gewerbeparks und Gründerzentren.
  Leistungsgemeinschaften bieten insbesondere im Bau- und Ausbaubereich den Kunden verschiedenartige Handwerksleistungen nach dem Grundsatz „Alles aus einer Hand" an, und zwar sowohl kostengünstige Formen des Bauens als auch Komfortlösungen. Dadurch kann den Kundenwünschen besser entsprochen werden.

Dienstleistungen rund um das Gebäude

Dienstleistungen rund um das Gebäude aus einer Hand (Facility Management) fordert der Markt in zunehmendem Maße, die durch Kooperation von Handwerksbetrieben erbracht werden können. Vor allem Betriebe des Elektro-, Sanitär-, Heizungs-, Klima- und baunahen Handwerks sowie der Gebäudereinigung sind hier gefordert. Einen Überblick über die wichtigsten Geschäftsfelder gibt die nachstehende Abbildung:

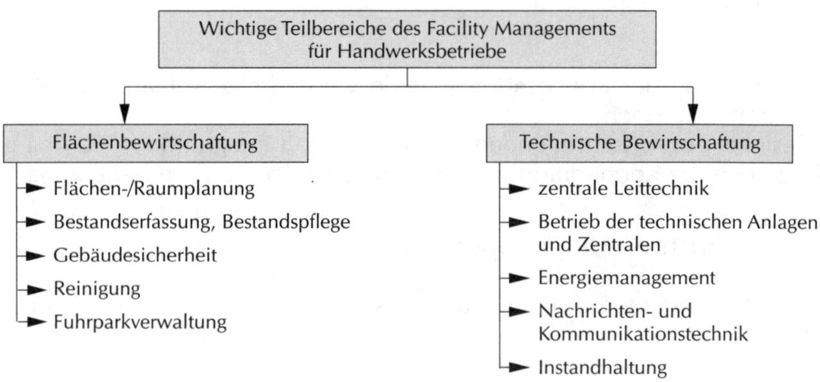

Abbildung 147

Weitere Kooperationen können eingegangen werden zum gemeinsamen Einsatz von teuren Fertigungs-, Mess- und Prüfungseinrichtungen (bessere Auslastung, Verbesserung der Kosten-Nutzen-Relation).

- Im Bereich des Vertriebs zur Schaffung kostengünstiger Vertriebsorganisationen und zum Aufbau einer stärkeren Marktposition: Verkaufsgenossenschaften, Vertriebsgesellschaften, Ladengemeinschaften, Handwerkermärkte, Kundendienst, Montage, Einführung von Neuheiten, einheitliche Marketingkonzeptionen oder Marketinggesellschaften, örtliche oder überregionale Werbegemeinschaften, Messekooperationen, gemeinsamer Internetauftritt. Vertrieb
- Auf dem Gebiet der Verwaltung zur Erhöhung der Wirtschaftlichkeit: Buchstellen, Rechenzentren, Betriebsberater, Steuerberater, Erfahrungsaustauschgruppen, Qualitätszirkel usw. Verwaltung

Von besonderem Vorteil für die Beteiligten ist der systematische zwischenbetriebliche Erfahrungsaustausch.
Nachstehende Abbildung zeigt die wichtigsten Kooperationseinrichtungen in den einzelnen Aufgabenbereichen zusammenfassend im Überblick:

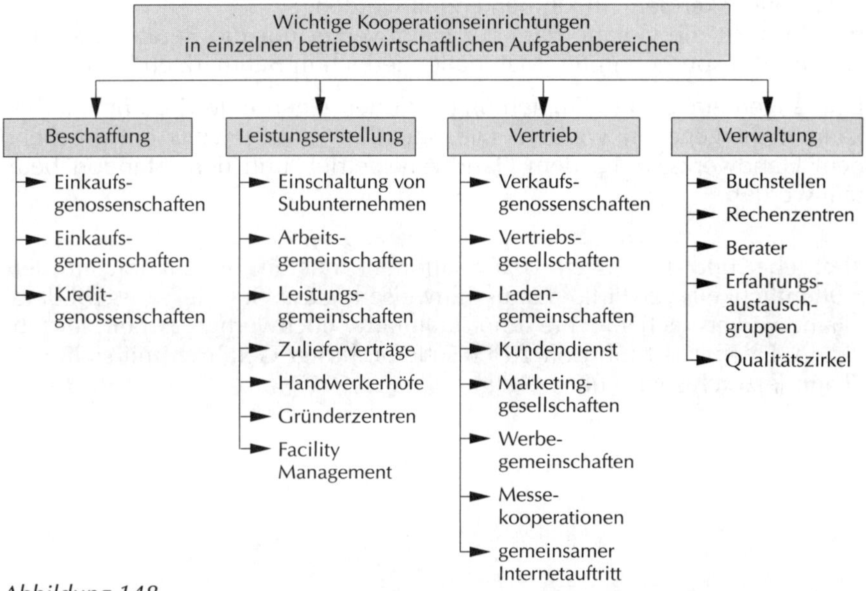

Abbildung 148

Sowohl die Organisationsformen als auch die Methoden der zwischenbetrieblichen Kooperation sind einem ständigen Wandel unterworfen und müssen daher laufend den veränderten Gegebenheiten wirtschaftlicher und technischer Art angepasst werden. Wandel

2.3.5.3 Zusammenarbeit mit Heimwerkern

Im Hinblick auf den ständig zunehmenden Umfang der Heimwerkerbewegung stellt sich für einige Handwerksberufe auch die Frage nach der Zusammenarbeit mit den Heimwerkern bzw. nach einer Betreuung von Eigenleistungen.
Der jährliche Umfang des so genannten „Do-it-yourself“ erreicht ein beträchtliches Marktvolumen. Am meisten betroffen sind die Bereiche Bau und Ausbau.

Argumente für Zusammenarbeit

Für eine arbeitsteilige Zusammenarbeit von Handwerkern und Heimwerkern sprechen folgende Argumente:

- Das beträchtliche Marktvolumen läuft ohne Zusammenarbeit ganz am Handwerk vorbei.
- Eine Zusammenarbeit eröffnet Chancen für zusätzliche Materiallieferungen.
- Über eine intensive Beratung können weitere Aufträge erreicht werden.
- Die Zusammenarbeit ermöglicht im Interesse des Kunden die Gewährleistung von Sicherheit und die Vermeidung von Bauschäden.

Argumente gegen Zusammenarbeit

Gegen eine Zusammenarbeit sprechen folgende Argumente:

- Durch die Zusammenarbeit erhält das „Do-it-yourself" eventuell weiteren Auftrieb.
- Infolge von „Do-it-yourself" gehen mehr Aufträge verloren, als durch eine Zusammenarbeit zusätzlich gewonnen werden.
- Mit Beratungsleistungen oder anderen Teilleistungen können oft keine kostendeckenden Einnahmen erzielt werden.
- Es besteht die Gefahr, dass der Heimwerker nur die Beratungsleistungen in Anspruch nimmt, Materialien jedoch in Baumärkten kauft.

Eine allgemein gültige Empfehlung für oder gegen eine Zusammenarbeit kann nicht gegeben werden. Die Situation muss jeweils entsprechend dem Handwerkszweig, dem Handwerksbetrieb und dem Standort beurteilt werden.

Vorteile der qualifizierten Handwerksleistung

Betriebe und Handwerksorganisationen müssen in Zukunft in der Öffentlichkeit verstärkt darauf hinweisen, dass nur der ausgebildete Handwerker fachgerechte und qualitativ hochwertige Arbeit leisten kann. Laienarbeit führt oft zu Pfuscherei, bringt Gefahren mit sich und kann letztlich sehr teuer werden.

Übungs- und Prüfungsaufgaben

1. Der starke Wettbewerb zwingt Sie als Inhaber eines Handwerksbetriebes, die Betriebsabläufe bestmöglich zu gestalten, d.h., die Arbeitsprozesse hinsichtlich Arbeitsinhalt, Arbeitszeit und Arbeitszuordnung so zu kombinieren, dass rationell gewirtschaftet wird. Um dieses Ziel zu erreichen, wollen Sie im Rahmen der Betriebsorganisation die Ablaufplanung und Ablauforganisation verbessern.

Aufgabe: Erklären Sie die wichtigsten Leitsätze der Ablaufplanung und Ablauforganisation, an denen Sie Ihre Arbeit im vorliegenden Fall ausrichten!

„Siehe Seite 296 des Textteils!"

2. Die Ablauforganisation besteht aus

☐ a) Prozessanalyse und Prozesssynthese.
☐ b) Aufgabenanalyse und Aufgabensynthese.
☐ c) Aufbauorganisation und Organisationsentwicklung.
☐ d) funktionaler und divisionaler Organisation.
☐ e) Teamorganisaiton und Projektorganisation.

„Siehe Seite 297 des Textteils!"

3. Erläutern Sie wichtige logistische Aufgaben und Bereiche für den Handwerksbetrieb!

„Siehe Seite 298 des Textteils!"

4. Was versteht man unter Qualitätssicherung?

„Siehe Seite 298 des Textteils!"

5. Um die Zukunftschancen Ihres Handwerksbetriebes zu verbessern, das Unternehmen nachhaltig zu sichern sowie alle qualitätsbezogenen Zielsetzungen und Tätigkeiten bestmöglich umzusetzen, wollen Sie ein Qualitätsmanagementsystem einführen.

Aufgabe: Erläutern Sie die wichtigsten Schritte, wie Sie beim Aufbau des Qualitätsmanagements für Ihren Betrieb vorgehen!

„Siehe Seite 299 des Textteils!"

6. Wer ist zur Zertifizierung des Qualitätsmanagements eines Unternehmens berechtigt?

☐ a) Nur die jeweilige Innung
☐ b) Nur die jeweilige Kreishandwerkerschaft
☐ c) Von der Trägergemeinschaft (TGA) anerkannte Stellen
☐ d) Die Handwerkerhöfe
☐ e) Nur der TÜV.

„Siehe Seite 299 des Textteils!"

7. Welche betrieblichen Vorteile können durch ein Qualitätsmanagementsystem erreicht werden?

„Siehe Seite 300 des Textteils!"

8. Beschreiben Sie den Nutzen des Umwelt-Management-Systems für einen Handwerksbetrieb!

„Siehe Seite 300 des Textteils!"

9. Sie sind Inhaber eines Handwerksbetriebes und haben zurzeit mit Ihren Mitarbeitern feste tägliche und wöchentliche Arbeitszeiten festgelegt. Um künftig in Ihrem Betrieb besser auf den qualitativ und mengenmäßig wechselnden Arbeitsanfall reagieren zu können und um auch den Wünschen Ihrer Arbeitnehmer auf mehr Flexibilität bei der Arbeitszeit entgegenzukommen, wollen Sie die Einführung von flexiblen Arbeitszeitregelungen prüfen.

Aufgabe: Stellen Sie die drei für Ihren Handwerksbetrieb grundsätzlich in Frage kommenden Arbeitszeitmodelle kurz dar!

„Siehe Seite 301 des Textteils!"

10. Von Kollegen haben Sie als Betriebsinhaber gehört, dass in Ihrem Handwerkszweig im Rahmen der betrieblichen Ablauforganisation vermehrt die Gruppenorganisation zum Tragen kommt. Das bedeutet, dass zwei oder mehrere Mitarbeiter gemeinsam einen Auftrag erledigen bzw. eine Arbeit ausführen. Sie prüfen, ob die Form der Gruppenorganisation für Ihren Betrieb sinnvoll ist.

Aufgabe: Erklären Sie die Vor- und Nachteile der Gruppenorganisation für Ihren Betrieb!

„Siehe Seite 302 des Textteils!"

11. Als Inhaber eines Handwerksbetriebes wissen Sie aus eigener Erfahrung, dass eine mangelhafte Schriftgut- bzw. Aktenablage im Rahmen der Verwaltungs- und Büroorganisation unwirtschaftlich ist, weil der Zeitaufwand durch langes Suchen unnötige Kosten verursacht und zu Verzögerungen führt. Aus diesem Grunde wollen Sie die Übersichtlichkeit der Aktenablage verbessern und die Aktenordnung systematisieren.

Aufgabe: Stellen Sie kurz dar, wie Sie die Aktenordnung für Ihren Betrieb übersichtlich aufbauen können, unabhängig von der technischen Lösung (z.B. EDV)!

„Siehe Seite 303 des Textteils!"

12. Stellen Sie wichtige Kriterien für die formale und inhaltliche Gestaltung von Geschäftsbriefen fest!

„Siehe Seite 305 des Textteils!"

13. Bietet die Anwendung von Musterbriefen Vorteile?

☐ a) Ja, Musterbriefe können als Drucksache versandt werden.
☐ b) Ja, damit Mitarbeiter des Betriebes von Routinebriefen entlastet werden.
☐ c) Nein, Musterbriefe sollten nicht verwendet werden, weil sie zu schematisch sind.
☐ d) Nein, Musterbriefe werden von Empfängern als unpersönlich empfunden.
☐ e) Nein, weil die Kosten für die Entwicklung von Musterbriefen zu hoch sind.

„Siehe Seite 309 des Textteils!"

14. Der Einsatz moderner Informations- und Kommunikationstechnologien wird auch für Handwerksbetriebe immer wichtiger. Sie haben als selbstständiger Handwerker zwar schon verschiedene Telekommunikationsmittel im Einsatz, wollen sich aber nunmehr einen Überblick über alle für einen Handwerksbetrieb in Frage kommenden Kommunikationsmittel verschaffen, um festzustellen, in welchen Bereichen in Ihrem Betrieb noch weitere Einsatzmöglichkeiten bestehen.

Aufgabe: Erstellen Sie eine Liste über die in Frage kommenden Telekommunikationsmittel!

„Siehe Seite 310 des Textteils!"

15. Sie beabsichtigen als junger Handwerksmeister einen Betrieb zu gründen. Dabei wollen Sie auch ein EDV-System einrichten. Bevor Sie sich mit den notwendigen Schritten zum Aufbau und der praktischen Einführung befassen, wollen Sie feststellen, für welche Anwendungsbereiche ein EDV-System im Handwerksbetrieb zum Einsatz kommen kann.

Aufgabe: Erläutern Sie die wichtigsten Anwendungsbereiche

a) auf dem Gebiet der kaufmännischen Verwaltung!
b) auf dem Sektor der technischen Verwaltung!

„Siehe Seite 319 des Textteils!"

16. Beschreiben Sie die wichtigsten Elemente der Hardware im Allgemeinen und die wichtigsten Bestandteile eines PCs im Besonderen!

„Siehe Seite 311 des Textteils!"

17. Mobil einsetzbare Computer nennt man

☐ a) Laserdrucker
☐ b) CD-ROM
☐ c) Scanner
☐ d) Notebook
☐ e) mobile Rechner.

„Siehe Seite 313 des Textteils!"

18. Erklären Sie kurz den Begriff Netzwerk und erläutern Sie seine Bedeutung für den Handwerksbetrieb!

„Siehe Seite 314 des Textteils!"

19. Erläutern Sie wichtige Punkte, die der Handwerksbetrieb bei der Einführung eines EDV-Systems beachten muss und wie man dabei vorgehen soll!

„Siehe Seite 316 des Textteils!"

20. Als Inhaber eines Handwerksbetriebes wollen Sie prüfen, welche Möglichkeiten bestehen, das Internet für betriebliche Zwecke zu nutzen.

Aufgabe: Beschreiben Sie, auf welchen Gebieten Sie als Handwerksbetrieb das Internet nutzen können und erläutern Sie kurz die wichtigsten Bereiche des E-Commerce!

„Siehe Seite 321 des Textteils!"

21. Erklären Sie die wichtigsten Vorteile einer eigenen Homepage für den Handwerksbetrieb!

„Siehe Seite 322 des Textteils!"

22. Wie gehen Sie bei der Einführung des Internets in Ihrem Betrieb vor?

„Siehe Seite 324 des Textteils!"

23. Die Aufbauorganisation besteht aus

☐ a) Marketing und Vertrieb.
☐ b) Beschaffung und Vertrieb.
☐ c) Prozessanalyse und Prozesssynthese.
☐ d) Teamorganisation und Projektorganisation.
☐ e) Aufgabenanalyse und Aufgabensynthese.

„Siehe Seite 326 des Textteils!"

24. Erklären Sie kurz die divisionale Aufbauorganisation anhand eines selbst gewählten praktischen Beispiels!

„Siehe Seite 328 des Textteils!"

25. Warum kann die Projektorganisation unabhängig von der Aufbauorganisation in einem Handwerksbetrieb hilfreich sein?

„Siehe Seite 330 des Textteils!"

26. Die Organisationsentwicklung hat im Allgemeinen die Aufgabe,

☐ a) den EDV-Einsatz auszubauen.
☐ b) die Geschäftsprozesse zu optimieren.
☐ c) die Projektorganisation einzuführen.
☐ d) die Teamorganisation einzuführen.
☐ e) das Betriebsklima zu verbessern.

„Siehe Seite 330 des Textteils!"

27. Was versteht man unter Mechanisierung?

„Siehe Seite 331 des Textteils!"

28. Beschreiben Sie anhand eines selbst gewählten Beispiels die Einsatzmöglichkeiten von CAD und CAM in einem Handwerksbetrieb!

„Siehe Seite 332 des Textteils!"

29. Zwischenbetriebliche Zusammenarbeit ist

☐ a) im Bereich des Handwerks überall selbstverständlich.
☐ b) im Handwerk wirtschaftlich uninteressant.
☐ c) im Bereich des Handwerks in der Zukunft noch notwendiger.
☐ d) im Handwerk kaum möglich, weil zwischenbetriebliche Einrichtungen fehlen.
☐ e) dem Handwerker aus Konkurrenzgründen nicht zu empfehlen.

„Siehe Seite 334 des Textteils!"

30. Zur Verbesserung der Wettbewerbsfähigkeit Ihres Betriebes im weitesten Sinne wollen Sie feststellen, welche Zielsetzungen durch zwischenbetriebliche Zusammenarbeit (Kooperation) erreicht werden können und in welchen Bereichen Kooperation erfolgen kann.

Aufgabe:

a) **Erläutern Sie wichtige Ziele der zwischenbetrieblichen Zusammenarbeit!**
b) **Stellen Sie fest, in welchen Bereichen zwischenbetriebliche Kooperation erfolgen kann!**

„Siehe Seite 334 des Textteils!"

31. Welche wichtigen Voraussetzungen sollten für eine erfolgreiche Kooperation gegeben sein?

„Siehe Seite 335 des Textteils!"

32. Sie sind Inhaber eines Handwerksbetriebes und haben sich entschlossen, soweit betriebswirtschaftlich zweckmäßig, durch Ausschöpfung möglicher zwischenbetrieblicher Kooperationen die Gesamtorganisation Ihres Betriebes zu verbessern. Zur Vorbereitung Ihrer Entscheidungen wollen Sie zunächst feststellen, welche Formen der zwischenbetrieblichen Zusammenarbeit es für einen Handwerksbetrieb gibt und welche Kooperationseinrichtungen für eine solche Zusammenarbeit in Frage kommen.

Aufgabe: Stellen Sie die wichtigsten Formen und Einrichtungen der zwischenbetrieblichen Zusammenarbeit dar!

„Siehe Seite 335 des Textteils!"

33. Erläutern Sie wichtige Teilbereiche des Facility Managements!

„Siehe Seite 336 des Textteils!"

2.4 Personalwesen und Mitarbeiterführung

Das Personalwesen hat sich in den vergangenen Jahrzehnten zu einem der bedeutendsten Gebiete der Betriebswirtschaftslehre entwickelt.

Personalwirtschaft

Der Begriff des Personalwesens wird oft gleichgesetzt mit den Begriffen Personalwirtschaft und Personalmanagement.

Ziel

Ziel des Personalwesens ist es, menschliche Arbeitskraft in qualitativer, quantitativer, räumlicher und zeitlicher Hinsicht für die Verwirklichung der Ziele des Handwerksbetriebes zur Verfügung zu stellen.

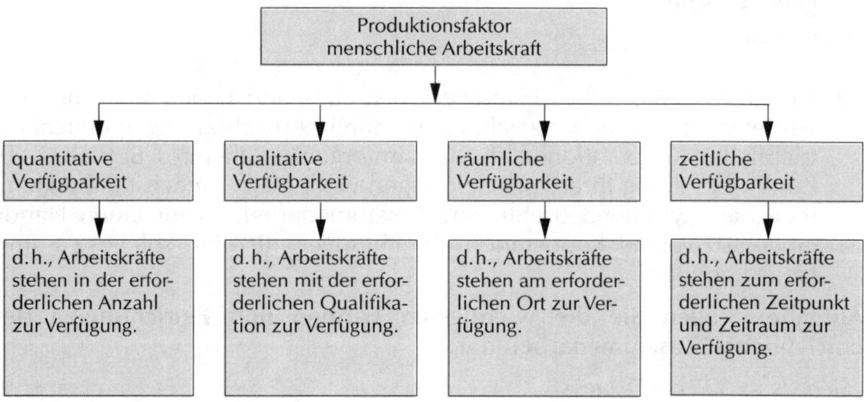

Abbildung 149

2.4.1 Personalplanung

Die Personalplanung hat die Aufgabe, Entscheidungen in personellen Angelegenheiten vorzubereiten, um das Ziel der Bereitstellung der erforderlichen personellen Kapazitäten für den Handwerksbetrieb zu erreichen.

Die Personalplanung muss, um alle Notwendigkeiten zu berücksichtigen, auf Beschaffung von Arbeitskräften, Arbeitskräfteeinsatz sowie die Planung der Ausbildung und Fortbildung ausgerichtet sein.

2.4.1.1 Personalbedarfsermittlung

Ermittlung des Personalbedarfs

Die Personalbedarfsermittlung bezieht sich auf die Analyse des Personalbedarfs des Handwerksbetriebes und leitet daraus den Stellenplan ab.

Analyse des Personalbedarfs

Bei der Analyse des Personalbedarfs unterscheidet man zwischen quantitativen und qualitativen Kriterien.

Quantitative Personalbedarfsanalyse

> Die quantitative Personalbedarfsanalyse beschäftigt sich mit der Fragestellung, wie viele Mitarbeiter zu einem bestimmten Zeitpunkt an einem bestimmten Ort dem Handwerksbetrieb zur Verfügung stehen sollen.

Anzahl der Mitarbeiter

Folgende interne und externe Einflussfaktoren finden Berücksichtigung:

Einflussfaktoren

Interne Faktoren:
- Arbeitsorganisation
- Absatzplanung und Auftragslage
- erwartete Personalfluktuation
- Betriebszweck
- Betriebsgröße
- Betriebsausstattung
- Qualitätsanforderungen.

Externe Faktoren:
- gesamtwirtschaftliche Entwicklung
- wirtschaftliche Entwicklung des Handwerkszweiges
- technologische Entwicklungen
- strukturelle Entwicklungen
- Angebot am Arbeitsmarkt.

Unter Berücksichtigung der genannten Faktoren kann der Handwerksbetrieb den Brutto-Personalbedarf und den Netto-Personalbedarf ermitteln:

Brutto-Personalbedarf = Anzahl der Mitarbeiter, die voraussichtlich zur Bewältigung der Aufgaben bzw. Aufträge des Handwerksbetriebes erforderlich sind

Netto-Personalbedarf = Brutto-Personalbedarf – Personalbestand zum Planungszeitpunkt.

Qualitative Personalbedarfsanalyse

> Die qualitative Personalbedarfsermittlung beschäftigt sich mit der Fragestellung, welche Qualifikation die zu einem bestimmten Zeitpunkt an einem bestimmten Ort benötigten Arbeitskräfte des Handwerksbetriebes aufweisen müssen.

Qualifikation der Mitarbeiter

Hierzu sind die derzeitigen und zukünftigen Arbeitsanforderungen zu definieren und daraus ist die erforderliche Qualifikation zu ermitteln.

Arbeitsanforderungen

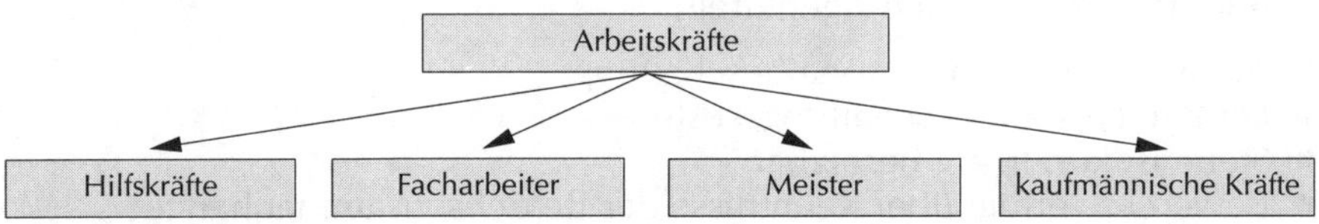

Abbildung 150

Stellenplan

Der Stellenplan ist eine Zusammenstellung der im Betrieb bestehenden und geplanten Stellen. Er ist das Ergebnis der Personalbedarfsermittlung und bildet die Grundlage für die Erstellung von Stellenbeschreibungen.

Stellenbeschreibung

Aufgabenprofil

Stellen entstehen aus der Zusammenfassung einzelner Teilaufgaben zu einer von einer Person überschaubaren und bewältigbaren Aufgabe. Grundlage der Stellenbeschreibung ist somit das Aufgabenprofil.

Inhalt

Wichtige Inhalte der Stellenbeschreibung sind:
- sachliche Beschreibung der Tätigkeiten und Aufgaben
- organisatorische Eingliederung der Stelle
- spezifische Leistungsanforderungen
- personelle Anforderungen an den Stelleninhaber
- Kompetenzen des Stelleninhabers
- Vertretungsregelung.

2.4.1.2 Personalbeschaffung und Personalauswahl

Personalbeschaffung und Personalauswahl sind wichtige Erfolgskriterien für den nachhaltigen Erfolg des Handwerksbetriebes.

Personalbeschaffung

Die Personalbeschaffung hat die Aufgabe, die Ergebnisse der Personalbedarfsanalyse umzusetzen und die erforderlichen Arbeitskräfte für den Handwerksbetrieb zu beschaffen.

Möglichkeiten

Folgende wichtige Möglichkeiten der Personalbeschaffung ergeben sich für den Handwerksbetrieb:
- betriebseigene Ausbildung von Fachkräften
- interne Beschaffung des Personals durch Versetzung eines bereits vorhandenen Mitarbeiters
- externe Besetzung der Stelle durch Neueinstellung eines Mitarbeiters
- Beschaffung des Personals durch Personalleasing, Zeitarbeitsfirmen oder Personal-Service-Agenturen.

Interne Personalbeschaffung

Vorteile der internen Personalbeschaffung:
- geringe Personalbeschaffungskosten
- Stelle ist kurzfristig besetzbar
- Bewerber verfügt über Kenntnisse der Betriebszusammenhänge
- Eignung des Bewerbers besser beurteilbar.

Vorteile der externen Personalbeschaffung:

Externe Personalbeschaffung

- Personalbedarf des Handwerksbetriebes ist insgesamt gedeckt (bei interner Umsetzung entsteht in der Regel an anderer Stelle eine Lücke)
- externer Bewerber bringt neue Ideen und Arbeitsmethoden in den Handwerksbetrieb
- Bewerberauswahl kann objektiver erfolgen
- Bewerber geht die Aufgabe unbelasteter an.

Stellenanzeige

Eine wichtige Rolle im Bereich der externen Personalbeschaffung spielt die Stellenanzeige. Deren Gestaltung ist firmenspezifisch und individuell; jedoch weisen Stellenanzeigen in der Regel folgende wichtige Inhalte auf:

- Vorstellung des Unternehmens
  (z. B. Branche, Umsatz, Mitarbeiterzahl, Produkt- und Leistungsspektrum)
- Bezeichnung und Beschreibung der zu besetzenden Funktion
  (z. B. Aufgaben, Vollmachten, Entwicklungsmöglichkeiten)
- Voraussetzungen an den Bewerber
  - fachliche Merkmale (z. B. Ausbildung, Berufserfahrung, Weiterbildung)
  - persönliche Merkmale (z. B. Alter, Belastbarkeit, Teamfähigkeit, Kommunikationsfähigkeit)
- Kontaktaufnahme (Firmenadresse, Ansprechpartner, evtl. telefonische Vorabauskunft, Homepage).

Personalleasing

Vorteile von Personalleasing oder Arbeitskräftebeschaffung über Zeitarbeitsfirmen:

- erhöhter Personalbedarf ist kurzfristig überbrückbar
- einfachere Abwicklung bei Nichteignung des Bewerbers.

Personalauswahl

Die Personalauswahl ist die Entscheidung über die Besetzung einer freien Stelle im Handwerksbetrieb.

Bearbeitung von Bewerbungen

Folgende Grundsätze sind bei der Ausschreibung und Bearbeitung von Bewerbungen besonders zu beachten:

- Erstellung eines klaren Anforderungsprofils
  - klare Darlegung der sachlichen und persönlichen Anforderungen
  - keine übertriebenen Forderungen stellen
- attraktive, zielgruppengerechte, werbliche Gestaltung
- rasche Bearbeitung von Bewerbungen
  - unter Umständen Versand von Zwischenbescheiden
  - Rücksendung der Unterlagen von nicht zum Zuge gekommenen Bewerbern
  - keine Abwertung von Bewerbern, die nicht angenommen wurden
- diskrete Behandlung von Bewerbungen.

Die nachstehende Abbildung enthält die wichtigsten Unterlagen zur Beurteilung von Stellenbewerbern:

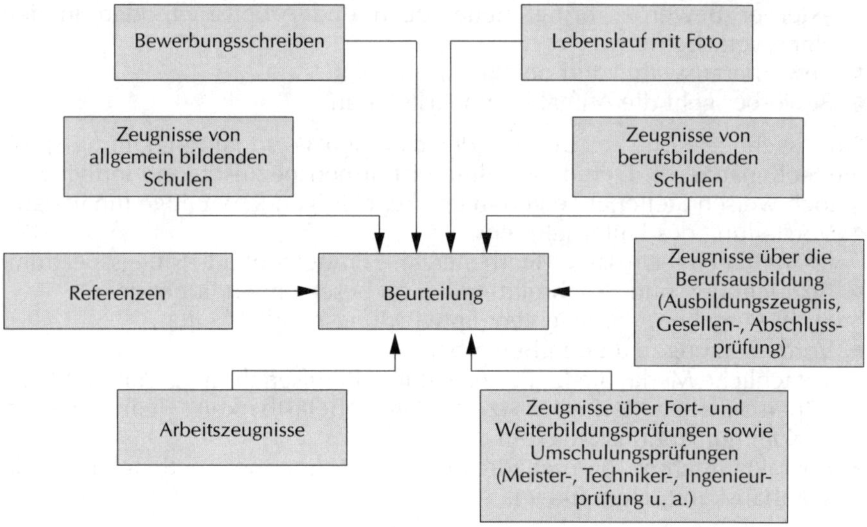

Abbildung 151

Weitere Entscheidungshilfen

Weitere Entscheidungshilfen zur Personalauswahl können sein:
- persönlicher Eindruck im Vorstellungsgespräch
- Einsatz verschiedener Eignungstests
  - fachbezogene Tests
  - psychologische Tests
- Beratung bzw. Vermittlung durch Personal- und Unternehmensberater
- Assessment-Center
- Nachfrage bei angegebenen Referenzen
- Beurteilung der Handschrift durch graphologische Gutachten.

Vorstellungsgespräch

Folgende Checkliste zeigt beispielhaft den möglichen Verlauf eines Vorstellungsgesprächs:

1. Gesprächsbeginn/Gesprächseinstieg
   - Begrüßung des Bewerbers
   - gegenseitige Vorstellung
   - Anlass der Einladung
2. Gespräch zum schulischen/beruflichen Lebensweg des Bewerbers
   - schulische Ausbildung
   - berufliche Ausbildung
   - Stationen der bisherigen Berufstätigkeit
   - Fortbildungen
   - Klärung des Grundes des derzeitigen beruflichen Veränderungswillens
3. Gespräch zum persönlichen Lebensweg des Bewerbers
   - Herkunft
   - Elternhaus/Familie
   - Hobbys/Freizeit
   - ggf. ehrenamtliche Tätigkeiten

4. Gespräch über das Handwerksunternehmen
   - Daten über das Unternehmen (z. B. Größe, Umsatz, Mitarbeiterzahl)
   - Details zur ausgeschriebenen Stelle (z. B. Aufgabenbereich,Verantwortungsbereich, Kompetenzen, Stellenbeschreibung etc.)
   - Unternehmenskultur/Unternehmensleitbild
5. Absprachen zum Arbeitsverhältnis
   - Vergütung/Einkommen
   - Arbeitszeit
   - Fortbildung
   - Nebentätigkeiten etc.
6. Gesprächsabschluss
   - kurze Gesprächszusammenfassung
   - weitere Vorgehensweise
   - Dank für das Gespräch
   - Verabschiedung

2.4.1.3 Personaleinsatz und Personalerhaltung

Im Anschluss an die Personalbeschaffung und die Personalauswahl ist der optimale Einsatz des Personals und seine Erhaltung für den Erfolg des Handwerksbetriebes von zentraler Bedeutung.

Personaleinsatz

Aufgabe des Personaleinsatzes ist es, die vorhandenen und gewonnenen Arbeitskräfte optimal auf die vorhandenen Stellen zu verteilen.

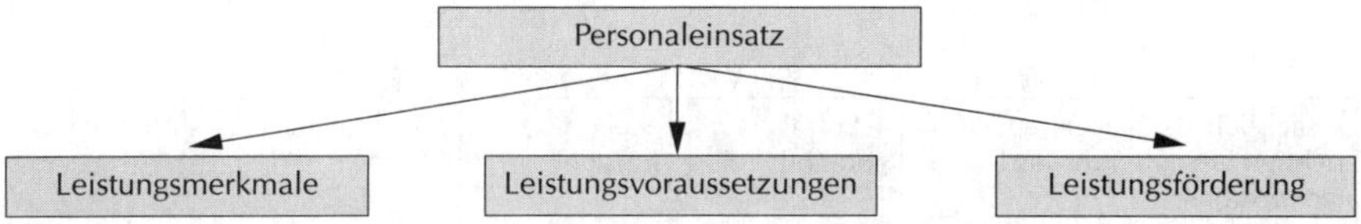

Abbildung 152

Leistungsmerkmale

Körperliche und geistige Anforderungen

Der technische Wandel hat für den arbeitenden Menschen Veränderungen gebracht. In den meisten Bereichen sind die körperlichen Anforderungen an die Arbeitskraft durch gezielten Maschinen- und Geräteeinsatz geringer geworden. Die Anforderungen an die geistigen Fähigkeiten sind dagegen vor allem im Handwerk durch die Ausführung individueller und verantwortungsvoller Tätigkeiten sowie durch den Einsatz neuer Techniken enorm gewachsen.

Arbeitspsychologie

Ebenso ist durch erhöhtes Arbeitstempo, verursacht durch Produktivitätsfortschritt und Arbeitszeitverkürzungen, die psychische und nervliche Belastung stärker geworden. In diesem Zusammenhang sind zusätzliche Aufgaben in der Menschenführung entstanden. Ferner sind wissenschaftliche Disziplinen wie Arbeitsmedizin und Arbeitspsychologie auf die Förderung der Arbeitsbedingungen und eines guten Betriebsklimas ausgerichtet.

Gestaltung der Arbeitsbedingungen

Ziel des Personaleinsatzes ist es, die Arbeitsbedingungen so zu gestalten, dass der für den Betrieb bestmögliche Erfolg verwirklicht werden kann.

Arbeitsleistungsfaktoren

Leistungsvoraussetzungen

Zu unterscheiden sind folgende Faktoren:
- äußere Voraussetzungen
- innere Voraussetzungen.

Äußere Bestimmungsfaktoren

Äußere Voraussetzungen

Wichtige äußere Bestimmungsfaktoren für die Arbeitsleistung sind:
- Einsatz und Gestaltung technischer Hilfsmittel
- Einsatz und Gestaltung von Maschinen und Werkzeugen
- Gestaltung und Ausstattung des Arbeitsplatzes
- Gestaltung und Ausstattung des Arbeitsraumes (Platzangebot, Lärmbelastung, Beleuchtung, Klimaführung, Farbgestaltung usw.)
- innerbetriebliche Organisation
- Verhältnis zwischen Vorgesetzten und Mitarbeitern (Betriebsklima).

Innere Voraussetzungen

Die Abbildung zeigt die wichtigsten inneren Bestimmungsfaktoren zur Erbringung guter Arbeitsleistung:

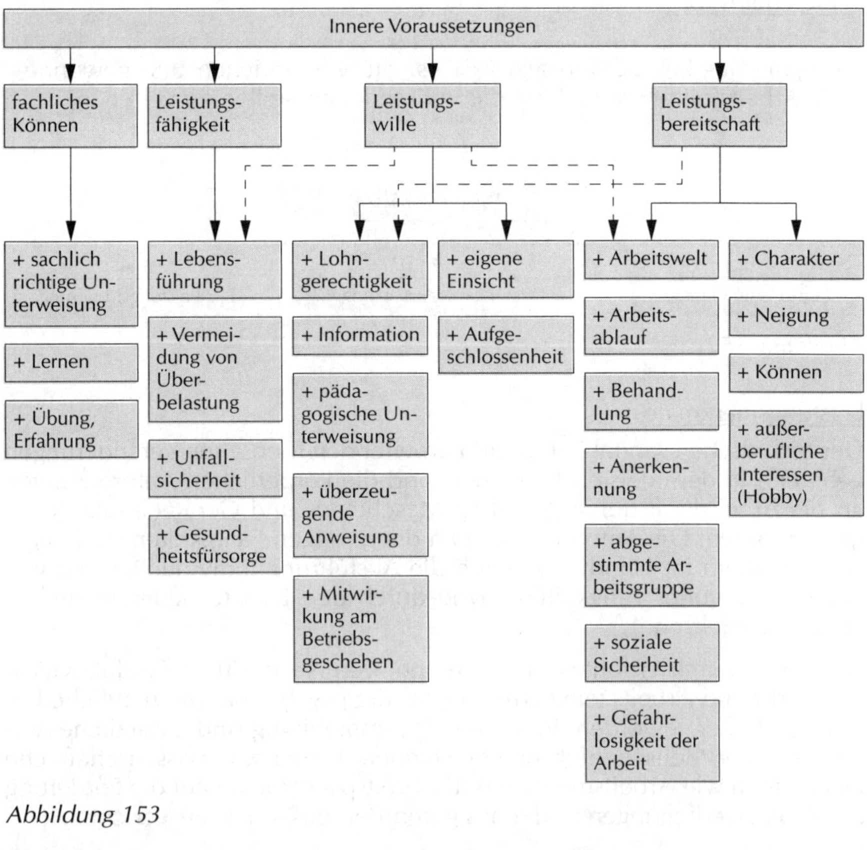

Abbildung 153

Wie die vorige Abbildung zeigt, hängt die Arbeitsleistung in erster Linie vom fachlichen Können, der Leistungsfähigkeit, dem Leistungswillen und der Leistungsbereitschaft ab.

Unter **Leistungsfähigkeit** versteht man in diesem Sinne die durch die körperliche Verfassung und vorhandene Fertigkeiten bestimmte mögliche Höchstleistung. Leistungsfähigkeit

Leistungswille ist der bewusste Beitrag zum Arbeitserfolg. Leistungswille

Leistungsbereitschaft umfasst Faktoren, die vom Gefühl gesteuert werden, und wird vor allem durch Leistungsanerkennung gefördert. Leistungsbereitschaft

Ursachen für mangelnde Leistungsbereitschaft sind:

- Verstimmungen und Verärgerungen
- beginnende Krankheit
- häusliche Sorgen
- finanzielle Notlage usw.

Die wichtigste Aufgabe des Personaleinsatzes ist die Abstimmung aller inneren und äußeren Leistungsvoraussetzungen.

Leistungsförderung

Folgende Faktoren können die Leistung des Mitarbeiters fördern: Faktoren der Leistungsförderung

- leistungsgerechte und marktgerechte Entlohnung
- Schaffung humaner Arbeitsbedingungen
- Sinnfindung und Sinnverwirklichung in der betrieblichen Arbeit
- Identifikation mit den Arbeitsinhalten
- Identifikation mit dem Betrieb
- Leistungsanerkennung durch den Vorgesetzten bzw. Betriebsinhaber.

Personalerhaltung

Die Personalerhaltung beinhaltet alle Maßnahmen, die notwendig sind, das vorhandene Personal an den Betrieb zu binden.

Mögliche Maßnahmen sind: Maßnahmen

- markt- und leistungsgerechte Entlohnung der Mitarbeiter
- Schaffung eines angenehmen Betriebs- und Arbeitsklimas
- Möglichkeiten der Selbstentfaltung der Mitarbeiter
- Zugeständnis von größtmöglicher Selbstständigkeit der Mitarbeiter
- Einbindung der Mitarbeiter in betriebliche Entscheidungsprozesse usw.

Die Personalerhaltung ist für den Handwerksbetrieb von großer Bedeutung, um einerseits Kosten für die Neubesetzung von Arbeitsstellen und Einarbeitung zu vermeiden und andererseits ein gutes Betriebsklima zu erhalten.

Mitarbeiterbefragung

Ein Mittel, die Meinung der Mitarbeiter zu wichtigen Themen kennen zu lernen, ist die Mitarbeiterbefragung. Diese wird in der Regel anonym durchgeführt. Von großer Bedeutung ist die Ableitung und Umsetzung gezielter Maßnahmen auf Basis der Befragungsergebnisse.

Ziel ist es, die Arbeitszufriedenheit der Mitarbeiter zu analysieren und Schwachstellen aufzudecken.

2.4.1.4 Personalentwicklung

Unter Personalentwicklung versteht man die Maßnahmen, die auf die Entwicklung und die Verbesserung der Leistungsbereitschaft und Leistungsfähigkeit förderungswilliger und förderungswürdiger Mitarbeiter des Handwerksbetriebes abzielen.

Inhalte

Inhalte der Personalentwicklung im Handwerksbetrieb können sein:
- Vermittlung und Weiterentwicklung von fachlichem Wissen und Können, Bereitschaft zur lebenslangen Weiterbildung
- Informationsvermittlung zur internen Organisation des Handwerksbetriebes und seiner Einbettung in die Arbeitsumwelt
- Veränderungen im Verhalten des Mitarbeiters hinsichtlich seiner Einstellung und Motivation
- Veränderungen im Verhalten des Mitarbeiters hinsichtlich des zwischenmenschlichen Kontaktes innerhalb des Betriebes und in dessen Umfeld.

Arten

Arten der Personalentwicklung sind:
- Berufsausbildung im dualen Berufsausbildungssystem
- berufsbegleitende Fortbildung
- berufsverändernde Fortbildung.

Maßnahmen der Personalentwicklung können sein:

Coaching

- Coaching
  Beim Coaching werden dem Mitarbeiter Hilfestellungen zur besseren Bewältigung der täglichen Aufgaben und ggf. zum beruflichen Aufstieg durch einen Coach gegeben. Als Coach fungiert häufig der Vorgesetzte des Mitarbeiters. Er nimmt eine Betreuungs-, Beratungs-, Trainings- und Anleitungsfunktion ein.

Mentoring

- Mentoring
  Eine erfahrene Führungskraft des Handwerksbetriebes übernimmt als Mentor die Einarbeitung und Unterstützung eines neuen Mitarbeiters. Häufig ist Mentoring eine besondere Form der Nachwuchsförderung.

Laufbahnplanung

- Laufbahn- und Karriereplanung
  Der Mitarbeiter absolviert bei Einsatz dieser Maßnahme einen Laufbahnplan. Meist wird die Laufbahn- und Karriereplanung für den Führungsnachwuchs eingesetzt. Sie fördert den Leistungswillen des Mitarbeiters und bindet ihn an das Unternehmen.

Bedeutung

Personalentwicklungsmaßnahmen haben auch im Bereich des Handwerks einen hohen Stellenwert.
Besonders im Hinblick auf den hohen Fachkräftebedarf im Handwerk haben Personalentwicklungsmaßnahmen ebenso große Bedeutung wie die Entwicklung individueller Karrierepläne, die den Mitarbeitern Perspektiven und Entwicklungsmöglichkeiten aufzeigen.
(Siehe auch Abschnitt 6.1.1.4 „Gruppengestaltung und -führung in einem handwerksangemessenen Konzept der Organisationentwicklung“ in Band 3.)

Ziel ist es, die Attraktivität des Betriebes für den Mitarbeiter deutlich zu machen und zu erhalten.

Ziel

2.4.2 Personalverwaltung

Unter Personalverwaltung ist die Zusammenfassung aller administrativen Maßnahmen in Bezug auf das Personal des Handwerksbetriebes zu verstehen.

Aufgabengebiete

Wichtige Aufgabengebiete im Bereich der Personalverwaltung sind:

- Führung der Personalakten
- Führung von Personalstatistiken
  - Stundenstatistiken
  - Leistungsstatistiken
  - Lohn- und Gehaltsstatistiken
  - Beschäftigungsstatistik
  - Fehlzeitenstatistik
  - Fluktuationsstatistik (Zu- und Abgangsstatistik)
- Anwendung der Regelungen des Sozialrechts- und des Arbeitsrechts
- Anwendung der Regelungen von Betriebsvereinbarungen
- Bearbeitung von Mitarbeiteranträgen
- Abwicklung von Lohn- und Gehaltszahlungen
- Kontrollmaßnahmen im Personalbereich.

2.4.2.1 Personalaktenführung

Die Personalakte enthält Informationen verschiedener Art über den Arbeitnehmer. Sie wird heute oftmals durch eine innerhalb des Personalinformationssystems geführte Datenbank ersetzt.

Personaldatenbank

Inhalte

Wichtige Inhalte der Personalakte sind:

- Bewerbungsschreiben
- Personalbogen
- Zeugnisse von allgemein bildenden Schulen
- Zeugnisse von berufsbildenden Schulen
- Arbeitszeugnisse
- Arbeitsvertrag
- Mitteilungen über Versetzungen und Beförderungen
- Gehaltsentwicklung
- Beurteilungen
- Fehlzeiten (Krankheit, Urlaub)
- Meldungen über Änderungen im persönlichen Bereich.

Der Inhalt der Personalakte ist so zu gestalten, dass ein möglichst objektives Bild über die Person und die Leistungen des Mitarbeiters besteht.
Nach dem Betriebsverfassungsgesetz hat der Arbeitnehmer das Recht, Einblick in die Personalakte zu nehmen.

Recht auf Einblick

Datenschutz

Bei der Personalaktenführung sind im Besonderen die Bestimmungen des Bundesdatenschutzgesetzes (BDSG) zu beachten. Dieses erlaubt die Speicherung und ggf. auch Übertragung personenbezogener Daten des Arbeitnehmers im Rahmen der Zweckbestimmung des Arbeitsverhältnisses, so lange schutzwürdige Belange des Betroffenen nicht beeinträchtigt werden.

2.4.2.2 Zeugniserteilung

Arbeitszeugnis

Das Arbeitszeugnis ist eine dem Arbeitnehmer in der Regel nach Beendigung des Arbeitsverhältnisses auszustellende Urkunde.

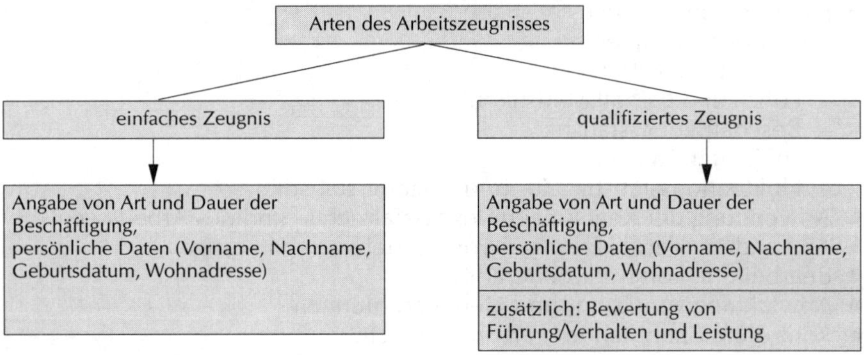

Abbildung 154

Der Arbeitnehmer hat beim qualifizierten Zeugnis einen Anspruch auf wohlwollende, aber den Tatsachen entsprechende, Beurteilung seiner Leistungen.
Die Formulierungen in Arbeitszeugnissen sind nicht immer ganz einheitlich. Überwiegend kann man jedoch von der folgenden Skala in der betrieblichen Praxis ausgehen:

Formulierungsbeispiele

Beispiele für Formulierungen zur Leistung eines Mitarbeiters:

„erfüllte die übertragenen Aufgaben stets zu unserer vollsten Zufriedenheit“	sehr gute Leistungen
„erfüllte die übertragenen Aufgaben stets zu unserer vollen Zufriedenheit“	gute Leistungen
„erfüllte die übertragenen Aufgaben zu unserer vollen Zufriedenheit“	durchschnittliche Leistungen
„erfüllte die übertragenen Aufgaben zu unserer Zufriedenheit“	unterdurchschnittliche, noch ausreichende Leistungen
„erfüllte die übertragenen Aufgaben insgesamt zu unserer Zufriedenheit“	mangelhafte Leistungen
„hat sich bemüht, die übertragenen Aufgaben zu erfüllen“	unzureichende Leistungen

(Siehe auch Abschnitt 2.3.2.2 in diesem Band und Abschnitt 3.3.4.7 „Arbeitspapiere – Arbeitszeugnis – Ausgleichsquittung“ in Band 2.)

2.4.2.3 Lohn- und Gehaltsabrechnung

Aufgabe

Die Lohnabrechnung hat zum einen die umfassende Aufgabe, die Arbeitsentgelte sowie die gesetzlichen, tariflichen und freiwilligen Abzüge aller Arbeitnehmer im Betrieb zu erfassen, zu berechnen bzw. abzurechnen sowie deren sachgerechte Verbuchung zu ermöglichen. Zum anderen sind die Lohn- und Gehaltsansprüche für jeden Arbeitnehmer in einem Zeitraum (in der Regel 1 Monat) brutto und netto festzustellen.

Die insgesamt für alle Arbeitnehmer zu ermittelnden Bruttolöhne, die Lohnsteuer, Gesamtsozialversicherungsbeiträge sowie die tariflichen und freiwilligen Abzüge sind die Grundlage für Lohnsteuerbescheinigungen, Lohnsteueranmeldung und -abführung, für Anmeldung und Abführung der Beiträge zur Kranken-, Pflege-, Renten- und Arbeitslosenversicherung, für Nachweise und Bezahlung der Berufsgenossenschaftsbeiträge, Bezahlung von Beträgen im Rahmen von vermögenswirksamen Leistungen, Lohnpfändungen usw.
Seit dem 1. Januar 2005 sind Lohnsteueranmeldungen auf elektronischem Weg an die Finanzämter zu übermitteln. Zur Vermeidung von Härtefällen darf das zuständige Finanzamt auf Antrag die Voranmeldung in der herkömmlichen Form zulassen.

Abrechnungstechniken

Die Lohnabrechnung erfolgt in der Regel in organisatorischer Verbindung mit der Buchführung; es ist für jeden Arbeitnehmer ein Lohn- bzw. Gehaltskonto zu führen.
Techniken der Lohnabrechnung sind:
- Durchschreibeverfahren
- EDV-gestützte Abrechnungssysteme.

Die verschiedenen Techniken sollten vor allem für den Arbeitnehmer wichtige Informationen wie Lohn- bzw. Gehaltshöhe und Zusammensetzung der Abzüge ermöglichen.

Lohnkonto

Das für jeden Arbeitnehmer zu führende Lohnkonto beinhaltet persönliche Stammdaten des Arbeitnehmers, die sich in der Regel wenig verändern, und Bewegungsdaten, die für die einzelne Lohnabrechnung des Arbeitnehmers die entscheidende Grundlage bilden.

Personalstammdaten

Personalstammdaten sind:
- Personalnummer
- Name
- Vorname
- Geburtsdatum
- Anschrift
- Familienstand
- Religionsbekenntnis
- Funktion im Betrieb
- beschäftigt seit
- Aussteller der Lohnsteuerkarte und deren Nummer
- Finanzamt
- Steuerklasse
- Lohnsteuerfreibetrag lt. Lohnsteuerkarte
- Krankenkasse

- Stundenlohn oder Monatsgehalt
- Überstundenzulage in %
- Feiertagszulage in %
- zusätzliches Urlaubsgeld und/oder Weihnachtsgeld.

Abrechnungsunterlagen

Wichtige Unterlagen

Wichtige Unterlagen für die Lohnabrechnung sind:

- Tagesarbeitszettel
- Wochenarbeitszettel
- Laufkarten
- Lohn- und Akkordscheine
- Arbeitszeitkarten
- Zeiterfassung per EDV usw.

Lohn- und Gehaltsabrechnung

Schema für Lohn- und Gehaltsabrechnung

Das nachfolgende einfache Schema zeigt beispielhaft wichtige Positionen und die Vorgehensweise bei der Lohn- und Gehaltsabrechnung für den einzelnen Arbeitnehmer.

Name Personalnummer
Zeitraum (z. B. Monat)
Steuer- und sozialversicherungspflichtige Bezüge: Monatliches Entgelt (Gehalt/Lohn) + Zuschläge + Zulagen + Überstundenvergütung + Vermögenswirksame Leistungen/Arbeitgeber + Urlaubsgeld/Weihnachtsgeld + Sonstige steuer- und sozialversicherungspflichtige Bezüge
= Zwischensumme + Sachbezüge
= Bruttobezüge insgesamt ./. Abzüge: Lohnsteuer[1)] Kirchensteuer[1)] Solidaritätszuschlag[1)] Arbeitnehmeranteile zur: Krankenversicherung[2)] Pflegeversicherung[2)] Rentenversicherung[2)] Arbeitslosenversicherung[2)] Vermögenswirksame Leistungen (Arbeitnehmeranteil)
= Nettogehalt + Steuerfreie Bezüge ./. Persönliche Abzüge (z. B. Gewerkschaftsbeitrag, Lohnpfändungsbetrag) ./. vermögenswirksame Anlagen
= Auszuzahlender Betrag

Erläuterung: [1]) = Ansatz erfolgt auf der Basis der Steuertabelle; vor Anwendung der Tabelle ist ein ggfs. in der Lohnsteuerkarte eingetragener Lohnsteuerfreibetrag von den Bruttobezügen abzuziehen.
[2]) = Ansatz ergibt sich unter Anwendung der Beitragstabelle.

Zahlungsmodalitäten

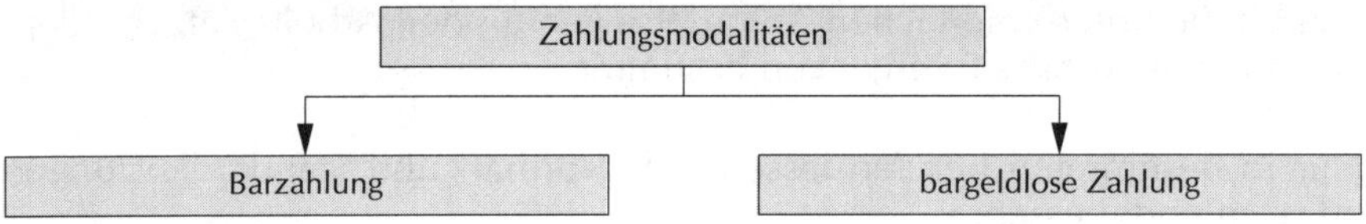

Abbildung 155

In der Regel erfolgt die Auszahlung im Rahmen der bargeldlosen Zahlung. Bargeldlose Zahlung

Zahlungsrhythmus

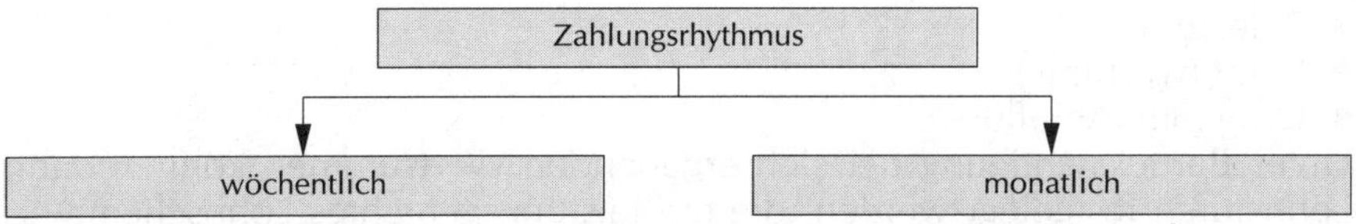

Abbildung 156

Bei Angestellten ist die monatliche Gehaltsabrechnung/-zahlung üblich. Bei den übrigen Arbeitnehmern war es früher üblich, die Lohnabrechnung und -zahlung wöchentlich vorzunehmen; im Interesse der Vereinfachung führen die meisten Handwerksbetriebe nur noch monatliche Lohnabrechnungen und -zahlungen durch. Monatliche Abrechnung und Zahlung

2.4.3 Entlohnung

Der Begriff Entlohnung oder Arbeitsentgelt fasst alle aus nichtselbstständiger Arbeit erzielten Einkünfte zusammen. Grundlage für die Entlohnung ist der Arbeits- oder Dienstvertrag. Arbeitsentgelt

2.4.3.1 Zeiterfassung

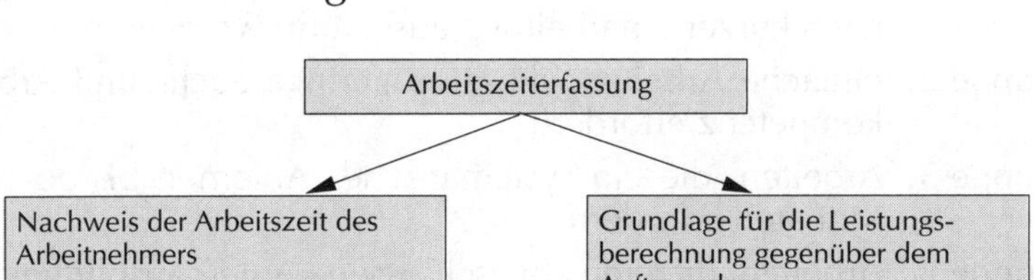

Abbildung 157

Methoden

Die Zeiterfassung kann im Handwerksbetrieb u.a. erfolgen mittels:
- Schätzung aufgrund von Erfahrungswerten
- manueller Erfassung durch Arbeitszettel
- EDV-unterstützter Zeiterfassung durch moderne Zeiterfassungssysteme.

2.4.3.2 Arbeitsbewertung

Anforderungsanalyse

Die Arbeitsbewertung ermittelt die Schwierigkeit der Arbeit. Diese wird durch die unterschiedlichen Anforderungen an den Arbeitsplätzen oder bei einzelnen Arbeitsvorgängen bestimmt.

Vorgehen

Nur in bestimmten Berufen lassen sich Normal- und Standardleistungen erfassen und messen.
In Berufen, in denen dies nicht möglich ist, spielt die Arbeitsbewertung eine große Rolle.
Mit Hilfe eines Punkteschemas wird hierbei ausgehend von einem Tariflohn (Ecklohn) unter anderem Folgendes bewertet und gewichtet:
- Arbeitsanforderungen
- Arbeitsschwierigkeiten
- fachliches Können
- Belastung
- Verantwortung
- Umgebungseinflüsse.

Lohnstufen

Unter Berücksichtigung der sich ergebenden Wertsummen können dann Lohnstufen festgelegt werden, die ein leistungsgerechtes Lohnschema ergeben.
Der Gewichtung der verschiedenen Faktoren kommt hierbei besondere Bedeutung zu.
In kleineren Handwerksbetrieben richtet sich die Lohnhöhe häufig nach der Ausbildung sowie den allgemeinen und besonderen Berufserfahrungen und Leistungen des Mitarbeiters. Die Entlohnung wird dabei nach der Zeiteinheit, meist in Stunden, festgelegt.

Marktgerechte Entlohnung

Um die Fluktuation (Betriebswechsel der Arbeitskräfte) in einem Betrieb möglichst gering zu halten, ist es von Bedeutung, Vergleiche anzustellen, wie dieselbe Stelle oder Art der Tätigkeit in anderen Betrieben entlohnt wird (marktgerechte Entlohnung).

2.4.3.3 Lohn- und Gehaltsgefüge

Lohnschema

Nachfolgendes Schema zeigt beispielhaft eine Möglichkeit der groben Einordnung von Tätigkeiten in ein Lohnschema:

Lohngruppen

Lohngruppe 1: einfachste Tätigkeiten, können ohne jegliche Ausbildung nach kurzer Einarbeitung ausgeführt werden

Lohngruppe 2: einfache Arbeiten, die eine geringe Sach- und Arbeitskompetenz erfordern

Lohngruppe 3: Arbeiten, die ein systematisches Anlernen bis zu sechs Monaten erfordern

Lohngruppe 4: Arbeiten, die eine abgeschlossene Anlernausbildung verlangen

Lohngruppe 5: Arbeiten, die eine abgeschlossene Berufsausbildung verlangen

Lohngruppe 6: Arbeiten, die eine abgeschlossene Berufsausbildung und besondere Fertigkeiten oder langjährige Erfahrung erfordern

Lohngruppe 7: Besonders schwierige und hochwertige Facharbeiten, die über die Ausbildung hinaus hohe Anforderungen an Selbstständigkeit und Verantwortungsbewusstsein stellen

Lohngruppe 8: Hochwertigste Facharbeiten, die meisterliches Können erfordern.

2.4.3.4 Lohnformen

Folgende Anforderungen sind an ein Lohnsystem zu stellen:
- Lohngerechtigkeit
- Vorteilhaftigkeit für das Unternehmen
- Angemessenheit hinsichtlich der Besonderheiten der einzelbetrieblichen Leistung und Fertigung (Art der Fertigung, Arbeitsablauf usw.).

Arbeits- und Leistungsbewertung

Voraussetzung hierfür ist eine zweckentsprechende Arbeits- und Leistungsbewertung.

Nachfolgende Abbildung zeigt die wichtigsten Lohnformen im Überblick:

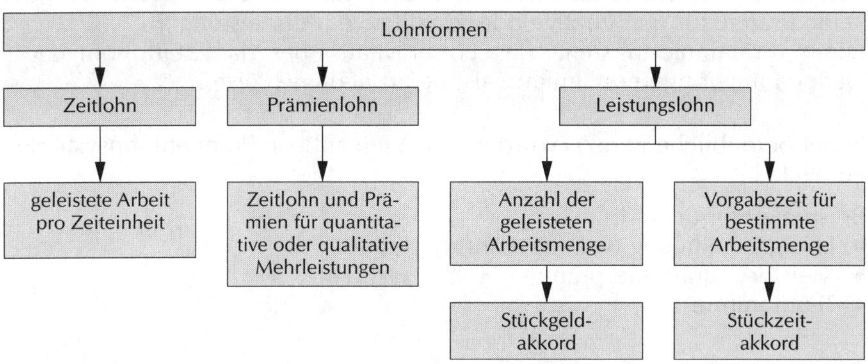

Abbildung 158

Zeitlohn

Der Zeitlohn geht von der Dauer der Arbeitszeit ohne Rücksicht auf die dabei geleistete Arbeit aus.

Vorteile

Vorteile des Zeitlohns:
- sorgfältige Arbeitsausführung
- Einfachheit der Lohnberechnung und -verrechnung.

Nachteile

Nachteile des Zeitlohns:
- geringere Produktivität
- höhere Stückkosten
- fehlender Anreiz zu größerer Arbeitsleistung
- strengere Überwachung der Arbeitskräfte erforderlich.

Leistungslohn

Der Leistungslohn bezieht sich auf die Anzahl der geleisteten Arbeitsmenge (Stückgeldakkord) oder auf eine bestimmte, durch Zeitstudien ermittelte Vorgabezeit für eine bestimmte Arbeitsmenge, in welcher die Arbeit verrichtet sein muss (Stückzeitakkord).

Der Lohnbetrag je Leistungseinheit bleibt in der Regel gleich, weshalb der Lohn im gleichen Umfang steigt.

Vorteile

Vorteile des Leistungslohns sind:
- höhere Produktivität
- geringere Stückkosten
- Anreiz zu größerer Arbeitsleistung
- geringere Überwachung erforderlich.

Nachteile

Nachteile des Leistungslohns sind:
- oftmals weniger sorgfältige Arbeitsausführung
- schwierigere Lohnberechnung und -verrechnung.

Prämienlohn

Der Prämienlohn nimmt eine Mittelstellung zwischen Zeitlohn und Leistungslohn ein. Zusätzlich zum Zeitlohn erhält der Arbeitnehmer eine Prämie für quantitative oder qualitative Mehrleistungen.
Beim Prämienlohn steigt das Lohnniveau über das Zeitlohnniveau, jedoch in geringerem Umfang als die zusätzliche Leistung.

In der betrieblichen Praxis wurden eine Vielzahl von Prämienlohnsystemen entwickelt.

Beispiele hierfür sind:
- Erfolgsbeteiligung (v. a. für Führungskräfte)
- Meister-/Vorarbeiterprämie
- Teamprämie

2.4.4 Mitarbeiterführung

Kompetenz

Unter Mitarbeiterführung versteht man im Allgemeinen die psychologische und soziale Kompetenz einer Person im Umgang mit Menschen.

2.4.4.1 Grundlagen einer aufgabenbezogenen Menschenführung

Voraussetzungen für eine Führungskraft

Die Eignung eines Menschen zur Führungskraft hängt von seinen persönlichen Voraussetzungen und Anlagen ab. Notwendige Voraussetzungen zur Eignung als Führungskraft sind:
- Selbstdisziplin
- Autorität als Person
- Vertrauen
- Überzeugungskraft

- Kontaktfähigkeit
- Entscheidungskraft
- Fähigkeit der Unterdrückung impulsiver Launen und Stimmungen
- Fähigkeit, Sorgen und Nöte von Mitarbeitern anzuhören und brauchbare Ratschläge zu geben.

Wichtig ist, dass die Führungskraft klare Weisungen innerhalb der Zuständigkeitsbereiche trifft.

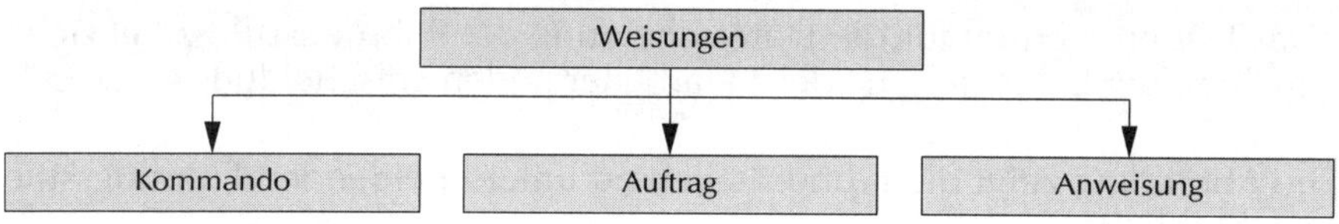

Abbildung 159

Kommando

- Kommando
  - knappste Art der Weisung
  - ohne Begründung und Höflichkeitsform
  - mit erhobener Stimme

Auftrag

- Auftrag
  - Gegenstück zum Kommando
  - wird mit Begründung und Höflichkeitsform erteilt
  - der Beauftragte übernimmt für die Erledigung des Auftrages Verantwortung und entwickelt Eigeninitiative
  - der Mitarbeiter wird vom Objekt zum denkenden Subjekt
  - häufigste Form der Weisung

Anweisung

- Anweisung
  - Mittelweg zwischen Kommando und Auftrag.

Der Einsatz der aufgezeigten Möglichkeiten hängt von verschiedenen Faktoren ab:

Einsatzmöglichkeiten

- Art der zu verrichtenden Tätigkeit, bei Richtarbeiten eines Hauses zum Beispiel ist das Kommando unerlässlich
- Ton, in dem die jeweilige Weisung erteilt wird
- Zeitpunkt der Erteilung der Weisung
- Mentalität des Menschen, der angewiesen wird.

Zusammenfassend kann festgehalten werden, dass der Auftrag die geeignetste Form der Weisung darstellt, im Handwerk situationsgebunden aber dennoch Anweisung oder Kommando zum Einsatz kommen können.

Menschenführung sollte sich nicht allein von den Eigenschaften des Führenden ableiten. In vielen Fällen beeinflussen sich Führungskraft und Mitarbeiter – abhängig von der jeweiligen Situation – gegenseitig.

2.4.4.2 Führungsstile und Führungsmittel

Der Führungsstil bezeichnet die Art und Weise des Umgangs von Vorgesetzten mit Mitarbeitern.

Führungsstile

Kriterien

Das Hauptkriterium für die Unterscheidung der Führungsstile zeigt sich im Grad der Einbeziehung der Mitarbeiter in den Entscheidungsprozess.

Die Abbildung zeigt die grundsätzlich zu unterscheidenden Führungsstile im Überblick:

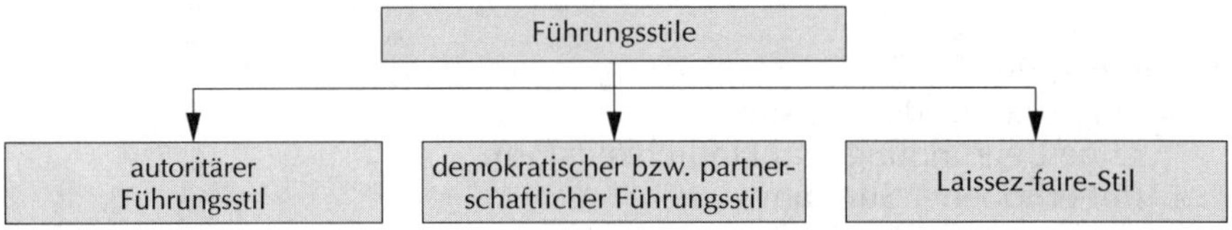

Abbildung 160

Der autoritäre Führungsstil

Vereinfachend kann der autoritäre Führungsstil mit folgenden Merkmalen beschrieben werden:

Grundsätze

- alleinige Anweisungs- und Entscheidungskompetenz des Vorgesetzten
- die Mitarbeiter können die Anweisungen nur akzeptieren und ausführen
- Einsatz der legitimierten Macht des Vorgesetzten
- Kontrolle des Vorgesetzten, ob die Anweisungen ausgeführt sind, ohne Ankündigung
- keine Delegation vom Vorgesetzten an die Mitarbeiter.

Inhalte

Der kooperative bzw. partnerschaftliche Führungsstil

Dieser Führungsstil beinhaltet im Wesentlichen:
- Beteiligung der Mitarbeiter an Entscheidungen
- Verlagerung bestimmter Entscheidungen auf die Mitarbeiter
- Selbstkontrolle des Mitarbeiters statt Fremdkontrolle
- der Vorgesetzte beteiligt sich an den Handlungen der Gruppe
- zeitgerechte Autorität zum Zwecke der gemeinsamen Aufgabenerfüllung.

Der Laissez-faire-Stil (Gewähren lassen)

Merkmale

Wichtige Merkmale des Gleichgültigkeitsstils sind:
- weitgehende Freiheit der Mitarbeiter bei Entscheidungen
- Selbstständigkeit der Mitarbeiter bei der Durchführung von Aufträgen
- Informationen durch den Vorgesetzten nur auf Verlangen der Mitarbeiter.

Der Laissez-faire-Stil spielt in der betrieblichen Praxis eine untergeordnete Rolle.

Bei einer Abwägung der Führungsstile stellt man fest, dass der demokratische bzw. partnerschaftliche Führungsstil den heutigen Verhältnissen und Anforderungen am besten gerecht wird, weil er Eigenverantwortung und Motivation der Mitarbeiter stärkt. Bester Führungsstil

Je nach der Art des Betriebes, nach der Situation und nach den Aufgaben, die zu erfüllen sind, können auch die Elemente einzelner Führungsstile kombiniert und in abgewandelter Form angewendet werden. Kombination

Führungstechniken

Führungstechniken sind umfassende Konzepte, die den Rahmen für Führungstätigkeiten und Verhaltensweisen bilden.

Wichtige Führungstechniken sind:

a) Führung im Ausnahmefall (Management by Exceptions)
Bei dieser Führungstechnik werden nahezu alle im normalen Betriebsablauf anfallenden Entscheidungen von den dafür zuständigen Stellen getroffen. Der Vorgesetzte entscheidet nur im Ausnahmefall.

b) Führung durch Delegation (Management by Delegation)
Dieses Führungskonzept ist gekennzeichnet durch Übertragung weitgehender Entscheidungsfreiheit und Verantwortung an die Mitarbeiter.

c) Führung durch Zielvereinbarung (Management by Objectives)
Bei diesem Führungskonzept werden gemeinsame Zielvereinbarungen zwischen dem Vorgesetzten und dem Mitarbeiter vereinbart. Durch regelmäßige Gespräche wird jeweils der Zielerreichungsgrad überprüft.

Grundregeln der Mitarbeiterbehandlung

Nachfolgende Abbildung zeigt die von einer internationalen Forschungsgruppe aufgestellten Grundregeln zur Behandlung von Mitarbeitern: Grundregeln

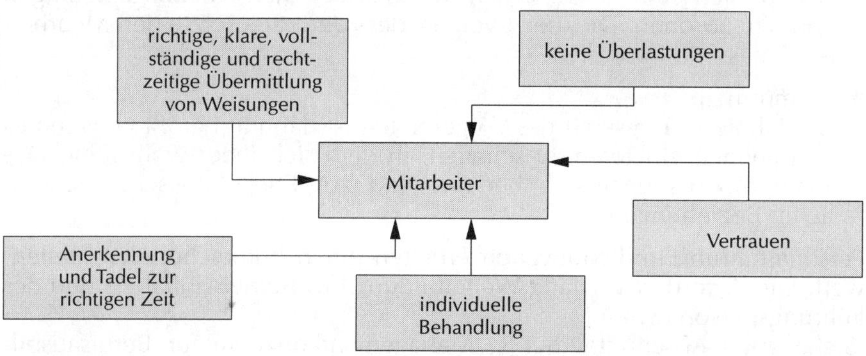

Abbildung 161

Grundsätze der Menschenführung

Grundsätze

Verschiedene internationale Gremien und Wissenschaftler haben Grundsätze der Menschenführung aufgestellt. Nachfolgende Aufzählung stellt die wichtigsten kurz dar:

- Menschliche Behandlung
  Jede Führungskraft sollte die Achtung und den Glauben an den Mitmenschen nicht verlieren, den Mitarbeiter auch als Mensch akzeptieren und nicht nur als Produktionsfaktor betrachten.
- Persönlichkeit des Chefs
  Die Persönlichkeit des Chefs hängt von dessen menschlichen und fachlichen Eigenschaften ab, wobei im Verhältnis zu den Mitarbeitern die menschliche Seite im Vordergrund steht.
- Sachaufgabe – Atmosphäre
  Der Blick des Vorgesetzten richtet sich nach der Sachaufgabe aus, der Mitarbeiter dagegen erlebt vorrangig die Atmosphäre, in der er arbeitet.
- Geben und Nehmen
  Die Anstrengung bringt dem Menschen dann echte Befriedigung, wenn es sich um ein erstrebenswertes Ziel handelt. Will man von anderen etwas verlangen, so muss man auch bereit sein, ihnen etwas zu geben.
- Der richtige Mann/die richtige Frau muss am richtigen Platz stehen.
  Jede Arbeitskraft soll ihren Fähigkeiten entsprechend eingesetzt werden.
- Selbstständigkeit
  Jeder Mitarbeiter muss einen Bereich selbstständigen Handelns haben, in dem er allein zuständig ist und über den nur er seinem Vorgesetzten Rechenschaft schuldet. Die Selbstständigkeit ist meist Grundlage für Verantwortungsbewusstsein und Initiative.
- Fehlerkritik
  Die Kritik bei Fehlern sollte stets sachlich sein und den Fehler kritisieren, nicht den Menschen.
- Disziplin durch Information
  Diszipliniert sein heißt, sich in die betrieblichen Abläufe einzufügen und einzuordnen. Dies setzt voraus, dass der Vorgesetzte den Mitarbeiter umfassend informiert.
- Teamprinzip
  Die Überzeugungskraft des Vorgesetzten ist dann am größten, wenn es ihm gelingt, ein Team zu schaffen, in dem sich jeder wohl fühlt. Das Teamprinzip eignet sich hervorragend zur Pflege zwischenmenschlicher Beziehungen.

Personalführung und Motivation erhalten einen immer höheren Stellenwert. Dies erfordert verstärkt Weiterbildung des Betriebsinhabers und des Führungspersonals.
(Siehe auch Abschnitt 2.5.4.5 „Managementkonzepte für Berufsausbildung und Menschenführung“ und Abschnitt 2.5.5 „Einsatz und Gestaltung von Führungsmitteln“ in Band 3.)

Maßnahmen zur Konfliktlösung

Bei der Lösung menschlicher Schwierigkeiten kann man folgende Wege gehen:

Lösung menschlicher Schwierigkeiten

Die Aussprache

Eine gegenseitige Aussprache ist die richtige Ebene für die Beseitigung von Schwierigkeiten.

Dabei ist Folgendes zu beachten:

Regeln

- Wahl des richtigen und günstigen Zeitpunkts
- Wahl der angemessenen räumlichen Umgebung (zum Beispiel nicht „zwischen Tür und Angel")
- die Aussprache sollte nach Möglichkeit unter vier Augen stattfinden
- der Vorgesetzte sollte Bereitschaft zum Zuhören zeigen
- während der Aussprache sollten keine Nebenbeschäftigungen durchgeführt werden (zum Beispiel Unterschreiben der Post).

Der Erfolg der Aussprache hängt wesentlich davon ab, dass man dem Mitarbeiter gegenüber freundlich auftritt und ihm die Befangenheit nimmt.

Die 5-Stufen-Methode zur Beseitigung menschlicher Schwierigkeiten

Die folgende Abbildung zeigt eine zweckmäßige Vorgehensweise zur Beseitigung zwischenmenschlicher Schwierigkeiten:

Methoden der Konfliktlösung

5-Stufen-Methode

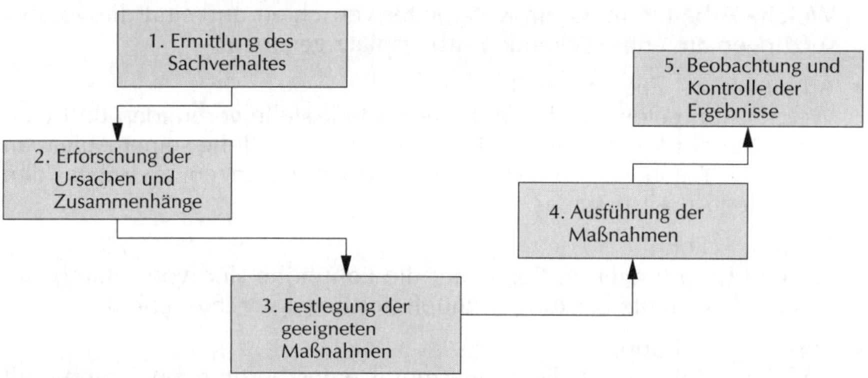

Abbildung 162

(Siehe auch Abschnitte 6.3.1 „Konfliktbegriff" bis 6.3.8 „Ablauf von Konflikt- und Schlichtungsgesprächen" in Band 3.)

2.4.4.3 Betriebsklima

Unter Betriebsklima versteht man, vereinfacht ausgedrückt, das zwischenmenschliche Verhältnis der Mitarbeiter untereinander und zu dem jeweiligen Vorgesetzen. In diesem Zusammenhang spricht man heute häufig von „Human Relations".

Qualität des betrieblichen Zusammenlebens

Zentrale Frage

Die zentrale Frage bei jeder Maßnahme zur Verbesserung des Betriebsklimas stellt sich wie folgt:
Wie kann es gelingen, bei den einzelnen Mitarbeitern innerhalb des Betriebes
- ein Zusammengehörigkeitsgefühl
- einen kollegialen Stil
- die bestmögliche Leistung
- Vertrauen und Verantwortungsgefühl

zu erreichen?

Förderung des Betriebsklimas

Nachstehend werden einige Faktoren aufgeführt, die geeignet sind, das Betriebsklima zu beeinflussen und die für den Betriebsinhaber Leitfaden sein können, das Betriebsklima zu verbessern:

- Eignung – Anforderung
  Welche Anforderungen werden an den einzelnen Mitarbeiter an dem entsprechenden Arbeitsplatz gestellt und wie geeignet ist der Mitarbeiter, um diese Anforderungen zu erfüllen?
- Mitarbeiter – Vorgesetzter
  Was erwartet ein Mitarbeiter in Bezug auf Führungsstil von seinem Vorgesetzten und in welcher Weise entspricht der Vorgesetzte diesen Erwartungen?
  Was erwartet der Vorgesetzte von seinem Mitarbeiter und wie verhält sich dieser ihm gegenüber?
- Arbeit – Arbeitsplatz
  Welche Arbeiten muss ein Mitarbeiter verrichten und sind die Voraussetzungen am entsprechenden Arbeitsplatz gegeben?
- Arbeitsplatz – Zuständigkeit
  Welche Kompetenzen sind mit einer Arbeitsstelle verbunden und welche sollte ein Mitarbeiter zur bestmöglichen Erfüllung seiner Aufgaben besitzen? Ergeben sich Kompetenzüberschneidungen zwischen den einzelnen Arbeitsplätzen?
- Leistung – Lohn
  Welche Erwartungen in Bezug auf die Lohnhöhe sind vom Mitarbeiter an eine bestimmte Leistung geknüpft (leistungsgerechter Lohn)?
- Einzelner – Gruppe
  Welchen Einfluss hat die Arbeitsmoral einer bestimmten Gruppe auf den Einzelnen und umgekehrt?
- Mitarbeiter – Autorität
  Welche Autorität besitzt ein Vorgesetzter bei den Mitarbeitern und welche sollte er besitzen?
- Gruppe – Gruppenführer
  Wird zum Beispiel der Ausbildungsleiter, also die von der Geschäftsleitung als Gruppenführer eingesetzte Person, auch von der Gruppe der Auszubildenden als Führungsperson angenommen?
- Kreativität – Freiheitsspielraum
  Ist der Freiheitsspielraum so groß, dass der Mitarbeiter eigene schöpferische Gedanken zum Nutzen des Betriebes entwickeln kann? Dieser Bereich ist heute sehr wichtig, weil bei vielen Mitarbeitern die Möglichkeiten zur Selbstverwirklichung die Bindung an den Betrieb fördern.

2.4.4.4 Betriebliches Sozialwesen

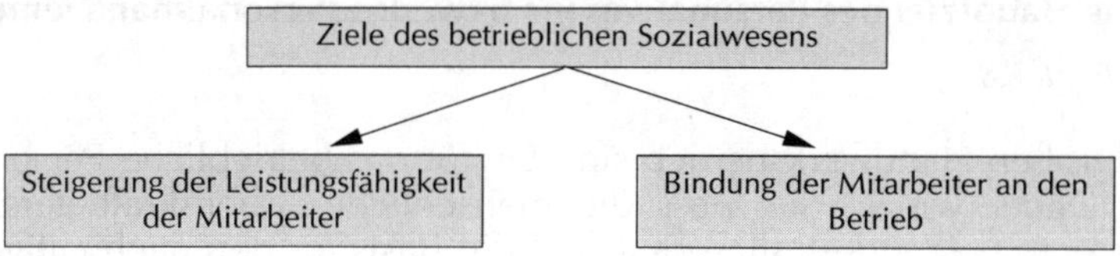

Abbildung 163

<u>Betriebliche Sozialleistungen</u>

Bedeutung

Umfang und Höhe der betrieblichen Sozialleistungen beeinflussen das Leistungsverhalten der Arbeitnehmer, das Betriebsklima, den Betriebswechsel und die Stellung des Betriebes am Arbeitsmarkt.

Arten

Als wichtigste betriebliche Sozialleistungen sind zu nennen:
- Essenszuschüsse
- Arbeitskleidung
- Beschaffung oder Vermietung preisgünstiger Wohnungen
- betriebliche Altersversorgung
- Fahrtkostenersatz
- Weihnachtsgeld
- Urlaubsgeld
- Gratifikationen
- Weiterbildungsangebote
- Betriebsfeiern
- Zuwendungen für bestimmte Anlässe (zum Beispiel Jubiläumsgeschenke).

<u>Arbeitssicherheit, Unfallschutz, Gesundheitsschutz</u>

Positive Wirkungen

Ausreichende Sicherheit und Unfallschutz am Arbeitsplatz wirken positiv auf Arbeitsleistung und Personalkosten.

Unfallverhütung

Eine wichtige Rolle spielen die Unfallverhütungsvorschriften der Berufsgenossenschaften mit folgenden Zielsetzungen:
- Verhütung des Eintritts von Schäden
- Verhütung von Berufskrankheiten.

Berufsgenossenschaften

Die Aufsichtsbeamten der Berufsgenossenschaften haben folgende Aufgaben:
- Aufsicht über die Einhaltung der Unfallverhütungsvorschriften
- Beratung der Betriebe und der Arbeitnehmer, um Unfällen vorzubeugen.

Bezüglich näherer Einzelheiten darf auf den Abschnitt 3.4.7.7 „Unfallverhütung" im Band 2 verwiesen werden.
(Ferner siehe auch Abschnitt 3.3.8 „Arbeitsschutz" in Band 2.)

Übungs- und Prüfungsaufgaben

1. Erläutern Sie das Hauptziel des Personalwesens bzw. des Personalmanagements!

„Siehe Seite 344 des Textteils!"

2. In einem mittelgroßen Handwerksbetrieb sind Sie für das betriebliche Personalwesen zuständig. Daher wissen Sie, dass die menschliche Arbeitskraft gerade im Handwerk eine entscheidende Rolle spielt und die Basis für den nachhaltigen betrieblichen Erfolg bildet.

Aufgabe: Stellen Sie den Produktionsfaktor menschliche Arbeitskraft in seinen verschiedenen notwendigen Verfügbarkeiten für den Handwerksbetrieb dar!

„Siehe Seite 344 des Textteils!"

3. Die Personalplanung hat als zentrale Aufgabe,

☐ a) die Bereitstellung der erforderlichen personellen Kapazitäten zu erreichen.
☐ b) eine Zusammenfassung der Stellenbeschreibungen zu erstellen.
☐ c) Stellenpläne und Stellenbeschreibungen zu entwickeln.
☐ d) die Personalauswahl und den Personaleinsatz zu verbessern.
☐ e) Assessment-Center zur Personalauswahl durchzuführen.

„Siehe Seite 344 des Textteils!"

4. Die Analyse des Personalbedarfs stellt für den Handwerksbetrieb eine wichtige Voraussetzung für eine erfolgreiche Personalversorgung dar. Als Inhaber des Betriebes beschäftigen Sie sich mit diesem Thema und wissen, dass es hierbei sowohl qualitative als auch quantitative Faktoren zu berücksichtigen gilt.

Aufgabe: Erklären Sie kurz den Unterschied zwischen qualitativer und quantitativer Personalbedarfsanalyse und gehen Sie auf jeweils in diesem Zusammenhang für Sie wichtige Einflussfaktoren ein!

„Siehe Seite 344 des Textteils!"

5. Unter einem Stellenplan versteht man

☐ a) eine Zusammenstellung der Aufgabenprofile eines Handwerksbetriebes.
☐ b) eine Zusammenstellung aller im Betrieb bestehenden und geplanten Stellen.
☐ c) eine Zusammenfassung von Stellenbeschreibungen.
☐ d) die Gegenüberstellung von Brutto- und Netto-Personalbedarf.
☐ e) ein betriebliches Personalauswahlverfahren.

„Siehe Seite 346 des Textteils!"

6. Erklären Sie die wichtigsten Inhalte einer Stellenbeschreibung!

„Siehe Seite 346 des Textteils!"

7. Personalbeschaffung und Personalauswahl sind wichtige Erfolgsfaktoren für einen Handwerksbetrieb. Als angestellter Meister in einem größeren Betrieb sind Sie unter anderem für diese Aufgabengebiete zuständig.

Aufgabe: Stellen Sie die wichtigsten Vor- und Nachteile interner und externer Personalbeschaffung für Ihren Betrieb zusammen und erläutern Sie wichtige Gesichtspunkte, die Sie im Rahmen der Personalauswahl bei der Bearbeitung von Bewerbungen beachten.

„Siehe Seite 346 des Textteils!"

8. Bestimmungsfaktoren für den Personaleinsatz sind:
☐ a) Brutto-Personalbedarf und Netto-Personalbedarf
☐ b) Maßnahmen der Personalentwicklung
☐ c) interne und externe Personalbeschaffung
☐ d) Leistungsmerkmale, Leistungsvoraussetzungen und Leistungsförderung
☐ e) Personalaktenführung und Personalverwaltung.

„Siehe Seite 349 des Textteils!"

9. Welche äußeren Faktoren im Betrieb beeinflussen hauptsächlich die Arbeitsleistung?
☐ a) die Höhe des Essenszuschusses an die Arbeitnehmer
☐ b) die Höhe des Urlaubsgeldes an die Arbeitnehmer
☐ c) Dauer und Zeitpunkt des Jahresurlaubs des Arbeitnehmers
☐ d) technische Hilfsmittel, Gestaltung von Arbeitsplatz und -raum
☐ e) Anlagen und Fertigkeiten des Arbeitnehmers.

„Siehe Seite 350 des Textteils!"

10. Welche Maßnahmen bestimmen die Leistungsförderung?

„Siehe Seite 351 des Textteils!"

11. Erklären Sie die Bedeutung der Personalentwicklung für einen Handwerksbetrieb!

„Siehe Seite 352 des Textteils!"

12. Als Inhaber eines Handwerksbetriebes haben Sie sich auch um die Personalaktenführung zu kümmern.

Aufgabe: Stellen Sie die wichtigsten Inhalte einer Personalakte dar!

„Siehe Seite 353 des Textteils!"

13. Als Inhaber eines Handwerksbetriebes müssen Sie leider zur Kenntnis nehmen, dass einer Ihrer besten Mitarbeiter gekündigt hat. Sie stellen diesem Mitarbeiter ein Arbeitszeugnis aus und wollen darin auch seine sehr guten Leistungen der letzten Jahre entsprechend würdigen.

Aufgabe: Stellen Sie dar, wie sich ein einfaches Zeugnis von einem qualifizierten Zeugnis unterscheidet und erläutern Sie eine geeignete und übliche Formulierung, um die sehr guten Leistungen Ihres Mitarbeiters zu würdigen!

„Siehe Seite 354 des Textteils!"

14. Wie können im Handwerksbetrieb durch die Gestaltung des Lohnabrechnungszeitraumes und unter Würdigung der Interessen der Mitarbeiter am besten Kosten eingespart werden?
☐ a) durch tägliche Lohnabrechnung und Lohnzahlung
☐ b) durch wöchentliche Lohnabrechnung und tägliche Abschlagszahlungen
☐ c) durch wöchentliche Lohnabrechnung und Lohnzahlung
☐ d) durch monatliche Lohnabrechnungen und wöchentliche Abschlagszahlungen
☐ e) durch monatliche Lohnabrechnungen und Lohnzahlungen.

„Siehe Seite 355 des Textteils!"

15. Als Inhaber eines Handwerksbetriebes nehmen Sie die Gehaltseinstufungen Ihrer Mitarbeiter selbst vor. In letzter Zeit häufen sich die Beschwerden, dass das Lohn- und Gehaltsgefüge im Betrieb nicht stimme. Deshalb wollen Sie eine Bewertung der im Betrieb anfallenden Tätigkeiten vornehmen und Ihr Lohn- und Gehaltsgefüge überprüfen.

Aufgabe: Erläutern Sie, welche Faktoren Sie bei der Arbeitsbewertung im vorliegenden Fall beachten und an welchem einfachen Lohnschema Sie sich bei Ihrem Vorgehen orientieren können.

„Siehe Seite 358 des Textteils!"

16. Der Leistungslohn

☐ a) bezieht sich auf die geleistete Arbeitsmenge oder Vorgabezeit.
☐ b) bewirkt, dass der Lohnbetrag pro Leistungseinheit stärker steigt als die Arbeitsleistung.
☐ c) bewirkt, dass der Lohnbetrag langsamer steigt als die Arbeitsleistung.
☐ d) beinhaltet die Entlohnung für die geleistete Arbeit je Zeiteinheit.
☐ e) beinhaltet die Gewährung von Leistungszuschlägen zusätzlich zum Zeitlohn.

„Siehe Seite 360 des Textteils!"

17. Der Prämienlohn ist

☐ a) eine Entlohnung auf der Basis der pro Zeiteinheit erbrachten Leistung.
☐ b) ein Lohnsystem, bei dem zusätzlich zum Zeitlohn Prämien gezahlt werden.
☐ c) ein Lohnsystem, das ausschließlich auf geleisteter Arbeitsmenge aufbaut.
☐ d) ein Lohnsystem, das auf einer bestimmten Vorgabezeit für eine Arbeitsmenge aufbaut.
☐ e) ein Lohnsystem, das sich nach der Dauer der Betriebszugehörigkeit richtet.

„Siehe Seite 360 des Textteils!"

18. Welches sind die wichtigsten persönlichen Voraussetzungen eines Menschen hinsichtlich seiner Eignung als Führungskraft?

„Siehe Seite 360 des Textteils!"

19. Als junger Handwerksmeister treten Sie in einen seit vielen Jahren inhabergeführten Handwerksbetrieb ein. Sie stellen fest, dass der autoritäre Führungsstil des Betriebsinhabers vor allem bei den jüngeren Mitarbeitern in den meisten Fällen nicht zu den gewünschten Leistungsergebnissen führt. Sie nehmen sich daher vor, mit Ihrem Chef ein Gespräch über das Thema Führungsstile zu führen.

Aufgabe: Erläutern Sie die wichtigsten Führungsstile und deren Inhalte, die Sie in dem vorgesehenen Gespräch behandeln wollen und beurteilen Sie deren Eignung in zwei selbst gewählten beispielhaften Arbeitssituationen!

„Siehe Seite 362 des Textteils!"

20. Erklären Sie kurz wichtige Führungstechniken, die Sie in Ihrem Handwerksbetrieb anwenden können!

„Siehe Seite 363 des Textteils!"

21. Bei der Lösung menschlicher Schwierigkeiten sollte man

☐ a) eine Aussprache vor allen Mitgliedern der Abteilung oder des Arbeitsteams herbeiführen.

☐ b) die Aussprache nach Möglichkeit unter vier Augen vollziehen.

☐ c) die Aussprache nach Möglichkeit in die Arbeitspause legen.

☐ d) die Aussprache im unteren Bereich der Tagesleistungskurve durchführen.

☐ e) darauf bedacht sein, nichts zu unternehmen, damit sich die Sache von selbst erledigt.

„Siehe Seite 365 des Textteils!"

22. Eine wirksame Methode zur Lösung menschlicher Schwierigkeiten bildet die Konfliktbearbeitung und Konfliktlösung. Da auch Sie innerhalb Ihrer Arbeitsgruppe immer wieder Konflikte verspüren, möchten Sie sich in diesem Bereich um eine besonders strukturierte und geeignete Vorgehensweise zur Beseitigung menschlicher Schwierigkeiten und zur Konfliktlösung bemühen.

Aufgabe: Erklären Sie für den vorliegenden Fall eine zweckmäßige Vorgehensweise!

„Siehe Seite 365 des Textteils!"

23. Erläutern Sie wichtige Faktoren zur Förderung des Betriebsklimas!

„Siehe Seite 366 des Textteils!"

24. Sie sind Inhaber eines mittelgroßen Handwerksbetriebes. Bei der Beobachtung der Personalfluktuation bemerken Sie, dass immer wieder wertvolle Mitarbeiter zu größeren Betrieben gehen. Diese Mitarbeiter nennen mehrfach die besseren Sozialleistungen in größeren Betriebseinheiten als Beweggrund für den Wechsel. Um die Situation zu verbessern, wollen Sie die betrieblichen Sozialleistungen in Ihrem Betrieb untersuchen und ggf. ausbauen.

Aufgabe: Stellen Sie, bevor Sie Entscheidungen treffen, die wichtigsten betrieblichen Sozialleistungen zusammen, die für Ihren Betrieb im vorliegenden Fall in Frage kommen können!

„Siehe Seite 367 des Textteils!"

25. Welchen betrieblichen Zwecken dienen die Unfallverhütungsvorschriften?

„Siehe Seite 367 des Textteils!"

2.5 Finanzierung

2.5.1 Begriff und Aufgaben der Finanzierung

Jeder Betrieb braucht zur Erreichung des geplanten Betriebszwecks Kapital.

Unter Finanzierung versteht man nicht nur die Kapitalbeschaffung und Kapitalrückzahlung, sondern auch neben dem richtigen Einsatz des Kapitals alle sonstigen betrieblichen Dispositionen, die der finanziellen Leistungsbereitschaft eines Betriebes dienen.

Zentrale Aufgabe

Die zentrale Aufgabe der Finanzierung ist, alle benötigten Mittel bereitzustellen und die Liquidität (Zahlungsfähigkeit) eines Unternehmens zu erhalten.

2.5.2 Grundlagen der Investitions-, Finanz- und Liquiditätsplanung

Teilpläne der Unternehmensplanung

Sowohl die Investitionsplanung als auch die Finanz- und Liquiditätsplanung sind wichtige Bestandteile und somit Teilpläne der gesamten strategischen Unternehmensplanung. Sie ergibt sich ihrerseits wieder aus vorgelagerten Teilplänen aus den verschiedenen Betriebsbereichen, vor allem aus Produktions-, Dienstleistungs- und Absatzplänen.

2.5.2.1 Investitionsplanung

Allen Investitionsentscheidungen geht eine entsprechende Investitionsplanung voraus.

Der Investitionsplan beinhaltet die kurz-, mittel- und langfristigen Investitionen in kostenmäßiger Hinsicht für einen bestimmten Zeitraum.

Investitionsrechnung

Grundlage dafür sind zum einen die betrieblichen Erfordernisse und zum anderen die Ergebnisse der Investitionsrechnung, mit deren Hilfe die Vorteilhaftigkeit einer Investition oder mehrerer Alternativen beurteilt wird. Geht man vom Investitionsvolumen einer Periode aus, so ergibt sich die in der nachfolgenden Abbildung dargestellte Gliederung für die Investitionsplanung.

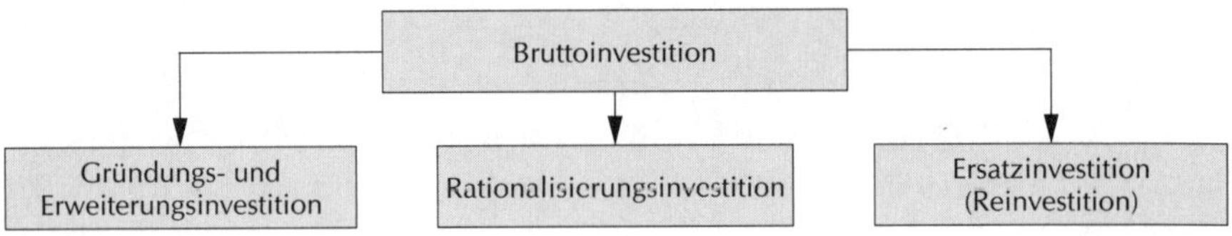

Abbildung 164

Aufgrund dieser Grobeinteilung kann der individuelle Investitionsplan erstellt werden.

Die wichtigsten Positionen eines Investitionsplanes sind je nach den Investitionsanlässen: Positionen

- Beschaffung eines Grundstückes
- Bauliche Investitionen: Neubauten, Umbauten, Erweiterungen, Renovierungen, Einbauten, Installationen
- Maschinen und Werkzeuge
- Betriebs- und Geschäftsausstattung
- Ladeneinrichtung
- Büromöbel, Büromaschinen, Büromaterial
- Hard- und Software für die EDV
- Telekommunikationsmittel
- Kraftfahrzeuge
- Mietvorauszahlung, Mietkaution.

2.5.2.2 Finanz- bzw. Liquiditätsplanung

Der Finanzplan dient vorrangig der Liquiditätsplanung und Erhaltung der Zahlungsbereitschaft eines Unternehmens. Er ist ein wichtiges Teilgebiet der gesamten Unternehmensplanung. Einerseits basiert er auf vorgelagerten betrieblichen Planungsbereichen wie Produktions- und Absatzplänen. Andererseits beeinflusst der Finanzplan die Teilpläne anderer Planungsbereiche. Aufgrund dieser Abhängigkeiten ist der Finanzplan nur im Verbund mit dem Gesamtplanungsprozess durchführbar.

Kurz-, mittel- und langfristige Finanzpläne

Aufgabe

Der Finanzplan hat die Aufgabe, einen reibungslosen Betriebs- und Geschäftsablauf, von der finanziellen Seite her gesehen, zu gewährleisten. Zu diesem Zweck werden alle Einnahmen und Ausgaben geplant. Der Finanzplan beinhaltet zukunftsbezogene Berechnungen.

Planungszeitraum

Der Finanzplan wird für eine bestimmte Zeitspanne (Planungszeitraum) erstellt. Je nach Dauer des Planungszeitraumes unterscheidet man zwischen kurz-, mittel- und langfristigen Finanzplänen:

- kurzfristig = bis zu 1 Jahr
- mittelfristig = 1–5 Jahre
- langfristig = mehr als 5 Jahre.

Für kurzfristige Finanzpläne ist wegen des höheren Sicherheitsgrades der eingearbeiteten Informationen eine Feinplanung möglich. Langfristige Finanzpläne weisen hingegen wegen der bestehenden Unsicherheit in der Regel nur eine Grobstruktur auf.

Folgende Grundsätze sollten, soweit möglich, beachtet werden:

Planungsgrundsätze

- Vollständigkeit
- Termingenauigkeit
- Betragsgenauigkeit.

Vorgehen bei der Aufstellung eines Liquiditätsplanes

Die Liquiditätsplanung besteht aus einer Einnahmen- und Ausgabenplanung für einen bestimmten Zeitraum.

Einnahmenseite

Auf der Einnahmenseite sind, bezogen auf den jeweiligen Planungszeitraum, im Wesentlichen zu berücksichtigen:

- Stand der Zahlungsmittel zu Beginn der Planungsperiode
- Summe der in der Planungsperiode voraussichtlich eingehenden alten und neu entstehenden Forderungen auf der Basis der Umsatzerlöse
- eingehende Wechsel, Schecks und Überweisungen in der Planungsperiode
- Einnahmen aufgrund laufender Leistungs- und Lieferungsverträge in der Planungsperiode
- Zinsen
- Mieten
- Aufnahme von Krediten
- Einlagen aus Privatvermögen
- sonstige Einnahmen.

Ausgabenseite

Auf der Ausgabenseite sind unter anderem im vorgesehenen Planungszeitraum von besonderer Bedeutung:

- Löhne und Gehälter
- Lohnzusatzkosten
- Waren- und Materialeinkauf
- betriebliche Steuern und Abgaben
- Marketing, Vertrieb, Werbung
- Gebühren, Beiträge, Versicherungen
- Fremdleistungen
- Reparaturen
- Energiekosten
- Miete, Pacht
- Zins- und Tilgungsbeträge für Kredite und Darlehen
- Fälligkeit von Wechseln
- Investitionen
- Privatentnahmen.

Auf der Grundlage der obigen Einnahmen- und Ausgabenpositionen lässt sich folgendes vereinfachtes Schema für einen kurzfristigen Liquiditätsplan erstellen:

Liquiditätsplan für die Zeit vom ... bis ...

	Planungszeitraum					
	1. Monat		2. Monat		3. Monat	
	Soll	Ist	Soll	Ist	Soll	Ist
A. Bestand an flüssigen Mitteln + freien Krediten						
= Summe flüssiger Mittel						
B. Einnahmen: 1. Forderungseingänge bzw. Umsatzerlöse 2. Eingehende Wechsel, Schecks, Überweisungen 3. Besondere Einnahmen aus Leistungs- und Lieferverträgen 4. Zinsen 5. Mieten 6. Aufnahme von Krediten 7. Einlagen aus Privatvermögen 8. Sonstige Einnahmen						
= Summe der Einnahmen						
C. Ausgaben: 1. Löhne und Gehälter 2. Lohnzusatzkosten 3. Waren- und Materialeinkauf 4. Betriebliche Steuern und Abgaben 5. Gebühren, Beiträge, Versicherungen 6. Marketing, Vertrieb, Werbung 7. Fremdleistungen 8. Reparaturen 9. Energiekosten 10. Miete, Pacht 11. Zins- und Tilgungsbeträge für Kredite 12. Fälligkeit von Wechseln 13. Investitionen 14. Privatentnahmen						
= Summe der Ausgaben						
D. Ergebnis Flüssige Mittel + Einnahmen ./. Ausgaben						
= Überdeckung (+) Unterdeckung (./.)						

Um bei etwaigen Einnahmeausfällen oder nicht voraussehbaren Mehrausgaben keine Störung im finanziellen Ablauf eintreten zu lassen, sollte in jedem Fall noch eine Liquiditätsreserve (Zahlungsreserve) in Form einer Kreditausschöpfungsmöglichkeit (Kontokorrentkredit) vorhanden sein.

Zahlungsreserve

Soll-Ist-Vergleich

Den im Liquiditätsplan in Ansatz gebrachten Planung-Soll-Zahlen sind am Ende der Planungsperiode die Ist-Zahlen gegenüberzustellen.
Aus den Abweichungen ergeben sich brauchbare Hinweise und Korrekturmöglichkeiten für eine noch größere Genauigkeit künftiger Pläne.
Die Liquiditätsplanung wird vermehrt auch computerunterstützt durchgeführt.

2.5.3 Investitions- und Finanzierungsanlässe im Handwerksbetrieb

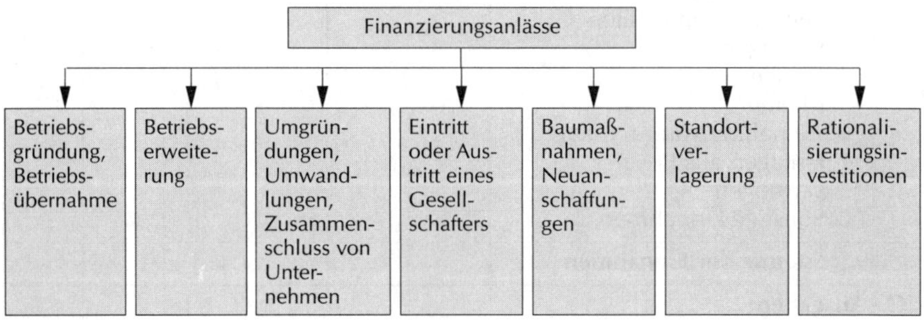

Abbildung 165

2.5.4 Arten der Finanzierung

Kapitalherkunft

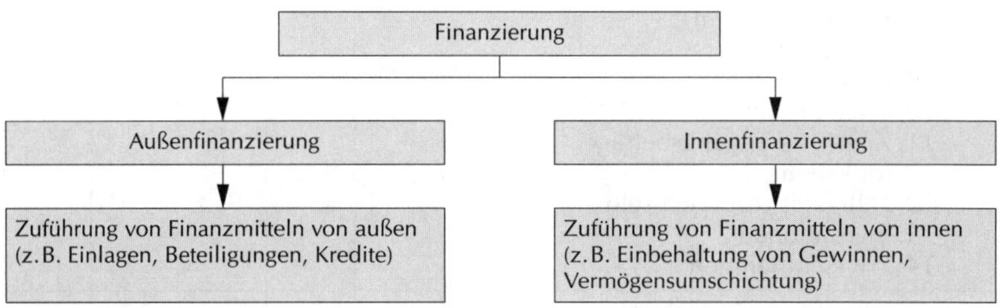

Abbildung 166

Kapitalbildung

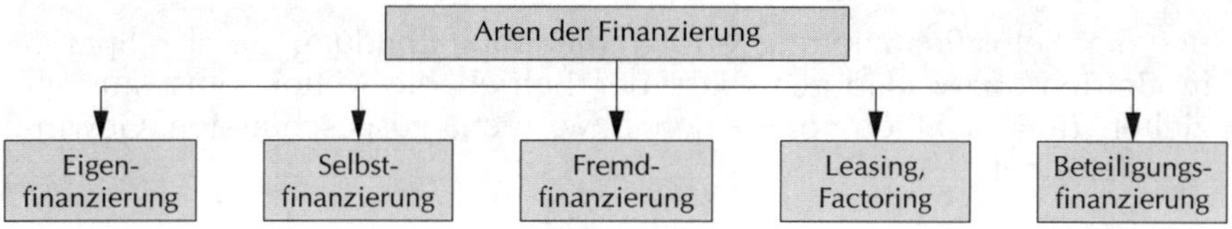

Abbildung 167

2.5.4.1 Eigenfinanzierung

Eigene Mittel

Unter Eigenfinanzierung versteht man den Einsatz von Mitteln des Privatvermögens für betriebliche Zwecke.

Die Ansammlung des Kapitals kann erfolgt sein durch Sparen, Erbschaft, Heirat und Schenkung.
Jeder gut finanzierte Betrieb sollte über eine vertretbare Eigenkapitalbasis verfügen, da diese die persönliche Kreditwürdigkeit und die sachliche Kreditfähigkeit erhöht. Daher ist es für einen jungen Handwerker empfehlenswert, Kapital anzusammeln, um sich einen finanziellen Grundstock für eine spätere Betriebsgründung zu schaffen.

Beteiligungsfinanzierung

Eine besondere Art der Eigenfinanzierung bzw. der Zuführung von Eigenkapital durch Kapitaleinlagen von vorhandenen oder neu hinzukommenden Gesellschaftern ist die Beteiligungsfinanzierung. Zu nennen ist in diesem Zusammenhang die sog. „offene Beteiligung". Diese Finanzierungsform bedeutet für den Betriebsinhaber die Aufnahme eines Gesellschafters und ist bei allen Gesellschaftsformen möglich. Der neue Gesellschafter erhält Gesellschafterrechte, Gewinn- und Verlustbeteiligung und haftet je nach Gesellschaftsform.

Eine weitere Möglichkeit bildet die sog. „stille Beteiligung". Der stille Gesellschafter tritt nach außen nicht in Erscheinung und hat in seiner typischen Form keine Mitbestimmungsrechte. Er ist in der Regel nicht an einem entstehenden Verlust beteiligt, sondern erhält ein fixes Entgelt und eine Gewinnbeteiligung.

Mezzaninkapital

In letzter Zeit immer wichtiger für Betriebe, die zu wenig Eigenkapital besitzen, werden alternative – eigenkapitalersetzende – Finanzierungsformen. Diese werden unter dem Begriff Mezzaninkapital zusammengefasst. Mezzaninfinanzierung ist eine Zwischenform von Eigenkapital und Fremdkapital. Es müssen keine Sicherheiten hinterlegt werden. Im Falle einer Insolvenz des Kapitalnehmers haftet dieses Kapital nachrangig gegenüber anderen Gläubigern. Zur Mezzaninfinanzierung gehören u. a. nachrangige Darlehen und stille (typische und atypische) Beteiligungen.

2.5.4.2 Selbstfinanzierung

Sparen im Betrieb

Bei der Selbstfinanzierung erfolgt die Kapitalbildung durch „Sparen im Betrieb“ bzw. dadurch, dass der Betrieb die Mittel selbst aus erzielten und nicht entnommenen bzw. nicht ausgeschütteten Gewinnen aufbringt.

Die zur Selbstfinanzierung zur Verfügung stehenden Mittel errechnen sich wie folgt:

Selbstfinanzierungsquote

Gewinn
\+ Abschreibungen (Abschreibungserlöse!)
– Privatentnahmen
– Gewinnausschüttungen
= Selbstfinanzierungsmittel (zur Selbstfinanzierung zur Verfügung stehender Betrag).

Die Selbstfinanzierung hat gegenüber der Fremdfinanzierung den Vorteil, dass keine periodischen Zins- und Tilgungsleistungen anfallen und die Liquiditätslage somit positiv beeinflusst wird.
Die Selbstfinanzierung ist die volkswirtschaftlich wünschenswerteste Finanzierungsart. Sie wird erheblich von der staatlichen Steuerpolitik beeinflusst.
Zu beachten ist, dass die Selbstfinanzierung nicht zur Überfinanzierung führt, da das brachliegende Kapital dann die Rentabilität schmälern würde.

2.5.4.3 Fremdfinanzierung

Kreditbeschaffung

Unter Fremdfinanzierung versteht man die Geld- und Kapitalbeschaffung von dritter Seite in Form von Krediten.

Das Fremdkapital verursacht Zahlungsverpflichtungen für Verzinsung und Rückzahlung (Tilgung). Die gezahlten Zinsen mindern – als steuerlich abzugsfähige Betriebsausgaben – den Gewinn.
Für Fremdkapital müssen in der Regel Sicherheiten gegeben werden.

2.5.4.4 Kreditarten als Mittel der Fremdfinanzierung

Laufzeit

Nach der Laufzeit können Kreditarten wie folgt eingeteilt werden:
- kurzfristige Kredite: Laufzeit bis zu 1 Jahr
- mittelfristige Kredite: Laufzeit bis zu 5 Jahren
- langfristige Kredite: Laufzeit von mehr als 5 Jahren.

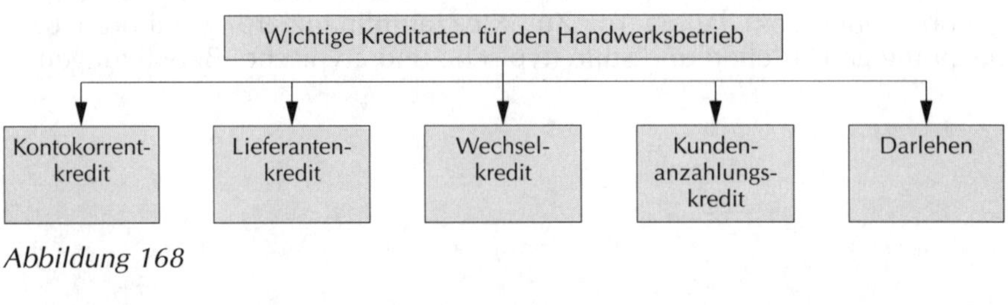

Abbildung 168

Kontokorrentkredit

Der Kontokorrentkredit ist ein Kredit in laufender Rechnung, ist kurzfristig und dient dem Betrieb als Liquiditätsstütze zur Aufrechterhaltung der betrieblichen Zahlungsbereitschaft und zur Finanzierung wesentlicher Teile des Umlaufvermögens (zum Beispiel Waren- und Materialbestand, Forderungen).

Kredit in laufender Rechnung

Je nach Bedarf kann der Kontokorrentkredit in wechselndem Umfang bis zur vereinbarten Höchstgrenze in Anspruch genommen werden; der jeweils in Anspruch genommene Kreditbetrag muss verzinst werden.

Höchstgrenze

Die Kosten für den Kontokorrentkredit belaufen sich je nach allgemeinem Zinsniveau auf ca. 8 bis 12 % und beinhalten verschiedene Positionen (Zinsen, eventuell anfallende Überziehungszinsen, Kreditprovisionen, sofern diese nicht bereits im Soll-Zins enthalten sind, Umsatzprovisionen, verschiedene Auslagen usw.).

Kosten

Grundlage für den laufenden Kredit ist ein Kontokorrentkreditvertrag mit der Hausbank.

Der Kontokorrentkredit hat in der Regel die größte Bedeutung für den Handwerksbetrieb.

Lieferantenkredit

Der Lieferantenkredit ist ein kurzfristiger Kredit. Er besteht darin, dass man die von den Lieferanten eingeräumten Zahlungsziele bei der Beschaffung von Waren, Materialien und Leistungen ausnutzt und an den Lieferanten erst nach Ablauf des Zahlungsziels oder manchmal auch später zahlt.

Eingeräumte Zahlungsziele

Der Lieferantenkredit verursacht wie alle Kredite Kosten, weil Lieferanten im Falle der Bezahlung innerhalb einer bestimmten Frist in der Regel Skontoabzug gewähren.
Je häufiger sich die Verbindlichkeiten aus Lieferungen und Leistungen im Jahr „umschlagen“, desto größer ist der finanzielle Vorteil, der durch Skontoabzug entsteht.

Kosten

Verzicht auf Skontoabzug bedeutet hohen Zinsaufwand bzw. entgangenen Gewinn.

Skontoabzug

Der Zusammenhang wird im folgenden Beispiel deutlich:
Wir kaufen Ware zum Rechnungsbetrag von 10.000,00 EUR, zahlbar innerhalb von 10 Tagen mit 3 % Skonto oder nach 30 Tagen ohne Abzug.
Die Bezahlung am 10. Tag durch Überziehung des Bankkontos erbringt einen Skontoabzug in Höhe von 300,00 EUR.

Die Inanspruchnahme des Kontokorrentkredits ergibt folgenden Zinsaufwand:

$$\text{Zinsaufwand} = \frac{\text{Überweisungsbetrag} \times \text{Zinssatz} \times \text{Anzahl der Tage}}{100 \times 360 \text{ Tage}}$$

Bei einem Zinssatz von 12 % ergibt sich somit:

$$= \frac{9.700,00 \times 12 \times 20}{36.000} = \underline{\underline{64,67 \text{ EUR}}}$$

Die Einsparung beträgt im Beispiel somit 235,33 EUR.

Das Beispiel zeigt, dass es durchaus vorteilhaft sein kann, zur Ausnutzung eines Skontoabzugs einen kurzfristigen Bankkredit aufzunehmen, nämlich dann, wenn die Kreditkosten innerhalb eines bestimmten Zeitraums geringer sind als die durch Skontoabzug erzielten Erträge.

Wechselkredit

Handelswechsel
Finanzwechsel

Man unterscheidet nach der Verwendung zwischen
- Handels- und Warenwechseln, die der Finanzierung von Waren und Materialien dienen, und
- Finanzwechseln, die reine Kreditgeschäfte darstellen.

Die Banken kaufen in erster Linie Handelswechsel an.

Man unterscheidet beim Wechselkredit:
- Diskontkredit
  Ankauf von Kundenwechseln
- Akzeptkredit
  Betrieb zieht Wechsel auf seine Bank, die ihn akzeptiert.

Kundenanzahlungskredit

Anzahlungen

Der Kreditvorgang beim Kundenanzahlungskredit besteht darin, dass der Kunde bezahlt, bevor der die Zahlung empfangende Unternehmer die Leistung abschließend ausgeführt hat.

In verschiedenen Branchen ist es üblich, dass Kunden vor oder während der Auftragsdurchführung Anzahlungen bzw. Vorauszahlungen im Wege der Vorfinanzierung zu leisten haben.

Darlehen

Zins- und Tilgungsraten

Das Darlehen ist ein mittel- oder langfristiger Kredit mit festgelegten Zins- und Tilgungsraten.

Wichtig ist, dass die Laufzeit des Darlehens sorgfältig geprüft und je nach Verwendung der Darlehensmittel festgelegt wird.

Formen

Man unterscheidet im Wesentlichen folgende Darlehensformen:

- Festdarlehen bzw. Kündigungsdarlehen

Hier werden die Darlehensmittel am Ende der vereinbarten Laufzeit oder nach Ablauf der Kündigungsfrist getilgt.
Die Mittel stehen aber dem Betriebsinhaber während der gesamten Laufzeit in vollem Umfange zur Verfügung.
Er hat in dieser Zeit nur die Zinszahlungen zu leisten.

- Abzahlungs- bzw. Ratendarlehen

Die Rückzahlung des Darlehens erfolgt während der gesamten Darlehenslaufzeit in gleich bleibenden Raten. Die Zinszahlungen verringern sich aber während der Laufzeit des Darlehens, da die Zinsen nur noch von der jeweiligen Restschuld zu zahlen sind.
Der Gesamtbetrag der Zahlungen sinkt also durch die reduzierten Zinsbeträge während der Darlehenslaufzeit.

- Annuitätendarlehen

Hier bleibt der zu leistende Kapitaldienst während der gesamten Darlehenslaufzeit gleich hoch.
Durch die anteiligen Tilgungsraten reduziert sich die Darlehensrestschuld. Es fallen dadurch laufend niedrigere Zinsen an. Somit erhöht sich die Tilgungsrate entsprechend.

Außerplanmäßige Tilgungen

Während der Darlehenslaufzeit sind außerplanmäßige Tilgungen üblicherweise nur möglich, wenn dies im Darlehensvertrag vereinbart wurde. Fehlt eine solche Vereinbarung und der Betriebsinhaber will trotzdem vorzeitig zurückzahlen, fällt in der Regel für die Sonderrückzahlung eine Vorfälligkeitsentschädigung der Bank an.

Vorfälligkeitsentschädigung

Hinsichtlich der in bestimmten Fällen anwendbaren gesetzlichen Kündigungsmöglichkeiten sollte sich der Darlehensnehmer im Bedarfsfalle beraten lassen.

Als Finanzierungskosten können bei allen Darlehensformen je nach Konditionen anfallen:
Zinsen, Disagio bzw. Abgeld (Unterschiedsbetrag zwischen dem Nennbetrag des Darlehens und dem tatsächlich an den Darlehensnehmer ausgezahlten Verfügungsbetrag), Provisionen, sonstige Gebühren.

Zinsen

Die Höhe der Zinsen richtet sich nach den im Darlehensvertrag getroffenen Vereinbarungen. Dabei ist einerseits das Zinsniveau am Geld- und Kapitalmarkt ausschlaggebend, andererseits die Bonität des Kreditnehmers.

2.5.4.5 Kreditsicherheiten

Personalkredite
Realkredite

Reine Personalkredite werden nur in geringem Umfang gewährt. In der Regel sind für Kredite Kreditsicherheiten zu stellen. Man spricht dann von Realkrediten.

Zweck der Sicherheiten

Kreditsicherheiten haben den Zweck, den Kreditgeber im Falle einer Insolvenz des Betriebes oder einer Abwicklung aus sonstigen Gründen aus den Sicherheiten zu befriedigen.

Wegen rechtlicher Einzelheiten der nachfolgend aufgeführten Kreditsicherheiten wird auf die Abschnitte 3.1.3.1 „Allgemeines Vertragsrecht" und 3.1.4 „Sachenrecht" im Band 2 verwiesen.

Überblick

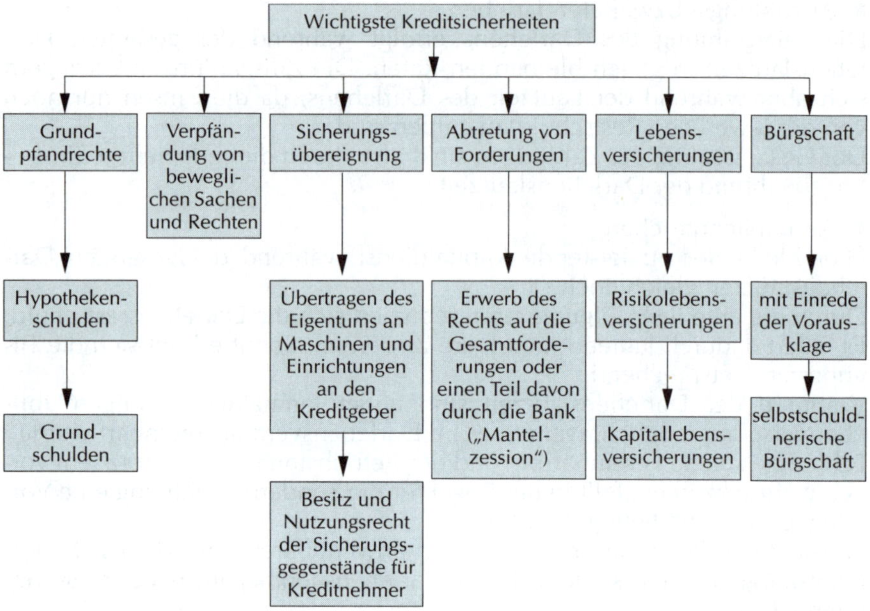

Abbildung 169

Grundpfandrechte

Grundschuld
Hypothek

Die wichtigsten Grundpfandrechte sind die Hypothek und die Grundschuld.

Beide Arten von Grundpfandrechten werden ins Grundbuch eingetragen. Für die Bestellung ist die notarielle Beurkundung erforderlich.
Die Grund- und Hypothekenschulden müssen werthaltig sein, das heißt, durch die realen Werte des Pfandobjektes gedeckt sein.
Einige Kreditgeber beleihen Grundstücke in der Regel nur bis zu 50 % des Verkehrswertes. Ausnahmen sind jedoch möglich.

Verpfändung von beweglichen Sachen und Rechten

Zur Absicherung von Krediten können bewegliche Sachen und Rechte verpfändet werden. Häufig geschieht dies in der Praxis mit Wertpapieren.

Sicherungsübereignung

Sicherheit für Kredite kann auch geleistet werden durch die Sicherungsübereignung von Maschinen und Einrichtungsgegenständen.

Vertrag

Notwendig hierbei ist der Abschluss eines Sicherungsübereignungsvertrages zwischen Kreditgeber und Kreditnehmer. In diesem Vertrag müssen alle Gegenstände einzeln aufgeführt sein.
Dem Kreditgeber wird durch den Vertrag das Eigentum an den Sicherungsgegenständen übertragen. Gleichzeitig bleibt das Sicherungsgut im unmittelbaren Besitz des Kreditnehmers, der dieses weiter benutzen kann, um überhaupt den Kredit zurückzahlen zu können.

Abtretung von Forderungen

Sicherheit für Kredite kann geleistet werden durch Abtretung einer Forderung an einen Dritten (Zession).

Zession

In diesem Zusammenhang wird in der Regel eine so genannte „Mantelzession" vorgenommen, wodurch die Bank ein Recht auf die Gesamtforderungen oder einen Teil der Gesamtforderungen erwirbt.

Lebensversicherungen

Zur Sicherung von Krediten können auch Lebensversicherungen herangezogen werden.

Folgende Formen kommen zur Kreditabsicherung in Frage:

- Risikolebensversicherungen (Ablebensversicherungen)
  Die Sicherheit bezieht sich auf das Ableben des Kreditnehmers.
- Kapitallebensversicherungen
  Die Sicherheit bezieht sich auf den so genannten Rückkaufswert (einbezahlte Prämien, Gewinnanteile und Zinsen abzüglich Risiko) bzw. die Ablaufleistung.

Risikolebens- und Kapitallebensversicherungen

Bürgschaft

Kredite können auch durch Bürgschaften abgesichert werden.

Grundsätzlich sind zwei Arten von Bürgschaften zu unterscheiden:

- Bürgschaft mit Einrede der Vorausklage
- selbstschuldnerische Bürgschaft.

Die selbstschuldnerische Bürgschaft spielt in der Praxis die bedeutendere Rolle. In jedem Fall sind für die Sicherung von Krediten die Vermögens- und Einkommensverhältnisse des Bürgen von Bedeutung.

Selbstschuldnerische Bürgschaft

2.5.4.6 Bedeutung der Bankverbindung – Bonitätsprüfungsverfahren (Rating)

Für jede Kreditgewährung ist es wichtig, eine gute Bankverbindung (Hausbank) zu haben. Im Laufe der Zeit entsteht ein wichtiges Vertrauensverhältnis. Dennoch wird die Kreditgewährung immer von der persönlichen und wirtschaftlichen Kreditwürdigkeit (Bonität) des Antragstellers abhängen.

Kreditwürdigkeit

Die persönliche Kreditwürdigkeit hängt unter anderem ab vom Fleiß, fachlicher Tüchtigkeit, Überzeugungskraft, betriebswirtschaftlichen Kenntnissen, Zuverlässigkeit, Sparsamkeit, persönlichem Ansehen und den familiären Verhältnissen.

Die wirtschaftliche Kreditwürdigkeit wird abgeleitet von den geordneten betrieblichen Verhältnissen, vom überzeugenden Unternehmenskonzept, von der Ertragslage, von der Branche, von der Marktstellung des Betriebes und von der Angemessenheit des Vorhabens, das durch den Kredit mitfinanziert werden soll.

Die Banken führen nach den Kreditvergaberichtlinien ein Bonitätsprüfungsverfahren (Rating) durch, von dessen Ergebnis die Kreditgewährung und die Höhe der Verzinsung des Kredits abhängt. Im Hinblick auf die Festlegung der Verzinsung gilt die Faustregel: Hohe Kreditausfallwahrscheinlichkeit = hohes Risiko der Bank = hohe Zinsen und umgekehrt.

Rating

Im Ratingprozess werden alle erfolgsrelevanten Merkmale eines Handwerkbetriebes mithilfe von statistischen Verfahren untersucht. So wird eine Bonitätsaussage über ein Unternehmen getroffen.

Banken verwenden Ratingverfahren seit vielen Jahren. Durch „Basel II" (Festlegung von Eigenkapitalrichtlinien der Banken) wird dieses Thema jedoch mehr in den Blickpunkt der Öffentlichkeit gerückt.
Durch veränderte rechtliche Rahmenbedingungen sind die Banken noch stärker als bisher gezwungen, ihre Kreditvergabe und die Kreditkonditionen an objektiv messbare und nachvollziehbare Kriterien zu knüpfen. Das Verfahren hierzu ist das Rating.
Für den Handwerksbetrieb bedeutet dies, dass eine optimale Vorbereitung auf dieses Rating eine absolute Notwendigkeit darstellt. Die Vermittlung der Unternehmensstrategie und deren wirtschaftliche Tragfähigkeit müssen der Bank transparent vermittelt werden. Weitere Faktoren sind die Beurteilung der letzten Jahresabschlüsse, der aktuelle Geschäftsverlauf und die Kontoführung, aber auch die Beurteilung der Geschäftsleitung, der Kalkulation, des Controllings und des Finanzwesens sowie die Beurteilung der Marktsituation.

Externes Rating

Größere Handwerksbetriebe können auch ein Rating durch Ratingagenturen durchführen lassen (externes Rating). Dies ist meist mit hohen Kosten verbunden. Weitere Informationen hierzu erhalten Sie von den Betriebsberatern der Handwerkskammern.
Für das Ratingverfahren durch die Bank und das mit der Bank zu führende Rating- oder Kreditgespräch sollte sich der Betriebsinhaber sorgfältig vorbereiten.
Je mehr positive Fakten vorgelegt werden, desto besser wird das Rating der Bank ausfallen.

Checkliste

Auf die nachstehend aufgeführten Punkte sollte sich der Betriebsinhaber vorbereiten. Die Checkliste entspricht in weiten Teilen einer Veröffentlichung des Bundesministeriums für Wirtschaft und Arbeit.

Analyse wirtschaftlicher Verhältnisse

- Bilanzen und Jahresabschlüsse der letzten beiden Jahre
- Umsatz- und Leistungsentwicklung
- Kostenentwicklung und Kostenstruktur
- Ertragsentwicklung
- Rentabilität
- Liquidität
- Eigenkapitalquote
- Schuldentilgungsdauer
- Firmenvermögen, Privatvermögen, Sicherheiten

Management und Organisation

Managementkompetenz und Führungserfahrung

- fachliche und kaufmännische Qualifikationen der Unternehmensleitung
- Einblick der Unternehmensleitung in die wirtschaftliche Situation des Unternehmens
- Zuverlässigkeit der Kalkulationen auf einer gesicherten Zahlengrundlage
- Absicherung der Kontinuität in der Unternehmensführung
- Regelung der Nachfolge
- Nachwuchsförderung

Unternehmensstruktur

- Effektivität der Organisationsstrukturen im Unternehmen
- Ausrichtung der Unternehmensstruktur an den Erfordernissen des Marktes und der Branche
- Qualitätsmanagement im Unternehmen

Personal

- Qualifikationen der Mitarbeiter
- Abhängigkeit von Schlüsselpersonen im Unternehmen
- Zufriedenheit der Mitarbeiter
- Personalplanung für die Zukunft

Markt und Branche

Marktsituation allgemein

- Marktpotenzial des Unternehmens
- aktueller Auftragsbestand
- zukünftige Auslastung

Markt- und Branchenentwicklung

- Branchenentwicklung
- Abhängigkeit des Unternehmens von Markt- und Branchentrends
- Abhängigkeit des Unternehmens von der Konjunktur
- Erfolgspotenzial der Geschäftsfelder

Produkte und Leistungen

- Angebotssortiment
- Qualität der Produkte und Leistungen
- Positionierung des Unternehmens im Markt
- Positionierung des Unternehmens in seinem derzeitigen Preis- und Leistungssegment
- Produktentwicklung und Innovationsgeschwindigkeit im Unternehmen

Kunden

- Zufriedenheit der Kunden
- Erfolgswahrscheinlichkeit mit dem derzeitigen Kundensegment
- Bonität der Kunden
- Abhängigkeit von bestimmten Kunden
- „Treue" der Kunden

Konkurrenz

- Marktanteil des Unternehmens
- Zahl der Wettbewerber
- Wettbewerbsvorteil gegenüber der Konkurrenz

Lieferanten

- Einkaufskonditionen
- Qualität und Zuverlässigkeit der Lieferanten
- Abhängigkeit von Lieferanten

Vertrieb

- Vertriebsorganisation

Marketing

- Marketingkonzept

Beziehung Unternehmen–Hausbank

Kontoführung

- Inanspruchnahme der Kreditrahmens (Konto überzogen, Konto nicht überzogen)
- Kontoumsätze im Vergleich zum Kontokorrent-Kreditrahmen

Information

- Informationsverhalten gegenüber der Bank (notwendige Informationen pünktlich, ausreichend geliefert)
- Aussagekraft der Informationen
- Kommunikation mit der Bank bei wichtigen Informationen und strategischen Entscheidungen
- Zuverlässigkeit bei Vereinbarungen mit der Bank

Unternehmensentwicklung und Unternehmensplanung

- Unternehmenskonzept
- Erfolgswahrscheinlichkeit der lang- und kurzfristigen Entwicklungs- und Planziele
- Erfolgswahrscheinlichkeit der Umsatz- und Absatzplanung
- Erfolgswahrscheinlichkeit der Kostenplanung
- Kostenvor- und -nachkalkulation
- Erfolgswahrscheinlichkeit der Ertragsplanung
- Erfolgswahrscheinlichkeit der Investitionsplanung
- Erfolgswahrscheinlichkeit der Liquiditätsplanung (Kapitaldienstfähigkeit)
- Qualität des Rechnungswesens und Controllings
- Qualität des Mahnwesens
- Seriosität im Umgang mit Unternehmensrisiken (Umweltrisiken, Gewährleistungsrisiken, Produkthaftungsrisiken, Versicherungen und Rücklagen)

2.5.4.7 Leasing

Eine bedeutende Finanzierungsart, deren Anwendung auch im Handwerk weiterhin stark wächst, ist das Leasing.

Begriff

Beim Leasing werden Gebäude, Maschinen, Werkzeuge, Betriebs- und Geschäftseinrichtungen, EDV-Anlagen, Fahrzeuge usw. von Leasinggesellschaften oder direkt vom Produzenten einzelnen Unternehmen gegen Vergütung (Zahlung in Raten) zum Gebrauch bzw. zur Nutzung überlassen. Die Leasingverträge können auch Wartung und Service einschließen.

Nutzungsüberlassung gegen Vergütung

Rechtsgrundlagen

Leasingvertrag

Grundlage des Leasinggeschäftes ist immer ein Vertrag zwischen Leasinggeber („Überlasser") und Leasingnehmer, der seiner Rechtsnatur nach als Mietvertrag einzustufen ist, aber in seiner Ausgestaltung je nach Einzelbedingungen erheblich von den Grundsätzen des Mietvertragsrechts nach BGB abweichen kann (Bandbreite vom normalen Mietvertrag bis zum verdeckten Ratenkaufvertrag).

Mögliche Gestaltungen von Leasingverträgen

Grundsätzlich wird das Leasingobjekt nach Ablauf der Grundmietzeit vom Leasingnehmer an die Leasinggesellschaft zurückgegeben. In vielen Fällen wird dem Leasingnehmer jedoch ein Anrecht (Option) eingeräumt, die Nutzung des Leasinggegenstandes nach Ablauf der Grundmietzeit fortzusetzen.

Gestaltungsmöglichkeiten

Folgende Varianten werden praktiziert:

- Kaufoption
  Dem Leasingnehmer wird das Recht eingeräumt, den Leasinggegenstand nach Ablauf der Grundmietzeit zum Restwert zu kaufen.

Kaufoption

- Mietoption
  Dem Leasingnehmer wird das Recht eingeräumt, die Mietzeit des Gegenstandes zu verlängern.

Mietoption

Grundsätzlich zu unterscheiden sind Voll- und Teilamortisation:

Vollamortisation: Die Anschaffungskosten des Leasingobjektes werden während der Vertragslaufzeit vollständig über die Leasingraten abgegolten.

Teilamortisation: Die Anschaffungskosten des geleasten Gegenstandes werden während der Vertragslaufzeit nur teilweise abgegolten. Es bleibt ein Restwert, der durch eine anschließende Verwertung ausgeglichen werden muss.

Vorteile des Leasings aus finanzwirtschaftlicher Sicht

Vorteile

- Ein entscheidender Vorteil des Leasings besteht darin, dass die Nutzung des Leasinggegenstandes sofort möglich ist, die Zahlungen dagegen werden auf die betriebswirtschaftlich sinnvolle Nutzungsdauer verteilt.
- Leasing schont die Kreditfähigkeit durch Freihalten der Sicherheiten für andere Anschaffungen.
- Die Beschaffung von Investitionsgegenständen auf der Basis eines Leasingvertrages ist sinnvoll, wenn das notwendige Kapital nicht oder nur zu sehr ungünstigen Bedingungen aufgenommen werden kann und die Liquidität des Betriebes geschont werden soll.

- Steuerliche Überlegungen können für das Leasing maßgebend sein, da die Leasingraten steuermindernd als Betriebsausgaben abgesetzt werden können.
- Leasing kann dann vorteilhaft sein, wenn Gegenstände beschafft werden sollen, die technisch schnell veralten, oder wenn besondere Maschinen oder Geräte nur für die Durchführung seltener Aufträge benötigt werden.

Nachteile des Leasings aus finanzwirtschaftlicher Sicht

Nachteile

- Die Summe der anfallenden Leasingraten übersteigt die Anschaffungskosten des Leasingobjektes. Die Kosten betragen in der Regel etwa 130 % des Kaufpreises.
- Leasing engt den Unternehmer in seiner Dispositionsfreiheit ein und führt ihn in eine rechtliche und wirtschaftliche Abhängigkeit zum Leasinggeber.

2.5.4.8 Factoring

Eine auch im Handwerk zunehmende Finanzierungsart ist das „Factoring".

Verkauf von Forderungen

Factoring bedeutet den Verkauf von Außenständen (Kundenforderungen = Forderungen aus Lieferungen und Leistungen) an ein spezialisiertes Finanzierungsinstitut (Factor).

Dieses Factoringinstitut übernimmt das Mahnwesen und den Einzug der Forderungen, in manchen Fällen auch den Teil der Buchführung, der sich auf die Außenstände bezieht (Debitorenbuchführung).
Es zahlt 70 % bis 90 % der verkauften Kundenforderungen zunächst in Form eines Vorschusses nach Abzug einer bestimmten Vergütung für Gebühren, Risiko und Zinsen sofort an den Betrieb aus.
Dabei bestehen in der Praxis unterschiedliche Möglichkeiten der Vertragsausführung.

Vorteile des Factorings

- Verbesserung der Liquidität
- Möglichkeit der Skontierung von Lieferantenrechnungen; Nutzung von Sonderrabatten im Einkauf
- Erweiterung des Kreditrahmens
- Vereinfachung des Inkasso- und Mahnwesens
- Steuervorteile.

Nachteile des Factorings

- mögliche Belastung der Kundenbeziehungen durch Einschaltung des Factors
- Factoring ist teurer als die Finanzierung mittels eines Bankkredits.

Forfaitierung

Zunehmende Bedeutung hat das Exportfactoring, auch Forfaitierung genannt. Hier werden Wechsel oder Forderungen bei Vorliegen guter Sicherheiten ohne Rückgriff auf den Exporteur durch Spezialinstitute aufgekauft. Der Verkäufer befreit sich dabei vom Risiko und verbessert seine Zahlungsfähigkeit durch Umwandlung der Forderung in bares Geld.

2.5.4.9 Spezielle Finanzierungshilfen für den Handwerksbetrieb

Öffentliche Finanzierungshilfen

Bund und Länder fördern aus volkswirtschaftlichen Gründen Handwerksbetriebe durch Gewährung von speziellen öffentlichen Finanzierungshilfen.

Zentraler Ansprechpartner für öffentliche Fördermittel ist die KfW-Mittelstandsbank. Unter www.kfw-mittelstandsbank.de finden sich wichtige Informationen über Fördermöglichkeiten.

Programme

Wichtige Programme und Maßnahmen sind:
- Unternehmerkredit
- Unternehmerkredit Ausland
- Mikro-Darlehen
- StartGeld
- ERP-Regionalförderprogramm
- ERP-Innovationsprogramm
- Bürgschaftsprogramm
- Unternehmerkapital
- Beteiligungsfinanzierung.

Der interaktive Förderberater zeigt auf, welche Programme im Einzelfall in Frage kommen. Die Antragsformulare lassen sich meist online ausfüllen.

> Wer öffentliche Fördermittel nutzen möchte, darf mit seinem Vorhaben noch nicht begonnen haben.

Für Betriebe in den neuen Bundesländern gibt es teilweise besondere Maßnahmen und besondere Konditionen. Die Bundesländer haben zum Teil noch ergänzende Programme wie Mittelstandskreditprogramme.

Existenzaufbaupläne

Die berufsständisch orientierten Versicherungsgesellschaften und Banken haben in Zusammenarbeit mit den Handwerksorganisationen und dem Bundesverband Junioren des Handwerks besondere Existenzaufbaupläne entwickelt, die im Wesentlichen aus einer Kombination von Ansparverträgen, zinsgünstigen Krediten und angemessenem Versicherungsschutz bestehen. Nähere Auskünfte erteilen die entsprechenden Versicherungen und Banken.

> Es ist empfehlenswert, dass sich Interessenten für die genannten und alle anderen Finanzierungshilfen mit den Betriebsberatungsstellen der Handwerkskammern oder mit ihren Hausbanken in Verbindung setzen. Hier wird über Voraussetzungen und Antragswege sowie Konditionen beraten.

<u>Aufgaben der Kreditgarantiegemeinschaften bzw. Bürgschaftsbanken</u>

> Da viele Handwerker gerade bei der Geschäftsgründung oder bei späteren Betriebserweiterungen keine banküblichen Sicherheiten leisten können, hat das Handwerk in Zusammenarbeit mit dem Staat und den Banken Selbsthilfeeinrichtungen in Form der Kreditgarantiegemeinschaften des Handwerks geschaffen.

Kreditgarantiegemeinschaften bzw. Bürgschaftsbanken bestehen in allen Bundesländern (in Hamburg „Bürgschaftsgemeinschaft").
Zusammengeschlossen haben sich die Institute der einzelnen Bundesländer im Verband der Bürgschaftsbanken (www.vdb-info.de).

Ausfallbürgschaften

Die Kreditgarantiegemeinschaft oder Bürgschaftsbank gewährt selbst keine Kredite, sondern übernimmt Ausfallbürgschaften für mittel- und langfristige Kredite an Handwerksbetriebe, denen bankmäßig ausreichende Sicherheiten nicht in dem erforderlichen Maße zur Verfügung stehen.

Verbürgt werden können Kredite bis zur Obergrenze von 1.000.000,00 EUR für die Finanzierung von Investitionen, Existenzgründungen, Geschäftsübernahmen und Betriebsmittelbedarf und Konsolidierungsmaßnahmen. Unter bestimmten Voraussetzungen können auch Leasingfinanzierungen verbürgt werden.
Die Bürgschaft wird bis maximal 80 % des Kreditbetrages übernommen. Die Laufzeit darf 15 Jahre nicht übersteigen.

Kreditwürdigkeit

Der Kreditnehmer muss wirtschaftlich und persönlich kreditwürdig sein und nach der gesamten betriebswirtschaftlichen Lage die Gewähr dafür bieten, dass sein Betrieb existenz- und wettbewerbsfähig ist oder durch einen verbürgten Kredit werden kann. Das betriebliche Rechnungswesen muss überdies geordnet sein und jederzeit eine Überprüfung der Vermögens-, Finanz- und Ertragslage ermöglichen.

Antragsweg

Ein entsprechender Antrag auf Übernahme der Bürgschaft ist in der Regel über die Hausbank an die Kreditgarantiegemeinschaft zu richten.
Die Handwerkskammer nimmt gutachterlich Stellung.

Aufgaben der Kapitalbeteiligungsgesellschaften

Zur Förderung von Handwerks- und Gewerbebetrieben auf dem Gebiet der Finanzierung bestehen Kapitalbeteiligungsgesellschaften.

> Die Kapitalbeteiligungsgesellschaften sollen Unternehmern des Handwerks die Kapitalbeschaffung auf der Basis der Beteiligung zu tragbaren Bedingungen ermöglichen.

Beteiligungsfinanzierung

Diese Form der Beteiligungsfinanzierung kommt insbesondere für größere Handwerksbetriebe in Frage. Über nähere Einzelheiten erteilen die Betriebsberatungsstellen der Handwerkskammern Auskunft.

2.5.5 Kapitalbedarfsermittlung, Finanzierungsplan, Finanzierungsregeln

2.5.5.1 Kapitalbedarfsrechnung

Bei jedem Finanzierungsanlass ist auf der Grundlage eines Investitionsplanes eine Kapitalbedarfsrechnung aufzustellen.

Gesamtkapitalbedarf

> Die Kapitalbedarfsrechnung hat den Zweck der vollständigen Erfassung und Berechnung des Gesamtkapitalbedarfs.

Langfristiger Kapitalbedarf (Investitionsbedarf)

Zum langfristigen Kapitalbedarf (Investitionsbedarf) gehören insbesondere:

Langfristiger Kapitalbedarf

- Grundstücksbeschaffung, bauliche und maschinelle Investitionen
- Beschaffung von Einrichtungsgegenständen und Werkzeugen sowie Fahrzeugen
- bei Betriebsübernahmen Ablöse für Betriebs- und Geschäftsausstattungen, Fahrzeuge, Material und Waren sowie Firmenwert
- Sonstiges (zum Beispiel Mietkaution).

Kurzfristiger Kapitalbedarf für die laufende Betriebstätigkeit (Betriebsmittelbedarf)

Kurzfristiger Kapitalbedarf

Bei der Ermittlung des kurzfristigen Kapitalbedarfs für mehrere Monate sind insbesondere zu erfassen:

- Materialaufwand und Wareneinsatz
- Personal- und Personalzusatzkosten
- Raumkosten, Energiekosten, Versicherungen, Gebühren, Beiträge, Porto, Telekommunikationskosten
- Reparaturen
- Steuerzahlungen (Betriebssteuern), Buchführung, Steuerberatung
- Zinsen für Fremdkapital
- Kfz-Kosten, Reisekosten
- Kosten für Werbung, Verkaufsförderung und Öffentlichkeitsarbeit
- Verwaltungskosten und sonstige Gemeinkosten
- Kapitalbindung durch Kundenforderungen
- Privatentnahmen.

Lang- und kurzfristiger Bedarf

Es wird deutlich, welche Teile des Betriebsvermögens nach betriebswirtschaftlichen Grundsätzen in der Regel langfristig und welche Teile kurzfristig zu finanzieren sind. (Siehe auch Finanzierungsregeln unter Abschnitt 2.5.5.4 „Betriebswirtschaftliche Finanzierungsregeln".)

2.5.5.2 Finanzierungsplan

Gesamtfinanzierung

Der Gesamtkapitalbedarf muss durch die Gesamtfinanzierung gedeckt sein.

Für die Gesamtfinanzierung wird daher bei jedem Vorhaben ein Finanzierungsplan erstellt, der hauptsächlich nachfolgende Positionen enthält:

- Eigenfinanzierung (eigene Mittel und Eigenleistungen)
- langfristige Fremdmittel (Darlehen aus Handwerkskreditprogrammen und sonstigen Förderprogrammen, Darlehen der Hausbank, Versicherungsdarlehen, Verwandtendarlehen)
- kurzfristige Fremdmittel (Lieferantenkredit, Wechselkredit, Kontokorrentkredit der Hausbank).

Bei Aufnahme von Fremdkapital muss eine Berechnung des Kapitaldienstes vorgenommen werden.

2.5.5.3 Kapitaldienst und Kapitaldienstgrenze

Kapitaldienst

Als Kapitaldienst für ein Vorhaben bezeichnet man die zusätzlich entstehenden jährlichen Zins- und Tilgungsleistungen.

Um die betriebswirtschaftliche Vertretbarkeit eines Vorhabens und dessen Finanzierung abschließend beurteilen zu können, ist eine Berechnung des in den kommenden Jahren zusätzlich entstehenden Kapitaldienstes erforderlich. Dabei werden die Zinszahlungen und die Tilgungsleistungen berechnet und entsprechend der Laufzeit der Kredite aufgeteilt.

Kapitaldienstgrenze

Der ermittelte Kapitaldienst des Planungszeitraumes muss der vertretbaren Kapitaldienstgrenze gegenübergestellt werden.
Vereinfacht lässt sich die Kapitaldienstgrenze bei einem Einzelunternehmen und einer Personengesellschaft wie folgt berechnen:

Voraussichtlicher Umsatz
+ Sonstige ordentliche Erträge
– Betriebliche Gesamtaufwendungen (ohne Abschreibungen)
– Ersatzinvestitionen
– Einkommensteuerzahlungen
– Sonderausgaben
– Sonstige Privatentnahmen

= Kapitaldienstgrenze

Sicherheitsreserve

Sowohl bei der Ermittlung des Kapitalbedarfs und der Erstellung des Finanzierungsplans als auch bei der Kapitaldienst- und Kapitaldienstgrenzberechnung empfiehlt es sich, eine Sicherheitsreserve für unvorhersehbare Veränderungen vorzusehen.

2.5.5.4 Betriebswirtschaftliche Finanzierungsregeln

Folgende Finanzierungsregeln sind zu beachten:

Finanzierungsregeln

- Kurzfristige Investitionen sind mit kurzfristigen Mitteln zu finanzieren (zum Beispiel Warenbeschaffung mit Kontokorrentkredit).
- Langfristige Investitionen sind mit langfristigen Mitteln zu finanzieren (zum Beispiel Neubau eines Betriebsgebäudes mit langfristigen Darlehen).
- Die Laufzeit des Fremdkapitals sollte bei Investitionen in etwa der Nutzungsdauer der anzuschaffenden Gegenstände entsprechen.
- Das Anlagevermögen sollte durch Eigenkapital und langfristiges Fremdkapital finanziert werden.
- Die für den Einzelbetrieb errechnete, betriebswirtschaftlich noch vertretbare Kapitaldienstgrenze darf nicht überschritten werden.

Durch Berücksichtigung dieser Finanzierungsregeln kann eine stabile, die Zahlungsbereitschaft des Betriebes erhaltende Finanzierung erreicht werden, die auch notwendige Verschuldungs- und Kapitaldienstgrenzen beachtet.

2.5.6 Beratungs- und Informationsmöglichkeiten in Finanzierungsfragen

Jeder Handwerker sollte sich bei allen wichtigen Fragen der Finanzierung sachkundig beraten lassen.

Die wichtigsten Informations- und Beratungsstellen sind:

Beratung Information

- die Betriebsberater der Handwerkskammern bzw. der Fachverbände
- freiberufliche Unternehmensberater
- die Hausbank
- berufsständisch orientierte Versicherungsgesellschaften.

2.5.7 Zahlungsverkehr

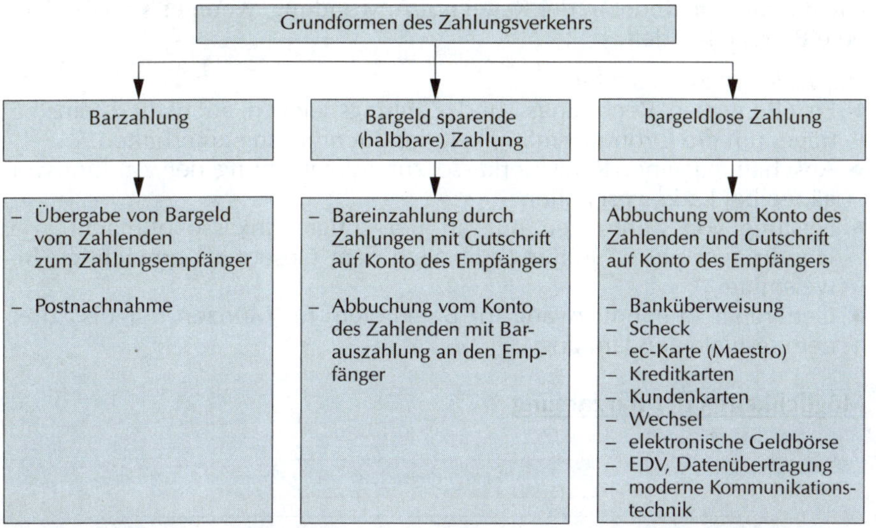

Abbildung 170

Kontoverbindung

Bargeld sparende und bargeldlose Zahlungen erfordern zur Abwicklung eine Kontoverbindung bei einer Bank, einer Sparkasse oder der Postbank. Insbesondere hinsichtlich der technischen Abwicklung des Zahlungsverkehrs bestehen zwischen den einzelnen Bankinstituten keine großen Unterschiede.

Ein oder mehrere Bankkonten sind heute für jeden Betrieb zur Erledigung des Zahlungsverkehrs, also zur Abwicklung des Geldzugangs wie des Geldabgangs, unerlässlich.

Die folgende Abbildung stellt die wesentlichen Vorgänge dar, wie Geld auf das Konto zufließt bzw. vom Konto abfließt.

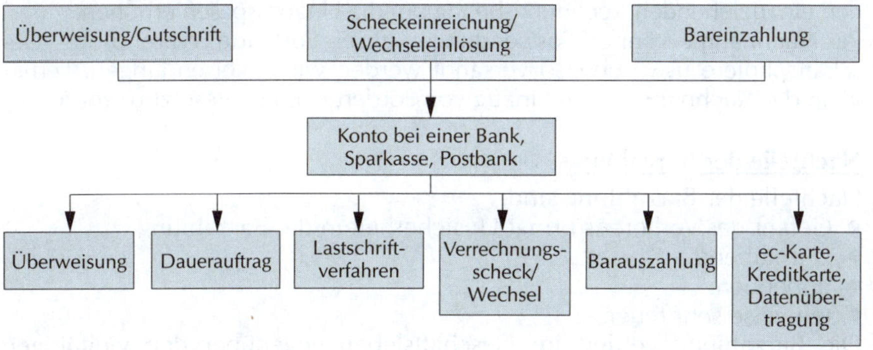

Abbildung 171

2.5.7.1 Barzahlung

Inhalt der Barzahlung

Unter Barzahlung versteht man die persönliche Übergabe von Hart- und Papiergeld, das heißt die „Zahlung von Hand zu Hand".

Die Barzahlung findet in der Regel nur Anwendung, wenn es sich um kleinere Beträge handelt.

Folgendes ist zu beachten:

Regeln

- Erstellung von Rechnungs- und Zahlungsbelegen auch für Kleinstbeträge, um die Ordnungsmäßigkeit der Buchführung zu erhalten.
- Anschaffung einer Registrierkasse zur Aufzeichnung der Zahlungsvorgänge bei Ladengeschäften.
- Leistung von Zahlungen nur an Berechtigte (Inkassovollmacht); der Überbringer einer Quittung gilt nach dem Gesetz als ermächtigt (Beweismittel).
- Genereller Annahmezwang für Banknoten; für Münzen nur bis zu einem festgelegten Umfang.

Quittung

Möglichkeiten der Barzahlung

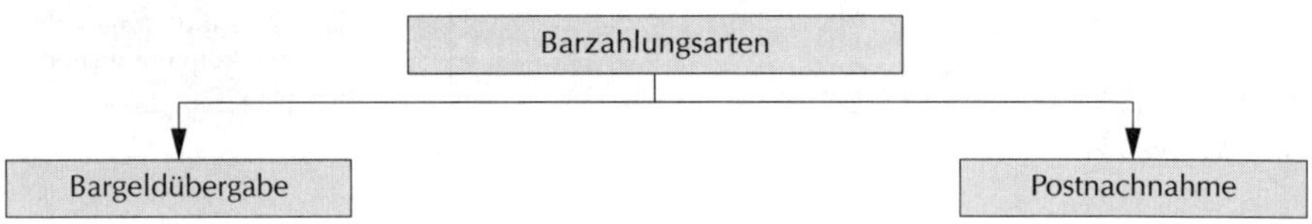

Abbildung 172

Postnachnahme

Postnachnahme

Die Postnachnahme ist eine Postsendung, welche dem Empfänger nur gegen Bezahlung des angegebenen Betrages ausgehändigt wird.

Dabei wird der einzukassierende Betrag dem Absender nach Abzug der Versandspesen zurückgesandt. Der Handwerker wird daher zweckmäßigerweise den einzuziehenden Rechnungsbetrag um die Einzugsspesen erhöhen.
Per Nachnahme können Postsendungen (Brief, Postkarte, Warenprobe, Geschäftspapiere usw.) ebenso versandt werden wie Paketsendungen. Ferner kann die Nachnahme zum Einzug von Forderungen eingesetzt werden.

Nachteile der Barzahlung

Nachteile der Barzahlung sind:

- Gefahr des Verlierens bringt Unsicherheit in die Barzahlung
- zeitraubend
- unbequem
- teilweise sehr teuer.

Die Barzahlung verliert im Geschäftsleben gegenüber den vielfältigen Möglichkeiten der bargeldlosen Zahlung immer mehr an Bedeutung.

2.5.7.2 Bargeld sparende Zahlung

Bei der Bargeld sparenden Zahlungsweise wird der Zahlungsvorgang zum Teil durch Barzahlung und zum Teil über ein Bankkonto abgewickelt.

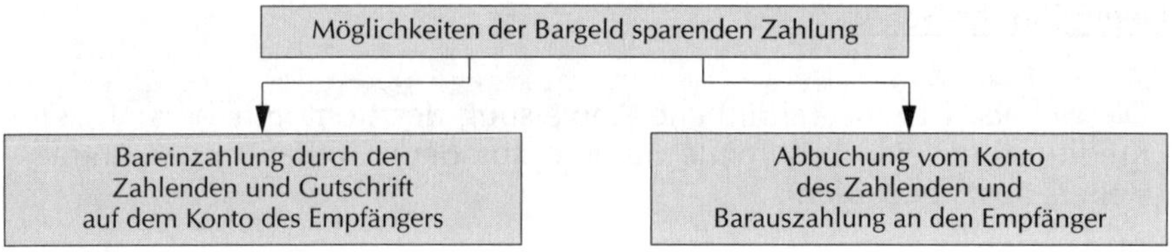

Abbildung 173

2.5.7.3 Bargeldlose Zahlung

Zahlung durch Banküberweisung

Die Banküberweisung ist vollkommen bargeldlos und vollzieht sich von Konto zu Konto.

Umbuchung von Konto zu Konto

Die Zahlung ist mit der Gutschrift auf dem Konto des Empfängers zu leisten. Die Überweisung erfolgt in der Weise, dass der Schuldner das kontoführende Institut (Hausbank) beauftragt, einen bestimmten Geldbetrag dem Konto des Empfängers gutzuschreiben und das Konto des Schuldners zu belasten. Die Hausbank überweist den Betrag an die Bank des Zahlungsempfängers, die ihrerseits ihren Kunden mittels Kontoauszug über den Geldeingang informiert.
Für bestimmte Beträge, die in regelmäßigen Abständen zu überweisen sind, können so genannte **Daueraufträge** eingerichtet werden.

Dauerauftrag

Zahlung durch Lastschriftverfahren

Bei diesem Verfahren erfolgt der „Geldeinzug" mittels Lastschrift. Im Gegensatz zur Überweisung wird der Zahlungsvorgang vom Zahlungsempfänger ausgelöst.

Voraussetzung hierfür ist allerdings eine Einverständniserklärung des Zahlungspflichtigen.

Es gibt zwei Arten von Lastschriftverfahren:
- das Abbuchungsauftragsverfahren
- das Einzugsermächtigungsverfahren.

Beim Abbuchungsauftragsverfahren gibt der Zahlungspflichtige seiner Bank den Auftrag, die von einem genau bezeichneten Zahlungsempfänger ausgestellten Lastschriften zu Lasten seines Kontos einzulösen.

Abbuchungsauftragsverfahren

Beim Einzugsermächtigungsverfahren erteilt der Zahlungspflichtige dem Zahlungsempfänger schriftlich eine Ermächtigung, auf ihn Lastschriften zu ziehen. Dieses Zahlungsverfahren eignet sich insbesondere für regelmäßig wiederkehrende Zahlungen wie z.B. Versicherungsprämien, Gebühren usw.

Einzugsermächtigungsverfahren

Das Einzugsermächtigungsverfahren kommt in der Praxis häufiger vor als das Abbuchungsverfahren.

Zahlung durch Bankscheck

Definition des Schecks

Begriff

Der Scheck ist eine schriftliche Anweisung des Kontoinhabers an sein Kreditinstitut, eine bestimmte Summe aus dem Guthaben des Antragstellers auszubezahlen.

Bankguthaben oder Kredit

Voraussetzung für den Scheckverkehr ist also ein Guthaben bei einem Kreditinstitut. Dieses Guthaben entsteht durch Zahlungseingänge oder auch dadurch, dass die Bank nach eingehender Prüfung der Verhältnisse des Antragstellers diesem einen verfügbaren laufenden Kredit in bestimmter Höhe einräumt.

Banken brauchen Schecks beim Inkasso nicht mehr in Papierform versenden. Zeit- und kostenintensive Transporte entfallen damit vollständig. Es ist ausreichend, wenn sie ein elektronisches Abbild des Schecks versenden. Damit wird der Geschäftsverkehr deutlich erleichtert.

Gesetzliche Bestandteile des Schecks

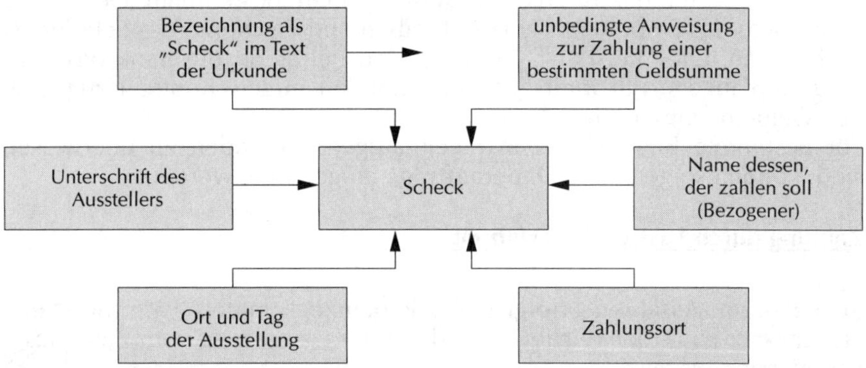

Abbildung 174

Ausfüllen des Schecks

Gültigkeit

Da der Scheck ein Wertpapier ist, ist seine Ausfüllung an bestimmte Formen gebunden. Der Scheck muss für seine Gültigkeit die gesetzlichen Bestandteile aufweisen.
Die Scheckvordrucke erhält der Kontoinhaber von der Bank.

Scheckarten

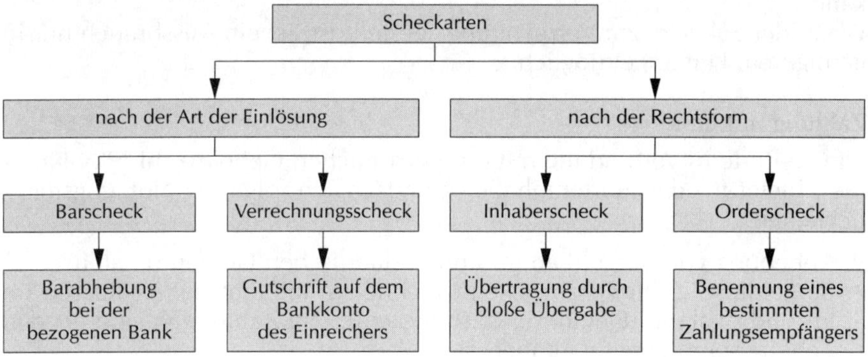

Abbildung 175

Barscheck:
Beim Barscheck kann der Scheckinhaber das Geld bei der bezogenen Bank sofort in bar abheben. Abhebung in bar
Ein Barscheck kann zu einem Verrechnungsscheck gemacht werden durch Querschrift auf der Vorderseite „Nur zur Verrechnung".

Verrechnungsscheck:
Der Verrechnungsscheck trägt auf der Vorderseite quer die Aufschrift „Nur zur Verrechnung".
Der Gegenwert des Verrechnungsschecks kann nur auf dem Konto des Einreichers gutgeschrieben werden. Gutschrift

Inhaberscheck:
Der Inhaberscheck trägt den Zusatz „oder Überbringer". Übergabe
Die Übertragung erfolgt durch bloße Übergabe. Der Bezogene ist berechtigt, aber nicht verpflichtet, die Berechtigung des Vorzeigers zu prüfen.
Wird ein Inhaberscheck giriert (übertragen), so kann der Empfänger des Schecks bei nicht erfolgter Zahlung seine Vormänner haftbar machen. Der Inhaberscheck wird dadurch aber keinesfalls in einen Orderscheck umgewandelt.

Orderscheck:
Ein Orderscheck liegt vor, wenn mit oder ohne den Zusatz „oder Order" ein bestimmter Zahlungsempfänger genannt ist. Zahlungsempfänger
Ein Orderscheck ist durch Indossament übertragbar. Der Bezogene (Bank) ist verpflichtet, die formelle Berechtigung des Vorlegers zu prüfen.
Jeder Scheck ist bei Sicht zahlbar. Er kann jederzeit weitergegeben werden. Da der Scheck jedoch ein kurzfristiges bargeldloses Zahlungsmittel ist, soll er möglichst bei Erhalt zur Gutschrift auf das eigene Konto bei der Bank eingereicht werden.

Scheckverlust

Verliert der Aussteller einen Scheck, so hat er sofort seine Bank telefonisch von dem Verlust zu verständigen und aus Sicherheitsgründen schriftlich zu bestätigen, damit diese den Scheck sperren kann.

Wird der Scheck von einer anderen Person verloren, so hat diese sofort den Aussteller zu verständigen, damit er das Notwendige veranlassen kann.
Wenn der Scheck „zur Verrechnung" gestellt ist, ist ein Missbrauch nur in geringerem Umfange möglich.

Zahlung mit ec-Karte

Die ec-Karte in Verbindung mit der persönlichen Geheimzahl (PIN-Nummer) bietet für den Karteninhaber grundsätzlich folgende Nutzungsmöglichkeiten:

- Abhebung von Bargeld an in- und ausländischen Geldautomaten.
- Bargeldlose Zahlung an gekennzeichneten automatisierten Kassen im In- und Ausland (Electronic-Cash-System). Die Zahlungen sind für den Zahlungsempfänger garantiert.

EC-Cash-System

ELV-System

Im Rahmen des elektronischen Lastschriftverfahrens (ELV-System) kann in vielen Geschäften auch ohne PIN gegen Unterschrift mit der EC-Karte bezahlt werden. Eine Zahlungsgarantie besteht bei diesem Verfahren für den Zahlungsempfänger nicht. Für den Zahlungsempfänger ist das ELV-System jedoch kostengünstiger als das EC-Cash-System.

Die bargeldlose Zahlung mit der ec-Karte ist im Rahmen des persönlichen Verfügungsrahmens des Karteninhabers gegeben.
Die ec-Karte ist mit besonderer Sorgfalt aufzubewahren, die PIN-Nummer sollte keiner anderen Person bekannt werden.
Bei Verlust der ec-Karte oder missbräuchlichen Verfügungen ist unverzüglich die kontoführende Bank oder der zentrale Sperrannahmedienst zu benachrichtigen.

Zahlung mit Kreditkarten

Eine weitere Form des bargeldlosen Zahlungsverkehrs ist die Verwendung von Kreditkarten. Mit der Kreditkarte kann man bargeldlose Zahlungen in verschiedenen Bereichen leisten und sich selbst Bargeld beschaffen. Kreditkartenzahlungen sind für den Zahlungsempfänger garantiert.

Die Kreditkarte bietet folgende Vorteile:

Vorteile

- geringes Verlustrisiko
- erhöhte Zahlungsfähigkeit
- weltweite Akzeptanz
- Bargeldservice
- Geldautomatenservice
- zusätzliche Serviceleistungen wie zum Beispiel Versicherungsleistungen sowie Dienstleistungen in den Bereichen Reisen, Sport- und Kulturereignisse u. a.
- bequeme Zahlungsabwicklung
- Zinsvorteil durch spätere Wertstellung auf dem Bankkonto.

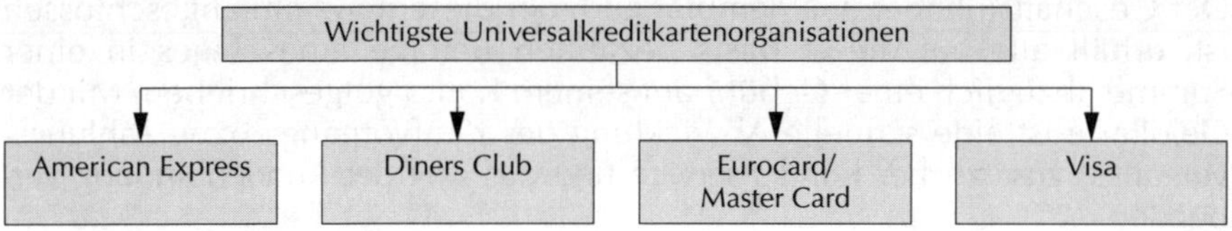

Abbildung 176

Spezialkreditkarten

Neben den genannten Universalkreditkarten gibt es Spezialkreditkarten, die von Unternehmen, Verbänden u. Ä. angeboten werden, die aber mit den herkömmlichen Kreditkartenunternehmen zusammenarbeiten (zum Beispiel ADAC, Bahn-Card etc.). Man spricht dabei vom so genannten Co-Branding.

Abrechnung

Abzug

Geschäfte (Vertragsunternehmen) erhalten von den Kreditkarten-Emittenten nicht den gesamten Rechnungsbetrag vergütet, sondern werden mit dem Abzug einer Provision belastet. Dies bringt eine Schmälerung der Gewinnspanne mit sich. Sieht man vom Ausfallrisiko des ELV-Systems ab, sind Zahlungen mit EC-Karte für den Geschäftsinhaber günstiger als Zahlungen, die mit der Kreditkarte erfolgen.

Dieser Tatsache sollte sich der Betriebsinhaber bewusst sein, wenn er sich als Vertragspartner einem Kreditkarteninstitut anschließen will.

Oftmals ist dies auch für den Handwerksmeister aus Wettbewerbsgründen unumgänglich. Umfragen zeigen, dass die Verwendung und Akzeptanz von Kreditkarten umsatzsteigernde psychologische Effekte beim Verbraucher auslösen.

Zahlung mit Kundenkarten

Kundenkarten eröffnen dem Unternehmen die Vorteile der bargeldlosen Zahlung und zusätzlich das Angebot spezifischer Serviceleistungen (z. B. Kultur, Sport, Reisen).

Kundenbindung

Zahlreiche Unternehmen versuchen ihre Kunden über Kundenkarten stärker an sich zu binden.

Zahlung mit elektronischer Geldbörse (Geldkarte)

Bei der elektronischen Geldbörse (Geldkarte) als „Kleingeldersatz" handelt es sich um einen Mikrochip, mit dem ec-Karten, Bankkarten oder Kundenkarten zusätzlich ausgestattet werden.

Ladeterminal

Geldkarten-Terminal

Die Geldkarte mit dem Chip wird bei dem Ladeterminal der Bank oder an Geldautomaten mit bis zu 200,00 EUR aufgeladen. Die gespeicherte Summe kann in beliebig vielen Teilbeträgen „abgerufen" werden, d. h., es wird im Geschäft oder an Automaten ohne Geheimzahl und ohne Unterschrift bezahlt. Voraussetzung ist das Vorhandensein eines Geldkarten-Terminals oder einer geldkartentauglichen Kasse im Geschäft. Die Zahlungen sind garantiert.

Der Geschäftsinhaber (Geldempfänger), der diesem System angeschlossen ist, erhält alle auf dieser Basis bezahlten Beträge eines Tages in einer Summe abzüglich einer Gebühr auf seinem Konto gutgeschrieben. Mit der Geldkarte ist eine schnelle Abwicklung des Kaufvorgangs bzw. Zahlungsvorgangs, zusätzlicher Kundenservice und das Ziel der Kundenbindung verbunden.
Die Akzeptanz dieses Zahlungsmittels ist bei den Karteninhabern, den Banken und den Geschäftsinhabern derzeit noch gering.

Zahlung mittels moderner Datenübertragung bzw. Kommunikationstechnik

Belegloser Zahlungsverkehr

Mit Hilfe der EDV bzw. moderner Kommunikationstechniken lässt sich der Zahlungsverkehr vollkommen beleglos abwickeln.

Internet-Banking
Online-Banking

Die Erledigung von Bankgeschäften und die Kontoführung per PC ist heute unabhängig von den Öffnungszeiten der Banken grundsätzlich für jeden Handwerker möglich und kann von jedem vorgenommen werden, der im Betrieb oder zu Hause über einen Onlineanschluss verfügt. Man nennt dieses Verfahren Internet-Banking bzw. Online-Banking. Internet-Banking ermöglicht u. a. den Abruf des Kontostandes und der Kontoauszüge, die Vornahme von Überweisungen und das Bestellen von Vordrucken. Meist werden weitere Nutzungsmöglichkeiten wie Einrichten von Daueraufträgen, Wertpapiergeschäfte, Informationen über aktuelle Preise für Devisen und Sorten, Anlegen von Festgeldern oder Erwerb von Sparbriefen angeboten. Selbstverständlich erfordert Internet-Banking eine strenge Einhaltung der Sicherungsmechanismen (HBCI-Standards). Insbesondere dürfen die persönlichen Kennworte (PIN und TAN) Dritten nicht zugänglich gemacht werden. Banken verlangen bei dieser Art der Geschäftsabwicklung deutlich geringere Gebühren.
Bei umfangreicherem Zahlungsverkehr können die betrieblichen Daten auch auf einem Datenträger oder durch Datenübertragung der Bank zur weiteren Bearbeitung übergeben werden.

Telefon-Banking

Banken ermöglichen es darüber hinaus, Kontoabfragen, Überweisungen, Einrichtung von Daueraufträgen und Bestellung von Zahlungsvordrucken auch telefonisch zu erledigen (Telefon-Banking).

Zahlung durch Wechsel

Der Wechsel ist ein Dokument (eine Urkunde), indem sich jemand verpflichtet oder indem jemand verpflichtet wird, zu einem bestimmten Zeitpunkt an einem bestimmten Ort eine bestimmte Summe Geld zu bezahlen.

Zahlungs-, Kredit- und Sicherungsmittel

Nach der wirtschaftlichen Funktion ist der Wechsel ein Zahlungsmittel und ein Kreditmittel. Er kann in Form eines Depotwechsels auch als Sicherung dienen, da der Schuldner durch die „Wechselstrenge" verpflichtet wird, das Geld am Verfalltag zu bezahlen.

Wechselarten

Nach Zahlungsversprechen bzw. Zahlungsanweisung unterscheidet man den „eigenen Wechsel“ (Sola-Wechsel) und den „gezogenen Wechsel“ (Tratte).

Eigener Wechsel

Der eigene Wechsel (Sola-Wechsel) ist das unbedingte Versprechen des Wechselausstellers, eine bestimmte Geldsumme zu einem bestimmten Zeitpunkt und an einem bestimmten Ort zu bezahlen.

Gezogener Wechsel

Der gezogene Wechsel (Tratte), der in der Praxis häufiger vorkommt, ist eine unbedingte Anweisung an einen anderen, eine bestimmte Geldsumme zu einem bestimmten Zeitpunkt und an einem bestimmten Ort zu bezahlen.

Überblick

Wechselarten und ihre gesetzlichen Bestandteile

eigener Wechsel (unbedingtes Zahlungsversprechen)

- Bezeichnung „Wechsel“ im Text der Urkunde
- unbedingtes Versprechen zur Zahlung einer bestimmten Geldsumme
- Verfallzeit
- Zahlungsort
- Name des Zahlungsempfängers
- Datum, Ort der Ausstellung
- Unterschrift des Ausstellers

gezogener Wechsel (unbedingte Zahlungsanweisung)

- Bezeichnung „Wechsel“ im Text der Urkunde
- unbedingte Anweisung zur Zahlung einer bestimmten Geldsumme
- Name, Anschrift des Bezogenen
- Verfallzeit
- Zahlungsort
- Name des Zahlungsempfängers
- Datum, Ort der Ausstellung
- Unterschrift des Ausstellers

Abbildung 177

Wechselannahme

Akzept

> Durch die Unterschrift des Bezogenen wird beim gezogenen Wechsel aus der Zahlungsaufforderung des Schuldners eine Zahlungsverpflichtung (Akzept).

Der Bezogene wird zum Hauptschuldner. Er kann jedoch die Annahme des Wechsels auf einen Teil der Wechselsumme beschränken.
Die Unterschrift ist quer über den linken Rand des Wechsels zu schreiben.

Verwendungsmöglichkeiten des Wechsels

Weitergabe des Wechsels als Zahlungsmittel

> Der Wechsel kann vom Wechselnehmer als Zahlungsmittel durch Übertragungsvermerk weitergegeben werden.

Der Übertragungsvermerk (Indossament) wird auf der Rückseite des Wechsels angebracht. Reicht die Rückseite für mehrere Wechselvermerke nicht aus, so klebt man ein Verlängerungsstück an den Wechsel (Allonge). Um die Zugehörigkeit der Allonge zu einem bestimmten Wechsel zu sichern, setzt man auf der Vorderseite der Allonge folgende Daten ein:

Allonge

- Wechselsumme
- Verfall
- Zahlungsort
- Name des Bezogenen
- Name des Ausstellers.

Der Weitergabevermerk heißt Indossament. Man unterscheidet folgende Arten:

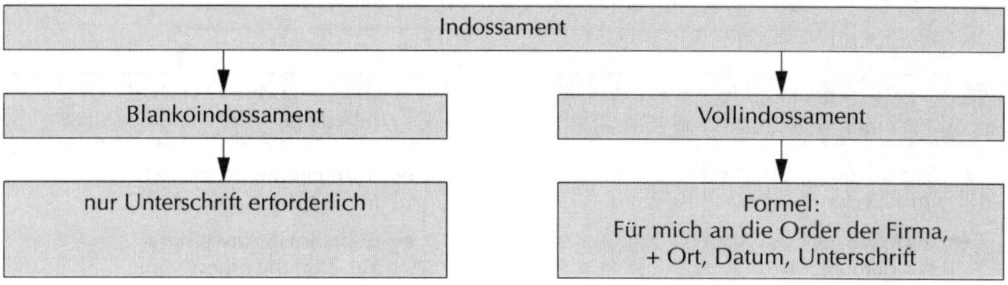

Abbildung 178

Jeder Übertragende (Vormann) haftet dem späteren Besitzer (Nachmann) für die Zahlung und erhöht damit die Sicherheit des Wechsels.

Wechselverkauf (Diskontierung)

Der Wechselinhaber kann den Wechsel vor seiner Fälligkeit an seine Bank verkaufen und kommt so rasch in den Besitz des Gegenwertes.

Obwohl hier ein Kaufvertrag über den Wechsel vorliegt, handelt es sich letztlich um eine Kreditbeziehung zwischen dem Einreicher des Wechsels und dem Kreditinstitut. Man spricht auch von Diskontkredit.
Die Bank berechnet hierfür Zinsen (Diskont) vom Verkaufstage bis zum Verfalltage sowie Provision und Spesen.

Diskontkredit

Aufbewahrung bis zum Verfalltag

Es besteht auch die Möglichkeit, den Wechsel bis zum Verfalltag liegen zu lassen und beim Bezogenen dann vorzulegen.

Man verzichtet dann jedoch auf die Möglichkeit, sich vergleichsweise günstiges Fremdkapital zu beschaffen (Wechselkredit).

Wechseleinlösung

Der letzte Inhaber des Wechsels ist berechtigt, am Verfalltage den Wechsel zur Bezahlung dem Bezogenen vorzulegen oder vorlegen zu lassen.

Für den Wechsel sind verschiedene Verfallzeiten möglich:

- Wechsel muss beim Vorlegen (auf Sicht) bezahlt werden.
- Wechsel muss eine bestimmte Zeit nach Sicht bezahlt werden z.B. 8 Tage nach Sicht (Nach-Sicht-Wechsel).
- Wechsel muss nach einer bestimmten Zeit der Ausstellung bezahlt werden (z.B. 3 Monate nach Ausstellung – Datowechsel).
- Wechsel muss an einem bestimmten Tag bezahlt werden (Tageswechsel).

Der bezahlte Wechsel ist auf der Rückseite zu quittieren und dem Bezogenen auszuhändigen. Quittieren

Für den Bezogenen empfiehlt es sich, den Wechsel bei seiner Bank zahlbar zu stellen (Zahlstellen- oder Domizilwechsel). In diesem Fall muss er die Bank verständigen, den Wechsel einzulösen. Zahlbarstellung

Ebenso kann die Post (Postauftrag) die Einlösung vornehmen.

Wird der Wechsel am Verfalltag von einem fremden Inhaber zur Bezahlung vorgelegt, so ist zu prüfen, ob der Vorzeiger auch berechtigter Inhaber des Wechsels ist.

Die Wechselverbindlichkeit ist eine Holverbindlichkeit, der Wechsel muss daher am Verfalltag oder spätestens 2 Werktage darauf dem Bezogenen zur Zahlung vorgelegt werden.

Praktische Hinweise für den Umgang mit Wechseln

- Ungültigkeit bei Fehlen eines gesetzlichen Bestandteils
- Haftung jedes Unterschriftleistenden
- keine Wechsel von unbekannten Personen
- Prüfung des Verfalltages
- pünktliche Einlösung
- kein Zwang zur Wechselannahme
- Wechselsumme soll der tatsächlichen Schuldsumme entsprechen
- keine Wechselbürgschaft und kein Wechselakzept nur aus Freundschaft
- keine Blankowechsel ausstellen
- Bezahlung nur gegen Wechselquittung.

Übungs- und Prüfungsaufgaben

1. Welches ist die zentrale Aufgabe der Finanzierung?

„Siehe Seite 372 des Textteils!"

2. Erläutern Sie die wichtigsten Positionen, die bei der Erstellung eines Investitionsplanes zu berücksichtigen sind!

„Siehe Seite 372 des Textteils!"

3. Erläutern Sie die Aufgaben der Finanzplanung!

„Siehe Seite 373 des Textteils!"

4. Welche Bedeutung hat der Finanzplan im Verbund mit der Gesamtplanung eines Betriebes?

„Siehe Seite 373 des Textteils!"

5. Sie sind Inhaber eines Handwerksbetriebes und wollen dafür Sorge tragen, dass die Zahlungsbereitschaft Ihres Betriebes stets gegeben ist. Um dieses Ziel zu erreichen, wollen Sie künftig eine systematische Finanz- und Liquiditätsplanung betreiben.

Aufgabe: Stellen Sie zusammen, welche wichtigen Positionen Ihr Finanzplan enthalten soll!

„Siehe Seite 374 des Textteils!"

6. Erstellen Sie einen Finanzplan für einen Handwerksbetrieb!

„Siehe Seite 375 des Textteils!"

7. Erklären Sie die wichtigsten Investitions- und Finanzierungsanlässe im Handwerksbetrieb!

„Siehe Seite 376 des Textteils!"

8. Von Eigenfinanzierung spricht man, wenn

☐ a) Investitionen durch Einzug betrieblicher Kundenforderungen finanziert werden.
☐ b) der Kapitalbedarf durch „Sparen im Betrieb" gedeckt wird.
☐ c) das Anlagevermögen, statt auf Kredit- oder Eigenkapitalbasis finanziert, gemietet wird.
☐ d) Investitionen durch Ausnutzung von Lieferantenkrediten finanziert werden.
☐ e) Privatvermögen und Eigenleistungen für betriebliche Finanzierungszwecke eingesetzt werden.

„Siehe Seite 377 des Textteils!"

9. Die Selbstfinanzierung, also im Wesentlichen die Kapitalbildung durch im Betrieb erzielte und nicht entnommene Gewinne, sollte für jeden Handwerksbetrieb ein erstrebenswertes finanzpolitisches Ziel sein. Deshalb wollen Sie für Ihren Handwerksbetrieb die Selbstfinanzierungsquote jährlich errechnen.

Aufgabe: Erläutern Sie, wie Sie die zur Selbstfinanzierung zur Verfügung stehenden Mittel für Ihren Betrieb errechnen können!

„Siehe Seite 378 des Textteils!"

10. Als Inhaber eines Handwerksbetriebes sind Sie zur Finanzierung der Investitionen und der Betriebsabläufe auch auf die Aufnahme von Krediten angewiesen. Um die jeweils für den Zweck der Verwendung angemessene Kreditart einzusetzen, wollen Sie sich einen Überblick über die für den Handwerksbetrieb wichtigsten Kreditarten verschaffen.

Aufgabe: Beschreiben Sie kurz die wichtigsten Kreditarten, die im Rahmen der Fremdfinanzierung für Ihren Betrieb in Frage kommen!

„Siehe Seite 378 des Textteils!"

11. Welches sind die wichtigsten kurzfristigen Kreditarten?

☐ a) Kontokorrentkredit, Wechselkredit und Lieferantenkredit
☐ b) Darlehen der Hausbank
☐ c) Verwandtendarlehen
☐ d) Kredite nach Handwerkskreditprogramm
☐ e) Durch Kreditgarantiegemeinschaft verbürgte Kredite.

„Siehe Seite 378 des Textteils!"

12. Sie sind selbstständiger Handwerksmeister. Ihre Lieferanten bieten Ihnen im Rahmen der Zahlungsbedingungen an, bei Zahlung der Rechnungen innerhalb einer bestimmten Frist (z.B. 10 Tage) ab Rechnungsstellung 3 % Skonto vom Rechnungsbetrag abzuziehen. Sie sind aber im Hinblick auf die laufenden betrieblichen Einnahmen nicht immer in der Lage, diese Skontierungsmöglichkeiten auszuschöpfen, würden dies aber gerne tun. Andererseits haben Sie Ihren Kontokorrentkredit bei der Bank nie voll ausgeschöpft.

Aufgabe:

a) Prüfen Sie, ob es für Sie von Vorteil ist, zur Ausnutzung der Skontoabzugsmöglichkeiten einen Bankkredit aufzunehmen!
b) Erklären Sie, welche Berechnung dabei notwendig ist!
c) Begründen Sie Ihr Ergebnis!

„Siehe Seite 379 des Textteils!"

13. Erläutern Sie die Unterschiede zwischen Festdarlehen, Abzahlungsdarlehen und Annuitätendarlehen!

„Siehe Seite 380 des Textteils!"

14. Welche Finanzierungskosten fallen bei Aufnahme eines Darlehens je nach Darlehensform an?

„Siehe Seite 381 des Textteils!"

15. Zur Finanzierung des Kaufs von neuen Maschinen müssen Sie als Betriebsinhaber von Ihrer Hausbank ein Darlehen aufnehmen. Die Bank verlangt von Ihnen für das beantragte Darlehen Sicherheiten.

Aufgabe: Stellen Sie zusammen, welche banküblichen Sicherheiten Sie der Bank anbieten können!

„Siehe Seite 382 des Textteils!"

16. Welche Bedeutung hat das Ratingverfahren für den Handwerksbetrieb?

„Siehe Seite 383 des Textteils!"

17. Man spricht von „Leasing", wenn
☐ a) ein Betrieb in erster Linie seinen gesamten Fuhrpark mietet.
☐ b) Geschäftseinrichtungsgegenstände gekauft und sofort bar bezahlt werden.
☐ c) Geschäftseinrichtungsgegenstände auf Kredit gekauft werden.
☐ d) ein Unternehmen Maschinen, Werkzeuge und Geschäftseinrichtungen mietet.
☐ e) ein Betrieb den Kunden ein Zahlungsziel einräumt.

„Siehe Seite 387 des Textteils!"

18. Wegen der Ausweitung des Geschäftsvolumens müssen Sie für Ihren Handwerksbetrieb zwei Fahrzeuge anschaffen. Sie haben gehört, dass eine Reihe betrieblicher Investitionen, so auch Fahrzeuge, vermehrt statt auf Kreditbasis auf der Grundlage des Leasinggeschäfts finanziert werden. Bevor Sie eine Entscheidung über die Art der Finanzierung Ihrer Anschaffung treffen, wollen Sie sich grundsätzlich über die Vor- und Nachteile des Leasings aus finanzwirtschaftlicher Sicht informieren.

Aufgabe: Stellen Sie die Vor- und Nachteile des Leasings in Bezug auf Ihre Finanzierungsentscheidung der Fahrzeuge zusammen!

„Siehe Seite 387 des Textteils!"

19. Erklären Sie die Vor- und Nachteile des Factorings!

„Siehe Seite 388 des Textteils!"

20. Im Zuge einer erheblichen Vergrößerung Ihres Handwerksbetriebes planen Sie den Neubau eines Betriebsgebäudes und die Anschaffung weiterer Maschinen. Nach Erstellung eines Investitionsplanes und einer Kapitalbedarfsrechnung sind Sie dabei, einen Finanzierungsplan zu erstellen, der die Gesamtfinanzierung sicherzustellen hat. Sie haben gehört, dass es für die Finanzierung solcher Vorhaben für Handwerksbetriebe unter bestimmten Voraussetzungen öffentliche Finanzierungshilfen, insbesondere durch Kreditprogramme mit günstigen Zins- und Tilgungskonditionen, gibt.

Aufgabe: Stellen Sie die wichtigsten öffentlichen Finanzierungshilfen für Ihre im Fall beschriebene Betriebserweiterung zusammen!

„Siehe Seite 389 des Textteils!"

21. An wen sollten Sie sich als Handwerksmeister wegen der Beratung über spezielle Finanzierungshilfen für das Handwerk wenden?

„Siehe Seite 389 des Textteils!"

22. Man spricht von Handwerkskreditprogrammen, wenn
☐ a) Banken Handwerksbetrieben Kredite zu besonders günstigen Zinsen gewähren.
☐ b) Landeshandwerksvertretungen Richtlinien für Kredite an Handwerksbetriebe erlassen.
☐ c) die Handwerkskammer an Handwerksunternehmen direkt Kreditmittel ausreicht.
☐ d) Handwerksinnungen ihren Mitgliedern Kredite für Investitionen gewähren.
☐ e) Bund und Länder zinsgünstige Kreditmittel zur Förderung des Handwerks zur Verfügung stellen.

„Siehe Seite 389 des Textteils!"

23. Welches sind die Aufgaben der Kreditgarantiegemeinschaft des Handwerks oder der Bürgschaftsbank bzw. der Bürgschaftsgemeinschaft?

☐ a) Sie gewährt an Handwerksunternehmen zinsgünstige Kredite.
☐ b) Sie gibt Zinszuschüsse für Investitionskredite.
☐ c) Sie übernimmt Ausfallbürgschaften für Kredite, die Handwerksbetrieben gewährt werden.
☐ d) Sie garantiert Handwerksbetrieben bestimmte Kreditlinien zur Finanzierung der Materialvorräte.
☐ e) Sie wickelt Kreditprogramme von Bund und Ländern ab.

„Siehe Seite 390 des Textteils!"

24. Wer nimmt in der Regel zum Antrag auf Übernahme einer Bürgschaft durch die Kreditgarantiegemeinschaft des Handwerks oder Bürgschaftsbank bzw. Bürgschaftsgemeinschaft gutachterlich Stellung?

☐ a) Die Innung
☐ b) Die Handwerkskammer
☐ c) Der Landesinnungsverband
☐ d) Der Bundesinnungsverband
☐ e) Das Gewerbeamt.

„Siehe Seite 390 des Textteils!"

25. Welche Aufgaben haben die Kapitalbeteiligungsgesellschaften im Handwerk?

☐ a) Sie übernehmen alle mit der Kapitalbeschaffung anfallenden Aufgaben.
☐ b) Sie gewähren den Handwerksbetrieben zinsgünstige Kredite bis zu 100.000,00 EUR.
☐ c) Sie ermöglichen Handwerksbetrieben die Kapitalbeschaffung auf der Basis der Beteiligung.
☐ d) Sie beraten die Unternehmer im Handwerk bei der Geldanlage im privaten Bereich.
☐ e) Sie übernehmen für selbstständige Handwerker Bürgschaften gegenüber Banken.

„Siehe Seite 390 des Textteils!"

26. Welchen Zweck hat die Kapitalbedarfsrechnung?

☐ a) Sie dient der Übersicht über die eigenen Ersparnisse.
☐ b) Sie ist eine Aufstellung über das notwendige Fremdkapital.
☐ c) Sie dient der vollständigen Erfassung des Gesamtkapitalbedarfs.
☐ d) Sie beinhaltet eine Berechnung des Zinses für das Fremdkapital.
☐ e) Sie dient ausschließlich der Erfassung des Kapitalbedarfs für die Betriebstätigkeit.

„Siehe Seite 390 des Textteils!"

27. Was versteht man unter kurzfristigem Kapitalbedarf?

☐ a) Den Kapitalbedarf für maschinelle Investitionen.
☐ b) Den Kapitalbedarf für betriebliche Bauvorhaben.
☐ c) Den Kapitalbedarf für Rationalisierungsinvestitionen.
☐ d) Den Kapitalbedarf, der bei Ausscheiden eines Gesellschafters entsteht.
☐ e) Den Kapitalbedarf zur Deckung laufender Kosten eines Betriebes.

„Siehe Seite 391 des Textteils!"

28. Welche Teile des Betriebsvermögens sind nach betriebswirtschaftlichen Grundsätzen langfristig und welche Teile kurzfristig zu finanzieren?

„Siehe Seite 391 des Textteils!"

29. Erläutern Sie, welche wichtigen Punkte ein Finanzierungsplan enthalten muss!

„Siehe Seite 391 des Textteils!"

30. Unter Kapitaldienst versteht man aus betrieblicher Sicht

☐ a) die Kreditbearbeitungsgebühren der Bank bei Aufnahme von Fremdkapital.
☐ b) die Zins- und Tilgungsleistungen für aufgenommene Kredite und Darlehen.
☐ c) nur die Zinszahlungen für aufgenommene Kredite.
☐ d) ausschließlich die Tilgungsleistungen für aufgenommene Darlehen.
☐ e) alle bei der Beschaffung von Fremdkapital anfallenden Ausgaben.

„Siehe Seite 391 des Textteils!"

31. Sie wollen als Inhaber eines Handwerksbetriebes erhebliche Investitionen durchführen. Den Investitionsplan, die Kapitalbedarfsrechnung und den Finanzierungsplan haben Sie für das Vorhaben erstellt. Damit Sie die betriebswirtschaftliche Vertretbarkeit und die finanzielle Tragbarkeit des Vorhabens und der Finanzierung abschließend beurteilen können, ist die Berechnung des in den kommenden Jahren zusätzlich entstehenden Kapitaldienstes (Zins- und Tilgungsleistungen) und der vertretbaren Kapitaldienstgrenze erforderlich.

Aufgabe: Stellen Sie in einfacher Form dar, wie Sie den Kapitaldienst und die Kapitaldienstgrenze in Ihrem Fall berechnen können!

„Siehe Seite 392 des Textteils!"

32. Erläutern Sie die betriebswirtschaftlichen Finanzierungsregeln, die im Handwerksbetrieb zu beachten sind!

„Siehe Seite 392 des Textteils!"

33. Wo kann sich der Handwerksmeister in Finanzierungsfragen beraten lassen?

„Siehe Seite 392 des Textteils!"

34. Beschreiben Sie die drei Grundformen des Zahlungsverkehrs!

„Siehe Seite 393 des Textteils!"

35. Erläutern Sie die Barzahlungsmöglichkeiten!

„Siehe Seite 394 des Textteils!"

36. Welche Möglichkeiten der Bargeld sparenden Zahlung gibt es?

„Siehe Seite 395 des Textteils!"

37. Welche Formen der bargeldlosen Zahlung gibt es?

„Siehe Seite 395 des Textteils!"

38. Welche Möglichkeiten der Banküberweisung kommen für Ihren Handwerksbetrieb in Frage?

„Siehe Seite 395 des Textteils!"

39. Erklären Sie kurz die zwei Arten von Lastschriftverfahren!

„Siehe Seite 395 des Textteils!"

40. Erklären Sie die Scheckarten, die für Sie als Inhaber eines Handwerksbetriebes in Frage kommen können!

„Siehe Seite 397 des Textteils!"

41. Was sollten Sie als Scheckaussteller beim Verlust eines Schecks unternehmen?

☐ a) Den Scheck umgehend widerrufen.
☐ b) Dem Empfänger sofort einen neuen Scheck übersenden.
☐ c) Zuerst das Fundbüro in der Umgebung benachrichtigen.
☐ d) Die Bank vom Verlust verständigen, damit diese den Scheck sperren kann.
☐ e) Sofort Scheckprotest beim Notar erheben.

„Siehe Seite 397 des Textteils!"

42. Was hat der Inhaber einer ec-Karte zu veranlassen, wenn er diese verloren hat?

☐ a) Er hat unverzüglich die Sperrannahmestelle bei der Europäischen Zentralbank zu benachrichtigen.
☐ b) Er hat unverzüglich die Hauptkasse bei der Deutschen Bundesbank zu benachrichtigen.
☐ c) Er hat unverzüglich das Bundesaufsichtsamt für das Kreditwesen zu benachrichtigen.
☐ d) Er hat unverzüglich den zentralen Sperrannahmedienst bei der für den Sitz der Bank zuständigen Polizeidienststelle zu benachrichtigen.
☐ e) Er hat unverzüglich die kontoführende Bank oder den zentralen Sperrannahmedienst zu benachrichtigen.

„Siehe Seite 398 des Textteils!"

43. Erläutern Sie, welche Vorteile die Zahlung mit einer Kreditkarte bietet!

„Siehe Seite 398 des Textteils!"

44. Welche möglichen Konsequenzen können sich für einen Handwerksbetrieb aus der zunehmenden Verbreitung von Kreditkarten ergeben?

„Siehe Seite 399 des Textteils!"

45. Erläutern Sie, wie die elektronische Geldbörse (Geldkarte) verwendet werden kann!

„Siehe Seite 399 des Textteils!"

46. Sie sind Inhaber eines modernen Handwerksbetriebes und wollen prüfen, wie Sie Zahlungen und den weitergehenden Bankverkehr auf der Grundlage moderner Datenübertragungen bzw. Kommunikationstechnik künftig abwickeln können.

Aufgabe: Geben Sie an, welche Möglichkeiten im Rahmen des Internet-Banking bzw. Online-Banking und Telefon-Banking für Ihren Betrieb bestehen!

„Siehe Seite 400 des Textteils!"

47. Ein Wechsel ist

- ☐ a) ein Kredit- und Zahlungsmittel.
- ☐ b) nur ein Kreditmittel.
- ☐ c) nur ein Zahlungsmittel.
- ☐ d) rechtlich gesehen dasselbe wie ein Scheck.
- ☐ e) ein Geldersatzmittel, das vom Zahlungsempfänger wie Bargeld angenommen werden muss.

„Siehe Seite 400 des Textteils!"

48. In der Praxis des Kredit- und Zahlungsverkehrs

- ☐ a) kommt der eigene Wechsel häufiger vor.
- ☐ b) kommt der gezogene Wechsel häufiger vor.
- ☐ c) kommen beide etwa in gleicher Häufigkeit vor.
- ☐ d) kommen beide immer seltener vor.
- ☐ e) eignen sich beide nur bei größeren Geschäften.

„Siehe Seite 401 des Textteils!"

49. Wie kann ein Wechsel vom Betrieb weiterverwendet werden?

- ☐ a) Durch Weitergabe, durch Wechselverkauf oder durch Aufbewahrung bis zum Verfalltag.
- ☐ b) Nur durch Diskontierung bei der Bank, mit der der Bezogene arbeitet.
- ☐ c) Nur durch Aufbewahrung bis zum Verfalltag des Wechsels.
- ☐ d) Nur durch Weitergabe des Wechsels.
- ☐ e) Durch Umtausch in einen Bar- und Verrechnungsscheck.

„Siehe Seite 401 des Textteils!"

50. Was sollten Sie beim Umgang mit Wechseln in der Praxis beachten?

„Siehe Seite 403 des Textteils!"

2.6 Planung

2.6.1 Unternehmenszielsystem und Unternehmensplanung

2.6.1.1 Arten betrieblicher Ziele

Wirtschaftliche Ziele

In einem Handwerksbetrieb gibt es viele Ziele, die verfolgt werden. Sie beziehen sich z.B. auf Umsatz, Gewinn, Deckungsbeiträge, Kosten, Liquidität, Investitionen usw. Man nennt sie erwerbswirtschaftliche Ziele des Betriebes. Ihnen stehen nicht erwerbswirtschaftliche Ziele wie z.B. das Streben nach Anerkennung durch die Umwelt oder die Wahrung der Familientradition gegenüber.

Nicht monetäre Ziele

Monetäre Ziele

Letztere lassen sich nicht mit Geld bewerten. Sie werden daher als nicht monetäre Ziele bezeichnet. Umsatz, Gewinn oder Deckungsbeiträge lassen sich hingegen in Geldeinheiten beziffern. Man spricht daher von monetären Zielen.

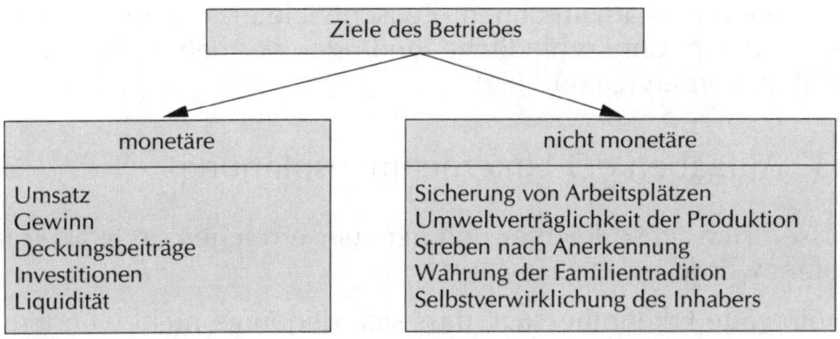

Abbildung 179

Alle diese Ziele können nicht unabhängig voneinander betrachtet werden. Beispielsweise wird die Erhöhung der Umweltverträglichkeit der Produktion meist mit erheblichen Kosten verbunden sein. Die getätigten Investitionen wirken sich unmittelbar auf die Liquidität und indirekt auf den Jahresgewinn aus usw.

2.6.1.2 Gliederung des Unternehmenszielsystems

Unternehmenszielsystem

Es wird deutlich, dass man nicht von einem einzigen betrieblichen Ziel ausgehen kann, sondern besser von einem vielschichtigen Zielsystem sprechen muss. Dieses Unternehmenszielsystem gliedert sich in Ober- und Unterziele.

Oberziele

Die Oberziele werden vom Betriebsinhaber festgesetzt. Sie lassen sich nicht in konkrete Zahlen fassen, sondern geben nur die „grobe Marschrichtung" vor. Diese nicht operationalen Ziele müssen, um umsetzbar zu werden, in operationale, d.h. direkt ausführbare, Unterziele aufgeteilt werden. Diese enthalten genaue Angaben darüber, was und wie viel von wem bis wann zu erledigen ist.

Unterziele
Zwischenziele

Oft kommt es vor, dass mehrere Unterziele zu Zwischenzielen zusammengefasst werden. Dies kann z. B. dann notwendig werden, wenn (zu) viele einzelne Tätigkeiten verrichtet werden müssen, um ein gewünschtes Ergebnis zu erhalten.

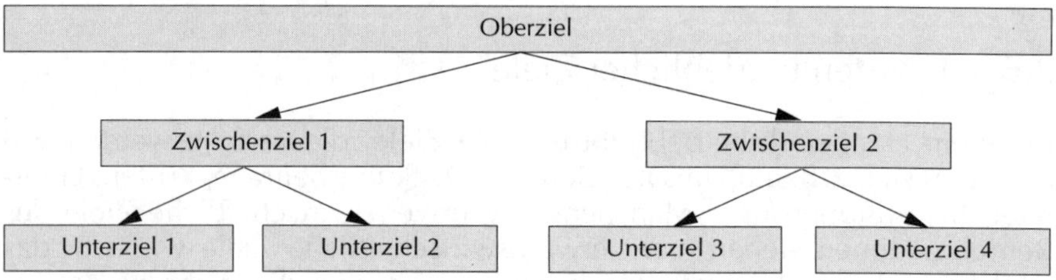

Abbildung 180

Beispiel:

Es kann Ziel eines Schreinermeisters sein, den Gewinn aus dem Innenausbaugeschäft zu erhöhen (Oberziel). Hierzu ist es nötig, mehr Baustellen fertig zu stellen und abzurechnen (Zwischenziele). Um mehr Aufträge zu erhalten, müssen unterschiedliche und/oder vermehrte Werbemaßnahmen getätigt werden (Unterziele).

2.6.1.3 Aufgaben der Unternehmensplanung

Ziele lassen sich umso leichter und genauer erreichen, je exakter im Voraus geplant wurde.

Bereits eine alte Erkenntnis sagt, dass sich derjenige nicht wundern muss, der nirgendwo ankommt, wenn er nicht weiß, wo er hin will. Dies gilt im privaten wie im geschäftlichen Bereich. Unternehmerische Tätigkeiten und Entscheidungen bedürfen einer überaus sorgfältigen Planung. Oft hängt von diesen Entscheidungen das Wohlergehen der Unternehmerfamilie sowie das der Mitarbeiter ab.

Planung

Pläne

Planung lässt sich als ein Prozess definieren, der im Voraus zukünftige Entwicklungen gedanklich vorwegnimmt. Das Ergebnis von Planungen sind Pläne, mit deren Hilfe an die Umsetzung der geplanten Vorhaben herangegangen werden kann.

Planungsprozess

Der Planungsprozess kann als geschlossenes System betrachtet werden. Die während der Planung erstellten Pläne dienen der Steuerung des Unternehmens. Am Ende der Plandurchführung steht die Kontrolle, in welcher die erreichten Resultate mit den geplanten Ergebnissen verglichen werden. Wird eine Planabweichung festgestellt, so wird dies zum Anlass genommen, neue Planungen durchzuführen. Diese werden dann anhand neu erstellter Pläne umgesetzt und die Ergebnisse werden erneut mit den Planvorgaben verglichen. Dieser Regelkreis wiederholt sich so lange, bis die gewünschten Resultate vorliegen.

Regelkreis

Planung, Steuerung und Kontrolle als Regelkreis

Abbildung 181

Unternehmensplanung

Aufgabe der Unternehmensplanung ist es, für das gesamte Unternehmen Pläne zu entwerfen. Hierbei kommt es besonders darauf an, sämtliche Einflussfaktoren, welche die Planumsetzung gefährden könnten, zu berücksichtigen. Ein Plan sollte folgende Hauptbestandteile umfassen:

Planbestandteile

Ziele:	Was soll bis wann erledigt werden?
Grundannahmen:	Unter welchen (Rahmen-)Bedingungen soll etwas getan werden?
Problemstellung:	Warum soll etwas getan werden?
Maßnahmen:	Wie soll es getan werden?
(Hilfs-)Mittel:	Womit soll es getan werden?
Zeit:	Bis wann soll es erledigt sein?
Personen:	Wer soll was tun?
Ergebnisse:	Welches Resultat soll erreicht werden?

Chefsache

Gerade im Handwerk erscheint es besonders wichtig, darauf hinzuweisen, dass die Planaufstellung in der Regel dem Betriebsinhaber obliegt. Planerstellungen, die Unterziele betreffen, können im Einzelfall an Mitarbeiter delegiert werden. Der Betriebsinhaber hat folglich die Richtlinienkompetenz der Unternehmensplanung.

Auf die Einrichtung einer Stabstelle zur Unternehmensplanung, wie sie in größeren Betrieben häufig angetroffen wird, kann bei der überwiegenden Mehrzahl der Handwerksbetriebe verzichtet werden.
Trotzdem ist es von großer Bedeutung, dass regelmäßig und langfristig geplant wird. Eine Entlastung im Tagesgeschäft lässt sich oftmals durch eine gute Planung erreichen. Unterbleibt die Planung, so wird man wahrscheinlich niemals die gewünschten Resultate erzielen können.

Regelmäßige Planung

2.6.1.4 Zeithorizont der Unternehmensplanung

Abhängig vom Planungshorizont unterscheidet man kurzfristige und langfristige Planungen. Erstere werden operative Planungen genannt. Sie werden für maximal 1 Jahr aufgestellt. Letztere bezeichnet man als strategische Planungen. Sie sollen eine Vorausschau auf die kommenden Jahre ermöglichen.

Da im Handwerk grundsätzlich relativ kurze Planungszeiträume anzunehmen sind, kann man von einer zusätzlichen Unterscheidung der Planungszeiträume absehen. Taktische Planungen, die einen mittelfristigen Zeitraum von 1–4 Jahren abdecken, können in die strategischen Planungen aufgenommen werden.

Gegenüberstellung von operativer und strategischer Planung

	operative Planung	strategische/taktische Planung
Planungszeitraum	kürzer als 1 Jahr	länger als 1 Jahr
Planungsgrößen	Produktionsmengen Terminierung Personaleinsatz kurzfristige und mittelfristige Liquidität Deckungsbeiträge Jahresumsatz, -gewinn Werbemaßnahmen ...	Unternehmensgrundsätze Produktpalette langfristiger Personalbedarf Sicherung der Zahlungsfähigkeit Erfolgsfaktoren Investitionen Nachfolge/Übergabe ...
Planungsmerkmale	sofort umsetzbar konkrete Handlungsanweisungen detailliert und vollständig mengenmäßige Ausrichtung	nicht sofort umsetzbar Auflistung von Handlungszielen und -absichten nicht bis ins Detail ausformuliert; nicht vollständig qualitative Ausrichtung

Abbildung 182

2.6.2 Planungsbereiche und deren Abstimmung

Planung bezieht sich auf unterschiedliche betriebliche Bereiche. Die wichtigsten sind in der folgenden Abbildung zu sehen.

Beschaffung	**Produktion**	**Absatz**
• Material • Maschinen • Gebäude • Informationen	• Mengen • Zeiten • Verfahren	• Sortiment • Preise • Marktauftritt • Mengen

Finanzen	**Investitionen**	**Personal**
• Kapitalbedarf • Kapitalstruktur • Liquidität	• Wirtschaftlichkeit • Rentabilität	• Anzahl • Arbeitszeiten • Entlohnung

Abbildung 183

Alle diese Bereiche stehen miteinander in engen Beziehungen. Beispielsweise ist ohne finanzielle Mittel weder die Gründung noch die Fortführung eines laufenden Betriebes denkbar. Ebenso müssen Material und Personal in ausreichenden Mengen bereitgehalten werden. Werden eine oder mehrere dieser Voraussetzungen nicht erfüllt, so wirkt sich dies sofort auf die anderen betrieblichen Bereiche aus.

Arten betrieblicher Pläne

Es ist daher unerlässlich, dass Beschaffungs-, Produktions- und Absatzpläne aufgestellt werden. Diese müssen dann in der Finanz- und Liquiditätsplanung berücksichtigt werden. Umgekehrt gesehen müssen natürlich auch die finanziellen Mittel bei den Planungen der übrigen Bereiche beachtet werden.

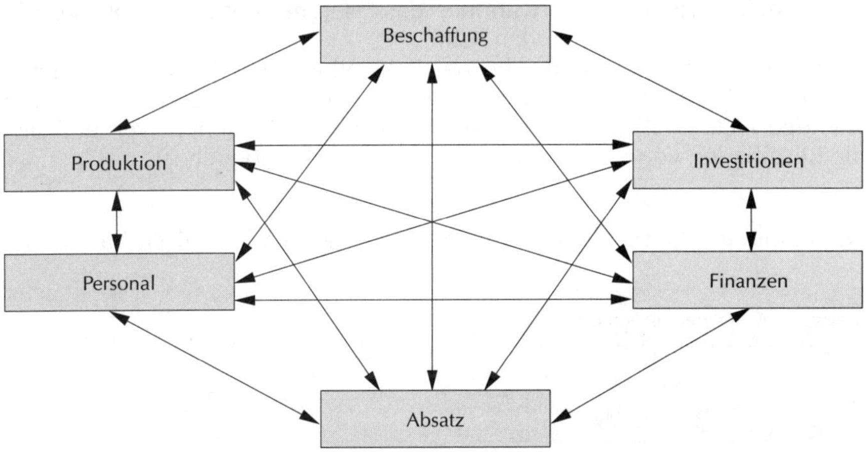

Abbildung 184

Planabstimmung

Bildlich gesprochen kann man sich vorstellen, dass jede Kreuzung der Pfeile in der obigen Abbildung einen Abstimmungsbedarf erzeugt. Hieraus wird ersichtlich, dass es selbst in kleinen Betrieben enormer Anstrengungen bedarf, sämtliche Pläne miteinander zu koordinieren.

Beispiel:

Stellt sich heraus, dass der Kapitalbedarf für eine Baustelle wegen des hohen Materialeinsatzes nicht finanziert werden kann, so müsste der Auftrag abgelehnt werden. Soll der Auftrag jedoch trotzdem angenommen werden, um die Mitarbeiter nicht entlassen zu müssen, so sollte ein neuer Plan zur Kapitalbeschaffung aufgestellt und mit der Bank abgestimmt werden. So lässt sich möglicherweise auch die Zahlung von zusätzlichen Überziehungszinsen an die Bank vermeiden.

Vernetzte Planung

Dieses Beispiel zeigt, dass in der Praxis aufgrund einer Vielzahl von nicht oder nur schwer vorhersehbaren Einflüssen die Pläne stets miteinander abgestimmt werden müssen. Isolierte Planänderungen in einem Bereich haben Folgen für andere Bereiche. Nur durch eine sofortige (sukzessive) Abstimmung der Teilpläne können eventuell weit reichende negative Auswirkungen auf den Betrieb vermieden werden.

2.6.3 Planungsphasen

Hauptaufgaben

Damit die Planung ihre Hauptaufgaben

- Sicherung des Unternehmenserfolges
- Verbesserter Umgang mit Risiken
- Vereinfachung von Problemstellungen und
- Schaffung eines Flexibilitätsspielraumes

erfüllen kann, sollte sie nach einem relativ festen Schema ablaufen. Dadurch wird am ehesten sichergestellt, dass nichts vergessen wird und alle vorhandenen Möglichkeiten ausgeschöpft werden.

Schriftform

Es erscheint wichtig zu erwähnen, dass der gesamte Planungsprozess schriftlich dokumentiert werden sollte.

Dies erleichtert die Fehlersuche bei Feststellung von Zielabweichungen erheblich. Auch wenn es auf den ersten Blick mühsam erscheint, über wichtige Details „Buch zu führen", sollte nicht übersehen werden, dass die Beseitigung von Planungsfehlern nur so exakt möglich ist.

Das Planungsschema gliedert sich in sechs Phasen oder Teilschritte:

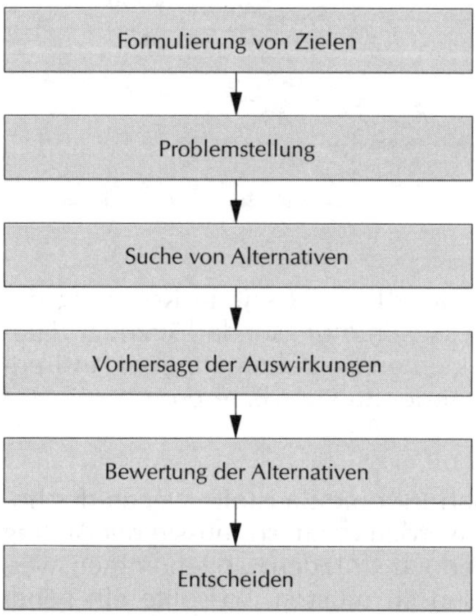

Abbildung 185

Zielformulierung

In der ersten Phase sind die **Ziele** zu **formulieren,** die durch die Planung und ihre Durchführung erreicht werden sollen. Diese Ziele müssen sich an den Unternehmenszielen orientieren. Ihre Erreichung sollte zur Verwirklichung der vom Betriebsinhaber gesetzten Unternehmensziele beitragen.

Insbesondere umfasst dieser Teilschritt eine Realisierbarkeitsprüfung. In ihr muss festgestellt werden, ob das Vorhaben überhaupt machbar ist. Außerdem müssen mögliche Konflikte mit anderen Unternehmenszielen berücksichtigt werden. Im Konfliktfall kann es notwendig werden, die Priorität einzelner Unternehmensziele neu festzusetzen.

Problemstellung

Im nächsten Teilschritt – der **Problemstellung** – muss das zu lösende Problem klar analysiert werden. Hierzu empfiehlt es sich, das Problem in viele kleine, lösbare Teilprobleme aufzugliedern und gegenüber anderen Problemstellungen abzugrenzen.

Damit erreicht man eine Problemkonzentration und -reduktion, durch die selbst große Probleme eher lösbar werden. Meist wird der Blick auf die Ursachen einer Problemstellung durch einige wenige, unlösbar erscheinende Sachverhalte versperrt. Mittels der Aufgliederung des Problems werden komplexe Zusammenhänge in kleine, zu bewältigende Teilgebiete aufgeteilt.

Alternativensuche

Bei der **Alternativensuche** kommt es darauf an, Problemlösungen zu finden. Es kann sich hierbei um eine oder mehrere Lösungsideen handeln.

Grundsätzlich ist es besser, mehrere Lösungsansätze zu haben. In dieser Lösungsvielfalt liegt ein großes Kreativitätspotenzial. Oft kommt man so auf Lösungen, die man mit der erstbesten Lösungsmöglichkeit nicht gefunden hätte. Am Ende dieser Phase müssen die gefundenen Alternativen genau beschrieben, geordnet und auf ihre Realisierbarkeit hin geprüft werden. Nicht realisierbare Alternativen werden verworfen und finden keine weitere Berücksichtigung.

Prognose

Jede ermittelte und grundsätzlich realisierbare Lösungsalternative hat andere **Auswirkungen,** die möglichst genau **vorhergesagt** werden müssen.

Hierbei kommt es besonders darauf an, zeitliche, finanzielle und personelle Auswirkungen der Lösungsumsetzung zu prognostizieren. Diese Prognose muss auch in Hinsicht auf den Grad der Zielerreichung sehr genau sein.

Alternativenbewertung

Die genannten vier Variablen (Zeit, Geld, Personal und Zielerreichungsgrad) bilden die Grundlage für die **Bewertung der Alternativen.**

Eine Rangfolge der Alternativen lässt sich über den angestrebten Zielerreichungsgrad herbeiführen. Die Alternative, die den größten Beitrag zur Zielerreichung ermöglicht, erhält die höchste Priorität, wenn die anderen Variablen keinen Engpass darstellen. Sind mehrere Lösungsansätze gleichwertig in ihrem Zielerreichungsgrad, so können die anderen drei Faktoren (Zeit, Geld und Personal) für die Auswahl einer Alternative ausschlaggebend sein. Dann gilt es, ein betriebliches Bewertungssystem zu entwickeln, welches den anzutreffenden Gegebenheiten und Präferenzen des Betriebsinhabers entspricht.

Entscheidung

Die **Entscheidung,** welche der Alternativen umgesetzt werden soll, liegt letztendlich immer beim Betriebsinhaber. Er entscheidet, ob der Grad der Zielerreichung oder vielleicht doch die Berücksichtigung der finanziellen Lage den Ausschlag für die eine oder die andere Problemlösung gibt.

Nach der Entscheidung wird die ausgewählte Alternative **verwirklicht.**

Realisierung

Die Realisierung wird mit den in der Planung erstellten Plänen gesteuert. An die Realisation schließt sich die Kontrolle an. In ihr werden die erreichten Ergebnisse mit den geplanten verglichen.
Werden Abweichungen festgestellt, so bieten diese Ergebnisse die Grundlage für eine Wiederaufnahme der Planungsphasen.

2.6.4 Planungsinstrumente

Je nachdem, in welcher Planungsphase man sich befindet, stehen unterschiedliche Planungsinstrumente zur Verfügung. Sie sollen den Planungsprozess für den Planenden vereinfachen.

Planungsphasen	Planungsinstrumente
Problemanalyse	ABC-Analyse Stärken-/Schwächenanalyse
Suche von Alternativen	Benchmarking Brainstorming
Vorhersage und Bewertung	K.o.-Kriterien Kosten-/Nutzenanalyse

Abbildung 186

2.6.4.1 ABC-Analyse

ABC-Analyse

Die ABC-Analyse kann in verschiedenen Bereichen eingesetzt werden. In allen Anwendungssituationen ist ihr Aufbau jedoch gleich.

Dreiteilung

Die ABC-Analyse beruht auf einer Dreiteilung. Der erste Teil (A) umfasst alle Elemente, die besonders wichtig, wertvoll oder dringend sind. Im zweiten Teil (B) finden sich alle Elemente, die weniger wichtig oder wertvoll und nicht sehr dringend sind. In den dritten Teil (C) wird alles eingeordnet, was unwichtig, nebensächlich und absolut nicht dringend ist.

„A“ „B“ „C“

Grundsätzlich gilt, dass alle Elemente, die sich in A befinden, Chefsache sind. Sie sind dringend und wichtig oder leisten einen hohen Deckungsbeitrag. B-Angelegenheiten sollten zwar vom Chef überwacht bzw. veranlasst werden, sie müssen aber von anderen ausgeführt werden. Durch diese Delegation kann sich der Betriebsinhaber zeitlich entlasten und anderen wichtigeren Aufgaben zuwenden. Alle Dinge, die als C eingestuft werden, können bis zu ihrer Erledigung warten oder sofort der Ablage P (= Papierkorb) zugeführt werden.

Beispiele

Mit Hilfe der ABC-Analyse kann der Betriebsinhaber z. B. seine eigene Zeit einteilen (planen). Er muss hierfür entscheiden, welche Tätigkeiten am dringendsten und wichtigsten sind. Oder er versucht beispielsweise, seine Kunden zu klassifizieren. A-Kunden sind meist wenige, aber gute, Kunden. Oftmals sorgen zwei oder drei Kunden für 30 bis 40 Prozent des Umsatzes. Aber auch in der Lagerhaltung lässt sich die ABC-Analyse einsetzen. Der Bezug teurer und knapper Materialien und Waren muss ständig überwacht werden. Billige und kurzfristig verfügbare Lagerposten können entweder in ausreichenden Mengen gelagert oder jederzeit nachbestellt werden.

Betriebscheck

Die ABC-Analyse versetzt den Betriebsinhaber in die Lage, den Betriebsablauf unter Kosten- und Zeitaspekten gründlich zu untersuchen. Am Ende der Analyse wird klar erkennbar, für welche Tätigkeiten, Personen oder Produkte genaue Pläne erstellt werden müssen bzw. wo in der Vergangenheit Fehler gemacht wurden.

Beispiel:

So viel Prozent der Kundschaft erzeugen so viel Prozent des Umsatzes:

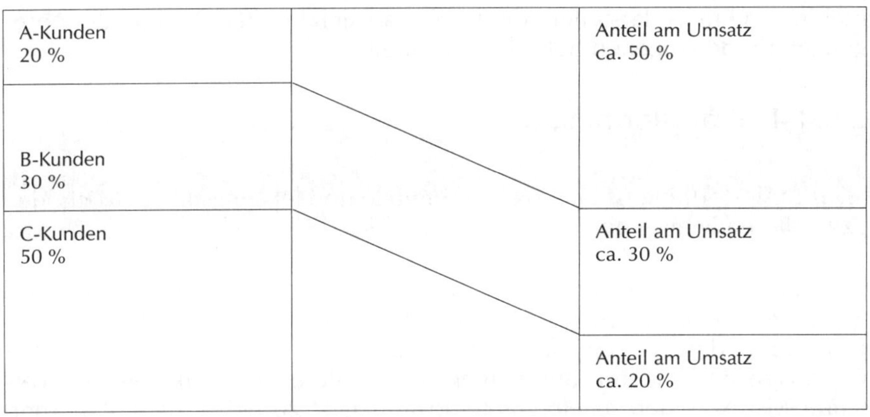

Abbildung 187

Aus diesem Beispiel kann entnommen werden, dass man sich um A-Kunden besonders kümmern muss. Springt einer aus dieser Kundengruppe ab, so schlägt sich dies im Umsatz überproportional nieder.

2.6.4.2 Stärken-/Schwächenanalyse

Wettbewerbsanalyse

Ziel der Stärken-/Schwächenanalyse ist es, herauszubekommen, wie der eigene Betrieb im Vergleich zum direkten Mitbewerber hinsichtlich der Produkte, Dienstleistungen und sonstigen betrieblichen Erfolgsfaktoren dasteht.

Der Betriebsinhaber macht sich hierüber eigene Gedanken oder er kann auf Veröffentlichungen der Handwerksorganisation zurückgreifen (z. B. Betriebs-

Wirklichkeitstreue

Stärken ausbauen

vergleichszahlen, Stärken-/Schwächenanalysen). Wichtig ist es hierbei, dass die eigene Lage realistisch eingeschätzt wird und besonders übertriebene Schönungen der Wirklichkeit unterbleiben. Am Ende der Analyse kann erkannt werden, in welchen Bereichen Nachholbedarf gegenüber der Konkurrenz vorhanden ist und wo Vorteile bestehen.
In der Praxis von Handwerksbetrieben erweist es sich im Anschluss daran meist als sinnvoll, die Stärken auszubauen und so zu versuchen, die Schwächen auszugleichen.
Durch die Stärken-/Schwächenanalyse kann also der externe Stand des Betriebes beurteilt werden. Im Ergebnis führt dies in der Regel zu erheblichem Verbesserungs- und damit Planungsbedarf.

2.6.4.3 Benchmarking

Lernen von den Besten

Das Benchmarking („Vergleich mit dem Klassenbesten") ist ein Instrument der Wettbewerbsanalyse und der Stärken-/Schwächenanalyse ähnlich. Nur vergleicht sich der Betrieb hierbei nicht mit der direkten Konkurrenz, sondern mit den jeweiligen Besten eines Gewerbes.

Aus dem Benchmarking kann man Ideen ableiten, die Alternativen zur betrieblichen Praxis darstellen. Oft kann man sich bei den Besten gute Anregungen für den eigenen Betrieb abschauen.

2.6.4.4 Brainstorming

Das Brainstorming ist eine weit verbreitete und leistungsfähige Methode zur Alternativensuche.

Ideensammlung

Ideen aufschreiben

In einer Gruppe von Mitarbeitern macht man sich gemeinsam Gedanken zu einem Thema. Wichtig ist hierbei, dass jeder seine Ideen frei vorbringen kann und dass er von den anderen nicht kritisiert wird. Jeder kann den Gedanken des anderen aufnehmen und weiterentwickeln. Ziel des Verfahrens ist es, einen regelrechten „Ideenhagel" zu bekommen. Am Ende der Sitzung werden die Ergebnisse schriftlich festgehalten.

2.6.4.5 K.o.-Kriterien

Mindestvoraussetzungen

Gegen Ende des Planungsprozesses müssen die gefundenen Alternativen bewertet werden. Zu diesem Zweck empfiehlt es sich, so genannte K.o.-Kriterien zu benennen. Diese geben an, welche Mindestvoraussetzungen durch die Alternativen zu erfüllen sind.

Mögliche K.o.-Kriterien können sein:
- Ist die Alternative technisch durchführbar?
- Kann das Problem durch die Alternative gelöst werden?
- Ist genug Kapital vorhanden, um die Alternative finanzieren zu können?
- Kann die Alternative den Mitarbeitern „schmackhaft" gemacht werden?

Erfüllt eine Alternative eine oder mehrere der genannten Kriterien nicht, so scheidet sie als Lösungsweg aus.

2.6.4.6 Kosten-/Nutzenanalyse

Mit Hilfe der Kosten-/Nutzenanalyse werden zukünftige Auswirkungen von geplanten Maßnahmen beurteilbar und vergleichbar gemacht. Basis hierfür ist die Vorhersage sämtlicher absehbarer Kosten aller Alternativen.

Kosten-/Nutzenvergleich

Da dies in der Regel nicht exakt möglich sein wird, müssen genaue Schätzungen abgegeben werden. Bei diesen Schätzungen können Veröffentlichungen der Handwerksorganisation oder auch die Betriebsberater der Handwerkskammern und Fachverbände eventuell behilflich sein.
In einer Übersicht werden dann für jede Alternative Kosten und Nutzen gegenübergestellt. Diejenige Alternative wird gewählt, die das beste Kosten-/Nutzenverhältnis bietet. Durch dieses Vorgehen wird vermieden, dass eine vermeintlich billige Lösung ausgesucht wird, die aber keinen großen Nutzen bietet.

Beste Lösung

2.6.5 Kontrolle

Kontrollergebnisse sind wichtige Ausgangsdaten für das betriebliche Controlling. Zum Unterschied zwischen Kontrolle und Controlling wird auf Abschnitt 1.4.1 in diesem Band hingewiesen.
Die Aufstellung von Plänen bedeutet nicht, dass die darin enthaltenen Ziele auch tatsächlich erreicht werden. Daher ist es nötig, die erreichten mit den geplanten Ergebnissen zu vergleichen.

Ergebnisvergleich

Kontrolle wird als Vergleich von Plan- und Ist-Werten definiert.

Durch die Analyse der negativen Abweichungen können wichtige Erkenntnisse gewonnen werden, die für die Zukunft nutzbringend sind. Auch positive Planabweichungen sollten analysiert werden. Aus ihnen lassen sich eventuell noch gewinnbringendere Schlüsse ziehen.
Kontrollen sollten nicht nur am Ende des Durchführungsprozesses vorgenommen werden, sondern sie sollten ihn möglichst begleiten (z. B. permanente Inventur, Baufortschrittskontrolle, Toleranzmessungen etc.). Dadurch kann rechtzeitig korrigierend eingegriffen werden. Abweichungen können grundsätzlich zwei verschiedene Gründe haben.

Planabweichungen

Ursachen für Planabweichungen

Planungsfehler	Umsetzungsfehler
• ungenügende oder falsche Daten • ungenaue oder nachlässige Kalkulation • falsche Abschätzung von Risiken und Chancen • ...	• mangelhafte Auftragsausführung • Nichtausführung von Planbestandteilen • Materialverschwendung • ...

Abbildung 188

Ergebniskontrolle

Die Ergebniskontrolle ist Chefsache. Abweichungen und deren Ursachen sollten mit den Mitarbeitern, die für Planung und Durchführung zuständig waren, besprochen werden.

Mängelbeseitigung

Abhängig von den Abweichungsursachen sind zu ihrer Beseitigung unterschiedliche Maßnahmen zu treffen. Am Ende der Kontrollphase muss durch die Aufstellung neuer Pläne versucht werden, die Abweichungen zu beseitigen. Das bedeutet, dass der Planungsregelkreis, wie er in Abschnitt 2.6.1.3 „Aufgaben der Unternehmensplanung“ beschrieben wurde, wieder von vorne beginnt.

Zusammenfassend lässt sich feststellen:

Verhältnis von Planung und Kontrolle

Planung und Kontrolle sind untrennbar miteinander verbunden. Wer plant, ohne die Ergebnisse zu kontrollieren, kann sich die Planung sparen. Wer eine Kontrolle durchführen will, muss vorher geplant haben, denn Kontrolle ohne Planung ist nicht möglich.

Kontrolle bietet die Chance, aus den Fehlern der Vergangenheit für die Zukunft zu lernen.

2.6.6 Risikovorsorge

Risiken

Jede unternehmerische Tätigkeit ist Risiken unterworfen. Diese zu erkennen und möglichst gering zu halten, ist Aufgabe der Risikovorsorge.

Die Risikovorsorge gliedert sich in zwei Punkte. Zuerst werden die möglichen Risiken analysiert und danach Schritte zur Absicherung der Risiken unternommen.

2.6.6.1 Analyse der Risiken

Die Risikovorsorge ist Aufgabe des Betriebsinhabers. Er muss sich über mögliche Gefahrenquellen informieren.

Risikoarten

Bedrohungen für den Betrieb können von außen (externe Risiken) oder innen (interne Risiken) kommen.

Auf die externen Risiken hat der Handwerksbetrieb meist keine direkten Einflussmöglichkeiten. Sie sind sozusagen „fremdverschuldet". Interne Risiken hingegen sind in den meisten Fällen „hausgemacht".

Überblick über externe und interne Risiken

externe Risiken	**interne Risiken**
• Konjunkturschwankungen • Arbeitsmarktlage • Änderung des Zinsniveaus • Lohnpolitik • Steuerpolitik • Umweltgesetzgebung • Naturgewalten (Feuer, Hagel, Sturm, Hochwasser etc.)	• Materialengpass • Produktionsausfall • Veralterung der Maschinen • Mitarbeiterfluktuation • mangelhafte Produktqualität • Haftungsrisiken • ungenügende Produktpalette • Lücken im Informationssystem • Liquiditätsengpass • fehlende Übergabe-/Nachfolgeplanung

Abbildung 189

Die in der obigen Abbildung aufgeführten Risiken sind nur einige wichtige Beispiele. Im betrieblichen Alltag gibt es eine nahezu unüberschaubare Vielzahl.

2.6.6.2 Absicherung der Risiken

Externe Risiken

Gegenüber den externen Risiken ist der Handwerksbetrieb bis auf einige Ausnahmen relativ machtlos.

Versicherungen

Im Falle von Naturgewalten, persönlichem Missgeschick, personenbezogenen Wechselfällen des Lebens sowie gesetzlich vorgeschriebenen Haftungspflichten des Betriebsinhabers u. a. bestehen Möglichkeiten der Risikoabsicherung. Durch den Abschluss von Versicherungen kann sich der Handwerksbetrieb im Schadensfall vor den Folgen schützen.

Wichtige Versicherungen zur Abdeckung von Risiken

Personenversicherungen	**Sachversicherungen**	**Schadensversicherungen**
• Privathaftpflichtversicherung • Krankenversicherung • Lebensversicherung • Unfallversicherung	• Einbruchdiebstahlversicherung • Gebäudeversicherung/ Feuerversicherung	• Kfz-Versicherung • Betriebshaftpflichtversicherung • Produkthaftpflichtversicherung • Betriebsunterbrechungsversicherung

Abbildung 190

(Siehe auch Abschnitt 2.7.5.15 „Risikovorsorge – Versicherungsschutz" bei der Existenzgründung.)

Interne Risiken

Planungs- und Frühwarnsystem

Hinsichtlich der internen Risiken ist der Betriebsinhaber bei der Risikoabsicherung auf sich alleine gestellt. Er muss geeignete Maßnahmen ergreifen, um möglichen Gefahren vorzubeugen. Hierbei kann ihn ein ausgereiftes Planungs- und Frühwarnsystem unterstützen. Grundlage beider Systeme bildet ein funktionierendes Informationssystem, welches über aktuelle Zahlen aus dem Rechnungswesen, der Produktion, Beschaffung und dem Verkauf verfügen muss. Sobald diese aktuellen Informationen nicht zur Verfügung stehen, kann keine zuverlässige Risikovorsorge mehr betrieben werden. Der Betrieb wird somit zum Spielball der Zufälle und Irrtümer.

Übungs- und Prüfungsaufgaben

1. Wie unterscheiden sich monetäre von nicht monetären Zielen im Rahmen des Unternehmenszielsystems? Führen Sie zu jeder Gruppe zwei Beispiele auf!

„Siehe Seite 411 des Textteils!"

2. Erstellen Sie an einem selbst gewählten Beispiel eine Zielhierarchie für einen Handwerksbetrieb bei der betrieblichen Planung!

„Siehe Seite 411 des Textteils!"

3. Unternehmensziele, die sich direkt ausführen lassen, bezeichnet man als

☐ a) Oberziele.
☐ b) Zwischenziele.
☐ c) operationale Ziele.
☐ d) nicht operationale Ziele.
☐ e) Gewinnziele.

„Siehe Seite 411 des Textteils!"

4. Der gesamte betriebliche Planungsprozess kann gegliedert werden in

☐ a) Planung, Abweichung, Kontrolle.
☐ b) Durchführung, Planung, Analyse.
☐ c) Steuerung, Durchführung, Controlling.
☐ d) Beschaffung, Produktion, Kontrolle.
☐ e) Planung, Steuerung, Kontrolle.

„Siehe Seite 413 des Textteils!"

5. Erstellen Sie für einen Betrieb einen groben Produktions- oder Durchführungsplan, der die wichtigsten Planbestandteile enthält!

„Siehe Seite 413 des Textteils!"

6. Warum ist die Planung gerade für den Inhaber eines Handwerksbetriebes so wichtig?

„Siehe Seite 413 des Textteils!"

7. Stellen Sie die Hauptunterschiede von operativer und strategischer Planung gegenüber!

„Siehe Seite 414 des Textteils!"

8. Sie sind Inhaber eines Handwerksbetriebes. Um den Unternehmenserfolg für die Zukunft nachhaltig zu sichern, wollen Sie die Planungsvorgänge in Ihrem Betrieb durch Systematisierung der Planungsbereiche und deren gegenseitige Abstimmung verbessern.

Aufgabe:

a) Stellen Sie die sechs wichtigsten Bereiche betrieblicher Planung für Ihren Betrieb dar!
b) Erläutern Sie, wie die gegenseitige Abstimmung der Planungsbereiche erfolgen kann!

„Siehe Seite 414 des Textteils!"

9. Die Absatzplanung eines Handwerksbetriebes sollte sich vor allem auf folgende Bereiche erstrecken:

☐ a) Material, Arbeitszeiten, Sortiment
☐ b) Sortiment, Preise, Marktauftritt, Mengen
☐ c) Sortiment, Produktionsverfahren, Kapitalbedarf
☐ d) Liquidität, Preise, Wirtschaftlichkeit
☐ e) Marktauftritt, Entlohnung, Preise.

„Siehe Seite 414 des Textteils!"

10. Warum ist eine Vernetzung der Planungsbereiche im Betrieb notwendig?

„Siehe Seite 415 des Textteils!"

11. Welches ist keine Hauptaufgabe der Planung?

☐ a) Vereinfachung von Problemstellungen
☐ b) Verbesserter Umgang mit Risiken
☐ c) Schaffung eines Flexibilitätsspielraumes
☐ d) Die Einzelbeschaffung eines Betriebsfahrzeuges
☐ e) Sicherung des Unternehmenserfolges.

„Siehe Seite 416 des Textteils!"

12. Sie sind selbstständiger Handwerker und streben an, den gesamten betrieblichen Planungsprozess in Ihrem Betrieb zu verbessern, um auch in der Zukunft wettbewerbsfähig zu bleiben. Zu diesem Zweck wollen Sie den gesamten Planungsprozess schriftlich dokumentieren.

Aufgabe:

a) Erstellen Sie ein Planungsschema, das die sechs wichtigsten Phasen bzw. Teilschritte enthält!

b) Erklären Sie mögliche Planungsinstrumente, mit denen Sie den Planungsprozess vereinfachen können!

„Siehe Seiten 416, 418 des Textteils!"

13. Beschreiben Sie den Aufbau der ABC-Analyse als Instrument der Planung!

„Siehe Seite 418 des Textteils!"

14. Jeder Handwerksbetrieb hat unterschiedliche Kunden. Mit der ABC-Analyse ist es möglich, diese verschiedenen Umsatzgruppen zuzuordnen. Führen Sie für einen Betrieb eine solche Kundenanalyse durch!

„Siehe Seite 419 des Textteils!"

15. Die Ergebnisse einer Stärken-/Schwächenanalyse sind so auszulegen, dass

☐ a) lediglich die Schwächen so schnell und gründlich wie möglich beseitigt werden.
☐ b) die Schwächen weiter ausgebaut und die Stärken abgebaut werden.
☐ c) die Schwächen bei gleichzeitigem Abbau der Stärken beseitigt werden.
☐ d) die Stärken so lange ausgebaut werden, bis sie sich ins Gegenteil verkehren.
☐ e) die Stärken ausgebaut werden, um damit zu versuchen, die Schwächen auszugleichen.

„Siehe Seite 419 des Textteils!"

16. Als Inhaber eines Handwerksbetriebes wollen Sie Brainstorming als Planungsinstrument einsetzen.

Aufgabe: Beschreiben Sie kurz, wie Brainstorming mit Ihren Mitarbeitern bzw. einer Gruppe von Mitarbeitern in Ihrem Betrieb ablaufen kann!

„Siehe Seite 420 des Textteils!"

17. Im Rahmen der betrieblichen Planung spielt die Kosten-/Nutzenanalyse eine wichtige Rolle. Als Betriebsinhaber wollen Sie den Einsatz dieses Planungsinstruments näher untersuchen.

Aufgabe: Erklären Sie, welche Aufgabe die Kosten-/Nutzenanalyse bei der betrieblichen Planung hat und wie man dabei vorgehen soll!

„Siehe Seite 421 des Textteils!"

18. Erläutern Sie, wie die betriebliche Planung kontrolliert werden kann!

„Siehe Seite 421 des Textteils!"

19. Beschreiben Sie anhand von Beispielen mögliche Planungs- und Umsetzungsfehler!

„Siehe Seite 422 des Textteils!"

20. Sie sind Betriebsinhaber und stellen fest, dass die unternehmerischen Risiken laufend zunehmen. Deshalb wollen Sie für Ihren Betrieb eine gründliche Analyse über möglichst viele Risiken vornehmen und durch umfassende Maßnahmen zur Abdeckung von Risiken entsprechende Risikovorsorge treffen!

Aufgabe:

a) **Stellen Sie die wichtigsten internen und externen Risiken für Ihren Betrieb zusammen!**
b) **Erläutern Sie wichtige Versicherungsarten, durch die Sie die Risiken Ihres Betriebes abdecken können!**

„Siehe Seiten 423, 424 des Textteils!"

2.7 Gründung

Vorbemerkung

„Praktischer Fall“

Die Betriebsgründung oder die Betriebsübernahme ist für den Handwerker in der Regel der umfassendste „praktische Fall“ der konkreten Anwendung betriebswirtschaftlichen und rechtskundlichen Wissens und der Nachweis seiner Handlungskompetenz sowie seiner unternehmerischen Qualifikation.

Handlungsanleitungen Checklisten

Planung, Durchführung, Kontrolle

In der Neuen Handwerker-Fibel sind die einzelnen betriebswirtschaftlichen Handlungsfelder und Fachgebiete in Band 1 und das Handlungsfeld rechtliche und steuerliche Grundlagen in Band 2 ausführlich dargestellt worden. Deshalb wird der Schwerpunkt im Kapitel „Gründung“ auf die praktische Umsetzung gelegt. Das heißt, dass hier insbesondere anhand von Handlungsanleitungen und Checklisten dargestellt wird, wie der Betriebsgründer bzw. Betriebsübernehmer bei der Planung, Durchführung und Kontrolle der Betriebsgründung oder Betriebsübernahme vorzugehen hat.

Dabei werden gründungsspezifische Wissensgebiete, soweit sie nicht schon in den vorangegangenen Kapiteln behandelt wurden, im Kapitel „Gründung“ dargestellt. Im Übrigen wird, sofern erforderlich, auf die einschlägigen Kapitel in Band 1 und Band 2 verwiesen.

2.7.1 Unternehmenskonzept

Grundsätzlich wird das Unternehmenskonzept in Form eines Businessplanes (Geschäftsplan) dargestellt. Seine Erstellung ist die zentrale Aufgabe in der Vorbereitung einer Betriebsgründung.

Businessplan

Der Businessplan sollte folgende Themen beinhalten:
- Unternehmensidee, Leitbild, Unternehmensgrundsätze
- Angaben zur beruflichen Qualifikation und bisherigen Tätigkeit des Betriebsgründers
- Beschreibung und Begründung des Vorhabens
- Standort, Betriebsräume
- Betriebsgröße
- Rechtsform
- Produkt- und Leistungsprogramm
- Kundenzielgruppen, Kundenstruktur
- Absatzmarktbeurteilung für das Produkt- und Leistungsprogramm
- Marketingmaßnahmen
- Verkaufsförderungs- und Werbemaßnahmen
- Personalbedarf und Personalstruktur
- Investitionsplan
- Gesamtkapitalbedarfsrechnung
- Finanzierungsplan
- Liquiditätsplan
- Umsatz-, Kosten- und Gewinnplan, Rentabilitätsvorschau.

(Siehe hierzu auch Abschnitt 2.7.8 „Beispiel eines Businessplanes“.)

2.7.1.1 Persönliche Voraussetzungen für die berufliche Selbstständigkeit

Jeder Existenzgründer sollte sich, bevor er den Schritt in die Selbstständigkeit wagt, folgende selbstkritische Fragen stellen:

Selbstkritische Fragen

- Was sind meine Motive für die berufliche Selbstständigkeit?
- Bin ich der Typ, der risikofreudig ist, oder bin ich einer, der eher den Weg der größeren Sicherheit sucht?
- Habe ich die persönliche Stärke, in eigener Verantwortung auch in kritischen Lagen kühlen Kopf zu bewahren, nicht zu resignieren und optimistisch zu sein?
- Verfüge ich über eine überdurchschnittliche psychische und körperliche Belastbarkeit?
- Kann ich Wichtiges und Unwichtiges unterscheiden und mich auf das Wesentliche konzentrieren?
- Bin ich bereit, ein Arbeitspensum zu leisten, das über dem Normalmaß eines Berufstätigen liegt?
- Kann ich auf lieb gewonnene Hobbys und auf Freizeit zumindest auf Zeit verzichten?
- Ist der Schritt in die Selbstständigkeit auch mit dem Ehepartner abgesprochen?
- Bin ich kontaktfreudig, kreativ, zuverlässig und durchsetzungsfähig?
- Habe ich die notwendigen Führungseigenschaften?
- Reichen Berufsausbildung, Prüfungen, Berufserfahrung sowie Fertigkeiten, Kenntnisse und berufliche Handlungsfähigkeit aus, um der angestrebten beruflichen Selbstständigkeit gerecht zu werden?
- Habe ich alle Voraussetzungen für eine Gewerbeausübungsberechtigung?

2.7.1.2 Leitbild

Der Existenzgründer hat sich die Frage zu stellen, wie er als Unternehmer handeln will. Er stellt einen Verhaltenskodex für sich und seine Mitarbeiter auf. Das Leitbild ist somit Teil seiner Unternehmensplanung, seiner Unternehmensgrundsätze und seiner Unternehmensphilosophie. Es ist sowohl nach innen als auch nach außen gerichtet.

Verhaltenskodex

Die interne Ausrichtung bezieht sich in erster Linie auf den Umgang mit den Mitarbeitern, die ein Zusammengehörigkeitsgefühl, eine Identifizierung mit dem Betrieb und eine hohe Motivationsfunktion zum Ziel hat.

Interne Ausrichtung

Nach außen betrachtet, muss das Leitbild des Betriebes auf ein positives Erscheinungsbild ausgerichtet sein, wobei das tatsächliche Handeln auch dem entsprechen muss, was vorgegeben wird. Im Handwerksbetrieb wird die Leistung in erster Linie von Menschen bestimmt. Deshalb kommt es entscheidend auf die Persönlichkeitsprofile des Betriebsinhabers und seiner Mitarbeiter an.

Externe Ausrichtung

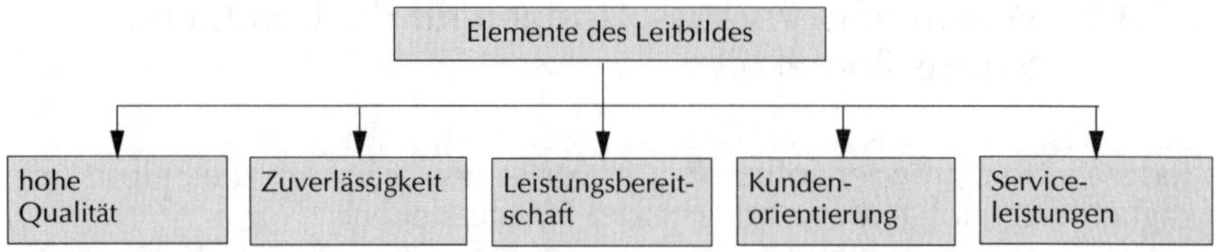

Abbildung 191

Meisterbetrieb

Der Existenzgründer mit Meisterprüfung sollte sich von folgenden Grundsätzen des Meisterstatus bzw. modernen Meistersymbols leiten lassen:
- Qualität
- handwerkliche Leistungsvielfalt
- Fach- und Problemlösungskompetenz
- effiziente Unternehmensführung.

Kundenorientierung/-behandlung

Oberste Leitbilder müssen heute für einen erfolgreichen Existenzgründer die Kundenorientierung und Kundenbehandlung sein, denn die Ansprüche der Kunden haben sich sehr stark verändert.

„In meinem Betrieb ist der Kunde König." Dieser Leitsatz ist täglich im Betriebsablauf umzusetzen.

Wie kann ich Kunden gewinnen und zufrieden stellen?

Kundenzufriedenheit

<u>Dies kann geschehen durch:</u>
- Freundlichkeit
- Pünktlichkeit
- Termintreue
- Zuverlässigkeit
- Fachwissen
- Qualität der Produkte und Leistungen
- Service, kompetente Beratung und Problemlösung
- Kostenverbindlichkeit
- bestmögliches Preis-Leistungs-Verhältnis.

Mit Kompetenz überzeugen

Nur wenn alle Mitarbeiter dieses Leitbild mittragen und täglich in der Berufsarbeit praktizieren, wird der Betrieb erfolgreich sein. Nur dann kann folgender Leitsatz umgesetzt werden: „Mit Kompetenz überzeugen."

Siehe auch Abschnitte 2.2.3.5 „Unternehmensleitbild und Unternehmenskultur" und 2.2.3.6 „Kundenorientierung und Kundenbehandlung"!

2.7.1.3 Produkt- und Leistungsprogramm

Tätigkeitsbereiche

Die betrieblichen Tätigkeitsbereiche beziehen sich im Handwerksbetrieb auf Gewerbe, die als zulassungspflichtige, zulassungsfreie Handwerke oder handwerksähnliche Gewerbe bzw. deren Teilbereiche im Rahmen der Bestimmungen der Handwerksordnung betrieben werden können. Anhand der Berufsbilder können die vorgesehenen Arbeitsgebiete zusammengestellt werden.

Zusatz- und Nebenleistungen

Dabei ist zu beachten, dass auch Zusatz- bzw. Nebenleistungen zu den Produkten oder Hauptleistungen Bestandteile des gesamten Leistungsprogramms sind. Es geht dabei um Leistungen, die der Verkäufer seinem Abnehmer während und nach dem Kauf oder der Hauptleistung anbietet, um den Erwerb, Einsatz und Gebrauch des Produktes oder einer Leistung zu ermöglichen und zu erleichtern. In nahezu allen Handwerkszweigen sind Kundendienstleistungen von hohem Stellenwert. Anhand folgender Übersicht soll der Existenzgründer sein geplantes Produkt- und Leistungsprogramm konzipieren.

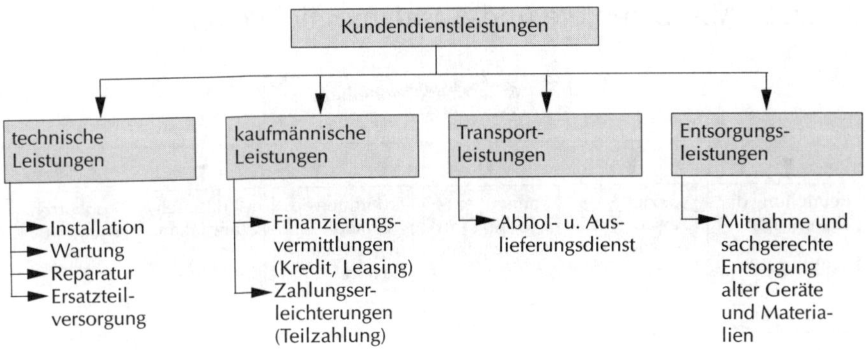

Abbildung 192

Kundendienstleistungen steigern die Kundenzufriedenheit, fördern die Marken- und Herstellertreue und helfen mit, einen engen und intensiven Kontakt zum Kunden aufzubauen und ihn zum Stammkunden zu machen. Sie sind eine wichtige Voraussetzung für eine insgesamt erfolgreiche Produkt- und Leistungsgestaltung im weitesten Sinne. Vermehrt will der Kunde nicht nur das Produkt kaufen, sondern er verlangt eine komplette Problemlösung und besten Service.

Komplette Problemlösung

Siehe auch Abschnitt 2.2.3.1 „Produkt- und Sortimentspolitik"!

2.7.1.4 Zielgruppen, Kundenstruktur

Im Rahmen des Unternehmenskonzepts muss sich der Existenzgründer überlegen, welche Zielgruppen er mit seinen Produkten und Leistungen als Kunden gewinnen will.

Zielgruppenmerkmale

Dabei hat er sich u. a. folgende Fragen zu stellen:

- Sollen öffentliche Auftraggeber gewonnen werden?
- Will ich vorwiegend Privatpersonen als Kunden?
- Will ich gewerbliche Abnehmer ansprechen?
- Welche Personen, gegliedert nach Alter, Geschlecht, Familienstand, Zahl der Kinder, sind interessant?
- Welche Einkommensgruppen und welche Berufszugehörigkeiten will ich ansprechen?
- Welche Einstellungen und Verhaltensweisen von Menschen (z. B. Umwelt- und Gesundheitsbewusstsein, anspruchsvolle oder genügsame Lebensweise) sind für mein Angebot an Produkten und Dienstleistungen von Bedeutung?
- Wie will ich die von mir bevorzugten Zielgruppen ansprechen?

2.7.2 Markt- und Standortanalyse

Absatzmarkt

Die Marktanalyse bezieht sich hier auf die Chancen und Risiken der Betriebsgründung auf dem Absatzmarkt.

2.7.2.1 Absatzgebiete und Absatzmöglichkeiten

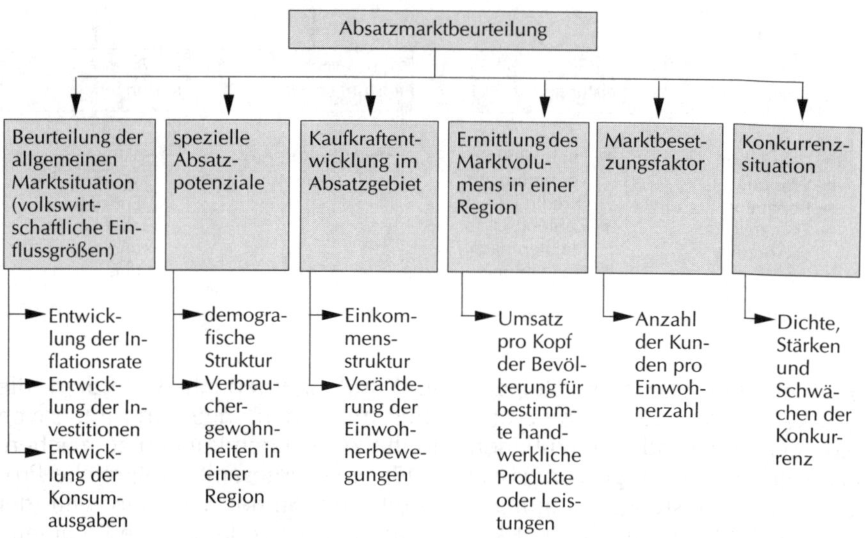

Abbildung 193

Informationsquellen

Folgende Informationsquellen stehen für die Beschaffung der Fakten für die Beurteilung insbesondere zur Verfügung:

- Informationen von Innungen, Verbänden und Handwerkskammern
- Konjunkturberichte
- Branchenstatistiken
- allgemeine Umfrageergebnisse und spezielle Kundenbefragungen
- Veröffentlichungen wissenschaftlicher Institute
- Veröffentlichungen der Gesellschaft für Konsumforschung (GfK)
- Informationen aus amtlichen Statistiken aller Ebenen

- Marktforschungsagenturen
- Werbeagenturen
- Kreditinstitute
- Zeitungen, Zeitschriften, Literatur, Internet.

Handlungsanleitungen für die Vorgehensweise zu den in der Abbildung enthaltenen Analyse- und Beurteilungsbereichen sind insbesondere in den Abschnitten 2.2.2 „Analyse des Absatz- und Beschaffungsmarktes", 2.2.2.2 „Gegenstände der Marktanalyse und Marktforschung", 2.2.2.3 „Praktische Anwendung der Marktforschung im Handwerksbetrieb" und 2.2.2.4 „Analyse der Wettbewerbssituation" dargestellt. Handlungsanleitungen

Eine gründliche Marktanalyse sowie eine genaue Prüfung aller Fakten für die Beurteilung der Absatzgebiete und Absatzmöglichkeiten sind wichtige Voraussetzungen für eine erfolgreiche Gründung und eine weitere Zukunftsentwicklung eines Handwerksbetriebes.

2.7.2.2 Standortfaktoren

Von der richtigen Standortwahl und der voraussichtlichen Standortentwicklung hängt in den meisten Handwerkszweigen der langfristige wirtschaftliche Erfolg ab.

Die Wahl des günstigsten Standorts bezeichnet man als optimalen Standort. Optimaler Standort

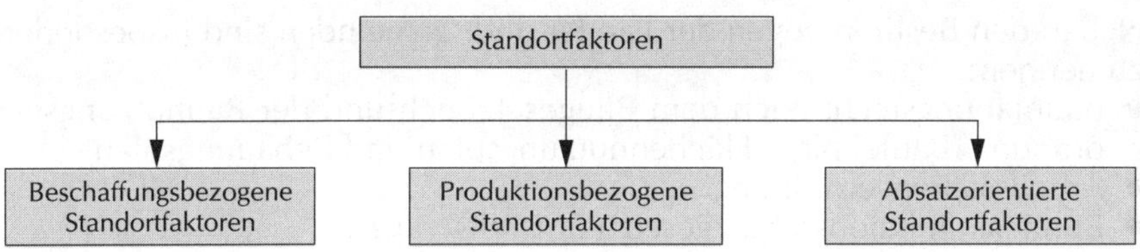

Abbildung 194

Als <u>beschaffungsbezogene Standortfaktoren</u> sind zu prüfen: Beschaffungsbezogene Faktoren

- Grundstücke, Erschließungsbedingungen, Gewerbeflächenangebot
- Betriebseinrichtung
- Fremddienste, Zulieferer
- Arbeitskräfte
- finanzielle Mittel
- Materialbeschaffung
- Energieversorgung
- Beschaffungskonkurrenz
- staatliche Leistungen
- Ver- und Entsorgungsmöglichkeiten.

<u>Produktionsbezogene Standortfaktoren</u> sind: Produktionsbezogene Faktoren

- soziale und politische Rahmenbedingungen
- ökologische Rahmenbedingungen
- technologische Bedingungen.

Absatzorientierte Faktoren

Absatzorientierte Standortfaktoren sind:
- Kundennähe
- Kaufkraft der Kunden
- Kundenpotenzial
- Verbrauchergewohnheiten
- Absatzkonkurrenz und Wettbewerbssituation
- Verkehrsverbindungen (öffentliche Wege, Straßen, Parkmöglichkeiten, Beleuchtungsanlagen).

„Weiche Standortfaktoren"

Hinzu kommen die so genannten „weichen" Standortfaktoren, wie z.B. persönliche, freizeitbezogene und kulturelle Angebote an einem Ort.

2.7.2.3 Standortvergleich, Standortbeurteilung

Für die abschließende Beurteilung des Standortes müssen die Standortfaktoren verglichen und je nach Handwerkszweig entsprechend gewichtet werden.

Besonders zu berücksichtigen ist, dass es staatliche Regelungen gibt, die die Standortwahl begrenzen können.

Gesetzliche Beschränkungen

Jede Errichtung eines Betriebes bedarf der Zustimmung der öffentlichen Hand. Hinsichtlich der Genehmigung zur Errichtung eines Betriebes können erhebliche Einschränkungen durch Gesetze und Verordnungen bestehen, die sich auf ganze Wirtschaftszweige oder aber auf eine ganz bestimmte Art eines Betriebes erstrecken.

Bauplanungsrecht

Neben den Bestimmungen der Länder und Gemeinden sind insbesondere zu nennen:
- Bauplanungsrecht nach dem Baugesetzbuch und der Baunutzungsverordnung (Bauleitplan, Flächennutzungsplan und Bebauungsplan)
- Arbeitsstättenverordnung
- Bundesimmissionsschutzgesetz (Umweltschutz).

Die Raumordnung und die regionale Wirtschaftspolitik sind für die Standortwahl von besonderer Bedeutung. Vermehrt setzen Kommunen und Regionen entsprechende Instrumente ein, die der Existenzgründer für sich nutzen kann.

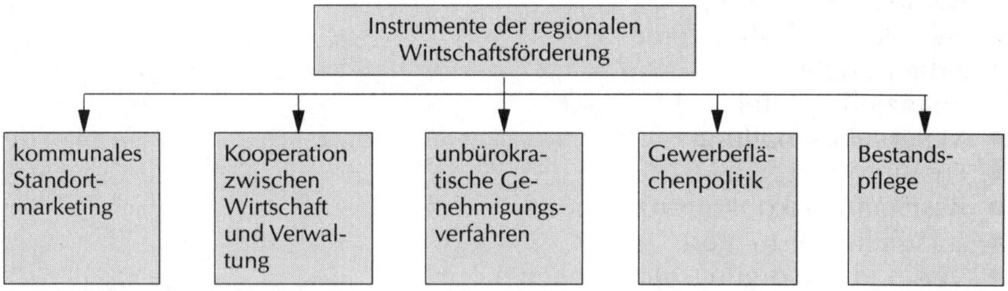

Abbildung 195

2.7.3 Rechtsfragen bei der Gründung

2.7.3.1 Handwerks-, Handels- und Steuerrecht

Handwerksrecht

Vor der Betriebsgründung sind die handwerksrechtlichen Voraussetzungen nach der Handwerksordnung zu prüfen.
Dabei unterscheidet man, ob die geplante Betriebsgründung

- in einem zulassungspflichtigen Handwerk gemäß Anlage A
- oder in einem zulassungsfreien Handwerk gemäß Anlage B, Abschnitt 1
- oder in einem handwerksähnlichen Gewerbe nach Anlage B, Abschnitt 2

zur Handwerksordnung erfolgen soll.

Nähere Einzelheiten zur Berechtigung zum selbstständigen Betrieb eines zulassungspflichtigen Handwerks und zur Eintragung in die Handwerksrolle sowie zu Regelungen in zulassungsfreien Handwerken und handwerksähnlichen Gewerben siehe Abschnitt 3.2.1 „Handwerks- und Gewerberecht" in Band 2.

Handelsrecht

Vor der Betriebsgründung sind u. a. folgende handelsrechtlichen Fragen zu klären:

1. Erfordert meine selbstständige Tätigkeit einen in kaufmännischer Weise eingerichteten Geschäftsbetrieb?
2. Muss ich meinen Betrieb ins Handelsregister eintragen lassen? Handelsregister
3. Welche rechtlichen Folgen hat die Eintragung ins Handelsregister in Bezug auf die Kaufmannseigenschaft, das Firmenrecht usw.? Kaufmannseigenschaft
4. Welche Formvorschriften gelten ggf. für das Eintragungsverfahren?
5. Welche Kosten entstehen bei der Eintragung ins Handelsregister?

Bei diesen Fragen sollte sich der Existenzgründer eingehend beraten lassen.

Nähere Einzelheiten siehe Abschnitt 3.2.2 „Handels- und Gesellschaftsrecht" in Band 2!

Steuerrecht

Um die optimalen steuerlichen Voraussetzungen zu schaffen und um allen Steuerpflichten nachzukommen, sollte der Existenzgründer rechtzeitig mit einem Steuerberater zusammenarbeiten. Steuerberater

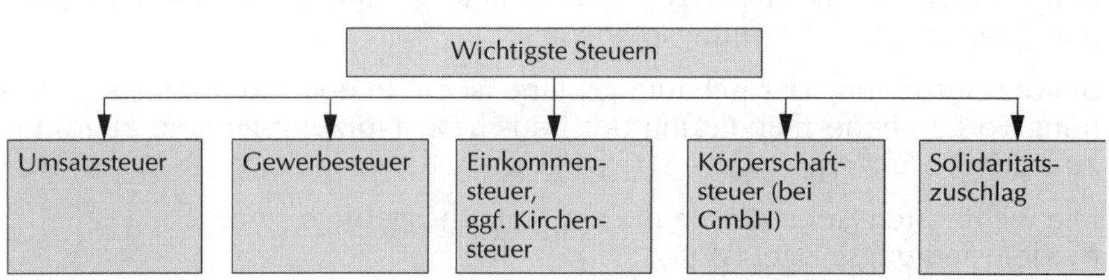

Abbildung 196

Es ist ein Betriebsfragebogen für das Finanzamt auszufüllen. Danach wird eine Steuernummer zugeteilt.
Folgende Voranmeldungen bzw. Erklärungen sowie Vorauszahlungen fallen von Anfang an oder nach einer gewissen Anlaufzeit in der Regel an:

- Umsatzsteuervoranmeldungen
- Lohnsteueranmeldungen
- Umsatzsteuervorauszahlungen
- Einkommensteuervorauszahlungen (plus Solidaritätszuschlag)
- Gewerbesteuervorauszahlungen
- ggf. Körperschaftsteuervorauszahlungen.

Um Nachteile zu vermeiden, ist dafür Sorge zu tragen, dass die finanziellen Mittel zu den Zahlungsterminen auch in ausreichendem Umfange verfügbar sind.

(Siehe auch Kapitel 3.5 „Steuern" in Band 2!)

2.7.3.2 Bau-, umweltschutz- und abfallrechtliche Vorschriften

Baurecht

Genehmigungsfähigkeit

> Bei jedem Neubau, Umbau, jeder Nutzungsänderung oder bei jedem Abbruch baulicher Anlagen sind grundsätzlich die baurechtliche Genehmigungsfähigkeit, deren mögliche Beschränkung sowie ggf. zu erwartende Auflagen mit der örtlichen Baubehörde abzuklären.

Wichtige Vorgaben bauplanungs- und bauordnungsrechtlicher Art für alle genannten Vorhaben sind:

- das Baugesetzbuch
- die Baunutzungsverordnung
- Bauordnungen der Länder
- Bauleitpläne
- Flächennutzungspläne
- Bebauungspläne.

Bauleitplan

Nach dem Baugesetzbuch und der Baunutzungsverordnung sind für die Ordnung der städtebaulichen Entwicklung Bauleitpläne zu erstellen.

Flächennutzungsplan

Der Flächennutzungsplan, der für das gesamte Gemeindegebiet aufgestellt wird, teilt das Gemeindegebiet in unterschiedliche Nutzungsbereiche wie Verkehr, Gewerbe, Wohnen usw. auf.

Bebauungsplan

Daraus werden die Bebauungspläne entwickelt. Je nach dem Umfang der bauplanerischen Festlegungen unterscheidet man zwischen einfachen und qualifizierten Bebauungsplänen.

Bei der Aufstellung der Bebauungspläne ist die in der Baunutzungsverordnung vorgesehene Gliederung der Bau- bzw. Nutzungsgebiete zugrunde zu legen.

Die wichtigsten Arten der baulichen Nutzungsgebiete sind:

- Kleinsiedlungsgebiet (WS)
- Reines Wohngebiet (WR)
- Allgemeines Wohngebiet (WA)

- Besonderes Wohngebiet (WB)
- Dorfgebiet (MD)
- Mischgebiet (MI)
- Kerngebiet (MK)
- Gewerbegebiet (GE)
- Industriegebiet (GI).

Aus dieser Gliederung lässt sich die grundsätzliche Zulässigkeit von Handwerksbetrieben ableiten. Die Genehmigung der Vorhaben von Handwerksbetrieben hängt darüber hinaus von der Einholung verschiedener Stellungnahmen (z. B. Gewerbeaufsichtsämter, Umweltschutzämter, Wasserwirtschaftsamt usw.) durch die Baugenehmigungsbehörde ab.

Einwendungen

Inhaber von Handwerksbetrieben haben bereits bei der Aufstellung von Flächennutzungsplänen und Bebauungsplänen die Möglichkeit, Einwendungen bei den zuständigen Behörden zu erheben, wenn ihr Betriebsgrundstück durch die Aufstellung oder Änderung eines Flächennutzungs- oder Bebauungsplanes betroffen ist. Unter Umständen würden durch unterlassene Einwendungen die erforderlichen Rechtsmittel versperrt.

Bauantrag

Bei allen beschriebenen Vorhaben (Errichtung, Änderung, Nutzungsänderung, Abbruch baulicher Anlagen) hat der Betriebsinhaber einen schriftlichen Bauantrag an die Gemeinde zu stellen. Zuständig ist die Gemeinde, in deren Gebiet das Vorhaben liegt. Dem Bauantrag sind die einschlägigen Unterlagen beizufügen, worüber die Bauplanungs- bzw. Genehmigungsbehörde Auskunft gibt.

Baugenehmigung

Nach Zustellung der Baugenehmigung sind erteilte Auflagen genau zu prüfen und, um deren für den Bauherrn eventuell nachteilige Rechtskraft zu verhindern, dagegen Rechtsmittel einzulegen.

In einzelnen Bundesländern erlauben die Bauordnungen unter bestimmten Voraussetzungen genehmigungsfreies Bauen oder vereinfachte bzw. verkürzte Genehmigungsverfahren.

Umweltschutzrecht – Immissionsschutz

Zur Vorbeugung und zum Schutz vor schädlichen Umwelteinwirkungen müssen Handwerksbetriebe die immissionsschutzrechtlichen Vorschriften (Bundesimmissionsschutzgesetz als zentrales bundeseinheitliches Vorschriftensystem und andere) beachten. Von Bedeutung sind ferner die Technischen Anleitungen zum Schutz gegen Lärm und Vermeidung von Gerüchen und Luftverunreinigungen (TA Lärm, TA Luft).

TA Lärm
TA Luft

In diesem Zusammenhang sind die Einwirkungen eines Betriebsgrundstücks auf die Nachbargrundstücke hinsichtlich erheblicher Nachteile oder Belästigungen zu prüfen. Darüber hinaus ist es von Bedeutung, ob erhebliche Gefahren, Belästigungen oder Nachteile für die Nachbarschaft oder die Allgemeinheit entstehen können.

Das Bundesimmissionsschutzgesetz unterscheidet grundsätzlich zwischen genehmigungsbedürftigen und nicht genehmigungsbedürftigen Anlagen.

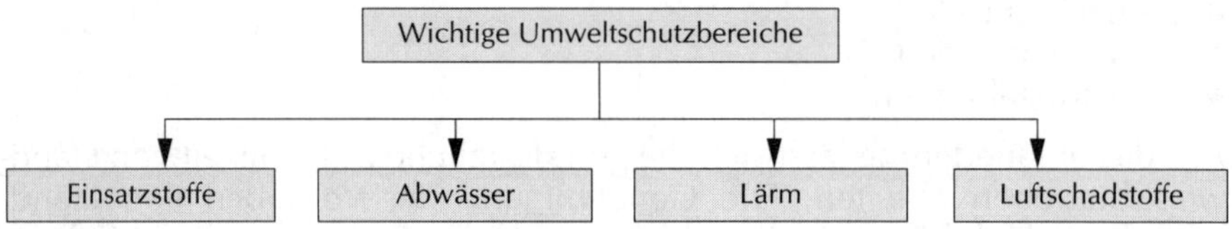

Abbildung 197

Einsatzstoffe

Die Einsatzstoffe müssen umweltverträglich sein. Bei wassergefährdenden oder brennbaren Einsatzstoffen sind sachgerechte Lagerung, Verwendung, Sicherheit und Entsorgung zu gewährleisten.

Abwasser

Im Abwasserbereich sind u. a. Grenzwerte und Einleitungsvorschriften zu beachten. Informationen sind bei der Gemeinde oder beim Landratsamt zu erhalten.

Lärm

Für den Lärmbereich gibt es je nach Gebietsart, in dem der Betrieb seinen Standort hat, Grenz- bzw. Richtwerte.

Luftschadstoffe

Schließlich sind hinsichtlich der Belastungen von Umgebungsluft, z. B. durch Staub oder Abgas, Grenzen gesetzt, die zu beachten sind.
Bei Missachtung von Vorschriften oder behördlichen Anordnungen kann der Betrieb der Anlage ganz oder teilweise untersagt werden.

Umweltschutzberater

Wichtige Ansprechpartner für den Existenzgründer sind hier die Umweltschutzberater der Handwerkskammern.

Abfallrecht

Der Betriebsinhaber hat dafür zu sorgen, dass Abfälle

- soweit möglich vermieden
- stofflich verwertet und
- sachgerecht entsorgt werden.

Von großer Bedeutung ist, dass die Betriebe nach den entsprechenden gesetzlichen Regelungen (Kreislaufwirtschafts- und Abfallgesetz) und Verordnungen für viele Bereiche vor allem der Entsorgung (z.B. Altöle, Sondermüll, Siedlungsabfall) und für eine geordnete Abfallwirtschaft (Wiederverwertung) selbst erhebliche Leistungen erbringen müssen.

Es muss deshalb geprüft werden, in welchem Umfang und in welcher Entfernung diese entsprechenden Entsorgungseinrichtungen bzw. Entsorgungsfachbetriebe zur Verfügung stehen.
Auf die Sonderregelungen zur Vermeidung und Wiederverwertung von Abfällen im Verpackungsbereich wird ergänzend hingewiesen.

Abfallberater

Auskünfte kann der Existenzgründer beim Gewerbeabfallberater (Landratsamt) oder beim Umweltschutzberater der Handwerkskammer erhalten.

2.7.3.3 Arbeitsstättenverordnung

Diese Verordnung regelt die Anforderungen an Arbeitsstätten im Interesse des Arbeits- und Betriebsschutzes.

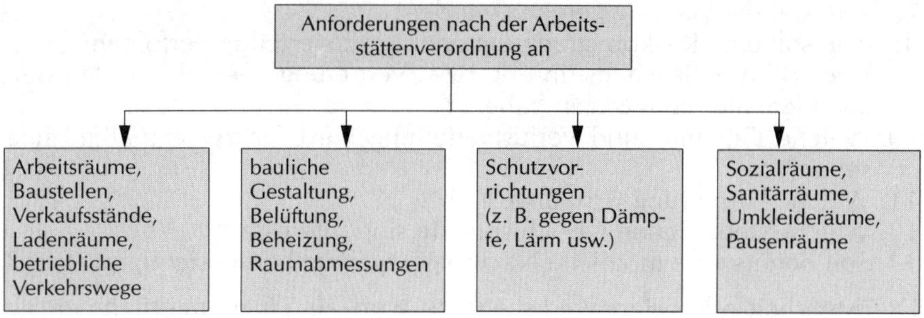

Abbildung 198

2.7.3.4 Arbeitssicherheit, Unfall- und Gesundheitsschutz

Hier sind insbesondere zu beachten:
- das Arbeitssicherheitsgesetz
- Betriebssicherheitsverordnung
- die Unfallverhütungsvorschriften der für den Handwerkszweig zuständigen Berufsgenossenschaft
- alle Vorschriften über den Gesundheitsschutz.

(Siehe auch Abschnitt 2.4.4.4 „Betriebliches Sozialwesen" in diesem Band und Abschnitt 3.3.8 „Arbeitsschutz" in Band 2.)

2.7.4 Wahl der Rechtsform

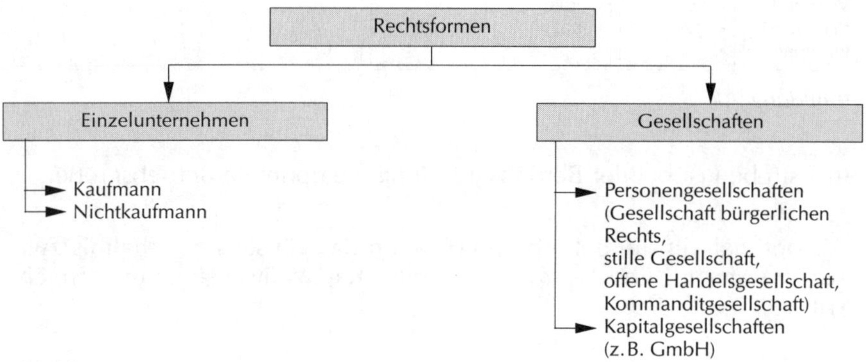

Abbildung 199

Bei der Entscheidung über die Rechtsform hat der Existenzgründer folgende zentrale Fragen zu stellen: Zentrale Fragen

1. In welcher Form sind die handwerksrechtlichen Voraussetzungen gegeben?
2. Ist eine Eintragung ins Handelsregister erforderlich oder möglich?

3. Welche Formvorschriften sind zu beachten?
4. Welche Kosten fallen an?
5. Wie soll die Eigen- und Fremdfinanzierung erfolgen?
6. Gründe ich das Unternehmen allein oder mit einer oder mehreren weiteren Personen?
7. Wie soll die Haftung geregelt werden?
8. Wie soll eine Risikobegrenzung oder Risikoverteilung erfolgen?
9. Wie soll die Geschäftsführung bzw. Vertretung geregelt werden oder „will ich allein das Sagen haben"?
10. Welche Gewinn- und Verlustverteilung wird für zweckmäßig angesehen?
11. Welche Firmierung wird angestrebt?
12. Welche steuerlichen Gesichtspunkte sind interessant?
13. Soll bereits eine mögliche Nachfolgeregelung berücksichtigt werden?

Die Mehrheit aller Handwerksbetriebe wird als Einzelunternehmen geführt. Der Hauptvorteil für den Betriebsinhaber liegt dabei in seiner Unabhängigkeit und in einem hohen Maß an Selbstständigkeit. Andererseits trägt er jedoch auch das Risiko allein und haftet für alle finanziellen Verpflichtungen des Betriebes auch mit seinem Privatvermögen.

(Siehe auch Abschnitt 3.2.2 „Handels- und Gesellschaftsrecht" in Band 2.)

2.7.5 Planung der Gründung

2.7.5.1 Betriebsgröße

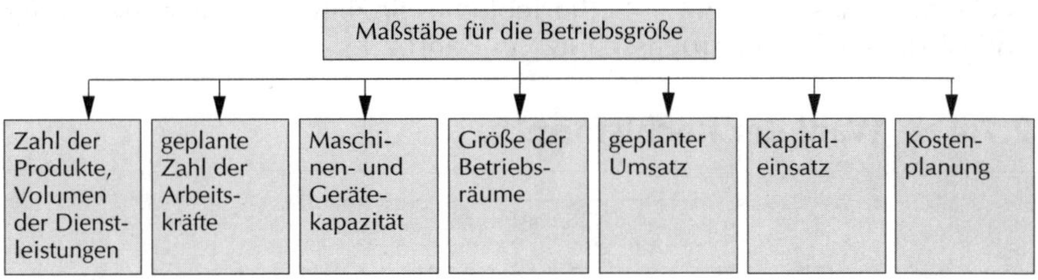

Abbildung 200

Anzustreben ist bei der Betriebsgründung die optimale Betriebsgröße.

Als optimal gilt die Betriebsgröße, wenn das günstigste Verhältnis zwischen Aufwand und Leistung bei voller Kapazitätsausnutzung erreicht wird.

2.7.5.2 Betriebsräume

Technische Fragen

Bei der Planung der Betriebsräume geht es in erster Linie um technische Fragen, die sich von Handwerkszweig zu Handwerkszweig sehr stark unterscheiden.

Aufgrund der in den verschiedenen Handwerkszweigen sehr unterschiedlichen Ausprägungen können die nachfolgenden Ausführungen lediglich grundsätzlichen Charakter haben. Jedem Betriebsgründer wird empfohlen, sich vor Durchführung solcher Vorhaben mit dem technischen Betriebsberater der Handwerkskammer oder des Fachverbandes in Verbindung zu setzen.

Grundsätzlich müssen die Werkstatträume betriebsgerecht geplant werden.

Schwerpunkte der Planung

Im Einzelnen wird die Planung von nachfolgenden Faktoren beeinflusst:
- Grundstückszuschnitt
- Verkehrslage
- Nachbarschaft
- Bauvorschriften
- sonstige örtliche behördliche Vorschriften
- Raumanordnung und Raumfolge
- Lichtverhältnisse
- raumklimatische Gegebenheiten
- Transportmittel
- Maschinen- und Geräteaufstellungsplan
- Betriebsablauf
- Bewegungs-, Verkehrs- und Abstellflächen.

Nutzung

Darüber hinaus muss die Betriebsstätte so angelegt sein, dass die Betriebsräume rationell genutzt werden können und die Instandhaltung der Gebäude möglichst geringe Kosten verursacht.

Erweiterung

Die Bauplanung sollte so gestaltet sein, dass eine Erweiterung der Betriebsräume entsprechend der Betriebsgrößenentwicklung jederzeit mit möglichst geringen Kosten durchführbar ist.

2.7.5.3 Betriebseinrichtung, Geschäftseinrichtung, Büro

Bei der Planung der Betriebs- und Geschäftseinrichtung ist die Beachtung folgender Gesichtspunkte u. a. zweckmäßig:
- Nur die erforderlichen Maschinen und Werkzeuge beschaffen, die bei den geplanten betrieblichen Tätigkeiten, der beabsichtigten Betriebsgröße und der Zahl der Mitarbeiter erforderlich sind.
- Betriebsnotwendige Fahrzeuge nach Funktionalität und Wirtschaftlichkeit auswählen.
- Organisatorisch richtige Anordnung der Maschinen und Geräte, damit kurze Arbeitswege und Platz sowie Kraft sparende Arbeitsabläufe gewährleistet sind.

Büro-
organisation

Das Büro des geplanten Betriebes muss eine moderne und zweckmäßige Organisation aufweisen.

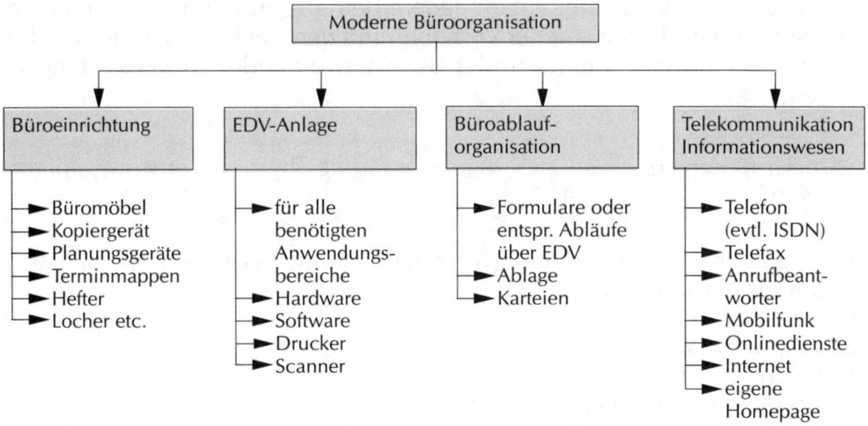

Abbildung 201

(Siehe auch Abschnitt 2.3.2 „Verwaltungs- und Büroorganisation".)

2.7.5.4 Personalbedarf, Personalbeschaffung

Personalbedarf

Betätigungs-
felder
Anforderungs-
profil

Der Personalbedarf ergibt sich aus dem Leitbild, dem Unternehmensziel, dem geplanten Produkt- und Leistungsprogramm sowie aus den beabsichtigten Betätigungsfeldern (Arbeitsaufgaben, Arbeitsinhalte) und der erwarteten Auftragslage. Daraus leitet man Anforderungsprofile ab, die folgende Punkte enthalten:

- fachliche Qualifikation (Ausbildung, Berufspraxis)
- Einsatzbereitschaft
- Belastbarkeit
- Organisationstalent
- Zuverlässigkeit
- Fähigkeit zum selbstständigen Arbeiten
- Bereitschaft zur Teamarbeit
- Eignung für einen kundenorientierten Arbeitseinsatz
- äußeres Erscheinungsbild
- Kontaktfreudigkeit.

Bei der mengenmäßigen Ermittlung des Personalbedarfs sollte man behutsam vorgehen, denn Personal- und Personalzusatzkosten sind im Handwerksbetrieb in der Regel der größte Kostenfaktor.

Personalbeschaffung

Um ein hohes Maß an Beweglichkeit zu erreichen sowie Kosten und Risiko im Personalbereich so niedrig wie möglich zu halten, sind folgende Grundsätze bei der Personalbeschaffung zu berücksichtigen:

Wichtige Grundsätze

- Vollzeitbeschäftigte verursachen höhere Kosten als Teilzeitbeschäftigte und bringen bei Schwankungen der Auftragslage zusätzliche Probleme.
- Wenn möglich, in bestimmten Bereichen Aushilfs- bzw. Teilzeitarbeitskräfte beschäftigen.
- Sofern möglich, freie Mitarbeiter oder Subunternehmerleistungen einsetzen.
- Die Beschäftigungsmöglichkeit von Zeit- oder Leiharbeitskräften prüfen.
- Förderungsmaßnahmen der Agentur für Arbeit bei Einstellung von Arbeitslosen in Erwägung ziehen.
- Einen schriftlichen Arbeitsvertrag abschließen.
- Gesetzliche Möglichkeiten von befristeten Arbeitsverträgen ausloten und ggf. umsetzen.
- Arbeitsrechtliche Schutzvorschriften und deren betriebliche Konsequenzen für den Betrieb bei späterem Anwachsen der Betriebsgröße in die Entscheidungen mit einbeziehen (z. B. Kündigungs-, Schwerbehinderten- und Mutterschutz).
- Nachwuchs und Nachfolge rechtzeitig sichern.

(Hinsichtlich weiterer Gesichtspunkte der Personalplanung und der Instrumente der Personalbeschaffung siehe Abschnitt 2.4.1 „Personalplanung“.)

2.7.5.5 Organisationsabläufe, Organisationsformen

Für den erfolgreichen Start eines Betriebes ist es wichtig, für die Aufbau- und Ablauforganisation ein schlüssiges Konzept zu erarbeiten.
Um Wiederholungen zu vermeiden, wird auf die Abschnitte 2.3.1 „Ablauforganisation“ und 2.3.3 „Aufbauorganisation“ verwiesen.

Konzept für Aufbau- und Ablauforganisation

2.7.5.6 Investitionsplan

Bevor die Entscheidung über die zur Gründung des Betriebes vorgesehenen Investitionen gefällt wird, ist ein Investitionsplan zu erstellen. Dafür sind die möglichst exakten Kosten für alle in Frage kommenden Investitionen zu ermitteln und zusammenzustellen.

Es kann nach folgender Checkliste vorgegangen werden:

Checkliste

- Beschaffung eines Grundstückes
- bauliche Investitionen: Neubauten, Umbauten, Erweiterungen, Renovierungen, Einbauten, Installationen
- Maschinen und Werkzeuge
- Betriebs- und Geschäftsausstattung
- Ladeneinrichtung
- Büromöbel, Büromaschinen, Büromaterial
- Hard- und Software für die EDV
- Telekommunikationsmittel
- Kraftfahrzeuge
- Mietvorauszahlung, Mietkaution.

Die ermittelten Beträge des Investitionsplanes finden nach getroffener Investitionsentscheidung Eingang in die Kapitalbedarfsrechnung, auch Kapitalbedarfsplan genannt.

2.7.5.7 Kapitalbedarfsrechnung

Investitions-bedarf

Zur Ermittlung des Gesamtkapitalbedarfs für die Betriebsgründung ist eine Kapitalbedarfsrechnung aufzustellen. Sie enthält sowohl den langfristigen Kapitalbedarf (Investitionsbedarf) als auch den kurzfristigen Kapitalbedarf.

Betriebsmittel-bedarf

Letzterer bezieht sich sowohl auf das Waren- und Materiallager als auch auf die zur Finanzierung der laufenden Betriebstätigkeit für einen festgelegten Zeitraum erforderlichen Betriebsmittel (Betriebsmittelbedarf). Der für die Berechnung des Betriebsmittelbedarfs zugrunde zu legende Anlaufzeitraum ist zu schätzen.

Schema

Bei der Ermittlung des Betriebsmittelbedarfs kann nach folgendem Schema vorgegangen werden:

1. Schätzung bzw. Planung der Vorbereitungszeit

Vorbereitungszeit für die Gründung	...... Monate
Zeitraum zwischen Betriebsbeginn und Zahlungseingang.	...... Monate
= Anlaufzeit	...... Monate

2. Berechnung der Anlaufkosten einschl. Privatentnahmen pro Monat

Gesamtkosten (wie z. B. Personalkosten, Sachkosten, Gründungskosten, Zinsen, Raumkosten usw.) pro Monat	.... EUR
+ Privatentnahmen pro Monat	.... EUR
= Anlaufkosten pro Monat	.... EUR

3. Berechnung des Betriebsmittelbedarfs

Betriebsmittel-bedarf

Anlaufzeit in Monaten x Anlaufkosten pro Monat
= Betriebsmittelbedarf

Abbildung 202

Schema für eine Kapitalbedarfsrechnung

Investitionen (einzeln oder Gesamtsumme gemäß Investitionsplan)	
	EUR
Grundstück	
Gebäude bzw. bauliche Maßnahmen (Neubauten, Umbauten, Renovierungen, Einbauten, Installationen)	
Maschinen und Werkzeuge	
Betriebsausstattung	
Geschäftsausstattung	
Büroeinrichtung	
EDV-Anlage	
Telekommunikationsmittel	
Kraftfahrzeuge	
Mietkaution	
= Kapitalbedarf für Investitionen:	
Grundausstattung für Material und Waren (Materialeinsatz pro Jahr geteilt durch Umschlag des Materiallagers im Jahr)	
= Kapitalbedarf für Material- und Warenbestand:	
Betriebsmittelbedarf lt. Sonderberechnung (siehe oben)	
= Kapitalbedarf zur Vorfinanzierung betrieblicher Kosten, privater Ausgaben sowie der Vorfinanzierung der Außenstände	
= **Gesamtkapitalbedarf**	

Abbildung 203

Für die Berechnung des Betriebsmittelbedarfs als Teil der Gesamtkapitalbedarfsrechnung kommen noch andere, mehr in Einzelheiten gehende Berechnungsmethoden zur Anwendung, die hier nicht dargestellt werden können. Jeder Existenzgründer sollte sich hier vom Betriebsberater oder Existenzgründungsberater der Handwerkskammer beraten lassen. Diesen steht in der Regel auch handwerkszweigbezogenes Zahlenmaterial, z. B. aus Betriebsvergleichen und andere Erfahrungswerte, zur Verfügung.

Berechnungsmethoden

Beratung

2.7.5.8 Finanzierungsplan

Der für die Betriebsgründung ermittelte Gesamtkapitalbedarf muss durch eine Gesamtfinanzierung gedeckt sein. Unter Berücksichtigung der betriebswirtschaftlichen Finanzierungsregeln (siehe Abschnitt 2.5.5.4 „Betriebswirtschaftliche Finanzierungsregeln"), der Arten der Finanzierung (siehe Abschnitt 2.5.4 „Arten der Finanzierung"), der Kreditsicherheiten (siehe Abschnitt 2.5.4.5 „Kreditsicherheiten") und unter Einbeziehung aller speziellen Finanzierungshilfen, insbesondere für die Betriebsgründung (siehe 2.5.4.9 „Spezielle Finanzierungshilfen für den Handwerksbetrieb") ist ein Finanzierungsplan nach folgendem Schema zu erstellen.

Schema für einen Finanzierungsplan

Eigene Mittel:		
Ersparnisse	.... EUR	
Eigenleistungen	.... EUR	
sonstige Mittel	.... EUR	
= **Eigenfinanzierung**		.... EUR
Langfristige Fremdmittel:		
Darlehen der Hausbank	.... EUR	
Verwandtendarlehen	.... EUR	
Versicherungsdarlehen	.... EUR	
Darlehen aus Handwerkskreditprogrammen und Programmen zur Existenzgründung	.... EUR	
= **Langfristige Fremdfinanzierung**		.... EUR
Kurzfristige Fremdmittel:		
Kontokorrentkredit der Hausbank	.... EUR	
Lieferantenkredit	.... EUR	
Wechselkredit	.... EUR	
= **Kurzfristige Fremdfinanzierung**		.... EUR
= **Gesamtfinanzierung**		.... EUR ========

Abbildung 204

Der Gesamtkapitalbedarf muss immer durch die Gesamtfinanzierung gedeckt sein.

2.7.5.9 Ermittlung des Kapitaldienstes

Für die Ermittlung des Kapitaldienstes sind die Zins- und Tilgungsleistungen für das aufgenommene Fremdkapital zu berechnen. Dabei werden die Zinszahlungen und die Tilgungsleistungen für das Fremdkapital berechnet und entsprechend der Laufzeit der Kredite aufgeteilt.

Zins- und Tilgungsleistungen

Schema für die Kapitaldienstberechnung

Art der Fremdmittel	aufgenommener Betrag	1. Jahr			2. Jahr			3. Jahr			usw.
		Zins	Tilgung	Gesamt	Zins	Tilgung	Gesamt	Zins	Tilgung	Gesamt	
Gesamter Kapitaldienst											

Abbildung 205

2.7.5.10 Öffentliche Finanzhilfen für die Existenzgründung

Im Interesse der Regeneration unserer Volkswirtschaft durch Neugründungen von Betrieben und zur Schaffung neuer Arbeitsplätze fördern Bund und Länder durch öffentliche Finanzierungshilfen Existenzgründungen.

(Siehe im einzelnen Abschnitt 2.5.4.9 „Spezielle Finanzierungshilfen für den Handwerksbetrieb".)

Günstige Konditionen

Alle öffentlichen Kreditprogramme zur Förderung der Existenzgründung zeichnen sich durch günstige Zins- und Tilgungskonditionen aus. Die Höhe der Verzinsung richtet sich hier aber nicht nach Einheitszinssätzen, sondern ist je nach Bonität risikoorientiert. In die Beurteilung werden auch die angebotenen Sicherheiten einbezogen.

Antragsverfahren

Die Anträge auf Existenzgründungsdarlehen sind **vor** Investitionsbeginn bei den Kreditinstituten zu stellen.

Antragsunterlagen

Dem Kreditantrag sind in der Regel die in der nachstehenden Abbildung aufgeführten Unterlagen beizufügen.

Abbildung 206

Die zuständige Handwerkskammer muss in der Regel zum Existenzgründungsvorhaben gutachterlich Stellung nehmen. Es empfiehlt sich aus diesem Grund auch im Hinblick auf eine umfassende Existenzgründungsberatung, rechtzeitig mit dem Betriebsberater der Handwerkskammer Kontakt aufzunehmen.

Basis für die Beantragung und Bewilligung öffentlicher Finanzierungshilfen, aber auch für die gesamte Beurteilung des Existenzgründungsvorhabens, ist der Businessplan.

(Siehe Abschnitt 2.7.1 „Unternehmenskonzept" und 2.7.8 „Beispiel eines Businessplanes".)

2.7.5.11 Kosten-, Umsatz- und Gewinnplanung, Rentabilitätsvorschau

Notwendiges Mindesteinkommen für den Existenzgründer/ betrieblicher Kassenzufluss

Der künftige Betrieb des Existenzgründers muss so viel „abwerfen", dass sowohl seine privaten Ausgaben als berechnetes Minimum für Lebensunterhalt, Wohnung, soziale Absicherung und die Zahlung von Steuern einerseits und ein ausreichender finanzieller Zufluss für eine erfolgreiche **betriebliche** Entwicklung andererseits gewährleistet sind.

Private Ausgaben

Betrieblicher Zufluss

Die **privaten Ausgaben** bzw. **Privatentnahmen** lassen sich nach folgendem Schema ermitteln:

Privatentnahmen

	EUR pro Jahr
Lebensunterhalt	....
Krankenversicherung	....
Pflegeversicherung	....
Rentenversicherung	....
Lebensversicherung	....
Unfallversicherung	....
Private Sachversicherungen	....
Miete, Nebenkosten	....
Heizung, Strom, Wasser, Telefon	....
Personensteuern	....
Privatentnahmen pro Jahr	....
	==============

Ein Betrag von jährlich zwischen 30.000,00 und 40.000,00 EUR sollte nach den Erfahrungen hierfür mindestens zur Verfügung stehen.
Es reicht aber allein nicht aus, dass der Betrieb nur die notwendigen Privatentnahmen erwirtschaftet, sondern der betriebliche „Kassenzufluss" muss darüber hinaus auch Mittel beinhalten, die für Zinsen, Tilgung von Verbindlichkeiten und Investitionen zur Verfügung stehen.
Die sich so ergebende Größe nennt man **„erweiterter Cashflow".**

Berechnungsschema:

	EUR pro Jahr
Privatentnahmen	....
+ Tilgung	....
+ Zinsen	....
+ Rücklage für Investitionen	....
= notwendiger erweiterter Cashflow	....
	==============

Notwendiger erweiterter Cashflow

Um die so errechnete Zielgröße zu erreichen, muss ein bestimmter Umsatz bzw. eine entsprechende Wertschöpfung erreicht werden. Im weiteren Vorgehen sind im Zuge der Kostenplanung und der Umsatzplanung weitere Berechnungen notwendig.

Kostenplan

Personalkosten

Berechnung der Personalkosten:

Lohnkosten (Stundenlohn x 165 Std.) pro Monat x 12 Monate =	.... EUR
+ Weihnachtsgeld, Urlaubsgeld	.... EUR
+ vermögenswirksame Leistungen	.... EUR
= Jahresbruttolohn	.... EUR
+ gesetzliche Sozialabgaben (ca. 21 % des Bruttolohnes)	.... EUR
+ freiwillige Sozialleistungen	.... EUR
= Personalkosten für einen Gesellen (pro Jahr)	.... EUR

Soll der Mitarbeiter ein Monatsgehalt erhalten, ergibt sich folgender Berechnungsvorgang:

Monatsgehalt x 12 Monate	.... EUR
+ Weihnachtsgeld, Urlaubsgeld	.... EUR
+ gesetzliche Sozialabgaben (ca. 21 %)	.... EUR
+ freiwillige Sozialleistungen	.... EUR
= Personalkosten für einen Angestellten (pro Jahr)	.... EUR

Berechnung der Sachkosten

Berechnung der betrieblichen Sachkosten

Miete, Pacht	.... EUR
Energiekosten	.... EUR
Versicherungen	.... EUR
Steuern	.... EUR
Kfz-Kosten	.... EUR
Werbung	.... EUR
Reisekosten	.... EUR
Instandhaltungskosten	.... EUR
Bürobedarf	.... EUR
Steuer- und Rechtsberatung	.... EUR
sonstige Kosten	.... EUR
= Summe der Sachkosten pro Jahr	.... EUR

Umsatzplanung, Berechnung des Mindestumsatzes

Wenn man die nach dem obigen Schema errechneten Personal- und Sachkosten zusammenzählt und den notwendigen erweiterten Cashflow dazu addiert, erhält man die **Wertschöpfung des Betriebes,** die dem Rohgewinn entspricht:

	EUR pro Jahr
Notwendiger erweiterter Cashflow	....
+ Personalkosten	....
+ betriebliche Sachkosten	....
= Wertschöpfung	....

Wertschöpfung

Der **Planumsatz bzw. Mindestumsatz** ergibt sich, wenn man zur errechneten Wertschöpfung den Materialverbrauch hinzuzählt:

	EUR pro Jahr
Wertschöpfung	....
+ Materialverbrauch (in % vom Umsatz)	....
= Mindestumsatz	....
	===========

Mindestumsatz

Um zu erfahren, wie hoch der Materialverbrauch in Prozent vom Umsatz im konkreten Betriebsgründungsfall in einem bestimmten Handwerkszweig ist, wendet man sich an den Betriebsberater der Handwerkskammer, an den Steuerberater oder an das Finanzamt.
Diesbezügliche Durchschnittswerte werden vor allem durch Betriebsvergleiche ermittelt.

Materialverbrauch in Prozent vom Umsatz

Die vorstehend beschriebenen Einzelschritte der Kosten- und Umsatzplanung mit dem Ziel der Errechnung des Mindestumsatzes lassen sich in **einem** Schema zusammenfassen.

Gesamtberechnungsschema

	EUR pro Jahr
Privatentnahmen pro Jahr	....
+ Zinsen	....
+ Tilgung	....
+ Rücklage für Investitionen	....
= Notwendiger erweiterter Cashflow	....
+ Personalkosten	....
+ betriebliche Sachkosten	....
= Wertschöpfung	....
+ Materialverbrauch in % vom Umsatz	....
= notwendiger Mindestumsatz	....
	===========

Notwendiger Mindestumsatz

Wenn der **notwendige** Mindestumsatz als Plangröße berechnet ist, muss geprüft werden, ob dieser unter Zugrundelegung von Erfahrungswerten in dem konkreten Handwerkszweig und auf der Grundlage der zum Existenzgründungsfall vorgenommenen Markt- und Standortanalyse sowie des beabsichtigten Produkt- und Leistungsprogramms erreicht werden kann.

Realisierbarkeitsprüfung

Folgende Unterlagen sollten zur Prüfung der Planzahlen herangezogen werden:

1. Kennzahlen aus Betriebsvergleichen, die in zahlreichen Handwerksberufen durchgeführt werden, so u. a. Betriebsleistung (Umsatz) pro Beschäftigten, Wertschöpfung pro Beschäftigten.
2. Durchschnittlicher Materialverbrauch bzw. Materialeinsatz in Prozent vom Umsatz.
3. Üblicher Stundenverrechnungssatz in dem Handwerkszweig.
4. Kostenstrukturkennzahlen.

Erreichbarer Umsatz

Der **erreichbare** Mindestumsatz kann nach folgendem Schema berechnet werden:

	EUR pro Jahr
Insgesamt verrechenbare (produktive) Arbeitsstunden des Betriebes auf der Basis der geplanten Arbeitskräfte x am Markt erreichbarer Stundenverrechnungssatz in EUR	
= Lohnerlöse bzw. Lohnumsatz	....
+ Materialerlöse bzw Materialumsatz	....
= erreichbarer Umsatz	===========

Deckung

Im Anschluss an diese Berechnung kann festgestellt werden, ob der **errechnete Mindestumsatz** durch den **erreichbaren Umsatz** gedeckt ist, was im Einzelfall zutreffend sein sollte.

Gewinnplan, Rentabilitätsvorschau

Auf der Grundlage der in den obigen Rechnungen ermittelten Zahlen wird der Gewinnplan bzw. die Rentabilitätsvorschau erstellt. Diese Rentabilitätsvorschau muss auch der finanzierenden Bank und zu eventuellen gutachterlichen Stellungnahmen vorgelegt werden.

Schema für eine Rentabilitätsvorschau:

	EUR pro Jahr
Umsatz	....
./. Materialverbrauch	....
= Rohgewinn I	....
./. Personalkosten	....
= Rohgewinn II	....
./. Sachkosten	....
= Erweiterter Cashflow	....
./. Zinsen	....
= Cashflow	....
./. Abschreibungen	....
= Reingewinn	===========

Tilgungen

Abschreibungen

Im obigen Berechnungsschema werden die Tilgungen für Verbindlichkeiten nicht berücksichtigt, da sie gewinnneutral sind. Die angesetzten Abschreibungen werden auf der Grundlage der betriebsgewöhnlichen Nutzungsdauer in Jahren in einem Prozentsatz von der Investitionssumme berechnet.

Beispiel:

Investitionssumme 100.000,00 EUR, betriebsgewöhnliche Nutzungsdauer 10 Jahre, Abschreibungssatz somit 10 %; Abschreibung pro Jahr 10.000,00 EUR.

Wichtigste betriebswirtschaftliche Berechnung

Die Kosten-, Umsatz- und Gewinnplanung ist die wichtigste betriebswirtschaftliche Berechnung für jeden Existenzgründer. Deshalb sollte er sich dabei eingehend beraten lassen. Als Berater kommen hierfür insbesondere die Betriebsberater der Handwerkskammern oder der Landesinnungsverbände, Steuerberater und freiberuflich tätige Unternehmensberater in Frage.

2.7.5.12 Finanz- bzw. Liquiditätsplan

Kontrollinstrument

Der Existenzgründer muss vorrangig darauf achten, dass die Zahlungsbereitschaft und die -fähigkeit seines Betriebes immer gegeben sind. Dazu braucht er ein Kontrollinstrument in Form eines Liquiditätsplanes.

Im Liquiditätsplan werden die im Planungszeitraum voraussichtlich anfallenden Einnahmen und Ausgaben eingetragen.

Planung der Einnahmen und Ausgaben

Nach Ablauf des Planungszeitraums werden die Soll-Beträge mit den Ist-Beträgen verglichen. Aus den Abweichungen ergeben sich brauchbare Hinweise auf die Verbesserung der Genauigkeit der Planung für künftige Planungsperioden.

Zahlungsreserve

Bei der Liquiditätsplanung sollte immer darauf geachtet werden, dass eine Liquiditätsreserve (Zahlungsreserve) in Form einer Kreditausschöpfungsmöglichkeit gegeben ist.

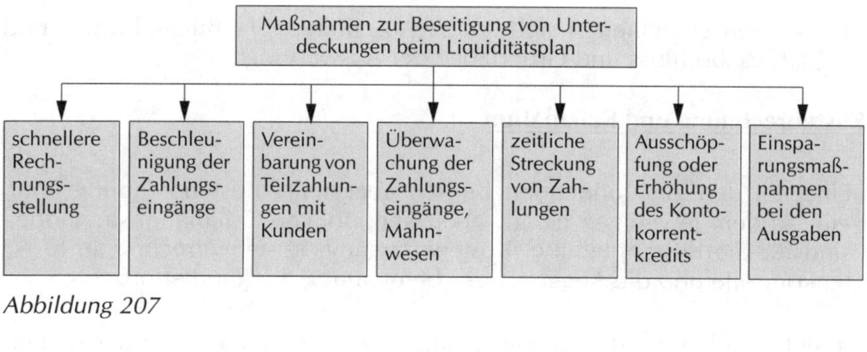

Abbildung 207

Liquiditätsplan

Im Abschnitt 2.5.2.2 „Finanz- bzw. Liquiditätsplanung" ist eine Handlungsanleitung für die Aufstellung eines Liquiditätsplanes dargestellt. Ebenso ist dort ein Schema für einen Liquiditätsplan abgedruckt.

2.7.5.13 Einrichtung des betrieblichen Rechnungswesens

Chefdaten

Ein geordnetes, auf die einzelbetrieblichen Verhältnisse abgestelltes Rechnungswesen ist eine unabdingbare Voraussetzung für eine erfolgreiche Betriebsführung des Existenzgründers. Deshalb sollte er vor Betriebsbeginn für die Einrichtung einer ordnungsgemäßen Buchführung, einer sachgerechten Kostenrechnung und Kalkulation und ggf. eines funktionsfähigen Controllings Sorge tragen. Dabei ist darauf zu achten, dass das Rechnungswesen den gesetzlichen Anforderungen entspricht und dem Existenzgründer über seine Auswertung stets die zur Planung, Steuerung und Kontrolle notwendigen Chefdaten liefert.

Buchführung und Jahresabschluss

Vorgehensweise

Folgendes Vorgehen ist zweckmäßig:

- Gesetzliche Vorschriften zu Buchführung und Jahresabschluss beachten.
- Aufbewahrungspflichten für Bücher, Datenträger, Belege und Geschäftsbriefe beachten.
- Anforderungsprofile an Inhalt und Gliederung der Buchführung für den zu gründenden Betrieb festlegen.
- Entscheidung für das System der Buchführung (in der Regel doppelte Buchführung) treffen.
- Entscheidung für die Verfahrenstechnik der Buchführung (in der Regel EDV) herbeiführen.
- Anforderungen an die Auswertbarkeit des Zahlenmaterials festlegen.
- Entscheidung treffen, ob die Buchführungsarbeiten im eigenen Betrieb oder extern durchgeführt werden sollen.
- Inventar und Eröffnungsbilanz erstellen.
- Belegorganisation festlegen.

Steuerberater

Bei den obigen Arbeiten ist es sinnvoll, den Steuerberater einzuschalten.

Zu weiteren Einzelheiten siehe auch Abschnitte 1.1 „Buchführung" und 1.2 „Jahresabschluss und Grundzüge der Auswertung".

Kostenrechnung und Kalkulation

Eine auf den zu gründenden Betrieb abgestellte Kostenrechnung und eine in dem jeweiligen Handwerkszweig übliche Kalkulationsmethode sind für die Kostenplanung, Kostenerfassung, Kostenverrechnung, Kostenkontrolle und die Angebotspreisberechnung dringend erforderlich.

Sie entscheiden in erheblichem Umfang, wie erfolgreich sich der Betrieb am Markt behaupten kann.

Wichtige Schritte

Wichtige Schritte sind für den Existenzgründer bei der Einrichtung der Kostenrechnung und Kalkulation:

- Gliederung der Kostenrechnung vornehmen.
- Aufbereitung der Ausgangswerte aus dem Kostenplan und der Rentabilitätsvorschau für kostenrechnerische Zwecke durchführen.
- Gegebenenfalls Kostenstellen für die Kostenstellenrechnung festlegen.

- Für die Kalkulationsmethode im Rahmen der Kostenträgerrechnung entscheiden.
- Art und Gliederung der Angebotspreisberechnung festlegen (Kalkulationsschemen).
- Ermittlung des Stundenverrechnungssatzes für Handarbeit und Maschinenarbeit (dabei ist zum Zeitpunkt der Betriebsgründung von den Zahlen des Kostenplans und der Rentabilitätsvorschau auszugehen) vornehmen.
- Zeiterfassungssystem entwickeln und umsetzen.

Zu weiteren Einzelheiten siehe Abschnitt 1.3 „Kosten- und Leistungsrechnung“!

2.7.5.14 Einrichtung eines EDV-Systems

Die EDV ist heute Bestandteil jeder fortschrittlichen Betriebsorganisation. Der Existenzgründer kann bei der Einrichtung eines EDV-Systems wie folgt vorgehen:

Vorgehensweise

- Anwendungsbereiche zum Einsatz der EDV für den Betrieb festlegen und ein entsprechendes Konzept entwickeln
- Datenmengen ermitteln
- Pflichtenheft erstellen
- Angebote bei EDV-Anbietern einholen
- Angebote unter Kosten-/Nutzungsabwägung und Systementscheidung prüfen
- Hardware und Software beschaffen
- Wartungskosten einbeziehen
- Personalschulungen vornehmen.

Zu weiteren Einzelheiten siehe auch Abschnitt 2.3.2.3 „Einsatz moderner Informations- und Kommunikationstechnologien – Einführung eines EDV-Systems im Handwerksbetrieb“!

Weitere Einzelheiten

2.7.5.15 Risikovorsorge – Versicherungsschutz

Mit der Selbstständigmachung verlässt der Existenzgründer das soziale Netz als Arbeitnehmer, das ihn für verschiedene Lebensrisiken abgesichert hat. Diese muss er nun selbst durch Abschluss geeigneter Versicherungen abdecken. Hinzu kommen betriebliche Risiken, die abzusichern sind.

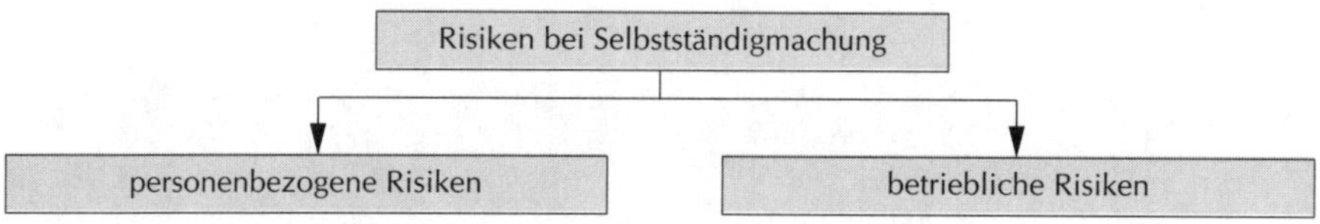

Abbildung 208

Für die Abdeckung der persönlichen und betrieblichen Risiken des Existenzgründers kommen die in den folgenden Abbildungen enthaltenen Versicherungen in Frage.

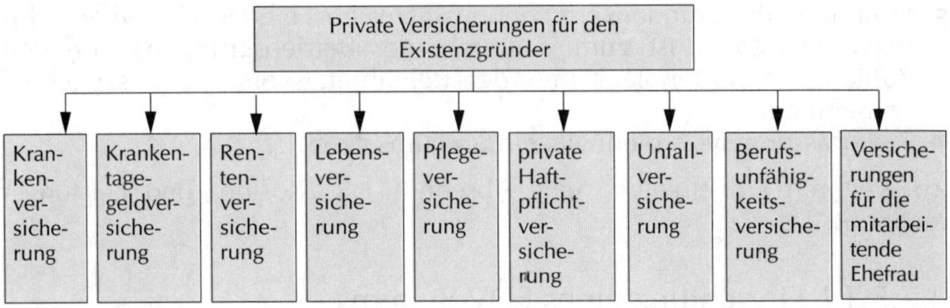

Abbildung 209

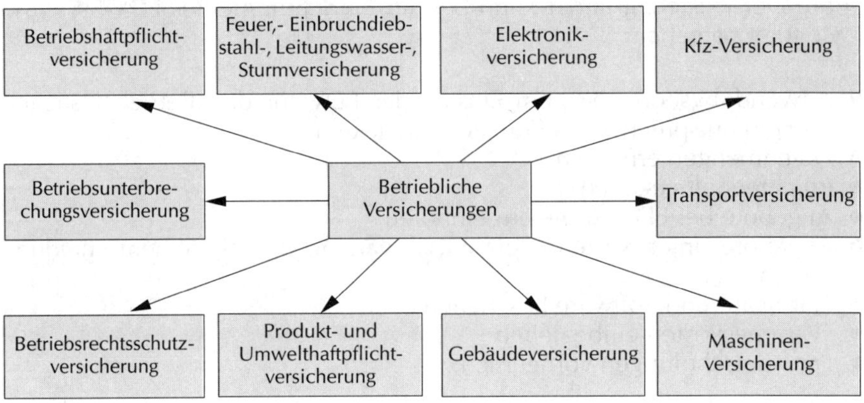

Abbildung 210

Versorgungswerke

Die Versorgungswerke des Handwerks bieten zusammen mit den berufsständischen Versicherungsunternehmen sachgerechten und kostengünstigen Versicherungsschutz an.

2.7.5.16 Formalitäten bei der Gründung und Anmeldungen

Bei der Gründung eines Betriebes sind eine Reihe von Anmeldungen und deren Formalitäten zu beachten.

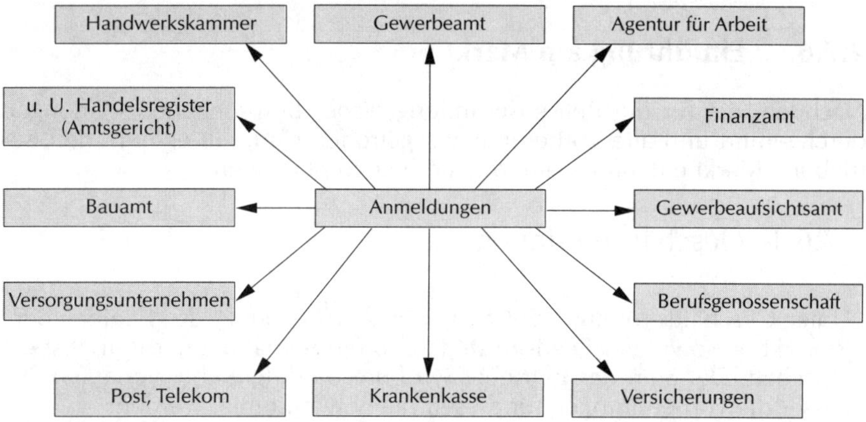

Abbildung 211

Erläuterungen:

- Handwerkskammer: Bei der Ausübung eines zulassungspflichtigen Handwerks ist die Eintragung in die Handwerksrolle erforderlich. Bei Ausübung eines zulassungsfreien Handwerks oder eines handwerksähnlichen Gewerbes erfolgt die Eintragung in ein Verzeichnis der Inhaber zulassungsfreier Handwerke oder handwerksähnlicher Gewerbe. Der Existenzgründer erhält von der Handwerkskammer eine Handwerkskarte oder Gewerbekarte.
- Handelsregister (Amtsgericht): Diese Anmeldung ist nur erforderlich für die Eintragung ins Handelsregister (siehe Abschnitt 3.2.2.3 „Handelsregister" in Band 2).
- Gewerbeamt: Dieses Amt registriert die Gewebeanmeldung und informiert andere Institutionen.
- Agentur für Arbeit: Wenn im Betrieb Arbeitnehmer beschäftigt werden, erhält er eine Betriebsnummer.
- Finanzamt: Es wird dem Existenzgründer nach Ausfüllen eines Betriebsfragebogens eine Steuernummer zugeteilt (siehe auch Abschnitt 2.7.3.1 „Handwerks-, Handels- und Steuerrecht").
- Gewerbeaufsichtsamt: Dem Gewerbeaufsichtsamt obliegt die Überwachung der Arbeitsschutzgesetze.
- Berufsgenossenschaft: Die Berufsgenossenschaften sind für die Pflichtversicherung der Arbeitnehmer in der Unfallversicherung und je nach Satzung auch für die Pflicht- und freiwillige Versicherung der selbstständigen Unternehmer und für den Unfallschutz zuständig.
- Versicherungen: Hier muss für rechtzeitigen Versicherungsschutz gesorgt werden (siehe Abschnitt 2.7.5.15 „Risikovorsorge-Versicherungsschutz").
- Krankenkasse: Die Arbeitnehmer sind bei einer gesetzlichen Krankenversicherung zu melden.
- Post, Telefon: Telefonanschlüsse und ggf. Postfach sind zu beantragen.

- Versorgungsunternehmen: Je nach Bedarf sind Lieferverträge für Strom, Gas, Wasser und Entsorgungsverträge für Abwasser und Müll abzuschließen.
- Bauamt: Planungen für gewerbliche Um- und Neubauten oder Nutzungsänderungen sind **rechtzeitig** zu beantragen bzw. abzustimmen.

2.7.6 Einführung am Markt

Nachdem die für die Betriebsgründung bisher besprochenen Planungen durchgeführt und alle Vorbereitungen getroffen sind, gilt es nun, den Betrieb am Markt einzuführen und dauerhaft zu platzieren.

2.7.6.1 Geschäftseröffnung

Unter Geschäftseröffnung versteht man den Zeitpunkt des Beginns der Produktion sowie der Dienstleistung und die Aufnahme der Betriebsbereitschaft. Der Start des Betriebes wird umso erfolgreicher verlaufen, je besser die Vorbereitungen für diesen Tag bewerkstelligt werden.

Terminwahl

Eröffnungstag

Kostenplan

Der Termin sollte so gewählt werden, dass er nicht mit anderen wichtigen Ereignissen im betrieblichen Umfeld zusammenfällt. Die Informations- und Werbeaktivitäten für den Eröffnungstag müssen rechtzeitig gestartet werden. Die Mitarbeiter müssen auf diesen Tag vorbereitet werden. Die Erstellung eines Kostenplanes für die Eröffnungsveranstaltung, sofern eine solche stattfindet, ist empfehlenswert. Alle äußeren organisatorischen Vorbereitungen müssen perfekt sein, damit die beabsichtigte positive Wirkung nach außen erreicht wird.

Aktionsblatt zur Geschäftseröffnung

In einem Geschäftseröffnungsaktionsblatt sollen die für die künftigen Kunden und die Öffentlichkeit wichtigsten und interessantesten Ziele und Leistungen des Betriebes herausgestellt werden.

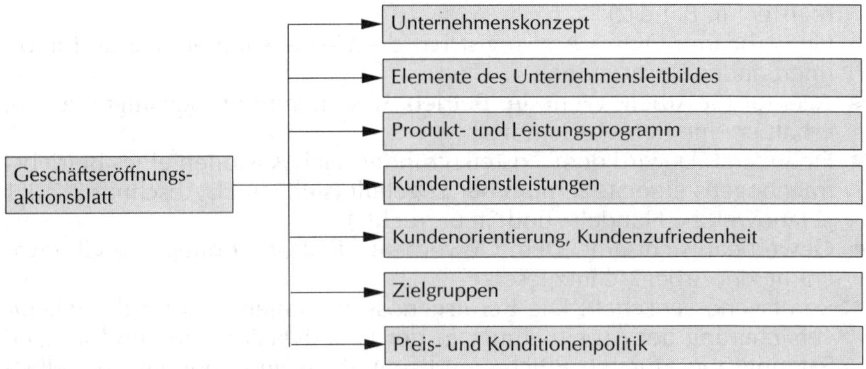

Abbildung 212

Nähere Einzelheiten siehe Abschnitte 2.7.1 „Unternehmenskonzept" und 2.2 „Marketing".

2.7.6.2 Marketingmaßnahmen, Werbung, Öffentlichkeitsarbeit

Marketingmaßnahmen

In der Einführungsphase des neuen Betriebes am Markt sind die Marketinginstrumente gezielt einzusetzen, um Kunden zu gewinnen. Diese müssen von der Kompetenz des Betriebes überzeugt werden.

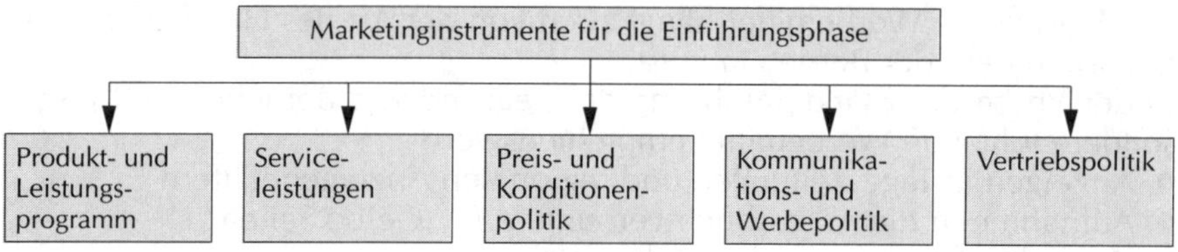

Abbildung 213

Produkt- und Leistungsprogramm

Das Produkt- und Leistungsprogramm muss gerade in der Einführungsphase am Markt ein an den Bedürfnissen des Kunden orientiertes Angebot gewährleisten, das sich möglichst positiv vom Angebot der Mitbewerber abhebt.

Kundendienst

Ein guter Kundendienst ist zunehmend eine wichtige Voraussetzung für die Kaufentscheidung und die Auftragserteilung seitens des Kunden. Wer zusätzlich zu seinem Produkt- und Leistungsangebot Nebenleistungen auf technischem (z.B. Installation, Wartung, Reparatur) und kaufmännischem Gebiet (z.B. Finanzierungsvermittlungen, Zahlungserleichterungen) sowie Transport- und Entsorgungsleistungen bietet, hat einen Vorsprung bei der Kundengewinnung. Vermehrt erwartet der Kunde nicht nur ein gutes Produkt, sondern er verlangt eine komplette Problemlösung und besten Service.

Preis- und Konditionenpolitik

In der Einführungsphase sollte der Betrieb bei der Preis- und Konditionenpolitik einen vernünftigen Kompromiss zwischen kostenorientierter, nachfrageorientierter und konkurrenzorientierter Preisbildung finden. Ein niedriger Preis allein ist für den Kunden nicht das einzige Entscheidungskriterium für den Kauf. Deshalb muss der Kunde von der Qualität, vom Zusatznutzen und den Zusatzleistungen überzeugt werden. Keinesfalls sollte der Existenzgründer mit Niedrigpreisen operieren, die kostenrechnerisch nicht zu verantworten sind.

Unternehmensleitbild

Das Unternehmensleitbild, das Erscheinungsbild und die Leitsätze des Umgangs des Handwerkers mit dem Kunden sind in der Vertriebspolitik und in der Werbung dem Kunden gegenüber angemessen herauszustellen. (Siehe insbesondere Abschnitte 2.2.3.5 „Unternehmensleitbild und Unternehmenskultur“ und 2.2.3.6 „Kundenorientierung und Kundenbehandlung“).

Die Marketinginstrumente sind nicht isoliert, sondern kombiniert in einem „Marketing-Mix“ einzusetzen.

Werbung

Zielgruppenorientierung

> Die Werbung muss in der Einführungsphase des Betriebes auf die festgelegten Zielgruppen ausgerichtet sein, und zwar in Bezug auf ihre Zusammensetzung und ihre speziellen Bedürfnisse in einem bestimmten räumlichen Gebiet.

Die Werbewege und Werbemittel in einem Handwerksbetrieb sind sehr umfangreich. Sie sind im Abschnitt 2.2.3.3 „Kommunikations- und Werbepolitik" umfassend dargestellt.
Der Einsatz der Werbemittel hängt auch von der Art des Handwerkszweiges ab, in dem der Betrieb tätig ist.

Werbemittel

In der Phase der Markteinführung des gegründeten Betriebes sind insbesondere folgende Werbemittel empfehlenswert:

- Anzeigen in Tageszeitungen und regionalen Anzeigenblättern
- Aufnahme in die Adressbuchwerbung, z.B. „Gelbe Seiten"
- Werbebrief an ausgewählte Adressaten
- Wurfsendungen, Handzettel
- Prospekte
- Visitenkarten
- Plakatwerbung
- Schaufenstergestaltung (bei Betrieben mit Ladengeschäft)
- Kinowerbung
- Werbung in Verkehrsmitteln
- Radio- und Fernsehwerbung bei Lokalsendern
- Telefonwerbung
- Werbung über Onlinedienste wie Internet
- Webauftritt im Internet
- Werbegeschenke
- Werbung durch Beschriftung der Firmenfahrzeuge
- Firmenzeichen
- Herausstellung des Meisterbetriebes
- Werbung mit dem äußeren Erscheinungsbild des Betriebes
- Außenwerbung am Betriebsgebäude
- Baustellenschilder, sofern einschlägig
- Beteiligungen an Ausstellungen und Messen.

Öffentlichkeitsarbeit

> Über eine gezielte Öffentlichkeitsarbeit kann auch der Handwerksbetrieb sein Image in der Öffentlichkeit aufbauen bzw. steigern.

Kontakte zu den Medien

Dies kann durch Kontaktpflege zu den Medien, insbesondere zu den Tageszeitungen, erreicht werden. Durch redaktionelle Beiträge gibt die Tagespresse aktuelle Informationen aus dem Wirtschaftsleben an ihren Leserkreis weiter. Im Zusammenhang mit der Geschäftseröffnung ist es empfehlenswert, eine Pressemitteilung an die Tagespresse zu senden. Sollte eine Veranstaltung am Betriebseröffnungstag abgehalten werden, ist es wichtig, die Lokalpresse einzuladen.

Pressemitteilung

Weitere wichtige Aspekte der Öffentlichkeitsarbeit sind im Abschnitt 2.2.3.3 „Kommunikations- und Werbepolitik" dargestellt.

2.7.7 Betriebsübernahme, Betriebsbeteiligung

In den nächsten Jahren stehen in der Bundesrepublik Deutschland aus Altersgründen der Betriebsinhaber sehr viele Handwerksbetriebe zur Übergabe an. Aus volkswirtschaftlichen und arbeitsmarktpolitischen Gründen sollten die Betriebe und ihre Arbeitsplätze unbedingt erhalten bleiben. Dieses Ziel kann nur erreicht werden, wenn möglichst viele junge Handwerker, die selbstständig werden wollen, einen bestehenden Handwerksbetrieb übernehmen bzw. eine Beteiligung oder Partnerschaft anstreben.

Generationswechsel

Die Fachverbände und die Handwerkskammern unterhalten Betriebsvermittlungsbörsen in denen Betriebe, die einen Nachfolger suchen, registriert sind. Anfragen sind an die Handwerkskammer (auch übers Internet) zu richten.

Betriebsvermittlungsbörsen

Bei der Übergabe bzw. Übernahme eines Handwerksbetriebes bestehen in finanzieller Hinsicht unterschiedliche Interessenlagen zwischen Übergebern und Übernehmern. Der Übergeber versucht ein Optimum an finanziellen Einnahmen zu erzielen, um aus dem Erlös der Betriebsübergabe seine Altersversorgung sicherzustellen, während der Übernehmer darauf zu achten hat, dass die finanziellen Übernahmebedingungen für ihn betriebswirtschaftlich tragbar sind und der zu übernehmende Betrieb auf lange Sicht eine tragfähige und sichere Existenz bieten wird.

Unterschiedliche Interessenlagen

Die Ausführungen dieses Abschnitts 2.7.7 „Betriebsübernahme, Betriebsbeteiligung“ werden sich in erster Linie auf die Betriebsübernahme aus der Sicht des jungen Handwerkers und nicht aus der Sicht des Betriebsübergebers beziehen, denn junge Handwerker sind potenzielle Bewerber für die Funktion des Übernehmers. Dennoch wird kurz darauf hingewiesen, welche Problemkreise auch für den Übergeber zur Lösung anstehen.

Sicht des Übernehmers

2.7.7.1 Betriebsübergabe aus der Sicht des Übergebers

Jeder Betriebsinhaber sollte grundsätzlich für den Fall des plötzlichen Todes die Nachfolge des Betriebes durch Testament oder Erbvertrag sichern.

Die Übergabe des Betriebes aus Altersgründen sollte mehrere Jahre vor dem beabsichtigten Zeitpunkt geplant werden. Dabei steht die zentrale Frage im Vordergrund, ob der Betrieb an einen Familienangehörigen, an einen Mitarbeiter oder an einen außenstehenden Nachfolger übergeben werden soll.

Unabhängig davon, gilt es eine Reihe wichtiger Fragen zu lösen, so u. a.:

Sicht des Übergebers

- Form der Übergabe – Vertragsgestaltungen
- erbrechtliche Fragen (bei Weitergabe innerhalb der Familie) bzw. Schenkungsrecht
- Einbindung des Nachfolgers durch Beteiligung
- Verkaufspreis (Angemessenheit)
- Verkauf auf Raten
- Verkauf auf Rentenbasis
- Angemessenheit des Pachtzinses (evtl. Wertsicherungsklausel), Vertragslaufzeit bei Verpachtung
- optimale steuerliche Gestaltung

- Absicherung der Altersversorgung
- Freistellung von betrieblichen Verpflichtungen.

2.7.7.2 Vor- und Nachteile der Selbstständigmachung durch Betriebsübernahme

Kritische Prüfung

Der junge Handwerker sollte sich bei einem Angebot zur Übernahme eines bestehenden Betriebes in jedem Falle sehr kritisch mit allen Einzelheiten auseinander setzen. Nicht jeder angebotene Betrieb ist wettbewerbsfähig und das Geld wert, das dafür verlangt wird. Eine sehr eingehende Beratung ist dringend zu empfehlen.

Grundsätzlich bietet eine Betriebsübernahme Vor- und Nachteile gegenüber der Neugründung.

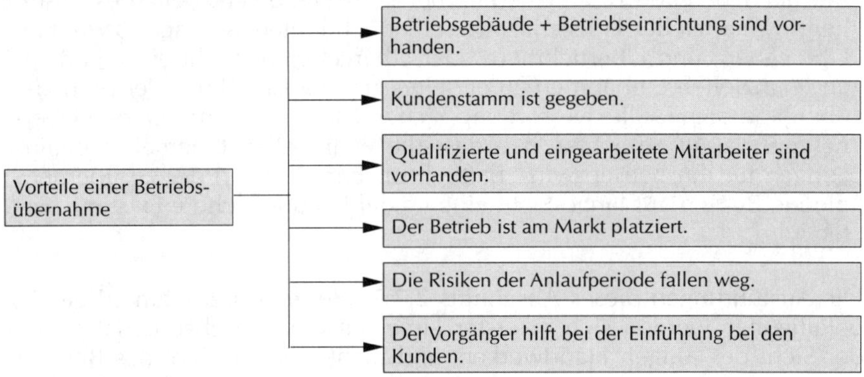

Abbildung 214

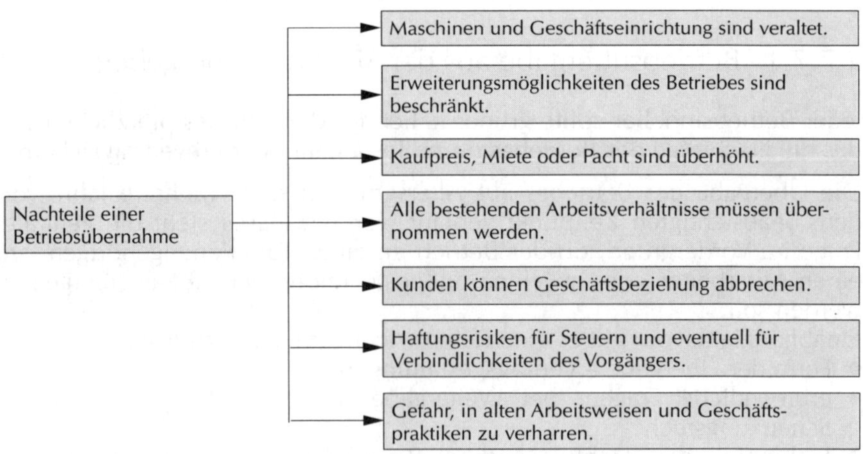

Abbildung 215

2.7.7.3 Formen der Betriebsübernahme

Grundformen

Es gibt folgende Grundformen der Betriebsübernahme:

- Kauf gegen einmalige Zahlung des gesamten Kaufpreises
- Kauf auf der Basis von Ratenzahlung
- Kauf auf Rentenbasis
- Übernahme auf der Basis eines Pachtvertrages
- Übernahme innerhalb der Familie im Wege der Erbfolge mit oder ohne Auflagen
- Übernahme auf der Grundlage der Schenkung ohne Gegenleistung
- Übernahme durch Schenkung unter Auflagen (z.B. Rentenzahlung an Eltern, Ausgleichszahlungen an Geschwister)
- Übernahme auf der Basis der Beteiligung.

Unterschiedliche Formen und Gestaltungsmöglichkeiten

Welche Form im Einzelfall zur Anwendung kommt, hängt von den jeweiligen Gegebenheiten ab. Für jeden Fall der Betriebsübernahme gibt es aber unterschiedliche Formen und Gestaltungsmöglichkeiten, die sorgfältig geprüft, argumentativ abgewogen und unter Einschaltung von Beratungsleistungen entschieden werden müssen. Die dafür wichtigen Kriterien ergeben sich aus den nachstehenden Ausführungen in den einzelnen Abschnitten.

2.7.7.4 Analyse der vergangenen und künftigen Entwicklung des Betriebes

Umfassende Informationen

Der Erwerber eines Betriebes sollte möglichst viele und umfassende Informationen über die Entwicklung des Betriebes in den vergangenen Jahren und über den aktuellen Zustand der betrieblichen Gegebenheiten einholen. Daran hat sich eine Analyse der künftigen Entwicklungsmöglichkeiten anzuschließen.

Aktueller Zustand des Betriebes

Folgende Beurteilungskriterien sind für den aktuellen Zustand eines Betriebes wichtig:

Gründe für die Abgabe des Betriebes:

Hier ist sorgfältig zu ermitteln, ob Alters-, Gesundheits- oder sonstige persönliche Beweggründe tatsächlich auch zutreffen oder ob wirtschaftliche Probleme des Betriebes die tatsächlichen Gründe für die Abgabe des Betriebes sind.

Vorhandene Bausubstanz der Betriebsräume:

Die Betriebsräume sollten in funktionsfähigem, ordentlichem Bauzustand sein und eine langfristige Entwicklung des Betriebes ermöglichen.

Technischer Stand der Betriebseinrichtung:

Funktionsfähigkeit und technischer Stand sind unter dem Aspekt des Leistungsprogramms zu prüfen.

Qualifikation und Sicherung der Mitarbeiter:

Die Qualifikation der Mitarbeiter sollte den gegenwärtigen und künftigen Anforderungsprofilen entsprechen. Werden die Mitarbeiter auch nach der Betriebsübernahme bleiben?

Ökologische Altlasten:

Es ist zu prüfen, ob das Betriebsgrundstück mit Schadstoffen oder anderen ökologischen Altlasten belastet ist.

Standort und Standortsicherung:

Hier steht folgende zentrale Frage im Mittelpunkt: Ist der Standort für die kommenden Jahre optimal und kann er langfristig gesichert werden? Stimmen die Infrastruktur, die Verkehrsanbindung, die Parkmöglichkeiten usw.? Hat sich die Bedeutung des Standortes verändert? (z. B. durch Bau einer Umgehungsstraße oder eines neuen Einkaufszentrums etc.)

Stellung des Betriebes am Markt:

Hier ist festzustellen, welche Stellung der Betrieb am regionalen und ggf. sektoralen Markt hat und wie wettbewerbsfähig er ist.

Zusammensetzung der Kundenstruktur:

Wichtige Fragen: Wie setzt sich der vorhandene Kundenstamm aus regionaler Sicht, nach Kaufkraft, Alter usw. zusammen? Welche Möglichkeiten bestehen, den vorhandenen Kundenstamm zu erhalten und auszubauen?

Leistungsprogramm des Betriebes:

Ist das Leistungsprogramm marktgerecht und wettbewerbsfähig; entspricht es den Marketingstrategien des Übernehmers?

Aktuelle Ertragslage des Betriebes:

Zu prüfen ist, ob die Ertragskraft des Betriebes im, über oder unter dem Branchendurchschnitt liegt.

Analyse der bisherigen Entwicklung des Betriebes

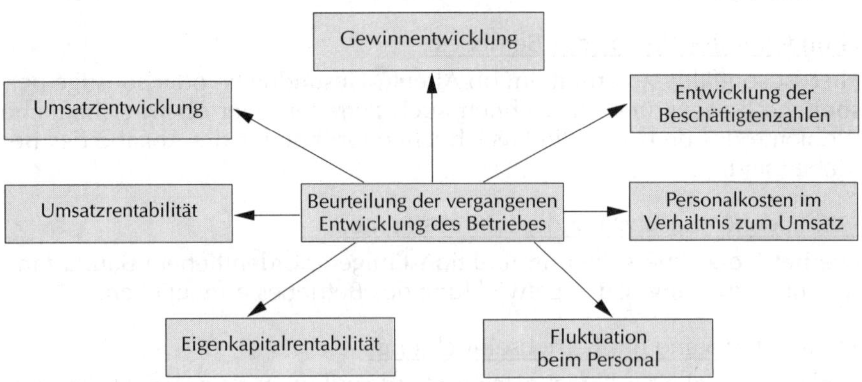

Abbildung 216

Für die Beurteilung der aufgezeigten Entwicklungskriterien hat sich der Betriebsübernehmer die Jahresabschlüsse (Bilanzen, Gewinn- und Verlustrechnungen usw.) des Betriebes der letzten 3 Jahre vorlegen zu lassen. Dadurch kann er sich ein Bild über die betriebswirtschaftlichen Fakten und Entwicklungstendenzen machen. Wenn diese Zahlen noch mit Zahlen aus Betriebsvergleichen des betreffenden Handwerkszweiges verglichen werden, erhält man zusätzliche Aufschlüsse darüber, wie der Betrieb im Vergleich zum Durchschnitt der Branche liegt.

Bilanzen Gewinn- und Verlustrechnungen

Künftige Entwicklung des Betriebes

Entscheidend für die Betriebsübernahme ist nicht allein die bisherige Umsatz- und Gewinnentwicklung, sondern sind die künftig zu erwartenden Umsätze und Gewinne. Es ist daher die Frage zu stellen, ob aufgrund der künftigen Umsatz- und Kostenentwicklung und deren Veränderungen die Ertragslage konstant bleibt, sich verbessert oder sich verschlechtert.

Umsatz-, Kosten- und Gewinnerwartung

Auf der Basis des Zahlenmaterials des Betriebes aus der bisherigen Entwicklung müssen die voraussichtlichen künftigen Entwicklungslinien erarbeitet werden. Dabei sind je nach Art und Form der Betriebsübernahme zu erwartende Veränderungen zu berechnen bzw. zu schätzen.

Folgende Abklärungen sind im Wesentlichen erforderlich:

Zentrale Fragen

1. Welche Kostensteigerungen ergeben sich künftig aufgrund vorzunehmender zusätzlicher Investitionen (höhere Abschreibungen)?
2. Welche zusätzlichen Kosten ergeben sich, wenn im Gegensatz zu bisher künftig Mieten für Geschäftsräume anfallen?
3. Welche Aufwendungen fallen an, wenn der Betrieb auf Pachtbasis übernommen wird?
4. Welche Personalkosten fallen zusätzlich an?
5. Welche Kosten verursacht eine eventuelle Fluktuation im Personalbestand?
6. Fallen zusätzliche Kosten für die Einhaltung gesetzlicher Auflagen an?
7. Welche Zinsaufwendungen fallen künftig zusätzlich für die anteilige Fremdfinanzierung des Kaufpreises des Betriebes und für zusätzliche Investitionen an?
8. Welche Kosten fallen zusätzlich für besondere Marketing- und Werbeaktionen im Zusammenhang mit der Betriebsübernahme und später an?
9. Welche Kostenerhöhungen treten durch Änderung des Produktions- bzw. Leistungsprogramms ein?
10. Welche Umsatzrückgänge sind durch das „Abspringen" von Kunden des bisherigen Betriebes zu erwarten?
11. Sind Umsatzrückgänge durch Ausscheiden von Teilen des Personals zu befürchten?
12. Welche Umsatzsteigerungen werden voraussichtlich durch Änderung des Leistungsprogramms, durch veränderte Marketingstrategien, stärkere Kundenorientierung und Gewinnung neuer Kunden eintreten?

Rentabilitätsvorschau

Anhand der durch die Prüfung und Beantwortung der gestellten Fragen gewonnenen Zahlen ist nun die Gewinn- und Verlustrechnung des Betriebsübergebers zu korrigieren. Die so entstehende Zahlenübersicht (Planzahlen) ergibt die Rentabilitätsvorschau bzw. Gewinnplanung für den Betriebsübernehmer, die die wichtigste Grundlage für seine Entscheidungen zur Übernahme des Betriebes darstellt.

Bei der Berechnung kann man nach folgendem Schema, das je nach der Zahl der notwendigen Korrekturen entsprechend den gestellten zwölf Fragen untergliedert werden kann, vorgehen. Die „Korrekturen" können ggf. auch in Nebenrechnungen erfolgen. (Siehe auch Abschnitt 2.7.5.11 „Kosten-, Umsatz- und Gewinnplanung, Rentabilitätsvorschau".)

Schema Gewinnplanung bzw. Rentabilitätsvorschau für den Betriebsübernehmer		
	Durchschnittszahlen des zu übernehmenden Betriebes der letzten 3 Jahre	Geplante Zahlen für das erste Geschäftsjahr des Betriebsübernehmers
	EUR	EUR
Umsatz ./. Materialverbrauch	....	....
= Rohgewinn I ./. Personalkosten	....	....
= Rohgewinn II ./. Sachkosten	....	....
= erweiterter Cashflow ./. Zinsen	....	....
= Cashflow ./. Abschreibungen	....	....
= Reingewinn	....	....

Abbildung 217

2.7.7.5 Betrieblicher Bestandsschutz

In der Regel haben bestehende Betriebe Bestandsschutz, wenn sie mit rechtskräftiger Genehmigung auf der Basis der damals geltenden Bau- und Immissionsschutzgesetze errichtet wurden.
Der Bestandsschutz eines bestehenden Betriebes geht aber nicht immer automatisch auf den Erwerber über. Es gibt Fälle, bei denen der bisherige Betrieb über den Bestandsschutz nur noch geduldet wurde. Auch können notwendige Veränderungen und Erweiterungen am gegebenen Standort des Betriebes nach dem aktuell geltenden Baurecht nicht mehr genehmigungsfähig sein.

Beim Erwerb eines Betriebes sollten im Vorfeld alle drei Formen, nämlich der planungsrechtliche, der baurechtliche und der gewerberechtliche Bestandsschutz, genau geprüft und geklärt werden:

- planungsrechtlicher Bestandsschutz
  Er ergibt sich aus einem rechtsverbindlichen Bebauungsplan im Sinne des Baugesetzbuchs, d. h., der richtig geplante Gewerbebetrieb kann nur durch Umplanung betroffen sein und hat dann einen Entschädigungsanspruch.
- baurechtlicher Bestandsschutz
  Er ergibt sich aus einer erteilten Baugenehmigung. Jedes zulässigerweise errichtete Gebäude ist geschützt.
- gewerberechtlicher Bestandsschutz
  Dies ist ein Schutz, der sich aus einer nach dem Bundes-Immissionsschutzgesetz erfolgten Prüfung und Genehmigung der Anlage ergibt.

Abklärungen mit der örtlichen Baubehörde

Wenn Neu-, An- oder Umbauten am Betriebsgebäude beabsichtigt sind, so muss dies vorher mit der Baubehörde der Gemeinde abgeklärt werden. Dort kann man die Genehmigungsfähigkeit, die Auflagen und Beschränkungen in Erfahrung bringen. Eine Nutzungsänderung muss ebenfalls baurechtlich genehmigt werden, wenn für die neue Nutzung andere Anforderungen gelten.
Werden Erweiterungsmöglichkeiten in der Zukunft ins Auge gefasst, sind Flächennutzungs- und Bebauungsplan zu beachten.
(Siehe auch Abschnitt 2.7.2.3 „Standortvergleich, Standortbeurteilung" und 2.7.3.2 „Bau-, umweltschutz- und abfallrechtliche Vorschriften".)
Nach zugestellter Baugenehmigung sind erteilte Auflagen sorgfältig zu prüfen und, falls notwendig, durch die Einlegung von Rechtsmitteln anzugreifen.

2.7.7.6 Betriebsbewertung – Kriterien der Kaufpreisermittlung

Wertermittlungsverfahren

Bei den unentgeltlichen Betriebsübergabeformen spielt der Wert des Unternehmens nur eine untergeordnete Rolle (Ausnahme: Steuer). Dagegen ist beim Erwerb eines Betriebes durch Kauf oder pachtweise Übernahme der Unternehmens- bzw. Betriebswert eine entscheidende Größe. Zur Wertermittlung gibt es kein Verfahren, das betriebswirtschaftlich völlig problemlos und unumstritten ist. Hinzu kommt, dass die Interessenlage von Übergeber und Übernehmer hinsichtlich der Wert- und Preisvorstellungen sehr unterschiedlich ist. Der Übergeber hat im Hinblick auf seine „Lebenssituation und sein Lebenswerk" meist überhöhte Wertvorstellungen und will mit dem Verkaufserlös oder den Pacht- bzw. Rentenzahlungen in der Regel seine Altersversorgung sichern. Der Nachfolger dagegen wird sich nüchtern an den tatsächlichen Werten der Betriebsräume, Maschinen und Einrichtungsgegenstände orientieren; ferner an seinen Finanzierungsmöglichkeiten, an der Tragbarkeit der finanziellen Belastungen und an der Möglichkeit, eine sichere und langfristige Existenzgrundlage für sich und seine Familie auf der Grundlage erzielbarer und ausreichender Gewinne schaffen zu können.

Bei der Bewertung kleiner und mittelständischer Unternehmen unterscheidet man im Allgemeinen zwischen Substanz- und Ertragswert.

Substanzwert

Der Substanzwert stellt den Zeitwert (nicht Buchwert!) des betriebsnotwendigen Anlage- und Umlaufvermögens dar. Er beinhaltet insbesondere die Maschinen, Werkzeuge, Betriebsfahrzeuge, Betriebs- und Geschäftsausstattung sowie den erforderlichen Material- und Warenbestand. Bei seiner Ermittlung kann beispielsweise ein technischer Berater des Landesinnungsverbandes oder der Handwerkskammer behilflich sein. Sollten Betriebsgrundstücke und -gebäude übertragen werden, ist im Regelfall eine Verkehrswertschätzung durch Sachverständige erforderlich.

Ermittlung des Substanzwertes

Zur Ermittlung des Substanzwertes werden alle Vermögensgegenstände zusammengestellt.

Betriebsgrundstück (soweit Erwerb gegeben)	.... EUR
Betriebsgebäude	.... EUR
Maschinen, Werkzeuge	.... EUR
Betriebsfahrzeuge	.... EUR
Betriebs- und Geschäftsausstattung	.... EUR
Material- und Warenbestand	.... EUR
= Substanzwert	.... EUR

Ermittlung des Ertragswertes

Ertragswert

Der Ertragswert errechnet sich auf Basis der künftig zu erwartenden Erträge, die – aufgrund der unsicheren Prognose – aus den betriebswirtschaftlichen Gewinnen der vergangenen 3–5 Jahre abgeleitet werden. Ältere, noch in der Praxis angewendete Bewertungsverfahren (z. B. Stuttgarter Verfahren) stellen eine Kombination aus Substanz- und Ertragswerten dar, der Trend jedoch geht zu ausschließlich ertragswertorientierten Rechenverfahren. Sie berücksichtigen die Tatsache, dass das Interesse eines Firmenerwerbers nicht einem Gebrauchtmaschinenpark, sondern den daraus erzielbaren Gewinnchancen gilt. Der Substanzwert stellt heute im Allgemeinen lediglich einen Mindestwert übergabefähiger Betriebe dar.
Aus dem betrieblichen Umsatz abgeleitete Preisvorstellungen (x Euro pro 100.000 Euro Umsatz) sollte der Kaufinteressent keinesfalls ungeprüft akzeptieren. Aus aktuellen Umsätzen ist die künftige Gewinnerwartung nicht ohne weiteres abzuleiten. Auch bei Eintritt in laufende Verträge (z. B. Wartungsverträge) können nur die im Umsatz enthaltenen Plangewinne als Auftragswert abgegolten werden.

Die Betriebsberater der Handwerkskammern verwenden ein softwaregestütztes, standardisiertes Ertragswertverfahren.

Vereinfachtes Schema:
steuerlicher Gewinn laut G+V (Durchschnittswert der letzten 3–5 Jahre)
± Korrekturen steuerlicher Werte (z. B. Grundstücksaufwand)
± außerordentliche und betriebsfremde Aufwendungen/Erträge
\+ Fremdkapitalzins
\+ steuerliche Abschreibung
= korrigierter Ertrag
– kalkulatorische Kosten
= betriebswirtschaftlicher Gewinn
± eingeleitete Kostenänderungen (z. B. Pachtaufwand)
= zu erwartender betriebswirtschaftlicher Gewinn

Bewertungsverfahren im Handwerk

Dieser auf der betriebswirtschaftlichen Leistung des Übergebers basierende Betrag wird mit einem angemessenen Kapitalisierungszins hochgerechnet. Der Kapitalisierungszinssatz beinhaltet die entscheidenden Erfolgs- und Risikofaktoren. Hierdurch erhält die Bewertung einen Zukunftsbezug sowie eine Korrektur der vom Veräußerer geprägten Ertrags- und Kostenstruktur.

Elemente des Kapitalisierungszinssatzes

- Basiszinssatz
- Risikozuschläge für
  - Inhaberabhängigkeit
  - Personenabhängigkeit
  - Branchenkonjunktur
  - Produkt- und Leistungsangebot
  - Kundenstruktur
  - Standort und Wettbewerb
  - Personalstruktur
  - Betriebsausstattung
  - sonstige Risiken.

Der Ertragswert berechnet sich wie folgt:

$$\text{Ertragswert} = \frac{\text{zu erwartender betriebswirtschaftlicher Gewinn} \times 100}{\text{Kapitalisierungszinssatz}}$$

Beispiel:

Die betriebswirtschaftliche Gewinnerwartung beträgt 30.000,00 EUR, der Kapitalisierungszinssatz wird auf 25 % veranschlagt.

$$\text{Ertragswert} = \frac{30.000 \times 100}{25} = \underline{\underline{120.000,00 \text{ EUR}}}$$

Steht diesem Ertragswert ein Substanzwert von beispielsweise 80.000,00 EUR gegenüber, so ergibt sich ein sog. Firmenwert (Good Will). Dieser nach einem Firmenkauf als immaterielles Wirtschaftsgut zu aktivierende Posten beinhaltet z. B.

Firmenwert

- Ruf, Bekanntheitsgrad, Image
- Standortqualität

- bestehende Lieferantenbeziehungen
- bestehende Bankbeziehungen
- Kundenstamm
- Mitarbeiterstamm
- vorhandenes handwerkliches Know-how
- usw.

d. h., die im Kapitalisierungszinssatz bewerteten Erfolgspotenziale eines gut funktionierenden Unternehmens.

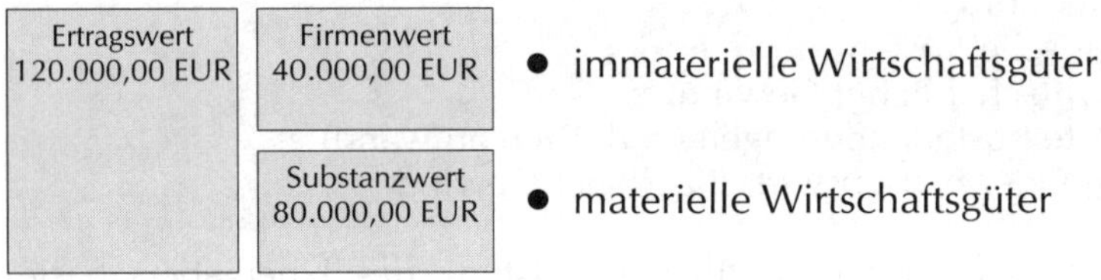

Abbildung 218

Bei der Vereinbarung des Kaufpreises sind ggf. rückständige Urlaubsansprüche der zu übernehmenden Mitarbeiter oder übernommene Gewährleistungsrisiken zu berücksichtigen. Die Übernahme von Bank- und Lieferantenkrediten ist aufgrund der Haftungsverflechtung von Privat- und Betriebsvermögen in Handwerksbetrieben seltener zu beobachten.

2.7.7.7 Gestaltung der Verträge bei den häufigsten Formen der Betriebsübernahme

Kauf des Betriebes

Zahlungsmodalitäten

Der Kauf des Betriebes schafft klare Eigentumsverhältnisse und bringt in der Regel für die Folgezeit die geringsten Probleme. Wenn Einigung über den angemessenen Kaufpreis erzielt ist, muss im Kaufvertrag die Zahlungsweise geregelt werden.

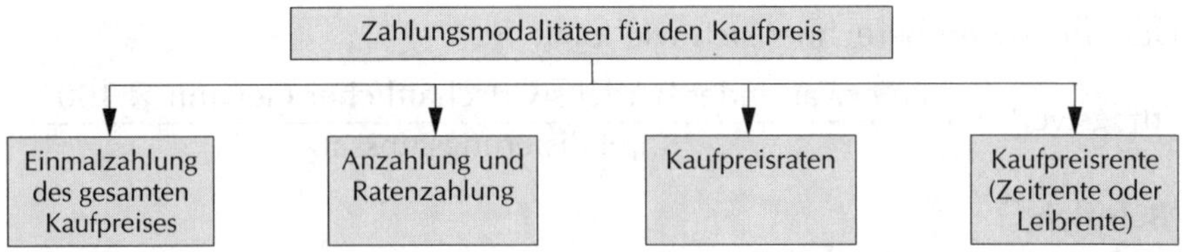

Abbildung 219

Pachtweise Betriebsübernahme

Der Vorteil für den Betriebsübernehmer liegt vor allem darin, dass er einen geringeren Kapitalbedarf hat und der Pachtzins steuerlich als Betriebsausgabe abzugsfähig ist.

Um das bei der Pacht gegebene Konfliktpotenzial zwischen Verpächter und Pächter in vertretbaren Grenzen zu halten, kommt es wesentlich auf klare Regelungen im Pachtvertrag an.

Pachtvertrag

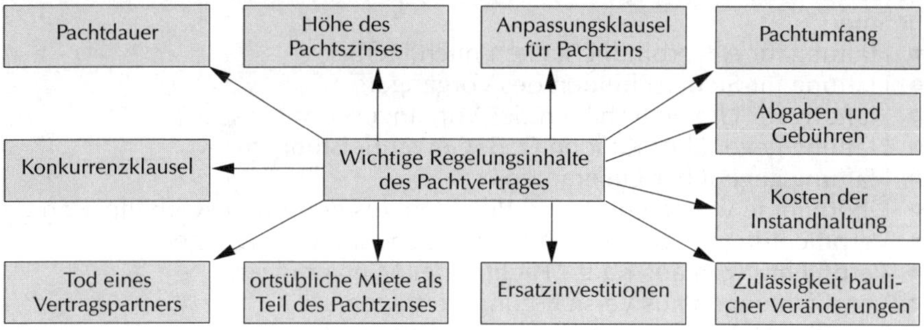

Abbildung 220

Kauf und Miete

Eine weitere denkbare Form der Betriebsübernahme ist der Kauf der Maschinen, Einrichtungsgegenstände und des Materiallagers bei gleichzeitiger Anmietung der Betriebsräume beim bisherigen Betriebsinhaber. Die Freiheit des Übernehmers in seinen betrieblichen Entscheidungen ist in diesem Falle nur durch die Abhängigkeit im Rahmen des Mietvertrages eingeschränkt.

Anmietung der Betriebsräume

Erbfolge, Schenkung

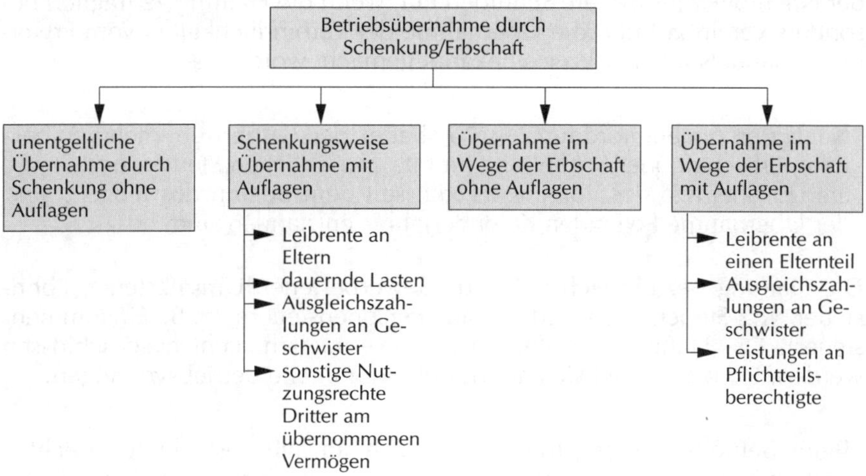

Abbildung 221

Bei diesen Betriebsübernahmen handelt es sich fast ausschließlich um Vorgänge innerhalb der Familie (z. B. Vater/Sohn, Vater/Tochter).

Bei Betriebsübernahmen im Wege der Schenkung und der Erbschaft sind vor allem die steuerlichen Fragen vorher zu klären.

Steuerfragen

2.7.7.8 Gesetzliche und vertragliche Pflichten

Im Zusammenhang mit der Betriebsübernahme ergeben sich vielfältige gesetzliche und vertragliche Pflichten sowie Haftungsrisiken des Übernehmers.

- Haftung für Altverbindlichkeiten nach HGB
- Haftung für Steuerschulden des Vorgängers
- Haftung für Umweltschäden des Vorgängers
- Haftung gegenüber Kunden (z. B. Gewährleistungen)
- Haftung gegenüber Lieferanten
- Übernahme von Rechten und Pflichten aus den Arbeitsverhältnissen
- Verpflichtungen aus Erbschafts- und Schenkungsvorgängen
- Verpflichtungen aus Kauf-, Pacht- oder Mietverträgen
- Verpflichtungen aus Versicherungsverträgen
- Verpflichtungen aus dem ehelichen Güterrecht.

Haftung nach HGB

Ist das übernommene Unternehmen im Handelsregister eingetragen und wird der Firmenname vom Erwerber fortgeführt, haftet er für alle im Betrieb begründeten Verbindlichkeiten des Vorgängers.

Ein Haftungsausschluss kann in diesem Falle vertraglich vereinbart werden. Er ist jedoch nur wirksam, wenn der Haftungsausschluss im Handelsregister eingetragen und bekannt gemacht oder den einzelnen Gläubigern ausdrücklich mitgeteilt worden ist.

Haftungsregelung ohne Fortführung des Firmennamens

Ist das übernommene Unternehmen unter **neuem** Namen (also ohne Fortführung des alten Firmennamens) im Handelsregister eingetragen, haftet der Nachfolger für frühere Schulden nur, wenn die Haftung vertraglich besonders vereinbart und die Übernahme der Verbindlichkeiten vom Erwerber in handelsüblicher Weise bekannt gemacht worden ist.

Haftung für betriebliche Steuern

Nach der Abgabenordnung (§ 75) haftet der Betriebsübernehmer bei Kauf, Erbschaft oder Schenkung für alle betrieblichen Steuern und Steuerabzugsbeträge des Vorgängers, die seit dem Beginn des letzten, vor der Übernahme liegenden Kalenderjahres entstanden sind.

Die Haftung bezieht sich z. B. auf Gewerbesteuer, Umsatzsteuer, Lohnsteuer, Kfz-Steuer, nicht jedoch auf Personensteuern (z. B. Einkommensteuer). Die Haftung für Steuern kann vertraglich nicht ausgeschlossen werden. Sie beschränkt sich auf das übernommene Betriebsvermögen.

Arbeitsverhältnisse

Beim Betriebsübergang tritt der Erwerber in alle bestehenden Rechte und Pflichten aus den Arbeitsverhältnissen der bisher im Betrieb beschäftigten Arbeitnehmer ein (§ 613a BGB).

Das bedeutet in der Praxis, dass die Arbeitnehmer ihre bisher erworbenen Rechte wie z. B. übertarifliche Entlohnung, Sonderzahlungen, eventuell zusätzlichen Urlaub behalten. Kündigungen von Arbeitsverhältnissen anlässlich des Betriebsübergangs sind unwirksam (Kündigungsschutz).
Diese Regelung ist zwingend und kann nicht durch Vereinbarung zwischen Veräußerer und Erwerber ausgeschlossen oder eingeschränkt werden.

Gesetzliche Unterrichtungspflicht

Der bisherige Arbeitgeber oder der neue Inhaber hat die von einem Betriebsübergang betroffenen Arbeitnehmer vor dem Übergang in Textform zu unterrichten über

- den Zeitpunkt des Übergangs
- den Grund für den Übergang
- die rechtlichen, wirtschaftlichen und sozialen Folgen des Übergangs für die Arbeitnehmer und
- die hinsichtlich der Arbeitnehmer in Aussicht genommenen Maßnahmen.

Gesetzliches Widerspruchsrecht

Der Arbeitnehmer kann dem Übergang des Arbeitsverhältnisses innerhalb 1 Monats nach Zugang der Unterrichtung schriftlich widersprechen. Der Widerspruch kann gegenüber dem bisherigen Arbeitgeber oder dem neuen Inhaber erklärt werden. Die Folge des Widerspruchs ist, dass der Arbeitsvertrag mit dem bisherigen Arbeitgeber bestehen bleibt, der wiederum betriebsbedingt kündigen kann, wenn er kein Unternehmen mehr betreibt, in dem der widersprechende Arbeitnehmer beschäftigt werden könnte.

2.7.7.9 Finanzierung der Betriebsübernahme

In Bezug auf alle grundsätzlichen Fragen der Investitionsplanung, Kapitalbedarfsrechnung, Finanzierungsplan, Kapitaldienstermittlung, zum Finanz- und Liquiditätsplan darf auf die Ausführungen in den Abschnitten 2.7.5.6 bis 2.7.5.12 im Kapitel „Gründung“ und auf das gesamte Kapitel 2.5 „Finanzierung“ verwiesen werden. Die dort dargestellten Grundsätze gelten, soweit Kapitel 2.7.7 „Betriebsübernahme, Betriebsbeteiligung“ keine übernahmespezifischen Besonderheiten enthält, entsprechend.

2.7.7.10 Förderungsmaßnahmen zur Betriebsübernahme

Förderungsmaßnahmen

Die zahlreichen Förderungsprogramme und Förderungsmöglichkeiten für Existenzgründungen (siehe Abschnitte 2.7.5.10 „Öffentliche Finanzhilfen für die Existenzgründung“ sowie 2.5.4.9 „Spezielle Finanzierungshilfen für den Handwerksbetrieb“ gelten grundsätzlich auch für die Finanzierung von Betriebsübernahmen.

Übernahme innerhalb der Familie

Erfolgt eine Betriebsübernahme innerhalb der Familie, kann die Förderfähigkeit eingeschränkt sein, wenn finanzielle Leistungen im Zuge der Übernahme an Eltern oder Schwiegereltern geleistet werden. Ausgleichszahlungen an Geschwister und Neuinvestitionen für Maschinen usw., die im Zuge der Betriebsübernahme anfallen, können in der Regel gefördert werden. Da die Förderkonditionen bei den Landesprogrammen unterschiedlich sein können, empfiehlt sich eine Information bzw. Beratung beim Betriebsberater der Handwerkskammer, und zwar **vor** Beginn des Vorhabens. Außerdem werden die Förderkonditionen immer wieder geändert.

2.7.7.11 Formalitäten bei der Betriebsübernahme

Änderungsmeldungen

Wie bei der Neugründung sind auch bei der Betriebsübernahme eine Reihe von Formalitäten zu beachten und Änderungsmeldungen vorzunehmen:

- Gewerbeamt (Änderungsmeldung)
- Agentur für Arbeit (Änderungsmeldung)
- Finanzamt (neue Steuernummer)
- Gewerbeaufsichtsamt (Ummeldung)
- gesetzliche Krankenkasse (Mitteilung)
- deutsche Rentenversicherung Bund/Land, Berufsgenossenschaft (Mitteilung)
- Versicherungen ummelden bzw. ändern
- Telefon (Änderung)
- Versorgungsunternehmen (Mitteilung)
- Banken (Konten, Daueraufträge ändern)
- Notar, wenn beurkundungspflichtige Verträge abgeschlossen wurden
- Handwerkskammer (Ummeldung)
- u.U. Handelsregister (Ummeldung).

2.7.7.12 Betriebsbeteiligung

Der Weg in die berufliche Selbstständigkeit im Handwerk kann im Wesentlichen in folgenden Formen beschritten werden:

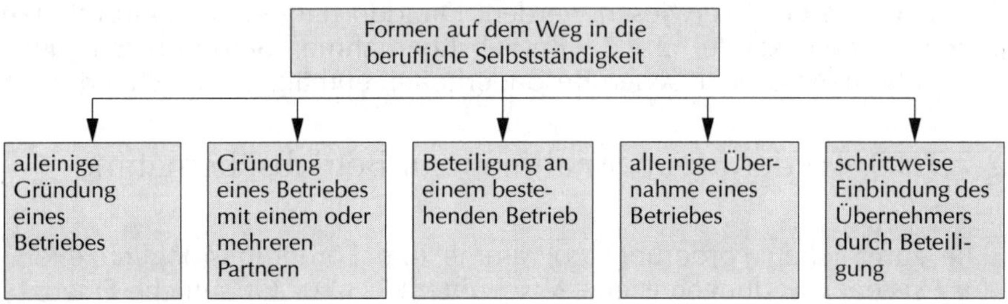

Abbildung 222

Grundsätze

Für alle aufgeführten Formen gilt es, die wichtigen Fragen zu klären und die dargestellten Grundsätze und Handlungsweisen zu beachten, die in den genannten Ausführungen zur Gründung bzw. zur Betriebsübernahme dargestellt wurden. In Bezug auf die Gründung eines Betriebes mit einem oder mehreren Partnern, die Beteiligung an einem bestehenden Betrieb sowie hinsichtlich der schrittweisen Betriebsübergabe auf der Basis einer übergangsweisen Betriebsbeteiligung gibt es weitere Gesichtspunkte zu beachten. Die am häufigsten angewandten Beteiligungsformen werden kurz dargestellt.

Berufliche Selbstständigkeit auf der Basis der Partnerschaft

Bei der Entscheidung, ob die berufliche Selbstständigkeit allein als Einzelunternehmer oder in Partnerschaft angestrebt wird, sind verschiedene Vor- und Nachteile abzuwägen.

Vorteile des Einzelunternehmers

Für eine alleinige Betriebsgründung als Einzelunternehmer spricht u. a.:
- Freiheit in allen Entscheidungen
- eigenverantwortliches Handeln
- alleinige Führungskompetenz
- alleiniges Vertretungsrecht
- Gewinn steht ausschließlich dem Inhaber zu
- keine Abhängigkeit von Partnern
- kein Risiko aus der Partnerschaft mit Gesellschaftern.

Demgegenüber trägt der Einzelunternehmer allein das volle Risiko für die gesamte selbstständige Tätigkeit; die Entwicklung des Betriebes hängt von seinem persönlichen Einsatz an Arbeit und Kapital ab. Er ist für alle Leitungsfunktionen allein zuständig.

Vorteile der partnerschaftlichen betrieblichen Tätigkeit
- Risikoverteilung
- Arbeitsteilung (z.B. technisch, betriebswirtschaftlich, fachlich)
- Aufteilung in Innen- und Außendienst
- Zuordnung bei mehreren Betriebsstätten
- Kenntnisse der Partner ergänzen sich
- gegenseitige Vertretungsmöglichkeit
- gemeinsame Finanzierung
- geteilte Verantwortung.

Auswahl des Partners

Von der sorgfältigen Prüfung und Auswahl des oder der Partner hängt es entscheidend ab, ob der gemeinsame Betrieb erfolgreich sein wird oder in einem Misserfolg endet.

Folgende wichtige Fragen sind zu stellen und kritisch zu beantworten:
1. Passen die Partner von ihrer menschlichen Grundstruktur zusammen?
2. Stimmen die „Chemie“ und die „Wellenlänge“?
3. Haben sie den uneingeschränkten Willen zur sachlichen Zusammenarbeit?
4. Ist das notwendige gegenseitige Vertrauen vorhanden?
5. Haben sie ähnliche Strukturen in ihrem Lebensstil?
6. Verfügen sie etwa über die gleiche berufliche Einsatzbereitschaft?
7. Welche gemeinsamen strategischen Ziele verfolgen die Partner mit dem gemeinsamen Betrieb?
8. Stimmen ihre Vorstellungen für eine langfristige Entwicklung und gegenseitige Bindung überein?
9. Welche Leistungen bringen die Partner in den Betrieb ein (Arbeitsleistung, Erfahrungen, Beziehungen, Eigenkapital)?
10. Welche Aufgaben werden von den einzelnen Partnern im Betrieb übernommen?
11. Welche Arbeitsteilung ist vorgesehen?
12. Wie soll die Arbeitszeit der Partner geregelt sein?
13. Kann oder will ein Partner auch in anderen Bereichen (z.B. Nebentätigkeit) arbeiten?
14. Wie sind die Kompetenzen der Partner zu regeln?
15. Wie erfolgen die Gewinnverteilung und die Privatentnahmen?
16. Sollen die Ehefrauen der Partner im Betrieb mitarbeiten und passen diese auch persönlich und menschlich zusammen?

17. Welche Regelungen sind für den Krankheitsfall eines Partners vorgesehen?
18. Welche Regelungen sollen Platz greifen im Falle des Todes oder Ausscheidens eines Partners aus dem Betrieb?
19. Sind durch Ehevertrag oder Testament die Risiken für das Weiterbestehen des Betriebs eingegrenzt?
20. Welche Rechtsform ist für den gemeinsamen Betrieb vorgesehen und welche Regelungen soll der Gesellschaftsvertrag vorsehen?

Formen der Beteiligung, Rechtsformen

Die Beteiligung an einem Betrieb kann unabhängig davon, ob es sich um eine Neugründung von Partnern, die Beteiligung an einem bestehenden Unternehmen oder um eine schrittweise Einbindung des Nachfolgers im Zuge der Übernahme handelt, in unterschiedlichen Rechtsformen erfolgen.

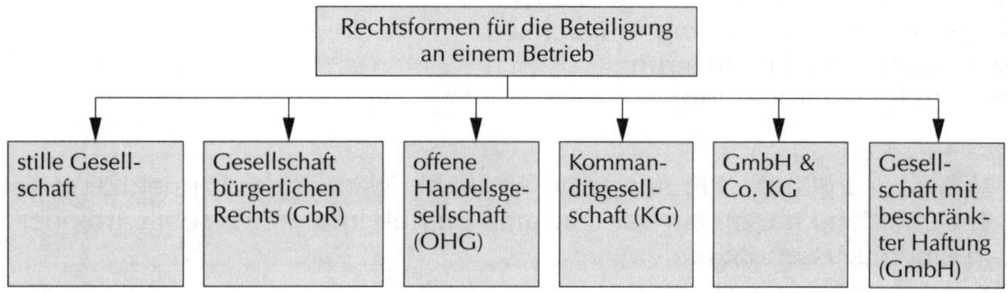

Abbildung 223

Zentrale Fragen

Die zentralen Fragen, die bei der Wahl der Rechtsform im Zusammenhang mit einer Beteiligung zu stellen sind, gehen aus Abschnitt 2.7.4 „Wahl der Rechtsform" und aus Abschnitt 3.2.2 „Handels- und Gesellschaftsrecht" in Band 2 hervor.

Steuerliche Beratung

Bei der Wahl der Rechtsform ist dringend eine besondere steuerliche Beratung zu empfehlen.

Wie bereits erwähnt, kann die Betriebsübernahme auch in Form einer Beteiligung auf Zeit erfolgen, um einen schrittweisen Übergang vom Übergeber zum Übernehmer zu erreichen.

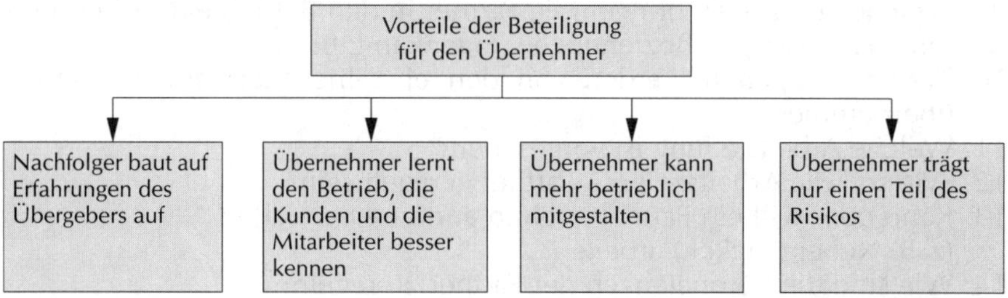

Abbildung 224

Grundsätzlich können im Zuge einer schrittweisen Betriebsübernahme alle aufgeführten Rechtsformen in Frage kommen. Eine Sonderform der Beteiligung des Übernehmers stellt die Betriebsaufspaltung dar. Der Betrieb des Übergebers (Besitzunternehmen) verpachtet alle oder einen Teil der Wirtschaftsgüter (z.B. Grundstücke, Gebäude, Maschinen) an eine zu gründende Betriebs-GmbH, an der der Übernehmer beteiligt ist. Diese Betriebs-GmbH führt die eigentliche Tätigkeit des Betriebes aus. Bei dieser Lösung werden also zwei Unternehmensformen miteinander kombiniert. Je nach Einzelfall können in der Zeitabfolge unterschiedliche Beteiligungsverhältnisse an beiden Unternehmensformen praktiziert und am Ende der Übergabephase dann alle Anteile sowohl an dem Besitzunternehmen als auch an der Betriebs-GmbH an den Übernehmer übertragen werden.

Betriebsaufspaltung

Kombination von Unternehmensformen

2.7.8 Beispiel eines Businessplanes

Durch die Aufstellung eines Businessplanes erhält der zukünftige Unternehmer Klarheit über sein Vorhaben. Bei der Erstellung setzt sich der Gründer intensiv mit den verschiedenen Bereichen seines zukünftigen Betriebes auseinander und beleuchtet die wichtigsten Aspekte auf dem Weg in die Selbstständigkeit.
Im Businessplan wird auch festgelegt, wie die Geschäftsidee erfolgreich umgesetzt werden kann. Je durchdachter das festgelegte Konzept ist, desto größer sind die Erfolgschancen des Vorhabens.

Von der Aussagefähigkeit und Überzeugungskraft des Businessplanes hängt auch ab, ob potenzielle Geldgeber das erforderliche Kapital zur Verfügung stellen.

Folgende allgemeine Bedingungen sollte der Businessplan in jedem Fall erfüllen:

- Darstellung der Umsetzung der Gründungsidee in der Praxis
- Berücksichtigung aller maßgeblichen Faktoren
- klare Gliederung
- verständlicher Schreibstil
- prägnante Darstellung der Informationen
- übersichtlicher Umfang
- nachvollziehbare Aussagen und Informationen
- ansprechendes äußeres Erscheinungsbild
- sorgfältige Wortwahl.

Ein Businessplan kann wie folgt gegliedert sein:

1. Kurzzusammenfassung der wichtigsten Inhalte und Argumente

2. Geschäftsidee
2.1 Zweck des Vorhabens
2.2 Besonderheit der Geschäftsidee
2.3 Unternehmensleitbild und Unternehmensziele

3. Produkt- und Dienstleistungsplanung
3.1 Produktbeschreibung
3.2 Beschreibung der Dienstleistungen, Kundendienste
3.3 Besonderheiten des Produkt- und Leistungsprogramms
3.4 Vorteile und Nutzen für den Kunden

3.5 Vorteile gegenüber der Konkurrenz
3.6 Ideenschutz (Patente, Gebrauchsmusterschutzrechte)
3.7 Künftige Entwicklungsmöglichkeiten der Produkte und Dienstleistungen

4. Marktübersicht
4.1 Kundenkreis
4.2 Marktvolumen
4.3 Wachstumsraten des Marktes
4.4 Grundlagen von Wachstumsprognosen
4.5 Zukunftsaussichten der Branche
4.6 Analyse der Konkurrenten
4.7 Angebots- und Preisvergleich mit den Konkurrenten
4.8 Stärken und Schwächen der Konkurrenz
4.9 Innovationsvorsprung zur Konkurrenz
4.10 Begründung der Standortwahl, Standortfaktoren
4.11 Künftige Entwicklungschancen des Standortes

5. Marketing
5.1 Produkt- und Leistungsstrategie
5.2 Preisstrategie und Konditionenpolitik, Instrumente der Preisgestaltung
5.3 Vertriebsstrategie (Absatzgrößen, Zielgebiete, Vertriebspartner, Vertriebskosten
5.4 Werbestrategie (Arten der Werbung, Werbewege, Werbemittel, Werbebudget)

6. Unternehmensorganisation
6.1 Gründerperson(en), Unternehmensführung
6.1.1 Qualifikation des Gründers oder des Managements (Aus- und Weiterbildung, Berufserfahrungen, Branchenkenntnisse, kaufmännische Fähigkeiten)
6.1.2 Eignung und Motiv für die selbstständige Tätigkeit
6.2 Voraussetzungen für die Gewerbeausübungsberechtigung
6.3 Regelungen über Zuständigkeiten und Verantwortlichkeiten
6.4 Rechtsform
6.5 Betriebsstätte, Betriebs- und Geschäftsausstattung
6.6 Aufbau- und Ablauforganisation
6.7 Qualitätssicherung und Qualitätsmanagement
6.8 Organisation des Rechnungswesens und Controllings
6.9 Personalorganisation, Qualifikation der Mitarbeiter, Lohnformen, Arbeitszeitmodell

7. Finanzierung
7.1 Investitionsplan (Bauten, Maschinen und Fahrzeuge, Betriebs- und Geschäftsausstattung)
7.2 Kapitalbedarfsrechnung (lang- und kurzfristiger Kapitalbedarf)
7.3 Finanzierungsplan (Eigenkapital, Fremdkapital, Sicherheiten, Beteiligungen, Kapitaldienstberechnung für Fremdkapital)
7.4 Liquiditätsplan (Einnahmen, Ausgaben, Liquiditätsreserve)
7.5 Kosten-, Umsatz- und Gewinnplan, Rentabilitätsvorschau

8. Chancen und Risiken
8.1 Bestehende Risiken
8.2 Maßnahmen zur Risikovermeidung
8.3 Chancen

9. Lebenslauf und Unterlagen
(z. B. Gesellschaftsvertrag, Pachtvertrag, Kooperationsvertrag, Leasingvertrag, Marktanalysen, Branchenkennzahlen, Gutachten, Übersicht der Sicherheiten)

Die Gliederung lehnt sich in Teilen an die Veröffentlichungen des Bundesministeriums für Wirtschaft und Arbeit an.

2.7.9 Beratungsleistungen zur Betriebsgründung und Betriebsübernahme, Lehrgänge, Literatur

2.7.9.1 Möglichkeiten der Inanspruchnahme von Beratungsleistungen

Vor dem Schritt in die Selbstständigkeit ist es von besonderer Wichtigkeit, dass sich der Existenzgründer auf allen Gebieten gründlich beraten lässt.

Gründliche Beratung

Nur dadurch lassen sich existenzgefährdende Fehler der Betriebsgründung und Betriebsübernahme verhindern. Dazu stehen die Existenzgründungsberater und Betriebsberater der Handwerksorganisationen oder freiberufliche Berater zur Verfügung. Grundsätzlich darf in Bezug auf die möglichen Beratungsleistungen auf den Abschnitt 2.1.3.3 „Beratungsdienste der Handwerksorganisationen für die Mitgliedsbetriebe“ verwiesen werden.

Spezielle Beratungsangebote für Gründung, Übernahme und Beteiligung:

- Existenzgründungsberater der Handwerkskammern
- betriebswirtschaftliche und technische Betriebsberater der Handwerkskammern und Landesinnungsverbände
- EDV-Berater der Handwerkskammern
- Informationsvermittlungsstellen der Handwerkskammern
- Umweltschutzberater der Handwerkskammern und der Kommunen
- EU-Berater, Außenwirtschafts- und Exportberater der Handwerkskammern
- Formgebungsberater der Handwerkskammern
- Rechtsberater der Handwerksorganisationen (Handwerkskammer, Innung, Landesinnungsverband, Kreishandwerkerschaft)
- Ausbildungs- und Bildungsberater der Handwerkskammern
- Betriebsbörsen im Internet (z. B. www.nexxt.org, www.firmentransfer.de)
- freiberufliche Unternehmensberater (Zuschüsse zu den Kosten möglich)
- Rechtsanwälte und, sofern erforderlich Notare
- Steuerberater
- Wirtschaftsförderungsstellen der Gemeinden, Städte oder Landkreise
- Banken und Sparkassen
- berufsständische Versicherungsgesellschaften
- Versorgungswerke des Handwerks
- Verbände der Junioren des Handwerks.

Jeder Existenzgründer sollte sich zuerst an den Existenzgründungsberater oder betriebswirtschaftlichen Berater der Handwerkskammer wenden. Dort erfährt er auch, welche Beratungsleistungen kostenlos sind und welche Kosten verursachen.

Kostenlose und kostenpflichtige Beratung

Für Existenzgründungsberatungen gewährt der Bund Zuschüsse zu den Beratungskosten in begrenzter Höhe.

2.7.9.2 Lehrgänge für Gründung und Übernahme

Existenzgründung Betriebsübernahme

Die Handwerkskammern und auch andere Handwerksorganisationen bieten für Existenzgründer und Betriebsübernehmer, die ihr Wissen weiter vertiefen wollen, zahlreiche Kurse und Lehrgänge zur Fortbildung in Einzelbereichen an. Die zwei wichtigsten Lehrgänge für Existenzgründer und Betriebsübernehmer sind:
- Existenzgründungslehrgang
- Lehrgang „Betriebsübergabe – Betriebsübernahme“

2.7.9.3 Fachliteratur zur Existenzgründung und Betriebsübernahme

Für den Bereich der Existenzgründung und Betriebsübernahme gibt es umfangreiche vertiefende praxisnahe Literatur, die von Wissenschaftlern und Praktikern entwickelt wurde.

Beispielhaft sind zu nennen:
- Broschüren einzelner Handwerkskammern oder Arbeitsgemeinschaften der Handwerkskammern zur Selbstständigmachung im Handwerk (z. B. „Selbstständig im Handwerk – Wegweiser zum Erfolg“ der Arbeitsgemeinschaften der Handwerkskammern in Baden-Württemberg und Bayern).
- Broschüren einzelner Handwerkskammern oder Arbeitsgemeinschaften der Handwerkskammern zum Thema „Betriebsübergabe – Betriebsübernahme“.
- Broschüre „Betriebsnachfolge“ des Instituts für Technik der Betriebsführung im Handwerk, Karlsruhe.
- Broschüre „Ausgewählte Problembereiche der Betriebsübergabe/-nachfolge“ des Ludwig-Fröhler-Instituts für Handwerkswissenschaften, Abteilung für Handwerkswirtschaft.
- Jährlich erscheinendes Sonderheft von ‚handwerk magazin‘ – Leitfaden für Existenzgründer.
- Broschüre des Sparkassen-Kunden-Services „Selbstständig und erfolgreich sein“ – Leitfaden für Existenzgründer.
- „Checkliste des Sparkassen-Kunden-Services für Existenzgründer“ – eine Planungshilfe zur Unternehmensgründung.
- Broschüre „Unternehmensnachfolge planen und realisieren“ des Bundesverbandes der Deutschen Raiffeisenbanken.
- Broschüre „Checkliste für Existenzgründer des Bundesverbandes der Junioren des Handwerks, von ‚handwerk magazin‘ und einer berufsständischen Versicherungsgruppe.
- Informationsschriften und Software des Bundesministeriums für Wirtschaft und Technologie und der Wirtschaftsministerien der Länder.
- Informationen durch Banken, Versicherungen und Handwerksorganisationen im Internet.

Internet

2.7.10 Mitgliedschaft bei Berufsorganisationen

„Wer in der Demokratie nicht präsent ist, hat schon verloren", heißt eine Erfahrungsweisheit. Wir haben eine Wirtschafts- und Gesellschaftsordnung mit unterschiedlichsten Strukturen und sehr differenzierten Interessen. Die Wahrnehmung und Vertretung gleich oder ähnlich gelagerter Interessen ist nur durch gemeinsames organisiertes Handeln in und durch Interessenvertretungsorgane möglich. Für die Interessenvertretung des Handwerks gibt es fachliche und regionale Handwerksorganisationen.

Interessenvertretung des Handwerks

Die beiden wichtigsten Basisorganisationen, in denen der einzelne Betriebsinhaber im Handwerk oder im handwerksähnlichen Gewerbe nach der Handwerksordnung Mitglied sein kann oder muss, sind die Innung und die Handwerkskammer. Die Mitgliedschaft bei der Handwerkskammer ist Pflicht, die bei der Innung freiwillig.

Innung
Handwerkskammer

Da die Innung die wichtigste fachlich orientierte Handwerksorganisation ist, sollte jeder selbstständige Handwerker Mitglied sein.
Hinsichtlich des Aufbaus, der Aufgaben, der Arbeit, der Strukturen, der Vorteile und des Nutzens der einzelnen Organisationsstellen des Handwerks siehe Abschnitt 2.1.3 „Aufbau, Struktur und Aufgaben der Handwerksorganisationen".

Übungs- und Prüfungsaufgaben

1. Sie haben als junger Handwerker die Absicht, einen eigenen Betrieb zu gründen. Bevor Sie Ihre Entscheidung treffen, wollen Sie selbstkritisch prüfen, ob Sie die persönlichen Eigenschaften haben, um als Selbstständiger erfolgreich zu werden.

Aufgabe: Geben Sie an, welche selbstkritischen Fragen Sie sich dabei stellen!

„Siehe Seite 429 des Textteils!"

2. Als Existenzgründer machen Sie sich Gedanken über Ihr Unternehmensleitbild.

Aufgabe: Stellen Sie wichtige Elemente dar, die Sie bei Ihrem Betrieb berücksichtigen sollten!

„Siehe Seite 429 des Textteils!"

3. Sie legen bei der Planung Ihrer Betriebsgründung in Ihrem Beruf das Produkt- und Leistungsprogramm fest. Im Zuge der zunehmenden Kundenorientierung in allen Bereichen der Wirtschaft und im Hinblick auf ein beabsichtigtes Höchstmaß an Kundenzufriedenheit wollen Sie die wichtigsten Kundendienstleistungen auflisten.

Aufgabe: Stellen Sie Ihre geplanten Leistungen für diesen Bereich dar!

„Siehe Seite 431 des Textteils!"

4. Im Rahmen des Unternehmenskonzepts müssen Sie sich als Existenzgründer überlegen, welche Zielgruppen von Kunden Sie mit Ihren Produkten und Leistungen gewinnen wollen.

Aufgabe: Welche zentralen Fragen müssen Sie sich dabei stellen?

„Siehe Seite 432 des Textteils!"

5. Im Rahmen der Vorbereitung Ihrer Existenzgründung prüfen Sie, welche Absatzmöglichkeiten und Absatzgebiete für Ihren Betrieb erreichbar sind.

Aufgabe:

a) **Welche Informationsquellen stehen Ihnen dabei zur Verfügung?**
b) **Stellen Sie die wichtigsten Kriterien der Absatzmarktbeurteilung dar, die Sie beachten sollen!**

„Siehe Seite 432 des Textteils!"

6. Bei der beabsichtigten Gründung Ihres Betriebes haben Sie in Bezug auf die Wahl des günstigsten Standorts eine Reihe von Standortfaktoren zu prüfen und entsprechend zu gewichten.

Aufgabe:

a) **Beschreiben Sie die drei wichtigsten Bereiche, die Sie bei Ihrer Betriebsgründung beachten sollten!**
b) **Stellen Sie fest, welche gesetzlichen und kommunalen Regelungen Ihre Standortwahl begrenzen können!**

„Siehe Seite 433 des Textteils!"

7. Ein wichtiges Instrument kommunaler Wirtschaftsförderung ist
☐ a) die Gewerbeflächenpolitik.
☐ b) die öffentliche Sicherheit.
☐ c) das kulturelle Angebot.
☐ d) die örtliche Marktregulierung.
☐ e) die Festlegung der Preise für handwerkliche Leistungen durch die Gemeinde- oder Stadtverwaltung.

„Siehe Seite 434 des Textteils!"

8. Im Zuge der Planung Ihrer Betriebsgründung haben Sie eine Reihe von Rechtsfragen auf verschiedenen Rechtsgebieten zu klären.

Aufgabe: Welche wichtigen Abklärungen sind notwendig:

a) Auf dem Sektor des Handwerksrechts?
b) Im Bereich des Handelsrechts?
c) Auf steuerlichem Gebiet?
d) Auf dem Gebiet des Bau-, Umweltschutz- und Abfallrechts?

„Siehe Seite 435 des Textteils!"

9. Die Arbeitsstättenverordnung regelt
☐ a) die höchstzulässige Arbeitszeit für die Mitarbeiter.
☐ b) die höchstzulässige Arbeitszeit für minderjährige Lehrlinge.
☐ c) die räumlichen Anforderungen an die Arbeitsstätte.
☐ d) die Versicherungspflicht der Arbeitnehmer in der Arbeitslosenversicherung.
☐ e) die Versicherungspflicht der Arbeitnehmer in der betrieblichen Unfallversicherung.

„Siehe Seite 439 des Textteils!"

10. Welche Rechtsformen kommen bei der Betriebsgründung eines Handwerksbetriebes in Frage?
☐ a) Nur Genossenschaften
☐ b) Nicht rechtsfähige Vereine
☐ c) Nur rechtsfähige Vereine
☐ d) Einzelunternehmen und Gesellschaften
☐ e) Körperschaften des öffentlichen Rechts.

„Siehe Seite 439 des Textteils!"

11. Die Entscheidung über die Rechtsform hat für Sie als Existenzgründer eine wichtige Bedeutung.

Aufgabe: Welche zentralen Fragen haben Sie sich hier zu stellen?

„Siehe Seite 439 des Textteils!"

12. Bei der Planung zur Gründung eines Handwerksbetriebes haben Sie die Betriebsgröße festzulegen.

Aufgabe: Welche Maßstäbe sind hierbei zugrunde zu legen?

„Siehe Seite 440 des Textteils!"

13. Sie haben als Existenzgründer die zweckentsprechenden Betriebsräume für Ihren Betrieb zu planen.

Aufgabe: Erläutern Sie, welche Faktoren Sie dabei beachten sollten!

„Siehe Seite 440 des Textteils!"

14. Für den Betriebsinhaber ist eine moderne, zweckentsprechende Büroorganisation unbedingt erforderlich.

Aufgabe: Beschreiben Sie die grundsätzlichen diesbezüglichen Anforderungen für den zu gründenden Betrieb!

„Siehe Seite 442 des Textteils!"

15. Sie beabsichtigen, einen Betrieb zu gründen. Eine gründliche Ermittlung des Personalbedarfs und die anschließende Personalbeschaffung sind wichtige Voraussetzungen dafür, dass die Gründung Ihres Handwerksbetriebes erfolgreich sein wird.

Aufgabe:

a) **Woran orientieren Sie den Personalbedarf?**
b) **Welche wichtigen Anforderungsprofile stellen Sie an Ihre künftigen Mitarbeiter!**
c) **Welche Grundsätze sollten Sie bei der Personalbeschaffung beachten?**

„Siehe Seite 442 des Textteils!"

16. Bevor die Entscheidung über die zur Gründung Ihres Betriebes vorgesehenen Investitionen von Ihnen gefällt wird, haben Sie einen Investitionsplan zu erstellen.

Aufgabe: Welche Positionen enthält er in der Regel?

„Siehe Seite 443 des Textteils!"

17. Im Anschluss an den Investitionsplan und die Berechnung des Betriebsmittelbedarfs sowie vor der Anfertigung des Finanzierungsplanes ist der Gesamtkapitalbedarf für den zu gründenden Betrieb zu ermitteln. Dazu ist eine Kapitalbedarfsrechnung aufzustellen, die sowohl den Investitionsbedarf (längerfristiger Kapitalbedarf) als auch den Betriebsmittelbedarf (kurzfristiger Kapitalbedarf) enthält.

Aufgabe: Beschreiben Sie die wichtigsten Positionen!

„Siehe Seite 444 des Textteils!"

18. Um eine gesicherte Finanzierung des neu zu gründenden Betriebes sicherzustellen, ist ein Finanzierungsplan aufzustellen, der den Gesamtkapitalbedarf deckt.

Aufgabe: Stellen Sie fest, welche Gliederungspunkte dieser Plan bei der Betriebsgründung in der Regel enthalten muss!

„Siehe Seite 446 des Textteils!"

19. Für die im Zusammenhang mit der Betriebsgründung aufgenommenen Kredite und Darlehen sind vom Betrieb künftig Zins- und Tilgungsleistungen aufzubringen.

Aufgabe: Erläutern Sie, wie Sie im vorliegenden Fall bei der Berechnung des Kapitaldienstes vorgehen!

„Siehe Seite 447 des Textteils!"

20. Bei der Gründung von selbstständigen Existenzen gewähren Bund und Länder Finanzierungshilfen, die sich durch günstige Zins- und Tilgungskonditionen auszeichnen. Sie wollen prüfen, ob solche Finanzierungshilfen für Ihre Betriebsgründung zum Tragen kommen können.

Aufgabe:

a) **Welches sind die wichtigsten Förderprogramme, die für Ihre Existenzgründung in Frage kommen?**
b) **Stellen Sie die wichtigsten Unterlagen zusammen, die bei Beantragung öffentlicher Finanzierungshilfen vorgelegt werden müssen!**

„Siehe Seite 448 des Textteils!"

21. Sie beabsichtigen, einen Handwerksbetrieb zu gründen. Dabei gehen Sie von der Mindestvoraussetzung aus, dass der zu gründende Betrieb für Ihre privaten Ausgaben, wie Lebensunterhalt, Wohnung, soziale Absicherung und Zahlung von Steuern, auch in der Anfangsphase mindestens so viel „abwerfen" muss wie Ihre jetzige Tätigkeit als Arbeitnehmer. Um dies feststellen zu können, müssen Sie einerseits die privaten Ausgaben summieren und dem voraussichtlich für diesen Zweck zur Verfügung stehenden „betrieblichen Kassenzufluss" gegenüberstellen.

Aufgabe: Erklären Sie, wie Sie im Einzelnen vorgehen, um zum gewünschten Ergebnis zu kommen!

„Siehe Seite 449 des Textteils!"

22. Für den von Ihnen zu gründenden Betrieb müssen, um letztlich das erfolgreiche und dauerhafte betriebliche Wirtschaften im Sinne der gewünschten Zielgrößen zu erreichen bzw. dies beurteilen zu können, entsprechende Berechnungen für die Kostenplanung, Wertschöpfung, Umsatzplanung (Mindestumsatz), Gewinnplanung und Rentabilitätsvorschau vorgenommen werden.

Aufgabe: Folgende Fragen leiten Sie zu den notwendigen Berechnungsvorgängen:

a) **Welche wichtigen Hauptpositionen muss der Kostenplan enthalten?**
b) **Wie werden die Wertschöpfung und der notwendige sowie der erreichbare Mindestumsatz berechnet?**
c) **Erläutern Sie das Schema für den Gewinnplan bzw. die Rentabilitätsvorschau!**

„Siehe Seiten 450–452 des Textteils!"

23. Bei der Planung Ihres Betriebes müssen Sie vorrangig darauf achten, dass die Zahlungsfähigkeit immer gegeben ist. Dazu braucht man als Planungs- und Kontrollinstrument einen Finanz- und Liquiditätsplan, um rechtzeitig Maßnahmen zur Beseitigung von Unterdeckungen treffen zu können.

Aufgabe:

a) **Geben Sie an, wie ein Finanz- und Liquiditätsplan bei Ihrer Betriebsgründung aussieht!**
b) **Erläutern Sie Maßnahmen zur Beseitigung von Unterdeckungen beim Liquiditätsplan!**

„Siehe Seite 453 des Textteils!"

24. Ein zweckmäßiges Rechnungswesen ist für Sie als Existenzgründer eine unabdingbare Voraussetzung für eine erfolgreiche Betriebsführung. Das Rechnungswesen muss einerseits den gesetzlichen Anforderungen entsprechen und andererseits über seine Auswertung stets die zur Planung, Steuerung und Kontrolle notwendigen Chefdaten liefern.

Aufgabe:

a) **Erklären Sie, wie Sie bei der Einrichtung der Buchführung und des Rahmens für den Jahresabschluss im vorliegenden Fall vorgehen!**

b) **Erläutern Sie, welche Schritte bei der Einrichtung von Kostenrechnung und Kalkulation wichtig sind?**

„Siehe Seite 454 des Textteils!"

25. Die EDV ist auch für Sie als Betriebsgründer ein unabdingbarer Bestandteil jeder fortschrittlichen Betriebsorganisation.

Aufgabe: Erklären Sie, wie Sie bei der Einrichtung des EDV-Systems vorgehen!

„Siehe Seite 455 des Textteils!"

26. Mit der Selbstständigmachung verlassen Sie als Existenzgründer das soziale Netz, das Sie bisher für verschiedene personenbezogene Lebensrisiken abgesichert hat. Ferner müssen Sie für eine Reihe von Risiken des betrieblichen Bereichs Vorsorge treffen.

Aufgabe:

a) **Stellen Sie die wichtigsten Versicherungsarten zusammen, die für die Risikoabsicherung in Ihrem privaten Bereich zweckmäßig sind!**

b) **Stellen Sie wichtige Versicherungsarten, die für die Abdeckung betrieblicher Risiken in Frage kommen, dar!**

„Siehe Seite 456 des Textteils!"

27. Bei der Gründung Ihres Betriebes haben Sie verschiedene Anmeldungen bei Ämtern und anderen Einrichtungen vorzunehmen.

Aufgabe: Erläutern Sie die wichtigsten Anmeldungen!

„Siehe Seite 457 des Textteils!"

28. Sie haben alle wesentlichen Vorbereitungen für die Betriebsgründung getroffen. Nunmehr steht der Tag der Geschäftseröffnung bevor.

Aufgabe: Erläutern Sie, wie Sie diesen Tag vorbereiten, damit eine positive Wirkung nach außen erreicht wird!

„Siehe Seite 458 des Textteils!"

29. Am Geschäftseröffnungstag wollen Sie als Existenzgründer Ihre künftigen Kunden und die Öffentlichkeit über die wichtigsten Ziele, Produkte und Leistungen des Betriebes informieren. Dazu ist es zweckmäßig, ein Aktionsblatt zur Geschäftseröffnung zu erstellen.

Aufgabe: Beschreiben Sie kurz die wichtigsten Inhalte Ihres Aktionsblattes!

„Siehe Seite 458 des Textteils!"

30. In der Einführungsphase Ihres neu gegründeten Betriebes am Markt sind geeignete Marketingmaßnahmen gezielt einzusetzen, um Kunden zu gewinnen.

Aufgabe: Stellen Sie für Ihren Betrieb die wichtigsten Maßnahmen für die Einführungsphase zusammen!

„Siehe Seite 459 des Textteils!"

31. Sie haben einen Handwerksbetrieb gegründet und wollen nun in der Einführungsphase am Markt eine zielgruppenorientierte, auf ein bestimmtes räumliches Gebiet abgestellte Werbung durchführen.

Aufgabe: Beschreiben Sie kurz die wichtigsten Werbemittel, die Sie dabei einsetzen werden!

„Siehe Seite 460 des Textteils!"

32. Ein Inhaber eines Handwerksbetriebes will in absehbarer Zeit seinen Betrieb aus Altersgründen an einen geeigneten Nachfolger übergeben.

Aufgabe: Welche Punkte hat er dabei zu beachten?

„Siehe Seite 461 des Textteils!"

33. Sie sind ein junger Handwerker, der sich selbstständig machen will. Dabei haben Sie grundsätzlich die Möglichkeit, entweder einen Handwerksbetrieb neu zu gründen oder einen schon bestehenden Betrieb zu übernehmen. Um Ihre Entscheidung für den einen oder anderen Fall zu treffen, ist es notwendig, die Vor- und Nachteile einer Betriebsübernahme gegeneinander abzuwägen.

Aufgabe: Stellen Sie für Ihre Entscheidung die Vor- und Nachteile zusammen und wägen Sie diese gegeneinander ab!

„Siehe Seite 462 des Textteils!"

34. Als junger Handwerksmeister haben Sie für sich die Entscheidung getroffen, das Ziel der beruflichen Selbstständigkeit auf dem Weg einer Betriebsübernahme zu verwirklichen.

Aufgabe: Geben Sie an, welche Grundformen es hierfür gibt!

„Siehe Seite 463 des Textteils!"

35. Der Inhaber eines Handwerksbetriebes will seinen Betrieb aus Altersgründen abgeben. Er bietet Ihnen den Betrieb zur Übernahme an. Sie wollen sich möglichst umfassend über die vergangene Entwicklung, den aktuellen Zustand sowie die künftigen Entwicklungsmöglichkeiten des Betriebes informieren.

Aufgabe:

a) **Erklären Sie, auf welche wichtigsten Kriterien Sie bei der Beurteilung der bisherigen Entwicklung des Betriebes in den letzten Jahren achten!**
b) **Beschreiben Sie die Kriterien, nach denen Sie den aktuellen Zustand des Betriebes beurteilen!**
c) **Welche Fragen haben Sie bei der Beurteilung der künftigen Entwicklung des zu übernehmenden Betriebes zu klären und welche Berechnungen nehmen Sie konkret vor?**
d) **Erstellen Sie anhand eines Schemas eine Gewinnplanung bzw. Rentabilitätsvorschau zur Beurteilung der Zukunftsentwicklung des Betriebes!**

„Siehe Seiten 463 ff. des Textteils!"

36. Wer ist für die Abklärung bzw. Genehmigung von Neu-, An- und Umbauten zuständig, die im Zuge einer Betriebsübernahme vorgenommen werden?

- ☐ a) Die Innung
- ☐ b) Die Handwerkskammer
- ☐ c) Die Industrie- und Handelskammer
- ☐ d) Das zuständige Gewerbeamt bei der Gemeinde
- ☐ e) Die Baubehörde der Gemeinde.

„Siehe Seite 467 des Textteils!"

37. Welche Aussage ist zutreffend?

- ☐ a) Der Bestandsschutz eines bestehenden Betriebes geht nicht immer auf den Erwerber über.
- ☐ b) Der Bestandsschutz eines bestehenden Betriebes geht immer auf den Erwerber über.
- ☐ c) Der Bestandsschutz eines bestehenden Betriebes gilt für den Erwerber nur, wenn er von der Innung genehmigt wird.
- ☐ d) Der Bestandsschutz eines bestehenden Betriebes gilt für den Erwerber nur, wenn er von der Handwerkskammer genehmigt wird.
- ☐ e) Der Bestandsschutz eines bestehenden Betriebes gilt für den Erwerber nur, wenn er vom zuständigen Landeswirtschaftsministerium genehmigt wird.

„Siehe Seite 466 des Textteils!"

38. Als junger Handwerksmeister haben Sie die Absicht, einen Ihnen zur Übernahme angebotenen Handwerksbetrieb durch Kauf zu erwerben. Damit Ihr Vorhaben finanziell tragbar ist und die Möglichkeit eröffnet wird, eine sichere, langfristige Existenzgrundlage für Sie und Ihre Familie zu schaffen, muss der Kaufpreis des Betriebes angemessen sein. Der Wertermittlung des Betriebes kommt somit eine zentrale Bedeutung zu. Für die Durchführung der Bewertung und die Kaufpreisermittlung sind eine Reihe von Unterlagen notwendig.

Aufgabe: Wie gehen Sie bei der Wertermittlung vor?

a) Geben Sie an, wie Sie den Substanzwert des Betriebes ermitteln!
b) Welche Faktoren und Elemente gehen in die Bildung des Kapitalisierungszinssatzes ein?
c) Erläutern Sie, auf welchen Faktoren der Ertragswert beruht und wie er berechnet wird!
d) Erklären Sie, wie sich der Firmenwert des zu übernehmenden Betriebes ergibt!

„Siehe Seiten 468 ff. des Textteils!"

39. Sie befinden sich als Betriebsübernehmer, nachdem Einigkeit über den Kaufpreis besteht, in Verhandlungen über die Zahlungsmodalitäten des Kaufpreises.

Aufgabe: Erläutern Sie die geläufigsten Zahlungsmöglichkeiten!

„Siehe Seite 470 des Textteils!"

40. Als jungem Handwerker liegt Ihnen ein Angebot vor, einen Handwerksbetrieb pachtweise zu übernehmen. Sie wollen das Angebot annehmen.

Aufgabe: Erläutern Sie, auf welche wichtigen Regelungsinhalte Sie beim Abschluss des Pachtvertrages achten sollten!

„Siehe Seite 471 des Textteils!"

41. Nachdem Sie Ihre Meisterprüfung mit Erfolg bestanden haben, will Ihnen Ihr Vater seinen Handwerksbetrieb übergeben. Es handelt sich also um eine Betriebsübergabe innerhalb der Familie. Dabei sind unterschiedliche Gestaltungsformen denkbar.

Aufgabe: Stellen Sie zwei der geläufigen Standardformen bei der Betriebsübergabe innerhalb der Familie dar!

„Siehe Seite 471 des Textteils!"

42. Im Rahmen der Übernahme eines Handwerksbetriebes haben Sie als Übernehmer auch die Frage zu prüfen, inwieweit sich für Sie gesetzliche und vertragliche Pflichten sowie Haftungskriterien ergeben.

Aufgabe: Stellen Sie dar, welche diesbezüglichen Pflichten und Risiken für Sie als Übernehmer bestehen!

„Siehe Seite 472 des Textteils!"

43. Wer fördert Betriebsübernahmen durch finanzielle Zuwendungen bzw. zinsgünstige Kredite in erster Linie?

☐ a) Die Innungen
☐ b) Die Handwerkskammern
☐ c) Die Gemeinde- und Stadtverwaltungen
☐ d) Der Bund und die Länder
☐ e) Die Handwerksförderungsinstitute.

„Siehe Seite 473 des Textteils!"

44. Sie haben als junger Handwerksmeister einen Betrieb übernommen. Dabei sind mehrere Formalitäten, Mitteilungen und Änderungsmeldungen an Behörden und sonstige Einrichtungen erforderlich.

Aufgabe: Erläutern Sie die notwendigen Formalitäten, Mitteilungen und Meldungen!

„Siehe Seite 474 des Textteils!"

45. Im Rahmen Ihrer beruflichen Lebensplanung haben Sie sich vorgenommen, selbstständig tätig zu werden. Dabei beziehen Sie in Ihre Überlegungen auch die Frage ein, ob Sie diesen Weg allein oder zusammen mit einem Partner gehen wollen. Deshalb wollen Sie die Vorteile der Tätigkeit als Einzelunternehmer oder in Partnerschaft gegeneinander abwägen.

Aufgabe: Stellen Sie für den vorliegenden Fall fest:

a) Die Vorteile der alleinigen Tätigkeit als Einzelunternehmer!
b) Die Vorteile einer partnerschaftlichen Tätigkeit!

„Siehe Seite 475 des Textteils!"

46. Im Zusammenhang mit der Planung der Gründung eines Handwerksbetriebes haben Sie sich entschieden, die berufliche Selbstständigkeit nicht allein als Einzelunternehmer, sondern in Partnerschaft mit einem Berufskollegen, umzusetzen. Es ist Ihnen klar, dass die sorgfältige Prüfung und Auswahl des Partners eine wichtige Voraussetzung dafür ist, ob der gemeinsame Betrieb erfolgreich sein wird oder in einem Misserfolg endet.

Aufgabe: Erläutern Sie die wichtigsten Fragen, die bei der Auswahl des Partners zu stellen sind!

„Siehe Seite 475 des Textteils!"

47. Nach bestandener Meisterprüfung wollen Sie sich im Zuge Ihrer beruflichen Lebensplanung selbstständig machen. Sie haben die Absicht, keinen neuen Betrieb zu gründen, sondern sich an einem bestehenden Betrieb zu beteiligen. Nunmehr liegt Ihnen ein entsprechendes Angebot eines Kollegen vor.

Aufgabe: Welche Rechtsformen können dabei in Frage kommen?

„Siehe Seite 476 des Textteils!"

48. Welche allgemeinen Bedingungen sollte ein Businessplan in jedem Fall erfüllen?

„Siehe Seite 477 des Textteils!"

49. Welche wichtigen Gliederungspunkte sollte ein Businessplan enthalten?

„Siehe Seite 477 des Textteils!"

50. Um existenzgefährdende Fehler bei der Betriebsgründung oder Betriebsübernahme zu vermeiden, wollen Sie sich gründlich beraten lassen.

Aufgabe: Erklären Sie, welche speziellen Beratungsangebote Sie für diese beiden Fälle in Anspruch nehmen können!

„Siehe Seite 479 des Textteils!"

51. Bei welchem Bildungsträger ist es am zweckmäßigsten, spezielle Kurse oder Lehrgänge für die Betriebsgründung oder Betriebsübernahme im Handwerk zu besuchen?

- ☐ a) Beim zuständigen Gewerbeamt
- ☐ b) Bei der zuständigen Handwerkskammer
- ☐ c) Beim Gewerbeaufsichtsamt
- ☐ d) Bei der Volkshochschule
- ☐ e) Bei der Steuerberaterkammer.

„Siehe Seite 480 des Textteils!"

Lösungen zu den Übungs- und Prüfungsaufgaben

1 Handlungsfeld: Grundlagen des Rechnungswesens und Controllings

1.1 Buchführung

1. d)	6. –	11. –	16. –	21. c)	26. c)	31. –
2. b)	7. c)	12. –	17. d)	22. b)	27. a)	
3. –	8. a)	13. a)	18. –	23. a)	28. e)	
4. b)	9. b)	14. –	19. a)	24. –	29. –	
5. d)	10. –	15. b)	20. –	25. e)	30. a)	

1.2 Jahresabschluss und Grundzüge der Auswertung

1. a)	4. e)	7. –	10. –	13. c)
2. a)	5. –	8. –	11. –	14. d)
3. b)	6. a)	9. c)	12. e)	15.–

1.3 Kosten- und Leistungsrechnung

1. d)	8. d)	15. d)	22. –	29. –	36. –	43. –
2. b)	9. a)	16. a)	23. a)	30. d)	37. a)	44. –
3. a)	10. d)	17. b)	24. b)	31. a)	38. –	45. d)
4. e)	11. –	18. –	25. e)	32. e)	39. b)	46. –
5. –	12. –	19. e)	26. d)	33. c)	40. b)	47. –
6. a)	13. d)	20. –	27. e)	34. a)	41. –	48. –
7. –	14. a)	21. b)	28. e)	35. b)	42. –	49. c)

1.4 Controlling

1. –	4. –	7. –	10. d)	13. b)	16. –	19. –
2. d)	5. –	8. –	11. e)	14. –	17. a)	20. –
3. b)	6. –	9. –	12. b)	15. –	18. –	

2 Handlungsfeld: Grundlagen wirtschaftlichen Handelns im Betrieb

2.1 Das Handwerk in Wirtschaft und Gesellschaft

1. –	10. d)	19. –	28. a)	37. d)	46. –
2. a)	11. b)	20. –	29. e)	38. e)	47. –
3. –	12. –	21. d)	30. d)	39. b)	48. –
4. d)	13. –	22. c)	31. b)	40. –	49. –
5. –	14. –	23. b)	32. d)	41. a)	50. –
6. –	15. –	24. a)	33. –	42. a)	51. –
7. –	16. –	25. d)	34. –	43. –	52. –
8. –	17. –	26. –	35. –	44. –	
9. e)	18. –	27. a)	36. b)	45. d)	

2.2 Marketing

1. e)	7. –	13. –	19. d)	25. b)	31. –
2. –	8. –	14. e)	20. –	26. –	32. –
3. –	9. –	15. b)	21. –	27. –	33. c)
4. –	10. a)	16. –	22. –	28. –	34. –
5. –	11. –	17. –	23. –	29. –	35. e)
6. –	12. –	18. b)	24. –	30. –	36. –

2.3 Organisation

1. –	6. c)	11. –	16. –	21. –	26. b)	31. –
2. a)	7. –	12. –	17. d)	22. –	27. –	32. –
3. –	8. –	13. b)	18. –	23. e)	28. –	33. –
4. –	9. –	14. –	19. –	24. –	29. c)	
5. –	10. –	15. –	20. –	25. –	30. –	

2.4 Personalwesen und Mitarbeiterführung

1. –	5. b)	9. d)	13. –	17. b)	21. b)	25. –
2. –	6. –	10. –	14. e)	18. –	22. –	
3. a)	7. –	11. –	15. –	19. –	23. –	
4. –	8. d)	12. –	16. a)	20. –	24. –	

2.5 Finanzierung

1. –	10. –	19. –	28. –	37. –	46. –
2. –	11. a)	20. –	29. –	38. –	47. a)
3. –	12. –	21. –	30. b)	39. –	48. b)
4. –	13. –	22. e)	31. –	40. –	49. a)
5. –	14. –	23. c)	32. –	41. d)	50.–
6. –	15. –	24. b)	33. –	42. e)	
7. –	16. –	25. c)	34. –	43. –	
8. e)	17. d)	26. c)	35. –	44. –	
9. –	18. –	27. e)	36. –	45. –	

2.6 Planung

1. –	4. e)	7. –	10. –	13. –	16. –	19. –
2. –	5. –	8. –	11. d)	14. –	17. –	20. –
3. c)	6. –	9. b)	12. –	15. e)	18. –	

2.7 Gründung

1. –	10. d)	19. –	28. –	37. a)	46. –
2. –	11. –	20. –	29. –	38. –	47. –
3. –	12. –	21. –	30. –	39. –	48. –
4. –	13. –	22. –	31. –	40. –	49. –
5. –	14. –	23. –	32. –	41. –	50. –
6. –	15. –	24. –	33. –	42. –	51. b)
7. a)	16. –	25. –	34. –	43. d)	
8. –	17. –	26. –	35. –	44. –	
9. c)	18. –	27. –	36. e)	45. –	

A

B

L

W

Z